国家社会科学基金重点项目优秀成果

国家社会科学基金重点项目“商代甲骨占卜流程与卜法制度研究”（项目编号：19AZS003）资助

国家社会科学基金重大项目“商代甲骨非文字资料的整理研究和数据库建设”（项目编号：20&ZD305）阶段性成果

河南省高等学校哲学社会科学基础研究重大项目“商代甲骨占卜制度研究”（项目编号：2020-JCZD-11）资助

# 嬗变与重构

## 商代甲骨占卜流程与卜法制度研究

李雪山　韩燕彪　著

科 学 出 版 社
北 京

## 内 容 简 介

本书是第一部系统研究甲骨占卜学的大型学术专著。作者结合出土资料与传世文献，以甲骨之上的非文字资料为视角，重构了甲骨占卜制度之全貌。本书梳理了甲骨的选材、攻治、钻凿、烧灼、卜兆、文字的书契、卜后的处理等占卜流程，简述了对贞卜问、二人共贞、一事多卜、三卜制、习卜制、选卜制、卜筮并用等卜法制度。本书的面世，可以满足广大甲骨学者及爱好者的需要，以期将甲骨学的研究推向新的高度。

本书适合甲骨学、考古学、历史学及其相关学科的研究者、爱好者参考、阅读。

**图书在版编目（CIP）数据**

嬗变与重构：商代甲骨占卜流程与卜法制度研究 / 李雪山，韩燕彪著. —北京：科学出版社，2022.12

ISBN 978-7-03-074210-0

Ⅰ. ①嬗… Ⅱ. ①李… ②韩… Ⅲ. ①占卜-研究-中国-商代 Ⅳ. ①B992.2

中国版本图书馆CIP数据核字（2022）第236134号

责任编辑：郝莎莎 / 责任校对：王晓茜

责任印制：肖 兴 / 封面设计：张 放

**科学出版社** 出版

北京东黄城根北街 16 号

邮政编码：100717

http://www.sciencep.com

北京建宏印刷有限公司印刷

科学出版社发行 各地新华书店经销

*

2022年12月第 一 版 开本：889×1194 1/16

2024年 1 月第二次印刷 印张：34 插页：2

字数：986 000

**定价：328.00元**

（如有印装质量问题，我社负责调换）

# 凡　　例

1. 本书引用甲骨卜辞，释文多参考曹锦炎、沈建华编著《甲骨文校释总集》，多采用宽式。某些存在争议的文字，尽量采用认可度较高的观点。

2. 卜辞释文处，“□”表示缺一字，“☐”表示所缺字数不详，“[ ]”表示拟补之字。

3. 引用卜辞时，辞末一律用句号。

4. 引用同片甲骨，但其见于不同著录之中，文中稍作说明。

5. 缀合之例用“+”表示，重片之例用“=”表示。

6. 引用甲骨拓片、摹本、照片时，由于排版之需，对原版进行了适当的缩放。

7. 引用前贤论著时，直呼其名，未加诸如先生之类的敬称。

# 本书所引著录简称

| 书名 | 简称 |
|---|---|
| 《殷虚书契菁华》 | 《菁》 |
| 《殷虚书契前编》 | 《前》 |
| 《殷虚书契后编》 | 《后上》《后下》 |
| 《殷虚书契续编》 | 《续》 |
| 《甲骨文编》 | 《文编》 |
| 《库方二氏藏甲骨卜辞》 | 《库》 |
| 《甲骨文录》 | 《录》 |
| 《殷契遗珠》 | 《珠》 |
| 《殷虚文字甲编》 | 《甲编》 |
| 《殷虚文字乙编》 | 《乙编》 |
| 《殷虚文字外编》 | 《外编》 |
| 《巴黎所见甲骨录》 | 《巴黎》 |
| 《殷虚文字丙编》 | 《丙编》 |
| 《殷契粹编》 | 《粹》 |
| 《善斋藏契萃编》 | 《善斋》 |
| 《欧美亚所见甲骨录存》 | 《欧美亚》 |
| 《美国所藏甲骨录》 | 《美录》 |
| 《甲骨文合集》 | 《合集》 |
| 《怀特氏等收藏甲骨文集》 | 《怀特》 |
| 《小屯南地甲骨》 | 《屯南》 |
| 《英国所藏甲骨集》 | 《英藏》 |
| 《殷虚文字乙编补遗》 | 《乙补》 |
| 《甲骨文合集补编》 | 《合补》 |
| 《周原甲骨文》 | 《周原》 |
| 《殷墟花园庄东地甲骨》 | 《花东》 |
| 《中国国家博物馆馆藏文物研究丛书·甲骨卷》 | 《国博》 |
| 《北京大学珍藏甲骨文字》 | 《北珍》 |
| 《殷墟甲骨辑佚》 | 《辑佚》 |

| | |
|---|---|
| 《殷墟小屯村中村南甲骨》 | 《村中南》 |
| 《俄罗斯国立爱米塔什博物馆藏殷墟甲骨》 | 《俄藏》 |
| 《卡内基博物馆所藏甲骨研究》 | 《卡》 |
| 《复旦大学藏甲骨集》 | 《复旦》 |

# 序　一

由李雪山、韩燕彪合著之《嬗变与重构：商代甲骨占卜流程与卜法制度研究》即将出版，雪山把书稿邮寄给我请我作序，读罢之后，感慨良多。作为雪山的老师，深知其在甲骨学研究领域用力甚勤。纵观全书，90余万字，堪称商代甲骨占卜制度研究的力作。是故作序之事，我欣然同意。

商代甲骨占卜制度，一直是学界关注的重点课题。甲骨占卜制度的研究，理应从甲骨实物入手，梳理其占卜流程。同时，也要从甲骨卜辞的角度探索卜法制度。前者需以甲骨非文字资料的整理研究为主，后者侧重卜辞的释读，兼顾二者方可窥得甲骨占卜制度之全貌。但从甲骨实物和卜辞出发研究占卜制度，殊非易事。而作者迎难而上，耗费数年心血而完成著作《嬗变与重构：商代甲骨占卜流程与卜法制度研究》。我认为全书的主要特点如下。

**1. 系统梳理，全面重构**

该书全面爬梳了传世文献和出土文献中有关甲骨占卜的全部资料，以此重构了甲骨占卜制度之全貌。全书分为十章：第一章为绪论；第二章至第九章，分述甲骨的选材、攻治、钻凿、烧灼、卜兆、文字的书契、卜后的处理、卜法制度；第十章为结语。全书逻辑缜密、结构完善、内容详实、论述严谨，甲骨占卜流程与卜法制度得以全面复原，从而将甲骨占卜制度的研究推向了新的高度。

**2. 紧跟前沿，聚焦热点**

自1899年甲骨文被发现以来，学者便热衷于占卜流程、卜法制度以及甲骨形态学等内容的研究，这些硕果初步奠定了重构商代甲骨占卜制度的基础。实际上，由于某些无字甲骨也有攻治和钻凿的痕迹以及卜兆，我们也应将其纳入占卜制度的研究范畴。而无字甲骨得不到应有的重视，导致其研究没有取得长足的进展，一些成果还停留在粗浅的层面。有鉴于此，全书对学界在甲骨卜法方面所取得的成果，进行了全方位的追溯，借以弥补以往研究之不足。近些年，甲骨学的研究更加细化，倾向于某些细微的问题，如该书所专注之卜骨的锯截、甲骨的刮削、钻凿形态与布局、卜兆形态与刻划及其定性的综合因素、文字涂朱填墨、字甲字骨与无字甲骨的不同处理、甲骨上粘附的棉纺织品等。全书以这些前沿问题为研究对象，搜罗梳理相关文献，集腋成裘，进一步深化了商代甲骨占卜制度的研究。可以说，全书研究和回答了学术界的许多前沿问题。

**3. 去伪存真，推出新见**

该书既详细评述了前贤的成果，又充分借鉴了较新的学术观点与研究方法。从选材角度论述殷人的用骨制度，分析了甲骨几种特殊的攻治技法。在甲骨钻凿研究章节，全面评析了学界已有的成果，运用了近年新公布的甲骨著录资料，再次证实了传世文献所载“七十二钻”的不确，对钻凿形态进行分型分式且总结其规律，结合甲骨部位提出划分钻凿布局型式新的标准。强调烧灼部位要结合钻凿形态进行研究，如单独型钻凿形态的灼点在钻凿底部靠上部位，组合型钻凿形态的灼点以长凿附属的圆钻为主，指出烧灼有其原则、形式和先后次序等。重新界定卜兆之首、身、足、内、外等部位，使得卜兆形态的研究有规可循。根据综合因素对卜兆进行定性，而不是简单地称卜兆属于吉凶、是否。研究甲骨文字的涂朱填墨，分为朱砂的使用、朱砂的化学成分和制作工具、甲骨文字涂朱填墨现象及其原因等。该书论述了四种甲骨卜后处理的方式：直接丢弃、归档收藏、刮削、埋藏。其中直接丢弃是早商处理卜后甲骨的主要方式，归档收藏和刮削是甲骨埋藏前的处理方式，大多数甲骨最终的处理方式则是埋藏。再者，学界于甲骨刮削鲜有讨论，该书则对比了殷墟YH127坑、小屯南地和花园庄东地H3坑甲骨刮削的异同，分别考论其原因。总之，全书针对学界许多亟待解决的问题进行论述，并提出了一些独到的见解。以上这些都是该书可圈可点之处，足见作者敏锐的眼光和严谨的态度。

**4. 图文并茂，耳目一新**

为了论证的需要，作者在书中插入了大量的甲骨图片，且以实物照片为主。纵观学界，这种形式使人耳目一新。单从图片而言，甲骨实物照片的搜集就存在一定难度。何况某些甲骨尚未收录于著录书中，全书使用甲骨实物照片进行佐证实属难得。我们都知道，甲骨收藏于国内外各单位或私人处，特别是私人所藏，一般都是“秘不示人”的，这多少会影响学术研究的开展，因而观察甲骨实物是学者进行研究时会遇到的主要问题。而该书所研究的课题，又不得不借助甲骨实物。因此，作者设法通过各种渠道才搜集到这些甲骨材料，最终让我们看到了清晰的实物照片。近年，以甲骨实物照片为形式的著录书籍陆续出版，相信以拓片、照片、摹本、释文、索引“五位一体”为形式的著录会成为学界的主流。

**5. 立足未来，启迪后学**

全书立足甲骨学未来的发展，指出了某些问题可持续研究的方向。如作者鉴于钻凿与卜兆研究的难度，呼吁以拓片、照片、摹本、释文、索引“五位一体”的形式著录甲骨。再如，作者指出卜骨的锯截、甲骨各部位的钻凿布局型式、卜兆刻划且涂墨、卜辞“守兆”与“犯兆”、记兆术语、文字涂朱填墨、甲骨刮削的现象、商周卜法之异同等，都存在可进一步研究的空间。

总之，该书是一部兼具前沿性和创新性的著作。当然，作为一部学术专著，该书也有自身的不足。首先，作者将商代甲骨占卜流程和卜法制度合为一书，前者着墨较浓，后者行文占比偏少，使人略有意犹未尽之感。其次，作者于某些问题用力尚浅。如，没有对比五期甲骨钻凿形态与布局的异同，也没有结合近年卜辞组类的分期成果进行深入的研究。再如，作者虽然界定了卜兆的部位与型式划分的标准，却只是略举具有代表性的卜兆型式。再次，某些看法尚需进一步论证和完善，如未能全面整理甲骨刮削的资料，所持观点只能作为一时之论。平心而论，撰写一部90余万字的专著，欲全面重构商代甲骨占卜制度，不可能面面俱到。所以，该书所遗留的一些问题，尚待作者与学界同仁继续进行研究。

1985年，我在中国社会科学院历史研究所与安阳师范学院合办的“殷商文化研究班”授课，李雪山是其中的学生之一。我每日带领研究班的学生研读《甲骨文合集》，同时边学习边实践，参与选片和临摹甲骨片，最后成书《甲骨文精萃选读》，由语文出版社出版，该书多次再版，反响很好，雪山从那时便打下了坚实的基础。1989年，李雪山负笈北上，考取北京大学硕士研究生，师从先秦史专家吴荣增教授。1998年，李雪山则又南下郑州大学攻读博士学位，师从尚书学专家李民教授，其研究兴趣从甲骨学殷商史扩大到先秦礼制层面。

近些年，李雪山从安阳师范学院到河南师范大学，繁忙的公务占去了他不少的时间，但他对甲骨学仍锲而不舍地追求和探索，并且其研究角度从文字信息延伸到甲骨非文字资料。2018年，雪山发表《花园庄东地甲骨卜兆形态分型分式研究》（《河南师范大学学报》2018年第3期），论文被中国人大复印报刊资料《先秦、秦汉史》2018年第4期全文转载；2019年发表《甲骨文与中华文明的传承》（《光明日报》2019年12月1日第12版），文章被《新华文摘》2020年第4期全文转载。2020年，雪山作为首席专家，以河南师范大学为依托单位，获批国家社科基金重大项目“商代甲骨非文字资料的整理研究和数据库建设”。这些都是雪山持续致力于甲骨学研究所取得的成果。2004年，我为雪山出版的《商代分封制度研究》作序时曾说：“我读着雪山先生这部力作，不仅颇受启发，也为他的成长感到由衷的高兴。”时隔18年，李雪山与韩燕彪的大作《嬗变与重构：商代甲骨占卜流程与卜法制度研究》即将出版，这是一部填补空白的重要著作。作为他的老师，甚感欣慰。

是以为序。

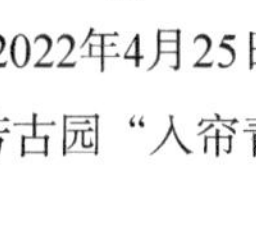

2022年4月25日

于北京方庄芳古园“入帘青小庐”寓所

# 序　二

李雪山、韩燕彪《嬗变与重构：商代甲骨占卜流程与卜法制度研究》一书竣稿，即将付梓，承李雪山先生雅意，要我写几句话作序。我拜读此书，获益良多，当然很乐意能在这里写几句话。

甲骨是殷代占卜的遗物。商王和贵族遇到疑难的事情一定要进行占卜。占卜流程中最重要的环节是求兆，殷人就是通过观察卜兆来预测吉凶祸福的。

甲骨卜辞是刻在龟甲兽骨上的文字，因此，甲骨学者不仅要研究甲骨卜辞，也要研究与卜辞有关的甲骨形态学和甲骨占卜学。我在《甲骨形态学》（《甲骨拼合集》，学苑出版社，2010年）一文中，建议应该建立甲骨学的一个分支——甲骨形态学。我也曾建议应该建立甲骨学的另一个分支——甲骨占卜学。甲骨占卜学涉及的环节很多，其中，卜兆是核心，一切围绕卜兆转。要读懂卜辞，必须要先了解“甲骨占卜学”。下面，就谈谈甲骨占卜学。

甲骨占卜学，是甲骨学中一项重要的研究课题。关于甲骨占卜学的研究，主要有下列学者及其论著：董作宾《商代龟卜之推测》（《安阳发掘报告》1929年第1期）、陈梦家《殷虚卜辞综述·甲骨的整治与书刻》（科学出版社，1956年，第9—19页）、李学勤《关于甲骨的基础知识》（《历史教学》1959年第7期）等。跟研究甲骨语言文字与商代历史的著述相比，研究甲骨占卜学的专著甚少，而且多为单篇的论文，难以窥见商代甲骨占卜学的全貌。

我认为，该书是第一部全面系统总结甲骨占卜学研究成果的一部大型著作。从该书可以看出，作者熟悉甲骨占卜学的第一手资料和前人的研究成果。作者对甲骨占卜学的每个环节诸如甲骨选材、甲骨攻治、甲骨钻凿、甲骨烧灼、甲骨卜兆、甲骨契刻、甲骨归档、甲骨卜官、甲骨卜法等方面的内容，都有比较详细的论述，引用前人与时贤的研究成果，比较矜慎，择善而从，不但介绍了各家的学术观点，还有不少自己的新见解。

甲骨占卜学要研究的内容很多，兹举一例来谈谈。“记事刻辞”如“小臣墙刻辞”的行款跟简册文字的行款是一样的，即“从上而下、从右而左”。但是，“非记事刻辞”即卜辞的书写行款为什么如此复杂多变呢？我想应该跟甲骨占卜学是有密切关系的。卜辞的核心是“守兆”。所谓“守兆”，现在看来，不仅正面的卜辞要刻写在相关的卜兆旁边，而且反面的卜辞也要刻写在相关的钻凿旁边，也就是说正反两面的卜辞都必须要同时“守兆”“守钻凿”。这里举《合集》6057正反（即《菁华》1—2）为例来谈谈这个问题。现将要讨论的卜辞录之于下，然后再加以阐述。

癸未卜，㱿［贞：旬无忧。］（以上刻在正面）王占曰：“有咎，其有来艰，气

至。”九日辛卯允有来艰自北。蚁妻笅告曰：“土方侵我田十人。（以上刻在反面）

大家知道，牛的肩胛骨有左右两个侧边，上端有臼角的侧边称为“臼边”，“臼边”的边缘薄，不适合挖钻凿；上端没有臼角的侧边称为“对边”，“对边”的边缘厚，适合挖钻凿，因此卜骨反面从上到下挖有成串排列的钻凿，钻凿施灼而坼裂成兆，兆干与兆干自上到下成串排成一纵列，相连的骨质部分所剩无几，所以稍受挤压，便会沿着兆干发生断裂，形成骨条。《合集》6057正面“癸未卜殻”右侧是兆干边，骨条已经沿着兆干边缘断裂脱落，去向不明。但是，从卜旬卜辞的辞例可以推测，脱落的骨条上应该刻有“贞旬无忧”四个字。《合集》6057反面的左上隅可以看到两个月牙形钻凿和两个黑色的“灼点”，其分别对应的是正面的上下排列的两个兆枝。其中反面上端那个月牙形钻凿和黑色的“灼点”对应的是正面上端那个兆枝。为了更清楚地表示“正反连读”“正反守兆”“正反守钻凿”，刻手用界划线“⊓”形从正面“癸未卜殻”开始画到反面“我田十人”为止，其目的就是为了把正面的前辞和命辞“癸未卜殻［贞旬无忧］”局限在相关的卜兆旁边，把反面的占辞和验辞“王占曰有咎其有来艰气至九日辛卯允有来艰自北遻妻邗告曰土方侵我田十人”局限在相关的钻凿旁边，不与其他的卜兆和钻凿相混。

甲骨占卜学的研究领域十分宽广，希望今后有更多像该书这样的论著出版，进而推进甲骨占卜学的研究。

黄天樹
2022年4月26日
于清华大学寓所

# 甲骨学研究的新趋势

## ——甲骨非文字资料的研究

（自序）

甲骨非文字资料是甲骨学研究的重要内容，其与占卜流程、卜法制度有莫大的关系。由于受公布材料的限制和前期研究成果较少，非文字资料一直是甲骨学领域的薄弱环节。所以，本书的撰写还是存在诸多困难的。虽然也有少数著作和论文讨论到该选题，这种吉光片羽般的存在形式，使得文献查阅的过程有如沙海拾贝。但是，经过多年的爬梳与整理，终于集腋成裘，完成著作《嬗变与重构：商代甲骨占卜流程与卜法制度研究》。全书站在前贤的肩膀上，充分汲取已有的研究成果，并对今后的研究趋势进行了展望。我认为，今后相当长时期内，甲骨非文字资料的整理研究是甲骨学研究的新趋势。故拙著正是在这一观点指导下的实践成果，欲重构商代甲骨占卜制度之全貌。

## 一、甲骨非文字资料研究已有成果的回顾与分析

### （一）已有成果取得的成绩

（1）甲骨文文献的整理与出版成绩突出。主要表现在两个方面：一是甲骨文著录资料的大量出版。这是甲骨学研究的基础工作，历来都得到高度重视。从1903年刘鹗出版了甲骨学史上第一部著录《铁云藏龟》开始，甲骨文著录资料便层出不穷。1978—1983年，郭沫若主编、胡厚宣总编辑的《甲骨文合集》13巨册陆续出版，这是一部集大成著作，汇编了70多年来出土的甲骨文。1980—1983年，中国社会科学院考古研究所编纂的《小屯南地甲骨》上册、下册出版。1984年，严一萍编著的《商周甲骨文总集》16巨册在台湾出版。近年，中国社会科学院古代史研究所先后出版了10余部甲骨文著录书籍，如《中国社会科学院历史研究所藏甲骨集》（2011年）、《俄罗斯国立爱米塔什博物馆藏殷墟甲骨》（2013年）、《旅顺博物馆所藏甲骨》（2014年）、《中国社会科学院古代史研究所藏甲骨文拓》（2020年）等。再者，国家社科规划办和教育部语信司专门立项了甲骨文资料搜集与出版的项目。相信通过几代学者的努力，甲骨文资料基本搜罗和出版完毕，著录工作会日臻全面。二是著录方法和技术的逐渐

进步。早期的甲骨著录，以墨拓为主，如刘鹗《铁云藏龟》（1903年）、罗振玉《殷虚书契》（1913—1916年）等；后来，随着照相技术的引入，甲骨实物照片出现在著录书中，这才渐渐地有了拓、摹、照三位一体的著录。拓摹照三者俱备的著录典范是新近出版的《殷墟小屯村中村南甲骨》（2012年）、《安阳博物馆藏甲骨》（2019年）等，《复旦大学藏甲骨集》（2019年）更是在此基础上采用了六面彩照技术，准确而全面地记录甲骨材料的各种信息。

（2）非文字资料逐渐得到学界的关注和相关概念的提出。董作宾先生首倡商代甲骨学研究要"观其全体"；黄天树先生首次提出"甲骨形态学"的概念；刘钊先生也提出要加大甲骨文本体研究的力度。学者们关注甲骨形态的目的主要是通过甲骨形态辨识部位，以便缀合甲骨，从而深入研究甲骨学。这虽然和我们界定的内容不尽相同，但共同推进甲骨学研究事业的初衷是一致的。种种事例说明，非文字资料相关问题已经引起学者的关注，这在甲骨学研究史上是一种很重要的变化。

（3）以占卜流程、卜法制度以及甲骨形态等为研究内容，初步奠定了非文字资料整理研究的基础。虽然很早就有专家提出要加强商人占卜制度和钻凿形态的研究，但和甲骨文字的研究相比，无论是学者队伍还是研究的广度和深度来说都是不成比例的。究其原因，主要与古代金石学的研究传统、早期甲骨著录手段的限制和非文字资料研究起步较晚等因素有关。尽管如此，学界已有董作宾、胡厚宣、严一萍、许进雄等少数学者的开创之功，后来又形成中国社会科学院古代史研究所、复旦大学、吉林大学、首都师范大学、郑州大学、西南大学、河南师范大学等几支有生力量，应当说学者队伍在逐步壮大。研究内容如卜法制度、用骨制度、卜辞文例、甲骨形态、甲骨的来源及其种属等方面基本都有所涉猎。

（4）甲骨文数据库建设已经取得了初步成效。理想的甲骨文数据库应是以甲骨文文本库为主体，以甲骨文图片库为依托，以相关甲骨文文献库为补充的超大型数据库。甲骨文图片库是对所有甲骨材料的整合和处理，有比较清晰的拓片、照片和摹写准确的摹本，并附有甲骨出土的基本信息（如时间、地点、坑层、叠压情况、同出器物等）以及甲骨的材质、尺寸、著录、重片、缀合、现藏等基本信息；甲骨文文本库，即与图片库相对应的释文，甲骨文字和隶定字相互对照，且是可提供随意检索的标注语料库；甲骨文文献资料库收录有关甲骨文研究的相关文献。目前，"殷契文渊""甲骨文数位典藏""汉达文库""殷墟甲骨文数据库"是甲骨文数据库的优秀代表。

甲骨文数据库的建设，是一个长期的过程，而基于云平台的数据库，是一个开放的平台。相信经过长期的努力，甲骨文云平台数据库会成为真正嘉惠学林的研究工具。

### （二）已有研究成果存在的不足

（1）甲骨著录方面存在的缺陷。一是著录甲骨材料的方法方面。目前，著录甲骨材料的方法主要有墨拓、摹绘、照相，称为拓本、摹本、照片或相片，这三种方法各有短长。拓摹照三者相结合的著录方式经历了发展、完善的过程，以拓摹著录甲骨者，如贝冢茂树《京都大学人文科学研究所藏甲骨文字》（1960年）、伊藤道治《日本所见甲骨录》（1977年）、松丸道雄《东京大学东洋文化研究所藏甲骨文字》（1983年）等。拓照俱全的著录有于省吾《双剑誃古器物图录》（1940年）等。近年，拓摹照三位一体的著录较多，如《殷墟花园庄东地甲骨》（2003年）、《殷墟小屯村中村南甲骨》（2012年）、《安阳博物馆藏甲骨》（2019年）等。所以，将拓、摹、照三者结合起来，以三种形式全面、准确地记录甲骨文字及甲骨上的截锯、钻凿、卜兆等各种信息才是最理想的状态。二是著录材料各种信息的不完整性方面。甲骨上除甲骨文字外，还有花纹、钻凿、卜兆、界划等各种富有学术价值的信息，为了全面记录甲骨本身与甲骨文字等各种有用信息，最理想的著录是拓、摹、照三种方法并用，还要辅以文字描述说明甲骨的种属、尺寸、形态、钻凿与卜兆、锯截、刮削以及朱书、墨书、涂朱和填墨等信息，以满足学者日后多方面研究甲骨学的需求。随着科学考古发掘的开展和甲骨学研究的深入，学者们逐渐改进早期甲骨著录的方法，越来越全面、合理地记录甲骨材料的各种信息，如标明甲骨的出土地点，鉴定甲骨的材质与种属，著录甲骨的正面、背面、侧面，通过墨拓、摹绘、照相、文字等手段记录甲骨各种信息。三是无字甲骨资料长期得不到重视。商代以前就有无字甲骨的大量出土，使我们对卜用甲骨的源头有了清晰的认识。但由于学界对无字甲骨的忽视，很多被弃之不用而未著录。其实，无字甲骨现存数量庞大，仅据部分科学发掘的数字看，安阳殷墟总和达到24781片。传世收藏方面，如山东省博物馆所藏甲骨8080片，无字竟然达到4412片。经测算，殷墟发现的有字与无字甲骨的比例大约为1∶3，有字甲骨有15万片，那么无字甲骨多达45万片，可以说无字甲骨数量远超有字甲骨。无字甲骨的学术意义重大，因为无字甲骨直接反映了商代的甲骨占卜制度，其价值不逊于字甲字骨。建国初年，陈梦家先生就曾强调各地无字甲骨出土的调查研究，没有引起足够的重视，这种看法近年才得到改变。有鉴于此，无字甲骨的整理研究需要提上日程。

（2）非文字资料的研究在内容上还存在缺环。第一，体现在甲骨占卜流程与卜法制度方面。甲骨文除去极少例外，都是占卜内容的记录。如果不理解甲骨占卜的演变及其操作的方法，便不能真正认识甲骨和甲骨文。研究甲骨卜法，关系到怎样释读卜辞。在20世纪初，有些学者根据传世文献，对照甲骨实物曾经做过很好的探讨，例如容肇祖先生《占卜的源流》（1928年），沈启无、朱耘菴二位先生的《龟卜通考》。近些年，这方面的研究仍然较少，如宋镇豪先生《论古代甲骨占卜的“三卜”制》（1989年）、李学勤先生《甲骨占卜的比较研究》（1991年）、彭裕商先生《殷代卜法初探》（1995年）、〔韩〕朴载福先生《先秦卜法研究》（2011年）等。这些研究成果以文章居多，系统的著作偏少。第二，体现在甲骨钻凿形态的研究方面。文字的考释及其分期断代、分组分类已经走入“高原期”，在目前的情况下很难有重大的突破。而甲骨的攻治技法和钻凿形态却一直没能被充分发掘，除董作宾、严一萍、刘渊临、许进雄、宋镇豪、刘一曼、周忠兵等有较细致的研究外，鲜有问津者。当然这也无可厚非，因为传统的著录只重拓摹甲骨文字，导致学界的研究资料比较贫乏。虽《小屯南地甲骨》《殷墟花园庄东地甲骨》《殷墟小屯村中村南甲骨》皆有“钻凿”分册，但较之殷墟15万片甲骨，显然分量不够。因此，亟需学者对甲骨钻凿形态的研究。第三，体现在用骨制度的研究方面。商人怎样使用甲骨还有很多疑问没有解开。一是商代甲骨并非现用现治，而是攻治好之后储存备用，如果备用甲骨的使用期限无限制，那么武丁时攻治的甲骨完全可能到祖庚、祖甲甚至廪辛、康丁、武乙、文丁之时仍可使用，这样就会出现同版卜辞异代的现象和同版之上卜辞与记事刻辞异代的现象。二是从甲骨卜辞看，商人不会立即丢弃已卜用的甲骨，卜辞显示有大量王畿以外的卜后甲骨被带回殷都而保存的记录，如卜辞记载在“攸”地和“霍”地的占卜，“攸”地在今河南省永城市以南安徽省境内，“霍”地在今安徽省霍山县东北，北距淮水100千米，都是在外地卜用过的甲骨被带回殷都存档的记录。三是商人将卜后的甲骨保存多长时间？不同时期的甲骨、甲和骨、无字甲骨和字甲字骨分开储藏还是合并储藏？我们仍然无法确知。从殷墟考古的发掘来看，有的甲骨确属有意掩埋，如YH127坑、花园庄东地H3坑等，但也有某些甲骨属于直接废弃。商人到底以怎样的方式处理卜后甲骨，需要进一步研究。第四，体现在文例研究方面。甲骨文例，宋镇豪先生曾经有定义，他指出卜辞文例在甲骨学上的约定意义，为占卜文辞与占卜载体相结合关系之表象，专指契刻在卜用甲骨上的卜辞行文形式、位置、次序、分布规律、行款走向的常制与特例，包括字体写刻的习惯等等。自20世纪80年代以来，尽管《甲骨文合集》《小屯南地甲骨》《殷墟花园庄东地甲骨》等几种大型甲骨著录书籍相继问世，为甲骨文例的深入研究提供了前所未有的便利，但全盘性、系统性研究的著作仍然不多。随着学科的发展，已要求甲骨文例研究在理论与方法上日臻完善，有所深化、有所提高。

（3）数据库存在不足。近年，虽然出土文献数字化工作已取得相当大的成就，但仍存在一些亟须解决的问题。第一，国家立项了诸多甲骨资料的整理项目，都是有关甲骨文字的。比如甲骨文释文数据库、甲骨文图像数据库、甲骨文文献数据库、甲骨文字形数据库等，唯独缺乏一个专门的甲骨非文字资料数据库。如能创建一个“商代甲骨非文字资料”数据库，就可全面展现甲骨的图像资料、基本信息以及历年研究非文字资料的文献信息，实现甲骨非文字资料的数字化、智能化，从而推进甲骨学的整体研究。第二，基于容纳不同数据库的云平台数据库尚处于初级阶段。云平台数据库是一个开放的研究平台，可容纳不同数据库的云平台就显得比较强大。各家数据库的内容均可以在此平台下供大家使用，有统一的界面和检索方式。云平台的建成和使用将对甲骨学研究有极大的推动作用，这也是学者们所期待的研究工具。

## 二、甲骨非文字资料研究的可能突破空间

### （一）“甲骨非文字资料”这一概念会逐渐得到共识

21世纪初，黄天树先生首次提出“甲骨形态学”的概念，意欲系统建立甲骨学研究的全新课题；应当说“甲骨形态学”概念的提出，再次拓展和延伸了甲骨学的研究范畴，但其似乎不能涵盖甲骨文字信息以外的全部资料。但从研究内容这一角度看，我们认为“甲骨非文字资料”的概念似乎更准确和切合实际。甲骨非文字资料指的是商代甲骨本身携带的、除了文字信息以外的资料，其整理与研究的对象是甲骨本身，分为甲骨的天然信息、整治信息和关联信息。天然信息包括甲骨实物正面、反面、侧面的信息以及取用制度、材质种属、尺寸辨相等；整治信息包括攻治、钻凿、烧灼、卜兆、刮削、截锯、钻孔等；关联信息主要包括甲骨缀合、

习刻、刻辞文例、甲骨图画、涂朱填墨、数字卦爻、毛笔、甲骨上棉纺织品礼仪性包裹以及利用旧骨作伪等。我们相信，“商代甲骨非文字资料”这一概念会逐渐得到大家的认可。

### （二）甲骨非文字资料的著录和数据库的创建有较大的突破空间

由于长期的忽视，甲骨非文字资料的搜集和整理一直停滞不前，没有系统的专题研究。因此，甲骨非文字资料需要系统地整理。从内容上看，甲骨非文字资料应该包括天然信息、整治信息和关联信息。甲骨著录采用拓片、摹本、照片、释文、索引“五位一体”的方法，照片采用六面彩照技术，全面著录甲骨非文字资料。在此基础之上，创建“商代甲骨非文字资料”数据库，以供研究之需。因此，甲骨非文字资料的搜集、整理、著录、研究乃至“非文字资料”数据库的建设皆有较大的突破空间。

### （三）甲骨非文字资料研究的全面性、系统性会有较大突破

如前所述，甲骨非文字资料的研究虽然从学者队伍、研究广度和深度上看，都无法与甲骨文字相比，但是它符合甲骨学整体发展的趋势。从国家层面看，代表中华文明起源的汉字越来越受重视，资金和队伍建设都得到国家的大力支持；从学术研究的动态和趋势来看，由于文字考释的难度很大，其研究已经进入了瓶颈期，非文字资料的整理研究还存在很大的突破空间；从已有的研究成果来看，已经具备一定的前期基础。

因而，有必要整合学术力量进行系统的甲骨非文字资料专题研究，这无论是对甲骨学学科的发展还是对商代社会整体的认识均有重要学术价值和社会意义。

## 三、学术价值与社会意义

甲骨非文字资料的整理研究将进一步突破学界以甲骨文字信息为研究对象的窠臼，具有重大学术价值和社会意义。

### （一）学术价值

（1）史料发掘的整理价值。如何看待、分类整理、加工运用120余年来的大量甲骨文著录资料，是一个极具挑战性的难题。因此，甲骨学长时段、多维度的新思考是必要和必需的。从学术发展来看，甲骨学研究总体上呈现蒸蒸日上的局面，逐渐由冷僻学科走向国际显学。重新审视甲骨资料，是为了从以往研究中汲取智慧、查漏补缺并发现材料利用方面的不足。从研究实践看，我们认为要充分发掘利用传世文献和考古资料，进一步拓展甲骨学的研究范畴。甲骨非文字资料的整理研究理应受到重视，并将其提升至与文字信息同等重要的理想状态，此即甲

骨学研究之“观其全体”。

（2）史学研究的开拓价值。甲骨学的研究，应追本溯源地进行历史学的研究，回归到历史学学科本身，还原历史的本来面目。商人凡事必卜，甲骨就是其占卜留下的产物。恢复和还原古人的占卜场景，研究其占卜流程，探讨古人的吉凶观和宗教观是甲骨学研究的应有之义。我们籍此希望解决以下几个长期遗留的问题，一是重构和复原商代甲骨占卜流程。非文字资料在重构甲骨占卜流程方面，具有文字信息不可比拟的价值。故这方面的研究可以重现和复原三千年前商人甲骨占卜的图景，解决千古疑案——何为吉何为凶的问题。二是构建以甲骨自身特征进行分期断代的体系，进而确定每片甲骨的时代。攻治痕迹和钻凿形态可以作为甲骨分期断代的标准之一，例如许进雄《甲骨上钻凿形态的研究》、于秀卿等《甲骨的凿钻形态与分期断代研究》、刘渊临《卜用甲骨上攻治技术的痕迹之研究》、周忠兵《卡内基博物馆所藏甲骨研究·甲骨钻凿形态研究》等论著充分利用了此类材料。三是有助于重新审视中国早期礼制的起源问题。孔子曾经谈到三代的礼制：“殷因于夏礼，所损益可知也；周因于殷礼，所损益可知也。”（《论语·为政》）夏商之间、殷周之间的礼制是一脉相承的关系，我们认为这的确是不移之论。占卜是一种礼俗，故非文字资料所反映的占卜习俗也可以佐证孔子的观点。

（3）多学科交叉研究发展的推动价值。甲骨学研究涉及古文字学、语言学、历史学、考古学等社会科学，还涉及计算机科学、天文学、测年技术学等自然科学。如甲骨的测年离不开$^{14}C$的使用，这就需要自然科学的相关知识与技术。再者，甲骨资料整理和数据库建设离不开计算机科学，并且随着计算机技术的进步，诸如数据采集技术、图像处理技术、模式识别技术以及人工智能等的飞速发展，为计算机辅助甲骨学研究注入了新的活力。尝试利用计算机技术解决少部分甲骨正反难辨、模糊文字、钻凿与卜兆分型分式等问题，更重要的是建设学术界第一个甲骨非文字资料数据库，为专家学者的检索和研究提供便利。

（4）有助于甲骨学学科的全面认识。甲骨学是一门古老而又崭新的学科。如前所述，甲骨学研究虽然取得了举世瞩目的成就，但是多数学者没有充分关注甲骨之上的非文字资料，学界厚此薄彼的现象十分严重，甲骨学研究理应包括文字信息和非文字资料两部分。我们要更新思维，用全面的眼光看待和认识甲骨学这门学科。

### （二）社会意义

（1）史之记忆，在于鉴世。习近平总书记非常重视历史、历史科学和传统文化的研究，以及历史的社会作用。2014年5月30日，习近平总书记在北京视察时指出：“中国字是中国文化传承的标志。殷墟甲骨文距离现在3000多年，3000多年来，汉字结构没有变，这种传承是真正的中华基因。”习近平总书记把汉字的传承提升到了中华基因的高度。众所周知，文字是一个国家文化的重要标志和载体，从文字的角度看，甲骨文作为中国最早的自成体系的文字，印证了中国至少有近五千年的悠久历史。甲骨文也是中国传统文化的滥觞，记载有丰富的内容，具有推动夏商周三代文明研究的深远意义。总之，甲骨学所蕴含的文化价值和历史价值，会进一步深化人们对中华文明起源和先民精神世界的认识，大大增强民族自信心和自豪感。

（2）有助于甲骨学研究进入全新的阶段。近年来，国家加大支持甲骨学研究的力度。如国家社科基金重大委托项目“大数据、云平台支持下的甲骨文字考释研究”已经正式实施，教育部、国家语委组织的甲骨文等古文字研究与应用专项工作已启动。王宇信先生指出，这两项科研工作意义重大：“运用现代科学技术，坚持传统与现代研究方法相结合，进行多学科联合攻关，破解文字释读瓶颈，这标志着甲骨文研究进入了政府推动下的全面发展与弘扬新阶段。”（《光明日报》2019年8月31日12版）在此背景下，像甲骨的缀合、卜法、钻凿与卜兆形态等非文字资料已经逐渐成为当今的研究热点。可以说，甲骨非文字资料的研究会持续促进学术推陈出新，推动甲骨学研究逐步进入到一个新的高度。

正如本文开篇所言，商代甲骨非文字资料是甲骨学研究的新趋势，其在重构占卜制度方面无疑具有更高的价值。所以，拙著《嬗变与重构：商代甲骨占卜流程与卜法制度研究》便是以甲骨非文字资料为主要参考，内容包括天然信息、整治信息和关联信息三个方面。天然信息，如甲骨的材质、种属、尺寸、辨相等；整治信息，如攻治、钻凿、烧灼、卜兆等；关联信息，如甲骨缀合、刻辞文例、涂朱填墨、数字卦爻、甲骨图画、甲骨上粘附的棉纺织品等问题。要之，我们不揣谫陋，尝试从甲骨非文字资料的角度去研究占卜制度，拙著自然还有很多谬误和不足，尚祈方家不吝指正。

李雪山 韩燕彪

2022年5月1日

于河南师范大学

# 目　　录

凡例…………………………………………………………………………（i）

本书所引著录简称………………………………………………………（iii）

序一…………………………………………………………………………（v）

序二…………………………………………………………………………（ix）

甲骨学研究的新趋势——甲骨非文字资料的研究（自序）………………（xi）

第一章　绪论……………………………………………………………（1）

第一节　甲骨占卜源流 …………………………………………………（1）

一、何以龟卜 ……………………………………………………………（2）

二、传世文献所见甲骨占卜的记载 ……………………………………（6）

三、中国史前遗址所见甲骨占卜的现象 ……………………………（12）

第二节　选题缘起和研究意义 ………………………………………（15）

一、选题缘起 …………………………………………………………（15）

二、研究意义 …………………………………………………………（16）

第三节　商代甲骨占卜流程与卜法制度研究述评 …………………（20）

一、相关研究成果评述 ………………………………………………（20）

二、研究存在的不足之处 ……………………………………………（28）

第四节　研究内容与研究方法 ………………………………………（29）

一、研究内容 …………………………………………………………（29）

二、研究方法 …………………………………………………………（29）

小结 ……………………………………………………………………（30）

第二章　甲骨的选材……………………………………………………（31）

第一节　取用制度 ……………………………………………………（31）

一、龟人 ………………………………………………………………（32）

二、取龟 ………………………………………………………………（36）

第二节 材质辨相 …… (40)
一、材质 …… (41)
二、辨相 …… (57)
第三节 祭祀备用 …… (65)
小结 …… (67)

**第三章 甲骨的攻治** …… (68)

第一节 攻治技术和攻治职官 …… (68)
一、攻治技术的专业性 …… (68)
二、龟人及其世袭性 …… (77)
第二节 攻治季节 …… (78)
一、春天干冷，攻治的甲骨不易损伤 …… (78)
二、衅龟之礼，在上春 …… (80)
三、春季乃一年之始，需要攻治甲骨 …… (80)
第三节 攻治工具 …… (82)
一、传世文献中的攻治工具 …… (82)
二、考古发掘出土的攻治工具 …… (83)
第四节 攻治技法 …… (86)
一、偃师商城遗址出土的卜骨 …… (86)
二、郑州商城遗址出土的甲骨 …… (88)
三、小屯出土的甲骨 …… (96)
四、小屯南地甲骨的攻治技法 …… (113)
五、花园庄东地甲骨的攻治技法 …… (116)
第五节 龟室——甲骨攻治后贮藏的地点 …… (123)
小结 …… (124)

**第四章 甲骨的钻凿** …… (126)

第一节 钻凿技术和钻凿职官 …… (126)
一、钻凿技术的专业性 …… (126)
二、钻凿职官及其世袭性 …… (132)
第二节 钻凿工具 …… (133)
第三节 钻凿之数 …… (137)
第四节 钻凿布局 …… (141)
一、偃师商城卜骨的钻凿布局 …… (143)
二、郑州商城甲骨的钻凿布局 …… (143)
三、小屯甲骨的钻凿布局 …… (144)

四、小屯南地卜骨的钻凿布局 …………………………………………………………（173）
五、花园庄东地卜甲的钻凿布局 ………………………………………………………（178）
第五节 钻凿形态 …………………………………………………………………………（200）
一、钻凿形态的分型分式 …………………………………………………………（201）
二、甲骨钻凿形态的规律 …………………………………………………………（226）
三、钻凿形态与分期断代 …………………………………………………………（227）
小结 ……………………………………………………………………………………（231）

**第五章 甲骨的烧灼**……………………………………………………………………（233）

第一节 烧灼职官 …………………………………………………………………………（233）
第二节 烧灼的工具与火候的掌握 ………………………………………………………（234）
一、荆枝 ……………………………………………………………………………（235）
二、烧红的木炭 ………………………………………………………………………（236）
三、烧灼甲骨的火候 …………………………………………………………………（237）
第三节 烧灼部位 …………………………………………………………………………（238）
一、于骨面直接烧灼 …………………………………………………………………（238）
二、于钻凿之处烧灼 …………………………………………………………………（239）
小结 ……………………………………………………………………………………（245）

**第六章 甲骨的卜兆**……………………………………………………………………（246）

第一节 卜兆形态的分型分式 ……………………………………………………………（246）
一、传世文献中关于龟甲卜兆的记载 …………………………………………………（246）
二、卜兆的各个部位 …………………………………………………………………（250）
三、甲骨卜兆形态研究评述 …………………………………………………………（252）
四、卜兆的型式及其规律 ……………………………………………………………（259）
第二节 卜兆与钻凿的关联 ………………………………………………………………（273）
第三节 卜兆的定性 ………………………………………………………………………（276）
一、判定卜兆的综合因素 ……………………………………………………………（277）
二、记兆术语 …………………………………………………………………………（283）
三、卜兆刻划 …………………………………………………………………………（286）
小结 ……………………………………………………………………………………（292）

**第七章 甲骨文字的书写和契刻**………………………………………………………（293）

第一节 书写和契刻的工具 ………………………………………………………………（293）
一、毛笔 ……………………………………………………………………………（294）
二、青铜刀 ……………………………………………………………………………（299）
三、玉刀 ……………………………………………………………………………（303）

第二节　书写与契刻的关系 …………（306）
一、先书后刻 …………（306）
二、小字直接契刻，大字先书后刻 …………（309）
三、直接契刻 …………（310）
第三节　卜辞和记事刻辞的行款走向 …………（312）
第四节　卜辞“守兆”和卜辞“犯兆” …………（320）
第五节　甲骨文字涂朱、填墨 …………（330）
一、商代朱砂的使用 …………（331）
二、朱砂的化学成分和制作朱砂的工具 …………（335）
三、甲骨文字涂朱、填墨的现象 …………（337）
四、甲骨文字涂朱填墨的原因 …………（344）
小结 …………（347）

**第八章　甲骨占卜后的处理**…………（348）

第一节　处理卜官 …………（348）
一、职官的名称 …………（348）
二、处理卜官的职责 …………（351）
第二节　处理方式 …………（355）
一、直接废弃 …………（356）
二、归档、收藏 …………（361）
三、刮削 …………（364）
四、埋藏 …………（378）
第三节　处理原因 …………（416）
一、宗教信仰 …………（416）
二、政治目的 …………（419）
小结 …………（420）

**第九章　卜法制度**…………（422）

第一节　占卜机构 …………（422）
第二节　卜官制度 …………（425）
一、卜人、贞人、占人及其职责 …………（426）
二、卜官及其世袭 …………（434）
第三节　卜法 …………（435）
一、对贞卜问 …………（436）
二、二人共贞 …………（452）
三、一事多卜 …………（453）

四、三卜制 ……………………………………………………………………（459）
五、习卜制 ……………………………………………………………………（464）
六、选卜制 ……………………………………………………………………（466）
七、卜筮并用 …………………………………………………………………（468）
第四节　商周卜法的比较 ……………………………………………………（474）
一、攻治技法之异 ……………………………………………………………（475）
二、钻凿形态之异 ……………………………………………………………（477）
三、卜辞文例之异 ……………………………………………………………（478）
四、甲骨数量之异 ……………………………………………………………（478）
五、卜筮并用之异 ……………………………………………………………（479）
小结 ……………………………………………………………………………（482）
**第十章　结语**……………………………………………………………………（484）
**参考文献**…………………………………………………………………………（488）
**后记**………………………………………………………………………………（514）

# 第一章 绪　论

占卜是先民对天、地、人相互关系认知的方式之一，体现了重要的社会治理观念和思想文化价值。世界上许多古老民族都曾经使用占卜，进行各类事件的预测，故占卜之法五花八门。尤其是中国古代先民的占卜，形成了一套完整的流程与制度。

中国古代先民为了更好地生存，需要掌握有效的趋吉避凶的方法。于是乎，占卜之法便应运而生。纵观中国占卜发展史，先民曾使用多种占卜之法，而甲骨是主要的媒介。除了汉族较多地使用甲骨进行占卜外，中国少数民族先民也有许多的占卜之法。宋兆麟等人就指出："如苦聪人实行草卜、鸡蛋卜；佤族实行牛肝卜、鸡骨卜、手卜；黎族实行鸡卜、石卜、泥包卜；景颇族流行竹卜；傈僳族实行刀卜、贝壳卜、竹卜；彝族流行羊肩胛骨卜、木卜、鸡卜、竹卜、鸡蛋卜；羌族有鸡蛋卜、羊毛绒卜。"①可知，中国原始占卜之法千差万别，有草卜、鸡蛋卜、牛肝卜、鸡骨卜、手卜、鸡卜、石卜、泥包卜、竹卜、刀卜、贝壳卜、羊肩胛骨卜、木卜、羊毛绒卜等，这些占卜之法与用具根植于各民族生活的环境条件之中。

在中国古代历史发展的长河中，先民使用过种种占卜之法。虽然除了甲骨占卜之外，还有其他占卜之法，但是，甲骨占卜之法在先民的宗教信仰中逐渐独占鳌头。夏商周三代最为推崇甲骨占卜之法，甲骨占卜制度亦形成于夏商周三代，且随着社会的不断发展而趋于成熟。反之，甲骨占卜制度的逐渐完善，亦促进了社会的发展和早期国家文明的形成。

商代是甲骨占卜盛行的时代，其占卜制度比较完善。可以说，甲骨占卜是商代特定的历史时期、地理条件和社会背景孕育的特定产物，不论占卜是否属于一种迷信行为，可以确定的是：商代甲骨占卜制度对后世占卜之法乃至其他中国古代的传统文化，都产生了深远的影响。商代甲骨占卜流程与卜法制度，应作为商代历史研究的重要组成部分，需要对其进行专门的研究。

## 第一节 甲骨占卜源流

先民使用甲骨进行占卜的起源甚早，故占卜源流的探索是个相当复杂且重要的问题。此处只简述何以龟卜，传世文献所见甲骨占卜的某些记载和考古出土史前的甲骨占卜情况，试析甲骨占卜源流的相关问题。

---

① 宋兆麟、黎家芳、杜耀西：《中国原始社会史》，文物出版社，1983年，第494页。

# 一、何以龟卜

古人为何以龟进行占卜，其主要原因是龟的神灵性和长寿的特征，在传世文献中，龟素来有“灵龟”“神龟”等美誉。

## （一）龟具神灵性

《河图·玉版》有言：“灵龟负书，丹甲青文，以授帝”[①]，此为灵龟负书授帝之言。《洛书·灵准听》有言：“灵龟者，玄文五色，神灵之精也。上隆法天，下平法地，能见存亡，明于吉凶”[②]，灵龟者，能见存亡，明于吉凶。

《周易·系辞上传》记载：“探赜索隐，钩深致远，以定天下之吉凶，成天下之亹亹者，莫大乎蓍龟”[③]，定天下之吉凶，成天下之亹亹者，都不如蓍和龟。

《礼记·礼运》载：“麟、凤、龟、龙，谓之四灵……龟以为畜，故人情不失”，方氏慤曰：“龟兆吉凶”[④]，龟乃四灵之一，可通人情，故龟兆可测吉凶。

《孔子家语·执辔》载：“羽虫三百有六十，而凤为之长；毛虫三百有六十，而麟为之长；甲虫三百有六十，而龟为之长；鳞虫三百有六十，而龙为之长；倮虫三百有六十，而人为之长。”[⑤]又《大戴礼记·易本命》曰：“有甲之虫三百六十，而神龟为之长。”[⑥]有甲之虫三百六十种，龟有灵性，故为其长。

《尔雅·释鱼》载十龟：“一曰神龟，二曰灵龟，三曰摄龟，四曰宝龟，五曰文龟，六曰筮龟，七曰山龟，八曰泽龟，九曰水龟，十曰火龟”，其引《礼统》之言曰：“神龟之象，上圆法天，下方法地，背上有盘法丘山，玄文交错以成列宿，长尺二寸，明吉凶，不言而信者”，其疏曰：“灵龟，龟之有灵、次神龟者”[⑦]。神龟和灵龟在十龟之首，龟之有灵，灵龟次于神龟。

《说苑·辨物》曰：“灵龟文五色，似金似玉，背阴向阳……千岁之化，下气上通。能知存亡吉凶之变。”[⑧]灵龟乃千岁之化，下气上通，能知存亡吉凶。

---

① 〔日〕安居香山、中村璋八辑：《纬书集成》，河北人民出版社，1994年，第1146页。

② 〔日〕安居香山、中村璋八辑：《纬书集成》，河北人民出版社，1994年，第1259页。

③ 周振甫译注：《周易译注》，中华书局，1991年，第248页。

④ （清）孙希旦撰，沈啸寰、王星贤点校：《礼记集解》，中华书局，1989年，第614页。

⑤ （清）陈士珂辑：《孔子家语疏证》，上海书店，1987年，第168页。

⑥ （清）王聘珍撰，王文锦点校：《大戴礼记解诂》，中华书局，1983年，第259页。

⑦ （晋）郭璞注，（宋）邢昺疏，李传书整理，徐朝华审定：《尔雅注疏》，北京大学出版社，1999年，第303、304页。

⑧ （汉）刘向撰，向宗鲁校证：《说苑校证》，中华书局，1987年，第456、457页。

《论衡·卜筮篇》载："蓍神龟灵，兆数报应。"注云："龟言兆，蓍言数。"[①]神龟有灵之意，可观其兆。

《抱朴子·内篇》引《玉策记》之言："千岁之龟，五色具焉，其额上两骨起似角，解人之言，浮于莲叶之上，或在丛蓍之下，其上时有白云蟠蛇。"[②]这描述了千岁灵龟的特征和习性。

龟具灵性，负书授帝、能见存亡、明于吉凶、可通人情、为甲虫之长，灵龟的地位仅次于神龟，有千岁之化，可下气上通。正是龟的神灵性，使其善于上传下达，成为沟通天、地和人的灵物，因而受到先民之崇拜。在先民看来，灵龟可以凭借其灵性作为占卜之物，传达上帝、天神的意志。

龟灵观念是中国早期宗教信仰体系的特色之一，源自万物有灵的观念。王玉哲曾指出："原始社会中的万物有灵观念，是形成原始宗教的一种思想基础。"[③]而从考古发现看，"'龟灵崇拜'的起源却相当古老"[④]。先民很早就注意到灵龟种种的天赋异能，先民崇拜灵龟的习俗可以追溯到7000—8000年前的中原裴李岗文化。裴李岗文化中，先民有在龟甲上刻划记事符号的习俗。谢崇安就指出："龟甲可能最初是巫师用作跳神的道具，故裴李岗文化中有龟铃。大汶口、龙山文化中则屡见随葬龟甲的墓葬。"[⑤]龟甲随葬是先民的习俗，这种习俗的起源甚早。

商代的龟灵崇拜更甚，郭静云曾推论说："商文明对乌龟的崇拜，奠基于下界动物具备通达上界而相合的理想，用龟甲占卜即是源自此概念。换言之，乌龟造型常被呈现在礼器的器底之上，或许是以此来表达礼器吸收上天的指令和保佑，其意思可能与用龟甲占卜、追求灵验有关系。"[⑥]

再者，商末周初的青铜器上，往往铸有比甲骨文更为原始的图像，我们可以视之为族徽。而商代先民崇拜灵龟，如商周青铜器族徽中屡见龟文，就是其灵龟图腾崇拜的徽号。朱彦民认为："从图腾崇拜之中，不仅可以看到先民的思想、观念和宗教信仰，而且也能从某一个相同的图腾崇拜区找到它的部族策源地。"[⑦]灵龟图腾崇拜反映了商代先民的思想观念和宗教信仰。商代灵龟图腾徽号的产生，便是以龟灵观念为基础形成的原始宗教信仰。

总体而言，商代龟卜多于骨卜，且重于骨卜，便是源于龟灵的观念。商代巫教色彩浓厚，无事不行卜筮，也是万物有灵的观念所致。

---

① 黄晖撰：《论衡校释》，中华书局，1990年，第998页。

② 王明：《抱朴子内篇校释》（增订本），中华书局，1996年，第47页。

③ 王玉哲：《中华远古史》，上海人民出版社，2003年，第84页。

④ 李零：《中国方术考》，东方出版社，2001年，第59页。

⑤ 谢崇安：《商周艺术》，巴蜀书社，1997年，第73、74页。

⑥ 郭静云：《天神与天地之道：巫觋信仰与传统思想渊源》，上海古籍出版社，2016年，第753页。

⑦ 朱彦民：《商族的起源、迁徙与发展》，商务印书馆，2007年，第92页。

## （二）龟长寿

龟长寿也多见诸于传世文献，如《公羊传·定公》载：“弓绣质，龟青纯。”何休之注云：“千岁之龟青髯，明于吉凶。”[①]千岁的龟，其髯为青色，可以断明吉凶。

《史记·龟策列传》有载：“神龟出于江水中，庐江郡常岁时生龟长尺二寸者二十枚输太卜官，太卜官因以吉日剔取其腹下甲。龟千岁乃满尺二寸。”[②]神龟生于江水之中，千岁才能长满一尺二寸。

《淮南子·说林训》有言：“牛蹏彘颅亦骨也，而世弗灼，必问吉凶于龟者，以其历岁久矣。”[③]问吉凶于龟，是其历年岁长久之故。

《博物志·物性》云：“龟三千岁游于莲叶，巢于卷耳之上。”[④]又《博物志·杂说》载：“蓍一千岁而三百茎，其本以老，故知吉凶。”[⑤]龟与蓍皆年岁长久，能知吉凶。

《抱朴子内篇·论仙》云：“谓生必死，而龟鹤长存焉。”[⑥]龟能长久生存。

《太平御览·鳞介部》引《洪范》之言：“龟之言久也，千岁而灵，此禽兽而知吉凶者也。”[⑦]龟千岁而灵，可以知吉凶。

《说文解字注·龟部》段玉裁引刘向言道：“蓍之言耆，龟之言久。龟千岁而灵，蓍百年而神。以其长久，故能辨吉凶。”[⑧]

《白虎通·蓍龟》曰：“乾草枯骨，众多非一，独以蓍龟何？此天地之间寿考之物，故问之也。龟之为言久也。蓍之为言耆也。久长意也。”[⑨]龟和蓍，天地之间寿考之物，故可问之。

另外，《论衡·卜筮》记载了一段孔子与其弟子子路的对话：

子路问孔子曰：“猪肩羊膊，可以得兆；雚苇藁芼，可以得数，何必以蓍龟？”孔子曰：“不然。盖取其名也。夫蓍之为言‘耆’也，龟之为言‘旧’也，明狐疑之事，当问耆旧也。”[⑩]

孔子以为蓍龟可以明狐疑之事的缘故，乃是二者耆、旧，寿命长久。龟之长寿，使其更便于作为占卜之物，长久地遗传下去。

---

① （汉）何休解诂，（唐）徐彦疏，蒲卫东整理，杨向奎审定：《春秋公羊传注疏》，北京大学出版社，1999年，第572页。

② （汉）司马迁撰：《史记》，中华书局，1963年，第3227页。

③ 何宁撰：《淮南子集释》，中华书局，1998年，第1186页。

④ （晋）张华撰，范宁校正：《博物志校证》，中华书局，1980年，第46页。

⑤ （晋）张华撰，范宁校正：《博物志校证》，中华书局，1980年，第105页。

⑥ 王明：《抱朴子内篇校释》（增订本），中华书局，1996年，第13页。

⑦ （宋）李昉等撰：《太平御览》，中华书局，1995年，第4137页。

⑧ （汉）许慎撰，（清）段玉裁注：《说文解字注》，上海古籍出版社，1981年，第678页。

⑨ （清）陈立撰，吴则虞点校：《白虎通疏证》，中华书局，1994年，第329页。

⑩ 黄晖撰：《论衡校释》，中华书局，1990年，第998、999页。

《初学记·鳞介部·龟》引柳氏《龟经》曰："龟一千二百岁，可卜天地之终始。"[①]龟一千二百岁，即能占卜天地之始终。

龟之长寿，方能明于吉凶。正如詹鄞鑫指出："龟以长寿著称，旧称为神龟……又有占卜的灵龟崇拜。至战国时代，龟便作为介虫之长而纳入四灵崇拜中。"[②]王宇信言道："大概龟的长生、强劲逸闲、安乐耐饥、易息养以及龟头伸缩自如、龟背纹理之象等生物生理特征，是龟灵观念产生的由来。"[③]所以说，龟之长寿，是龟灵观念产生的基础之一。

那么，龟作为一种动物，何以如此长寿。因为龟耐饥渴，其寿命颇长。许进雄曾论述过龟长寿的原因："它的肺可以贮存大量的空气。由于它不必经常从事激烈的行动以觅食或逃命，所以可以缓慢地呼吸，消耗极少量的体能。而且其体内贮有充分的水分和养料，可以长久不饮、不食、不动地生活着。"[④]龟之耐饥，肺贮存大量的空气，缓慢呼吸，体内贮有充分的水分和养料等生物特征，许进雄为龟之长寿做出了合理的解释。

龟之长寿，是其能够作为占卜之物的主要原因。朱彦民于此给出了解释：

> 古代人们生活条件粗陋，寿命甚短，寿命较长的长者丰富的生活经验和广博的人生阅历，是古人的行事准则和智慧源泉。所以，古人对比人类长寿的龟类动物有一种天然的神秘崇拜心理，很早就奉为四灵之一。古人最早的用龟就是期望能从龟身上得到历史的经验和未来的启示，这就自然地把长寿灵验的龟甲与预知未来的占卜结合起来，从而形成了最早的龟甲占卜模式[⑤]。

从考古发掘出土的实物资料而言，骨卜的出现早于龟卜，此处只简述学界关于骨卜起源和方法的推想。关于骨卜的起源，朱天顺猜想：

> （先民）于是烧烤兽肉时，兽骨炸裂成了吉祥的征兆。兽骨炸裂是无意中造成的，后来人们就把它利用于占卜，以兽骨是否炸裂为吉兆或凶兆。后来或许发生了这样的事：兽骨炸裂的吉兆不灵验，人们在寻找不灵验的原因时，注意到了裂纹的大小、横直、长短等情况，在无数次重复过程中，整理出了一套关于烧烤兽骨炸裂痕迹的占卜信条[⑥]。

这是朱天顺关于骨卜起源的一种推测，并非毫无根据的想象。再者，宋兆麟做了少数民族调查后指出：

---

① （唐）徐坚等著，司义祖点校：《初学记》，中华书局，1962年，第745页。

② 詹鄞鑫：《神灵与祭祀——中国传统宗教综论》，江苏古籍出版社，1992年，第105页。

③ 王宇信、杨升南主编：《甲骨学一百年》，社会科学文献出版社，1999年，第224页。

④ 许进雄：《中国古代社会——文字与人类学的透视》（修订本），台湾商务印书馆，1995年，第630页。

⑤ 朱彦民：《商代社会的文化与观念》，南开大学出版社，2014年，第27页。

⑥ 朱天顺：《中国古代宗教初探》，上海人民出版社，1982年，第149页。

> 我们在大兴安岭进行民族调查时发现，当地的鄂伦春族是一个食肉衣皮的狩猎民族，但对兽骨也不丢弃，除了把兽骨作为工具的原料而外，也喜欢吃骨髓，具体吃法并不是先‘敲骨吸髓’，而是把兽骨丢进篝火烧烤，待骨骼干裂后取出来，轻轻以猎刀击之，骨骼就破开了，猎人这才吸出骨髓。其中值得注意的是，猎人在烧骨时要观看骨裂状况，如裂纹大而纹直，认为这个骨髓会丰满、好吃；裂纹小而紊乱，则认为这骨髓少而不好吃。并且以骨裂大小、骨髓多少判断狩猎能否丰收。这个例证对说明骨卜起源有重要的启发①。

宋兆麟所说的骨卜信息，比较详细，简言之：鄂伦春族猎人喜欢吸食骨髓，以篝火烧烤兽骨，烧烤的同时还观察骨骼裂纹的状况，对某些事件进行预测。另外，崔波则推想：

> 原始人在烘烤带骨的兽肉时，骨头的炸裂声和裂纹的大小、长短、横直等各种现象，引起了当时人们的注意，随后进行的活动得到了满意的结果，如战斗获得胜利，狩猎获得丰收，于是骨头炸裂后的各种现象便成了吉祥与否的前兆。经过无数次的观察实践，最后形成了专门的骨卜信条②。

朱天顺和崔波关于骨卜产生的推测，大同小异，即原始人发现骨卜的方法存在极大的偶然性。而宋兆麟则是根据对少数民族的调查，简述了骨卜的方法。即使骨卜的起源远早于龟卜，但后来先民多用龟卜。

中国古代先民会慎重地选择占卜之物，以便占卜之事的结果可以得到天帝的意愿。甲骨占卜是各类占卜的主体，张光直就指出：“占卜本身，就是借助动物甲骨来实现的，可见它们的确是沟通天地的工具。”③而龟又是甲骨占卜中主要的占卜之物，龟具神灵性且长寿，使龟明于吉凶，成为主要的占卜之物。其他诸如龟为国宝、财富、天地之象和人象等，也是其升转化为神圣之龟的重要原因④。另有传说得到大龟者，可以致富发财，甚至强国称王。但如此种种，都不若龟之灵性和长寿更有说服力。总之，先民之所以选择龟卜，主要原因便是看中了龟之灵性和长寿。随着甲骨占卜的灵验，促使龟成为灵物的化身，占卜的工具。

## 二、传世文献所见甲骨占卜的记载

有关甲骨占卜的记载，多出现于西周以降的古代文献。这种片段化的记载，对于研究商代甲骨占卜之法具有重要的指导和借鉴意义。

---

① 宋兆麟：《巫与巫术》，四川民族出版社，1989年，第150页。
② 崔波：《甲骨占卜源流探索》，中国文史出版社，2003年，第37页。
③ 〔美〕张光直著，郭净译：《美术、神话与祭祀》，辽宁教育出版社，2002年，第52—54页。
④ 刘玉建：《中国古代龟卜文化》，广西师范大学出版社，1992年，第1—34页。

《尚书·金縢》云："今我即命于元龟……乃卜三龟，一习吉。"[①]以三王之大龟，连续灼卜三龟，皆得吉兆。

《周礼·春官·筮人》云："凡国之大事，先筮而后卜。"[②]可见，西周时，筮与卜有先后之分。

《礼记·曲礼》载："龟为卜，筴为筮。卜、筮者，先圣王之所以使民信时日，敬鬼神，畏法令也；所以使民决嫌疑，定犹豫也。"[③]先圣王可以借助卜龟和筴筮，使臣民信时日、敬鬼神、畏法令、定犹豫。再，《礼记·月令》云："是月也，命大史衅龟、筴，占兆，审卦，吉凶是察"[④]，亦是龟甲占卜之记载。又，《礼记·祭义》曰："昔者圣人建阴阳天地之情，立以为易，易抱龟南面，天子卷冕北面，虽有明知之心，必进断其志焉，示不敢专，以尊天也。"[⑤]天子虽然有明知之心，但也不敢独断专行，以龟甲占卜尊奉天之意志。

《鬼谷子集校集注·决篇》记载："故先王乃用蓍龟者，以自决也。"注云："陶弘景曰'夫以先王之圣智，无所不通，犹用蓍龟以自决'。"[⑥]圣智的先王，无所不通，犹用蓍龟以自决。

《左传·昭公十三年》载："召观从，王曰'唯尔所欲，对曰'臣之先佐开卜'，乃使为卜尹。"[⑦]观从的先人辅佐卜人开龟兆，乃使其任卜尹，卜尹即卜师。

《墨子·耕柱》云："是使翁难雉乙卜于白若之龟。"[⑧]白若之龟即百灵之龟。

《吕氏春秋·孟冬纪》有言："是月也，命太卜祷祠龟策占兆，审卦吉凶。"[⑨]

《史记·龟策列传》开篇即言："自古圣王将建国受命，兴动事业，何尝不宝卜筮以助善。唐虞以上，不可记已。自三代之兴，各据祯祥。"[⑩]

《淮南子·说林训》有言："卜者操龟，筮者端策，以问于数，安所问之哉。"注云："数，可卜筮者也。"[⑪]

《白虎通疏证·蓍龟》篇曰："龟曰卜，蓍曰筮何？卜，赴也。爆见兆也。筮也者，信也。"[⑫]用龟卜，乃爆后见兆；用筮蓍，决断内心之疑惑。

《后汉书·东夷传·夫余》载："有军事亦祭天，杀牛，以蹄占其吉凶。"[⑬]夫余国若有

---

① （清）孙星衍撰，陈抗、盛冬铃点校：《尚书今古文注疏》，中华书局，1986年，第327、328页。

② （清）孙诒让撰，王文锦、陈玉霞点校：《周礼正义》，中华书局，1987年，第1965页。

③ （清）孙希旦撰，沈啸寰、王星贤点校：《礼记集解》，中华书局，1989年，第94页。

④ （清）孙希旦撰，沈啸寰、王星贤点校：《礼记集解》，中华书局，1989年，第487页。

⑤ （清）孙希旦撰，沈啸寰、王星贤点校：《礼记集解》，中华书局，1989年，第1233、1234页。

⑥ （战国）鬼谷子著，许富宏撰：《鬼谷子集校集注》，中华书局，2008年，第173页。

⑦ 杨伯峻编著：《春秋左传注》，中华书局，1995年，第1349页。

⑧ 王焕镳撰：《墨子集诂》，上海古籍出版社，2005年，第996页。

⑨ 许维遹撰，梁运华整理：《吕氏春秋集释》，中华书局，2010年，第217页。

⑩ （汉）司马迁撰：《史记》，中华书局，1963年，第3223页。

⑪ 何宁撰：《淮南子集释》，中华书局，1998年，第1178、1179页。

⑫ （清）陈立撰，吴则虞点校：《白虎通疏证》，中华书局，1994年，第329页。

⑬ （宋）范晔撰，（唐）李贤等注：《后汉书》，中华书局，1973年，第2811页。

军事，杀牛祭天，以牛蹄占卜吉凶。

《三国志·魏书·东夷·夫余》曰："有军事亦祭天，杀牛观蹄以占吉凶，蹄解者为凶，合者为吉。"①夫余国有军事行动，会杀牛祭天，以牛蹄占卜吉凶。又《倭人》载："其俗举事行来，有所云为，辄灼骨而卜，以占吉凶，先告所卜，其辞如令龟法，视火坼占兆。"②此乃载倭人占卜之法，灼骨而卜吉凶。

《晋书·四夷·夫余国》载："（夫余国）若有军事，杀牛祭天，以其蹄占吉凶，蹄解者为凶，合者为吉。"③夫余国，以牛蹄占卜吉凶。

《唐六典》载："太卜令掌卜筮之法，以占邦家动用之事。"④即太卜令职掌卜筮，占卜邦家动用之事。

《初学记·兽部·牛》引杨方《五经钩沉》曰："东夷之人，以牛骨占事，呈示吉凶，无往不中。"⑤东夷之人，以牛骨占卜事之吉凶。

《辽史·西夏》载蒙古族以艾灼羊骨："凡出兵先卜，有四：一炙勃焦，以艾灼羊胛骨。"⑥

《元史·耶律楚材传》曰："帝每征讨，必命楚材卜，帝亦自灼羊胛，以相符应。"⑦帝命耶律楚材占卜，同时亦自占卜。

以上为传世文献中关于甲骨占卜的主要记载，由此，可以确定以下四点。

第一，传世文献关于甲骨占卜的记载较少，古人研究的最大缺陷在于未曾目睹出土甲骨之实物，故其对古籍的注疏、整理等工作只能利用以经解经的办法，即诸多注疏、解释建立在对众多经书的理解之上。囿于时代，以上所列之先秦至元的传世文献，皆是如此。故在甲骨文等古文字资料发掘出土之前，学者欲了解甲骨占卜制度，只得依靠传世文献的相关记载。再者，这些记载比较零散，不成系统，学者难以便览，不能了解甲骨占卜的真实情况。

得益于清末殷墟甲骨文等实物资料的发现，加之近代西方考古学、人类学和社会学等学科理论与研究方法的引进，才解决了传世文献某些史料不足征的问题。自此，甲骨学成为学界全新的研究领域。孙诒让、罗振玉、王国维和董作宾等众多学者导夫先路，致力于甲骨占卜的研究，在观察甲骨实物的同时，结合传世文献的相关记载，对甲骨占卜制度进行解析。王国维指出："吾辈生于今日，幸于纸上之材料外更得地下之新材料。由此种材料，我辈固得据以补正纸上之材料，亦得证明古书之某部分全为实录，即百家不雅驯之言亦不无表示一面之事实。此二重证据法惟在今日始得为之。虽古书之未得证明者不能加以否定，而其已得证明者不能不加

① （晋）陈寿撰，（宋）裴松之注：《三国志》，中华书局，1964年，第841页。
② （晋）陈寿撰，（宋）裴松之注：《三国志》，中华书局，1964年，第856页。
③ （唐）房玄龄等撰：《晋书》，中华书局，1974年，第2532页。
④ （唐）李林甫等撰，陈仲夫点校：《唐六典》（下），中华书局，2014年，第412页。
⑤ （唐）徐坚等著，司义祖点校：《初学记》，中华书局，1962年，第707页。
⑥ （元）脱脱等撰：《辽史》，中华书局，1974年，第1523页。
⑦ （明）宋濂等撰：《元史》，中华书局，1976页，第3456页。

以肯定可断言也。”[①]此即王氏之“二重证据法”。周传儒也曾说：“吾人生于今日，幸而得见孔、孟所不见之材料，若甲骨，若金石，吾人可据以补正纸上之材料，以得以证明古书之某分全为实录，即百家之不雅驯之言，亦无不表示一面之事实，此二重证据法……地下材料与殷代有关者，自然当推甲骨……据地下材料以补正纸上材料之缺讹，又据纸上材料以补正地下材料之脱略，如此而殷代历史可得而知矣。”[②]

正如董作宾所言：“甲骨学成为一种学问，也是新近的事。五十年以前，不但世界上没有甲骨学，连甲骨两字也不曾放在一起过，这真算一件空前的惊人的大发现：在三千年以后的今日，能够看到并且亲手摩挲欣赏那三千年以前大史家用笔书写用刀契刻的真迹，研索那三千年以前殷代王室所记录的直接史料。”[③]

其实，只有将传世文献记载的甲骨占卜与出土甲骨实物相结合，才能还原甲骨占卜之真实面目，寻得古人占卜之精绝奥秘。

第二，由考古发掘出土的实物资料来看，甲骨占卜起源甚早，且骨卜的出现早于龟卜。《墨子·耕柱篇》有言：“昔者夏后开，使蜚廉折金于山川，而陶铸之于昆吾。是使翁难雉乙卜于白若之龟”[④]，此即：记夏时有龟卜。从考古出土的实物资料看，新石器时代的遗址，就发现了一些带有灼痕或刻划符号的兽骨和龟甲，这些明显是先民占卜之遗物。城子崖遗址中就已经发现有牛肩胛骨和鹿肩胛骨，且有钻灼之痕迹；旅顺羊头洼黑陶遗址，出土有卜骨。在滕县安上村、永城黑孤堆等拍印纹陶遗址，出土了少数卜龟残片。谢端琚认为甲骨占卜之法源于新石器时代晚期[⑤]。河南西南部淅川下王冈遗址、内蒙古自治区乌尔吉木伦河巴林左旗富河沟门遗址和甘肃武山傅家门遗址均发现有骨卜材料[⑥]。谢崇安指出：“龟骨卜与占卦，归根结底也不过是原始巫术神判的不同形式。其中，龟骨卜的形式早见于黄河流域的龙山文化。然而，后来盛行于周代的八卦占卜符号的早期形式却是见于长江下游……”[⑦]即认为早在黄河流域的龙山文化中，就有甲骨占卜的现象。可以说，在龟灵崇拜的史前时代，海岱地区和长江流域，盛行骨卜，却不见龟卜[⑧]。

毋庸置疑，骨卜的记载虽少，但从考古出土实物资料看，骨卜的出现早于龟卜。然而，甲骨占卜之法具体起源于何时，需要根据考古实物资料继续考证。胡煦在《卜法详考》中引杨时乔之言道：“昔者圣人龟蓍并重，或谓龟蓍之法，不知起于何时……则卜筮之法，已备于伏羲

① 王国维：《古史新证》，清华大学出版社，1996年，第2、3页。

② 周传儒：《甲骨文字与殷商制度》，开明书店，1934年，第50、51页。

③ 董作宾：《甲骨学六十年》，艺文印书馆，1965年，第1页。

④ 王焕镳撰：《墨子集诂》，上海古籍出版社，2005年，第993—996页。

⑤ 谢端琚：《中国原始卜骨》，《文物天地》1993年第6期。

⑥ 河南省文物研究所、长江流域规划办公室考古队河南分队：《淅川下王冈》，文物出版社，1989年，第200页；中国社会科学院考古研究所甘青队：《甘肃武山傅家门史前文化遗址发掘简报》，《考古》1995年第4期；徐光冀：《富河文化的发现与研究》，《新中国的考古发现和研究》，方志出版社，2007年，第186页。

⑦ 谢崇安：《商周艺术》，巴蜀书社，1997年，第53页。

⑧ 高广仁、邵望平：《中国史前时代的龟灵与犬牲》，《中国考古学研究——夏鼐先生考古五十年纪念论文集》，文物出版社，1986年，第57—68页。

之世，神农唐虞夏商周皆尊重矣。”[①]这说的是龟蓍之法在伏羲之世，已然完备，后世皆重视之。李济指出：“骨卜习俗之原始及其传播在现代民俗中仍为一未解决之问题，讨论这个问题的，大概都追溯到中国三代的龟卜为止。但殷虚发掘已经证明中国的龟卜还是从骨卜演化出来的。”[②]李济认为中国的龟卜是从骨卜演化而来的。刘渊临探讨的龙山期和齐家期卜骨上攻治技术的痕迹演进过程，此皆在商代和西周之前[③]。王蕴智指出：“甲骨占卜方式本不是商代人的发明，其渊源当可追溯于史前时代先民的龟灵崇拜和先兆迷信。”[④]王蕴智推测甲骨占卜的起源更早，可以追溯至史前时代，这一点已经得到了考古出土实物的印证。

可以确定，甲骨占卜源自史前时代无疑，且骨卜的出现早于龟卜，龟卜与骨卜是占卜的两条主线。商代距虞夏时期不远，应该直接继承和发展了虞夏时期以骨卜为主的礼俗制度，随着社会的发展，龟卜成为占卜的主体。

虽然可以确定甲骨占卜起源甚早，骨卜的出现早于龟卜，但是从考古实物资料看，商代骨卜和龟卜并用。石璋如论述了城子崖、后冈、侯家庄等遗址卜骨的分布以及安上村、黑孤堆遗址的卜龟，进而指出卜骨与卜龟的关系，论述比较详细：

> 从以上各古籍中的记载，各遗址地下所发现的材料以及各位专家的论证，很显然的地下材料的分布，与古籍中的记述是相配合的。卜骨的分布是在山东河南甚至远东与古籍所谓东夷的地区相合，处处均与黑陶有关。卜龟的分布是在淮河流域，与古籍所谓淮夷的地区相合，处处均与拍纹陶有关。那么我们可以这样作个暂时的结论：骨卜的东方的习惯，很可能的是东夷的祖先黑陶文化的传统。龟卜的南方的习惯，很可能的是淮夷的祖先拍纹陶文化的传统。骨卜与龟卜本来是两个系统，互不相干，因为殷人承袭了黑陶文化和拍纹陶文化，所以他们把骨卜与龟卜同时并用，甚至也分不出何事应该用骨，何事应该用龟了[⑤]。

第三，甲骨占卜盛行于商代，西周时逐渐衰弱，战国时期的卜筮仍用于解疑释惑。至西汉前期，天下初定，龟卜之法的“精微深妙，多所遗失”[⑥]。汉代以来，龟卜呈现逐渐衰落的趋势，筮占则呈上升的势头，龟卜之法衰落的原因不甚明了。

在此，试推测之。甲骨占卜作为“沟通神鬼和商王的手段”[⑦]，自然得到商王朝的重视，商王将神权与王权合一，占卜至上。陈梦家就指出：“由巫而史，而为王者的行政官吏；王者

① （清）胡煦著，程林点校：《卜法详考》，《周易函书》（第四册），中华书局，2008年，第1183页。

② 李济：《城子崖·序》，《城子崖（山东历城县龙山镇之黑陶文化遗址）》，国立中央研究院历史语言研究所，1934年，第15页。

③ 刘渊临：《卜用甲骨上攻治技术的痕迹之研究》，台湾编译馆，1984年，第23—26页。

④ 王蕴智：《殷商甲骨文研究》，科学出版社，2010年，第42页。

⑤ 石璋如：《骨卜与龟卜探源——黑陶与白陶的关系》，《先秦史研究论集（上）》（大陆杂志史学丛书第一辑第二册），大陆杂志社，1967年，第161—165页。

⑥ （汉）司马迁撰：《史记》，中华书局，1963年，第3224页。

⑦ 王晖：《商周文化比较研究》，人民出版社，2000年，第107页。

自己虽为政治领袖，同时仍为群巫之长。”[①]商王既是政治领袖，又是群巫之长。其后，西周王朝意识到“天命靡常”，以“敬德保民”的政治主张维持其统治。至春秋战国时期，更是中国古代历史上“第一次突破的轴心时代”[②]，社会秩序大崩溃，思想观念大变革。以致西汉前期，甲骨占卜之法“精微深妙，多所遗失”。

罗振玉也认为“是商周卜法，汉儒已不能明矣”[③]。李零指出“古代龟卜由盛而衰，汉代似乎是关键时期”[④]。梁钊韬指出中国古代占卜在时代上的划分，仅就占卜本身的形式发展，可以划分为三期：一，预兆期（殷商以前时代为主）；二，骨甲卜期（殷商时代为主）；三，蓍筮占期（周代为主）[⑤]。

所以，占卜之术式微，是多种社会因素合力的结果，也是历史发展的必然趋势。

第四，卜与筮是两种不同的占卜方法，学界早已明确其不同之处，甲骨为卜，筮是数占。《尚书·洪范》总结了商代卜筮的原则，指出龟卜的兆象有雨、霁、蒙、驿、克，蓍筮的兆象有贞、悔[⑥]。沈启无、朱耘菴指出：“析言之，灼龟观兆曰卜，揲蓍布卦曰筮”[⑦]，道出了卜与筮的本质区别。江林昌指出：“我国古代的占筮术分为两种。卜用龟骨，依卜兆的形状判断吉凶；筮用蓍草，按揲蓍得数排列卦爻，从而决定休咎”，且认为从考古材料来看，商周时期的筮数已经比较复杂和成熟了，它们应该有更早的渊源[⑧]。陈炜湛则认为就卜筮而言，古人之重视龟卜远胜蓍筮[⑨]。于成龙区别卜与筮之言较详：“卜是灼龟甲及兽骨，籍其兆象以决嫌疑，而筮则是揲蓍草之类，假以卦数来断犹豫。”[⑩]

卜与筮之别，已然明晰。但是，在商周时期，盛行卜筮并用的占卜制度，且“重视龟卜远胜蓍筮”。饶宗颐指出：“是知龟与策乃显为二事，策指揲蓍言之，蓍草易朽，故今无存，不得以此遂谓殷人无筮，此不得不为辨正者也”，即认为殷人兼用“卜”“筮”[⑪]。而商代之筮与卜孰先孰后，亦需详细考证。商代甲骨占卜逐渐占据主导地位，筮卦从属于龟卜。李学勤说：“所谓‘筮轻龟重’、‘筮短龟长’，卜法由于材料难得，手续繁杂，被认为更为重要。《礼记·表记》甚至说‘天子无筮’。殷墟很少有殷人筮法的遗迹，也许就是由于当地是王都的缘故。”[⑫]

---

① 陈梦家：《商代的神话与巫术》，《燕京学报》1936年第20期。

② 王晖：《商周文化比较研究》，人民出版社，2000年，第9页。

③ 罗振玉：《殷虚书契考释》，永慕园石印本影印版，1915年，第108页。

④ 李零：《中国方术考》，东方出版社，2001年，第238页。

⑤ 梁钊韬：《中国古代巫术——宗教的起源与发展》，中山大学出版社，1999年，第102页。

⑥ （清）孙星衍撰，陈抗、盛冬铃点校：《尚书今古文注疏》，中华书局，1986年，第310—313页。

⑦ 沈启无、朱耘菴：《龟卜通考》，《国立华北编译馆馆刊》1942年第1卷，第1期。

⑧ 江林昌：《夏商周文明新探》，浙江人民出版社，2001年，第401—403页。

⑨ 陈炜湛：《从文献记述看占卜的性质及其与祷祝的区别》，《甲骨文论集》，上海古籍出版社，2003年，第120页。

⑩ 于成龙：《战国楚简中的卜筮仪节初论》，《考古学研究》（六），科学出版社，2006年，第491页。

⑪ 饶宗颐：《殷代贞卜人物通考》，中华书局，2015年，第41页。

⑫ 李学勤：《失落的文明》，上海文艺出版社，1997年，第271页。

总之，记载甲骨占卜的传世文献，只是少数。得益于殷墟甲骨的出土，前贤试图观察实物，窥探占卜制度。从出土实物看，甲骨占卜起源甚早，骨卜的出现早于龟卜，卜筮有别，这是不易之论。甲骨占卜在先秦时期，具有独特的盛衰发展脉络。

## 三、中国史前遗址所见甲骨占卜的现象

早在新石器时代，中国先民已经使用兽骨进行占卜。前文已经论述，从考古出土实物看，骨卜的出现早于龟卜，被先民用作占卜材料。傅家门遗址，为新石器时代遗址，在马家窑文化石岭下类型的祭祀坑中，出土了一批带有灼痕和阴刻符号的6件卜骨，骨质为羊、猪、牛的肩胛骨[①]。

龙山文化时期的遗址，出土了大量卜骨，多是牛、猪、羊的肩胛骨。寨子塔遗址属于龙山文化早期阿善文化，第一阶段文化遗存中出土了几件卜骨，骨质为牛或其他食草类动物的肩胛骨[②]。老虎山文化属于龙山文化晚期，位于凉城县老虎山，围墙内Ⅴ区的第3层和第4层各出土1件卜骨，骨质为猪肩胛骨[③]。准格尔旗永兴店遗址也属于龙山文化晚期，出土卜骨数量较多，骨质为猪、羊肩胛骨[④]。皇娘娘台遗址属于龙山晚期齐家文化，共出土49件卜骨，其中有10余件有轻微的刮削、修治痕迹，但不确定是否为占卜所用，26件有明显的烧灼痕迹，骨质为羊、牛、猪的肩胛骨[⑤]。章丘城子崖遗址，属于龙山文化，出土16件卜骨，骨质为鹿、牛的肩胛骨[⑥]。大城山遗址属于龙山文化，出土4件卜骨，骨质为鹿、牛的肩胛骨[⑦]。

夏邑清凉山遗址属于龙山文化，出土15件卜骨，卜骨13件，以牛肩胛骨居多，有少数羊肩胛骨，卜甲2件[⑧]。瓦店遗址属于龙山文化，出土6件卜骨，1件牛肩胛骨，5件羊肩胛骨[⑨]。赤峰

---

① 中国社会科学院考古研究所甘青工作队：《甘肃武山傅家门史前文化遗址发掘简报》，《考古》1995年第4期。

② 内蒙古文物考古研究所：《准格尔旗寨子塔遗址》，《内蒙古文物考古文集（第二辑）》，中国大百科全书出版社，1997年，第304页。

③ 内蒙古文物考古研究所编：《岱海考古（一）——老虎山文化遗址发掘报告集》，科学出版社，2000年，第258页、265页。

④ 内蒙古文物考古研究所：《准格尔旗永兴店遗址》，《内蒙古文物考古文集（第一辑）》，中国大百科全书出版社，1994年，第244页。

⑤ 甘肃省博物馆：《甘肃武威皇娘娘台遗址发掘报告》，《考古学报》1960年第2期；甘肃省博物馆：《武威皇娘娘台遗址第四次发掘》，《考古学报》1978年第4期。

⑥ 李济总编辑：《城子崖（山东历城县龙山镇之黑陶文化遗址）》，国立中央研究院历史语言研究所，1934年，第85—89页。

⑦ 河北省文物管理委员会：《河北唐山市大城山遗址发掘报告》，《考古学报》1959年第3期。

⑧ 北京大学考古学系、商丘地区文管会：《河南夏邑清凉山遗址发掘报告》，《考古学研究》（四），科学出版社，2000年，第443—519页。

⑨ 河南省文物考古研究所：《河南禹州市瓦店龙山文化遗址1997年的发掘》，《考古》2000年第2期。

大甸子遗址属于夏家店下层文化，出土4件卜骨，为动物的肩胛骨[①]。喀喇沁旗大山前遗址属于龙山文化，第1地点出土了一些卜骨，为动物的肩胛骨[②]。民乐东灰山遗址，属于四坝文化，出土少量卜骨，骨质为羊肩胛骨[③]。2016年，兴县碧村遗址出土了1件卜骨，为动物的肩胛骨[④]。襄汾陶寺遗址，属于龙山晚期文化，出土1件卜骨，为猪肩胛骨[⑤]。河南淅川下王冈遗址，属于龙山晚期，出土1件卜骨，为羊肩胛骨[⑥]。

可知，考古发掘证明，新石器时代遗址便有卜骨出土，龙山文化时期的卜骨较多。

史前墓葬有以龟甲为随葬品的情况，有实物龟、玉龟、陶龟、石龟等，当属特殊的墓葬文化，是先民的习俗。如贾湖、大墩子、刘林、大汶口、王因、野店、尚庄等遗址出土的实物龟[⑦]，良渚、凌家滩、牛河梁、胡头沟等遗址出土的玉龟[⑧]，南河浜、邓家湾等遗址出土的陶龟[⑨]，上宅遗址出土的石龟[⑩]。

高广仁、邵望平认为随葬习俗的龟甲："极有可能由织物、皮革或绳索缀合为囊，或如某

---

① 中国社会科学院考古研究所编著：《大甸子——夏家店下层文化遗址与墓地发掘报告》，科学出版社，1998年，第33—35页。

② 中国社会科学院考古研究所等：《内蒙古喀喇沁旗大山前遗址1996年发掘报告》，《考古》1998年第9期。

③ 甘肃省文物考古研究所、吉林大学考古学系：《甘肃民乐县东灰山遗址发掘纪要》，《考古》1995年第12期。

④ 山西省考古研究所、山西大学历史文化学院考古系、兴县文物旅游局：《2016年山西兴县碧村遗址发掘简报》，《中原文物》2017年第6期。

⑤ 中国社会科学院考古研究所山西工作队：《山西襄汾县陶寺遗址发掘简报》，《考古》1980年第1期。

⑥ 河南省文物研究所、长江流域规划办公室考古队河南分队：《淅川下王冈》，文物出版社，1989年，第200页。

⑦ 河南省文物考古研究所编著：《舞阳贾湖》，科学出版社，1999年，第455—461页；南京博物院：《江西邳县四户镇大墩子遗址探掘报告》，《考古学报》1964年第2期；江苏省文物工作队：《江苏邳县刘林新石器时代遗址第一次发掘》，《考古学报》1962年第1期；南京博物院：《江苏邳县刘林新石器时代遗址第二次发掘》，《考古学报》1965年第2期；山东省文物管理处、济南市博物馆编：《大汶口——新石器时代墓葬发掘报告》，文物出版社，1974年，第8页；中国社会科学院考古研究所编著：《山东王因——新石器时代遗址发掘报告》，科学出版社，2000年，第68、69、145页；山东省博物馆、山东省文物考古研究所：《邹县野店》，文物出版社，1985年，第97页；山东省博物馆、聊城地区文化局、茌平县文化馆：《山东茌平县尚庄遗址第一次发掘简报》，《文物》1978年第4期；河南省文物研究所、长江流域规划办公室考古队河南分队：《淅川下王冈》，文物出版社，1989年，第23、264页；陕西省考古研究所：《龙岗寺——新石器时代遗址发掘报告》，文物出版社，1990年，第41、70、161页；四川省博物馆：《巫山大溪遗址第三次发掘》，《考古学报》1981年第4期；常州市博物馆：《江苏常州圩墩村新石器时代遗址的调查和试掘》，《考古》1974年第2期。

⑧ 浙江省文物考古研究所反山考古队：《浙江余杭反山良渚墓地发掘简报》，《文物》1988年第1期；安徽省文物考古研究所：《安徽含山凌家滩新石器时代墓地发掘简报》，《文物》1989年第4期；辽宁省文物考古研究所：《辽宁牛河梁第五地点一号冢中心大墓（M1）发掘简报》，《文物》1997年第8期；辽宁省文物考古研究所：《辽宁牛河梁第二地点一号冢21号墓发掘简报》，《文物》1997年第8期；方殿春、刘葆华：《辽宁阜新县胡头沟红山文化玉器墓的发现》，《文物》1984年第6期。

⑨ 浙江省文物考古研究所：《浙江嘉兴南河浜遗址发掘简报》，《文物》2005年第6期；石河考古队：《湖北省石河遗址群1987年发掘简报》，《文物》1990年第8期。

⑩ 北京市文物研究所、北京市平谷县文物管理所：《北京平谷上宅新石器时代遗址发掘简报》，《文物》1989年第8期。

些学者所说，囊上可能配有流苏一类的饰物，从内装石子或背甲涂朱来看，似非日常用品，当与医、巫有关，或具有原始宗教上的其他功能，是死者生前佩戴的灵物。因此可以说，大汶口文化早期已出现了‘龟灵’观念。”①

王震中从考古发掘随葬龟甲的角度假设了刘林和大墩子墓葬巫职人员的贞卜方法，进而论述了大汶口文化和裴李岗文化中所见到的死者在腰侧随葬龟甲的习俗，他指出：

> 在刘林和大墩子两地的墓葬中，都可以见到几座随葬龟甲的墓葬。有的只随葬一、两副龟甲而别无他物，如刘林158号墓和大墩子21号墓等。这大概是身份较低的巫职人员，有的在随葬龟甲的同时，还随葬相当多的其他器物，与同期的其他墓葬相比，随葬品明显地丰厚。如刘林随葬品最多的182号墓，在32件随葬品中就有3副龟甲，龟甲内有十余粒小石子。大墩子44号墓随葬的器物大小共53件，也随葬2副龟甲、1副内装6枚骨针。大墩子53号墓，随葬品达35件，也有1副龟甲。这些龟甲出土时都位于死者的左腹部或腰侧，在背腹甲的一端或两端穿有若干小圆孔，似乎是挂在腰部或腹侧随身携带的。发掘时在龟甲内往往发现盛有若干小石子或骨针之类的东西，好像是通过摇动进行占卜。纵观史前社会，一部分死者在腰侧随葬龟甲的习俗在大汶口文化晚期的墓葬中也有发现，如在大汶口墓地133座墓葬中，发现龟甲20件，出土于11座墓中。一般在背腹甲上也穿有小孔，有的孔显然是为了携带用的。在甲壳内也每每发现盛有若干小石头子之类。在河南舞阳距今7000多年前的裴李岗文化墓葬中出土的龟甲里，也装有小石子，尾部也钻了小圆孔，龟甲上面还刻有一个‘目’字。联系商周时期用龟甲占卜的习俗以及我国古代对龟崇拜的传统，可以肯定凡随葬龟甲者都是巫职人员，根据刘林期墓葬性别鉴定的情况看，他们当中有男有女，身份地位也有高有低，其中一部分可以列入当时最富有者的行列之中②。

当然，以上所言是据考古遗址和墓中随葬品及其特征所推测的占卜方法，但也可以确定：墓中随葬龟甲的死者应为巫职人员；龟甲穿孔是为了携带方便；龟甲内盛有小石子确实与占卜有关；巫职人员在聚落社会中地位显赫，可以充任者不多；龟甲相当贵重，故随葬数量极少；龟甲随葬是先民的习俗。

此处，只是简单统计了各主要史前遗址曾经出土占卜甲骨的情况③，罗列具有代表性的数处遗址。史前遗址出土甲骨的数量较多，兽骨多使用牛、羊、猪肩胛骨。可以确定，新石器时代，先民已经掌握了烧灼占卜的技能，这个时期的占卜以兽骨居多，较少使用龟甲。

以上，我们论述了甲骨成为占卜之物的原因，历代传世文献关于甲骨占卜的记载以及考

---

① 高广仁、邵望平：《中国史前时代的龟灵与犬牲》，《中国考古学研究——夏鼐先生考古五十年纪念论文集》，文物出版社，1986年，第62、63页。

② 王震中：《中国文明起源的比较研究》，陕西人民出版社，1994年，第139、140页。

③ 关于时期遗址的文化分期和类型，可参考谢端琚：《论中国史前卜骨》，《史前研究》，三秦出版社，1998年，第115—126页；〔韩〕朴载福：《先秦卜法研究》，上海古籍出版社，2011年，第16—30页。

古出土中国史前甲骨占卜的概况，简述了甲骨占卜的源流。总结即是：其一，龟甲可以作为占卜之物的主要原因是其神灵性和长寿。其二，传世文献关于甲骨占卜的记载较少，古人研究的最大缺陷是未曾目睹出土甲骨之实物；从考古出土实物而言，甲骨占卜起源甚早，且骨卜的出现早于龟卜；甲骨占卜盛行于商代，西周时衰弱，战国时期卜筮仍用于解答疑惑，而后世朝代消长有别；卜与筮是两种不同的占卜方式。其三，中国史前文化遗址出土了较多的甲骨，多为牛、羊、猪等的肩胛骨，龟甲较少。

# 第二节　选题缘起和研究意义

## 一、选题缘起

商代甲骨占卜制度作为中华优秀传统文化的重要组成部分，一直是学术界长期关注的重点。从研究范畴而言，占卜流程与卜法制度是统属于甲骨占卜制度的两大问题；从甲骨本身而言，占卜流程与卜法制度蕴含了古人的吉凶判断、价值观念和审美意识等文化思想；从学术价值而言，甲骨占卜制度是甲骨学研究的重点课题。所以，商代甲骨占卜流程与卜法制度研究的重要性，不言而喻。

在殷墟甲骨出土之后，国内外学者便致力于甲骨学全面的研究。地下出土的甲骨，为占卜流程与卜法制度的研究提供了第一手资料。董作宾率先指出：“吾人之从事整理研究，首注意于实物，虽所获有限，而视同瑰宝，必欲尽其力以利用之。”①考古发掘的甲骨资料对商代甲骨占卜制度的探讨，具有不可替代的作用，也是最能反映占卜信息的实物资料。李学勤就强调了甲骨实物对卜法研究的重要性，他指出：“卜法即用龟甲、兽骨占卜的方法，在中国数术中起源甚早，有着深远的影响，但卜法在历史上多有变迁，古代的占书多已佚失，以致我们在研究上没有多少依据，只能较多地依靠甲骨实物现象的归纳。”②

早期的学者对甲骨占卜之法进行了初步的探索，取得了显著成绩。但是，由于当时所公布甲骨材料的限制，某些相关问题的研究存在不足之处，具体的占卜环节仍可进一步细化。

近年来，随着甲骨新材料的不断更新和基础整理工作的持续深化，关于甲骨占卜流程与卜法制度的研究成果，可谓层出不穷。然而，在取得显著成绩的同时，相关论著中的某些缺陷也是比较明显的。因此，我们需要重新整理和研究商代甲骨资料，探索甲骨占卜制度及其相关问题。本书的选题，即是希望全面梳理甲骨占卜流程和探析甲骨卜法制度，弥补前贤的不足之处。

---

① 董作宾：《商代龟卜之推测》，《安阳发掘报告》1929年第1期。

② 李学勤：《殷墟甲骨文引论·序》，东北师范大学出版社，1993年，第16页。

## 二、研究意义

本书针对商代甲骨占卜流程与卜法制度进行研究，细致入微地探讨相关问题，对甲骨学和商代史的研究具有重要的推动作用，其研究意义主要有以下三点。

首先，从国家层面而言，甲骨占卜制度与祭祀礼制、军事制度、封建制度、宗法制度、婚姻制度、官僚制度等内容同等重要，故我们需要对甲骨占卜制度进行专门的研究。商代已经进入文明社会，礼制比较完善，是中国早期文明的代表。“国之大事，在祀与戎”①，祀为祭祀礼制，戎为军事战争。在中国早期国家起源过程中，政教合一的特征非常明显。张荣明从政治信仰与宗教信仰、政治组织与宗教组织、政治权力与宗教权力、政治制度和宗教制度四个方面论述了殷周时期政治与宗教的合一性②。王晖认为：“殷代神权高度集中在殷王手中，这是殷代神权崇拜最主要的一个特点。”③徐义华从商代王权与上帝崇拜相结合、祖先神地位的上升、国家神体系的建立、祭祀程序成为纪时标准四个方面论述了王权与神权的融合④。可知，商代社会是政教合一的典型代表。不可否认，甲骨占卜对早期国家的形成和社会的运转产生了重要的影响。甲骨占卜是实现国家治理目的的手段之一，实为商王朝处理日常事务的基本形态。

我们通过对商代甲骨占卜流程与卜法制度及其相关问题的研究，就是试图探讨商王朝对于重大事件的决策方式，可以从这一侧面观察早期国家的运转机制和发展过程，加深对政教合一的国家社会的认识。

其次，从具体内容而言，本书的研究可以向世人揭开甲骨占卜之谜。甲骨占卜起源甚早，《史记·龟策列传》记载：“自古圣王将建国受命，兴动事业，何尝不宝卜筮以助善。唐虞以上，不可记已。自三代之兴，各据祯祥”⑤，故其自身携带一种古老而神秘的色彩。大多数学者每当提及甲骨占卜文化，总觉其神秘色彩浓厚，且带有迷信的成分。然而，经过数代甲骨学者的不断努力，神秘的甲骨占卜制度才逐渐呈现于世人面前。

甲骨占卜的本质属性，并非先民盲目的天神崇拜，这只是一种古老神秘的文化现象，实为先民借助占卜流程和建立卜法制度，进而人为地干预卜兆显示的表现方式。宋镇豪指出：“殷墟甲骨兆象的人为控制因素极为明显，兆坼变化的盲目程度已有较妥善的克服，显然当时的卜人集团，在利用甲骨占卜为中介，进行人神间的沟通交流时，每赋以人的能动因素，力图以积极态度面对客观事物的因果联系。”⑥

---

① 杨伯峻编著：《春秋左传注》，中华书局，1995年，第861页。

② 张荣明：《殷周政治与宗教》，五南图书出版股份有限公司，1997年，第17—248页。

③ 王晖：《商周文化比较研究》，人民出版社，2000年，第109页。

④ 徐义华：《商代王权与神权的融合》，《纪念殷墟YH127甲骨坑南京室内发掘70周年论文集》，文物出版社，2008年，第279—294页。

⑤ （汉）司马迁撰：《史记》，中华书局，1963年，第3223页。

⑥ 宋镇豪：《夏商社会生活史》，中国社会科学出版社，1994年，第521页。

刘志基认为："占卜，本质上乃是一种人神沟通的活动，为了保证这种特殊交往的效率，占卜材料的选择当然也不是随意的，龟甲牛骨以其在先民心目中最富神灵之性而被确定为其中主角，可谓出自必然。"[①]宋会群说："从性质上来看，卜筮是'事天地、神明'的重要手段，带有浓厚的巫术性质。这种巫术性质的存在，与古人的龟灵崇拜有很大关系，古人认为，龟有超出平常动物的灵性。"[②]

晁福林也认为：

> 许多论者常常对殷代的占卜巫术嗤之以鼻，一般认为甲骨占卜值得肯定的，仅仅是卜辞所记载的文字资料，至于占卜则被断定纯属愚昧迷信的勾当。其实殷代的占卜巫术是比较复杂的，它既有浓厚的迷信成分，又有对于自然奥秘的探索，而且仅就其迷信成分而言，我们也不应当把它和后世的巫婆神汉的骗人把戏混为一谈。殷代的占卜是神权的表现方式，它具有某些原始民主精神的遗存，具有维系诸方国、诸部族的象征意义。殷代占卜盛行，几乎是每日必卜，每事必卜，之所以如此，其原因应该从其存在的历史合理性上去探索。如果只是简单地斥责它的愚昧迷信，是不能真正解决问题的[③]。

谌中和则持中和意见：

> 所以对殷人之尊鬼事神、祭祀占卜的本质，如果把它当作纯粹是或主要是一种装神弄鬼的政治统治的手段，那就是完全错误的；如果过分低估它所表现出来的人的主动性，把它只理解为人对自然的屈服和受动，也是不对的……尊鬼事神、祭祀占卜的本质，实际上是人谦虚地向自然学习，认识和把握自然规律性的过程，它同时是一个主动的过程，是一个对象化的实践的过程[④]。

以上是宋镇豪、刘志基、宋会群、晁福林、谌中和对甲骨占卜本质的看法。所以，从占卜的本质而言，甲骨占卜并非单纯的迷信行为，这也是我们比较认可的意见。

另外，也有一些国外学者探讨了甲骨占卜的本质。郭静云从文化、信仰和礼仪的角度指出："我们若相信古人的信仰不是一种毫无内涵的礼仪，殷商时人行占卜之礼亦非没有意义的迷信，而是在文化信仰中具有神圣性的礼数，就不能率尔判定殷人会在卜甲上随意刻写与占卜、祭礼无关的文句。"[⑤]可知，郭静云也不建议采用"迷信"概念来讨论古人的信仰。法国

---

① 刘志基：《甲骨契刻与汉字体态的规整化》，《徐中舒先生百年诞辰纪念文集》，巴蜀书社，1998年，第78页。

② 宋会群：《中国术数文化史》，河南大学出版社，1999年，第135页。

③ 晁福林：《先秦社会形态研究》，北京师范大学出版社，2003年，第62页。

④ 谌中和：《夏商时代的社会与文化》，甘肃人民出版社，2006年，第170页。

⑤ 郭静云：《夏商周：从神话到史实》，上海古籍出版社，2013年，第401页。

学者汪德迈则指出："占卜学不是去神神奇奇地挖掘自然与被认定是操纵自然的超自然的之间的契合，而是理性地研究自然现象之间的契合。它从卜相之间的关联入手，借结构性形态—逻辑之光，就现象本身之间的类式继续推进这一已经开始的思辨。"①即汪德迈认为占卜之学贵在理性地研究自然现象之间的契合。

但是，甲骨占卜的本质需要结合占卜制度进行研究，而近年研究甲骨占卜流程和卜法制度者较少。甲骨是古人占卜之后的遗物，其本身（来源、整治痕迹、甲骨文字、卜后处理等）就反映了占卜流程。如果我们对甲骨占卜流程知之甚少，便不能彻底释读数千个甲骨文字。再者，殷人占卜之后留下的无字甲骨，其本身携带较多整治痕迹，也应纳入甲骨学的研究领域。如李济在总结小屯前6次考古发掘时说："占卜以甲骨，遗留下来的，以无文字记载者为多，有文字者不过十分之一。"②陈梦家就强调过殷墟小屯以外这些"不刻辞的卜用甲骨"的重要性，且对各地出土进行了调查、研究③。

另外，上文已经论述，龙山时代的先民以烧灼甲骨进行占卜，但是所谓甲骨"冷"占卜和烧灼甲骨的起源及二者之间存在着的演变仍不清楚，这就需要我们进一步探索。在20世纪40年代，沈启无、朱耘菴的《龟卜通考》就结合传世文献和出土甲骨实物较早地研究了卜与筮、占卜流程等卜法方面的问题，这是研究甲骨占卜制度的范例。

本书撰写的目的就在于揭开甲骨占卜的神秘面纱，同时，可以更好地理解甲骨占卜的本质属性。本书的研究内容包括甲骨占卜流程与卜法制度两个方面，具体则是甲骨占卜前的准备、占卜时的程序、占卜后的事宜、占卜机构、卜官制度和卜法以及相关的学术前沿问题。

商代甲骨占卜流程严谨，卜法制度完善，体现了甲骨占卜制度在商代已然成为一种比较成熟的制度。甲骨占卜流程与卜法制度的嬗变，说明商代早期、中期和晚期甲骨卜法的不同，反映了占卜制度在社会发展的过程中不断完善。商代早期、中期和晚期的甲骨占卜制度随着社会的进步而变化，但其代表的思想内涵始终得以传承和发展。

再次，从应用价值而言，本书的研究对出土资料的利用和研究具有一定的借鉴意义。本书主要以龟甲和兽骨为对象，提醒学者对出土资料进行再利用、再分析和再研究，从而更有效地为新时代甲骨学的研究提供借鉴。传世文献诸如《尚书》《周礼》《周易》和《史记》等对甲骨占卜均有记载，但是描述过于简单，语焉不详，我们需要从出土甲骨材料中追溯甲骨占卜制度。甲骨占卜制度，反映了当时的礼制，如贡纳之礼、釁龟之礼、祭祀备用之礼、卜后埋藏之礼等。从这个角度而言，甲骨占卜制度属于礼制的范畴。李学勤曾指出：

> 还有一个相当重要的课题，长期以来为大家所忽略了，就是甲骨卜辞所反映礼制的研究。殷墟甲骨是商朝占卜的遗物，卜辞内涵无一不与古代礼制有关。在甲骨发现的早期，有些学者曾试探由之探讨"殷礼"，后来从事这种研究的人逐渐减少，对于

① 〔法〕汪德迈著，金丝燕译：《中国思想的两种理性：占卜与表意》，北京大学出版社，2017年，第3页。

② 李济：《安阳最近发掘报告及六次工作之总估计》，《安阳发掘报告》1933年第4期。

③ 陈梦家：《殷虚卜辞综述》，中华书局，1988年，第20—29页。

> 卜辞中体现的当时制度，每每脱离礼制，甚至凭想象法解释。这种现象的出现，和一种流行的看法有关。不少人觉得，甲骨文的研究不像金文那样离不开文献知识，因为商代没有多少文献传留下来，《尚书》中的《商书》、《诗经》中的《商颂》，被认为是后人篡改以至伪托的。至于后世文献关于商的记载，更难依据，所以研究甲骨似乎不必有深厚的文献基础。这样看，割断了商周两朝制度和文化的连续性。孔子曾经说过，商周礼制是相因袭的，由商到周只是损益的关系。近年对商周金文的探索，在很大程度上证明了这一点。因此，可以从文献和其他材料中的周代礼制，上推商代礼制，这对研究卜辞，认识商代的历史文化，将有很大的帮助。我们不妨说，礼制的探索在一定意义上是甲骨研究的一把钥匙[①]。

饶宗颐也指出："'礼'是贯彻中国历史的大动脉，研究各个时期的历史文化都应该把对'礼'和'礼制'的研究作为一个重点。甲骨文既记载了殷礼，又揭示出后世礼制的一些源头，应该引起更多的关注。"[②]

再者，甲骨本身的价值，还没有被完全挖掘。陈炜湛就指出：

> 对于商代占卜的实际情况，甲骨的整治技术、契刻之法（刀法），我们现在仍知之甚少，期待将来有新资料发现或出土，有先进的方法从事研究，以取得较为全面深入的认识。再如甲骨上的钻凿形态，兆文、兆侧刻辞与占辞验辞的关系，贞人与书手的同异，甲骨的流传与收藏等等，也都有进一步研究的价值[③]。

本书可以更有深度地挖掘第一手材料——甲骨所蕴含的历史信息，进而传承和发展甲骨"绝学"，系统的阐释将深化当代社会对商代先民精神世界和中华文明起源的认识，为弘扬古代优秀传统文化提供借鉴；本书的研究对古代国家形态、早期政治信仰、殷商礼制的认识也有积极意义，可以为当代全面构建和谐社会和制定切合实际的宗教信仰政策提供参考。

最后，呼吁建立且完善甲骨占卜学这一学科分支。宋镇豪持续致力于甲骨占卜制度的研究，取得了一系列成果，他曾指出："这套实际存在于殷商王朝的甲骨占卜制度，甲骨学界过去通常只是从殷商龟卜方法或骨卜习惯的视角进行考察，或仅仅从文例文法方面加以探讨，开宗明义提出其制度性质并展开研究的，则是80年代以来才确识的。"[④]但是，宋镇豪的研究，

---

① 李学勤：《甲骨学通论·序》，中国社会科学出版社，1999年，第7、8页。

② 饶宗颐：《甲骨文断想》，《饶宗颐二十世纪学术文集·甲骨·甲骨集林》，中国人民大学出版社，2009年，第1160、1161页。

③ 陈炜湛：《二十一世纪甲骨文研究之展望》，《中国文字研究》（第二辑），广西教育出版社，2001年，第158、159页。

④ 宋镇豪：《再论殷商王朝甲骨占卜制度》，《中国历史博物馆馆刊》1999年第1期；宋镇豪：《殷代"习卜"和有关占卜制度的研究》，《中国史研究》1987年第4期；宋镇豪：《论古代甲骨占卜的"三卜"制》，《殷墟博物苑苑刊》创刊号，1989年；宋镇豪：《夏商社会生活史》，中国社会科学出版社，1994年，第522—532页。

多是建立在甲骨卜辞的基础之上，较少论及甲骨之上的非文字资料。

甲骨形态学和甲骨占卜学，是黄天树提倡建立的两个甲骨学分支，前者侧重甲骨本身的研究，后者旨在复原占卜之法。甲骨占卜学是黄天树最新提出的研究课题，其研究理论、架构、成果等都不如甲骨形态学系统、成熟，整体研究尚处于起始阶段。

本书充分吸收和借鉴商代甲骨占卜方面的研究成果，结合甲骨实物，对各类甲骨按照其本身之尺寸、形制、整治痕迹、钻凿形态、卜兆特征和占卜术语以及关联信息等进行全面考察，全面探索甲骨占卜流程与卜法制度，梳理其嬗变脉络，进而重构商代甲骨占卜的全貌。从某种意义而言，本书的研究是甲骨占卜学的实践成果。

综上所述，商代甲骨占卜流程与卜法制度的研究意义，至少可以概括为以下五点。

（1）甲骨占卜制度反映了甲骨是先民对天、地、人相互关系认知的媒介，体现了重要的社会治理观念和思想文化价值，本书的研究可以使学界深化对早期国家社会和甲骨占卜制度的认识。

（2）全面梳理了商代甲骨占卜流程与卜法制度，既要探索二者在商代早期、中期和晚期的嬗变脉络，又对其进行重构，复原甲骨占卜之全貌，从而向世人揭示甲骨占卜的神秘面纱，拓展学界对占卜内涵的理解。

（3）本书的研究，会进一步加强我们对古代国家形态和早期政治信仰的认识，为当代构建和谐社会和制定切合实际的宗教信仰政策提供参考。

（4）重新审视商代的礼仪制度。一是重新审视中国早期礼制的起源问题。孔子曾经谈到三代的礼制，说“殷因于夏礼，所损益可知也；周因于殷礼，所损益可知也；其或继周者，虽百世可知也”（《论语·为政》）。他说夏商之间、殷周之间的礼制是一脉相承的关系，我们认为这的确是不易之论，学术界那种认为中国古代礼制起源于周初的观点是失之偏颇的。二是重新审视商代礼制的内容。从占卜的角度出发，而非惯有地从卜辞的内容出发，研究商代甲骨占卜所蕴含的礼仪制度，从而拓展了上古礼制研究的新领域，扩大了礼制的研究范围。

（5）有助于甲骨学科的全面认识。甲骨学是一门古老而又崭新的学科。甲骨学研究虽然取得了举世瞩目的成就，但是多数学者没有充分关注甲骨之上的非文字资料，学界厚此薄彼的现象仍然十分严重，甲骨学研究理应包括文字信息和非文字资料两部分。我们要更新思维，用全面的眼光看待和认识甲骨学这门学科。

## 第三节　商代甲骨占卜流程与卜法制度研究述评

### 一、相关研究成果评述

长期以来，商代甲骨占卜一直是甲骨学研究的重要问题，学者对其进行了筚路蓝缕的探索。殷墟甲骨出土之后，学者便对占卜流程与卜法制度进行了初步的探索。后来，经过数代学者的不断梳理，占卜流程的大致脉络已然清晰。纵观学界，国内学者以董作宾、陈梦家、胡厚宣、张政烺、李学勤、裘锡圭、王宇信、宋镇豪、刘一曼、晁福林等为代表，国外学者以贝塚茂树、伊藤道治、张光直、赵容俊、李旼姈、朴载福等为代表。以下，我们分别评述占卜流程与卜法制度的研究。

## （一）占卜流程的研究

20世纪20—70年代是占卜流程研究的草创时期，此以董作宾、胡厚宣和李学勤等为代表。1929年，董作宾通过观察甲骨实物，系统研究了“商代龟卜之法”，但只是“举其大略而已”，将甲骨占卜流程分为十个部分：

一，取用：取龟、用龟、“不用龟”、举网得龟；

二，辨相：辨相、六龟、八名龟、十龟、卜用龟之所属、大小、十九龟之大小；

三，衅燎：衅燎三牛、杀龟；

四，攻治：攻治之具（锯、错、刀、凿、钻），攻治之法（锯去背甲，锯其两旁之上下突出之部分，去其表皮之胶之鳞片，刮平坼文，错其高厚之处，错后更加刮磨）；

五，类例：类（商人贞卜之事类，周人之卜事分类，汉以来之卜事分类），新增三例卜事之类（卜霁、卜瘳、卜旬）；

六，钻凿：钻与凿、钻凿之法、钻凿之数、“七十二钻”；

七，焦灼：燋、契与焌、灼、三一丸之灼用法；

八，兆璺：兆与墨坼、“五兆”、“三兆”、“四兆”、“卜”、“兆”；

九，书契：书契、文例；

十，庋藏：庋藏、“册六”与“编六”之发现、“册”、“典”。

文末，董作宾谦虚地称说此文有四事新贡献：研究之心得；发现之事项；推算之方法；词字之考释①。董文的整体贡献则在于首次将甲骨实物参以传世文献，简单梳理了甲骨占卜流程。

朱芳圃在《甲骨学商史编·卜法》篇论述了十一个问题：

一，甲骨的取用：取龟、用龟；

二，卜骨的种类；

三，衅燎：燎、衅；

四，攻治：攻治之具（锯、错、刀、凿、钻），攻治之法（锯去背甲，锯其两旁之上下突出之部分，去其表皮之胶之鳞片，刮平坼文，错其高厚之处，错后更加刮磨）；

五，贞卜：左右对贞及其他、贞卜先后之次序；

六，事类：行止、田渔、征伐等十四类；

七，钻凿：钻与凿、钻凿之法、钻凿之数、“七十二钻”；

八，燋灼：燋、契与焌、灼；

---

① 董作宾：《商代龟卜之推测》，《安阳发掘报告》1929年第1期。

九，兆璺：兆与墨坼、卜、兆；

十，书契；

十一，庋藏：庋藏、“册六”之发现、“册”、“典”[①]。

朱芳圃的“卜法篇”论述了十一个卜法问题，在董作宾的《商代龟卜之推测》的基础之上增加了“五、贞卜；六、事类”，这比董文之“五、类例”较为详细、清晰。但是，二文对占卜流程的梳理可谓“大同小异”，甚至董文在某些方面更加详细。

胡厚宣简述了殷商甲骨的来源、攻治、钻凿、行款和兆辞等[②]。李学勤以武丁王卜辞为例，简述了商王占卜甲骨的来源、加工修治、卜人保管、钻凿、占卜、刻辞和归档等占卜程序[③]。

以上为20世纪60年代以前，学者对甲骨占卜流程的梳理，其论述都比较简单。后来，随着考古事业的持续发展，中国史前遗址与商周遗址出土的甲骨逐渐增多，关于占卜流程的论述也就越来越详细了。

张秉权论述了甲骨材料的搜集与积储，卜用甲骨的攻治（锯、削、刮、磨、钻、凿），贞问所卜的事情（十四门类：祭祀、征伐、田游、往来行止、旬、夕/日、天象、年岁、疾病、生死、生育、梦、营建、其他），灼兆以及所用火种，辨兆及其判定吉否的因素，记兆和刻兆，卜辞的书契，记验和归档[④]。张秉权之论，比较详细，后来，此文整理后编为其论著《甲骨文与甲骨学》第三章“骨卜习惯的原始与分布”和第四章“骨卜习惯的考证”[⑤]。严一萍对殷商占卜所用的龟甲和牛骨的来源，杀龟之后对龟甲施以钻凿，占卜之时施以烧灼和卜兆吉凶判定的依据等予以详尽的论述[⑥]。

20世纪80—90年代是占卜流程研究的发展期，此以陈梦家、王宇信、刘一曼等为代表。吴浩坤、潘悠简述了龙山文化至殷商卜法的演变，探讨了殷人龟甲的来源，修整甲骨，“祭祀先卜”，钻凿灼烧和卜兆显示等占卜程序[⑦]。陈炜湛论述了占卜甲骨的种类及来源，占卜前的准备（取材、锯削、刮磨），占卜的程序（钻凿、灼兆、刻辞、涂饰、刻兆），卜辞契刻与读法，契刻与书写的关系等相关问题[⑧]。这两部著作关于甲骨占卜流程的论述也比较简单。

陈梦家观察了“小屯出土的有刻辞的卜用甲骨”，简述了小屯甲骨的整治与书契包含取材、锯削、刮磨、钻凿、灼兆、刻辞、书辞、涂辞和刻兆九个方面的内容，总结了17个特征，将之命名为“小屯式”，进而指出小屯甲骨占卜的程序：入龟、整治、钻凿、命龟、灼龟、占

① 朱芳圃：《甲骨学商史编》（下册），中华书局，1935年，第1—23页。

② 胡厚宣：《甲骨学绪论》，《甲骨学商史论丛二集》，齐鲁大学国学研究所，1945年，第426—429页。

③ 李学勤：《卜辞和占卜流程》，文章写于1959年，载《失落的文明》，上海文艺出版社，1997年，第24—26页。

④ 张秉权：《甲骨文的发现与骨卜习惯的考证》，《“中研院”历史语言研究所集刊·第三十七本》（下册），“中研院”历史语言研究所，1967年，第851—872页。

⑤ 张秉权：《甲骨文与甲骨学》，台湾编译馆，1988年，第31—68页。

⑥ 严一萍：《甲骨学》，艺文印书馆，1978年，第712—736页。

⑦ 吴浩坤、潘悠：《中国甲骨学史》，上海人民出版社，1985年，第73—86页。

⑧ 陈炜湛：《甲骨文简论》，上海古籍出版社，1987年，第34—58页。

龟、刻辞、入档[①]。1988年，继《甲骨文的发现与骨卜习惯的考证》，张秉权再次论述了占卜材料的搜集和积储，杀戮龟兽，甲骨的攻治（锯、削、刮、磨、钻、凿），贞问所卜的事情（十四门类，与其在《甲骨文的发现与骨卜习惯的考证》文中所论相同），灼兆及其所用的火种，辨兆及其断定吉凶的因素，记兆与刻兆，卜辞的书契，记验和归档等骨卜习惯[②]。

刘焕明对甲骨占卜的占具（甲、骨并用），攻治（整修、钻凿），灼和兆坼，收藏四个问题进行了大致的探讨，进而指出："商代各地出土的甲骨，在占具材料、攻治、钻凿、兆坼、收藏等方面都存在着共性和异性"[③]。晁福林指出晚商甲骨的贡纳、收贮、整治、钻凿都有了严格而系统的制度[④]。李学勤简述了甲骨的来源、修治、占卜时烧灼和卜兆、占卜应验与否等甲骨占卜的程序[⑤]。刘一曼论述了甲骨的大小及选材、整治、钻凿灼的分布、凿的形态和占卜后甲骨的处理[⑥]。刘焕明、刘一曼虽然针对甲骨占卜流程进行了研究，但是论述仍然比较简单。晁福林、李学勤的文章并非专门针对性的研究。

1999年，王宇信相关的论述比较详细：

一，商代卜用甲骨的来源：南方、西方；

二，整治：①取材（收取、贡纳而来的龟、骨等占卜材料）；②削锯与刮磨（龟壳和肩胛骨还要经过削锯、刮磨等工序）；③凿钻制作（凿与钻，施于龟甲和兽骨的背面，便于占卜）；

三，占卜程序：烧灼、呈兆；

四，文字的契刻[⑦]。

同年，王宇信、杨升南的《甲骨学一百年》简述了学界对商代甲骨的占卜程式的探索，论述了正反对贞、同事异卜、一事多卜、习卜制、三卜制、卜筮并用等殷商王朝的占卜制度，后又阐释了晚商王朝卜用甲骨的来源、整治（削、锯、切、错、刮、磨、穿孔等整治方法）[⑧]。

21世纪至今，是占卜流程研究的深入发展期，此以饶宗颐、宋镇豪、晁福林等为代表。宋镇豪结合一些民族学调查资料，从独特的视角尝试探索了古代甲骨占卜的习俗[⑨]。李零也曾简述卜龟的选取、杀龟取甲、修治龟甲、钻凿、灼兆、刻辞、卜龟的入档[⑩]。沈之瑜简述了甲骨卜前的来源、整治、钻凿、卜人保管、烧灼、卜兆和刻辞等[⑪]，论述较详。张光直曾简述

① 陈梦家：《殷虚卜辞综述》，中华书局，1988年，第9—18页。
② 张秉权：《甲骨文与甲骨学》，台湾编译馆，1988年，第54—68页。
③ 刘焕明：《商代甲骨占卜探讨》，《文物春秋》1992年第3期。
④ 晁福林：《夏商西周的社会变迁》，北京师范大学出版社，1996年，第402页。
⑤ 李学勤：《甲骨学基础知识》，《古文字学初阶》，中华书局，1997年，第24—26页。
⑥ 刘一曼：《安阳殷墟甲骨出土地及其相关问题》，《考古》1997年第5期。
⑦ 王宇信：《甲骨学通论》，中国社会科学出版社，1999年，第110、111页。
⑧ 王宇信、杨升南主编：《甲骨学一百年》，社会科学文献出版社，1999年，第230—38页。
⑨ 宋镇豪：《殷墟甲骨占卜程式的追索》，《文物》2000年第4期。
⑩ 李零：《中国方术考》，东方出版社，2001年，第57—64页。
⑪ 沈之瑜：《甲骨文讲疏》，上海书店出版社，2002年，第27—45页。

商代甲骨的选择、攻治、钻凿、加热、卜兆吉凶和档案记录等占卜过程[①]。赵容俊简述了殷墟甲骨的取材、锯削、刮磨等准备工作，将占卜程序大致分为钻凿、灼兆、刻辞、涂朱或涂墨等[②]。

2006年，朴载福相关的研究内容主要有：

《龟策列传》的龟卜条例：龟卜条例的形式分类（“卜”类、“命曰类”、“此”类条例），内容分类（卜官、卜病、卜室家、卜行止、卜灾变、卜年成、卜渔猎、卜气象、卜求财、卜盗、卜系囚、卜谒见）；

《尚书·金縢》中的龟卜程序：叙其时与其事、为位诏号、祝祷命龟、卜龟旅占、占卜、应验；

楚卜筮祭祷简文的卜筮程式与兆辞：卜筮程式、简文中的兆辞（命辞与第一占辞中的兆辞、第二占辞中的兆辞、习卜占辞中的兆辞）；

周原甲骨的卜辞结构：“贞”辞、卜辞、占辞；

殷墟卜辞的结构：前辞、“卜”的环节（先贞后卜、卜龟之辞针对命龟之辞、占龟之辞针对卜龟之辞）[③]；

晁福林论述了商代甲骨的来源、整治、钻凿、烧灼方法、卜兆显示、兆序、三龟之俗、习卜和占卜后甲骨的处理[④]。

以上李零、晁福林、张光直、赵容俊不是专门探讨甲骨占卜流程的论著，故其论稍简。

还有一些硕博论文，也开始探索甲骨卜法，如谢麟的《卜法新考》将甲骨占卜程式分为整治、钻凿、命龟、燋灼、占龟、辨体、分色、观墨、论坼、书刻、卜辞的文例、涂朱涂墨和刻兆、卜后甲骨的储藏与管理（存储、埋藏、散佚、废弃）[⑤]。

除以上论著外，还有一些学者的论著也涉及了甲骨占卜流程。如唐际根简述了收集甲骨、修整甲骨、钻凿甲骨、灼烧甲骨、刻写卜辞的占卜过程[⑥]。宋镇豪全面论述了甲骨的取用、整治（取材、削、锯、切、错、刮、磨、穿孔以及钻凿等工序）、钻凿形态、占卜内容的写刻和卜后甲骨的处理五大礼程[⑦]。饶宗颐简述了龟卜占书的源流、仪式及其有关人物的职掌等内容[⑧]。当然，这些甲骨卜法的论述，都比较简单。

---

① 〔美〕张光直，张良仁、岳洪彬、丁晓雷译：《商文明》，辽宁教育出版社，2002年，第31—34页。

② 〔韩〕赵容俊：《殷商甲骨卜辞所见之巫术》，文津出版社，2003年，第132、133页。

③ 〔韩〕朴载福：《〈龟策列传〉与先秦龟卜卜法研究》，《考古学研究》（六），科学出版社，2006年，第327—341页。

④ 晁福林：《中国民俗史·先秦卷》，人民出版社，2008年，第325—329页。

⑤ 谢麟：《卜法新考》，山东大学硕士学位论文，2009年，第30—53页。

⑥ 唐际根：《殷墟：一个王朝的背影》，科学出版社，2009年，第140页。

⑦ 宋镇豪：《商代社会生活与礼俗》，中国社会科学出版社，2010年，第596—607页。

⑧ 饶宗颐：《殷代贞卜人物通考》，中华书局，2015年，第14—17页。

## （二）卜法制度的研究

20世纪初至20世纪70年代是卜法制度研究的初创期，此以罗振玉、裘锡圭、容肇祖和沈启无等为代表。早在1903年，罗振玉在《铁云藏龟·序》中对占卜之法略有述及，“一曰灼龟与钻龟”，“二曰钻灼之处”，“三曰卜之日”，“四曰骨卜之原始”，使得典籍中关于龟卜类的记载得到印证[①]。1904年，孙诒让在《契文举例·叙》中，论及文字契刻与占卜之法的关系，最早对照甲骨实物对商代甲骨占卜之法作了探讨[②]。1910年，罗振玉指出殷代的卜法“一曰贞”，“二曰契”，“三曰灼”，“四曰致墨”，“五曰兆坼”，“六曰卜辞”，“七曰薶藏”，“八曰骨卜”[③]。在1919年，金璋就介绍了罗振玉对占卜制度的研究成果，简述了商代的占卜方法[④]。内藤湖南简述了商代的龟卜之法，指出龟卜之法是占卜和文书的起源[⑤]。以上，可谓甲骨卜法最初的研究。

有的学者认为殷商有卜无筮，如在1928年，余永梁从文字、卜辞范围、卜法的起源和先卜后筮四个方面论证了殷商有卜无筮[⑥]。在同年同刊中，容肇祖指出殷代的卜法，或钻或凿，契刻之后又用灼以求卜兆，卜辞简单[⑦]。瞿润缗简单地补充了董作宾关于骨卜语焉不详的不足之处，且评述了中国传世书籍中的骨卜、鸡卜、牛蹄卜以及日本骨卜法[⑧]。

1934年，李济在《城子崖·序》中指出殷墟的发掘已经证明了中国的龟卜是从骨卜演化而来的，殷商的龟卜必具长期的历史背景[⑨]。董作宾《骨文例》指出：“骨卜之法，与龟卜略同”，“仍以三次发掘之有文字者为主，间及于无文字者”，考察了骨卜之钻凿、灼兆等相关问题[⑩]。

沈启无、朱耘菴结合文献和甲骨实物较早地研究了卜与筮，发表了一系列论文，为学者研究甲骨占卜制度提供了参考和借鉴，实为范例。沈、朱之文对龟卜流程及相关问题作了详细的探讨，如占卜以前之准备：龟之种类与择龟、取龟与藏龟、攻龟、衅龟；占卜之手续：择日

---

① （清）刘鹗：《铁云藏龟》，抱残守缺斋，1903年，第2—6页。

② （清）孙诒让：《契文举例》，蟫隐庐石印本，1904年，第1、2页。

③ 罗振玉：《殷商贞卜文字考》，玉简斋石印本，1910年，第23—31页。

④ 〔英〕金璋：Working the oracle（《占卜之方法》），The New China Review，1919年。

⑤ 〔日〕内藤湖南：《关于殷墟》，《考古学杂志》1921年第十二卷第一号；又载《东洋文化史研究》，复旦大学出版社，2016年，第25—28页。

⑥ 余永梁：《易卦爻辞的时代及其作者》，《国立中央研究院历史语言研究所集刊·第一本》（第一分册），京华印书局，1928年，第32—34页。

⑦ 容肇祖：《占卜的源流》，《国立中央研究院历史语言研究所集刊·第一本》（第一分册），京华印书局，1928年，第50、51页。

⑧ 瞿润缗：《骨卜考》，《燕京月刊》1931年第1期。

⑨ 李济：《城子崖·序》，《城子崖（山东历城县龙山镇之黑陶文化遗址）》，国立中央研究院历史语言研究所，1934年，第26—28页。

⑩ 董作宾：《骨文例》，《中央研究院历史语言研究所集刊·第七本》（第一分册），中央研究院历史语言研究所集刊编辑委员会编，商务印书馆，1936年，第7、8页。

与卜日、陈龟、贞龟、眡高与辨龟、祝与命（命事、命龟、述命）、契龟（钻、凿）、作龟（灼）；执事与仪式：占卜之执事、仪式；兆拆与吉凶之占断：兆拆、兆拆之分拆观、兆象之变形及其诠释、占法、不吉与又卜；繇辞：繇颂释义及其体制①；

裘锡圭曾指出卜辞之“习卜”“习一卜”“习二卜”“习三卜”“习四卜”的用法和含义②。贝塚茂树就殷代的龟卜和周代的筮占两者之间在演变关系上作了探讨③。

20世纪80—90年代是卜法制度研究的发展期，此以张政烺、李学勤、宋镇豪、彭裕商等为代表。朱天顺简述了殷商骨卜的起源、官方骨卜的概况，且认为骨卜起源于龟卜④。1985年，张政烺首先发现了甲骨上的筮卦，即在殷墟卜辞中找到“两个只有四个数目字的卦”⑤。吉德炜指出武丁时代属于占卜衍变过程中的过渡时期，到帝乙、帝辛时代，甲骨占卜最终成为商王统治的工具⑥。宋镇豪论述了商代的习卜制度，指出“习卜”应包括同日和异日两种因袭占卜，习卜利用甲骨的占卜达到神的意志和人的意愿之间的传递交流⑦。宋镇豪指出在具体实施三卜时，“一些场合是每一卜由一人贯穿终始，这是比较理想的形式”，但在大多数场合往往由王者、右卜和左卜分别主持每一卜的占卜程式中的某个环节⑧。张政烺、宋镇豪对商代卜法制度的研究用力较深，对后世学界贡献较大。

宋镇豪首先梳理了占卜的源流，进而论述了殷商王朝的占卜制度：占卜制的要质与内核、卜筮并用的制度⑨。1999年，王宇信、杨升南简述了学界对商代甲骨的占卜程式的探索，论述了正反对贞、同事异卜、一事多卜、习卜制、三卜制、卜筮并用等殷商王朝的占卜制度⑩。宋镇豪指出商代的占卜制度有正反对贞、同事异问、一事多卜、习卜之制、三卜之制和卜筮并用等⑪。

21世纪以来，卜法制度研究进入了新时期，此以宋镇豪、何毓灵、章秀霞、李旼姈等为代表。赵容俊指出商周时期，筮法与甲骨占卜并用，且为一事多卜⑫。

---

① 沈启无、朱耘菴：《龟卜通考》，《国立华北编译馆馆刊》1942年第1卷，第1期；《龟卜通考（续）》，《国立华北编译馆馆刊》1942年第1卷，第2期、第3期；《龟卜通考（续）》，《国立华北编译馆馆刊》1943年第2卷，第1期、第2期。

② 裘锡圭：《读〈安阳新出土的牛胛骨及其刻辞〉》，《考古》1972年第5期。

③ 〔日〕贝塚茂树：《龟卜与筮》，《贝塚茂树著作集》，中央公论社，1977年。

④ 朱天顺：《中国古代宗教初探》，上海人民出版社，1982年，第155—168页。

⑤ 张政烺：《殷虚甲骨文中所见的一种筮卦》，《文史》（第24辑），中华书局，1985年，第2—4页。

⑥ 〔美〕吉德炜：《中国正史之渊源：商王占卜是否一贯正确》，《古文字研究》（第13辑），陕西省考古研究所等编，中华书局，1985年，第117—126页。

⑦ 宋镇豪：《殷代“习卜”和有关占卜制度的研究》，《中国史研究》1987年第4期。

⑧ 宋镇豪：《论古代甲骨占卜的“三卜”制》，《殷墟博物苑苑刊》创刊号，中国社会科学出版社，1989年，第143页。

⑨ 宋镇豪：《夏商社会生活史》，中国社会科学出版社，1994年，第514—532页。

⑩ 王宇信、杨升南主编：《甲骨学一百年》，社会科学文献出版社，1999年，第194—219页。

⑪ 宋镇豪：《再论殷商王朝甲骨占卜制度》，《中国历史博物馆馆刊》1999年第1期。

⑫ 〔韩〕赵容俊：《先秦巫俗之研究》，台湾大学硕士学位论文，2002年，第208—212页。

李旼姈《甲骨文例研究》关于卜法的内容有：

一，将卜辞的卜问形式划分为：单贞卜辞、对贞卜辞和选贞卜辞，指出单贞和选贞卜辞在卜问语气上有差别，选贞卜辞在内容上与前面二者的概念不同。

二，认为殷商的占卜行为可分为一事一卜和一事多卜，以一事多卜为主。

三，讨论了同文卜辞、成套卜辞（一版成套：单贞、对贞、选贞；数版成套卜辞：同文、省文或异文）、同对卜辞[①]。

巫称喜指出殷商甲骨的占卜制度包括卜官制度、一事多卜制、习卜制、选卜制和卜筮并行制[②]。谢麟简述了商代占卜官吏的设置及其职守和对贞制、习卜制、三卜制、选卜制、占筮并用的占卜制度[③]。宋镇豪指出殷商甲骨占卜之法“举凡大要者有三”：一事多卜、习卜、三卜制[④]。朴载福考察了先秦不同时期、不同地域甲骨的攻治、钻凿、施灼、卜兆等占卜痕迹，再由痕迹类别的异同、形态的变化、所在部位及布列关系概括出了先秦卜法的特征和发展轨迹[⑤]。巫称喜论述了殷商的卜官制度（占卜程序、占卜人员的构成与职能）、一事多卜制、习卜制、选卜制等甲骨占卜制度[⑥]。史东雨、史善刚指出殷商时代之易卦卜法，具有“卜筮并用”的特点[⑦]。

章秀霞认为殷墟甲骨王卜辞体现了殷商王朝最高统治者商王所使用的卜法，非王卜辞体现的是商王之下的其他殷商贵族所使用的卜法，卜兆是殷墟甲骨占卜中的核心与灵魂，论述了花东子卜辞的卜法：单次式卜问、重复式卜问、选择式卜问（正反选择式卜问、其他选择式卜问）、习卜[⑧]。何毓灵根据殷墟出土之甲骨、铜爵和陶范等随葬器具，指出筮卦在殷墟晚期越来越普遍[⑨]。

再者，有的学者主张占卜之法的对比研究。首先，东方、西方占卜之法的对比研究，如李学勤由殷墟甲骨的占卜谈到欧洲、北美、东北亚和北非等地的占卜之风，将甲骨占卜划分为东方型和西方型，指出甲骨占卜之法的研究必须采用比较的方法[⑩]。其次，商代早晚、殷周的比较，如彭裕商就列举出文献所见殷周的卜法，对比了殷墟早期晚期甲骨的卜法，且简论了“成套卜辞”与“成套甲骨”，指出卜法与卜辞的数量有着密切的关系[⑪]。最后，汉族与少数民族甲骨占卜的比较，如何正廷比较了壮族鸡卜和汉族甲骨占卜的某些特征，指出壮族鸡卜及其卜

① 〔韩〕李旼姈：《甲骨文例研究》，台湾古籍出版有限公司，2003年，第58—62、67—75页。

② 巫称喜：《甲骨占卜制度与商代信息传播》，《华南师范大学学报》（社会科学版）2008年第5期。

③ 谢麟：《卜法新考》，山东大学硕士学位论文，2009年，第15—27页。

④ 宋镇豪：《商代社会生活与礼俗》，中国社会科学出版社，2010年，第630—644页。

⑤ 〔韩〕朴载福：《先秦卜法研究》，上海古籍出版社，2011年。

⑥ 巫称喜：《殷商文化传播史稿》，暨南大学出版社，2015年，第22—27页。

⑦ 史东雨、史善刚：《论殷商时代的占卜易卦》，《哲学研究》2016年第9期。

⑧ 章秀霞：《花东子卜辞与殷礼研究》，中华书局，2017年，第327、328、333—338页。

⑨ 何毓灵：《殷墟时期巫卜器具初探》，《考古学报》2018年第2期。

⑩ 李学勤：《甲骨占卜的比较研究》，《比较考古学随笔》，广西师范大学出版社，1991年，第95—101页。

⑪ 彭裕商：《殷代卜法初探》，《夏商文明研究》，中州古籍出版社，1995年，第228—245页。

辞是壮族历史文化的载体[①]。

以上为国内外学者对商代占卜制度的研究概况，学术焦点有甲骨卜法、筮卦，骨卜与龟卜的源流及二者的关系，殷商甲骨占卜制度，占卜的源流，卜筮并用，占卜之法的对比研究等。可见，甲骨占卜制度一直是学界探索的重点。这些成果，是我们进一步研究的基础。

## 二、研究存在的不足之处

国内外学者在商代甲骨占卜流程与卜法制度方面，取得了丰硕的成果，概述如下：

（1）随着古文字和考古甲骨实物资料的公布和利用，学者梳理了甲骨占卜流程和卜法制度，某些问题已经基本清晰。

（2）商代甲骨占卜制度的相关研究，为学界的研究提供方法上的经验和指导。如从甲骨实物本身携带的基本信息出发，结合传世文献的相关记载，对甲骨占卜进行研究。

（3）明确了甲骨占卜流程与卜法制度的紧密联系，启迪我们在二者结合的基础之上，全面研究甲骨占卜制度。

这些成果，为我们下一步的研究奠定了坚实的基础。虽然商代甲骨占卜制度的研究成就显著，但也有不足之处，主要有以下三个方面：

首先，学者多从宏观角度着眼，对占卜流程与卜法制度进行研究，在某些方面达成共识。成果以零篇散章居多，专著相对较少，难以窥见商代甲骨占卜制度的全貌。

其次，卜法制度与占卜流程紧密相关，需要借助占卜流程的具体环节对卜法制度进行探索。学界多从不同的视角分别对占卜流程与卜法制度进行论述，疏于对二者关联性的探讨。实则，甲骨占卜流程蕴含卜法制度，卜法制度贯穿于占卜流程。

再次，对某些问题的研究存在不足，如钻和凿、灼兆和契刻孰先孰后、龟人和鳖人的职能区分等问题；再如，学界疏于卜兆刻划、甲骨文字涂朱填墨、毛笔书写与甲骨契刻的先后关系、卜后甲骨的处理方式等问题的研究。最后，学界对三卜制、习卜制和卜筮并用等卜法制度的研究较多，但较少探究占卜机构和卜官制度；可见，学界对以上这些问题的研究，仍然不够清晰、细致。

总之，商代甲骨占卜制度是甲骨学研究领域的重要课题，学界对甲骨占卜的研究已有相当长的历史，但是仍缺乏全面、综合的研究成果。甲骨占卜流程与卜法制度的研究，应该尽可能地通过观察甲骨实物，结合传世文献的相关记载，对各类甲骨按照其本身之出土坑层、材质、尺寸、形制、攻治、钻凿、烧灼、卜兆、文字的书契、卜后处理和卜法制度等进行考察，而后追溯甲骨占卜的基本制度。本书就是从考古出土的甲骨实物本身出发，全面梳理商代各个时期甲骨占卜流程与卜法制度，剖析其本质属性、发展脉络、演变规律等，进而探讨甲骨占卜在早期文明、国家与社会中的地位。

---

① 何正廷：《壮族鸡卜与汉族先民甲骨占卜比较研究》，《文山学院学报》2011年第1期。

# 第四节 研究内容与研究方法

## 一、研究内容

甲骨的选材、攻治、钻凿和卜兆等，都属于甲骨自身研究的范畴。黄天树首次提出系统建立甲骨学全新研究课题——甲骨形态学，他指出："甲骨形态学研究完整肩胛骨的构造；研究龟腹甲、背甲和甲桥的外层和内层构造；研究骨缝片外形轮廓及其盾纹、齿纹形态；研究钻凿、兆拆形态，总结规律，以利于甲骨残片材质的识别、残片部位的判断、残片的缀合和卜辞的释读。我们相信，建立甲骨形态学，对推动甲骨学研究的深入发展，具有积极的意义。"[①] 甲骨形态学的研究对象就是甲骨本身。近些年的学术成果，凸显了甲骨形态学的价值与意义。

本书的研究内容主要包括商代甲骨占卜流程与卜法制度，进一步打破了学界以甲骨文字为研究主题的窠臼，将甲骨占卜前的准备、占卜时的程序、占卜后的事宜三个衔接严密的占卜流程和占卜机构、卜官制度、卜法三大关联甚密的占卜制度作为研究内容。本书欲探析甲骨占卜流程与卜法制度的嬗变脉络，从而重构商代甲骨占卜之全貌，与前人学术研究的方向有所不同。同时，充分吸收和借鉴甲骨占卜方面的研究成果，挖掘甲骨材料的历史价值。总之，本书将全面探索甲骨占卜流程与卜法制度，窥探其嬗变脉络，进而重构商代甲骨占卜的全貌。

根据主旨，全书共有十章。第一章为绪论，论述甲骨占卜的源流，略论选题缘起和研究意义，梳理学界对商代甲骨占卜流程与卜法制度的研究概况，说明本书的研究内容与研究方法。第二章至第八章是本书的主体，详细梳理甲骨占卜流程，分别探讨甲骨的选材、甲骨的攻治、甲骨的钻凿、甲骨的烧灼、甲骨的卜兆、文字的书契和甲骨占卜后的处理等各个环节及其相关问题。第九章论述占卜机构、卜官制度、卜法等卜法制度，同时比较商周卜法的异同。第十章是本书的结语，汇总各个章节的主要观点，综论商代甲骨占卜流程与卜法制度，重构甲骨占卜制度。

## 二、研究方法

本书注重历史学、考古学、古文字学和计算机科学等多学科、多角度交叉研究方法的综合运用，拟采用以下三种研究方法：

（1）二重证据法。将甲骨资料与传世文献相结合，对相关信息进行分析。

（2）比较研究法。结合甲骨资料出土的遗址情况，不同地域如郑州商城、洛阳偃师、河南安阳、山东大辛庄和陕西岐山等地，欲探究商代早期、中期、晚期甲骨占卜流程与卜法制度

① 黄天树：《甲骨形态学》，《甲骨拼合集》，学苑出版社，2010年，第515页。

的嬗变脉络。

（3）古文字学与计算机技术相结合。充分利用甲骨文电子字典、甲骨文全文数据库、殷契文渊、甲骨文拓片等数据库，并使用计算机技术处理甲骨所蕴含的占卜信息。

## 小　结

总之，中国古代甲骨占卜的起源甚早，新石器时代的遗址已有占卜所用的甲骨出土。传世文献虽有甲骨占卜的零星记载，但是至殷墟甲骨的陆续出土，学界才得以目验甲骨实物进行卜法的研究。

一，中国原始社会的占卜之法有草卜、鸡蛋卜、牛肝卜、鸡骨卜、手卜、鸡卜、石卜、泥包卜、竹卜、刀卜、贝壳卜、羊肩胛骨卜、木卜、羊毛绒卜等。龟具神灵性且长寿，素有“灵龟”“神龟”等美誉。古代先民选择甲骨作为各类占卜的主体，便于占卜之事的结果可以得到天的意愿。甲骨占卜的灵验，又促使了龟成为灵物的化身。

二，传世文献中关于甲骨占卜的记载较少，古人研究的最大缺陷在于未曾目睹甲骨之实物。骨卜的记载虽极少于龟卜，但由考古发掘出土的实物资料看，骨卜早于龟卜登上历史的舞台。从时代发展看，商代盛行甲骨占卜，对后世影响深远。而至西周时期，甲骨占卜逐渐衰弱，卜筮之法持续于战国时期。卜与筮是两种不同的占卜方法，甲骨为卜，筮是数占，卜、筮有别。

三，中国史前各遗址出土不少占卜所遗留下来的甲骨，但以兽骨居多，如牛、羊、猪肩胛骨等。史前遗址有以龟甲为随葬品的墓葬，随葬龟甲的数量极少，是为先民的习俗。

四，商代甲骨占卜制度一直是学术界长期关注的重点，甲骨实物为占卜流程与卜法制度的研究提供了第一手资料。国内外学者在甲骨卜法方面，取得了丰硕的成果，但稍有不足。本书的选题，就是希望全面梳理甲骨占卜流程与卜法制度，进而重构甲骨占卜制度之全貌。

# 第二章　甲骨的选材

甲骨占卜的第一事，乃是选材。近年来，随着历史学、考古学、古文字学、民族学等学科的不断发展与相互促进，使我们认识到商代占卜材料在种类、来源和选择上的多样性。现就卜用甲骨的取用制度、材质辨相、祭祀备用等问题，分别论述如下。

## 第一节　取用制度

殷人自开始筹备占卜之时，就先要解决甲骨从何而得这一问题，即“取用”之事。商代甲骨占卜，都要经过选材、攻治、钻凿、烧灼等环节。取材是占卜的第一道环节，取用制度是首要问题。

前贤已经对甲骨的来源，进行了详细的论述。卜骨绝大部分是就地取材，因为商代畜牧业很发达，家畜饲养数量颇多；龟甲来自南方和西方[①]。兽骨如牛肩胛骨等，“当为本地所产”，“商代畜牧业很发达，牛已大批驯养并有丰厚储备”，“商人用牛祭祀以后，有的祭祀之牛的肩胛骨就保存下来，供占卜之用”[②]。宋镇豪曾指出：“（殷墟）卜骨来源的多元性颇与卜龟相类似，但卜骨主要产地是在中原及北方地区，卜龟的产地却分布地域广大，有来之南方江淮流域的，有来之黄河流域东西方地区的，有来之北方地区的，甚至有南方长江流域更远的海域输入的，而安阳殷墟周围一带本地产的龟当也不在少数。”[③]

甲骨的来源问题，已经基本解决。龟甲，多由各地贡纳而来，兽骨多为本地所产。各地如何将收集而来的甲骨运输至都城，贡纳而来的甲骨又该如何整理、保管，这些就需要专人负责贡纳之事。商王朝设置龟人之职，分为中央龟人与地方龟人，每年秋时取龟。以下，我们就简论龟人和秋时取龟。

---

① 胡厚宣：《殷代卜龟之来源》，《甲骨学商史论丛初集》，齐鲁大学国学研究所，1944年，第619—626、429页。

② 王宇信：《甲骨学通论》，中国社会科学出版社，1999年，第106—109页。

③ 宋镇豪：《再谈殷墟卜用甲骨的来源》，《殷都学刊》1999年第2期。

# 一、龟　　人

《周礼·春官·龟人》载："龟人掌六龟之属，各有名物"，疏曰："'掌六龟之属'者，此官掌藏龟"①。"龟人"是卜官之一，取龟、攻龟、藏龟、祭龟等事宜均由龟人负责。商王畿设置中央龟人，由其负责汇总各地进贡而来的甲骨；地方贵族设置地方龟人，由其负责甲骨的搜集、进贡事宜。二者的职责略有不同。

## （一）中央龟人

董作宾首先指出甲骨来源可能与刻辞"某人"有关，"侯家庄骨文（28）有'入于卜'记载，（29、30）有'出自卜'记载，似皆史官记出入于太卜府供职之辞，可与记'某人'相印证"②。胡厚宣据此继续研究殷商贡龟之事，他认为武丁时代五种记事刻辞多见"某人入若干""某入若干"等，也是关于献龟的记载，"'入'、'来'、'氏'三动词，既皆有呈贡致送之义，则'某入若干'一类之龟甲刻辞其言'某入若干'、'某来若干'、'某氏若干'者，必为某国或某人呈贡某种物件若干也"，贡龟者四十八人—其可知为人名者二十、其为官名者四、其为国名或地名者十一、其未详为人名或地名或官名者十三、可以确定为人名者至少二十人，进而指出采集龟甲之人有六，采集牛骨之人有九，也有兼采龟甲牛骨之人③。按胡厚宣所说，武丁时期的贡龟者就有四十八人，当这些龟甲被运送至都城，都城也会有相应的龟人负责接收、保管。这些人就是"中央龟人"。

中央龟人的职责就是整理王畿以外各地贡纳而来的甲骨，记录每批甲骨的材质，是从哪里来的，由谁贡纳的，数量是多少，等等。有时，一些中央龟人还需要依照商王之命，向地方贵族贡龟。如供职于商王朝的"王臣"，他们就需要向花东H3卜辞的主人"子"贡龟，"以贡纳占卜使用的龟甲来说明：宁、吴、我、大、史、逆、庚、周等属于'王臣'，H3卜辞中的记事刻辞，记载了他们分别贡龟于'子'的史实"④。花园庄东地出土的大版龟甲不在少数，如《花东》H3：53，长31.3、宽19.5厘米；再如《花东》H3：443，长27.2、宽19.7厘米。这些大版龟甲也许就是由中央王朝贡献而来的。这种情况说明中央龟人不只负责整理地方贡纳而来的龟甲，还需要向地方家族输送龟甲。

龟甲在中央王朝与地方贵族之间的流通，和自然村落与中心产品的流通如出一辙。"农产

① （清）孙诒让撰，王文锦、陈玉霞点校：《周礼正义》，中华书局，1987年，第1950—1952页。

② 董作宾：《安阳侯家庄出土之甲骨文字》，《中国考古学报》（第一册），商务印书馆，1936年，第111、112页。

③ 胡厚宣：《武丁时五种记事刻辞考》，《甲骨学商史论丛初集》，齐鲁大学国学研究所，1944年，第574、575、584页。

④ 韩江苏：《殷墟花东H3卜辞主人"子"研究》，线装书局，2007年，第306页。

品在EMS（一个个商代遗址组成的）之内的流动是自然村落向中心流动，在HSM（更高的国家单位）内是自次级的ESM向主要的ESM流动，在全国之内是由全国各地向都城流动。”[①]张光直认为：“贵重的手工业产品如青铜礼品和白陶之类则只有在ESM、HSM或国家的中心城市才有，但有时它们自中心回流到较为僻远的单位去作为一份王赐或贵族赐给的礼物。至于子安贝、龟甲和玉这类的贵重物品，则多半是国外运输进来的。”[②]中央王朝与地方产品的流通是普遍现象，其中就包括龟甲和兽骨。贵重物品的流通，也是维系中央与地方关系的纽带。

可知，商王畿确实有一批中央龟人，专门负责收取、整理各地贡纳而来的甲骨，有时还向地方贵族输送龟甲。

## （二）地方龟人

商王畿以外的地方部族、封国或方国等，也需要设置龟人之职，由其负责甲骨的搜集、进贡等事宜，这就是“地方龟人”。除了甲骨，他们还需贡纳牛、羊、马等牺牲。

甲骨之上，多是简单记录了贡纳之事，“署辞”是“有关卜用甲骨贡纳、征取、整治和收存手续的记录，有神职人员备案的性质”[③]。记事刻辞记录了地方龟人贡纳的龟甲，如：

奠入十。（甲桥刻辞）　《合集》110反
□入二。（甲桥刻辞）　《合集》141反
雀入三十。（甲桥刻辞）　《合集》190反
我来三十。（甲桥刻辞）　《合集》248反
[illegible]入百二十。（甲桥刻辞）　《合集》267反
贮入三。（甲桥刻辞）　《合集》371反
庚□壴入五十。（甲桥刻辞）　《合集》419反
［妻］入二十。（甲桥刻辞）　《合集》463反
贮入七十。（甲桥刻辞）　《合集》671反
帚井示五。（甲桥刻辞）　《合集》926反
妻入二百五十。（甲桥刻辞）　《合集》952反
雀入二百五十。（甲桥刻辞）　《合集》1100反
[illegible]入四十。（甲桥刻辞）　《合集》4735反
妻来二十。（甲桥刻辞）　《合集》6648反
帚井示百。㱿。（甲桥刻辞）
我以千。（甲桥刻辞）　《合集》9012反
□龟五［百］。（甲桥刻辞）　《合集》9182反

---

① 束世澂：《夏代和商代的奴隶制》，《历史研究》1956年第1期。
② 〔美〕张光直：《中国青铜时代》，生活·读书·新知三联书店，1983年，第132页。
③ 王蕴智：《殷商甲骨文研究》，科学出版社，2010年，第502、503页。

亞来十⌀鼉百。（甲桥刻辞）　　《合集》9188反

弖入□。（甲桥刻辞）　　《合集》9223反

奠来三十。（甲桥刻辞）　　《合集》9613反

雀入龟五百。（甲桥刻辞）　　《合集》9774反

雀入二百五十。（甲桥刻辞）　　《合集》9810反

可知，贡龟刻辞多记于龟甲反面的甲桥部位，且记贡纳者之名与贡纳数量，是为“甲桥刻辞”[1]。甲桥刻辞是一种记事刻辞。由甲桥刻辞推测，奠、雀、我、[illegible]、贮、壴、妻、帚井、𡆥、亞、弖等地方龟人负责收集龟甲，将之进贡于中央王朝，这些都是地方龟人的基本职责。

多数甲桥刻辞应该刻于甲骨攻治之后、钻凿之前。如《合集》龟腹甲926反面（图2-1，1）左甲桥的记事刻辞“帚井示五”四字被钻凿打破，可以证明“凿钻在刻辞之后”[2]。张秉权曾根据《合集》656反面左甲桥上的“乳”“骨”二字的残存情况，指出：“这一事实，说明了甲桥记事之辞的契刻，应在攻治之前。”[3]张秉权所说的“攻治”，应该是指钻凿及其以后的占卜环节。再者，花东多版龟甲的甲桥刻辞多被钻凿打破，如《花东》龟腹甲H3：259反面（图2-1，2）的“梓三”被钻凿打破，再如H3：485、H3：567、H3：1270、H3：1285、H3：1365、H3：1376的反面也是这种情况，说明这些甲桥之辞在施钻凿之前就已经契刻于甲桥。甲桥刻辞被钻凿打破的例子还有《合集》902反、14775反，等等。

所以，我们推测甲桥之辞一般是刻于甲骨攻治之后、钻凿之前的，但这并非绝对。因为相当一部分甲桥之辞刻于钻凿之后，刻辞避钻凿的规律显著。方稚松就认为并非所有的甲桥刻辞都契刻于钻凿之前，如《合集》14199反面“［帚］[illegible]来”的“来”字避凿之意极为明显，《合集》14207反面左甲桥“壴入二。争”的“争”字也有避凿之嫌疑，“还有些可能因钻凿影响而使字刻写得较小”，有些左右甲桥的“记事刻辞似为避钻凿而贴着边缘刻写”[4]。种种实例都说明，甲桥刻辞与钻凿的先后关系，并不是绝对的，我们应该区别看待。

另外，关于地方龟人及其职责，刘玉建论述较详：

> 上述所列，哪些是国名，哪些是人名，哪些是地名，恐怕难以确定，但其中有一些是人名当是无疑。那么这些人属于哪类官员呢？我们认为，这些人应当是地方取龟卜官。龟的捕捉有一定的季节性（如《周礼·春官·龟人》称“秋取龟”），而且还有一套捕捉技术。既然诸侯要把龟作为贡品，那就必须设有专门从事指导捕龟及收龟的官员。这些地方取龟卜官从征龟到贮藏，以及长途运输到京都，交给中央占卜机构里的取龟卜官手里，其任务是繁重的。他们是商王朝卜用龟的具体收集者……从某种意义上讲，他们才是真正的取龟卜官，故此，陈梦家曾把这些“人”者，列为卜官之列[5]。

① 张秉权：《甲桥刻辞探微》，《汉学研究》1984年第2期。

② 董作宾：《骨臼刻辞再考》，《“中研院”院刊》1954年第1辑。

③ 张秉权：《甲桥刻辞探微》，《汉学研究》1984年第2期，第492页。

④ 方稚松：《殷墟甲骨文五种记事刻辞研究》，线装书局，2009年，第160、161页。

⑤ 刘玉建：《中国古代龟卜文化》，广西师范大学出版社，1992年，第105、106页。

整版

局部放大

1

整版

局部放大

2

图2-1　《合集》龟腹甲926与《花东》龟腹甲H3：259反面整版、局部

刘玉建的论述非常准确，说这些地方龟人是“商王朝卜用龟的具体收集者”，称“他们才是真正的取龟卜官”。此处，我们再以殷墟花园庄东地出土的甲骨为例，说明地方龟人的存在。花东甲骨是子家族占卜的遗留之物，卜辞属于非王卜辞。花东H3坑所出甲骨以花龟居多、乌龟较少，甲骨绝大多数是外地进贡而来[①]。可知，花东子家族就有其地方龟人。

与中央王朝相比，花东子家族内部的龟人，自然属于地方龟人。花东腹甲的记事刻辞刻于甲桥部位，如《花东》H3：63、H3：212、H3：299、H3：437、H3：443、H3：489、H3：601等，其形式有“某入某”“某乞”等。魏慈德指出花东卜甲上记载卜甲来源的刻辞通常以“某入某（数量）”或“某乞”的形式来记载，“某入某”类的贡龟者有逆、先、史、庚、周、我、大、亚、万家等，“某乞”类有贾等；魏慈德还认为花东甲骨记事刻辞所载入贡龟版的方国名有些已见于命辞，如先、大、震等，然大半不见于命辞中，故这些龟甲来源地可能距子的居邑较远；又这些不见于命辞中的来源地与王卜辞的龟甲来源地相同者多见，这种现象或许可说明某些卜甲是来源于商王室[②]。古育安也赞同魏慈德关于“某乞”的观点[③]。魏慈德推测花东某些卜甲来源于商王室，这是正确的。前文已经论述，花东某些大版龟甲，就是由中央龟人输送给花东占卜机构的。

可知，中央王朝与地方贵族占卜所用的甲骨是互通之物。在商王朝内部，有商王朝近畿地区内与商王关系较远之子某向王朝贡纳龟甲、子某之下属向王朝进献龟甲兽骨；商王朝与周边方国也有类似情况，如边域雄族向商王朝贡纳占卜龟甲和祭祀用牲。[④]也就是说，地方龟人任职于商王朝近畿地区的贵族机构和周边的方国等。

地方龟人专门负责搜集甲骨，而后将之贡纳于中央王朝。所以，我们既要看到中央龟人的重要性，又不能忽视了众多的诸侯、方国或部族人员为商王朝的占卜事业做出的贡献。因为，地方龟人隶属于地方官僚机构，而甲桥刻辞所见之人均为当时重要的贵族。当然，我们还可以推测：他们所进贡的甲骨，大多数来自于其附属的部族，或许这些部族也设置了龟人之职。这些隶属的关系，均体现于贡纳之物。可以说，商朝王室与各地藩臣保持联系，中央王朝向各地收取甲骨，各地也会主动进贡，这些都是商王朝藩臣关系的表现。至于那些在中央和地方负责具体贡纳事宜的卜官，才是真正的龟人。

## 二、取　龟

取龟，是殷人取用制度的重要问题。以下，我们就分析殷人秋时取龟以及甲骨刻辞相关记录。

---

① 曹定云、刘一曼：《1991年殷墟花园庄东地甲骨的发现与整理》，《花园庄东地甲骨论丛》，圣环图书股份有限公司，2006年，第10、11页。

② 魏慈德：《殷墟花园庄东地甲骨卜辞研究》，台湾古籍出版有限公司，2006年，第95—97、172页。

③ 古育安：《殷墟花东H3甲骨刻辞所见人物研究》，花木兰文化出版社，2013年，第376页。

④ 韦心滢：《殷代商王国政治地理结构研究》，上海古籍出版社，2013年，第237、238、293、294页。

## （一）殷人秋时取龟

《周礼·春官·鳖人》载："春献鳖蜃，秋献龟鱼。"又《龟人》载："龟人……凡取龟用秋时，攻龟用春时，各以其物入于龟室。"①说的是鳖人在秋季献龟，龟人在秋季取龟。

秋季是成熟的季节。《春秋繁露·五行对》有言："春主生，夏主长，季夏主养，秋主收，冬主藏。"②《淮南子·本经训》曰："春生夏长，秋收冬藏，取予有节，出入有时。"③许慎《说文解字·七上·禾部》解释："秋，禾穀熟也。"④段玉裁《说文解字注》在"秋"下作注曰："其时万物皆老，而莫贵于禾熟，故从禾。言禾复言穀者，晐百穀也。"⑤这些文献的记载都强调了四时的物性。

龟甲也成熟于秋季，此时龟甲坚硬。胡煦在《卜法详考·卷一》中指出"取龟用秋时"的原因是"秋，物成之时，故秋取之"⑥。秋时取龟，乃龟甲坚硬之故。王与之在《周礼订义》中引郑锷之言："于是时（秋）而取之，其甲坚矣。"⑦秋季取龟，经过冬季贮藏，至春时攻治，合于此理。

卜辞也有秋时取龟的记录。陈邦怀曾对见于《殷虚书契前编·卷七》第五页二片之一（即《合集》10076）的卜辞"乙卯卜，宾贞，鬳龟，翌日。十三月"做过研究，他指出："郭沫若先生'鬳龟'当是人名，疑甗即叔献的解释不确。'鬳'应读为'献'，此卜献龟之事也。《礼记·月令》郑注：'周礼秋献龟，鱼。'今知献龟之制，殷周所同。惟献龟之时，殷在季冬之月，而周在秋，此其小异也。"⑧

总之，殷人在秋季取龟，此时龟甲坚硬。

## （二）卜辞所见取龟的记录

董作宾说："商人贞卜之第一步为用龟。卜辞有'用龟'之语，盖即商人取龟之卜。"⑨为了方便研究，现将一些有关"以龟""乞龟""入龟"等刻辞暂列如下：

（1）贞：［光］…来。王［固曰］：隹来。五…允至，以龟䨻八，龜五百十。四月。

《合集》8996正

① （清）孙诒让撰，王文锦、陈玉霞点校：《周礼正义》，中华书局，1987年，第306、1950—1952页。

② （清）苏舆撰，钟哲点校：《春秋繁露义证》，中华书局，1992年，第315页。

③ 何宁撰：《淮南子集释》，中华书局，1998年，第584页。

④ （汉）许慎撰：《说文解字》，中华书局，影印版，1978年，第146页。

⑤ （汉）许慎撰，（清）段玉裁注：《说文解字注》，上海古籍出版社，1981年，第327页。

⑥ （清）胡煦著，程林点校：《卜法详考》，《周易函书》（第四册），中华书局，2008年，第1140页。

⑦ （宋）王与之撰：《周礼订义》，《摛藻堂四库全书荟要·经部·礼类》，世界书局，1988年，第17页。

⑧ 陈邦怀：《殷代社会史料征存》，天津人民出版社，1959年，第17、18页。

⑨ 董作宾：《商代龟卜之推测》，《安阳发掘报告》1929年第1期。

［王𠚤］曰：吉…方至。允［至，以龟䨻］八，𪓊［五百十。四月］。 《合集》8997正

（2）贞：［𠐁］不其以龟。 《合集》8998正

［贞］：㖨［不］［以龟］。 《合集》8999正

□□卜，永，贞：我以［龟］☐其八［百］☐ 《合集》9018正

□龟五［百］。（甲桥刻辞） 《合集》9182反

𡍬来十☐䵺百。（甲桥刻辞） 《合集》9188反

（3）☐帚井乞䨻自耳十五。（骨面刻辞） 《合集》9395正

贞：念𠂤般龟。二 《合集》9471正

雀入龟五百。（甲桥刻辞） 《合集》9774反

（4）庚辰，令𡧊隹来豖以龟二，若令。 《合集》21562正

“以”“来”“入”均是贡纳动词。“以”读如“致”，义同“入”，有贡纳、致送、征取、交付之意。“来”，亦指入贡之事。“入”，有贡入、贡纳之义。以上卜辞和甲桥刻辞记录的是贡龟之事。

从所记的乌龟看，殷人至少已将乌龟分为龟、䨻、𪓊、䵺四个种属。从贡纳的数量上看，有数龟、数十龟、数百龟，且以五百为常见。“以龟”者，以千为最多，如：

我以千。（甲桥刻辞） 《合集》116反

我以千。（甲桥刻辞） 《合集》838反

□以千。（甲桥刻辞） 《合集》9017反

我以千。（甲桥刻辞） 《合集》10935反

综合贡纳乌龟的数量和种属看，龟应该最为常见，𪓊龟次之，䵺龟较为稀少，䨻龟最为难得；龟的数量动辄千只、八百、五百只，𪓊龟的数量则以五百一十只为常，就连䵺龟的数量也是以数百只记之，而䨻龟的数量则为八和十五只。

从贡纳者来看，“光”“妇姘”“𡍬”“𠂤般”“雀”“我”等均是贵族人物。如“光”，又称“侯光”，需要定期向商王朝贡。商王多次占卜询问“光”是否会前来王都、“光”是否有灾祸，如：

甲辰卜，亘，贞：今三月光乎来。王𠚤曰：其乎来，乞至隹乙。旬㞢二日乙卯允㞢来自光，以羌刍五十。小告。 《合集》94正

［甲］午卜，宾，贞：光亡𡆥。［王］𠚤曰：［光］☐

甲午卜，宾，贞：光其㞢𡆥。二月。 《合集》6566正

“𡍬”能够一次性进贡百䵺，亦显示出其雄厚的实力。“𠂤般”和“雀”都是武丁时期的著名将领，如：

辛酉卜，宾，贞：乎𠂤般取珏，不左☐ 《合集》826

壬寅卜，㱿，贞：尊雀叀𠷎𧰼基方。 《合集》6571正

从以上刻辞可以看出，中央王朝占卜所用之龟大多是从各地进贡而来的。不过，龟甲的来源也不全是如此，商王还会派遣专人前去采集、征取甲骨。

甲桥或者甲缘上的“自某乞”“乞自某”“某乞自某”等记事刻辞是对贡龟、入龟的记

录。如在“某乞自某若干”类刻辞中，前一个“某”是商王派去的征收职官“某”，后一个“某”则是进贡者“某”。除此之外，“某入若干”“某来若干”“某示若干”等辞，也是关于贡纳龟甲的记录。如“奠入十”（《合集》110反）、“雀入三十”（《合集》190反）、“奠来一，在□”（《合集》150反）、“奠来十”（《合集》152反）、“利示十屯。帚。争”（《合集》1853臼）和“妥示十屯。宾”（《合集》2013臼）等，就是地方贵族向商王贡纳甲骨的记录，刻辞于甲桥、甲缘或者骨臼等部位。

据陈炜湛统计：

> 在记事刻辞中，还有约五百余条关于入贡卜龟的记载。这类记载一般都刻于甲桥上，称“某入若干”、“某来若干”、“某氏若干”，经常入贡、数量较多的方国或个人有：我、雀、贮、周、奠（郑）、冉、夫、亘、永、文、喜、禽、易、逆、小臣、牧、老、般、唐、戔、䖍、乂、以及妇井、妇好、妇内、子商等等，每次入贡数目从十以下至几十几百乃至上千不等（参见第五章第三节：“非卜辞”）。记载入贡次数最多的方国要算是“雀”了。记“雀入二百五十”的甲桥刻辞就有几十条（如《乙编》754，978，3031+3032，3289，3300，3397，4541，4607，4659，6389，6423，6637，6704，7050，7123，7153，7491，7673等等），也有可能是一次纳贡的数，故许多版都同样地记在反面甲桥处。其次是“我”，他一次就向商王贡纳千龟（《乙编》1053，2684，《丙编》268皆云“我氏千”）。此外，还有“我［来］龟五十”（《乙编》4948），“我来四十”（《乙编》2694，5367），“我来三十”（《乙编》3527，《丙编》42），“我来十”（《乙编》2306，8316，8467，《丙编》125），“我入十”（《乙编》3810）等记载。值得注意的是“周”，远在陕西岐山，也向商王贡龟，《乙编》5452有“周入十”的记载，《丙编》274也称“周入”。据初步的不完全统计，光是武丁时期商王朝所收到的龟甲贡品，总数便在一万三千版以上[①]。

再者，取用制度还涉及一个问题，就是外地贡纳的是活龟还是整治之后的龟版。有的学者据《周礼·春官·龟人》所载“取龟用秋时，攻龟用春时”，认为外地贡纳的是活龟、生龟，到第二年春天再宰杀、整治[②]。这是第一种观点。

持第二种观点的是黄天树、刘一曼。黄天树认为外地贡献之龟是初步加工好的龟腹甲、背甲，他注意到甲桥刻辞和甲尾刻辞的不同用量词“屯”（纯），认为“屯”字当读为古书中训为“全”的“纯”（音全）。说明龟腹甲在殷人心目中是看作完整的一版。而背甲刻辞及骨臼、骨面刻词则常见量词“屯（纯）”字。殷人称背甲一屯（纯），指背甲剖开后的右半甲和

---

① 陈炜湛：《甲骨文简论》，上海古籍出版社，1987年，第38页。

② 董作宾：《商代龟卜之推测》，《安阳发掘报告》1929年第1期；王宇信、魏建震：《甲骨学导论》，中国社会科学出版社，2010年，第58页；王蕴智：《殷商甲骨文研究》，科学出版社，2010年，第46、47页。

左半甲。称胛骨一对也为“一屯（纯）”，指左胛骨、右胛骨各一块。“一屯（纯）”犹言一对。由此，他指出：“商王或族长向外边征取的占卜材料不是活龟或活牛，而是已初步加工好的龟腹甲、背甲和胛骨。”①

刘一曼认为黄天树的观点是可取的，论据有三：“其一，小屯北储龟之处，埋有几百只腹背甲完整的龟壳，并不能说明这几百只龟是来自外地之物，因为安阳本地及附近也产龟。其二，若是大量外地入贡的活龟，到了殷都才宰杀，那么在殷墟宫殿区范围内的发掘中，应当发现较多的龟背甲，但实际的情况是发现的龟腹甲多，龟背甲少。如小屯北YH127坑，出土的卜甲中，绝大多数是腹甲，背甲少。花园庄东地H3坑，出土的卜甲1558片，其中腹甲1468片，背甲90片，腹甲与背甲之比例为94∶6，相差很悬殊。即使可以用龟背甲不宜于作占卜材料来解释，但为何H3坑附近以及小屯一带也很少发现未卜用的背甲？其三，在甲桥记事刻辞中，见有‘我以千’（《合集》9012反）、‘雀入龟五百’（《合集》9774反）、‘雀入二百五十’（《合集》9810反）。表明外地入贡龟的数量是相当大的。试想在当时的条件下，从较远的地方一次入贡数百只或上千只活龟，并要保证其存活率是件困难的事。但若是在当地先把龟宰杀，初步加工为龟版，在长途运输的路途中就比较方便了。”②刘一曼是从殷墟考古发掘的情况、甲桥记事刻辞所记入贡龟的数量和殷都与外地路途状况三个方面论证了其观点。

我们认为第二种观点是有道理的。从考古发掘看，正如刘一曼所说，殷墟尚未发现大量的背甲，即地方贡纳的是整治好的龟版，腹甲居多。从整治技法看，地方的整治技术弱于中央王朝，只能先简单整治，贡纳后再由中央龟人统一整治。从占卜的流程看，选材、取用、整治等环节紧扣，中央王朝占卜需要大量的甲骨，地方贵族贡纳整治好的龟甲更能保证占卜的运转。另外，据《周礼·春官·龟人》载：“龟人……凡取龟用秋时，攻龟用春时，各以其物入于龟室。”③中央龟人在秋季取龟与春季攻龟，并不矛盾。所以，我们不能完全否定第一种观点，或许中央王朝偶尔也会让地方贵族贡纳一些活龟。

综上，殷人在秋时取龟。龟甲有四个种属：龟、⿱雨黽、⿱龹黽、⿱罒黽；贡纳者有“光”“妇姘”“𡆥”“自般”“雀”“我”等；龟甲数量不等；地方贵族贡纳的是已经整治好的龟版。

## 第二节 材质辨相

殷人特别重视甲骨的颜色、大小和体相等选材标准，这就是甲骨的材质辨相。究其原因，应该有以下三点：

其一，甲骨材质本身的优劣是其能否通过选材程序的主要因素；

其二，占卜者希望他们对占卜结果的心理诉求可以通过甲骨材质的好坏体现出来；

其三，甲骨的选材与商代礼制息息相关，材质辨相体现了甲骨占卜制度。

---

① 黄天树：《甲骨形态学》，《甲骨拼合集》，学苑出版社，2010年，第516页。

② 刘一曼：《殷墟考古与甲骨学研究》，云南人民出版社，2019年，第96页。

③ （清）孙诒让撰，王文锦、陈玉霞点校：《周礼正义》，中华书局，1987年，第1950—1952页。

# 一、材 质

占卜用具的材料，取决于先民的生活环境和传统习俗。先民为了求得与神灵的沟通，就需要借助一种“上通下达”的媒介。牛、羊、鹿、猪等可以通过狩猎、饲养获得，是当时人类食物的主要来源。在先民的心目中，牛、羊、鹿、猪等是神灵的赐物，具有与神灵接近甚至沟通的特殊能力。因此，这些动物的骨骼被先民用作占具。

随着占卜的发展，龟因其“寿蔽于天”“降于上天”“通天下之道”“先知利害”“察于祸福”的神圣性，逐渐成为先民沟通神灵与祖先最得意的媒介。殷人将龟甲视为圣物，因为它具有灵性，能够代表神意。

## （一）材质——龟甲和兽骨

商代早期距龙山文化晚期尚近，兽骨是占卜所用的材料，多为牛骨、羊骨、猪骨等。从考古发掘的实物看，商代早期遗址出土的龟甲较少，且以无字或少字者居多。商代中晚期，龟甲和兽骨同时用于占卜，以龟甲居多。“在郑州、洛阳等地的早商遗址中，考古工作者发现了少量卜用龟甲。大约把龟视为‘通灵神物’的‘灵龟思想’，此时已经产生了。武丁以后，卜甲大量出现，则可能与打通了荆楚通道，龟甲自南方源源贡入有关。”[①]

殷商时期，甲骨是占卜的主要材料。所谓甲，就是龟甲，以腹甲为主，背甲为辅。所谓骨，就是兽骨，主要是牛肩胛骨，也有牛头骨、鹿头骨或虎骨等。从考古发掘来看，商代早期王邑郑州商城出土的卜用骨料占大宗者仍然是牛胛骨，其次是龟甲，还有少数鹿、羊、猪、狗胛骨[②]。殷墟的情况恰恰相反，以龟腹甲为多，背甲参用；骨以牛肩胛骨最多，猪、羊、鹿肩胛骨较少。李济在总结殷墟前6次考古发掘时就说：“甲以腹甲为多，背甲参用；骨以牛肩胛骨为最多，羊、鹿肩胛骨参用。”[③]

经发掘，殷墟出土了兽骨、人骨，其上多有刻辞。如殷墟第十三次发掘中，小屯村北地第六号灰坑（YH0006南井）就出土了牛距骨，经过杨钟健鉴定是一块左距骨[④]。陈梦家曾统计过六片人头骨刻辞[⑤]。方稚松统计出16版人头骨刻辞（《合集》38758、38759、38760、38761、38762、38763、38764、40701，《合补》11099、13169，《甲编》3739，《怀特》1914，《综述》13.2，《拾遗》646，《续补》9069、9070）、1版兕头骨刻辞（《甲编》3949）、2块鹿

① 吴浩坤、潘悠：《中国甲骨学史》，上海人民出版社，1985年，第52、53页。

② 河南省文化局文物工作队：《郑州二里岗》，科学出版社，1959年，第37、38页。

③ 李济：《安阳最近发掘报告及六次工作之总估计》，《安阳发掘报告》1933年第4期。

④ 高去寻：《殷墟出土的牛距骨刻辞》，《中国考古学报》（第四册），商务印书馆，1949年，第155、156页。

⑤ 陈梦家：《殷虚卜辞综述》，中华书局，1988年，第326、327页。

头骨刻辞（《甲编》3940、3941）[①]。《甲编》3940、3941即《合集》36534、37743，是两块鹿头骨。

总之，历年以来，又有以牛肋骨、牛距骨、牛头骨、鹿头骨、鹿角器、兕骨、虎骨、鳖甲、象肩胛骨、猪肩胛骨、人头骨等为占卜材料的发现[②]，但均不多见。再如，湖北秭归石门嘴商周遗址则发现有取用鲢鱼或草鱼的鳃盖骨作为占具的情况[③]，此种情况更为少见。

可知，殷商盛行龟甲占卜，但卜骨仍占有一定的比重。“这可能是殷人无事不卜，龟甲供不应求，而且龟甲攻治不易，要刮去肠腹，去掉鳞片，磨去纹理。因此，卜骨便一直沿用下来。从甲骨文记载看，商王室所需之龟多来自西方、南方的进贡，如‘有来自南氏龟’（《殷虚文字乙编》6670）。民间受条件所限就更不能放弃卜骨了。此外，依卜问之事的轻重，选用具有不同灵性的占具也是可能的。”[④]这是殷商卜骨占据一定数量的原因之一。

需要说明的是，最初由于受发掘材料的限制，有些学者认为殷人占卜只用腹甲。《史记·龟策列传》载：“神龟出于江水中，庐江郡常岁时生龟长尺二寸者二十枚输太卜官，太卜官因以吉日剔取其腹下甲。”[⑤]甲骨学研究初期，罗振玉曾认同《龟策列传》之说：“龟卜之事，先取龟之下甲，予所藏之龟从未见上甲（指背甲）。”[⑥]他在《增订殷虚书契考释》先是提到：“卜以龟，亦以兽骨；龟用腹甲，而弃其背甲”，而后又说：“背甲后不宜作兆，且甲面不平，故用腹甲”[⑦]。可知，罗振玉认为殷人不用背甲进行占卜。再者，私掘时期，甲骨残缺不全，也许是罗振玉未能辨识背甲碎片的原因。

不过，随着甲骨实物的持续出土，学者们纷纷修正了原来的看法。殷人既用腹甲，也用背甲，甚至用改制了的背甲进行占卜。背甲的发现，正是得益于殷墟科学考古的推进。李济率先在安阳第四次E16坑发现了“带火号的背甲”[⑧]。石璋如和董作宾也发现了卜用背甲的材料，即“半个背甲”，“破碎了的背甲，本来只残余着半甲的一部分”[⑨]。李济、石璋如、董作宾在碎甲之中辨识出背甲，实属难得。

后来，陈梦家也说：

---

① 方稚松：《殷墟甲骨文五种外记事刻辞研究》，上海古籍出版社，2021年，第100、101、104、105、109、110页。

② 中国社会科学院考古研究所安阳工作队：《1982—1984年安阳苗圃北地殷代遗址的发掘》，《考古学报》1991年第1期。

③ 吉林大学边疆考古研究中心、湖北省文物考古研究所：《湖北秭归石门嘴遗址发掘》，《考古学报》2004年第4期。

④ 刘焕明：《商代甲骨占卜探讨》，《文物春秋》1992年第3期。

⑤ （汉）司马迁撰：《史记》，中华书局，1963年，第3227页。

⑥ 罗振玉：《殷商贞卜文字考》，玉简斋石印本，1910年，第24页。

⑦ 罗振玉：《增订殷虚书契考释》（卷下），东方学会石印本，1927年，第64页。

⑧ 李济：《安阳最近发掘报告及六次工作之总估计》，《安阳发掘报告》1933年第4期。

⑨ 董作宾：《安阳侯家庄出土之甲骨文字》，《中国考古学报》（第一册），商务印书馆，1936年，第95—98页。

《周礼·太卜》注："卜用龟之腹甲"，《史记·龟策列传》："太卜官因以吉日剔取其腹下甲"。这其实是汉制，卜用腹甲。受了这种影响，因此罗振玉才会得出以上观点。其实他不知道自己所印的拓本中，已经有了背甲的碎片，兹据《殷历谱》（上三、三）所举之例如下：《续》1.21.1、《续》1.11.4、《前》1.14.7+1.16.3=《国学丛刊》本1.22.3、《续》1.17.7、《后上》2.11、《后上》4.7+4.9+4.8、《前》1.6.3、《后上》4.10等以上都是帝乙、帝辛时代卜辞的背甲①。

当然，殷墟地下出土背甲的数量极少，这也是早期学者认为殷人不用背甲占卜的原因之一。背甲的陆续出土，证明了罗振玉观点的谬误。

不同占具的选择在某种程度上与当地的习俗有关，如从民族学调查的结果来看，中国西南部分少数民族历史上曾长期流传着用羊胛骨占卜的习俗。其中，凉山彝族在以羊胛骨为占卜材料的同时，也间或使用牛胛骨、猪胛骨，还借助鸡骨卜、鸡蛋卜以及数竹签或打木刻进行占卜②。

总而言之，殷人占卜所用的骨料主要是龟腹甲、龟背甲和牛肩胛骨。

### （二）出土甲骨的数量

由于占卜活动频繁，殷人用龟的数量巨大，多位学者曾对殷墟出土甲骨的数量做过详细的统计。陈梦家先是统计了甲骨文总数约为十万片，后来统计的结果是约为98389片③。

胡厚宣的统计非常详细：

关于国内收藏的甲骨，由于近些年来，编辑《甲骨文合集》一书，我们也作了近乎普查的工作。计全国收藏甲骨的，有25个省市自治区，40个城市，98个机关单位和47个收藏家，共藏甲骨将近10万片。总上国外收藏的甲骨，日本12443片，加拿大7802片，英国3355片，美国1882片，西德715片，苏联199片，瑞典100片，瑞士99片，法国64片。新加坡28片，比利时7片，朝鲜6片，十二国共收藏甲骨26700片。国内及港台收藏甲骨127904片，加上国外十二个国家收藏甲骨26700片，国内外总共收藏甲骨154604片。举成数而言，我们可以说，八十五年来殷墟出土的甲骨文材料，总共约有15万片左右④。

---

① 陈梦家：《殷虚卜辞综述》，中华书局，1988年，第7页。

② 林声：《记彝、羌、纳西族的"羊卜骨"》，《考古》1963年第3期；林声：《云南永胜县彝族人他鲁人"羊卜骨"的调查和研究》，《考古》1964年第2期；汪宁生：《彝族和纳西族的羊卜骨——再论古代甲骨占卜习俗》，《文物与考古论集》，文物出版社，1986年，第137—157页；俄比解放：《古彝文与彝族骨卜裂纹的关系探微》，《考古与文物》1997年第4期；戈阿干：《纳西东巴骨卜和象形文骨卜书》，《国学研究》（第四卷），北京大学出版社，1997年，第589—634页；张纯德：《彝族的占卜术》，《云南民族学院学报》1994年第4期。

③ 陈梦家：《解放后甲骨的新资料与整理研究》，《文物参考资料》1954年第5期；《殷虚卜辞综述》，中华书局，1988年，第655—657页。

④ 胡厚宣：《八十五年来甲骨文材料之再统计》，《史学月刊》1984年第5期。

陈炜湛却指出甲骨片数为“八万三千片左右”：“故实际出土总数要比此‘六万二千’之数大。如果夸张一些，‘大方’一些再加上三分之一算是因缀合而减去之数及目前尚未发表的零散甲骨之数，就有八万三千片左右。这个数字虽无十万片伟大，十六万片辉煌，但却是切实的，可靠性强的。”①

2006年，孙亚冰统计殷墟甲骨文的出土数量在13万片左右②。朱彦民在综合胡厚宣、董作宾、陈梦家、陈炜湛、孙亚冰等各家所言的基础上认为：“总计殷墟出土的商代晚期占卜甲骨多达十数万片。”③

现将陈梦家和孙亚冰对已出土甲骨所作的统计结果对比，列表如下，以供参考。

（1）国内收藏甲骨之统计（表2-1）。

**表2-1 国内收藏甲骨之统计** 单位：片

| | 收藏处所 | 收藏数 | 著录数 |
|---|---|---|---|
| 前“中研院” | 发掘所得 | 24918 | 13041 |
| | 购自王伯沆 | 600 | |
| | 购买 | 62 | |
| 河南博物馆发掘所得 | | 3656 | 983 |
| 北京图书馆 | 接收罗振玉 | 462 | 462 |
| | 接收张仁蠡 | 292 | |
| | 何遂所赠 | 130 | 16，61 |
| | 购自胡厚宣 | 1900 | |
| | 购自通古斋 | 420 | 420 |
| 清华大学 | 购自于省吾 | 697 | 254，114 |
| | 购自胡厚宣 | 900 | 746 |
| | 购自厂肆 | 38 | |
| 北京大学 | 承燕京大学 | 1088 | 874 |
| | 霍宝禄赠 | 521 | 约300 |
| | 购自罗福颐 | 788 | |
| | 购自庵云堂 | 486 | |
| | 接收久下司 | 5 | |
| | 接收张仁蠡 | 32 | |
| 北京师范大学 | 承辅仁大学 | 320 | 120 |
| 前诚名文学院 | | 741 | 741 |
| 南京大学 | 承中央大学 | 277 | 277 |
| | 承金陵大学 | 37 | 37 |

① 陈炜湛：《关于殷墟甲骨文的两个基本数字》，《三鉴斋甲骨文论集》，上海古籍出版社，2013年，第357页。

② 孙亚冰：《百年来甲骨文材料统计》，《故宫博物院院刊》2006年第1期。

③ 朱彦民：《商代社会的文化与观念》，南开大学出版社，2014年，第38页。

续表

| | 收藏处所 | 收藏数 | 著录数 |
|---|---|---|---|
| 厦门大学 | | 29 | 29 |
| 华西大学 | | 16 | 16 |
| 文化部 | 购自刘体智 | 28000 | 1595 |
| | 罗伯昭捐献 | 388 | |
| | 徐炳昶捐献 | 13 | |
| | 张珩捐献 | 32 | |
| | 购自郭若愚 | 440 | 171 |
| | 购自孟定生 | 360 | |
| | 购自邵伯纲 | 22 | |
| 上海博物馆 | 承孔德研究所 | 1550 | 343，289 |
| | 承市立博物馆 | 1032 | 34 |
| | 购买及捐献 | 10 | |
| 山东文管会 | 接收罗振玉 | 1309 | 42 |
| | 承山东图书馆 | 71 | |
| | 代管明义士 | 1037 | 847 |
| 青岛文管会 | | 27 | |
| 浙江文管会 | | 160+ | ？，9，131 |
| 天津市文化局 | | 800+ | 800 |
| 浙江省图书馆 | | 22 | 22，1 |
| 南京博物院 | | 4 | 4，4 |
| | 代管明义士 | 2384 | 2369 |
| 旅顺博物馆 | | 1500 | 256 |
| 广州博物馆 | | 约150 | 135 |
| 东北博物馆 | | 390 | 53 |
| 故宫博物院 | | 约200 | |
| 北京历史博物馆 | | 250 | 9 |
| 江苏博物馆 | | 9 | 7 |
| 吉林博物馆 | | 40 | 18 |
| 新乡博物馆 | | 200（小） | 27 |
| 河南省文管会 | | 200（小） | 38 |
| 华东师范学院 | | 120 | 38 |
| 复旦大学 | | 300 | 49 |
| 东北人民大学 | | 40 | 7 |
| 总计 | | 约80000 | 约25000 |

注：详见陈梦家：《殷虚卜辞综述》，第655页

（2）流失在国外的甲骨之统计（表2-2）。

**表2-2 流失在国外的甲骨统计表**

| 国别 | 收藏处所 | 收藏数 | 著录数 |
|---|---|---|---|
| 美国 | 卡内基博物院 | 438 | 438 |
| | 普林斯顿大学 | 119 | 119 |
| | 飞尔德博物院 | 4 | 4 |
| | 施密士 | 62 | 62 |
| | 古董商 | 300+ | |
| 英国 | 伦敦博物院 | 484 | 484 |
| | 苏格兰博物院 | 760 | 760 |
| | 金璋 | 484 | 484 |
| 德国 | 柏林民俗博物馆 | 711 | 72 |
| 加拿大 | 多伦多博物院 | 3000（小） | 27 |
| 共计 | | 6362 | 2450 |
| 日本 | 林泰辅（入东洋文库） | 600 | 213 |
| | 三井源右卫门 | 3000 | 788，424 |
| | 河井荃庐 | 500 | 500- |
| | 中村不折 | 500+ | 283 |
| | 堂野前穜松 | 86 | 86 |
| | 中岛蠔叟 | 200 | 127 |
| | 岩间德也 | 1+ | 1 |
| | 田中救堂 | 400+ | 202，19 |
| | 内藤虎次郎 | 25 | 4 |
| | 富冈君撝 | 700+ | |
| | 桃山中学 | 1+ | 1 |
| | 上野博物馆 | 21 | 7 |
| | 东京帝国大学 | 100+ | 14，16 |
| | 京都大学 | 45 | 7 |
| | 京都人文研究所 | 128 | 128 |
| | 京都 | 3000 | 22 |
| 共计 | | 9307 | 2362 |
| 总计 | | 15669 | 4812 |

注：详见陈梦家：《殷虚卜辞综述》，第656页

（3）库寿龄、方法敛购买与贩卖的甲骨之统计。

**表2-3　库寿龄、方法敛购买与贩卖的甲骨之统计**

| 收购年 | 收购者 | 片数 | 转售于 | 片数 | 著录数 | 其他 |
|---|---|---|---|---|---|---|
| 1903年秋 | 方购 | 400 | 沪亚 | 400 | 195 | |
| 1904年 | 库、方购 | 1800 | 柏根 | 79 | 79 | |
| | | | 苏格兰 | 760 | 760 | 1909年方售 |
| | | | 卡内基 | 438 | 438 | 1909年库售 |
| | | | 伦敦 | 484 | 484 | 1911年方售 |
| | | | 芝加哥 | 4 | 4 | 1913年方售 |
| 1906年冬 | 方购 | 120 | H.Whitcher | | 119 | |
| 1908年 | 方购 | 400 | 金璋 | | 484 | |
| 总计 | | 2720 | | | 2563 | |

注：详见陈梦家：《殷虚卜辞综述》，第657页

**表2-4　中国大陆单位与私人收藏甲骨统计表**　　单位：片

<table>
<tr><th colspan="3">中国大陆（>80901）</th></tr>
<tr><td rowspan="3">（一）公私机构（>79 381）</td><td>北京市（>54396）</td><td>1. 中国国家图书馆（34 512）<br>2. 中国社会科学院考古研究所（>6665）<br>3. 故宫博物院（>4700）<br>4. 北京大学（3001）<br>5. 中国社会科学院历史研究所（1987）<br>6. 清华大学（1691）<br>7. 中国国家博物馆（862）<br>8. 北京市文物考古研究所（484）<br>9. 北京师范大学（430）<br>10. 北京市文管处（40）<br>11. 首都师范大学（20）<br>12. 韵古斋（4）</td></tr>
<tr><td>上海市（5716）</td><td>13. 上海博物馆（5275）<br>14. 复旦大学（335）<br>15. 华东师范大学（101）<br>16. 上海师范大学（5）</td></tr>
<tr><td>山东省（5519）</td><td>17. 山东省博物馆（5468）<br>18. 山东大学（3）<br>19. 山东师范大学（2）<br>20. 青岛市博物馆（43）<br>21. 济宁一中（3）</td></tr>
</table>

续表

| 中国大陆（>80901） | | |
|---|---|---|
| （一）公私机构（>79381） | 江苏省（3582） | 22. 南京博物院（2921） |
| | | 23. 南京大学（575） |
| | | 24. 南京市文管会（16） |
| | | 25. 南京师范大学（13） |
| | | 26. 镇江市博物馆（13） |
| | | 27. 扬州市博物馆（4） |
| | | 28. 徐州市博物馆（7） |
| | | 29. 苏州市博物馆（33） |
| | 辽宁省（3452） | 30. 辽宁省博物馆（394） |
| | | 31. 辽宁大学（48） |
| | | 32. 旅顺博物馆（2925） |
| | | 33. 旅大市文物商店（85） |
| | 天津市（1905） | 34. 天津市历史博物馆（1847） |
| | | 35. 天津市艺术博物馆（25） |
| | | 36. 天津师范大学（23） |
| | | 37. 南开大学（10） |
| | 河南省（1465） | 38. 河南省博物馆（872） |
| | | 39. 河南省社会科学院历史研究所（31） |
| | | 40. 郑州市博物馆（20） |
| | | 41. 郑州大学（18） |
| | | 42. 河南省文物考古研究所（2） |
| | | 43. 开封市博物馆（65） |
| | | 44. 河南大学（31） |
| | | 45. 新乡市博物馆（231） |
| | | 46. 安阳市博物馆（195） |
| | 吉林省（855） | 47. 吉林大学（493） |
| | | 48. 吉林省博物馆（293） |
| | | 49. 东北师范大学（69） |
| | 浙江省（447） | 50. 浙江省博物馆（408） |
| | | 51. 浙江省图书馆（13） |
| | | 52. 浙江大学（6） |
| | | 53. 台州文管会（20） |
| | 湖北省（353） | 54. 武汉市文物商店（127） |
| | | 55. 湖北省博物馆（115） |
| | | 56. 湖北大学（100） |
| | | 57. 武汉大学（8） |
| | | 58. 武汉市二十八中（3） |
| | 广东省（296） | 59. 广东省博物馆（128） |
| | | 60. 中山大学（80） |
| | | 61. 华南师范大学（39） |
| | | 62. 广州大学（25） |
| | | 63. 广州市博物馆（21） |
| | | 64. 广州市文物商店（3） |

续表

| 中国大陆（＞80901） | | |
|---|---|---|
| （一）公私机构（＞79381） | 河北省（227） | 65. 河北省博物馆（31）<br>66. 河北师范大学（21）<br>67. 河北大学（174）<br>68. 避暑山庄博物馆（1） |
| | 山西省（232） | 69. 山西省博物馆（231）<br>70. 晋祠文物保管所（1） |
| | 福建省（207） | 71. 福建省博物馆（5）<br>72. 福建师范大学（3）<br>73. 厦门大学（199） |
| | 重庆市（192） | 74. 重庆市博物馆（192） |
| | 安徽省（145） | 75. 安徽省博物馆（145） |
| | 陕西省（94） | 76. 陕西师范大学（72）<br>77. 西北大学（8）<br>78. 陕西省博物馆（4） |
| | 云南省（73） | 79. 云南省博物馆（73） |
| | 四川省（70） | 80. 四川省博物馆（47）<br>81. 四川大学博物馆（13）<br>82. 西南师范大学（10） |
| | 江西省（37） | 83. 江西省博物馆（37） |
| | 内蒙古（31） | 84. 内蒙古大学（21）<br>85. 内蒙古师范大学（10） |
| | 甘肃省（30） | 86. 甘肃省博物馆（13）<br>87. 西北师范大学（13）<br>88. 山丹县文化馆（4） |
| | 黑龙江省（27） | 89. 哈尔滨师范大学（24）<br>90. 黑龙江省博物馆（3） |
| | 贵州省（21） | 91. 贵州师范大学（17）<br>92. 贵州省博物馆（4） |
| | 湖南省（9） | 93. 湖南省博物馆（9） |
| （二）私人收藏（1520） | 上海市（868） | 1. 曹仁裕旧藏（600）<br>2. 潘景郑旧藏（100）<br>3. 孙鼎旧藏（76）<br>4. 杜亚诒旧藏（22）<br>5. 陈汉第旧藏（15）<br>6. 沈曾植旧藏（14）<br>7. 张丹斧旧藏（11）<br>8. 边政平旧藏（10）<br>9. 李旭旧藏（6）<br>10. 朱镇生旧藏（4）<br>11. 孙叔仁旧藏（3）<br>12. 龚心钊旧藏（3）<br>13. 童大年旧藏（2）<br>14. 吴思进旧藏（1）<br>15. 郭上祺旧藏（1） |

续表

| 中国大陆（>80901） | | |
|---|---|---|
| （二）私人收藏（1520） | 北京市（269） | 16. 黄希文旧藏（111） |
| | | 17. 张玮旧藏（65） |
| | | 18. 高君谟旧藏（38） |
| | | 19. 王寿之旧藏（30） |
| | | 20. 何春畬旧藏（19） |
| | | 21. 梁思永旧藏（4） |
| | | 22. 耿鉴庭（2） |
| | 南京市（196） | 23. 陈中凡旧藏（186） |
| | | 24. 孙望（10） |
| | 广州市（100） | 25. 商承祚（100） |
| | 徐州市（25） | 26. 黄龙（25） |
| | 开封市（18） | 27. 孙作云旧藏（10） |
| | | 28. 郭人民（7） |
| | | 29. 赵宝俊（1） |
| | 天津市（17） | 30. 谢宗陶（8） |
| | | 31. 徐宝祠旧藏（8） |
| | | 32. 胡敬之（1） |
| | 绍兴市（10） | 33. 王永元（10） |
| | 济南市（8） | 34. 栾调甫旧藏（8） |
| | 桂林市（8） | 35. 温雄飞旧藏（8） |
| | 杭州市（1） | 36. 姜亮夫（1） |
| （三）去向不明（近2万） | 1. 云南省文物商店96片 | |
| | 2. 天津市文物商店6片 | |
| | 3. 还有一些甲骨据说系近年来在殷墟周围捡拾所得近500片，也不详藏主及真伪 | |
| | 4. 故宫博物院不能确认的有17000多片 | |
| 大陆93个单位收藏>79381片，36个私人藏1520片，大陆共计藏甲骨文>80901片；有4宗去向不明，近20000片 | | |

注：详见孙亚冰：《百年来甲骨文材料统计》

**表2-5　台湾、香港地区单位与私人收藏甲骨统计表**

| 台湾地区（>30343） | |
|---|---|
| （一）公私机构（>30326） | 1. “中央”研究院历史语言研究所（>25836） |
| | 2. 历史博物馆（4378） |
| | 3. “中央”图书馆（22） |
| | 4. “中央”博物院（79） |
| | 5. 台湾大学考古人类学系图书馆（11） |
| （二）私人（17） | 1. 庄尚严旧藏（7） |
| | 2. 金东溪旧藏（4） |
| | 3. 严一萍（4） |
| | 4. 方豪旧藏（2） |

续表

| 台湾地区（>30343） | |
|---|---|
| （三）去向不明（30） | 1. 宫本廷人携至台北的24片<br>2. “中央”研究院历史语言研究所所藏甲骨中，有一部分为傅斯年购得，这部分甲骨中遗失了6片 |
| 香港地区（90） | |
| 1. 中文大学联合书院图书馆（56） | |
| 2. 中文大学中国文化研究所（26） | |
| 3. 香港大学冯平山博物馆（7） | |
| 4. 香港大会堂美术博物馆（1） | |

注：详见孙亚冰：《百年来甲骨文材料统计》

**表2-6　国外单位与私人收藏甲骨统计表**

| 日本（约7999） | |
|---|---|
| （一）公私机构（约7419） | 1. 京都大学人文科学研究所（3256） |
| | 2. 东京大学东洋文化研究所（1356） |
| | 3. 天理参考馆（945） |
| | 4. 东洋文库（59） |
| | 5. 东京国立博物馆（223） |
| | 6. 东京大学文学部考古学研究室（113） |
| | 7. 亚非图书馆（81） |
| | 8. 京都大学考古学研究室（56） |
| | 9. 大原美术馆（39） |
| | 10. 富士短期大学（35） |
| | 11. 庆应义塾考古学研究室（22） |
| | 12. 关西大学考古学研究室（22） |
| | 13. 早稻田大学东方美术陈列室（21） |
| | 14. 藤井有邻馆（16） |
| | 15. 明治大学文学部考古学研究室（12） |
| | 16. 国学院大学文学部考古学资料室（11） |
| | 17. 筑波大学历史人类学系（7） |
| | 18. 早稻田大学高等学院（6） |
| | 19. 武藏大学历史学研究室（5） |
| | 20. 东京大学教养学部美术博物馆（1） |
| | （据松丸道雄，以上为证实部分，6819片） |
| | 21. 庆应义塾大学图书馆（1） |
| | 22. 书道博物馆约（600） |
| | 23. 出光美术馆（3） |
| | （据松丸道雄，以上为未证实部分，约600片） |

续表

| 日本（约7999） | |
|---|---|
| （二）私人（580） | 1. 今井凌雪（76） |
| | 2. 故・小仓武之助（53） |
| | 3. 秋山公道（42） |
| | 4. 小林斗庵（33） |
| | 5. 故・谷边桔南（18） |
| | 6. 八木正治（14） |
| | 7. 桧垣元吉（13） |
| | 8. 饭岛春敬（12） |
| | 9. 白川一郎（10） |
| | 10. 工藤愚龕（9） |
| | 11. 川合尚雅堂（7） |
| | 12. 故・小川睦之助（7） |
| | 13. 故・岩井大慧（5） |
| | 14. 狩野直祯（3） |
| | 15. 江口宽（3） |
| | 16. 三浦清吾（2） |
| | 17. 故・松谷石韵（2） |
| | 18. 佐藤武敏（1） |
| | 19. 西川靖安（1） |
| | 20. 植村清二（1） |
| | 21. 菅原保（1） |
| | 22. 松丸道雄（1） |
| | 23. 长岛健（1） |
| | 24. 故・中岛玉振（200） |
| | 25. 故・宇野武夫（1） |
| | （据已公布的相关材料，以上为证实的部分，516片） |
| | 26. 加藤某氏（40） |
| | 27. 故・内藤虎次郎（25） |
| | 28. 曾我部静雄（1） |
| | （据松丸道雄，以上为未证实部分，约70片） |
| （三）去向不明（近4000） | 1. 理科大学人类学室（30） |
| | 2. 旧桃山中学校（1） |
| | 3. 故・三井源右卫门（3000左右） |
| | 4. 故・富冈谦藏（700—800） |
| | 5. 故・田中庆太郎（数十片） |
| | 6. 故・岩间德也（数片） |
| | 7. 故・园田湖城（3） |
| | 8. 富冈昌池（1） |

续表

| | |
|---|---|
| 加拿大（7407） | |
| 1. 安大略博物馆（7402） | |
| 2. 维多利亚艺术博物馆（5） | |
| 英国（3141） | |
| （一）公私机构（3067） | 1. 皇家苏格兰博物馆（爱丁堡）（1777） |
| | 2. 剑桥大学图书馆（剑桥）（622） |
| | 3. 不列颠图书馆（伦敦）（484） |
| | 4. 不列颠博物院（伦敦）（114） |
| | 5. 牛津大学亚士摩兰博物馆（牛津）（37） |
| | 6. 维多利亚与阿尔伯特博物馆（伦敦）（20） |
| | 7. 伦敦大学亚非学院泊西沃·大卫中国艺术基金会（伦敦）（11） |
| | 8. 剑桥大学考古与古人类学博物馆（剑桥）（2） |
| （二）私人（74） | 1. 孟克廉夫妇（汉普夏）（69） |
| | 2. 柯文（4） |
| | 3. 库克（1） |
| 美国（1860） | |
| （一）公私机构（1832） | 1. 哈佛大学皮巴地博物馆（960） |
| | 2. 卡内基博物馆（440） |
| | 3. 普林斯顿大学图书馆（139） |
| | 4. 哥伦比亚大学东亚图书馆（99） |
| | 5. 芝加哥大学司马特画廊（39） |
| | 6. 大都会美术博物馆（25） |
| | 7. 自然历史博物馆（24） |
| | 8. 沙可乐美术馆（24） |
| | 9. 哈佛大学福格博物馆（14） |
| | 10. 纳尔逊美术陈列馆（12） |
| | 11. 佛利亚美术陈列馆（11） |
| | 12. 圣路易丝美术博物馆（7） |
| | 13. 夏威夷东西中心图书馆（7） |
| | 14. 旧金山亚洲艺术博物馆（5） |
| | 15. 历史与工艺博物馆（5） |
| | 16. 国会图书馆（4） |
| | 17. 加州大学人类学博物馆（4） |
| | 18. 普林斯顿大学艺术博物馆（3） |
| | 19. 丹佛艺术博物馆（3） |
| | 20. 耶鲁大学美术陈列馆（2） |
| | 21. 洛杉矶美术博物馆（2） |
| | 22. 西雅图艺术博物馆（2） |
| | 23. 加州大学东亚图书馆（1） |

续表

| | |
|---|---|
| 美国（1860） | |
| （二）私人（28） | 1. 发纳（15） |
| | 2. 福斯特（4） |
| | 3. 沙克乐（3） |
| | 4. 本奈（1） |
| | 5. 吉德炜（1） |
| | 6. 刘先（1） |
| | 7. 麦克福森（1） |
| | 8. 某妇人（2） |
| 德国（851） | |
| 1. 东亚艺术博物馆（库恩）（140） | |
| 2. 人种学博物馆（柏林）（711） | |
| 俄罗斯（199） | |
| 国立爱米塔什博物馆（199） | |
| 瑞典（111） | |
| 远东古物博物馆（111） | |
| 瑞士（69） | |
| 民族艺术博物馆（巴赛尔）（69） | |
| 法国（59） | |
| （一）公私机构（57） | 1. 中国学术研究院（13） |
| | 2. 季梅亚洲艺术博物院（8） |
| | 3. 池努奇博物院（10） |
| | 4. 法国国立图书馆（26） |
| （二）私人（2） | 1. 雅克博（1） |
| | 2. 戴迪野（1） |
| 新加坡（28） | |
| 南洋大学李光前文物馆（28） | |
| 荷兰（10） | |
| 国立人种学博物院（来登）（10） | |
| 新西兰（10） | |
| 路易·爱理（10）（宋镇豪先生据徐锡台先生的亲身调查笔记） | |
| 比利时（7） | |
| 1. 皇家艺术暨历史博物院（布鲁塞尔）（2） | |
| 2. 玛丽蒙皇家博物馆（摩斯威森林）（5） | |
| 韩国（7） | |
| 1. 汉城大学博物馆（1） | |
| 2. 淑明女子大学图书馆（6） | |
| 总计：国外14个国家共藏约21758片 | |

注：详见孙亚冰：《百年来甲骨文材料统计》

据学者的统计结果来看，自1899年甲骨文发现以来，已经出土的至少有10万片。《甲骨文合集》是中国社会科学院历史研究所编写的集成性资料汇编，共选录了自1899年到20世纪80年代以来已著录和未著录的甲骨拓片、照片、摹本，共计41956片。当时，为了配合《甲骨文合集》的编纂，国图提供了馆藏甲骨拓本以供参考。因此，《甲骨文合集》与《甲骨文合集补编》共收录了国图所藏约1.5万片甲骨。

1973年，中国科学院考古研究所安阳工作队在安阳小屯村南地进行考古发掘，出土了一批甲骨，被称为“小屯南地甲骨”，其整理成果著录于《小屯南地甲骨》（上册、下册），简称《屯南》，1980年和1983年由中华书局出版。1973年，小屯南地历经春秋两季的发掘，这是继YH127坑的又一大发现，卜骨、卜甲共计7150片。其中卜甲110片（有刻辞者60片），卜骨7040片（有刻辞者4761片），未加工的牛胛骨106片（有刻辞的4片），刻字牛肋条骨4片[①]。这批甲骨出土数量较多，按照出土单位和该单位的科学地层著录于《屯南》，为甲骨学研究提供了新的资料。

自1982年以后，中国社会科学院考古研究所在殷墟进行了持续性发掘，又发现了数千片甲骨。1985年苗圃北地1片，1985年小屯西北地2片，1986年小屯8片，1989年小屯村中（以前张学献菜地）294片，2004年大司空村1片，等等。除此之外，殷墟其他地区零星出土有刻辞甲骨。

值得特别提到的就是殷墟花园庄东地甲骨。1991年，中国社会科学院考古研究所安阳工作站在殷墟花园庄东地、南地获得重大发现。花园庄东地窖穴（H3）内共出土卜甲1558片，上有刻辞者574片（腹甲557片，背甲17片）；卜骨25片，上有刻辞者5片；共计得刻辞甲骨579片。值得注意的是，此坑以大版龟甲为多，完整者达755版，而有刻辞的整龟甲近300版，占有字甲骨总数的50%。而半版以上的大块甲骨几乎占总数的80%。每版字数不一，少者一二字，多者达200字，一般为数十字。内容涉及面较狭，主要为祭祀、田猎、天气、疾病等，尤以祭祀祖先者为多。常用字的写法及风格与“宾组”有别，但与“午组”“子组”“自组”卜辞有相近之处，H3坑应为武丁时期王室贵族的有意储存。花园庄南地墓（M99）填土中出土卜骨35片，卜甲22片，其中有字者仅卜骨5片，属于“午组”卜辞[②]。花东H3坑出土的甲骨以其大版、完整者居多、考古地层和出土坑位清楚的优势，为学者的研究提供了便利，更为商代史提供了大量有价值的资料。花东H3坑自发现以来就备受瞩目，尤其是随着《殷墟花园庄东地甲骨》的出版，学界更是掀起了花东甲骨卜辞研究的热潮。

除了安阳殷墟多处遗址出土了甲骨，在殷墟以外的商代遗址，也发现了不少有字甲骨。郑州二里岗的甲骨，有的学者认为是第四期武乙、文丁时之物，还有一些学者认为应是二里岗中商时期之物[③]。郑州电力学校出土有1块刻符骨料[④]。商代早期卜骨还发现于济南城子崖、辉县琉璃阁、渑池鹿寺、辉县褚邱，等等。

---

① 中国科学院考古研究所安阳工作队：《1973年安阳小屯南地发掘简报》，《考古》1975年第1期。

② 刘一曼、郭鹏：《1991年安阳花园庄东地、南地发掘简报》，《考古》1993年第6期。

③ 李学勤：《谈安阳小屯以外出土的有字甲骨》，《文物参考资料》1956年第11期；裴明相：《略谈郑州商代前期的骨刻文字》，《全国商史学术讨论会论文集》，殷都学刊增刊，1985年。

④ 河南省文物研究所编：《郑州商城考古新发现与研究》，中州古籍出版社，1993年，第177页。

另外，无字甲骨的数量，不在少数。其实，早在1933年，李济就指出过无字和有字甲骨的比例："以无文字记载者为多，有文字者不过十分之一。"[①]胡厚宣曾据《铁云藏龟》等二十多种著录书及一些未著录过的材料，做过统计：有字牛胛骨的数量计有29595片，而无字牛胛骨的数量至少也应与此数相当，两者合计至少应为59190片[②]。刘一曼亦对殷墟历年出土甲骨作了统计：1928—1937年，小屯、侯家庄、后冈三地考古发掘出土字甲25391片、字骨3184片，合计28575片，无字甲骨不详[③]。1950—1991年，殷墟小屯、花园庄、孝民屯、北辛庄、梅园庄、四盘磨、白家坟、张家坟、王裕口、薛家庄、苗圃、后冈、大司空村等22个地点，考古出土无字卜骨5975片、无字卜甲1690片、字骨5604片、字甲662片，合计13931片；总而计之，有字无字卜骨数为14763片、有字无字卜甲数为27743片，合两者之数为42506片。

西周甲骨的出土，同样值得大书特书。在山西洪赵坊堆村、陕西长安沣西、北京昌平白浮、陕西岐山凤雏和齐家等地，曾陆续出土了西周甲骨，此5处遗址共出土有字甲骨289片，总字数达1029个[④]。其中，陕西周原凤雏甲骨是典型代表。在凤雏建筑基址西厢二号房窖穴H11和H31内共出土卜甲、卜骨17275片，其中有字甲骨289片。20世纪90年代初，河北邢台南小汪遗址发现有西周甲骨，共11字[⑤]。1995年10月，北京琉璃河燕都遗址又有西周甲骨的重要发现，3片甲骨刻有"成周"[⑥]。可以说，各地西周甲骨的出土，为西周史的研究提供了弥足珍贵的史料，还建立了甲骨学新的分支学科——"西周甲骨学"。

近年来，对个人或单位收藏的甲骨进行再整理，成为学界的热点。2019年，葛亮在孙亚冰《百年来甲骨文材料统计》的基础上，对其中50余家机构或个人的收藏情况作了修订，增删相抵后，所得片数可增加2541片以上。此外，又增补收藏殷墟刻辞的机构或个人19家，藏品约3115片。增补殷墟以外出土的甲骨约695片。以上三项共计6351片以上，与《百年》的统计结果相加，总数为161710片以上。举成数而言，我们可以说：甲骨文发现一百二十周年到来之际，已知出土商周刻辞甲骨的总数约为16万片[⑦]。

由此可见，在殷商时期，尤其是商王武丁前后，商王朝为甲骨占卜耗费了大量的人力、物力和财力。殷人占卜所用的材料以龟甲和牛胛骨为主，还使用羊骨、猪骨、鹿骨、兕骨、虎骨和人骨等。据地下出土的实物看，龟甲远多于牛肩胛骨，腹甲多于背甲。占卜材料获得的难易程度、占卜结果的灵验与否、宗教信仰的区域性以及占卜者权势的大小，在很大程度上决定了殷人使用何种材料进行占卜。我们赞同孙亚冰的观点，殷墟地下出土的甲骨应是13万片左右。

---

① 李济：《安阳最近发掘报告及六次工作之总估计》，《安阳发掘报告》1933年第4期。

② 胡厚宣：《殷代卜龟之来源》，《甲骨学商史论丛初集》，齐鲁大学国学研究所，1944年，第619—626页。

③ 刘一曼：《安阳殷墟甲骨出土地及其相关问题》，《考古》1997年第5期。

④ 王宇信：《西周甲骨探论》，中国社会科学出版社，1984年，第19、20页。

⑤ 任亚珊、段宏振：《邢台南小汪周代遗址西周遗存的发掘》，《文物春秋》1992年1期。

⑥ 琉璃河遗址考古队：《北京琉璃河遗址的发掘又获重大成果》，《中国文物报》1997年1月12日。

⑦ 葛亮：《一百二十年来甲骨文材料的初步统计》，《汉字汉语研究》2019年第4期。

# 二、辨　　相

辨相就是辨别甲骨的种属、大小等。《周礼·春官·卜师》载："凡卜，辨龟之上下左右阴阳，以授命龟者而诏相之。"注疏曰："所卜者当各用其龟也……上，仰者也。下，俯者也。左，左倪者也。右，右倪者也。阴，后弇也。阳，前弇也。诏相，告以其辞及威仪。"①这是《周礼》所载辨别龟自身的"上下左右阴阳"。先民在不同季节使用不同种属的龟，"春用青灵，夏用赤灵，秋用白灵，冬用黑灵，四季之月用黄灵"②。虽然卜辞不如传世文献记载得那么详细，但是殷人取龟、用龟之时，已经注意辨别龟之种属、大小。

## （一）种属

传世文献对龟种属的记载有"六龟说""八龟说"和"十龟说"。

"六龟说"。《周礼·春官·龟人》载："龟人掌六龟之属，各有名物。天龟曰灵属，地龟曰绎属，东龟曰果属，西龟曰雷属，南龟曰猎属，北龟曰若属。各以其方之色与其体辨之。属言非一也。"注疏："色，谓天龟玄，地龟黄，东龟青，西龟白，南龟赤，北龟黑。龟俯者灵，仰者绎，前弇果，后弇猎，左倪雷，右倪若，是其体也。东龟南龟长前后，在阳，象经也；西龟北龟长左右，在阴，象纬也。天龟俯，地龟仰，东龟前，南龟郤，西龟左，北龟右，各从其耦也。"③这是《周礼》所载的"六龟说"，与方位"天地东西南北"、龟之"上下左右阴阳"相对应。可知，古人对乌龟的分类也是比较细致的，不同的龟属对应不同的方位。

"八龟说"。《史记·龟策列传》曾列举八种名龟曰："能得名龟者，财物归之，家必大富至千万。一曰北斗龟，二曰南辰龟，三曰五星龟，四曰八风龟，五曰二十八宿龟，六曰日月龟，七曰九州龟，八曰玉龟：凡八名龟。龟图各有文在腹下，文云云者，此某之龟也。略记其大指，不写其图。取此龟不必满尺二寸，民人得长七八寸，可宝矣。"④八龟的名字极为理想化，像阴阳五行家所言。上文所列甲骨刻辞龟之种属有"龟""⿱雨龜""⿱亼龜""⿱罒龜"四类，而《龟策列传》所载是八龟。

"十龟说"。《尔雅·释鱼》载龟之种属有十："一曰神龟，二曰灵龟，三曰摄龟，四曰宝龟，五曰文龟，六曰筮龟，七曰山龟，八曰泽龟，九曰水龟，十曰火龟。"⑤不难发现，"山""泽""水""火"四种龟属按其生长的环境划分种属。而《尔雅》所载之十类龟甲，

---

① （清）孙诒让撰，王文锦、陈玉霞点校：《周礼正义》（第七册），中华书局，1987年，第1948页。

② （清）孙诒让撰，王文锦、陈玉霞点校：《周礼正义》（第七册），中华书局，1987年，第1950页。

③ （清）孙诒让撰，王文锦、陈玉霞点校：《周礼正义》（第七册），中华书局，1987年，第1950页。

④ （汉）司马迁撰：《史记》，中华书局，1963年，第3226页。

⑤ （晋）郭璞注，（宋）邢昺疏，李传书整理，徐朝华审定：《尔雅注疏》，北京大学出版社，1999年，第303、304页。

实际上只有六类。龟之前加之以神、灵、宝之名，不过是对占卜所用灵龟的美誉而已。“筮龟”则是对能够进行占卜的灵龟的总称，亦不能列为龟之种属。

殷墟甲骨的种属鉴定，主要在龟甲。董作宾认为：所谓“六龟”，郑注孔疏甚详，更参以《尔雅》制作了列表，如下所示（表2-7）。

**表2-7 传世文献所载“六龟”**

| 《春官·龟人》六属 | | 郑注 | | 《卜师》郑注 | 《礼记·玉藻》孔疏 | 《尔雅》 | 郭注 |
|---|---|---|---|---|---|---|---|
| 龟属 | | 色 | 体 | 辨 | 用途 | 类别 | 状态 |
| 天 | 灵 | 玄 | 俯者 | 下 | 祭天 | 俯者灵 | 行头低 |
| 地 | 绎 | 黄 | 仰者 | 上 | 祭地 | 仰者谢 | 行头仰 |
| 东 | 果 | 青 | 前弇 | 阳 | 春用 | 前弇诸果 | 甲前长 |
| 西 | 雷 | 白 | 左倪 | 左 | 秋用 | 左倪不类 | 行头左庳 |
| 南 | 猎 | 赤 | 后弇 | 阴 | 夏用 | 后弇谐猎 | 甲后长 |
| 北 | 若 | 黑 | 右倪 | 右 | 冬用 | 右倪不若 | 行头右庳 |

注：详见《商代龟卜之推测》

董作宾指出：“上表所列卜用之龟，原为一种而分为六属。其别甚微，或以色，或以体，或以行时之状态，要皆贞卜所用之龟，不过既取之后，分别其用途而已。”①董作宾还认为《尔雅》所载李时珍之说皆近于事理，故诸龟之命名，后世犹多沿用，并参之以医学和动物学上所说之龟，对其进行了分类比较。如表2-8所示。

诚然，龟之种类大体如上表所言。医药用龟因有所限制，故不如动物学中分类之多。但是，动物学上的龟大部分是可以用来做药材的。否则，甲骨文在未被王懿荣发现鉴定之前，也不会被当作中药“龙骨”而出售于各大药铺之中。

董作宾指出：“今以《尔雅》所列六龟为据，则卜用之龟一非文龟，文龟即蠵龟，其体长由三尺乃至五六尺，卜龟无如是之大也。二非摄龟，摄龟腹甲小，中心横折，卜龟腹甲不如是也。三非山龟，以其仅长二寸四分，卜龟无如是之小也。四非泽龟，以其腹甲前为弯形，后呈截状，今所见之腹甲不爾也。五非火龟，以其产于炎地，有如火鼠，非常见亦得之物也。然则卜用之龟，舍水龟盖莫属矣。”董作宾为了证明卜用之龟非水龟莫属，还列举出了四条证据：“一，体长五六寸至七八寸。二，腹甲共九枚。三，腹下之鳞片十二。四，产于河湖沼泽。”②

我们认为董作宾之说甚为合理。不过，从考古发现和甲骨刻辞所记龟之种属来看，除了水龟之外，山龟、文龟（蠵龟：绿蠵、赤蠵、玳瑁）、火龟、鹗龟、绿龟和象龟等均可能被用作占卜，他们可能属于“山”“泽”“水”“火”不同的种属。

① 董作宾：《商代龟卜之推测》，《安阳发掘报告》1929年第1期。
② 董作宾：《商代龟卜之推测》，《安阳发掘报告》1929年第1期。

**表2-8 医学与动物学上龟之分类**

| 医学上龟之八类 | | 动物学上龟之十二类 | | 《尔雅》十类 |
|---|---|---|---|---|
| 名称 | 特点 | 名称 | 特点 | 名称 |
| 水龟 | 大者五六寸，背甲褐色。有六角形龟纹片十三枚。雌者背隆凸，雄者平。腹甲九枚，色黑。栖息河沿中 | 水龟 | 体长七八寸，背甲之中间分裂为三行，曰主甲，计十三枚。其中央一行，称曰脊甲，旁二行称曰肋甲。又有分裂于四围者曰缘甲，而旁各十一枚。其中在前端之一枚或二枚为颈甲，在后端之一枚或二枚为臂甲。色暗褐，或略带黄。腹甲共十二枚，（当指鳞片而言）与背甲相连。色较背甲为淡。栖身于河湖池沼间 | 水龟 |
| 山龟 | 大者如碑下趺。处处有之 | 山龟 | 背甲长二寸四分许，腹甲大而扁，侧缘有隅 | 山龟 |
| | | 泽龟 | 甲长约三寸三四分。腹甲大，前端阔为彎形。后端亦阔，呈截状。色黑褐 | 泽龟 |
| 摄龟 | 腹甲小，中心横折，能自开合 | 呷蛇龟（一名摄龟） | 腹甲小，中心横折，能自开合 | 摄龟 |
| 蠵龟 | 绿蠵，背暗绿，甲长三尺半。赤蠵，背赤褐色，甲长三尺，大者至五六尺 | | | 文龟（？） |
| 绿毛龟 | 大五铢钱 | 绿毛龟 | 背上附生苔类，分披如毛 | |
| 鹗龟 | 长二三尺 | 鹗龟 | 体长二三尺 | |
| 贲龟 | 有三足 | | | （龟三足，贲） |
| 瘧龟 | 多生山石下 | | | |
| | | 黄龟 | 腹甲暗褐，两端圆 | |
| | | 缘龟 | 甲长七寸半，产广东及台湾 | 火龟（？） |
| | | 髭龟 | 形状与寻常龟不同 | |
| | | 謟龟 | 背甲之鳞片似玳瑁 | |
| | | 钱龟 | 体小而圆扁 | |
| | | 象龟 | 背甲直径约五尺，为龟类之最大者 | |
| | | | | 神龟 |
| | | | | 灵龟 |
| | | | | 宝龟 |
| | | | | 筮龟（注：常在蓍丛之下潜伏，卜用龟之别名而已） |

注：详见《商代龟卜之推测》

以上是董作宾结合传世文献和甲骨实物论述了殷墟甲骨的种属。此外，其他学者也对甲骨实物进行了鉴定。秉志观察了殷墟第三次发掘一版完整龟甲的特征，指出："此壳之构造，与希腊田龟相似……兹特定名为安阳田龟。"[①]卞美年曾作鉴定："中国胶龟Ocadia sinensis与地龟Geoclemys ree-vesii都是现在尚存的种类。前者仅仅产于南方（福建、广东、广西、海南和台湾），而后者则很广泛地产于中国并有人工培养。"[②]卞美年所言正可与上文学者认为占卜龟甲来源于南方的观点向对应。伍献文也曾指出《乙》4330大龟和现今马来西亚的龟类是同种，"此种原产于印度、缅甸、泰国、马来半岛及马来群岛"，"但依作者之经验，与近年来生物调查之结果，现中国境内，恐不产此龟"[③]。可知，甲骨种属的鉴定需要结合古生物学的相关知识。

在50年代初，陈梦家曾经向古生物学家杨钟健请教殷墟卜用兽骨的种属：

古生物专家杨钟健氏，从前对于安阳出土的殷代兽骨，曾做过不少的鉴定工作。作者曾以殷虚卜用兽骨的种属问题请教于杨氏，承他答复如下：

（1）用作占卜的肩胛骨，各种动物都有：如鹿（不同的鹿）、马、猪、羊、牛等。不过肩胛骨一作占卜之用或刻上文字以后，出土时往往残缺，不容易辨别它是属于那一种动物的肩胛骨。因之，只能个别的判定。

（2）肋骨的使用除牛以外也用其他动物的，如鹿等。肋骨一经截断成小节之后，很难鉴定出它的属别。牛肋骨更不容易分别出是属于那一种牛的。

（3）上属的牛当然包括两种牛，即牛Bos exiguus Mats和圣水牛Bubalusmephi-stopheles Hopw。它们只有习性上的区别：牛是在野田中生活的，水牛能在池沼中生活而不大习惯于田野或山地。当初的用途如何，无从知道。

杨钟健　一九五三年三月十二日"[④]

据叶祥奎、刘一曼鉴定，殷墟出土的卜甲为龟科花龟属和龟科乌龟属乌龟种，"归前者的标本较多，后者的较少"，但个别腹甲不排除有归别的属种的可能；据现今记录，河南只是产乌龟而无花龟，殷墟卜龟绝不会全部产自安阳本地，大部分应是从外地进贡来的[⑤]。这个观点，可信度极高。种属的鉴定，再一次证明了殷墟龟甲的来源。

总之，甲骨辨相的主要问题就是种属，龟甲种属的鉴定确实比兽骨更难。据鉴定，殷墟卜龟绝大多数是龟科花龟属和龟科乌龟属乌龟种。

---

① 秉志：《河南安阳之龟壳》，《安阳发掘报告》1931年第3期。

② 卞美年：《河南安阳遗龟》（原文题目：On the Turtle Remains from the Archaeological Site of Anyaug, Honan），《中国地质学会会志》1937年第17卷第1号。

③ 伍献文：《"武丁大龟"之腹甲》，《国立中央研究院动植物研究所丛刊》1943年第14卷第8页。

④ 陈梦家：《殷虚卜辞综述》，中华书局，1988年，第5页。

⑤ 叶祥奎、刘一曼：《河南安阳殷墟花园庄东地出土的龟甲研究》，《考古》2001年第8期。

## （二）大小

从文献记载来看，龟的大小应与占卜者的社会等级有关。《白虎通疏证·蓍龟》引《礼三正记》曰："天子龟长一尺二寸，诸侯一尺，大夫八寸，士六寸。"①而《太平御览·鳞介部·龟》引《逸礼》曰："天子龟尺二寸，诸侯八寸，大夫六寸，士民四寸。"②社会等级直接影响了天子、诸侯、大夫和士占卜所用龟甲的尺寸，即龟的大小象征了占卜者的社会地位。礼器的大小也代表了身份的高低贵贱，如《礼记·礼器》载："（礼）有以大为贵者：宫室之量，器皿之度，棺椁之厚，丘封之大，此以大为贵也。"③

董作宾曾对殷墟用龟的大小做过详细的研究："此19龟中，足一尺二寸者，一版而已。而由五寸乃至八寸之龟，则为数十有三，乃占全部五分之三。可知，殷人占卜所用之龟，以五六寸，七八寸者为多，（此亦足为水龟之证）。而一尺以上者甚少"，且认为："商代犹无此等差之分。商人之用大龟才十二三，殆亦缘不易常得之故矣"④。

董作宾的研究对象较少，结论可能会存在偏差。一般来说，商代甲骨占卜的主体有王、贵族和平民，不同等级或不同身份的人使用的卜龟存在差别。如商王卜用的龟甲大都属于各地的贡品，尺寸较大；贵族或平民通常取用本地所产或更低一级的部族贡纳的龟，尺寸较小。

张秉权曾论述过贡龟之数与龟甲大小的关系，他将龟甲的大小分为五级，长度在10寸以上的为A级，8寸以上的为B级，7寸以上的为C级，6寸以上的为D级，6寸以下的为E级，进而指出：

> 根据测量的结果，凡是A级腹龟甲，即长度在10寸以上，其甲桥刻辞所记的数字，往往很小，一般都在十以下，五十之数，只有一见，二十，三十，亦仅数见。即使是长8寸至10寸间的B级龟甲，百数以上的记载，亦仅一见，凡记入数在一百数以上的，大都属于6—7寸之间的小龟。由此可知，所记入贡之数，适与龟甲大小成反比例，这一现象显示，其所入贡者，必与龟的本身有关，而非如丁氏所说的'宿卫'人数。因为大龟稀罕，所以入贡者少，而小龟易得，所以入贡数多，假如所记的是宿卫人数，就不一定会有这种现象发生⑤。

从我们在上文分析的贡纳刻辞看，某些的龟属及较大的龟版，比较少见，确实如张秉权所说"所记入贡之数，适与龟甲大小成反比例"。

陈梦家曾指出："殷墟卜用甲骨有王室与非王室之别。"他认为应注意甲骨占卜的应用目的或场合（礼仪用的或日常用的）、卜主的阶级身份（王室、贵族或一般人）和卜者的身份

---

① （清）陈立撰，吴则虞点校：《白虎通疏证》，中华书局，1994年，第327页。

② （宋）李昉等撰：《太平御览》，中华书局，1995年，第4137页。

③ （清）孙希旦撰，沈啸寰、王星贤点校：《礼记集解》，中华书局，1989年，第637页。

④ 董作宾：《商代龟卜之推测》，《安阳发掘报告》1929年第1期。

⑤ 张秉权：《甲桥刻辞探微》，《汉学研究》1984年第2卷第2期，第486页、第492页。

（职业的卜师或常人，王室卜师与普通卜师）等，表现于甲骨的形制、材料方面。如王室的占卜，有卜师专管，要刻辞以资慎重考验，常用于典礼上，有较精密的整治以及准备归档的记号等等。而王室以外一般的占卜，骨料可取诸食用的牛、羊、猪、鹿，整治简单[①]。

陈梦家过度考虑了王室与非王室的问题，而忽视了甲骨占卜本就是贵族统治阶级的日常事务。从新近出土的甲骨实物看，非王室的贵族，也可以使用大版甲骨进行占卜，兼用牛、羊、猪骨等。

小屯出土的卜甲最多，数以万计，大的卜甲也多，最大的长44厘米。侯家庄南地出土的大龟七版长27—29厘米。花园庄东地H3坑，出土卜甲1500多版，大甲的数量也不少，最大的卜甲长约34.5厘米；考其原因，一是“卜甲的占卜主体的身份不同”，二是“与龟甲的来源有关”，王卜用之龟大多属各地的贡品，尤其是大卜龟，盖与青铜礼器一样，乃是等级、权力、地位的一种标志物，而平民或小贵族则一般用本地或附近产的尺寸较小的龟[②]。后来，刘一曼再次简述了小屯、花园庄东地、侯家庄南地与其他遗址出土卜甲的大小、长宽概况，以及小屯南地、大司空村、花园庄东地、苗圃、刘家庄、孝民屯等地出土卜骨的大小、长宽概况[③]。刘一曼的论述侧重占卜主体的身份与龟甲的来源。

再者，与甲骨同为书写载体的简牍，其制也是以大为贵。“凡是需要表现身份与地位的尊贵的文书，就要使用形制较长大的简牍；凡是被认为是珍贵重要的书籍或文书，就要使用形制较长大的简牍。文献记载的各种形制的简册，如三尺法，二尺四寸之律、之书，一尺二寸，一尺一寸，一尺，八寸，六寸，等等，出土实物有的能够与之结合，有的未能与之结合……”[④]

以上是学者的分析，王室与非王室、贵族与平民所使用的甲骨，大小有别，这就体现了殷人的用骨制度。但是，无论是哪个阶层的占卜者，他们使用的材料都是以龟甲为主，以牛肩胛骨、羊骨、猪骨等为辅。商王朝有着发达的畜牧业，畜牧业为王室和贵族提供祭祀牺牲与占卜原料。因此，在贵族阶级内部虽然存在着用龟的等级制度，但这并不是意味着只有商王才可以使用大龟。由于众多贵族都拥有自己的封地，有着相对独立的政治、经济和军事特权。所以，高级贵族也可以使用大版龟甲进行占卜。如从花东卜辞来看，花东子家族的家族长“子”设立了仅次于商王的占卜机构，占卜所用的龟甲也多是大版，卜甲整治精美、刻辞清晰，丝毫不逊于商王的卜甲。也就是说，甲骨的大小并不能完全代表占卜者的社会等级。

可以说，殷墟不同地点出土的卜甲，数量和大小都有不同。从“中研院”历史语言研究所到社科院考古研究所在殷墟的持续发掘看，各遗址出土的甲骨都是数量不等，大小不一。龟腹甲通常长16—44、宽13.5—35厘米。牛胛骨通常长32—42、宽18—24厘米。如小屯村北YH127坑共出土刻辞甲骨17 096片，卜甲最多，牛骨近8片，大版卜甲也比较多。其中最大的龟腹甲是《合集》14659，长44、宽35厘米，背后有204个钻凿（即《乙编》4330+4773；图

① 陈梦家：《殷虚卜辞综述》，中华书局，1988年，第19—29页。

② 刘一曼：《安阳殷墟甲骨出土地及其相关问题》，《考古》1997年第5期。

③ 刘一曼：《殷墟考古与甲骨学研究》，云南人民出版社，2019年，第86—89页。

④ 王国维原著，胡平生、马月华校注：《简牍检署考校注·导言》，上海古籍出版社，2004年，第38页。

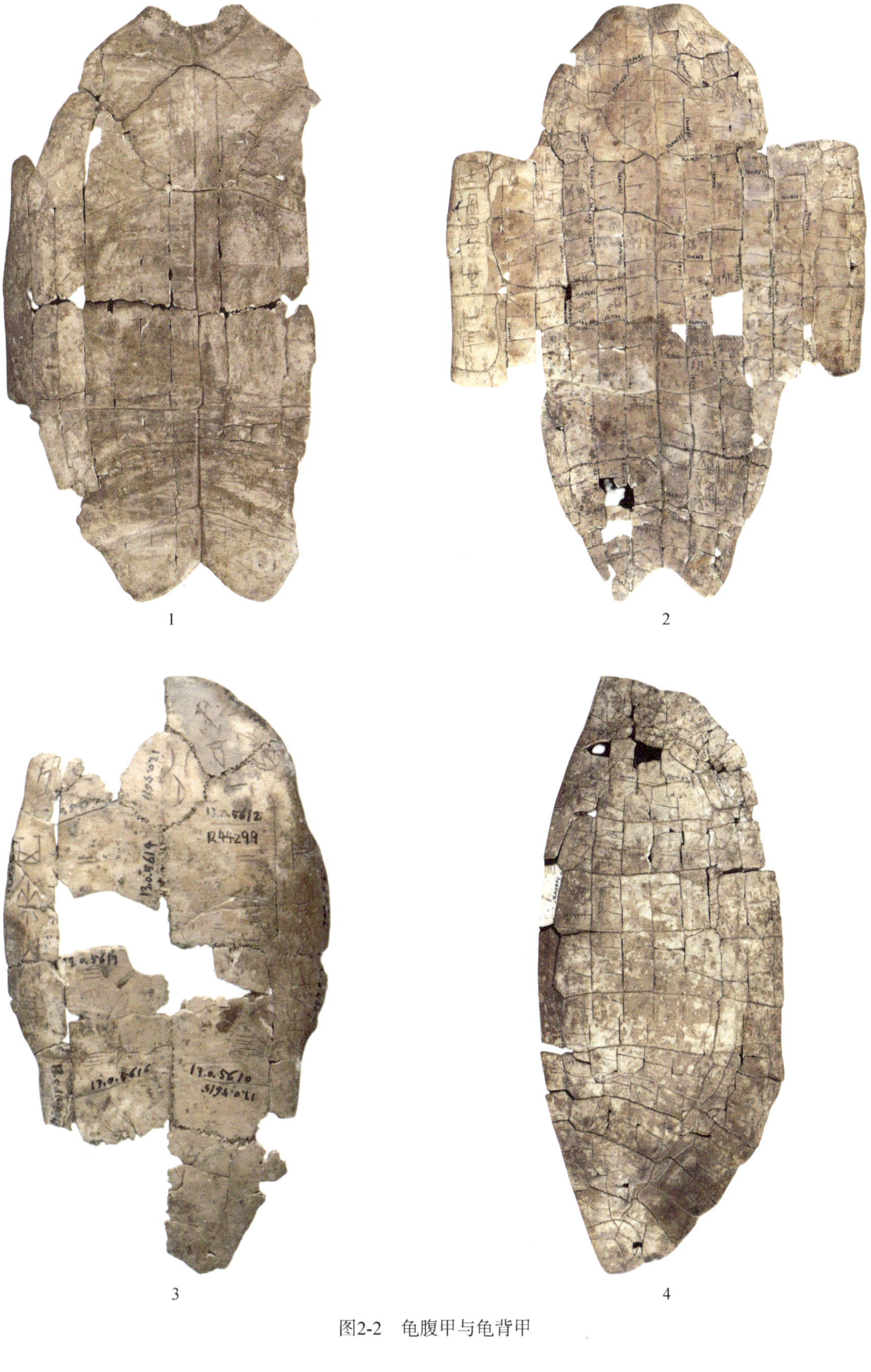


图2-2 龟腹甲与龟背甲

2-2，1），这是迄今为止，殷墟考古发掘出土最大的一片卜甲，现藏于“中研院”历史语言研究所。YH127坑出土的卜甲，长度在30厘米以上的有40多版，如《合集》龟腹甲376（图2-2，2），长35.3、宽26厘米。最小的龟腹甲为《合集》7103（图2-2，3），长11.5、宽6.5厘米。最大的龟背甲为《合集》14129（图2-2，4），长35、宽15厘米。花东H3坑出土的龟甲，未见长度大于35厘米或小于13厘米的卜甲，“此坑所用卜龟，要求较严格”[①]。

近些年，殷墟九处遗址所出卜甲的总数还不到600片，且多是较小的卜甲，至今尚未发现28厘米以上的大卜龟。山东济南大辛庄商代遗址出土的卜龟，以小型龟居多，纵长在16厘米左右，还有更小的[②]。但大辛庄2003年出土的卜龟，正面残存卜辞16条，共有34字，兆序数字2个，经复原计算，龟原长约24、宽约13.5厘米，自应跻身当地的大龟之列，属于方国族邑内上层贵族采用的卜龟[③]。

同龟甲一样，牛肩胛骨也有大小之分。最大的一版，是《合集》33747（图2-3，1），右胛骨，通长42、宽24厘米。《屯南》2293是小屯南地出土最大的卜骨（图2-3，2），长44.2、宽24.7厘米。小一点儿的，如《屯南》卜骨2180，长32、宽18厘米。牛肩胛骨的大小之别，与牛的年龄、种属有关。一般而言，黄牛的肩胛骨狭而长，水牛肩胛骨的骨扇则相对宽大。

以上，我们从甲骨的材质、数量、种属和大小论述了材质辨相。殷人占卜所用的甲骨，来源不一，大小不等。从卜辞看，龟类至少有“龟”“黿”“鼀”“鼊”四种。经鉴定，殷墟卜

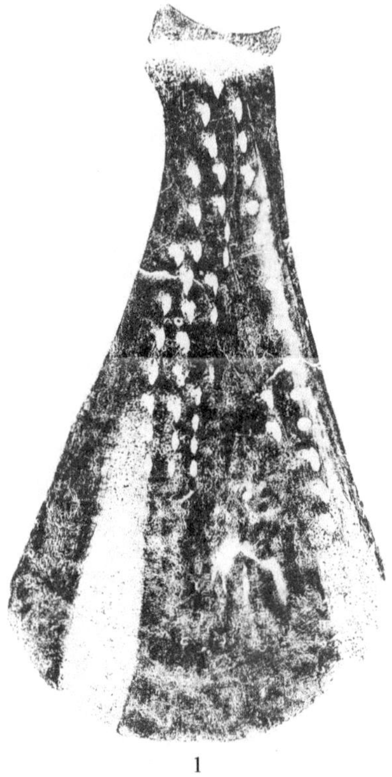
1

2

图2-3　牛肩胛骨

① 刘一曼：《小屯北YH127坑与花东H3坑之比较》，《甲骨文与南京》，南京出版社，2009年，第72页。
② 徐基：《济南大辛庄遗址出土甲骨的初步研究》，《文物》1995年第6期。
③ 孙亚冰、宋镇豪：《济南大辛庄遗址新出土甲骨卜辞探析》，《考古》2004年第2期。

龟绝大多数是龟科花龟属和龟科乌龟属乌龟种。甲骨的大小体现了殷人的用骨制度，并不能完全代表占卜者的社会等级。

## 第三节　祭祀备用

先民在占卜之前需要对龟甲进行祭祀，是为“祭龟”，此事则由专门的巫师负责。传世文献记载有“衅礼”。有“衅龟”之言，如《周礼·春官·龟人》载：“上春衅龟，祭祀先卜”，注疏曰：“衅者，杀牲以血之，神之也”，郑司农云：“‘祭祀先卜者，卜其日与其牲’。玄谓先卜，始用卜筮者，言祭言祀，尊焉天地之也”①。有“衅牛”之语，《管子·山权数》篇说宝龟云：“藏诸泰台，一日而衅之以四牛。”将宝龟珍藏在高台，一日就以四牛衅之，可见衅礼的隆重程度②。有“灌龟”之礼仪，《史记·龟策列传》载：“于是（宋）元王向日而谢，再拜而受。择日斋戒，甲乙最良。乃刑白雉，及与骊羊；以血灌龟，于坛中央以刀剥之，身全不伤。脯酒礼之，横其腹肠。荆支卜之，必制其创。”③“衅龟”“衅牛”“灌龟”都是一种祭祀礼仪。

“衅龟”的目的有二：祭祀祝祷与祈盼龟甲永存。王志长在《周礼注疏删翼》中引宋代王昭禹之言：“大龟其灼非一，恐久而枯朽，衅以血以生气续之也。”④也就是说，衅龟可使龟甲永存生气。胡煦认为“上春衅龟，祭祀先卜”的“衅者”是“杀牲取血以涂龟甲，神之也”⑤。可知，龟血是衅龟的关键。

甲骨文中有“燎龟”“又龟”等“祭龟”的仪式，“燎”和“又”都是祭名：

⍁燎⍁⿰氵龜⍁□牛。　　《合集》20612正

辛丑卜，賁⿰氵龜二牢，𢦔。三　　《合集》21099正

贞：弜又⿰氵龜　　《合集》30449正

董作宾认为：“二郑注皆以为衅龟而祭祀，先郑又谓卜其日与其牲，与商礼甚合。商人以燎祀龟，且卜其牲，为三牛也。”他曾发现一条“燎龟三牛”的卜辞：“‘燎’为祭祀之名，衅龟用牛则春秋时犹存其说。《管子·山权数》篇有曰‘之龟为无赀，而藏诸泰台’，一日而衅之以四牛，立宝曰无‘无赀’。此可证商人燎龟之‘三牛’，亦即所以衅之也。衅龟之法，至孔颖达已不知用牛之典，仅以用羊用鸡类之。衅之为祭名，盖同之于燎矣。虽衅燎之详未能考之，但据卜辞记载可知其祭祀牺牲用的牛。”⑥

---

① （清）孙诒让撰，王文锦、陈玉霞点校：《周礼正义》，中华书局，1987年，第1953页。

② 黎翔凤撰，梁运华整理：《管子校注》，中华书局，2004年，第1319页。

③ （汉）司马迁撰：《史记》，中华书局，1963年，第3236页。

④ （明）王志长撰：《周礼注疏删翼》，《文渊阁四库全书·经部·礼类》，台湾商务印书馆，1986年，第519页。

⑤ （清）胡煦著，程林点校：《卜法详考》，《周易函书》（第四册），中华书局，2008年，第1140页。

⑥ 董作宾：《商代龟卜之推测》，《安阳发掘报告》1929年第1期。

我们赞同董作宾的观点，“祭祀先卜”就是祭祀之前的重要仪式，反映了当时尊神重祀的宗教信仰。“釁龟”即“衅龟”，“衅”就是“杀牲以血祭之”[①]。刘玉建也认为“釁龟”即“以牲血涂在龟甲上”，且指出：“‘釁龟’是一项古老的占卜制度，这种制度应当说起源于商代”[②]。

卜辞除了“燎龟”“又龟”，还有“用龟”之语。

☐用龟。一月。 《合集》9001

丙午卜，其用龟。 《合集》17666

“用龟”也就是“釁龟”。丁骕认为“用龟”乃“杀龟以祭”，“龟示”为“龟祭”，疑《前》4.55.1残辞“即吾人所谓釁龟之事也”[③]。饶宗颐也认为：“（卜辞）曰用龟即釁龟。”[④]

“某示若干”可能是祭龟之事。胡厚宣将“某示若干”的“示”训为“祭”，谓“又‘甲桥’‘背甲’‘骨臼’‘骨面’等龟甲及牛骨刻辞言‘某示若干’一类者，则记祭祀龟甲牛骨之事也。盖殷人既得龟骨之后，必先经过一种祭典而后用之”，“甲骨之祭祀，盖甲骨在卜用之先，必须经过此种典礼也”[⑤]。此后，不少学者认为武丁时期的记事刻辞“某示若干”，乃祭祀龟甲兽骨之事。

除了“釁龟”之礼，殷商还有用龟祭“社”的传统，“卜辞有社龟之文”[⑥]。

民族学的材料也可以证明“祭祀先卜”的事实，各地民族羊骨卜的程式中有“祷祝”和“祭祀”，即“祷祝时问卜者要说出卜问的事情”，“卜前卜骨象征性接受进食之祭”[⑦]。可以说，中国西南少数民族羊肩胛骨卜前“祷祝”和“祭祀”与殷墟甲骨占卜相似之处甚多。有的学者就专门研究中国古代的龟祭文化，如凌纯声《中国与海洋洲的龟祭文化》专门论述了中国古代的龟祭文化，龟甲文字中的龟祭、古代的龟卜与龟祀及台湾的红龟以及台湾民间的龟祭和海洋洲的龟祭[⑧]。

先民釁龟的季节不同，但是占卜前必祭祀的程序一直存在。《周礼·春官》载：“上春釁龟。”上春者，夏正建寅之月。《礼记·月令》载：“孟春之月。”《周礼》说的是夏历正月（即周礼三月）“釁龟”。《礼记·月令·孟冬之月》载：“是月也，命大史釁龟、筴，占兆，审卦，吉凶是察。”疏云：“釁着，攘磔之祭名。龟、筴所以卜、筮于岁首，釁之，神之也。”又郑玄注：“秦以岁首使大史釁龟、筴，与周异矣。”[⑨]

---

① 王宇信：《甲骨学通论》，中国社会科学出版社，1999年，第108页。

② 刘玉建：《中国古代龟卜文化》，广西师范大学出版社，1992年，第141—143页。

③ 丁骕：《说契文龟字》，《“中研院”民族学研究所集刊》1969年第27期，第106、107页。

④ 饶宗颐：《殷代贞卜人物通考》，中华书局，2015年，第35页。

⑤ 胡厚宣：《武丁时五种记事刻辞考》，《甲骨学商史论丛初集》，齐鲁大学国学研究所，1944年，第602页。

⑥ 陈梦家：《古文字中之商周祭祀》，《燕京学报》1936年第19期。

⑦ 王宇信、杨升南主编：《甲骨学一百年》，社会科学文献出版社，1999年，第200页。

⑧ 凌纯声：《中国与海洋洲的龟祭文化》，“中研院”民族学研究所，1972年。

⑨ （清）孙希旦撰，沈啸寰、王星贤点校：《礼记集解》，中华书局，1989年，第487、488页。

总之，商代的甲骨占卜具有复杂的程序，釁龟、燎龟、又龟、用龟等都是甲骨的祭祀备用之礼。

# 小　结

本章主要论述了甲骨选材的相关问题。

一，甲骨占卜的取用制度，比较完善。中央龟人负责甲骨的贡纳事宜，地方龟人负责搜集甲骨，将之进贡于中央王朝。殷人秋时取龟，此时龟版坚硬。

二，殷人占卜的原料有二：龟甲，腹甲多而背甲少；兽骨，牛肩胛骨居多，少用羊骨、猪骨等。殷墟出土甲骨的数量，应为13万片左右。甲骨刻辞记录了四种龟属，殷墟卜龟绝大多数是龟科花龟属和龟科乌龟属乌龟种。甲骨的来源不一、大小不等、种属不同，这些都体现了殷人的用骨制度。

三，商代已经形成了釁龟之礼，占卜之前，祭祀甲骨以备用。

# 第三章　甲骨的攻治

龟人在秋季取龟之后，则要攻治龟甲。“殷墟时期用于占卜的甲骨，一律都需要经过专门的修治。即不论是龟甲还是牛胛骨都要按照一定的模式进行取材、锯削和刮磨，使之成为占卜所用的版式。修治是占卜之前的初步工序。”[①]商代占卜使用的龟甲，都会经过专门的攻治。攻治甲骨，是殷人占卜之前的准备阶段。而后，将攻治好的甲骨贮藏于龟室之内，以备占卜之用。

## 第一节　攻治技术和攻治职官

商王朝设置攻治职官，专司攻治甲骨。攻治技术的专业性，要求攻治职官世袭。攻治职官的世袭，保证了攻治技术的传承和发展。商代攻治职官世代世袭攻治技术，将攻治甲骨的技术推向了唯美艺术的境界。

### 一、攻治技术的专业性

攻治甲骨是甲骨选材之后、钻凿之前的工作，其目的是利于甲骨的钻凿和卜兆的显示。张秉权就认为“攻治甲骨最主要的目的，是在使得甲骨灼卜的时候，容易坼裂出兆纹来”[②]，攻治的主要目的是为了在烧灼甲骨后，更加容易地显示出来卜兆。宋镇豪也曾指出了甲骨攻治的原因：“是为了避免占卜时的杂乱无章，人为控制甲骨兆坼兆象变化的无序状态。”[③]攻治甲骨与卜兆紧密相关，所以攻治甲骨的工序非常重要。

商王朝始终注重甲骨攻治技术的提升，对之要求严格。从考古出土商代占卜甲骨的攻治情况看，殷人对龟腹甲、龟背甲和兽骨的攻治工作，一丝不苟。甲骨各个部位如龟腹甲和龟背甲之间的连接桥，龟腹甲的首甲、中甲、前甲、后甲、尾甲，龟背甲的颈甲、脊甲、尻甲、肋甲、边甲，兽骨的骨臼、骨首、骨脊、骨扇等攻治技法，专业性极强。

---

① 王蕴智：《殷商甲骨文研究》，科学出版社，2010年，第46页。

② 张秉权：《甲骨文与甲骨学》，台湾编译馆，1988年，第54页。

③ 宋镇豪：《商代社会生活与礼俗》，中国社会科学出版社，2010年，第601页。

以下，分别是龟腹甲、龟背甲、牛胛骨结构及其各部位名称示意图[①]。

龟腹甲结构及其各部位名称如图3-1所示。

龟腹甲九块骨版形态如图3-2—图3-10所示。

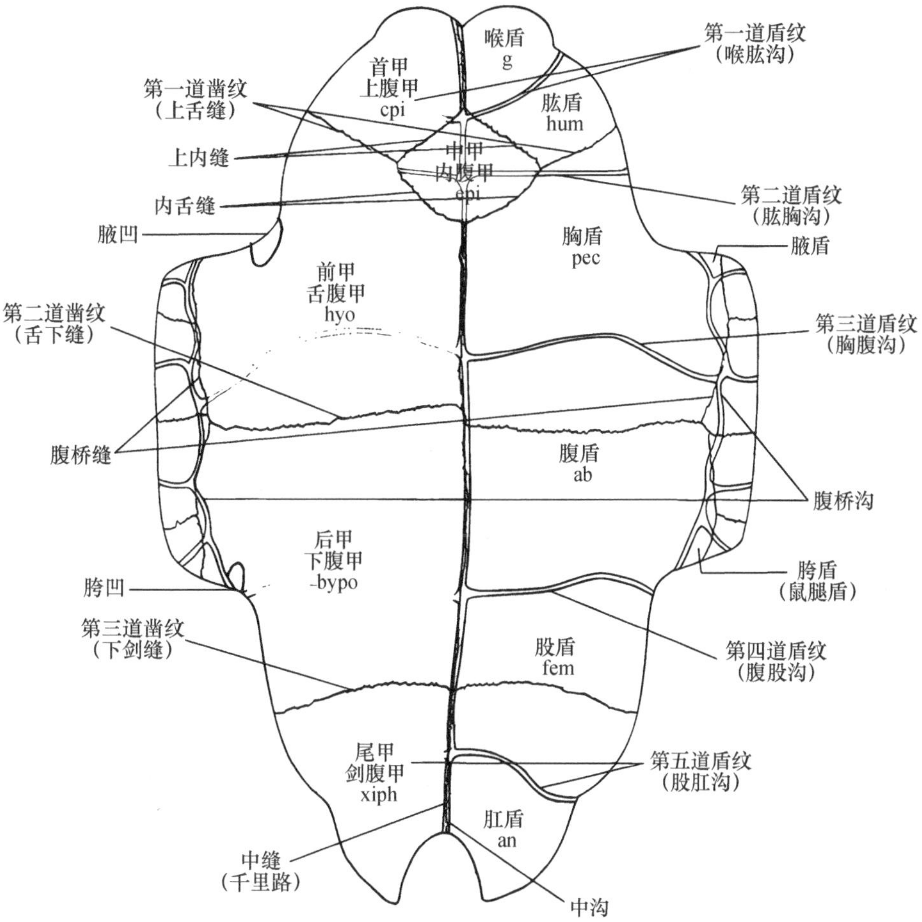


图3-1　龟腹甲结构和部位名称示意图

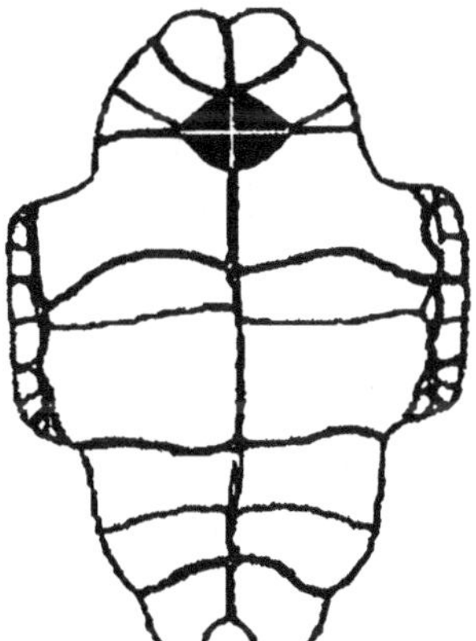

图3-2　中甲

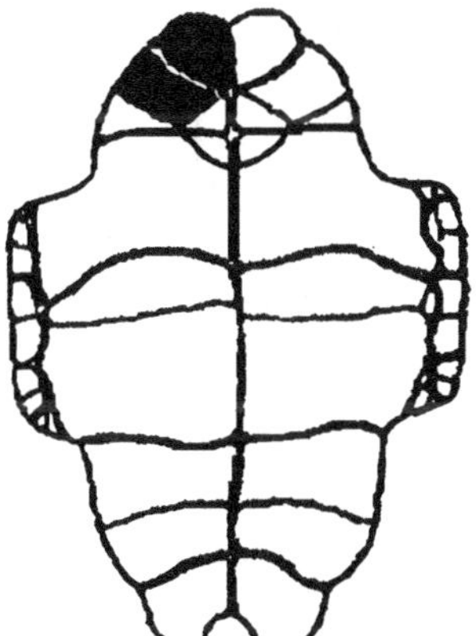

图3-3　左首甲

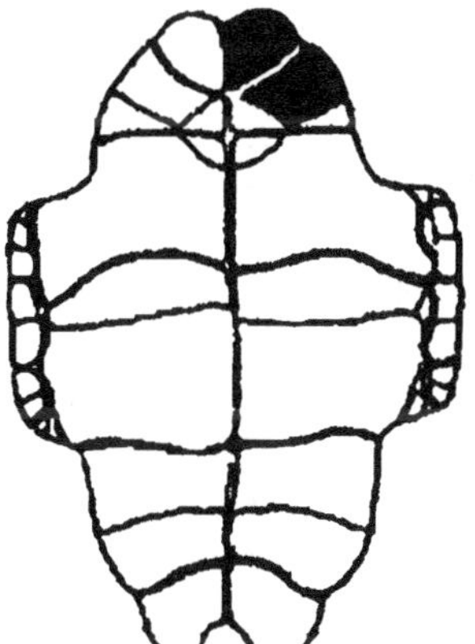

图3-4　右首甲

① 图片3-1—图3-66皆来自黄天树：《甲骨形态学》，《甲骨拼合集》，学苑出版社，2010年，第527—537页。

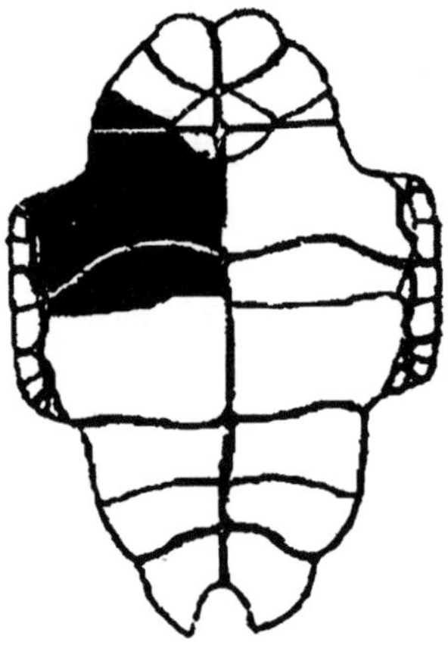

图3-5　左前甲

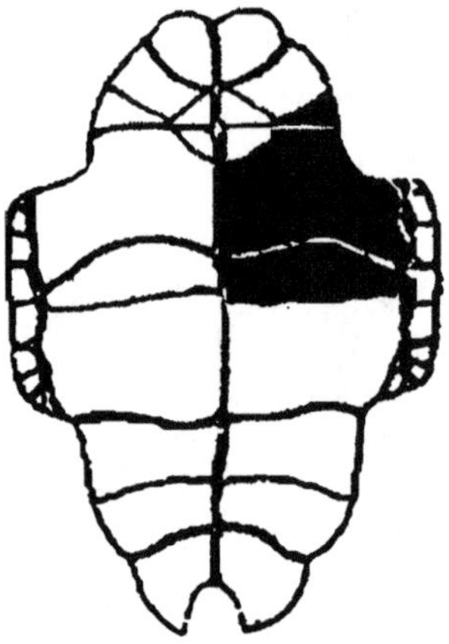

图3-6　右前甲

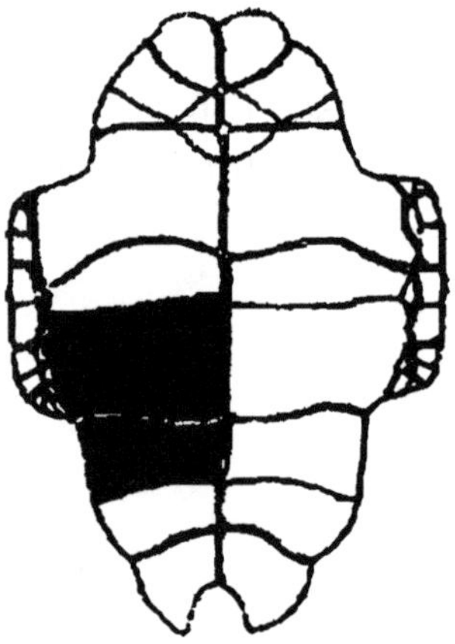

图3-7　左后甲

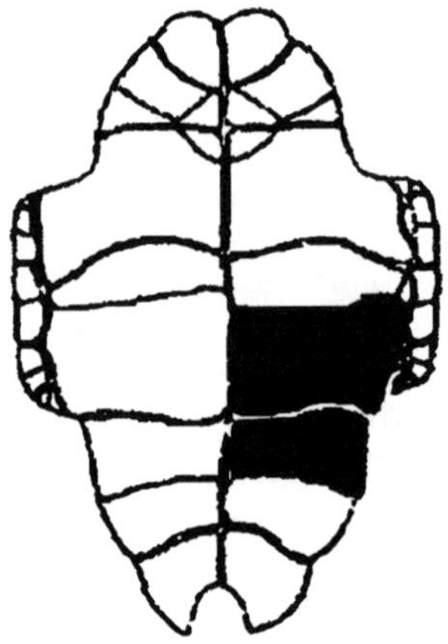

图3-8　右后甲

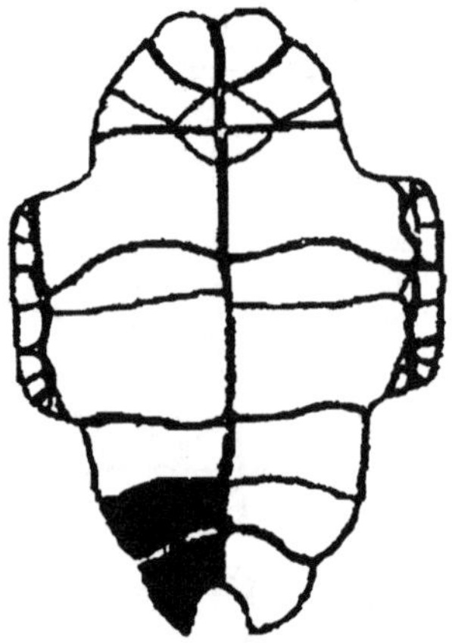

图3-9　左尾甲

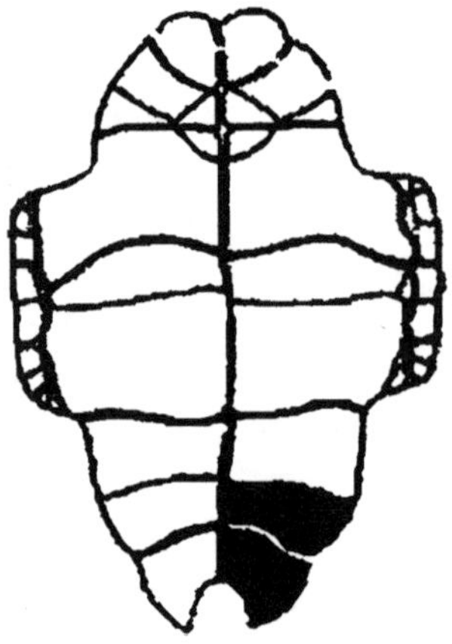

图3-10　右尾甲

龟背甲结构如图3-11—图3-64所示。

左胛骨和右胛骨如图3-65、图3-66所示。

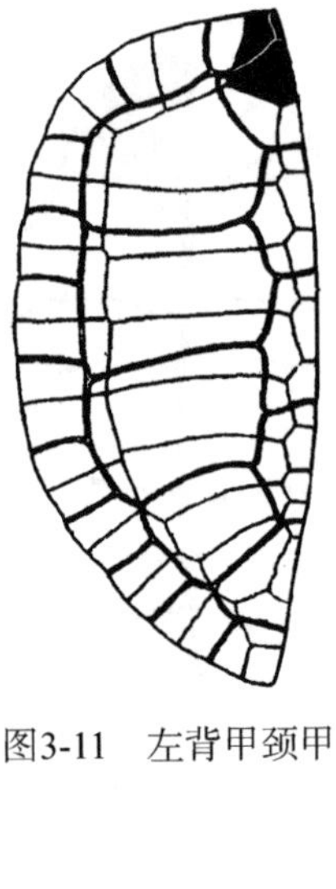

图3-11　左背甲颈甲

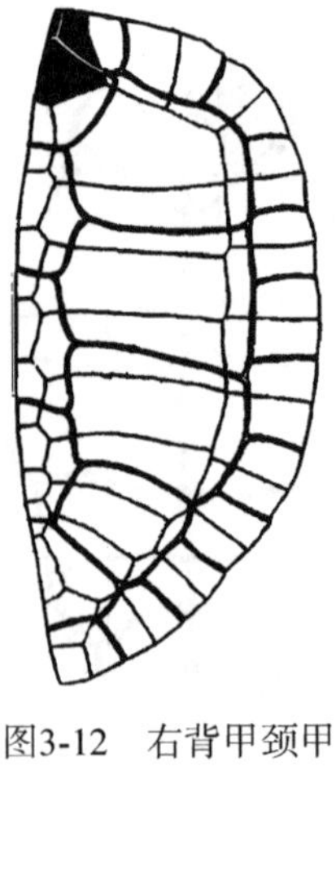

图3-12　右背甲颈甲

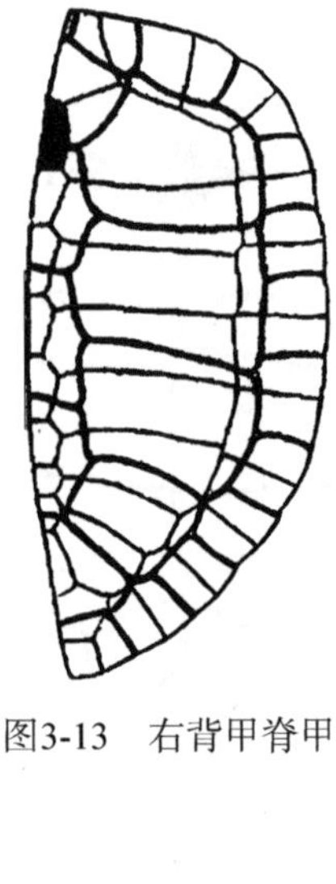

图3-13　右背甲脊甲1

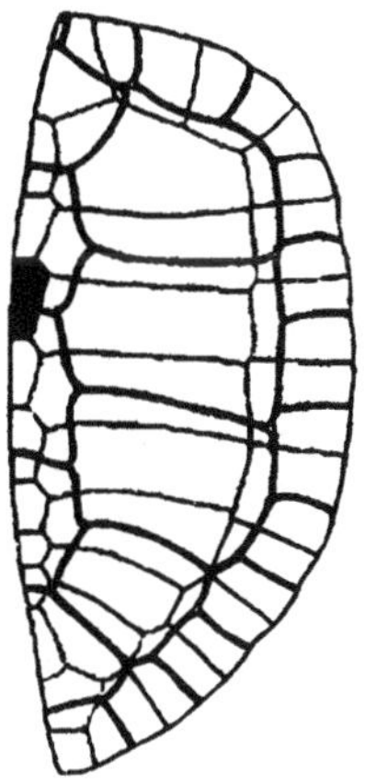

图3-14　右背甲脊甲3

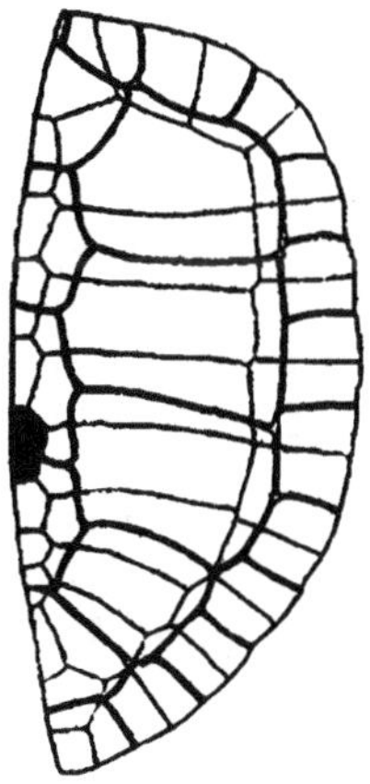

图3-15　右背甲脊甲5

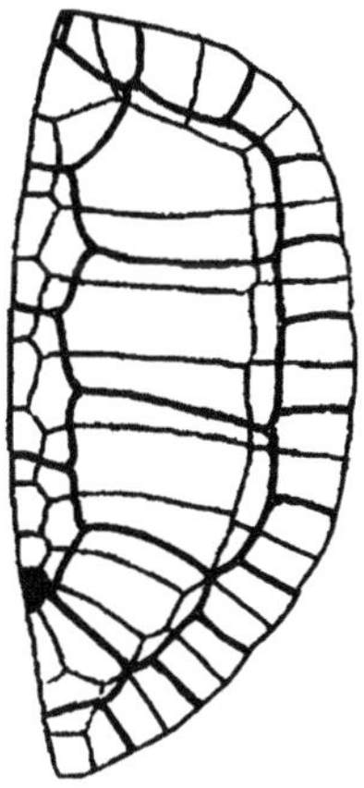

图3-16　右背甲脊甲8

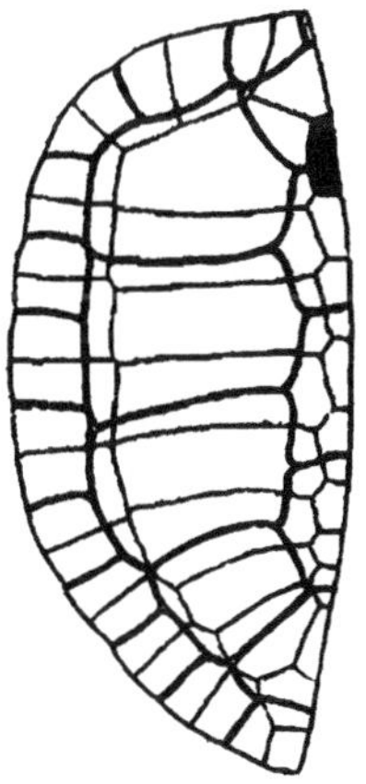

图3-17　左背甲脊甲1

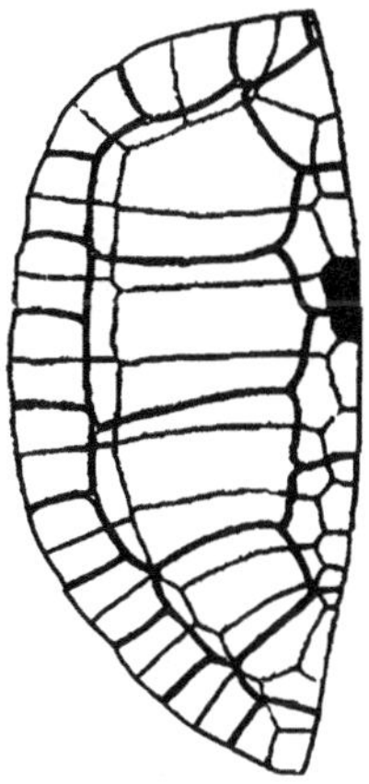

图3-18　左背甲脊甲3

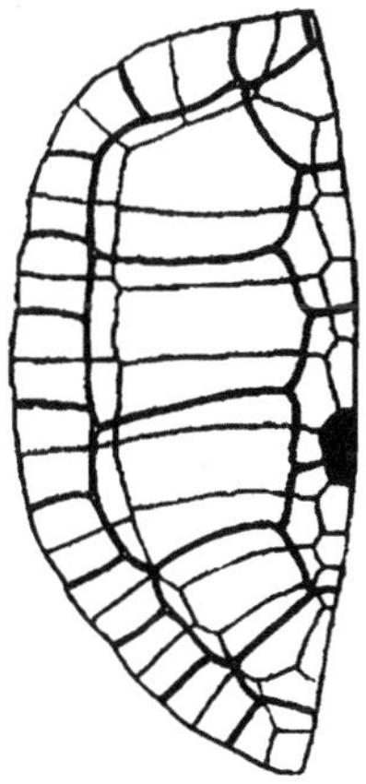

图3-19　左背甲脊甲5

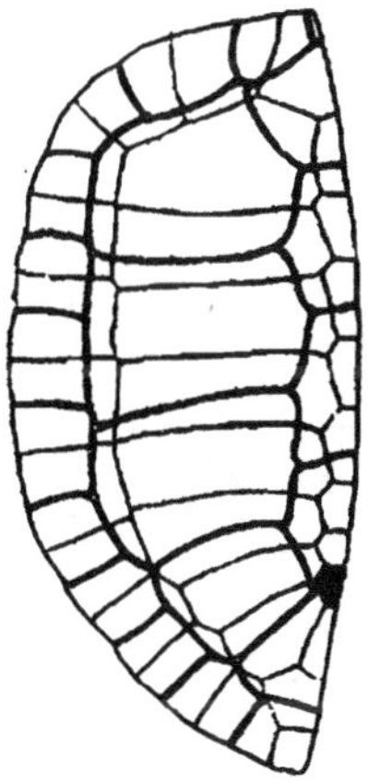

图3-20　左背甲脊甲8

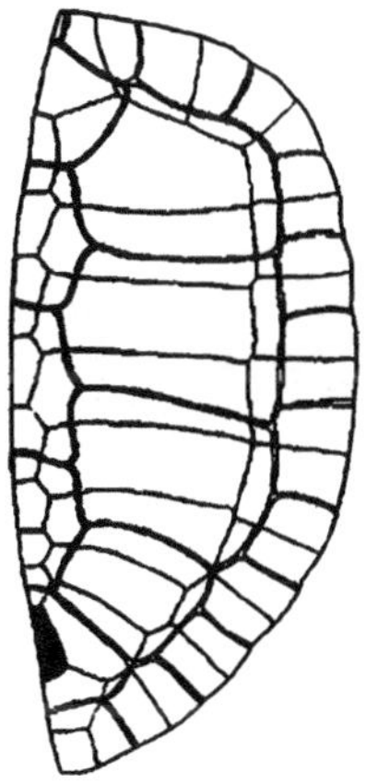

图3-21　右背甲第一上尻甲

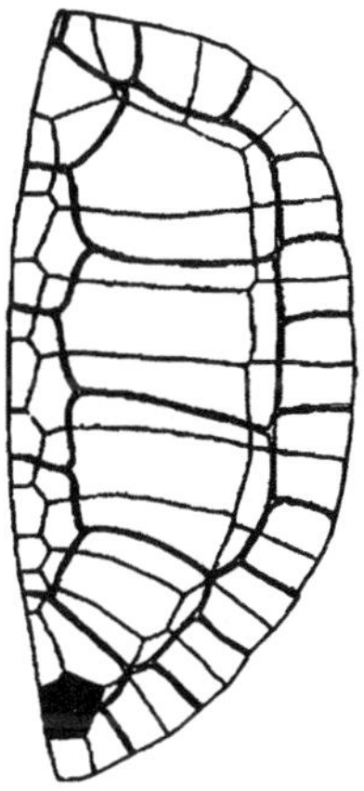

图3-22　右背甲第二上尻甲

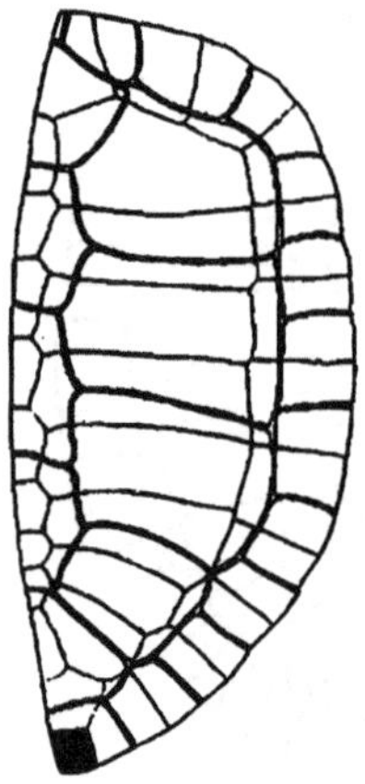
图3-23　右背甲尻甲

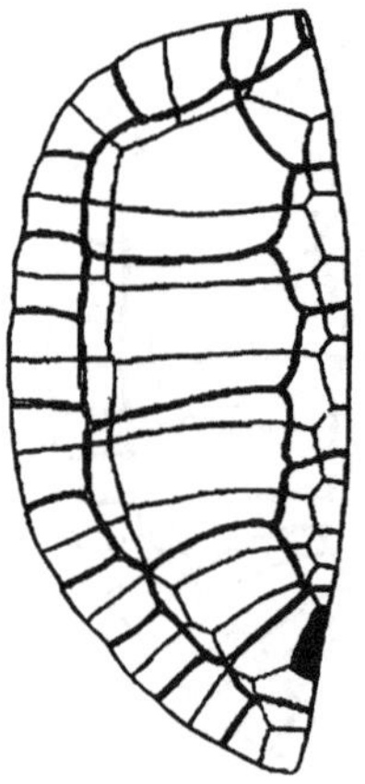
图3-24　左背甲第一上尻甲

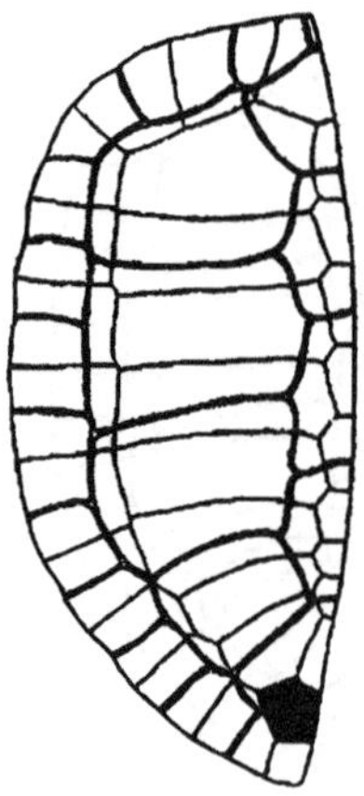
图3-25　左背甲第二上尻甲

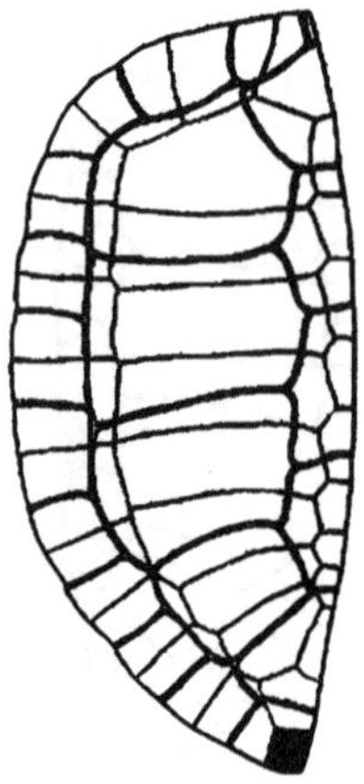
图3-26　左背甲尻甲

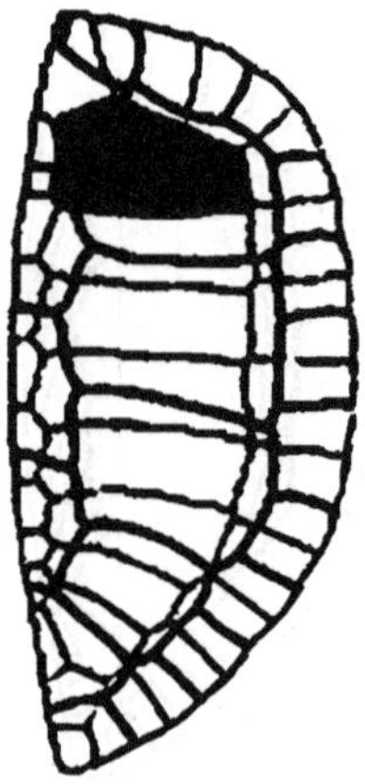
图3-27　右背甲肋甲1

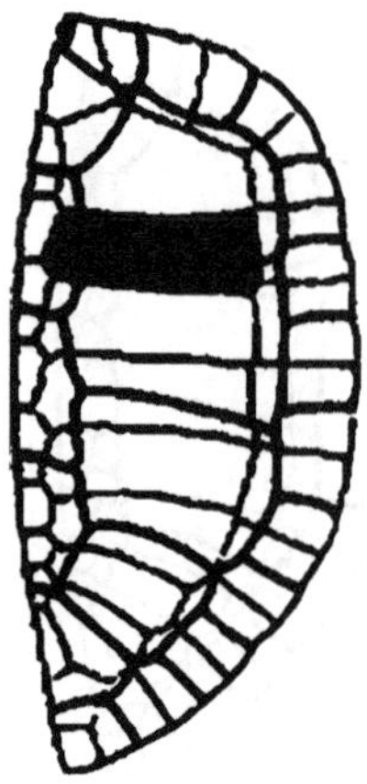
图3-28　右背甲肋甲2

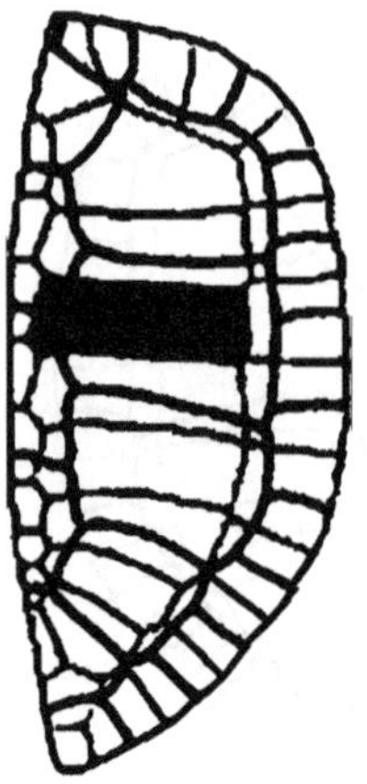
图3-29　右背甲肋甲3

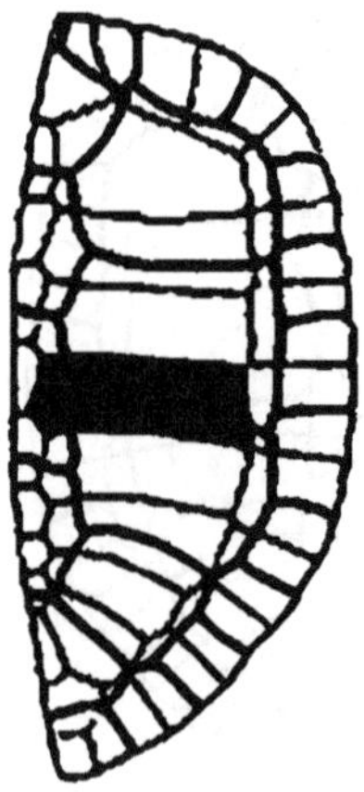
图3-30　右背甲肋甲4

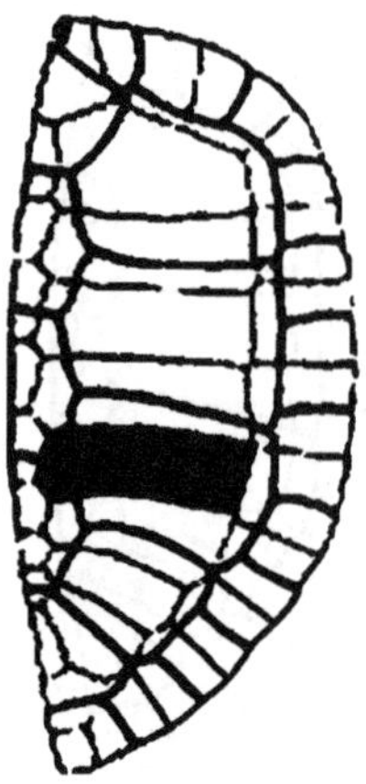
图3-31　右背甲肋甲5

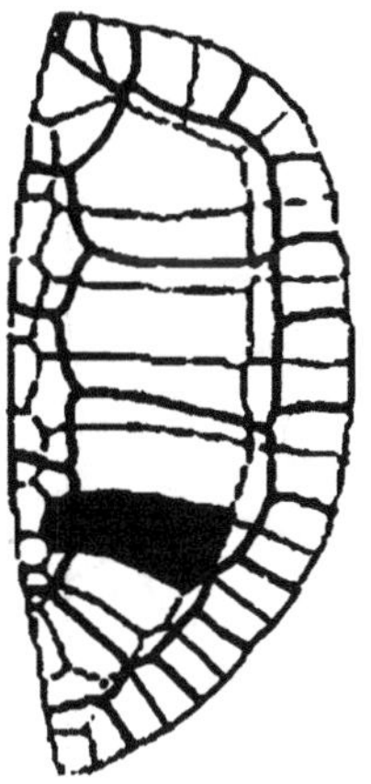

图3-32　右背甲肋甲6

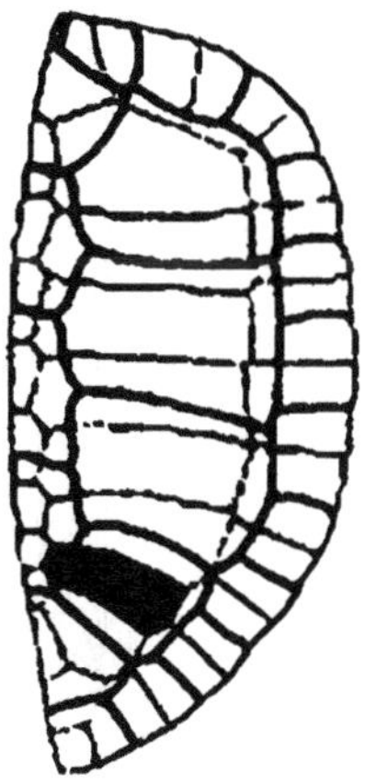

图3-33　右背甲肋甲7

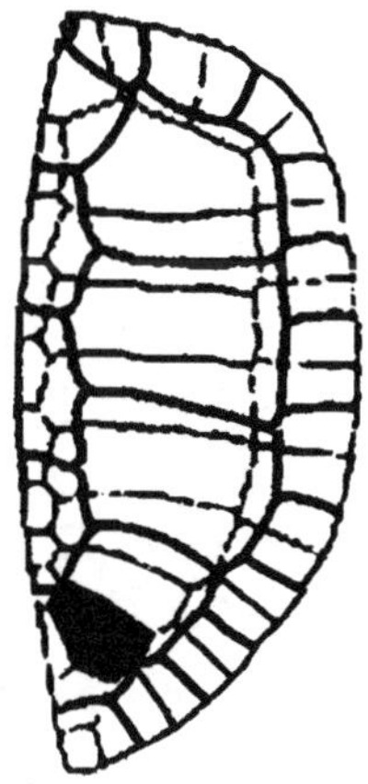

图3-34　右背甲肋甲8

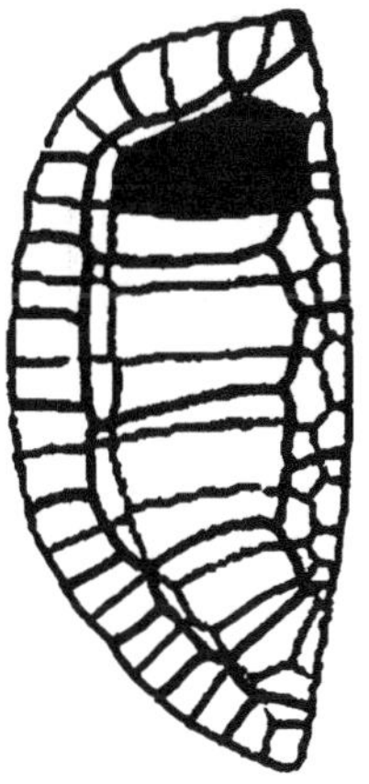

图3-35　左背甲肋甲1

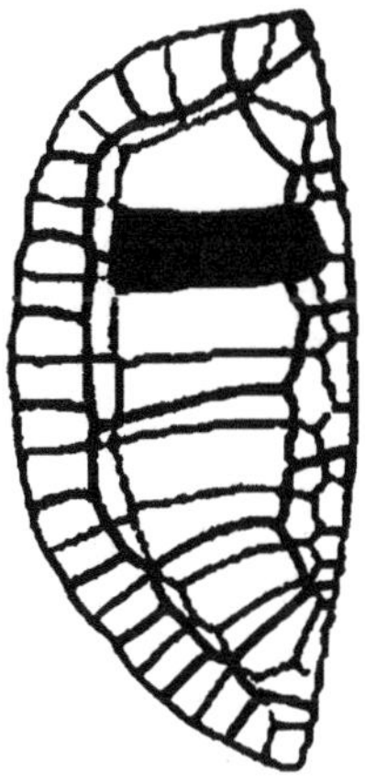

图3-36　左背甲肋甲2

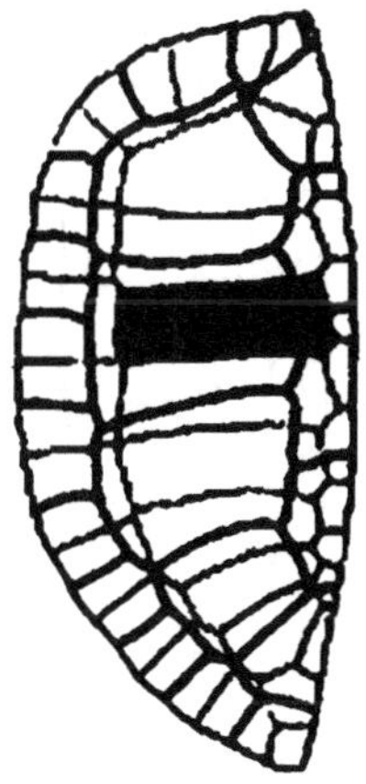

图3-37　左背甲肋甲3

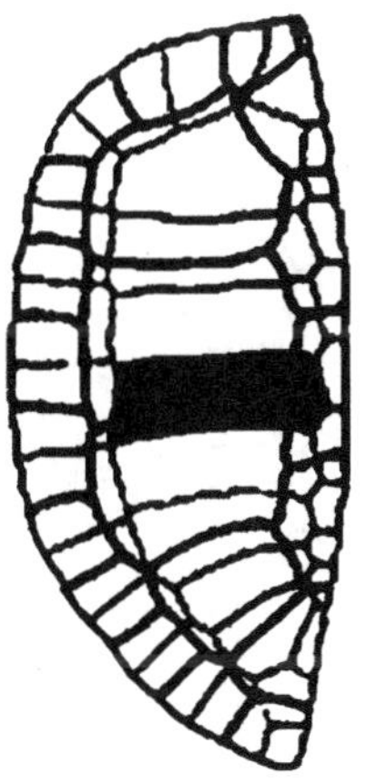

图3-38　左背甲肋甲4

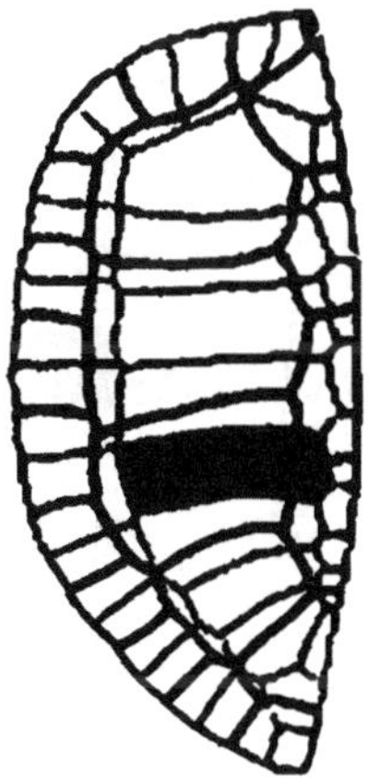

图3-39　左背甲肋甲5

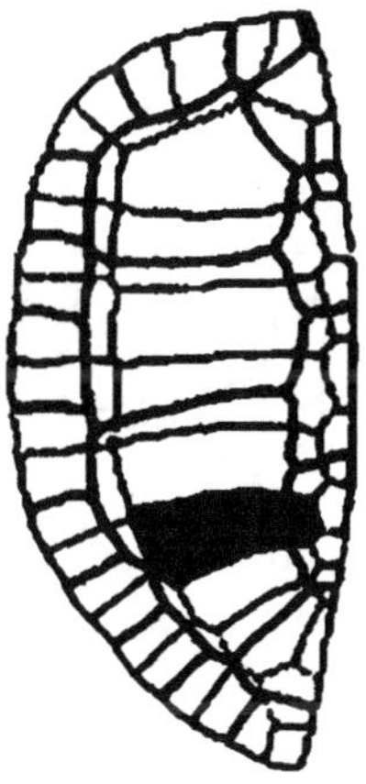

图3-40　左背甲肋甲6

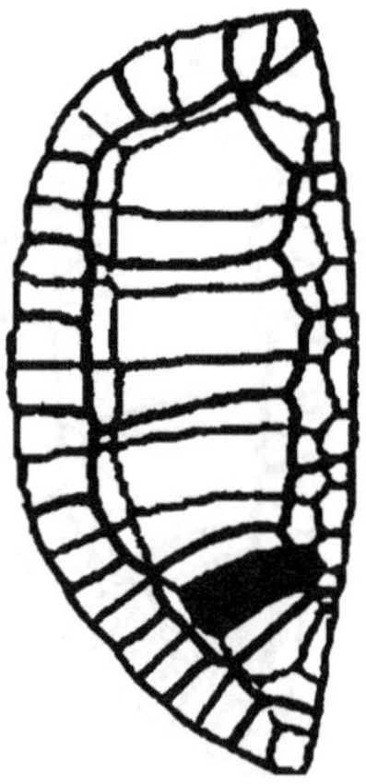

图3-41 左背甲肋甲7

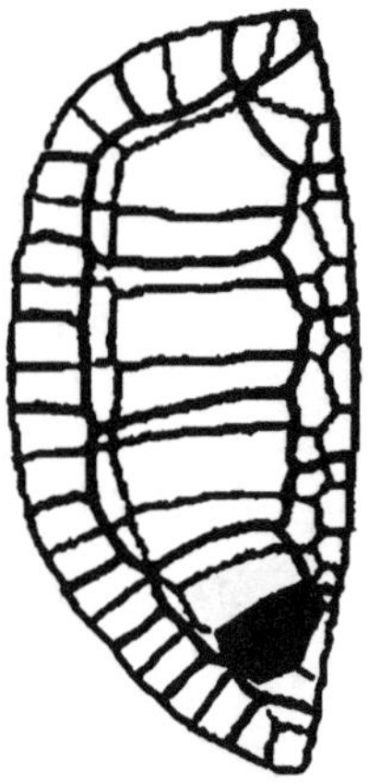

图3-42 左背甲肋甲8

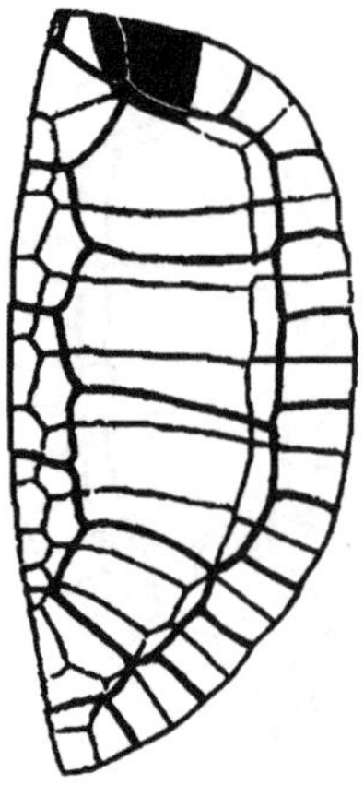

图3-43 右背甲边甲1

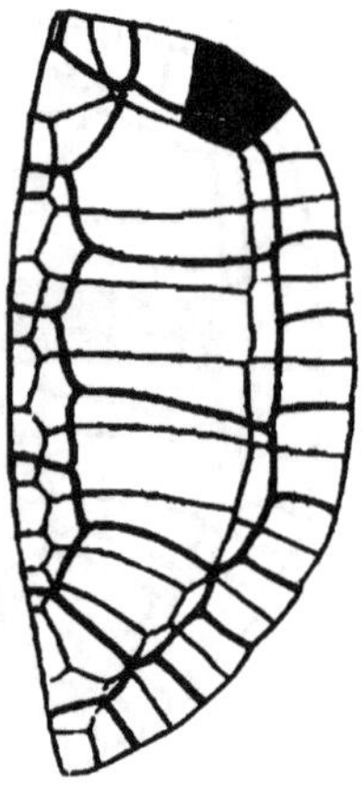

图3-44 右背甲边甲2

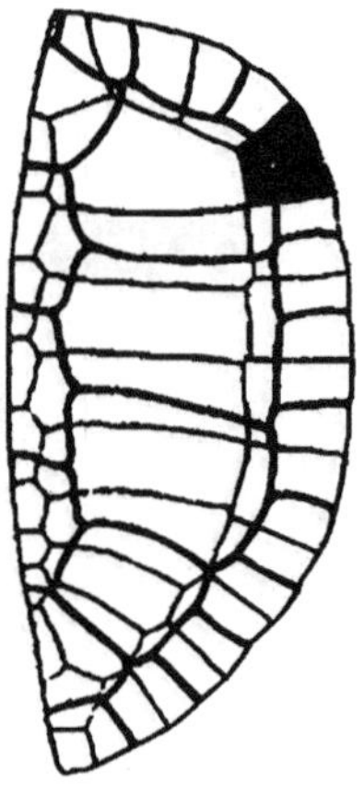

图3-45 右背甲边甲3

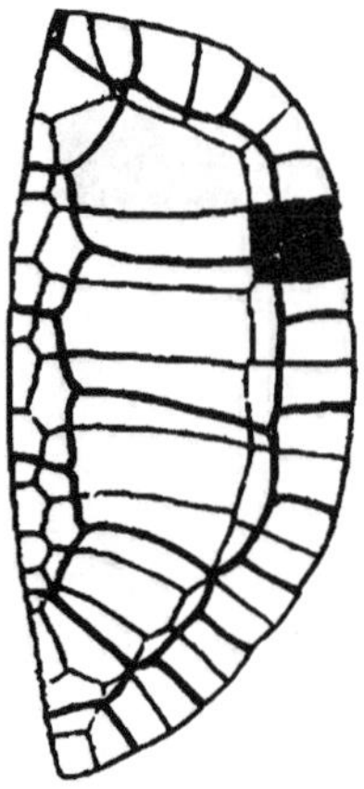

图3-46 右背甲边甲4

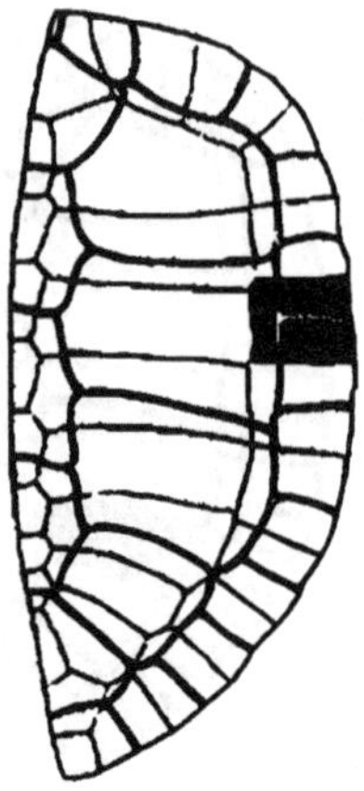

图3-47 右背甲边甲5

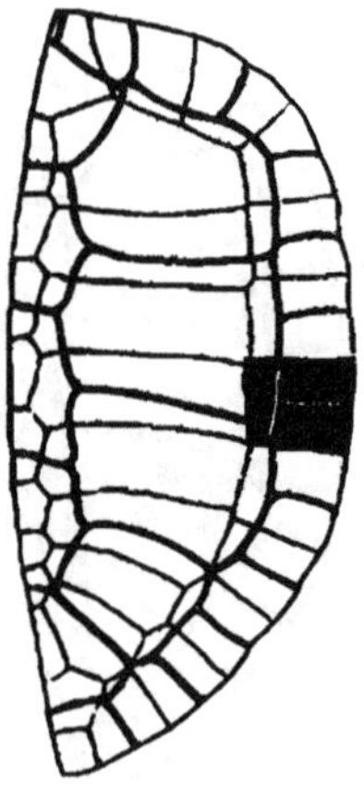

图3-48 右背甲边甲6

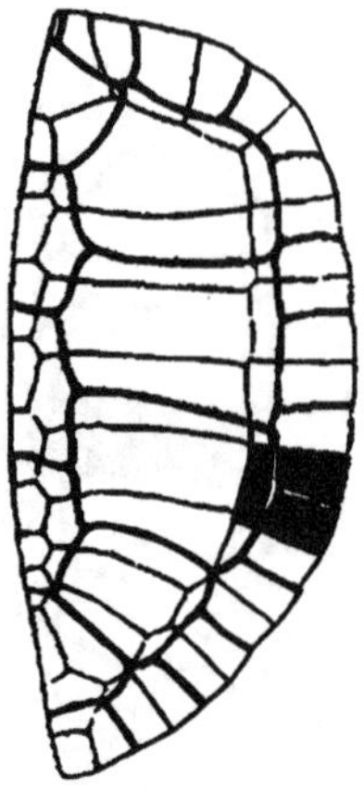

图3-49 右背甲边甲7

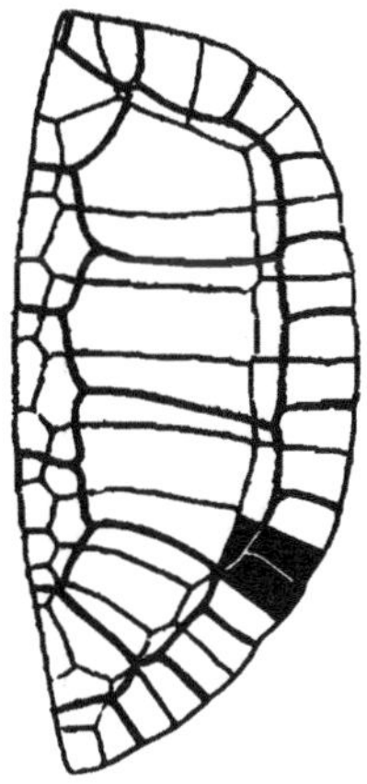

图3-50 右背甲边甲8

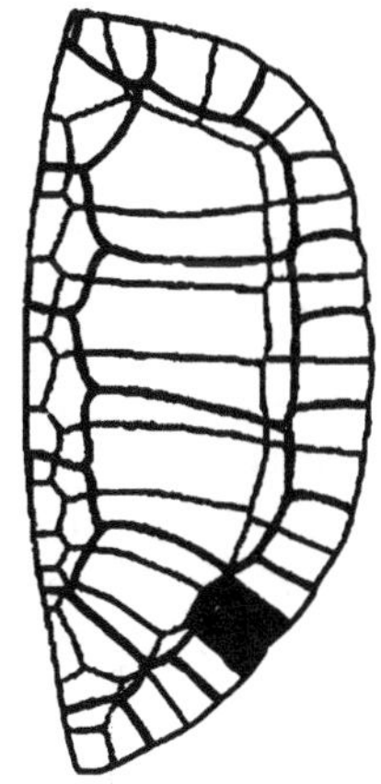

图3-51 右背甲边甲9

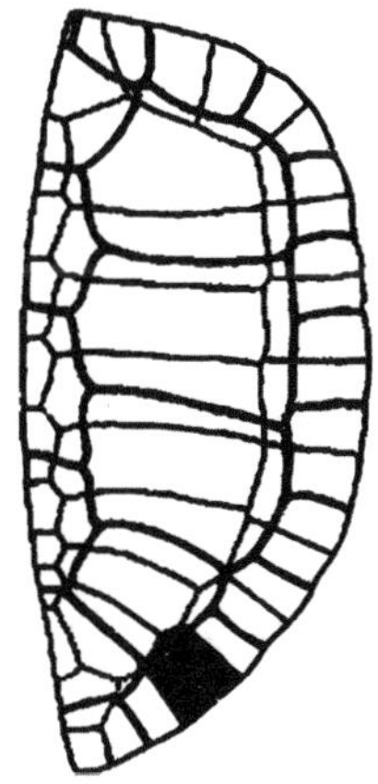

图3-52 右背甲边甲10

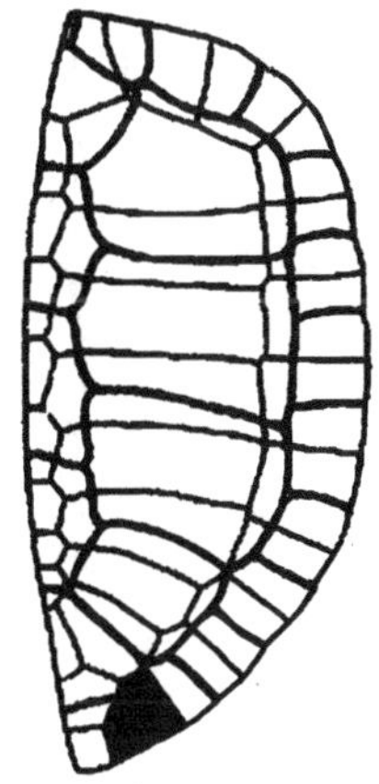

图3-53 右背甲边甲11

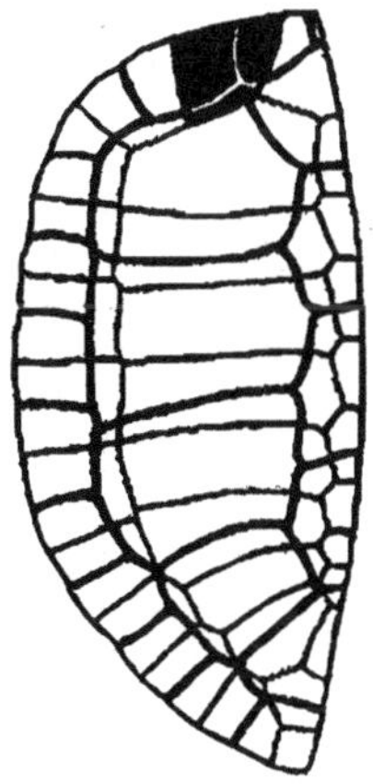

图3-54 左背甲边甲1

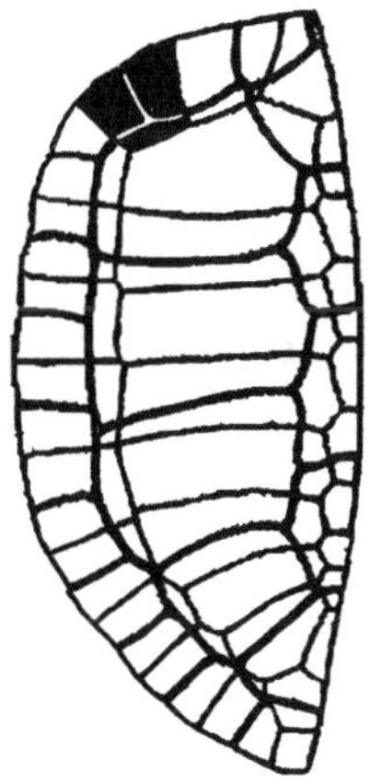

图3-55 左背甲边甲2

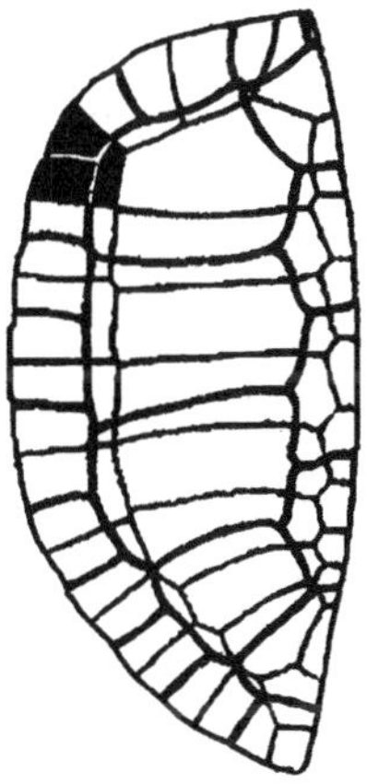

图3-56 左背甲边甲3

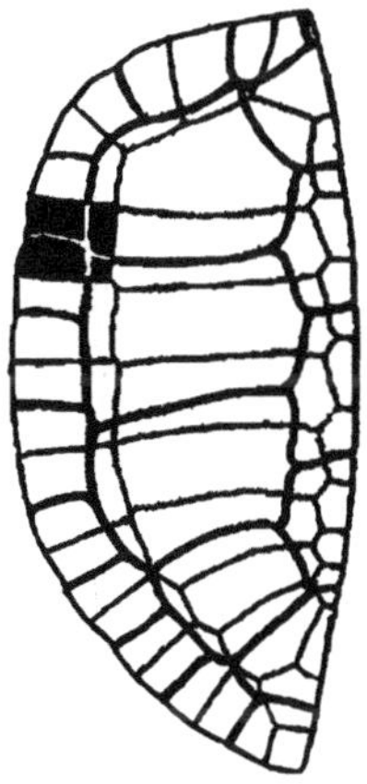

图3-57 左背甲边甲4

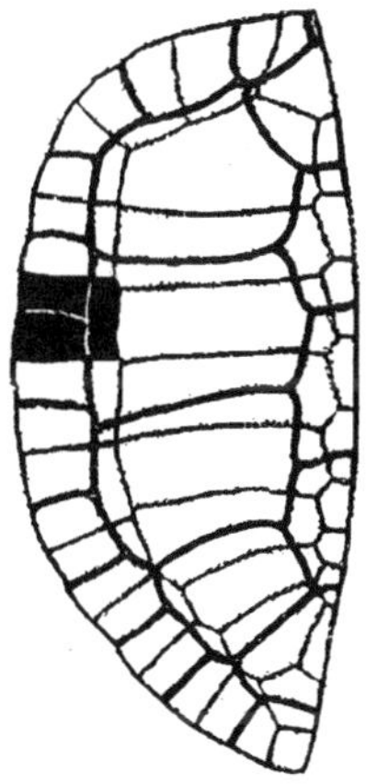

图3-58 左背甲边甲5

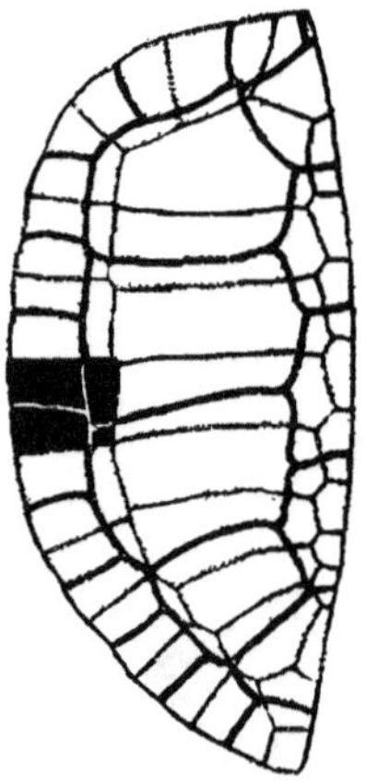

图3-59　左背甲边甲6

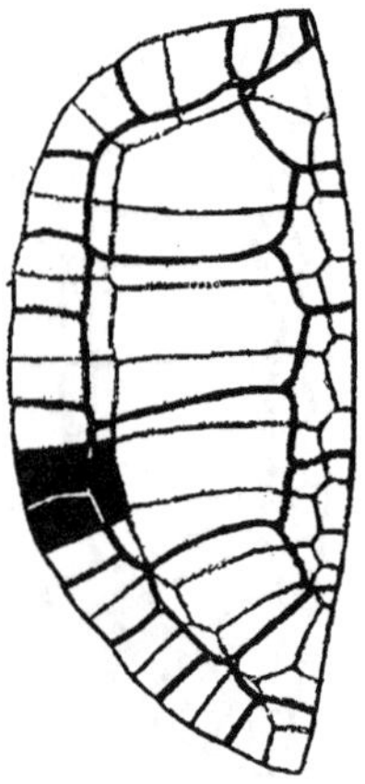

图3-60　左背甲边甲7

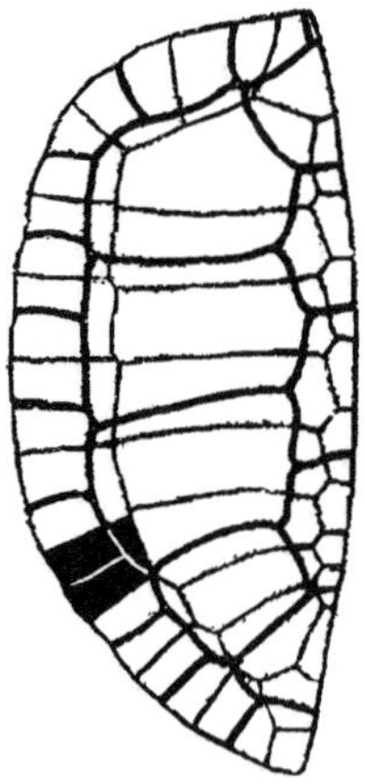

图3-61　左背甲边甲8

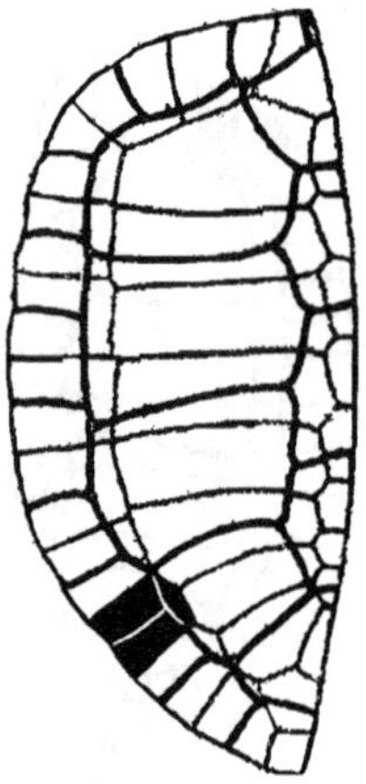

图3-62　左背甲边甲9

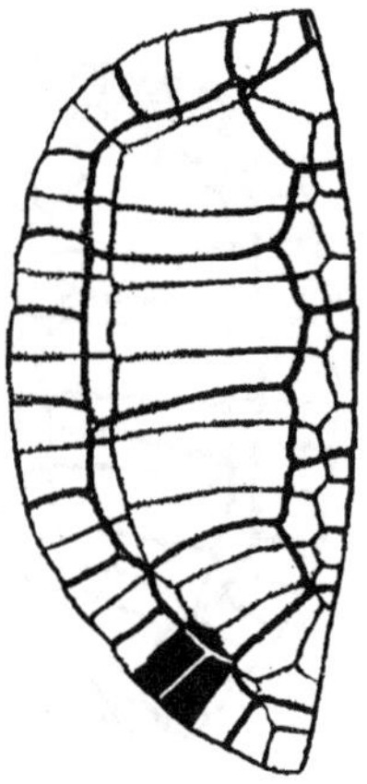

图3-63　左背甲边甲10

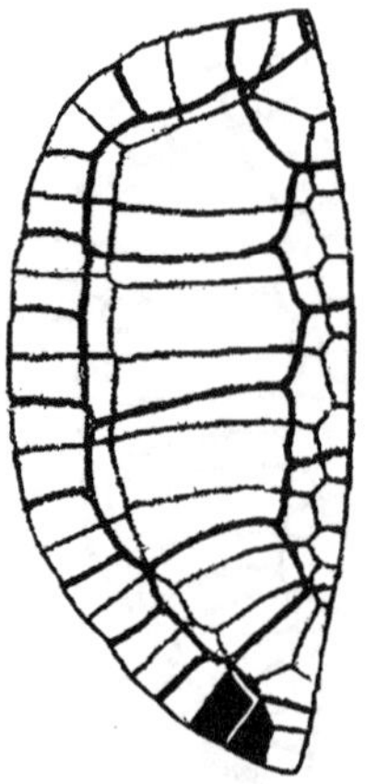

图3-64　左背甲边甲11

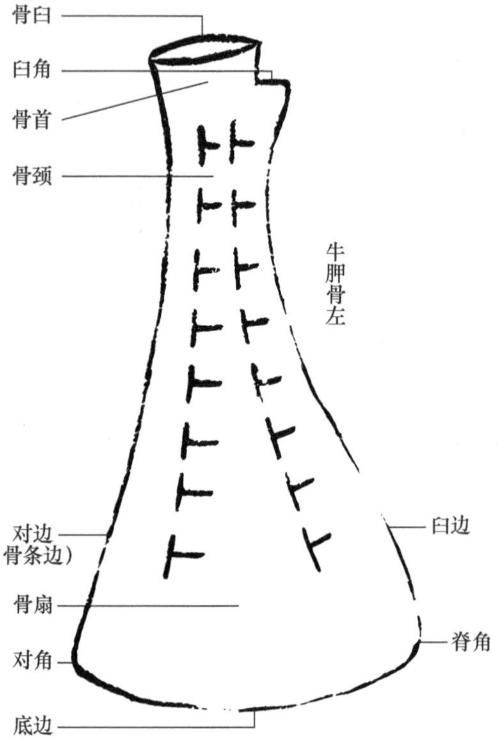


图3-65　左胛骨

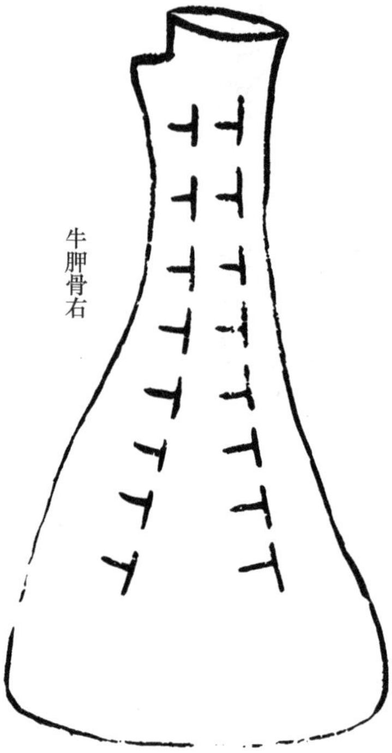


图3-66　右胛骨

由以上龟腹甲、龟背甲、兽骨结构示意图可知，攻治人员必须熟悉掌握龟甲和兽骨各部位结构，熟练掌握攻治技术，才能得到甲骨的攻治之权。只有熟练地掌握攻治的技术，才能更好地攻治甲骨，进而追求甲骨攻治的唯美技艺。李济就指出："在这个时期，占卜用的骨头几乎限于牛肩胛骨和龟壳。这些可能由办事人员收集，还要有一定技术和技能的专门人员整治。"①如是，则可以断言，甲骨的攻治极其重要，专业性极强。

殷商武丁时期的卜骨，"攻治技术已达炉火纯青的地步，卜骨制造非常美丽精致，已达极盛的时期"②。甲骨整治唯美的工艺代表了殷商时期人们的艺术追求和审美观念，"殷商的工艺，非常发达，冶金琢玉，技术都非常高。甲骨的质料非常致密坚韧，攻治很不容易……这些工作，都有专门的工匠操作，并不是太史、太卜的事，可见当时的工艺技巧，已经发展到相当精良的程度了"③。

殷高宗武丁时期，是殷商文治武功的鼎盛时代，甲骨攻治的技术当随社会的发展而提升。至殷商时期，甲骨的攻治达到了艺术唯美的境界。殷人对甲骨攻治唯美艺术的追求，于考古出土实物可见一斑。如济南大辛庄遗址发掘的甲骨，出土时表面依然光滑润泽，已然超越了占卜实用的局限，表现了殷人对甲骨攻治唯美工艺的追求。

## 二、龟人及其世袭性

《周礼·春官·龟人》将取龟和攻龟之事皆归于"龟人"，商代取龟龟人是否也职掌攻龟之事，就需要从甲骨卜辞中探得。但是，卜辞材料的利用也存在一些问题，如甲骨文字多是占卜的记录，只能反映某些占卜之后的事宜，而于占卜前准备工作的记载较少；卜辞是零散的，文字不是连篇地记载，且多是残存于甲骨之上的；某些甲骨文字的释读比较困难，甚至存在争议；所以，从卜辞探求攻治龟人，存在一定难度。

沈之瑜认为："商代皇室占卜的仪式是非常隆重的，有专管卜事的'卜人'，所用的龟甲事先都经过整治。"④商王室占卜仪式隆重，有专司甲骨攻治的卜人。刘玉建认为取龟龟人即攻治龟人"取龟卜官在春天'衅龟'之后，便开始'攻龟'"⑤。

攻治龟人不似取用龟人和钻凿卜官，在甲骨之上有简单的记录。如"自某乞""乞自某""乞自某若干""某乞自某""乞于某""某取自某""某入""某氏""某来""某取""某示""某示若干"等记录。但是，攻治是占卜流程的重要一环，肯定有一批专属的攻治职官。

我们不难推测商代有一批攻治甲骨的龟人存在，专门负责攻治中央收取和各地方贵族贡纳

① 李济著，苏秀菊、聂玉海译，杨锡璋校：《安阳》，中国社会科学出版社，1990年，第149页。
② 刘渊临：《卜用甲骨上攻治技术的痕迹之研究》，台湾编译馆，1984年，第103页。
③ 严一萍：《商周的文字》，《甲骨古文字研究》（第三辑），艺文印书馆，1990年，第144、145页。
④ 沈之瑜：《甲骨文讲疏》，上海书店出版社，2002年，第27页。
⑤ 刘玉建：《中国古代龟卜文化》，广西师范大学出版社，1992年，第144页。

而来的甲骨。再者，攻治龟人并非由取用龟人和钻凿龟人兼任，而是由专人任职，专司甲骨之攻治。

甲骨攻治龟人属于手工业生产者，出自工匠。工匠世袭，见于传世文献，如《国语·齐语》载："是故其父兄之教不肃而成，其子弟之学不劳而能，夫是故工之子恒为工……是故其父兄之教不肃而成，其子弟之学不劳而能，夫是故商之子恒为商。"①再如《荀子·儒效》："工匠之子，莫不继事，而都国之民安习其服。"②不只作为手工业生产者的工匠世袭，商代史官也是世代世袭"史官父子世袭，其记事方式也代代传承"③。

攻治甲骨是手工业生产，需要专业的技术。而攻治龟人世袭，才能更好传承唯美的攻治技术。何毓灵认为殷墟手工业工匠世袭形成的原因有二：其一，便于技术的传承与发展。其二，把技术的传承与发展控制在一定的范围内，更有利于统治阶级的统治④。

所以，我们认为，攻治龟人世袭，更能便于攻治技术的传承和发展。另外，甲骨攻治技术的专业性，也要求了龟人的世袭性。

## 第二节 攻治季节

殷人攻龟以春时，主要有三点原因：春季干冷，攻治的甲骨不易损伤；衅龟之礼，在上春；春季乃一年之始，需要攻治甲骨以作占卜备用。

### 一、春天干冷，攻治的甲骨不易损伤

传世文献中，记载了春天攻治甲骨的原因，即春天干冷的特征，适合攻治甲骨。汉代学者郑玄为《周礼》作注云："攻，治也。治龟骨以春，是时干解，不发伤也。"⑤即是认为春天干燥，攻治不会伤及龟甲的坼纹。宋代王与之在《周礼订义》中引郑锷之言："脱其筒则不能无伤生之害，春则阳用事而物解。于是时而攻之，其甲坼矣。顺时而取之，可以为钻凿之用，顺时而攻之，又以存不忍之心。"⑥秋时取龟，龟甲坚硬之故，春时攻治，取龟甲。《周礼·春官·龟人》有关于春时攻龟的记载，清代孙诒让之注疏解释春时攻龟的原因："春时尚

---

① （清）徐元诰撰，王树民、沈长云点校：《国语集解》，中华书局，2002年，第220、221页。

② （清）王先谦撰，沈啸寰、王星贤点校：《荀子集解》（上），中华书局，1988年，第144页。

③ 刘源：《研究〈春秋〉可利用殷墟甲骨文材料》，《叩问三代文明：中国出土文献与上古史国际学术研讨会论文集》，中国社会科学出版社，2014年，第37页。

④ 何毓灵：《殷墟手工业生产管理模式探析》，《三代考古》（四），科学出版社，2012年，第284页。

⑤ （清）孙诒让撰，王文锦、陈玉霞点校：《周礼正义》，中华书局，1987年，第1952页。

⑥ （宋）王与之撰：《周礼订义》，《摛藻堂四库全书荟要·经部·礼类》，世界书局，1988年，第17页。

寒，骨易干，故治龟解其甲，取其干，则不发起伤坼。”[①]春天乍暖还寒，尚且干冷，攻治之后的甲骨容易晾干，杀龟取甲不易损伤其坼纹。《白虎通疏证·蓍龟》则引“凡取龟用秋时，攻龟用春时”，注云：“‘春’旧作‘冬’，伪”[②]。攻龟非冬时，而在春季。

清代学者张廷玉在《钦定周官义疏·春官宗伯·龟人》中就指出：“攻之用春，剂之以阳也。秋时已杀之，至春攻之，则去其上甲而留其下甲及墙耳。”[③]秋季取龟、杀龟相继进行，至春季则攻龟。胡煦在《卜法详考》中区分取龟、杀龟和攻龟三道工序，指出“攻龟用春时”的原因：“历冬至春而干，故春攻之。可知取龟之时，即杀龟之时也……攻龟在春，攻龟为衅龟而言，非谓至春始杀之也。”他认为：“可知取龟之时，即杀龟之时也。若是生龟，历冬至春，何干之可言。取之在秋，攻之在春，攻龟为衅龟而言，非谓至春始杀之也。”[④]胡煦之论合乎经文的本意。我们认为，张廷玉和胡煦之论可从。

董作宾在《商代龟卜之推测·攻治》开篇即引用《周礼·春官·龟人》“攻龟用春时”的注疏“攻，治也。治龟骨以春，是时干解，不发伤也”，但他认为“攻龟”是为杀龟，即春天杀龟，“所谓攻，必为刳去皮肉之死龟甲壳，与秋取时为生龟，相对待也。而其攻之之时，与衅燎同为春季”[⑤]。王宇信认可董作宾的言论，认为万物秋成，此时的龟最适于占卜之用，“攻龟”就是杀龟，春天将龟杀死，剔去血肉、内脏[⑥]。董作宾和王宇信的春季杀龟之论，不太符合物性规律。

秋季杀龟之后，龟甲需要时日风干，而后方可攻治。沈启无、朱耘菴认为龟既于秋时取得，杀而藏于龟室，历半年至来岁之春，然后取出攻治，攻龟在夏正之春时[⑦]。刘玉建合理分析了秋季取龟、春季攻龟之法：“秋季杀龟以后所得到的龟壳，经过一个冬天，到第二年春天，潮湿的龟甲晾干了水分，变得坚硬，然后再进行一系列的攻治，龟甲就不易损伤了。”[⑧]

春时攻龟，在卜辞中也有记载。陈邦怀见之于《殷虚书契前编·卷四》第五十四页七片：“丙午卜，其用龟。”（此片，重见于《殷虚书契前编·卷六》第七页三片：“丙午卜，其用龟。”）和《殷虚书契前编·卷四》第五十四页六片：“用龟。一月。”他据此指出：“殷人用龟，皆以丙午日卜，殆与汉代铸带钩以丙午日同一意义欤。殷人用龟以一月，与周人攻龟用春时同一制度。《周礼·龟人》：‘凡取龟用秋时，攻龟用春时。’是其证也。”[⑨]

古今学者对春时攻龟的原因，作了合理的分析。然而，有学者认为商代用龟数量较大，秋取春用没有区别，“‘取龟用秋时，攻龟用春时’，所言当是汉制。从龟甲上所刻月份看，商

---

① （清）孙诒让撰，王文锦、陈玉霞点校：《周礼正义》，中华书局，1987年，第1952页。

② （清）陈立撰，吴则虞点校：《白虎通疏证》，中华书局，1994年，第334页。

③ （清）张廷玉撰：《钦定周官义疏》，《摛藻堂四库全书荟要·经部·礼类》，世界书局，1988年，第19页。

④ （清）胡煦著，程林点校：《卜法详考》，《周易函书》（第四册），中华书局，2008年，第1140页。

⑤ 董作宾：《商代龟卜之推测》，《安阳发掘报告》1929年第1期。

⑥ 王宇信：《甲骨学通论》，中国社会科学出版社，1999年，第108页。

⑦ 沈启无、朱耘菴：《龟卜通考》，《国立华北编译馆馆刊》1942年第1卷，第1期。

⑧ 刘玉建：《中国古代龟卜文化》，广西师范大学出版社，1992年，第140页。

⑨ 陈邦怀：《殷代社会史料征存》，天津人民出版社，1959年，第16、17页。

人一年四季均用龟，无所谓秋取春用之别”[①]。

以上所论，确定了春时即是攻龟的季节。再者，杀龟、攻龟实为二事，秋天取龟之后，继而杀之，龟甲经过冬天晾干之后，再行攻治，这才符合物性规律。晾干后的龟甲不易损伤，此为春时攻龟的主要原因。

## 二、釁龟之礼，在上春

釁龟，是古代的一种礼仪制度。从传世文献记载和甲骨卜辞看，釁龟之礼，在春季。上文已经简述“祭祀备用”——“釁龟”之礼，此处只说明“釁龟”之礼的季节。

《周礼·春官·龟人》记载：“上春釁龟，祭祀先卜。”注疏：“是上春者，夏正建寅之月……上春，孟春也……釁者，杀牲以血之，神之也。”[②]即周人釁龟之礼，在上春季节举行。《礼记集解·月令》载孔颖达疏：“孟春者，夏正建寅之月也。”[③]

杀牲釁龟之礼，需要选择吉日，《史记·龟策列传》载：“（宋元王）择日斋戒，甲乙最良。乃刑白雉，及与驪羊；以血灌龟，于坛中央。”[④]

釁龟之礼与占卜制度密切相关。刘玉建甚至说：“‘釁龟’是一项古老的占卜制度，这种制度应当说起源于商代。”[⑤]据传世文献所载，衅礼在孟春之季，“占卜用的龟甲及占筮用的策，制成后于孟春之月衅之”[⑥]。

甲骨文中也有关于釁龟的占卜，如：

“（3）尞龟二牛（《甲编》279）”，用二牛燎祭于龟。

“（4）弜又龟（《甲编》2676）”，不侑祭于龟[⑦]。

故，攻龟之时当距隆重的“釁龟”之礼不远，都在春季进行。也就是说，我们从“釁龟”之礼在上春之时而推测，攻龟也应在春季。

## 三、春季乃一年之始，需要攻治甲骨

春乃一年之始。《春秋公羊传·隐公元年》载：“春者何？岁之始也。”[⑧]春，是一年之

① 陈炜湛：《甲骨文简论》，上海古籍出版社，1987年，第40页。

② （清）孙诒让撰，王文锦、陈玉霞点校：《周礼正义》，中华书局，1987年，第1953页。

③ （清）孙希旦撰，沈啸寰、王星贤点校：《礼记集解》，中华书局，1989年，第400页。

④ （汉）司马迁撰：《史记》，中华书局，1963年，第3236页。

⑤ 刘玉建：《中国古代龟卜文化》，广西师范大学出版社，1992年，第143页。

⑥ 詹鄞鑫：《神灵与祭祀——中国传统宗教综论》，江苏古籍出版社，1992年，第419页。

⑦ 屈万里：《殷虚文字甲编考释》，联经出版事业公司，1984年，第83、571页。

⑧ （汉）何休解诂，（唐）徐彦疏，浦卫忠整理，杨向奎审定：《春秋公羊传注疏》，北京大学出版社，1999年，第7页。

始。《尔雅》："春为青阳……春为发生。"[①]

对于商王朝而言，诸多国之大事亦是自此开始。在秋天取龟之后，历经冬季，在春时对甲骨进行攻治，以作祭祀、战争、年成、出入和田猎等占卜之用。

与春季相对的冬季，是四季之终。许慎解释说："冬，四时尽也。"[②]段玉裁在"冬"下作注曰："冬之为言终也。"[③]古文字"终""冬"同体，可以理解为一年终结之季，也可指终结之意。

甲骨文"冬"字，乃一年四季终结之季，如：

（5）贞：母［隹］冬

（6）［贞］：隹［冬］

（7）［贞］：母［隹］冬　　《合集》916正

再如：

（1）丙辰卜，㱿，贞：帝隹其冬兹邑。二

（2）贞：帝弗冬兹邑。二

（3）贞：帝隹其冬兹邑。二

（4）贞：帝弗冬兹邑。二　　《合集》14209正

甲骨文冬字写作""""。"古冬终本同字，本义为'终'，借为'冬夏'字"[④]。

春，一年四季开始之季，万物生长之季。甲骨文"屯"字作""""，可以用为"春"，如"今春""来春"。《说文解字·春》："春时生也。"[⑤]许进雄认为甲骨文"春"是以声符的"屯"，"加上义符的木、林、或日等组合，是个形声字。大致表示有充分阳光的种植季节，或树木生长茂盛的季节之意"[⑥]。

卜辞有"用龟。一月"之语，陈邦怀据以推测："殷人用龟以一月，与周人攻龟用春时同一制度。"[⑦]认为殷人攻龟在春时。

从商代社会甲骨占卜之事而言，甲骨占卜频繁，几乎无事不卜，所需甲骨数量极大。如祭祀，乃国之大事。商王朝在举行祭祀之前，皆会以占卜的形式选择吉日、祭品等，这就要储备大量的甲骨以待占卜之需。"龟骨做好之后，往往先记其来源及祭祀之事，然后始卜用之。"[⑧]商代对先祖实行的是五种祭祀典礼的周祭制度，加之对其他天神系统和地祇系统的祭

---

① （晋）郭璞注，（宋）邢昺疏，李传书整理，徐朝华审定：《尔雅注疏》，北京大学出版社，1999年，第166页。

② （汉）许慎撰：《说文解字》，中华书局，影印版，1978年，第240页。

③ （汉）许慎撰，（清）段玉裁注：《说文解字注》，上海古籍出版社，1981年，第1006页。

④ 于省吾主编：《甲骨文字诂林》（第四册），中华书局，1999年，第3133页。

⑤ （汉）许慎撰：《说文解字》，中华书局，影印版，1978年，第27页。

⑥ 许进雄：《文字小讲》，天津人民出版社，2016年，第318页。

⑦ 陈邦怀：《用龟》，《殷代社会史料征存》，天津人民出版社，1959年，第17页。

⑧ 胡厚宣：《武丁时五种记事刻辞考》，《甲骨学商史论丛初集》，齐鲁大学国学研究所，1944年，第597页。

祀，可以说商人几乎是无日不祭祀[①]。章秀霞指出：“殷人在祭祀仪式内容的占卜方面，事无大小，基本上都是依靠占卜来探测鬼神的意志。”[②]即事无大小，皆需占卜。甲骨必须提前攻治完备，成为占卜工具，待占卜之时，直接提取使用。

正是得益于“取龟用秋时，攻龟用春时”的合理安排，才能保证商王朝一年四季占卜所用的甲骨。而攻治后的龟甲，不一定全部用于占卜，这些没有用于占卜的龟甲，属于备用的性质。可以如是断言：经过攻治的甲骨不一定全部用于占卜，但是经过攻治的甲骨，其数量巨大。

春季，四季之始，需要备好一年占卜之用的甲骨，此为春时攻龟的重要原因。

综上可知，基于以上所论春季攻龟的天气因素、衅龟之礼的季节和春时攻龟以作一年占卜之需等原因，可以推测殷人攻治龟甲的季节应是春季。

## 第三节　攻治工具

攻治工具是指对甲骨进行有效攻治所使用的工具。我们可以以殷人在甲骨上留下的整治痕迹和出土器具为根据，就可以追溯甲骨的攻治工具。殷墟发现多处制骨作坊遗址，这些制骨作坊为甲骨攻治工具的研究提供了参考。如大司空村、北辛庄制骨作坊遗址，锯、锉、钻、削、磨是制骨的工序，青铜锯、青铜钻、青铜刀、磨石、石刀、石钻等是制骨的工具[③]。

### 一、传世文献中的攻治工具

据甲骨攻治痕迹看，其攻治工具主要有锯、刀、错等，以下便讨论传世文献所载之锯、刀、错等攻治工具。

锯。《尚书·吕刑》载：“剕辟疑赦，其罚倍差，阅实其罪”，刖足曰剕[④]。《说文解字》：“刖，绝也，从刀月声。”[⑤]《说文解字注》：“刖足，则为跀。”[⑥]《汉书·刑法志》曰：“中刑用刀锯”，韦昭曰：“刀，割刑。锯，刖刑也”[⑦]。锯，可作刑具，也可削锯甲骨。

刀。胡煦的《卜法详考》所录《吴中卜法·攻龟》中指出：“刻龟之刀，制长四五寸，宽

---

① 李亚农：《殷代社会生活》，《李亚农史论集》，上海人民出版社，1978年，第416页。

② 章秀霞：《花东子卜辞与殷礼研究》，中华书局，2017年，第376页。

③ 中国社会科学院编著：《殷墟的发现与研究》，科学出版社，1994年，第93—96页。

④ （清）孙星衍撰，陈抗、盛冬铃点校：《尚书今古文注疏》，中华书局，1986年，第535页。

⑤ （汉）许慎撰：《说文解字》，中华书局，1978年，第92页。

⑥ （汉）许慎撰，（清）段玉裁注：《说文解字注》，上海古籍出版社，1981年，第181页。

⑦ （汉）班固撰，（唐）颜师古注：《汉书》，中华书局，1964年，第1079—1081页。

二三分，其厚分许，正中如斧形，而方其刃。”[①]这是对刻龟之刀长、宽、厚和形状的大致描述。刀，又可作于刮除甲骨鳞片之用。

错。《诗经·小雅·鹤鸣》载：“他山之石，可以为错。”其注释为：“错，厝的假借字……雕刻玉的工具，用宝石制成。”[②]错，可以雕刻玉，也可以错治甲骨。

以上是传世文献中可以作为攻治的工具，是否适用于甲骨的攻治，就要根据考古发掘实物来判断了。

## 二、考古发掘出土的攻治工具

就目前考古发掘资料而言，偃师商城应该是早商文化的遗址。在偃师的初步发掘中，就发现有一件卜骨残片，出土于T1城墙夯土：007，残长4.4厘米，其材质为羊肩胛骨[③]，羊肩胛骨上下两端有切割痕迹，当为刀具切割而成。偃师商城卜骨标本1983YSMIIT2H2：1、1983YSVMT4③：22、1992YSJ2T38H20：7的骨面与肩胛窝有垂直切割的痕迹，标本1983YSMIT3④：8的肩胛窝处有锯痕[④]，切割、锯痕当由刀、锯攻治而成。1983年秋季，偃师发掘有铜刀M1：9，全长31.7厘米[⑤]，刀背平直，刃部呈弧形，尖部出锋。此后，在偃师发掘过程中，仍有数件铜刀、蚌刀、石刀和玉刀陆续出土。

郑州商代遗址发掘的骨料中，有牛骨、鹿骨和龟甲等占卜之物。南关外遗址出土牛卜骨、卜甲各一件，骨脊部位有挖削痕迹，卜甲表面稍作修整、打磨[⑥]，其攻治工具当为石刀或匕首。郑州人民公园一期遗址出土2件牛肩胛骨，其中1件卜骨，为牛肩胛骨（标本C7T105②：2）的“两侧边缘处有数处锯痕”[⑦]，其工具是锯子。

二里岗商代文化遗址中，卜骨出土数量甚多，却少有完整者，牛的“肩胛骨的骨根部分切去”，有的“骨臼下边切开一段，把两边及脊根全部削平”，“龟的腹甲仅在边沿部分加刀削”[⑧]。二里岗上层一期遗址出土的1件牛肩胛卜骨，标本C5.3H311：6，卜骨的一侧棱上也有数道锯痕[⑨]。

早商时期，牛肩胛骨攻治较多，其攻治技法多是切、削、锯。再由甲骨的同出土器物来

---

① （清）胡煦著，程林点校：《卜法详考》，《周易函书》（第四册），中华书局，2008年，第1200页。

② 程俊英译注：《诗经译注》，上海古籍出版社，1985年，第344、345页。

③ 中国社会科学院考古研究所洛阳汉魏故城工作队：《偃师商城的初步勘探和发掘》，《考古》1984年第6期。

④ 中国社会科学院考古研究所编著：《偃师商城》（第一卷·下册），科学出版社，2013年，第701—705页。

⑤ 中国社会科学院考古研究所河南第二工作队：《1983年秋季河南偃师商城发掘简报》，《考古》1984年第10期。

⑥ 河南省文物考古研究所编著：《郑州商城：1953—1985年考古发掘报告》，文物出版社，2001年，第136页。

⑦ 河南省文物考古研究所编著：《郑州商城：1953—1985年考古发掘报告》，文物出版社，2001年，第926页。

⑧ 河南省文化局文物工作队：《郑州二里岗》，科学出版社，1959年，第37页。

⑨ 河南省文物考古研究所编著：《郑州商城：1953—1985年考古发掘报告》，文物出版社，2001年，第834页。

看，其攻治工具当为石刀、青铜刀或匕首。郑州商城遗址出土工具有石刀、匕首、青铜刀和锯子等，这些都可用作甲骨攻治。

甲骨攻治是骨器制作，制骨作坊可为研究攻治工具提供线索，因为制骨作坊遗址发现了较多制骨的工具。在殷墟西区北辛庄南地的一处制骨作坊遗址中，发现了青铜刀、锯、钻、砺石等制骨工具[①]。据统计：北辛庄制骨作坊遗址出土的多数骨料上留有锯痕，出土的工具有青铜锯2件、青铜钻4件、石刀3件、石钻1件；大司空村制骨作坊遗址出土有“极其丰富的骨料、骨半成品、废料等3.5万余块，此外，还有250多块角料。出土的工具有青铜锯3件、青铜钻4件和10多块磨石”，“锯、锉、钻、削、磨是骨器生产中必不可少的工序”[②]。另外，从考古学的角度而言，“制骨用的工具有锯、刀、钻、凿、磨石、骨尺等。锯、刀、凿、钻一般系青铜器，不过也发现过制骨用的石刀和石钻”[③]。杨升南就认为商代占卜所用的骨也应是骨器的一种，他还指出商代骨器制造的工具有石锯、青铜锯、石刀、青铜刀、青铜钻、磨石[④]。

商代青铜工业相当发达，可以推测青铜工具已应用于甲骨的攻治。朱天顺认为：“殷墟卜骨和卜甲那样切去肩胛骨的骨臼，分开腹甲和背甲，并削去和磨平骨脊，没有相当坚利的石器或铜器是做不到的。”[⑤]只有用坚硬的石器或铜器作攻治工具，才能切去肩胛骨的骨臼，这是朱天顺对攻治工具材质的论断。再者，“从出土骨料的锯痕刀痕来看，可知当时必有铜锯工具”[⑥]。

但是，商代社会毕竟属于早期文明，受社会条件的限制，石刀仍在使用，如殷墟第七次发掘的窖中遗物有“石刀四百四十四”[⑦]。殷墟之石刀“既与殷商遗物共处一窖中，且为数甚多，必为当代之日常用品无疑”[⑧]。

此时期的石刀，数量较多，用途广泛。李济曾指出：“铸铜的工艺虽说是到了很高的境界，生铜的供给不多；好些日用的器具尚是用石作的。最普通的日用石器是一种石刀。这类石刀出了过千；它的用处一定很广；像是一种刮刀；与制骨业有密切的关系。”[⑨]后来，李济又说：“（殷虚出土的）石刀的应用，大约多关于日常生活的事件，刮皮，砍骨，切肉，割草等类的事，大概都以这类石刀运用。”[⑩]

李济定名的“小屯石刀”：

一，“（边刃器石刀）所搜集的标本，总计到了三千六百四十件……运到台湾来整理的，

---

① 中国科学院考古研究所安阳发掘队：《1958—1959年殷墟发掘简报》，《考古》1961年第2期。

② 中国社会科学院考古研究所编著：《殷墟的发现与研究》，科学出版社，1994年，第93—96页。

③ 唐际根：《殷墟：一个王朝的背影》，科学出版社，2009年，第122页。

④ 杨升南：《商代经济史》，贵州人民出版社，1992年，第563—565页。

⑤ 朱天顺：《中国古代宗教初探》，上海人民出版社，1982年，第163页。

⑥ 许顺湛：《商代社会经济基础初探》，河南人民出版社，1958年，第27页。

⑦ 石璋如：《第七次殷虚发掘：E区工作报告》，《安阳发掘报告》1933年第4期。

⑧ 安志敏：《殷墟之石刀》，《燕京学报》1947年第33期。

⑨ 李济：《十八年秋工作之经过及其重要发现》，《安阳发掘报告》1930年第2期。

⑩ 李济：《殷虚铜器五种及其相关之问题》，《庆祝蔡元培先生六十五岁论文集》，国立中央研究院，1933年，第91页。

也没超出这一范围。数目约在四百以上……小屯出土的片状石刀，差不多完全是板岩所制”。

二，“看来小屯石刀变化多端，大部分的形制似乎是殷商时代在小屯的创造”。

三，“根据以上各条论断及其他有关事实，对于殷虚出土有双石器之历史的意义，著者得到之结论如下：（一）殷商时代仍在使用之石器，如前尖厚背形的小屯石刀，在形态上与仰韶及龙山文化均无直接关系……（二）若干与彩陶时代文化有直接关系的有刃石器在殷商仍继续使用的，如各型锤制石斧，使用的方法与目的，可能已有改变……（八）但是，称殷商文化为金石并用时代，似乎是不妥当的。大多数在小屯发现的石器类型，是‘蜕存’一类的性质；同时我们也知道，小屯的殷商时代，能铸重数百斤的大铜鼎，能用整批的青铜武器殉葬，能用青铜制造箭头一类的消耗品：这些都是青铜文化到了鼎盛时期的象征”①。

以上的论述证明了石器在商代仍为主要的工具，石刀是制骨的工具之一，可用于甲骨攻治。所以，“一般说来，青铜可以铸造各种工具，可要完全取代石、骨等非金属工具，只有廉价的铁出现以后才能逐渐实现”②。

关于殷商甲骨攻治的工具，学者已经进行了研究。如董作宾指出甲骨的攻治之具主要有锯、错、刀、凿、钻③。朱芳圃与董作宾的看法一致，将商代甲骨的攻治工具分为治骨角必要的工具“锯”、刮治龟板的“刀”、龟骨多经攻治之具“错”“凿”“钻”④。

综上，可以看出，商代甲骨的攻治工具主要有锯、错、刀、凿、钻等，材质主要是青铜和石器。商代甲骨多经锯截，骨料之上留存错治之痕（纹路显著），以刀刮治可使甲骨润泽。如小屯遗址出土的卜甲，首先用锯子将其从甲桥部位锯开，然后再用青铜刀刮削龟甲正面和背面。卜骨多是锯掉骨臼的，再以青铜刀在骨面处刮削；有的卜骨切除骨臼后，还要在骨臼端头挖刻一个锐角、直角或钝角的缺口。

各个时期、各个地域的攻治工具存在某些细微的差别。早商时期，甲骨的攻治工具比较简陋，新石器时代遗传下来的石刀是主要的攻治工具，用于甲骨的打制、刮削。而在中商和晚商时期，青铜刀逐渐代替石刀，与铜锯一道成为甲骨的主要攻治工具。

青铜刀取代石刀，是青铜时代发展的必然趋势，也是商代甲骨攻治由粗糙到精制的条件。我们认为甲骨的攻治工具受到社会条件的限制，青铜工具不一定会全部取代石器工具。商代早期攻治甲骨的工具比较简陋，制作出来的甲骨就比较粗糙，到了中晚期，攻治龟人改进了攻治工具，工具精良，攻治的甲骨自然精细。甲骨攻治工具的研制，也是一个由粗糙到精良的改进过程。

---

① 李济：《殷虚有刃石器图说》，《“中研院”历史语言研究所集刊·第二十三本》（下册），“中研院”历史语言研究所，1952年，第590、612、614、615页。

② 彭邦炯：《甲骨文农业资料考辨与研究》，吉林文史出版社，1997年，第538页。

③ 董作宾：《商代龟卜之推测》，《安阳发掘报告》1929年第1期。

④ 朱芳圃：《甲骨学商史编》（下册），中华书局，1935年，第4、5页。

# 第四节 攻治技法

胡煦《卜法详考》卷三所录《吴中卜法·攻龟》简述了攻龟之法："攻龟之法，去其甲，存其墙。"[①]我们可以根据甲骨攻治后留下的痕迹，缕析商代甲骨的攻治技法。兽骨和龟甲的攻治技法，区别较大，应分开论述。商代各个时期，兽骨和龟甲的攻治技法也有各自的特征。

甲骨攻治的工作包括锯、削、刮、磨等工序，每一工序环环相扣。王宇信、杨升南就指出："甲骨的整治……包括取材、削、锯、切、错、刮、磨、穿孔以及钻、凿等工序"[②]，即将取材、穿孔、钻、凿也视为攻治的工序。我们论述甲骨的攻治技法是甲骨取材之后的工序，不包括取材、钻凿等，这与王宇信、杨升南所说的略有不同。

甲骨攻治的工序有锯、削、刮、错、磨等，只有经过多种工序才可以制作出规则、平整的备用甲骨。以下便分别论述偃师、郑州、小屯、屯南和花东等地出土甲骨的攻治技法。

## 一、偃师商城遗址出土的卜骨

偃师商城遗址出土的卜骨数量较多，分布较广，如Ⅱ区、Ⅳ区、Ⅷ区和Ⅶ（J2）区都发现有卜骨；而Ⅷ区出土卜骨的数量较多、较密集[③]。

标本1983YSⅧT1④：10（图3-67，1），骨臼被切除一部分，骨面经过刮削，有凿、灼之孔。标本1983YSⅧT2③：6（图3-67，2），比较完整，保留骨臼，骨面经过刮削，有凿、灼之孔。标本1983YSⅧT2H2：1（图3-67，3），保留骨臼，挖去骨脊，骨面与肩胛窝垂直切割，有凿、灼之孔。

标本1983YSⅧT3③：5（图3-68，1），保留骨臼，挖去骨脊，骨面经过刮削，有凿、灼之孔。标本1983YSⅧT3④：8（图3-68，2），保留骨臼，挖去骨脊，骨面经过刮削，肩胛窝处有锯痕，有凿、灼之孔。标本1983YSⅧT3H3：1（图3-68，3），正、反两面都有凿孔。

标本1983YSⅧT4③：22（图3-69，1），保留骨臼，挖去骨脊，骨面与肩胛窝垂直切割，有凿、灼之孔。标本1988YSⅡT6H4：3（图3-69，2），保存顶部骨臼部分，骨脊被切削，肩胛窝处直接削平，卜骨上有凿、灼痕。标本1989YSⅣT19H71：9（图3-69，3），骨脊被切削，正、反两面都有凿孔，有灼痕。

标本1989YSⅣT19H71：10（图3-70，1），骨脊完全被挖去，正、反两面都凿、灼的痕

① （清）胡煦著，程林点校：《卜法详考》，《周易函书》（第四册），中华书局，2008年，第1199页。

② 王宇信、杨升南主编：《甲骨学一百年》，社会科学文献出版社，1999年，第235页。

③ 以下偃师卜骨标本及其基本信息皆来自中国社会科学院考古研究所编著：《偃师商城》（第一卷·下册），科学出版社，2013年，第701—705页。

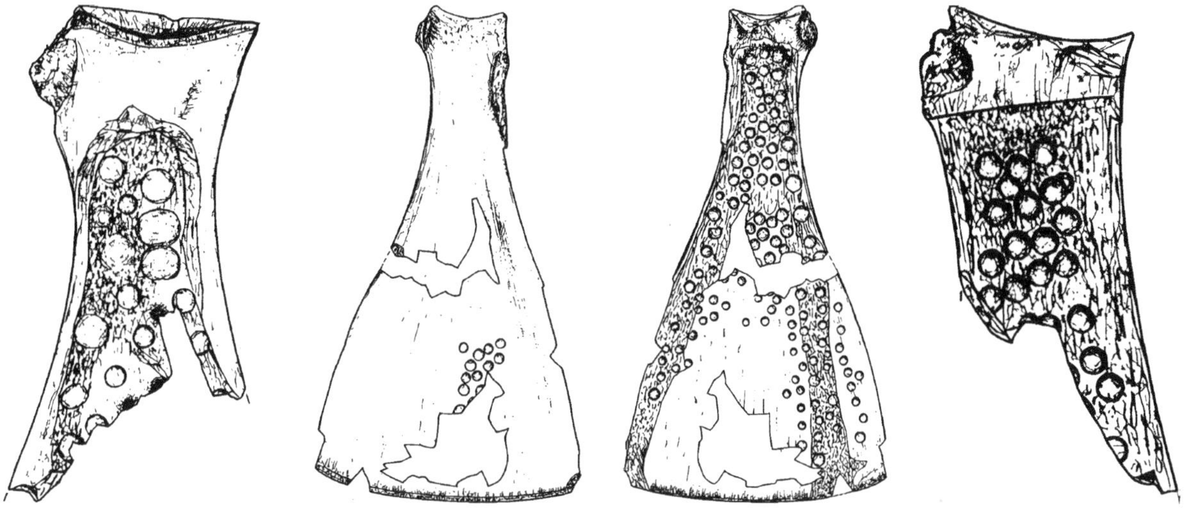

1　2　3

图3-67　卜骨

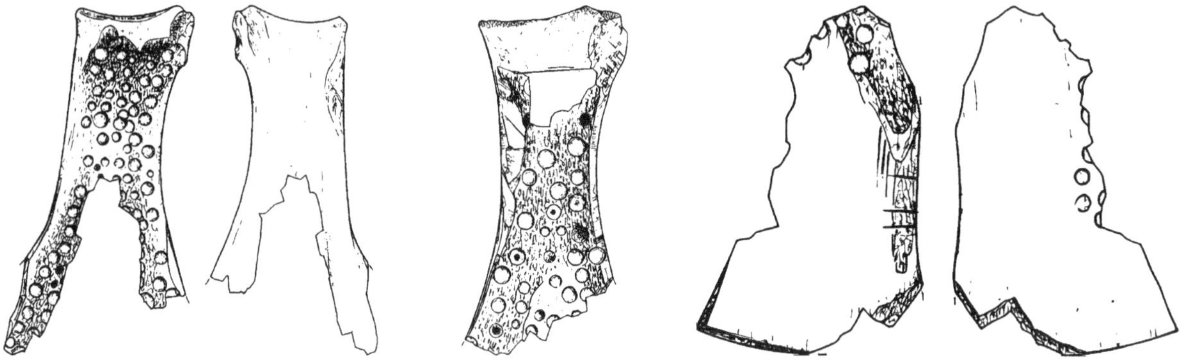

1　2　3

图3-68　卜骨

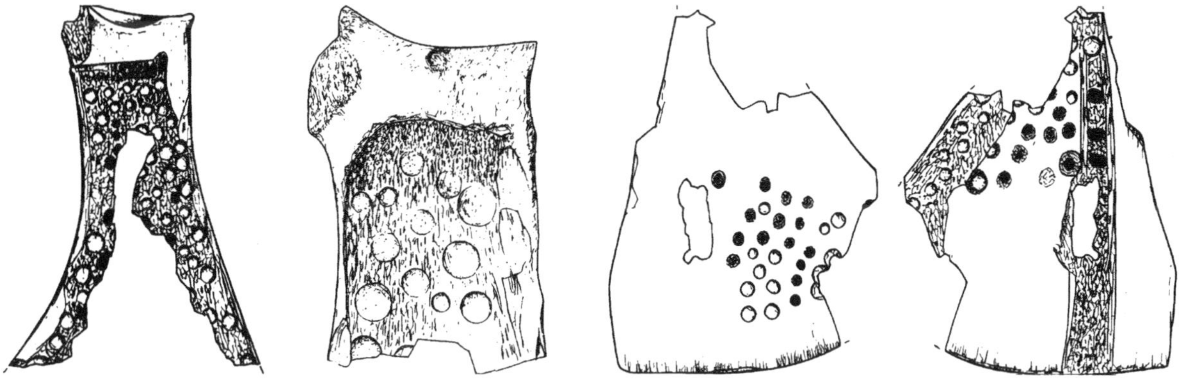

1　2　3

图3-69　卜骨

迹。偃师商城第Ⅱ号建筑群遗址发掘较多卜骨，皆出自灰坑中，材质为牛或羊肩胛骨[①]，标本1991YSJ2T2H9：4（图3-70，2），为一件羊肩胛骨，出土时已残，保留骨臼，削除骨脊，正、反两面都有钻灼之孔。

标本1992YSⅣT31H117：4（图3-71，1），比较完整，保留骨臼，骨脊被削平，正、反两面都有凿、灼之孔。标本1992YSⅣT32HG2⑤：11（图3-71，2），比较完整，保存骨臼，骨面没有加工，上面有凿、灼之孔。标本1992YSJ2T38H20：7（图3-71，3），骨面与肩胛窝切割、刮削平整，骨面上有凿、灼之孔。

标本1992YSⅣT40④：2（图3-72，1），骨面被削平，有凿、灼之孔。1996年，偃师商城Ⅳ区发掘有2件卜骨残片，材质为牛肩胛骨[②]，标本1996YSⅣT103H179：1（图3-72，2），骨臼保留，骨脊已被削去，背面有钻、凿、灼之孔。标本1996YSⅣT103H179：5（图3-72，3），骨脊被削去，正、反两面都有凿、灼之孔。

偃师商城遗址发掘所见之卜骨，已然显现一定的特征。多是保留骨臼，有的骨臼被切除一部分；骨脊多被削去，只有极少数的卜骨还保留骨脊；在背面施钻、凿；正面有卜兆；至于肩胛窝的攻治技法，"有的甚至把肩胛窝都切割掉，使之与骨面相平；对肩胛窝的加工大致有两种：一种为沿肩胛骨背面把凸起的骨脊和高出背面部分的肩胛窝都削平，使得整个骨面都很平整；另一种为只把背面凸起的骨脊削平，完整的保留肩胛窝部分"[③]。

## 二、郑州商城遗址出土的甲骨

郑州南关外遗址出土牛卜骨、龟腹甲。卜骨以牛肩胛骨为主，有的略加攻治，如牛肩胛骨标本C5T97④：40（图3-73，1），骨臼保留，骨脊被掏挖后再刮削，骨面打磨。南关外遗址出土了商代最早的卜甲，如标本C5T85④：123（图3-73，2），为腹甲，卜甲的甲首部位经过稍微刮削、打磨[④]。

郑州二里岗商代文化层出土数量较多的卜骨，均属残片，少有完整者。据裴文中鉴定，骨料多是牛肩胛骨，少有猪、羊肩胛骨，极少数是鹿、狗肩胛骨。牛肩胛骨的攻治较多，其攻治技法有二：一是保留骨臼，把肩胛骨的骨脊根部切去，如H10：423（图3-74，1）、H2乙：299；二是对肩胛骨带脊根的一面进行攻治，"将骨臼下边切开一段，把两边及脊根全部削平"，如H17：60（图3-74，2）。牛肋骨被劈开，稍加磨制，如H2甲：341。也有极少数未加攻治的，如H10：422（图3-74，3），"骨臼各脊根保持原状"。而"龟腹甲仅在边沿部分加刀削后使用"[⑤]。

① 王学荣：《偃师商城第Ⅱ号建筑群遗址发掘简报》，《考古》1995年第11期。

② 张良仁、谷飞、岳洪彬：《河南偃师商城Ⅳ区1996年发掘简报》，《考古》1999年第2期。

③ 中国社会科学院考古研究所编著：《偃师商城》（第一卷·下册），科学出版社，2013年，第701页。

④ 河南文物考古研究所编著：《郑州商城：1953—1985年考古发掘报告》，文物出版社，2001年，第136页。

⑤ 河南省文化局文物工作队编著：《郑州二里岗》，科学出版社，1959年，第37页。

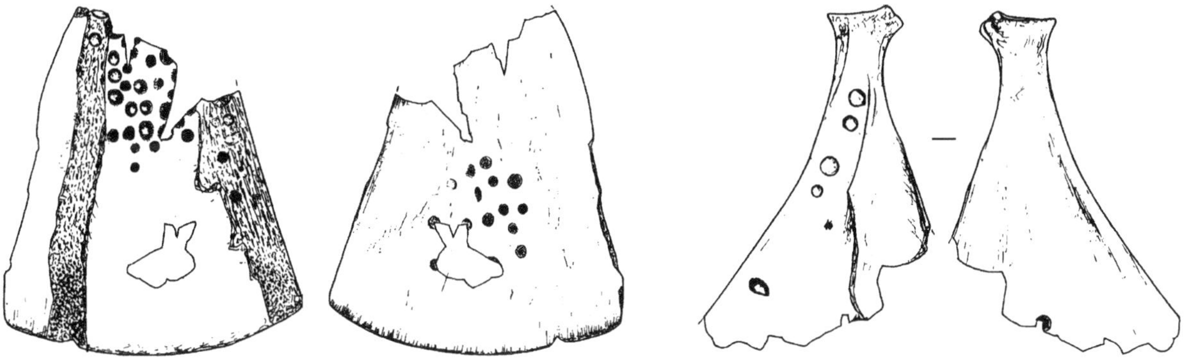

1 2

图3-70 卜骨

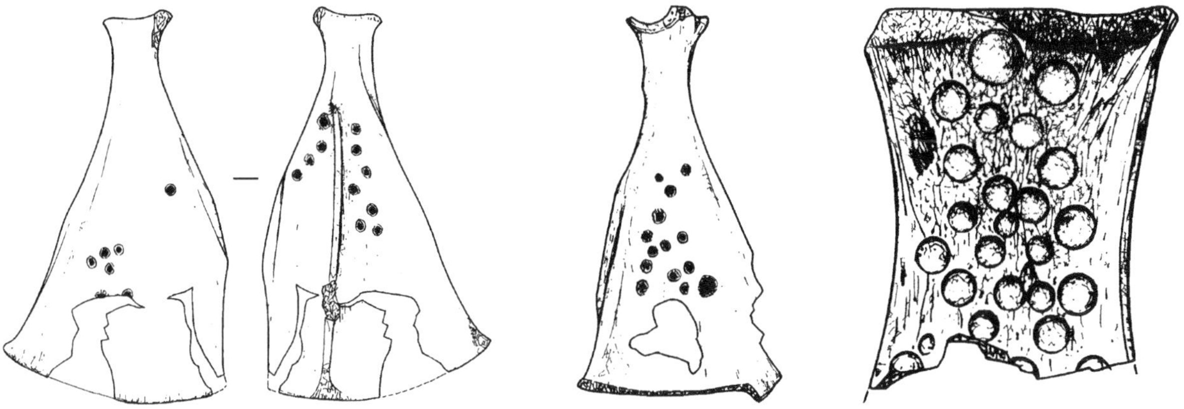

1 2 3

图3-71 卜骨

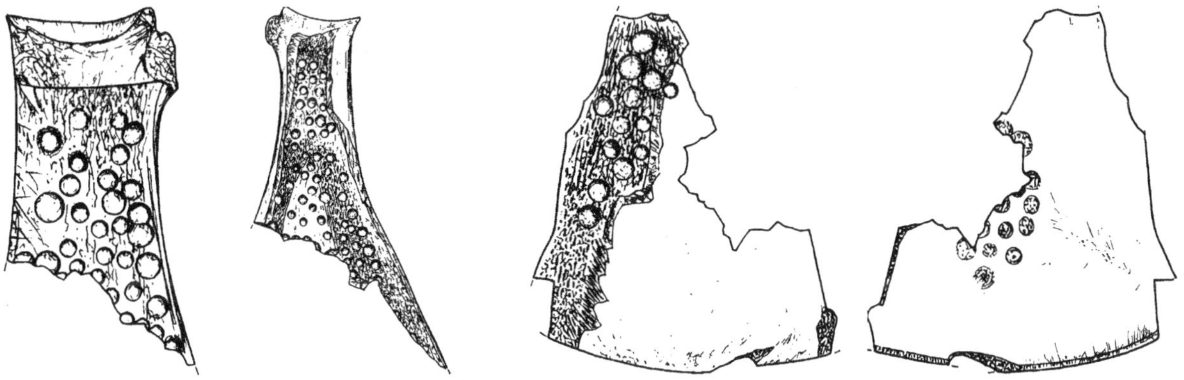

1 2 3

图3-72 卜骨

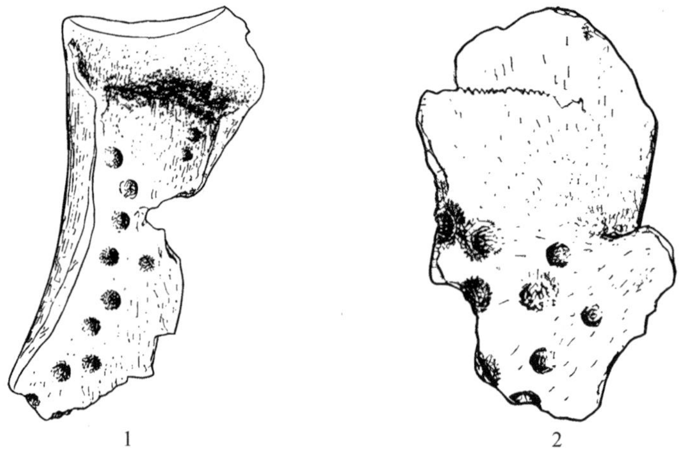

图3-73 卜骨与卜甲

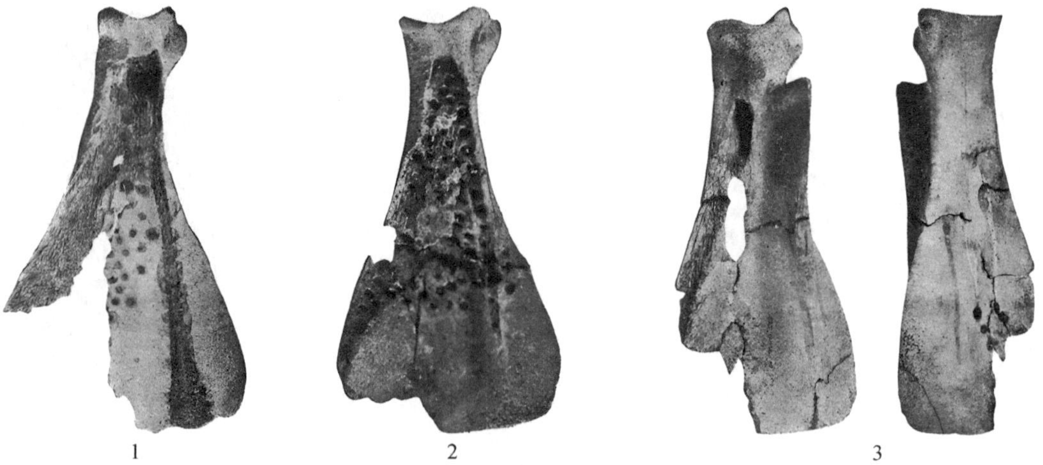

图3-74 卜骨

从牛肩胛骨的攻治、削锯、烧灼看卜法，其占卜之法大概是："在二里岗商代文化下层，整治的一般比较粗糙，不经过钻而直接灼到骨面上的比较多，钻后再灼的比较少。如H10是属于二里岗下层的灰坑，所出现的牛卜骨，多数是直接灼上的。在二里岗商代文化的上层出土的牛肩胛骨，一般整治的比较细致，钻后再灼的比较多，不钻而直接灼的较少。但是我们在郑州人民公园的发掘中，发现了商代文化的三层重叠的堆积：中层同于二里岗期上层，下层同于二里岗期的下层，上层确是晚于二里岗期的上、下两层的。这层的出土物除陶器和二里岗期有显著不同外，在卜骨的用料和卜法上也有区别。人民公园上层出土的卜骨，质料以龟的腹甲最多，牛骨较少。而卜法上是钻、凿、灼三者兼施，整治更为细致。这说明因时间先后的不同，在卜骨上也有区别。"①

郑州二里岗下层一期、下层二期、上层一期都出土了商代卜骨、卜甲，以下分别论述其攻治技法。

① 河南省文化局文物工作队编著：《郑州二里岗》，科学出版社，1959年，第38页。

二里岗下层一期遗址出土商代的卜骨，多为羊肩胛骨，也有一些猪肩胛骨和牛肩胛骨。一般是保留骨臼，削去骨脊。标本C1H9：24（图3-75，1），骨脊已经被削去。标本C7H15：11为羊肩胛骨。标本C1H9：26（图3-75，2）、C1H14：50（图3-75，3）为猪肩胛骨，骨脊棱已被削去。标本C7H15：45为牛肩胛骨，骨脊棱已被削去[①]。

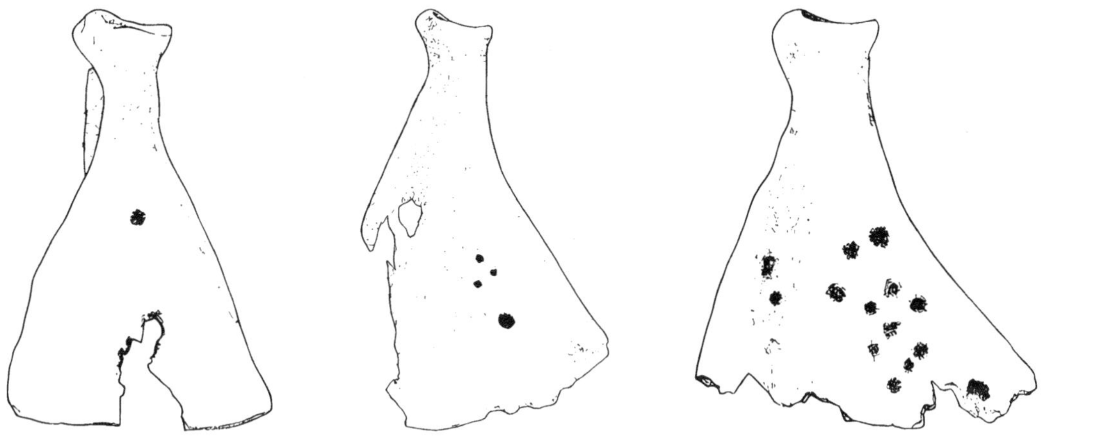

图3-75　卜骨

二里岗下层二期遗址出土了商代卜骨和卜甲，共计106件。卜骨骨料多是牛、猪、羊、鹿肩胛骨，骨脊已被挖去。卜甲则是略加修治而成。以下，分别介绍二里岗下层二期遗址出土的牛卜骨、猪卜骨、羊卜骨、卜甲[②]。

牛卜骨56件。标本C5H19：4（图3-76，1），保留骨臼。标本C5T21②：39（图3-76，2），无脊棱的一面灼痕密布，有脊棱的一面刮削平整。标本C5H40：20（图3-76，3），骨背面的脊棱被削去。标本C9.1H105：21（图3-76，4），保留骨臼，一面的脊棱被削去。标本C5H13：20（图3-76，5），骨臼部分明显经过修治，背面脊棱被削去。标本C9.1H106：10（图3-76，6），背面脊棱被削去。

猪卜骨7件。攻治技法与牛肩胛骨基本相同。标本C9.1H105：15（图3-77），保留骨臼，肩胛骨的脊棱被削去。

羊卜骨33件。有的脊棱没有削去，如标本C7H11：14（图3-78，1）。有的卜骨稍加攻治，两面都有灼痕，如标本C9.1H106：13（图3-78，2），“在一端的近边沿处钻有一小孔，便于绑系随身携带”[③]。

卜甲10件，均为碎片，龟甲稍加攻治。标本C9.1H167：7（图3-79，1），无钻凿，直接烧灼。标本C5H13：1（图3-79，2），有3个灼点。标本C5H51：1（图3-79，3），龟甲背面的骨

① 河南文物考古研究所编著：《郑州商城：1953—1985年考古发掘报告》，文物出版社，2001年，第174、175页。

② 河南文物考古研究所编著：《郑州商城：1953—1985年考古发掘报告》，文物出版社，2001年，第681—683页。

③ 河南文物考古研究所编著：《郑州商城：1953—1985年考古发掘报告》，文物出版社，2001年，第681页。

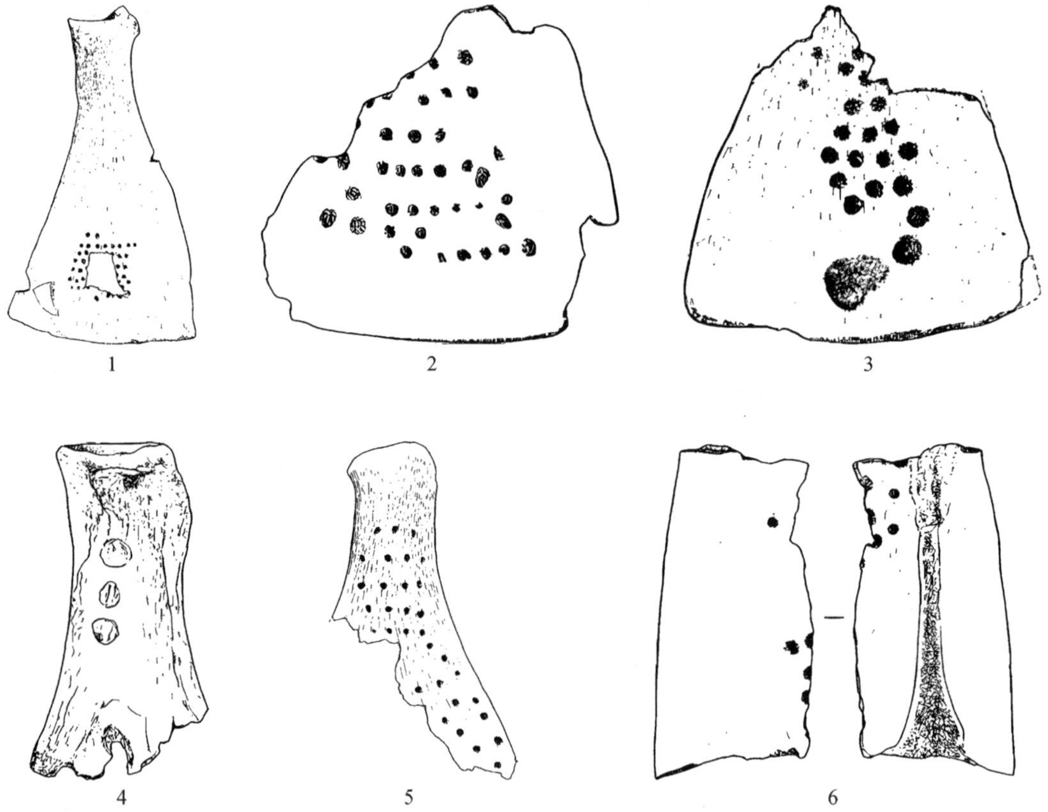

图3-76　卜骨

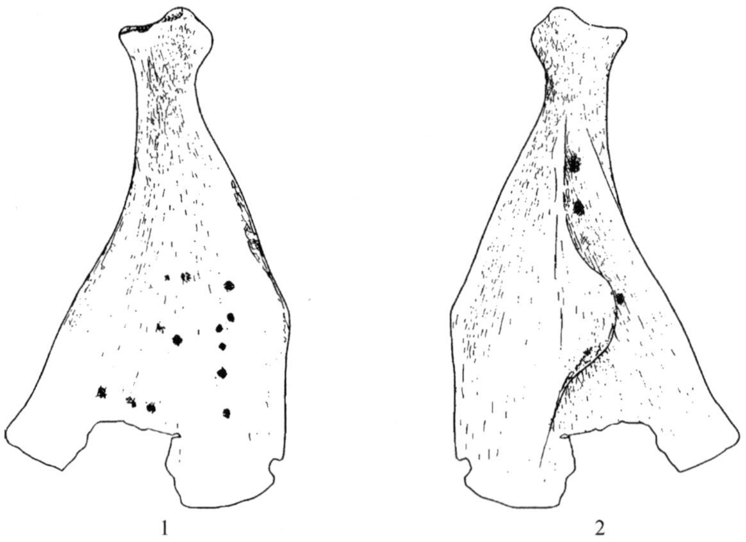

图3-77　卜骨

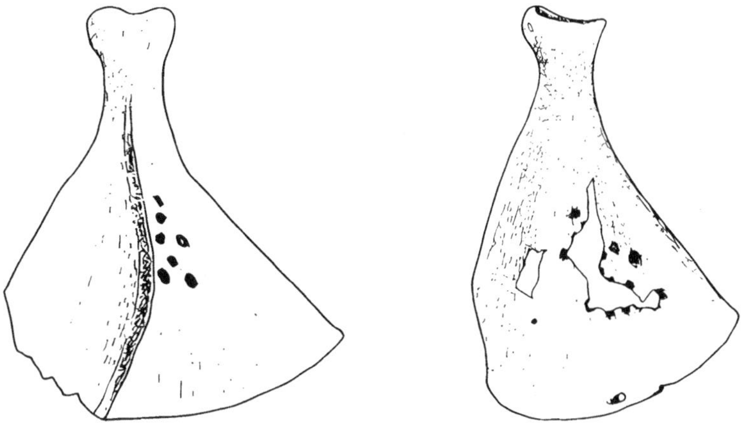

1　　2

图3-78　卜骨

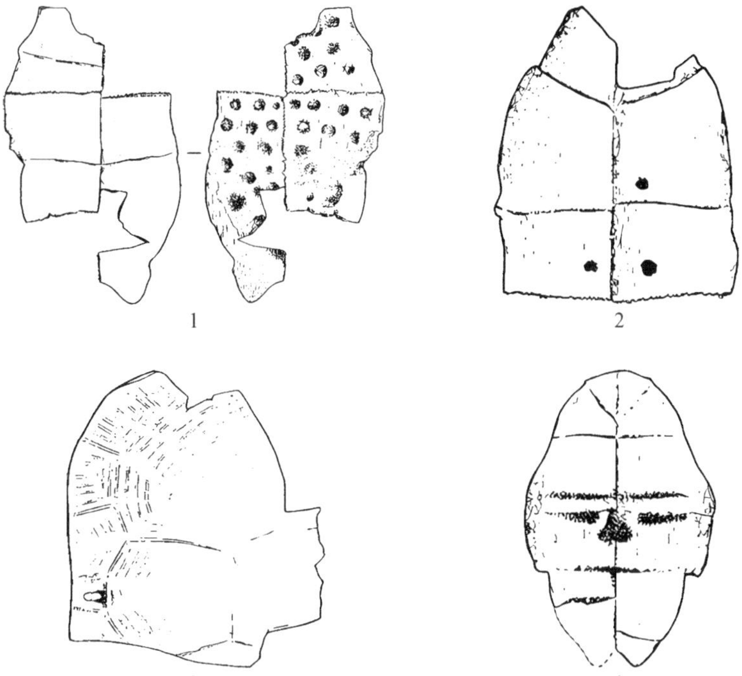

1　　2　　3　　4

图3-79　卜甲

脊被削去，无灼痕。标本C5H33乙：6-2（图3-79，4），"在甲面的中部，似有用火灼制而成的棕褐色双目、鼻、口的人面形纹。也可能是把这件龟甲作为玩具或祭祀用品而灼制人面纹，为已发掘出土的龟甲中所罕见"[①]。

二里岗上层一期遗址出土了商代卜骨、卜甲，共计111件，多为残品，卜骨骨料主要是牛、猪、羊、鹿等肩胛骨。此时期的卜法，与二里岗下层二期牛卜骨与龟卜甲多在骨面上直接进行火灼的卜法相比，显然已经有了很大的发展。"其中对牛肩胛骨的卜法，多是先钻出圆

① 河南文物考古研究所编著：《郑州商城：1953—1985年考古发掘报告》，文物出版社，2001年，第682页。

坑，然后再在圆坑内进行火灼，而对于猪、羊、鹿等兽的肩胛骨，除有极少数的钻后再灼外，仍多是用火直接在骨面上灼制的。而对龟甲的卜法，则和牛肩胛骨的卜法一样，也是先钻出圆坑，然后在圆坑内火灼。从商代二里岗上层一期的牛卜甲与龟卜甲看，多为钻后再灼的卜法。”[①]以下，分别介绍二里岗上层一期遗址出土的卜骨、卜甲。

卜骨74件，均残，多是保留骨臼，削去骨脊，牛、猪、羊、鹿等肩胛骨的脊棱经过刮削攻治。标本C15T14②：15（图3-80，1），为牛肩胛骨，骨脊棱已被刮削。标本C5H20：36（图3-80，2），为牛肩胛骨，骨面经过仔细攻治。标本C5.3H311：6（图3-80，3），为牛肩胛骨，卜骨的一侧棱上有数道锯痕。标本C9.1T108①：84（图3-80，4），为猪肩胛骨，保留骨臼，削去骨脊，标本C5.3H317：61、C5.1H112：16，皆为猪肩胛骨，攻治技法与这些卜骨相同[②]。

卜甲37件，少有完整者，在龟甲正面稍加攻治。标本C5H39：7（图3-81，1），在多数钻

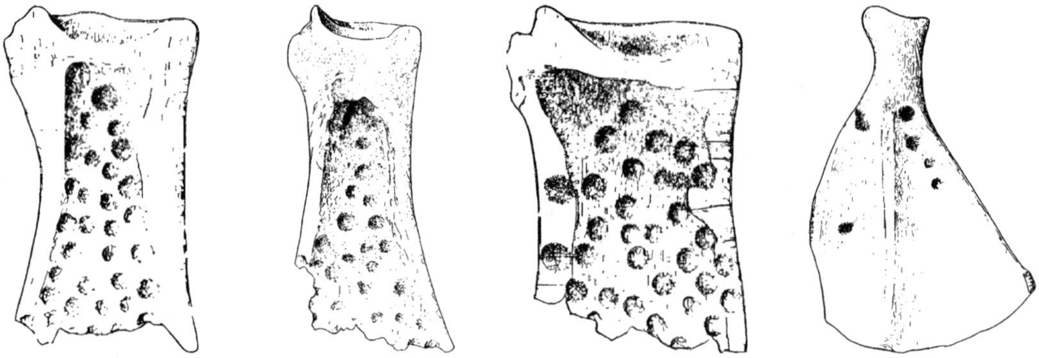
1　2　3　4

图3-80　卜骨

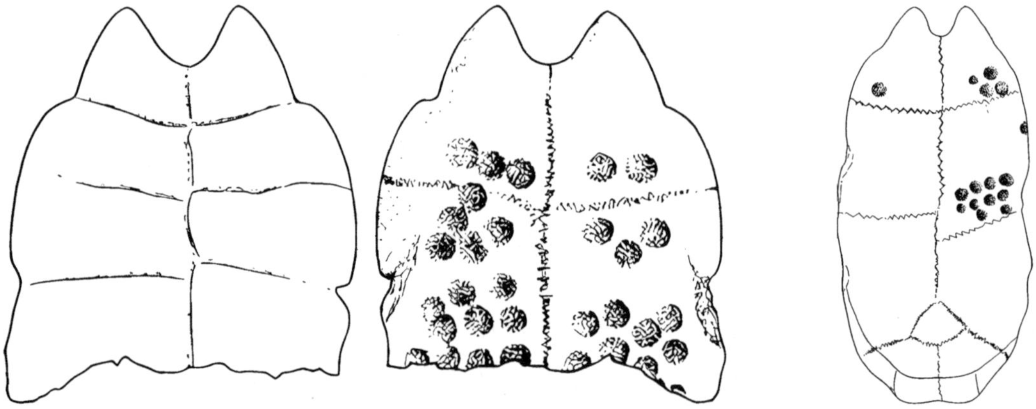
1　2

图3-81　卜甲

① 河南文物考古研究所编著：《郑州商城：1953—1985年考古发掘报告》，文物出版社，2001年，第834页。

② 河南文物考古研究所编著：《郑州商城：1953—1985年考古发掘报告》，文物出版社，2001年，第834—836页。

孔里有灼痕。标本C5H20：49（图3-81，2），龟甲背面被削平①。

由二里岗出土卜骨的形制看，多对牛肩胛骨进行了简单的攻治，牛、猪、羊和鹿等肩胛骨多是保留骨臼，削去骨脊，其攻治技法与偃师商城出土卜骨的攻治技法基本相同。然而，二里岗出土卜甲的数量明显增多。

郑州人民公园一期、二期遗址出土有卜甲、卜骨，其攻治技法如下：

人民公园一期遗址出土卜甲4件，都钻凿之后再烧灼。标本C7H111：46（图3-82，1），有钻、凿、灼痕，在反面右上角处有一穿透的小孔。标本C7H109：2（图3-82，2），龟甲残留一半。出土卜骨2件，皆残，骨料为牛肩胛骨，攻治脊棱，有钻、凿、灼痕。标本C7T37①：4，攻治后的一面密布钻灼痕。标本C7T105②：2，"并在两侧边缘处有数处锯痕"②。

人民公园二期遗址出土1件卜骨，保存较好，标本C7H1：6（图3-83），为牛肩胛骨，保留骨臼，削去骨脊，骨的脊棱削刮、修整，有钻、灼痕迹③。

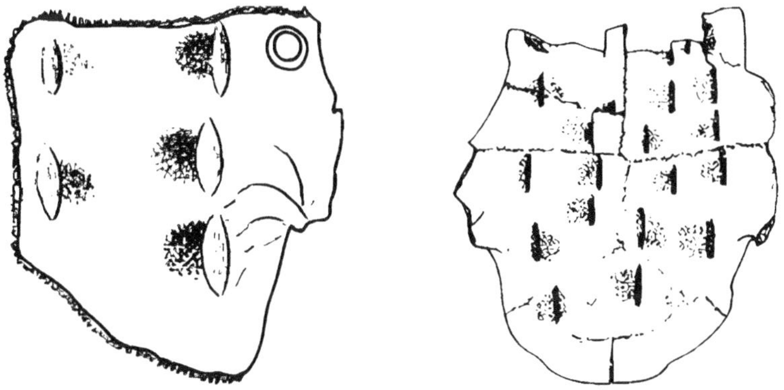

1　2

图3-82　卜甲

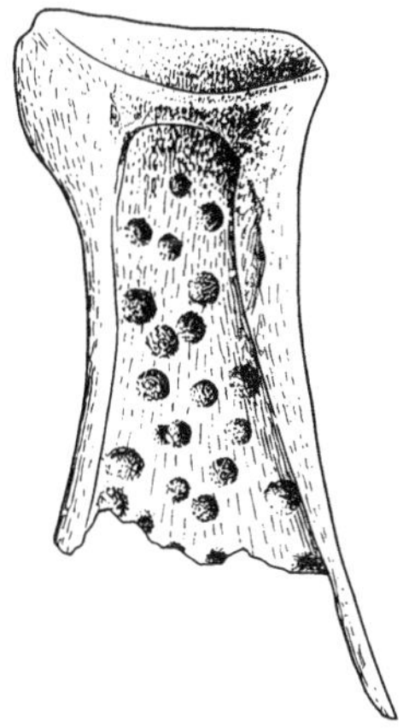

图3-83　卜骨

人民公园一期、二期遗址出土卜甲、卜骨的攻治技法，与偃师商城、二里岗出土甲骨的攻治技法基本无异，保留骨臼、削去骨脊依然是其最大特征。

郑州南关外、二里岗、人民公园商代遗址出土甲骨攻治的总特征，可以概括为：卜骨保留骨臼、削去骨脊，龟甲稍作刮削；骨面和甲面打磨，这也是商代早期甲骨攻治的主要特征。正如如虞禺所言："劈截和使用部分的磨刮工作是每件骨器都要作的，而柄部的刮磨与锉则次之，有些不刮，有些稍微磨一下，有些磨得很光，钻孔与刻治就不是每件骨器所需要的了。"④由出土甲骨看，郑州商城甲骨的已经出现了磨刮痕迹。郑州出土商代较早的甲骨，其保留天然骨臼、削去骨脊等，都体现了早期卜骨、卜甲的攻治特征，但是都已经达到相当的发展程度。

① 河南文物考古研究所编著：《郑州商城：1953—1985年考古发掘报告》，文物出版社，2001年，第836、837页。

② 河南文物考古研究所编著：《郑州商城：1953—1985年考古发掘报告》，文物出版社，2001年，第926页。

③ 河南文物考古研究所编著：《郑州商城：1953—1985年考古发掘报告》，文物出版社，2001年，第947页。

④ 虞禺：《商代的骨器制造》，《文物参考资料》1958年第10期。

关于商代早期甲骨的攻治，刘渊临也认为商代早期骨臼攻治的最大特征是绝大多数天然保留骨臼，武丁以后多数是半月形骨臼，并切除骨臼角[①]。后来，刘渊临论述了城子崖中层卜骨、二里岗卜骨、琉璃阁卜骨、城子崖上层卜骨和徐州高皇庙卜骨等殷商早期、晚期卜骨的攻治技术，进而指出："攻治：这一类大致可分为两种情形去观察。即骨臼的攻治，和骨脊的攻治。观察的结果是最早的，最原始的卜骨，是天然的牛胛骨或其他的兽胛骨。比较进步的亦只是将骨脊去掉，但是技术上留下的攻治痕迹是非常简陋和粗糙的。"[②]

## 三、小屯出土的甲骨

小屯出土的甲骨，多经刻意求工，比早商（偃师、郑州等地）甲骨的攻治更加精细规范化。整治后的甲骨表面变得平整光滑，这样有助于工具施凿的便利和烧灼之后卜兆的显现。商代甲骨的攻治经历一个由简单粗制到精雕细琢的过程，最后在殷商时期达到制作优良的境界。

《甲骨文合集》是一部集成性资料汇编，著录了80余年来安阳殷墟出土的甲骨。此处，我们参考《合集》著录的甲骨资料，论述小屯出土甲骨的攻治技法。

### （一）卜甲的攻治

龟甲攻治的首要环节，便是从甲桥处将背甲和腹甲锯开，使之分离。其实，龟甲剖分为背甲和腹甲的习俗来源已久。安徽含山县凌家滩遗址，距今约5000年，为新石器时代文化，遗址出土的玉龟，就剖分为背甲与腹甲，两部分俱全[③]。这说明殷人将龟甲剖分为背甲和腹甲的技术与含山文化有莫大关联。

分离后的背甲和腹甲，还需要经过不同的攻治才能作备用龟甲。以下，分别论述背甲、腹甲的攻治技法。

殷人对龟背甲的攻治可以分为四种：

第一，从中脊将较大背甲剖分为二，然后对临近中脊凸出特甚的地方进行削锯，再将颈甲、脊甲、尻甲、肋甲、边甲等部位削锯、打磨平整。曾毅公曾详述背甲的攻治情形："背甲则从脊甲正中，平均对锯为二，然后把近脊处的凸凹不平的部分，加以错刮，成为较平整的半月形。有的较小的背甲，则在近脊处凸凹不平部分，和首尾及边缘较薄的部分，一并锯去，成为一个不很规则的长椭圆的鞋底形，并在中间穿一个圆孔。"[④]完整的龟背甲如图所示

① 刘渊临：《卜骨的攻治技术演进过程之探讨》，《"中研院"历史语言研究所集刊·第四十六本》（第一分册），"中研院"历史语言研究所，1974年，第128页。

② 刘渊临：《卜用甲骨上攻治技术的痕迹之研究》，台湾编译馆，1984年，第37页。

③ 安徽省文物考古研究所：《安徽含山凌家滩新石器时代墓地发掘简报》，《文物》1989年第4期。

④ 曾毅公遗作，李学勤整理：《论甲骨缀合》，《华学》（第四辑），紫禁城出版社，2000年，第27、28页。

（图3-84）。

左、右背甲如图所示（图3-85，1、2）[①]。从出土甲骨实物看，殷人一般会沿着中脊把背甲锯为两半，是为左背甲、右背甲，如《合集》左背甲22391（图3-85，3）、右背甲14129（图3-85，4），就是出土的碎片拼凑而成的比较完整的龟背甲。不过，“有时一块背甲也被锯成若干椭圆形的小片来使用的”[②]。

图3-84　龟背甲

锯为两半的龟背甲经多年地下埋藏，已经断裂变形，发掘后极少见到保存完好的两半背甲。这种情况就导致某些学者在殷商甲骨发掘后的相当一段时间内误认为殷人弃背甲而不用，如有学者认为“占卜用腹甲而弃背甲”[③]，“龟甲皆用腹甲，无用上甲者”[④]。

实际上，商代早期遗址，如偃师、郑州商城等地，未曾发现占卜所用的背甲。后来，董作宾改变了最初的观点：“第一次发掘殷虚所得的龟版，我就注意到似乎有在背甲上贞卜的；第三次发掘，在第四区大连坑出土的卜辞，龟版中，可以确知是背甲的有九块之多。第

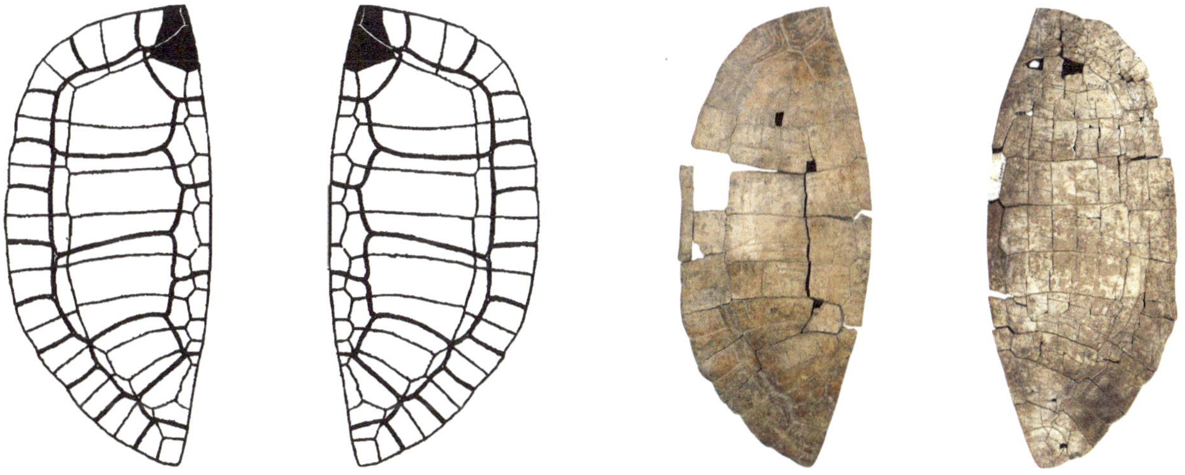

1　2　3　4

图3-85　左背甲、右背甲

1. 左背甲　2. 右背甲　3.《合集》22391　4.《合集》14129

① 图片来自黄天树：《甲骨形态学》，《甲骨拼合集》，学苑出版社，2010年，第531页。
② 张秉权：《甲骨文与甲骨学》，台湾编译馆，1988年，第55页。
③ 董作宾：《商代龟卜之推测》，《安阳发掘报告》1929年第1期。
④ 马衡、陈衡恪：《中国金石学概论》，时代文艺出版社，2009年，第78页。

四、五次发掘，在第五区里更确切证明了殷人早年是有过在龟背甲上灼兆刻辞的习惯。”[①]可知，商代中期、晚期，背甲和腹甲一道用于占卜。

第二，从中脊剖开后，锯除背甲首、尾两端和中脊凹凸不平的地方，做成“改制背甲”。1936年，史语所殷墟第13次发掘，在小屯村北YH127坑出土了有穿孔的“改制背甲”。石璋如说：“又有用背甲制成石刀的样子，中间穿孔，上面刻辞的，但是其上的卜兆是向一个方向的，这些样子均为从前所未有。”[②]后来，董作宾指出：“在这一坑里（YH127），发现一种改制过的背甲，却是新例。石璋如君也曾注意到这种特别的现象……其实所谓‘石刀的样子’，只是一种长而两端椭圆不甚规则的形状，这都是较小的背甲，由中间锯开，又去其近脊甲处凹凸更甚之部分，削其两端，使略成圆形，这是为的易于平放，中间有孔可以贯穿。所谓‘卜兆是向一个方向’，也正和普通的较大的背甲一样，凡是右边一半，卜兆一律向左，左边一半则向右。这种改制的背甲，在形制上是一个新的发现，在应用上，大致和普通背甲相同。”[③]

陈梦家将这种背甲称为“鞋底形”，认为这些鞋底形的改制背甲有一个不小的穿孔，“可知连系若干背甲穿扎起来，可能就是‘典册’之‘册’的象形”，进而指出卜用背甲处理的方法之一是：“一种是对剖以后，又锯去近中脊处凸凹较甚的部分和首尾两端，使成为鞋底形，并于中间穿孔，较小的背甲往往如此。”[④]陈梦家所说的“鞋底形”背甲，即此前董作宾等人所称的“改制背甲”。

这是殷墟第13次发掘YH127坑出土甲骨独有的现象，YH127坑出土“改制背甲”共计12版，右背甲8版，左背甲4版。如《合集》背甲118（图3-86，1）、10615（图3-86，2）、14707（图3-86，3）等，即“改制背甲”，背甲之上有钻孔。

再者，关于YH127坑出土“改制背甲”，据胡厚宣、李学勤统计之数为12版（10版比较完整，4版由左背甲改制而成，6版由右背甲改制而成。残缺的2版改制右背甲）。即下：

完整的4版改制左背甲：

《合集》13759（《乙编》5301、5302）

《合集》1144（《乙编》4747）

《合集》10615正反（《乙编》4679、4680）

《合集》14707（《乙编》4683）

完整的6版改制右背甲：

《合集》118（《乙编》4750）

《合集》3461（《乙编》4682）

---

① 董作宾：《甲骨文断代研究例》，《庆祝蔡元培先生六十五岁论文集》，国立中央研究院历史语言研究所，1933年，第362页。

② 石璋如：《殷墟最近之重要发现 附论小屯地层》，《中国考古学报》（第二册），商务印书馆，1947年，第42页。

③ 董作宾：《殷墟文字乙编·序》，《中国考古学报》（第四册），商务印书馆，1949年，第265、266页。

④ 陈梦家：《殷虚卜辞综述》，中华书局，1988年，第8、10页。

1　　2　　3

图3-86　“改制背甲”

《合集》8492（《乙编》6382）

《合集》8591（《乙编》6684）

《合集》9733正、反（《乙编》5241、5242）

《合集》14488（《乙编》5271）

残缺的2版改制右背甲：

《合集》1231（《乙编》5267）

《合集》12334（《乙编》4681）

后来，林宏明根据新缀卜甲，又统计出2版“改制背甲”[①]。即下：

残缺的改制左背甲：《乙补》5361+《乙编》5063+《乙补》4617+《乙编》5475

残缺的改制右背甲：《乙编》5968+4576+4648+4348+4640

第三，商代后期的龟背甲也有保持其整体、不作锯分而用者，只是少见。如殷墟第13次科学发掘，背甲完整者有四例：《合》17494（《乙》3330）+《乙补》4936、《合》1829（《乙》3453+《乙》8369）+《合》1784（《乙》5574）、《合》21332（《乙》5379）+《甲释》048+《合》22400（《甲》1880）、《乙补》77[②]。《合集》龟背甲17494（图3-87），其反面有钻凿无灼痕，可见其并未用于占卜。

再如河北藁城台西村商代早晚两期居址发掘出土了494片甲骨，有的背甲并未从中间锯开，而是“保持整体的形状”，背甲T4：13、F6：59、F6：44皆是如此[③]。

① 林宏明：《新缀的史语所YH127坑改制背甲》，《出土文献综合研究集刊》（第12辑），巴蜀书社，2020年，第59—61页。

② 宋雅萍：《殷墟YH127坑背甲刻辞研究》，台北政治大学硕士学位论文，2008年，第30、31页。

③ 李学勤、唐云明：《河北藁城台西甲骨的初步考察》，《考古与文物》1982年第3期；河北省文物研究所编：《藁城台西商代遗址》，文物出版社，1985年，图版五七，1、2；图版六二，5、6，第87、88页。

图3-87 《合集》龟背甲17494

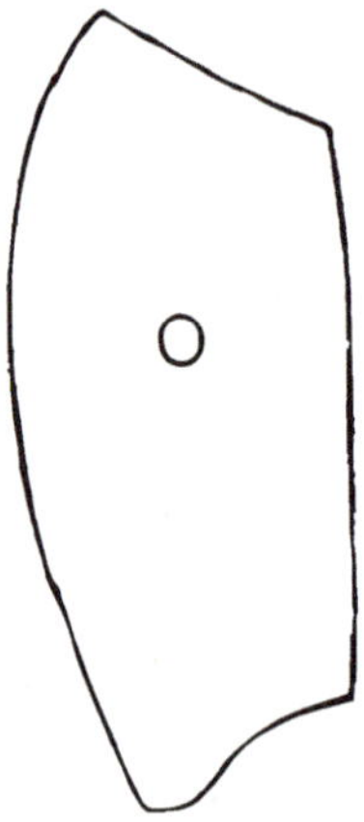

图3-88 刀形背甲

第四，刀形背甲。苗圃北地出土的一种背甲“形似爪镰”[①]。刘一曼称这种背甲似刀形，“里面两端较厚，中部较薄，有明显的锯磨痕迹，中部有一圆孔，如PNT130⑥：5。此种形式的背甲，在其他遗址尚未发现”（图3-88）[②]。

龟腹甲，一般完整地用于占卜。龟腹甲的甲面较龟背甲更为平整，但也需要将腹甲边缘突出的部分削去，施以刮磨，使得腹甲表面更为光滑。刮磨开始时，先要刮除龟甲表面的鳞片，打磨龟甲的坼纹，使之平整。然后，再对龟甲正面、反面厚薄不平的地方加工，使之变薄。龟腹甲经多年地下埋藏，在发掘时，多已断裂为若干片。龟腹甲攻治的成品，如《合集》龟腹甲9950（图3-89，1）、16335（图3-89，2）。

刮磨就是为了骨版烧灼处变薄，可使卜兆显示清晰。河南永城黑孤堆发掘有龟腹甲YW05，背面有两个灼孔，与灼孔相对应的正面“曾经薄薄地刮了一层，上面有几条不容易看出的细纹裂痕”[③]。

① 中国社会科学院考古研究所编著：《殷墟发掘报告1958—1961》，文物出版社，1987年，第202页。

② 刘一曼：《安阳殷墟甲骨出土地及其相关问题》，《考古》1997年第5期。

③ 李景聃：《豫东商邱永城调查及造律台、黑孤堆、曹桥三处小发掘》，《中国考古学报》（第二册），商务印书馆，1947年，第117、118页。

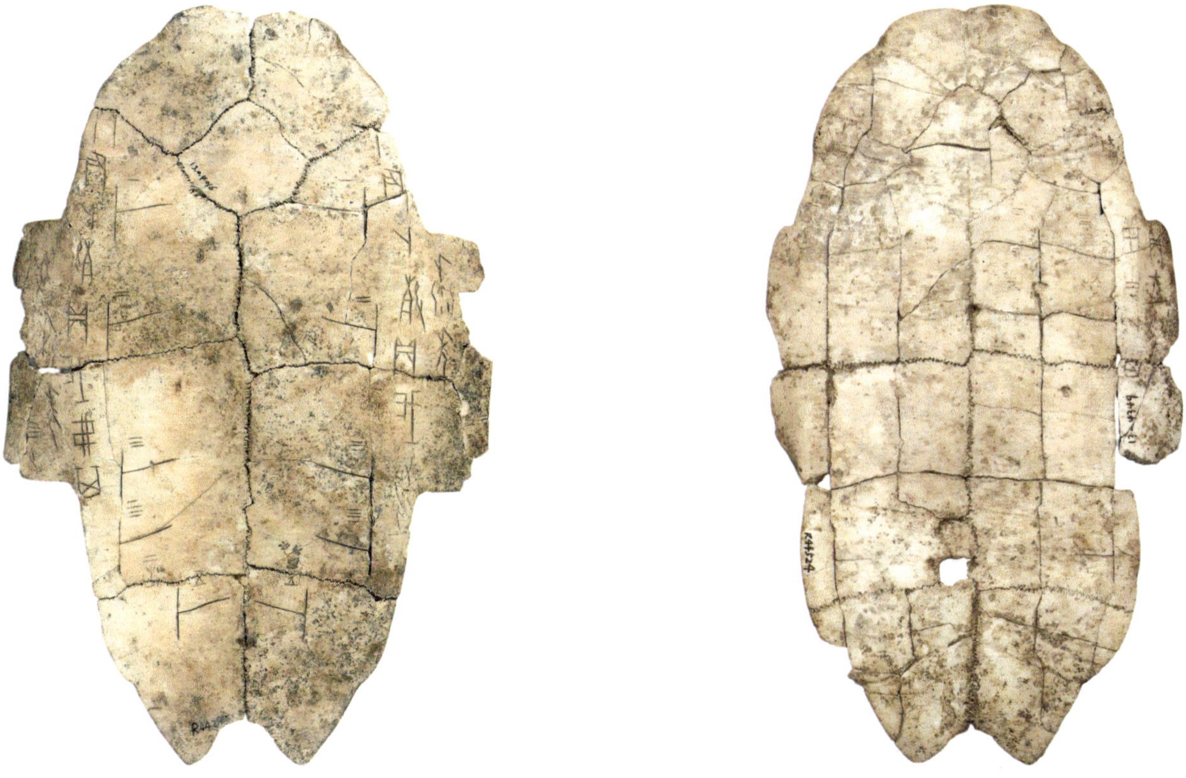

1　　2

图3-89　龟腹甲

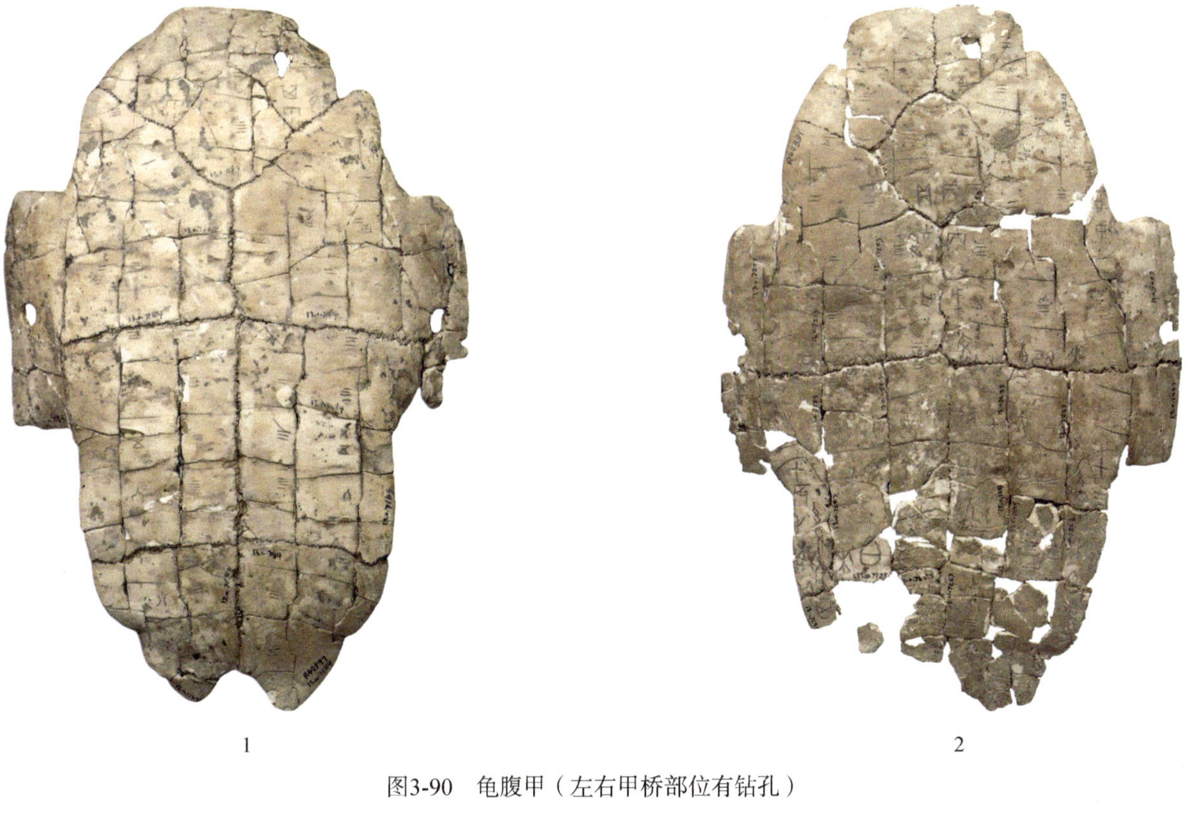

1　　2

图3-90　龟腹甲（左右甲桥部位有钻孔）

另外，也存在龟腹甲钻孔的现象。在腹甲的左、右甲桥外侧边缘中部各有一个圆形的缺口（或称圆孔，形制规整，应该是钻孔），如《合集》龟腹甲12439（图3-90，1）。再如《合集》龟腹甲9177（图3-90，2）。

关于这些小圆钻孔的作用，张秉权推测YH127坑甲骨之上的小圆钻孔“也许是为了穿索的方便而钻的”①。林宏明对此圆钻作穿绳之用也有过详细的论述：

> 龟腹甲的小圆钻孔相对地集中出现在甲桥及尾甲与后甲齿缝和上下一排盾纹的位置，应和两处弯曲弧度较其他部位大，受压容易断折有关。
>
> 目前似乎没有发现纯粹因为齿缝咬合处脱落而在齿缝上下（左右）两旁钻孔的情形，这当然是因为齿缝咬合处的脱落主要是因弃埋后微生物的侵蚀造成的。但在弃埋前的保存过程中，齿缝的脱落造成龟版分开的状况也一定存在。依据实物整理的经验，这种情况只要用一些胶着剂将咬合处密合的连上，在保存上是不会有问题的。殷人应该也是这样处理的，所以不必大费周章地钻孔系绳。
>
> 笔者因张文上述穿索的说法，结合YH127坑的这些小圆钻孔多数是在残片的边线，即怀疑这是龟腹甲在弃埋前，就因龟版的断折而被殷王朝的卜辞档案管理者在断折两边钻孔而以绳索系绑。
>
> 可以知道，这些弃埋前就断折的龟版，虽然绳索很快在土里腐朽，但因断折龟版的相对位置还在，只要出土时细心地按原样整理，仍然不会分到不同的号去，这就是为什么花园庄东地H3坑龟甲完整，可以很容易发现小圆钻的对应关系的缘故。而YH127坑当年整理时没有这种条件，又因出土后的屡次搬迁就散碎得很厉害了。因此，YH127有小圆钻孔的残甲，其正上、下（左、右）方所缺的残甲，按理也会有相应的钻孔，这对于YH127坑有钻孔的龟腹甲的复原是一大启发。基于以上的认识，笔者对于这类残甲特别留心。笔者曾缀合《合》1430甲（《乙》1214）加上《乙补》1696，就是利用上述的认识缀合的，补足了对应的圆钻。今可再加上《乙》887这一版，可以再补足一个相对圆钻。此外《丙编》383可以依此再加缀《乙补》6642，又是一组对应的圆钻。可见前辈学者认为这类小圆钻是为了穿绳而钻，是无可怀疑的。这也是找到残片缀合的一个方法②。

这种背甲和腹甲穿孔的现象，可以追溯到新石器时代。1963年，江苏邳县四户镇大墩子遗址发掘三副穿孔龟甲，“都是腹甲和背甲共出”，M44：26背甲上、下各有四个穿孔，M44：13背甲偏下部有四个穿孔，下端边缘有八个穿孔，“这些龟甲的穿孔可能是为了穿扎绳

---

① 张秉权：《甲骨文与甲骨学》，台湾编译馆，1988年，第55、56页。

② 林宏明：《殷墟甲骨研究札记》，《第十八届中国文字学国际学术研讨会论文集》，辅仁大学中国文学系、中国文字学会主办，2007年，第120页。

索或系缀流苏之用。当时龟甲可能用绳索捆扎，故遗有绳索磨痕”①。1987年，安徽含山县凌家滩遗址出土玉龟的“背甲两边各对钻二圆孔，两圆孔之间琢刻凹槽，后部对钻四个圆孔”，“腹甲两边与背甲钻孔相应处对钻二圆孔，腹甲后部对钻一圆孔，这些上下对应圆孔应为拴绳固定之用。长9.4、高4.6、宽7.5、厚0.3—0.6厘米”②。另外，贾湖、刘林、大墩子、王因、野店、大汶口等遗址出土的龟甲存在钻孔的现象③。我们赞同这种观点，龟甲钻孔穿绳应是后世书籍装帧的起源。

殷商时期，占卜多于龟腹甲。学者关于这种情况的原因，作了比较合理的推测。如罗振玉在论述商代卜法之时指出：“卜以龟，亦以兽骨，龟用腹甲，而弃其背甲。背甲厚，不易作兆，且甲面不平，故用腹甲。”④

再者，陈梦家结合腹甲和背甲所见入甲数字的大小多少，论述了殷人用腹甲多于背甲的事实：“甲桥记所入之龟其数有500、300、200、130、120、100、50、30、20、10等，数目大而且常是整数；背甲记所入之数都是10以内的零数，只有（甲）2993记入60之数；由此可知腹甲用的多，出土的龟甲也是腹甲多于背甲。”⑤

## （二）卜骨的攻治

商代早期卜骨攻治的最大特征，是卜骨保留骨臼或骨臼切去一部分。殷商时期，用来占卜的牛肩胛骨、羊肩胛骨、猪肩胛骨、鹿肩胛骨多是切去骨臼的。所以，是否保留骨臼，可以作为判断早商和晚商卜骨的重要标准之一。

兽骨多是牛肩胛骨，牛肩胛骨有左、右之别。此处，我们以牛肩胛骨为例，简述其攻治技法。

牛肩胛骨的攻治技法大概是：先将骨臼纵向切下，去掉骨臼的一半或三分之一。然后再将突出的臼角向下向外切去，成为九十度角的缺口；再将背面臼角以下突起的骨脊整个削平；最后将骨臼下部隆起的地方也尽量削平。肩胛骨经过削锯之后，还要将正、反面削锯后骨理多孔

---

① 南京博物院：《江苏邳县四户镇大墩子遗址探掘报告》，《考古学报》1964年第2期。

② 安徽省文物考古研究所：《安徽含山凌家滩新石器时代墓地发掘简报》，《文物》1989年第4期。

③ 河南省文物考古研究所编著：《舞阳贾湖》，科学出版社，1999年，第458、459页；张居中：《舞阳贾湖遗址出土的龟甲和骨笛》，《华夏考古》1991年第2期；江苏省文物工作队：《江苏邳县刘林新石器时代遗址第一次发掘》，《考古学报》1962年第1期；南京博物院：《江苏邳县刘林新石器时代遗址第二次发掘》，《考古学报》1965年第2期；南京博物院：《江苏邳县四户镇大墩子遗址探掘报告》，《考古学报》1964年第2期；中国社会科学院考古研究所编著：《山东王因——新石器时代遗址发掘报告》，科学出版社，2000年，第287、288页；山东省博物馆、山东省文物考古研究所：《邹县野店》，文物出版社，1985年，第97页；山东省文物管理处、济南市博物馆编：《大汶口——新石器时代墓葬发掘报告》，文物出版社，1974年，第103页；陈星灿、李润权：《申论中国史前的龟甲响器》，《桃李成蹊集——庆祝安志敏先生八十寿辰》，香港中文大学中国考古艺术研究中心，2004年，第72—74页；范方芳：《中国史前用龟现象研究》，中国科学技术大学博士学位论文，2008年，第31—33页。

④ 罗振玉：《殷虚书契考释》，永慕园石印本影印版，1915年，107页。

⑤ 陈梦家：《殷虚卜辞综述》，中华书局，1988年，第19页。

粗涩的地方以及未削锯的地方进行刮磨处理，使之平滑。小屯卜骨的整治特点是：①将骨臼部分从长的一面切去一半或三分之一，成为月牙形；②将臼角向下向外切去，成为一近乎正角的缺口；③将直立的脊骨连根削去并削平之；④削平骨臼下部的隆起部分；凡经锯削部分，暴露了骨理内部的多孔而粗涩的形状①。

骨臼和骨脊的攻治，是卜骨攻治的工作。卜骨攻治的重点是：①卜骨上端的骨臼需要削锯，使其适于骨扇向上平置；②下端软骨也要削锯，使其平整；③削锯之后，还要对某些粗糙的地方进行多次打磨，使之平滑，易于在骨面上进行钻凿。

根据卜骨骨端缺口的特征，可以将卜骨分为骨端无缺口和骨端有锐角、直角或钝角缺口四种类型。骨臼端无缺口，如《合集》106（即《北珍》963，图3-91，1），骨臼并未完全切除，也没有在臼端开小缺口，骨臼边缘比较规整。在骨臼右端或左端挖刻一锐角，如《合集》27894（图3-91，2）。挖刻一近直角的缺口，如《合集》10075（即《北珍》25，图3-91，3）。挖刻一钝角，如《合集》177（图3-91，4），边缘呈直棱形。

除了卜骨骨端具有锐角、直角、钝角的特征外，骨版锯截也是卜骨攻治的特殊情况，这都是有意识的攻治，如《合集》23837、23843、23888、23912、23959、24063、24085、24088、24237、24295、24336、24341、24352、23971等。黄天树说“殷人有时把卜骨的下端或其他部位用锯齐整地截去”②。锯截卜骨的碴口非常规整，明显异于甲骨的自然折痕。

此处，我们选择比较完整的肩胛骨，说明锯截卜骨的特征。若是右肩胛骨，如《合集》23964（图3-92，1）、24110（图3-92，2）、24337（图3-92，3），则锯其骨扇右侧部位。若是左肩胛骨，如《合集》23977（图3-92，4），锯其骨扇左侧部位。左、右肩胛骨截锯处锯口

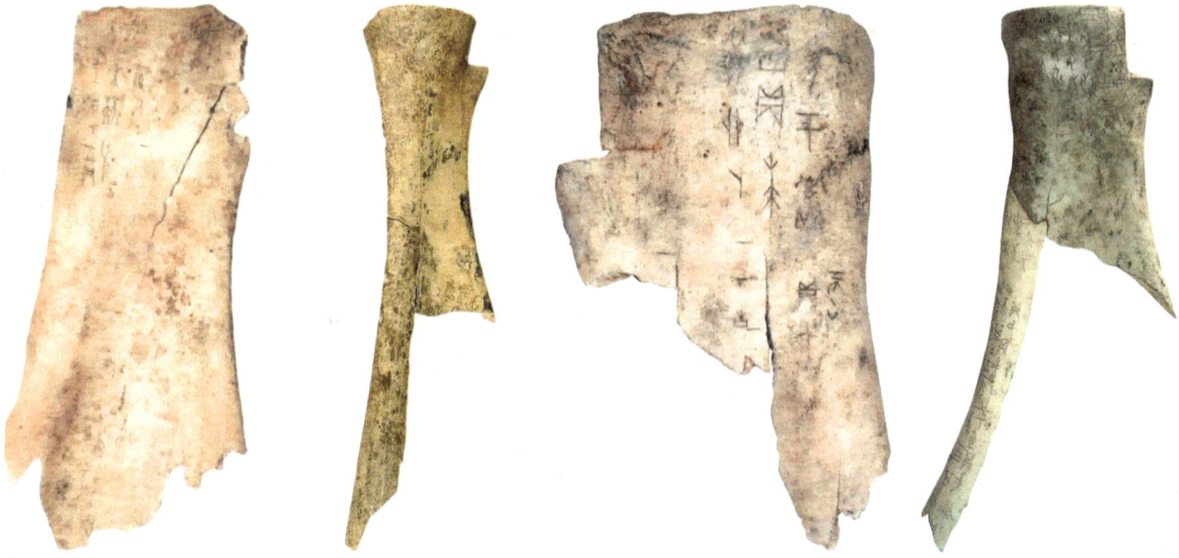

1　　2　　3　　4

图3-91　卜骨

① 陈梦家：《殷虚卜辞综述》，中华书局，1988年，第10、11页；董作宾：《商代龟卜之推测》，《安阳发掘报告》1929年第1期。

② 黄天树：《殷墟王卜辞的分类与断代》，文津出版社，1991年，第172页。

1　　2　　3　　4

图3-92　锯截卜骨

的共同之处是锯口都呈钝角。这些是卜骨锯截的一般形式。

张怡曾将出组截锯卜骨的形制分为三种：一，右肩胛骨，截锯形状为；二，左肩胛骨，截锯形状为；三，截锯形状不规则，或两端截锯骨扇保留完整，截锯形状为，或卜骨底部截锯。进而指出："截锯卜骨可能是根据某种规格来制作的，被截锯的骨版，是殷人在选好胛骨后，按一定的尺寸加工，这同时也说明殷人已经有了一定的长度概念。"[①]张怡所说的出组截锯卜骨的三种形制，都是卜骨锯截的一般形式。

卜骨锯截还有一种特殊的情况。如黄天树所说的"×"形锯痕，"即在卜骨正面顶端，靠近骨臼之处，常常可以看到'×'形的锯痕"[②]。如《合集》卜骨30409（图3-93，1）、32780（图3-93，2）、34878（图3-93，3）等，这些"×"形锯痕靠近骨臼的顶端，在拓片上只显示出白色的"×"形。

1　　2　　3

图3-93　"×"形锯痕卜骨

① 张怡：《浅谈殷墟出组卜辞中的截锯卜骨》，《江汉考古》2019年第1期。

② 黄天树：《殷墟王卜辞的分类与断代》，文津出版社，1991年，第174页。

我们根据黄天树所统计“×”形锯痕的卜骨，制成下表（表3-1）。

**表3-1 “×”形锯痕卜骨统计表**

| 《合集》 | 《屯南》 | 《怀特》 | 《安明》 |
|---|---|---|---|
| 卜骨319、595、2362、2384、3089、3888、5527、6073、6233、9410、10075、11170、11171、14807、16743+16744、16973、17272、17575、25776、26638、26689、30409、32780、33799、34338、34444、34878、35096、35180、40610 | 卜骨4305、178、183、1048 | 卜骨1616 | 卜骨2411 |

再如，蔡依静曾将卜王卜辞锯截卜骨的形式分为五种：

（1）将肩胛骨的骨扇下端及臼边中下段锯去，如《合集》23964（图3-94，1）。

（2）保留骨首，锯去骨扇，将卜骨整制成长方形。如《合集》24352（图3-94，2）、《合集》22884（图3-94，3）、《粹》1328+《珠》948。

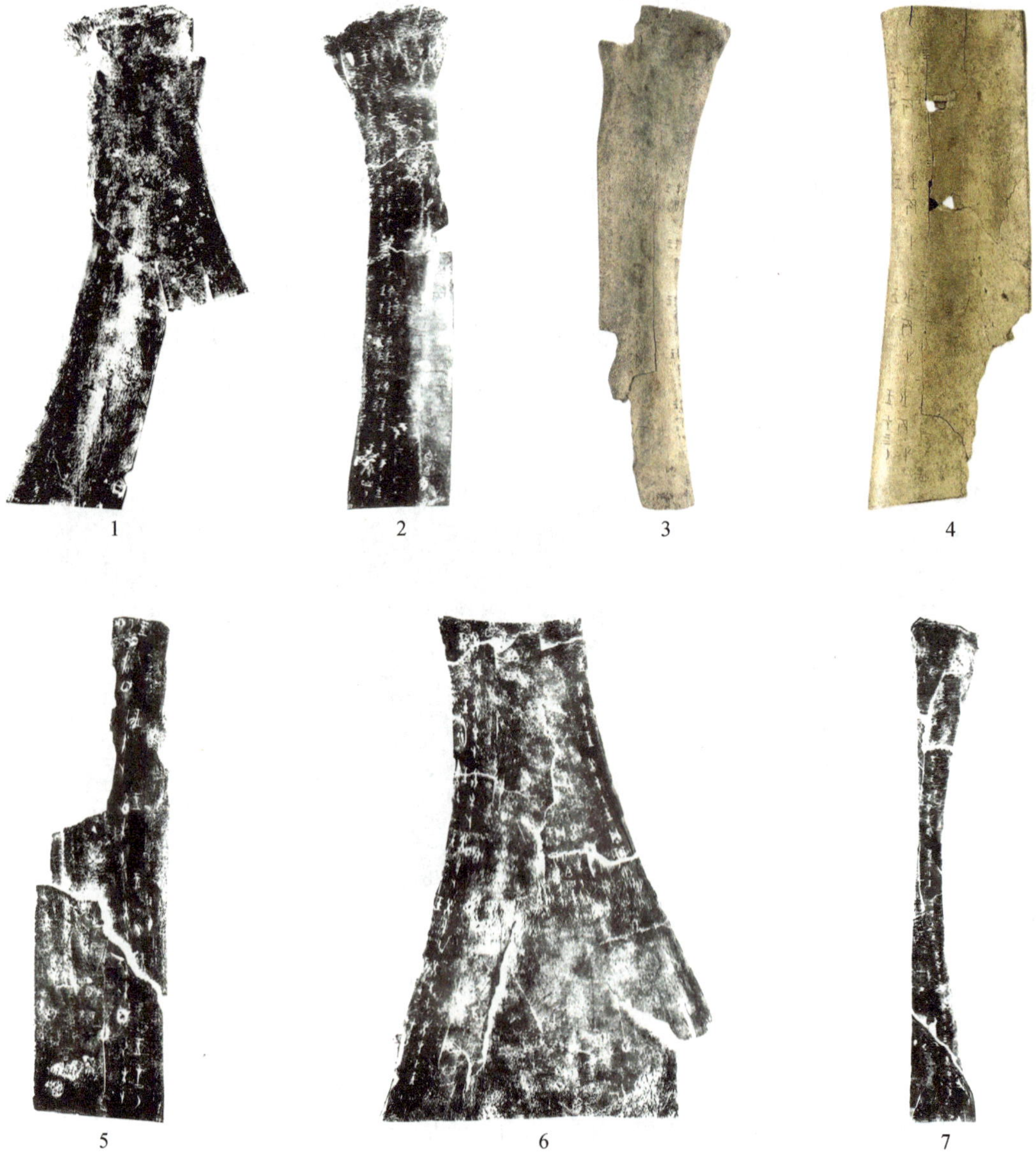

图3-94 卜王卜辞锯截卜骨

（3）由一版胛骨上锯取一块方形，如《合集》23837（图3-94，4）、《合集》23971（图3-94，5）。

（4）保留骨扇，只锯去底边一小部分。如《合集》24665（图3-94，6），此版上端及左边似亦为锯痕，《合集》24665的拓本不清，参考旧著录《录》178可以看到此版右上端断口之下仍有“癸”之残划，由此辞“王”字的位置来判断，这一辞应该是因为刻得太靠右边缘所以残断或未拓出来，并不是被截断。

（5）下端锯截，如《合集》23959（图3-94，7），锯截卜骨以下端锯截者最多①。

蔡依静划分五种锯截卜骨形式之后，进而论述了自己的见解：“我们认为，殷人锯截卜骨只要能达成锯截目的即可，并不是有一种锯截卜骨的规定，所以因着每版卜骨的状态不同，便产生各种形式，很难全都作归纳。至于将卜骨锯制成这种种形式的目的是什么，即为什么要这样锯制？从这些锯截卜王骨的形式及共通点来看，殷人着重于锯掉不规则的部分，使之方正、规整。”②蔡依静所划分卜骨锯截的第一种形式，是我们常说的一般形式，其余四种锯截形式比较特殊。

赵鹏将出组二类截锯胛主要分为三类，各类以下还有若干形态：

一，（1）“Z”形等边截锯（残断形态）。①沿对边部位卜兆的兆干兆枝断裂，留存骨首骨颈及上横截边部分；②骨首骨颈部位沿臼边半列钻凿的兆干断裂，留存骨首骨颈沿臼边的部分；③沿对边骨条下部卜兆的兆枝兆干断裂，留存对边下端及下横截边部分。

（2）“匸”形截锯胛骨（很少见）。上截边沿颈扇交界部位横截，纵截边平行于对边纵截，下截边在最下一个钻凿下方横截，上下两条横截边基本平行，只保留对边骨条下端部分。这类“匸”形截锯胛骨可以看作是“Z”形等边截锯胛骨的一种变式。

二，“L”形截锯胛骨（残断后的形态）。①沿同一个钻凿的兆干与兆杖残断，留存骨首及有某些切痕的骨颈部位，如《合补》8397上部、《合集》23865上部、《合集》23940；②沿两个以上钻凿的兆干及其最上或最下的某个钻凿的兆枝残断，留存骨首及有明显切痕的骨颈部位，连带部分对边骨条，如《合补》8397上部；③沿两个以上钻凿的兆干及其上或下部的兆枝的反向延伸或外力断裂，留存部分对边骨条，如《合补》8397下部。

三，上下平行截锯：上横截边在骨颈上部，下截边在最下一个钻凿下预留大概一个钻凿的距离横截。上下两条截边呈大致平行状。目前可见这种截锯胛骨最完整者为《合集》24665。上下平行截锯胛骨主要是沿对边或臼边钻凿的兆干、兆枝残断。

赵鹏认为历无名间类截锯胛骨主要为“Z”形宽窄边截锯，即沿臼边颈扇交界部位横截，平行于对边纵截，对边最下一个钻凿下预留大概一个钻凿的距离横截。目前可见这种截锯胛骨最完整者为《屯南》2565。历无名间类也有版“Z”形等边截锯的胛骨。她将历无名间类“Z”形宽窄边截锯胛骨残断后的形态分为三类：

一，沿颈扇交界部位以下对边卜兆的兆干兆枝残断，留存骨首骨颈及上横截边部分，如

---

① 蔡依静：《出组卜王卜辞的整理与研究》，台北政治大学硕士学位论文，2012年，第80页。

② 蔡依静：《出组卜王卜辞的整理与研究》，台北政治大学硕士学位论文，2012年，第81页。

《醉古集》84上部，《屯南》821、2160、2289等。

二，沿两个以上钻凿的兆干及其最上或最下的某个钻凿的兆枝残断，留存骨首及有明显切痕的骨颈部位，连带部分对边骨条。

三，沿对边骨条下部卜兆的兆枝兆干断裂，留存对边下端及下横截边部分[①]。

除了以上所说卜骨锯截的形式，肯定还有一些特殊的锯截形式。

关于卜骨锯截的目的和意义。有的学者认为卜骨截锯的目的是“废物利用”，董作宾根据史语所在殷墟第一次到第五次发掘的经验，认为甲骨存放的其中一种情形是：“有些是当时就丢弃了的，随时把甲骨改作别的器物，以致锯去了文字的半边。”[②]董作宾还曾提出殷商时期把占卜用过的卜骨版，锯去一部分，改做他物，其目的是当作练习契刻使用：“可是在正面只有十组卜辞伴着卜兆，是第三期贞人宂所记的，其余的还有四十段却都是初学的人仿抄贞人宁的卜辞，作为习字之用的。这样的情形，与其说是废弃，不如说是‘废物利用’。”[③]许进雄在整理明义士所藏甲骨第1640号时，论述过卜骨锯截的现象：“这些被锯的卜辞都是没有什么特别值得保存的，因此它是否被制为骨简是很成问题的。这些被锯去或留下来的部分，形状各异，一定不是为某一特别理由而特制的，笔者很怀疑那是废物利用。”[④]而屈万里在考释《甲编》卜骨2244时只是说：“凡所谓‘卜王’之骨版，下端往往锯截齐整，未详何意。”[⑤]

卜骨确实存在锯截之后再作习刻之用者，如《合集》卜骨27042（图3-95）。后来，卜骨与其他碎片缀合（《合集》27042+未收录+《合补》10209），又著录于《凿破》（《凿破》22）[⑥]。陈梦家说此版“本是一版大胛骨被裂为二块作为习契之用”[⑦]。这一版卜骨有钻凿、烧灼等痕迹，且正面的卜辞也被刮削去掉了一部分。这就是典型的“废物利用”。

在对边处锯出缺口，也是锯截的一种特殊形式。《合集》卜骨19812（图3-96），缺口部分应有钻凿之孔，可知卜骨是占卜之后再行锯截的。刘渊临曾说：“它（《合集》卜骨19812）的左边已锯下约一寸见方的一个缺口，这锯下的一小块是在卜用以后锯去的，我们从反面的情形可以得到证明。反面的圆形凹穴，都是经过烧灼的，而锯去的小方块左下角正好在凹穴之上，故将已烧灼过的凹穴锯去了约四分之一，由此可证明那小方块，可能是在卜用以后锯去的，如果是卜用之前锯去，那么这个残缺的圆穴，似乎无法钻凿，而且似亦无此必要在此缺口钻凿一个圆穴，因为这样很显然不合情理。”[⑧]这就是说，这版卜骨是占卜之后再行锯截的。

---

① 赵鹏：《截锯甲骨探微》，《甲骨文与殷商史》（新十一辑），上海古籍出版社，2021年，第500—514页。

② 董作宾：《甲骨文断代研究例》，《庆祝蔡元培先生六十五岁论文集》，国立中央研究院历史语言研究所，1933年，第351页。

③ 董作宾：《殷墟文字甲编·自序》，《中国考古学报》（第四册），商务印书馆，1949年，第239、240页。

④ 许进雄：《明义士收藏甲骨释文篇》，加拿大皇家安大略博物馆，1977年，第118页。

⑤ 屈万里：《殷虚文字甲编考释（下）》，联经出版事业公司，1984年，第475页。

⑥ 李宗焜编著：《凿破鸿蒙：纪念董作宾逝世五十周年》，“中研院”历史语言研究所，2013年，第58页。

⑦ 陈梦家：《殷虚卜辞综述》，中华书局，1988年，第8页。

⑧ 刘渊临：《殷虚“骨简”及其有关问题》，《“中研院”历史语言研究所集刊·第三十九本》（上册），“中研院”历史语言研究所，1969年，第240—242页。

1

2

图3-95　习刻卜骨

1. 正面　2. 反面

1

2

图3-96　卜骨特殊锯截形式

1. 正面　2. 反面

同时，小屯出土的卜骨也存在锯截完毕再行占卜的。刘渊临曾据《合集》卜骨23837（图3-97）的锯截情况说："这块骨简是经特制而后占卜的，决不是占卜以后再锯下的。因为我们从正面看，有四个卜兆，卜兆的序数一二三四由下而上，而卜辞本身成一套完整的卜辞，第一辞最完整，二、三、四，三辞，省略辞相同。从背面看，上下两边的边宽度相等，四个枣核形凹穴的中间，间隔的距离相等，而没有上下的边那么宽，故可证明其为做好以后，

图3-97 特制骨简

图3-98 锯截卜骨

再卜用的。正面打磨非常光滑，背面则较为粗糙，刀痕错痕累累。”[①]这就是锯截之后再占卜的卜骨。

再如，蔡依静曾说第二期卜王卜辞（出组）“由王亲自贞卜，多用预制好的锯截卜骨”。蔡依静据《合集》23964（图3-98）指出：“锯截在刻写之前。因为如果是先刻写再被锯截的，卜辞应该会分布在整条臼边，然后被截断，这版胛骨臼边的癸巳卜王辞在锯截断口之上作两行并排，而且和断口保持一定距离，显然这是因为下面已经没有空间可供刻写的缘故。”[②]这也是一版锯截完毕再行占卜的卜骨。蔡依静根据锯截卜王卜骨的基本情况推论：“经过整理后可以发现目前所见完整的卜王卜骨都经锯截，换句话说，没有一版完整却未经锯截的卜王卜骨，过去不认为有锯截的，往往一经缀合复原便会发现原是锯截卜骨。另一方面，由于卜王卜骨的锯截多在下端，因此被判断为锯截者，大都是一版卜骨的下半部分，恰好卜王卜辞习惯在下端第一辞附记地点或月份，因此内容为地点或月份的卜王卜辞碎片约可代表一版完整的卜王卜辞，而由锯截卜王卜骨的内容多为地点或月份，便可以推论出卜王卜骨基本上皆经锯截。”[③]

另外，《合集》卜骨22884、23821、23863、23888、24085、24088、24095、24110、24112等，其反面的钻凿、正面的刻辞都比较完整，说明这些锯截卜骨都是先锯截再占卜的。

卜骨先锯截再占卜，应该是殷人占卜观念的变化。赵鹏对殷墟出组二类、历无名间类截锯胛骨及大司空水井截锯腹甲进行了分类，并探讨了截锯甲骨的目的与意义，她认为出组二类、历无名间类截锯胛骨是占卜观念转变产生的，截锯的原因是对骨扇部位的弃用；大司空水井龟腹甲截锯的原因是为了完整保存包括卜辞与卜兆在内的占卜信息[④]。

小屯卜骨的形制，使用时多是骨臼向上、骨扇向下，如《合集》390（图3-99，1）、16731（图3-99，2）、17826、26879等。有在骨臼端刻辞者，如《合集》679、723、849、858等骨臼处，就有刻辞。

区分左右胛骨，也是一个重要的问题。我们有两种方法：

一，生物学标准。董作宾指出：“在右胛骨，灼于凿之左，正面则兆皆向右；左胛骨，凿于灼之右，正面则兆皆向左。”[⑤]后来，董作宾又说：“故今日断定牛胛骨时，对面平放之，

---

① 刘渊临：《殷虚“骨简”及其有关问题》，《“中研院”历史语言研究所集刊·第三十九本》（上册），“中研院”历史语言研究所，1969年，第240页。

② 蔡依静：《出组卜王卜辞的整理与研究》，台北政治大学硕士学位论文，2012年，第33页。

③ 蔡依静：《出组卜王卜辞的整理与研究》，台北政治大学硕士学位论文，2012年，第154页。

④ 赵鹏：《截锯甲骨探微》，《甲骨文与殷商史》（新十一辑），上海古籍出版社，2021年，第500—522页。

⑤ 董作宾：《骨文例》，《“中研院”历史语言研究所集刊·第七本》（第一分册），商务印书馆，1936年，第8页。

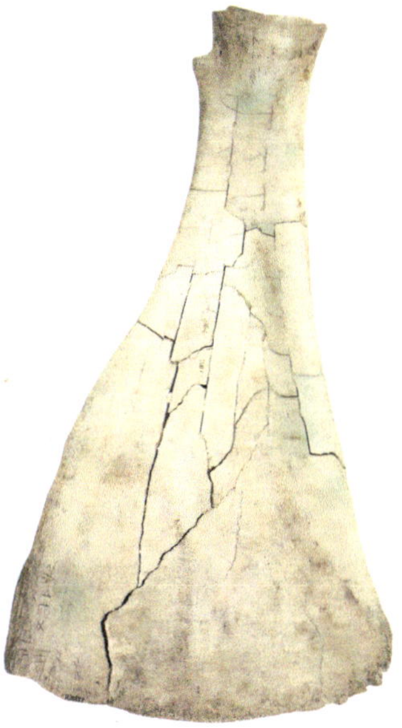

1

2

图3-99　卜骨形制

则缺处在左，即牛之左胛骨，在右，即牛之右胛骨也。”[①]我们可视其为生物学标准。董作宾的观点影响极大，陈梦家、张秉权、严一萍、王宇信、肖楠等人皆从其说。

二，甲骨形态学。胡厚宣指出：“牛胛骨，左骨其卜兆向右，卜辞则左行；右骨其卜兆向左，卜辞则右行。”[②]黄天树赞成胡厚宣的观点：“无论卜甲和卜骨都采用甲骨学的原则，一律根据‘横枝向内’的原则来判断左右”，他列举了7个推断卜骨左右的标准：“卜兆”的走向、“卜”字、臼角或臼角的切口位置、背面钻凿、正面骨扇钻凿、“骨条”拓片形态、“臼边”和“对边”的形态[③]。胡厚宣、黄天树的观点，影响了不少年轻学者，如刘影、蒋玉斌等。后来，刘影就据甲骨形态学总结出七种判断方法：一，臼角（或臼角或切口）位置判断法（辅助方法——与臼角相对的骨角）；二，骨边弧度判断法；三，原边骨条判断法；四，文例判断法；五，骨脊部位判断法；六，钻凿判断法；七，骨面署辞判断法[④]。这就是甲骨形态学的判断方法。

实际上，生物学标准与甲骨形态学有诸多相似之处，如臼角或缺口部位、钻凿灼的位置、卜兆的走向等。胡厚宣、黄天树的观点有一定的道理，因为他们所说的甲骨卜兆的走向只是一般规律，而卜兆显示也有特例（我们会在下文简述卜兆显示的特例）。刘一曼就曾指出胡、黄观点值得商榷之处：

① 董作宾：《甲骨实物之整理》，《“中研院”历史语言研究所集刊·第二十九本》（下册），“中研院”历史语言研究所，1958年，第913页。

② 胡厚宣：《甲骨学绪论》，《甲骨学商史论丛二集》，齐鲁大学国学研究所，1945年，第428页。

③ 黄天树：《关于卜骨的左右问题》，《纪念王懿荣发现甲骨文110周年国际学术研讨会论文集》，社会科学文献出版社，2009年，第197—199页。

④ 刘影：《殷墟胛骨文例》，首都师范大学出版社，2016年，第18—28页。

其一，用“卜兆横技内向”的标准判别左、右胛骨，这一前提应是所有的（或绝大多）卜骨的兆枝都是同一方向，均朝向内缘（臼边）和臼角。但实际情况并非如此。小屯所出的卜骨中，有一部分内缘与外缘的兆枝是相向的，即若骨版正面内、外缘各有一排卜兆的话，内、外缘的卜兆兆枝均朝向骨版中部，故又可称之为相向兆。正面兆枝所以相向，是由于卜骨反面的左、右两排灼均相向而形成的。如《屯南》657、2307、2363、2542、2611、2666、2709、4352，附录1、2、3、5、8、9（此六片属1971年小屯西地卜骨），《村中南》57、237、328、430、460、470、512等。这类卜骨，在小屯遗址中属少数，但在小屯以外殷墟其他遗址的卜骨中，则以相向灼（即相向兆）为主，同向灼（同向兆）较少。

其二，殷墟出土的牛肩胛骨中，可分为已经卜用的和尚未卜用的两类，前者一般都经过整治，有钻、凿、灼痕或凿、灼痕，后者没有灼痕，且大多未经过整治，或只部分经加工整治。在后一类肩胛骨中，个别发现了凿痕（如《屯南》2633，反面有一个未灼的小凿），有的其上有习刻文字、“仿刻卜辞”“范刻卜辞”等。这类未灼的肩胛骨，大多数应是待作占卜用的卜骨骨料，可称之为“准卜骨”。因其没有卜兆，只能依臼角方向判断它属左胛骨还是右胛骨。这种“准卜骨”常和卜骨、卜甲同坑而出。如《屯南》H99，出甲骨42片，包括未经加工无灼痕的牛肩胛33片、牛肋条骨1片、卜骨6片、卜甲2片，其上有刻辞的10片，其中7片属于习刻。该坑属于以放置卜骨骨料为主的窖穴。如果我们要统计类似《屯南》H99这种单位所出的左、右牛肩胛骨的数目时，卜骨用甲骨学标准（卜兆走向），未灼的骨料用生物学标准（臼角方向），则会引起统计上的混乱。

所以，刘一曼认为：“判断卜骨左、右，仍沿用董作宾提出的生物学标准更为合理，此项标准可以将卜骨（有字与无字）、卜骨骨料全部包含在内，比较科学。再者，董氏提出的标准长期以来已为绝大多数甲骨学者所采用，可谓约定俗成，所以还是继续沿用为好。”①可见，钻凿灼、兆枝的指向等对判断左右胛骨的重要性。

近年，蒋玉斌提出了判断卜骨左右的一项新标准：“胛骨实物上斜沟均会指向臼角，这是客观事实。如此，在臼角缺失或不明确的情况下，根据斜沟走向即可判断臼角所在，从而获知卜骨的左右……利用斜沟走向判断卜骨左右的方法当然也会受到局限。待辨别的卜骨上首先要存在斜沟，并且斜沟能够辨识出来。”②

总之，董作宾提出的生物学标准，仍是判定卜骨左右的重要参考。甲骨形态学，也可以辅助卜骨左右的判定。综合两种方法就是：一，胛骨的生物学标准。如胛骨的臼角、对角、脊角、臼边、对边、骨面斜沟等。二，甲骨形态学的辅助。钻凿灼的位置、兆枝的朝向、卜辞文

---

① 刘一曼：《殷墟考古与甲骨学研究》，云南人民出版社，2019年，第98、99页。

② 蒋玉斌：《从甲骨文“肩”形说到判断卜骨左右的一项新标准》，《古文字研究》（第33辑），中华书局，2020年，第16—18页。

例等。所以，“在判断卜骨左右的实践中，当然要尽可能综合运用这些标准或依据，而对于不同的卜骨，最能奏效的方法也会不同。但从原则上讲，判断标准基于实物形态，确认标准后可以直接断定；而推断依据建立在各种规律之上，推断时要注意规律的适用范围，还应考虑到可能存在的例外情况”[①]。判定左右胛骨之后，还需实物验证。

商代甲骨的攻治技法，纵向可按早期、中期、晚期梳理其发展演变。而严一萍将先殷至春秋卜骨的攻治技法分为“民间的（不去骨脊，没有用凿）、侯国的（骨臼骨脊去掉、骨扇削平）、王室的（去掉臼角、骨脊）”，认为商代“龟甲无论腹背，都把里面的高骨除去”[②]。由上文论述可知，商代各期遗址出土甲骨的攻治技法，早期与“民间的”对应，中期和晚期与“侯国的”“王室的”对应。

总体来看，小屯甲骨的攻治方式主要有削锯、切割、刮、磨等，工序显得繁杂，更能说明殷人攻治龟甲的慎重心理，印证了“殷人尊神，率民以事神，先鬼而后礼”尊神重礼的思想观念[③]。小屯出土的甲骨，无论在其攻治的工具、技法或占卜制度方面，还是在甲骨文字的书契方式和使用方面，都已经到达了成熟的阶段。

## 四、小屯南地甲骨的攻治技法

小屯南地出土刻辞甲骨共计4892片（缀合后的片数）。《小屯南地甲骨》著录刻辞甲骨4589片，其中卜甲69片[④]。编写者在《1973年小屯南地发掘报告》中又整理出刻辞294片[⑤]。屯南甲骨的攻治技法，与小屯甲骨几乎无异。卜甲的攻治有削、锯、刮、磨等，前文已详述龟甲的攻治技法。卜骨的骨臼几乎是全部被切除，骨臼端缺口呈锐角、直角、钝角。卜骨形制也是骨臼端向上，骨扇部向下。骨面和甲面经过刮削、打磨，平整、光滑。

屯南卜骨也有钻孔的情况，在骨端边缘处有穿透、钻孔，可作穿线之用，如H57：299，其正面、反面编号分别为《屯南》2424（图3-100，1）、2425（图3-100，2）。

在小屯南地T42、T52—T54的地层和灰坑中发现一批骨版被截锯的卜旬辞，共20片，这类被截锯了的卜骨是“先锯截，再施凿、灼，然后才契刻文字。这些被锯截的卜旬卜骨，截锯的部位及形式都有一定规格，可能是为了某种目的，如便于存放而做的”[⑥]。从这20片截锯卜骨

---

① 蒋玉斌：《从甲骨文“肩”形说到判断卜骨左右的一项新标准》，《古文字研究》（第33辑），中华书局，2020年，第18页。

② 严一萍：《甲骨学》，艺文印书馆，1978年，第506—541页。

③ （清）孙希旦撰，沈啸寰、王星贤点校：《礼记集解》，中华书局，1989年，第1310页。

④ 中国社会科学院考古研究所编著：《小屯南地甲骨》（上册），中华书局，1980年。

⑤ 中国社会科学院考古研究所安阳工作队：《1973年小屯南地发掘报告》，《考古学集刊》（第九集），科学出版社，1995年，第88—117页。

⑥ 中国社会科学院考古研究所编著：《小屯南地甲骨》（上册·第一分册），中华书局，1980年，第50、51页。

1　　2

图3-100　钻孔卜骨

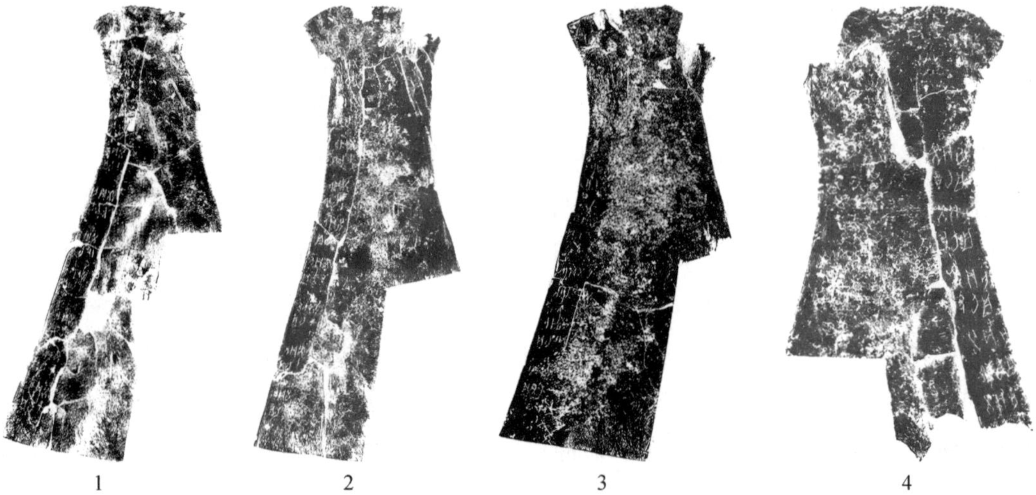

1　　2　　3　　4

图3-101　截锯卜骨

看：右肩胛骨占绝大多数，如《屯南》2289（图3-101，1）、2428（图3-101，2）、2565（图3-101，3）。左肩胛骨被截锯仅见一例，即2376（图3-101，4）。若是右肩胛骨，锯其骨扇右侧部位。若是左肩胛骨，锯其骨扇左侧部位。左、右肩胛骨的锯口处都呈钝角。郭振禄据此指出："从祖庚、祖甲时代之锯截卜王辞骨及康丁时代的锯截卜旬辞骨的数据可以看出：骨版被锯截的部位，是已有一定长度单位概念的殷人，在选用胛骨后，按一定的尺寸比例进行有意识加工的……而这些卜王辞骨和卜旬辞骨，都是为'某一特别理由特制的'，决不是'废物利用'。" [①]刘一曼认为被锯截的卜骨是为了有利于存放和以后继续使用，按一定的格式进行截锯，方便用绳子将骨版进行捆扎[②]。这是刘一曼从卜骨存放的角度，简述了锯截的作用。可知，郭振禄、刘一曼的观点与董作宾、许进雄不同，认为截锯卜骨并不是"废物利用"。

其实，屯南锯截卜旬卜骨不止有20片，后来，刘风华又统计出数版卜旬卜骨[③]。屯南截锯卜旬卜骨共计29版：《屯南》115、821、2117、2160、2277、2289、2376、2428、2464、2475+2606、2497、2565、2568、2577、2599、2999、3538、3570、3574、3587、4319、4346、4356、4376、4389、4401、4478、4551、4587（表3-2）。

**表3-2　被锯截卜骨著录情况统计表（一般形式）**

<table>
<tr><th></th><th>著录</th><th>甲骨编号</th><th>数量</th></tr>
<tr><td>被锯截卜王辞卜骨</td><td>《甲骨文合集》</td><td>19831、23813、23821、23837、23865、23888、23912、23958、23959、23964、23971、23977、24063、24085、24088、24092、24098、24110、24112、24237、24295、24336、24337、24352</td><td>24片</td></tr>
<tr><td>被锯截卜旬卜骨</td><td>《小屯南地甲骨》</td><td>115、821、2117、2160、2277、2289、2376、2428、2464、2475+2606、2497、2565、2568、2577、2599、2999、3538、3570、3574、3587、4319、4346、4356、4376、4389、4401、4478、4551、4587</td><td>29片</td></tr>
<tr><td>合计</td><td colspan="3">53片</td></tr>
</table>

可知，在小屯和屯南都出土了锯截的卜骨。前文已经论述，董作宾、陈梦家、许进雄等人认为小屯卜骨锯截这是"废物利用"。刘渊临发现了卜骨锯截的两种情形，即锯截之后再占卜和占卜之后再锯截。另外，郭振禄、张怡、蔡依静专门对锯截卜骨进行了研究，认为骨版是按照一定的格式、大小进行锯截的，其目的不是废物利用，而是因为在当时某种特殊情况下的需要制作出来的。

所以，判断锯截卜骨是否为"废物利用"的关键则是锯截与占卜的先后顺序，即锯截在占卜之前还是占卜之后。前文已经说明殷墟小屯卜骨存在占卜之后再锯截作习刻之用和锯截之后再行占卜的情况。

综合小屯和屯南出土锯截卜骨的特征，我们认为锯截是卜骨特殊的整治方法，属于甲骨整治的范畴，是特殊的形制。锯截卜骨有两种情形：一，占卜之后再锯截，多作习刻之用；二，出于某种目的，锯截之后再占卜。具体到某一版卜骨的锯截情形，就需要结合锯截部位、钻凿、烧灼、卜辞、习刻文字等具体情况而言。小屯出土的锯截卜骨，有些是占卜之后锯截而成，这类锯截卜骨属于"废物利用"。而屯南出土的锯截卜骨显然是为"某一特别理由特制的"，不是"废物利用"。无论殷人是何考虑，我们都能确定锯截卜骨是有意识的整治。

① 郭振禄：《试论祖庚、祖甲时代的被锯截卜王辞》，《庆祝苏秉琦考古五十五年论文集》，文物出版社，1989年，第379页。

② 刘一曼：《论殷墟甲骨的埋藏状况及相关问题》，《三代考古》（一），科学出版社，2004年，第363、364页。

③ 刘风华：《殷墟小屯南地甲骨中的截锯卜旬卜骨》，《殷都学刊》2008年第4期。

# 五、花园庄东地甲骨的攻治技法

殷墟花东H3出土龟腹甲最多，背甲极少，卜骨数片。攻治技法相当娴熟，甲骨的攻治极为规整，甲面和骨面攻治得相当平整、光滑。

## （一）卜甲的攻治

花东卜甲的攻治，与小屯龟甲几乎无异，但未发现“改制背甲”。龟背甲一般也都剖分为二，边缘略加打磨。如《花东》H3：189+217+284+1529+1542（图3-102，1）、H3：287+394+1511（图3-102，2）、H3：768（图3-102，3）。

龟腹甲的攻治非常规整，“卜甲在制作时，先是将甲首反面削平，有的还经过掏挖，例如281（H3：884）；但大多数不掏挖，如280（H3：840+859）、284（H3：855+1612）。经过掏挖后，再在其反面施钻凿”①。有的背甲和腹甲的甲桥部位只有少部分保留在龟腹甲之上，这些腹甲较小，如《花东》H3：256（图3-103，1），长17.7、宽9.9厘米；H3：600（图3-103，2），长20.1、宽12厘米；H3：1490（图3-103，3），长25、宽13.3厘米。

1　2　3

图3-102　龟背甲

① 中国社会科学院考古研究所编著：《殷墟花园庄东地甲骨》（第六分册），云南人民出版社，2003年，第1760页。

也有甲桥部位大部分保留在龟腹甲之上者，这些腹甲较大，如《花东》H3：655（图3-104，1），长30.2、宽21.7厘米；H3：829（图3-104，2），长27、宽19.8厘米；H3：1496（图3-104，3），长26.2、宽19.7厘米。

花东钻孔龟甲有100多版。《简报》根据钻孔的大小和位置，分为两类："一类是圆孔位于甲桥上，左、右甲桥各一孔，孔径0.6—0.8厘米。此类占有孔卜甲的大多数。另一类孔，位置不大固定，一般一版卜甲有数孔，孔径较前者小。此类数量较少。可以看出，前一类孔的作用是用绳子将数版卜甲穿系在一起，而后一类孔，则是将同版断折了的卜甲用细绳相缀

1　　2　　3

图3-103　龟腹甲

1　　2　　3

图3-104　龟腹甲

连。”①在1998年，刘一曼撰文简介了这些圆孔的基本情况及其作用②。

此处，我们再次根据钻孔的大小和位置，分为以下四类③。

（1）圆孔位于腹甲甲桥上，左、右甲桥各有一孔，孔径0.6—0.9厘米，此类钻孔卜甲占绝大多数。如H3：115+241+246（图3-105，1），孔径0.6—0.65厘米。再如H3：42（图3-105，2）。

（2）圆孔位于背甲边线上，孔径0.6—0.9厘米，如H3：768（图3-106）。

（3）小圆孔的位置不大固定，孔径0.2—0.4厘米，甲桥、前甲、后甲、尾甲均有发现，孔的数目成偶数，对应排列。如H3：401+1607（图3-107，1），孔径0.35厘米，圆孔位于后甲部位，上下对应。如H3：632（图3-107，2），6个圆孔，孔径0.23—0.3厘米，圆孔位于右甲桥与前后甲相邻的部位，上、中、下三对，每对二孔。如H3：615（图3-107，3），10个圆孔，孔径0.2—0.3厘米，圆孔位于后甲部位，5对，每对2孔，上下对应。

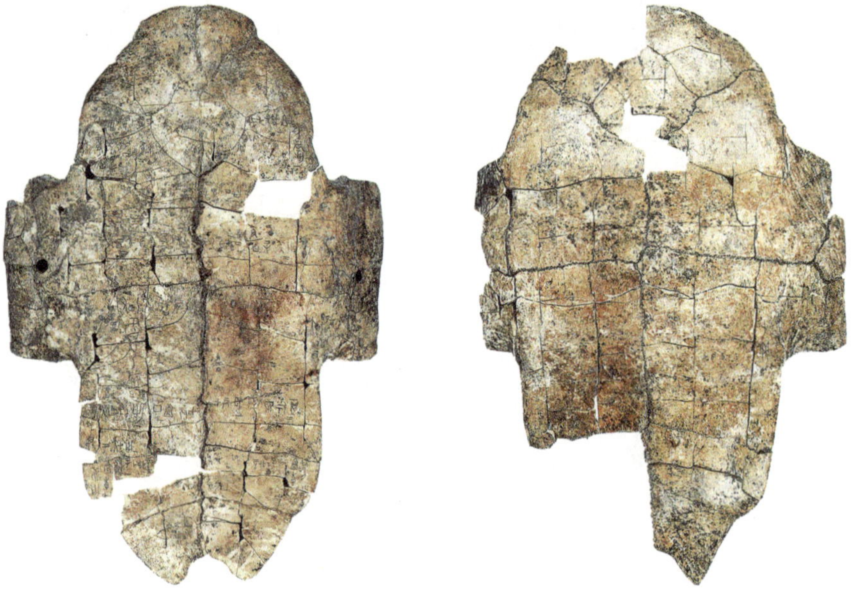

1　2

图3-105　钻孔腹甲

图3-106　钻孔背甲

（4）还有一些卜甲左、右甲桥中部外侧有半圆形、长弧状、梯形或不规则形的缺口。如H3：466（图3-108，1），左、右甲桥各有一个近半圆形的缺口，口宽约1.4厘米。如H3：208（图3-108，2），左、右甲桥中部外侧各有一个近梯形的缺口，左桥缺口1.3、右桥缺口1.8厘米。如H3：71（图3-108，3），缺口呈不规则形状，左甲桥的缺口窄长，宽2.4、右甲桥缺口宽约1.5厘米。

① 中国社会科学院考古研究所安阳工作队：《1991年安阳花园庄东地、南地发掘简报》，《考古》1993年第6期。

② 刘一曼：《殷墟花园庄东地甲骨坑的发现及主要收获》，《甲骨文发现一百周年学术研讨会论文集》，文史哲出版社有限公司，1998年，第208页。

③ 中国社会科学院考古研究所编著：《殷墟花园庄东地甲骨》（第一分册），云南人民出版社，2003年，第18、19页。

1　　2　　3

图3-107　钻孔腹甲

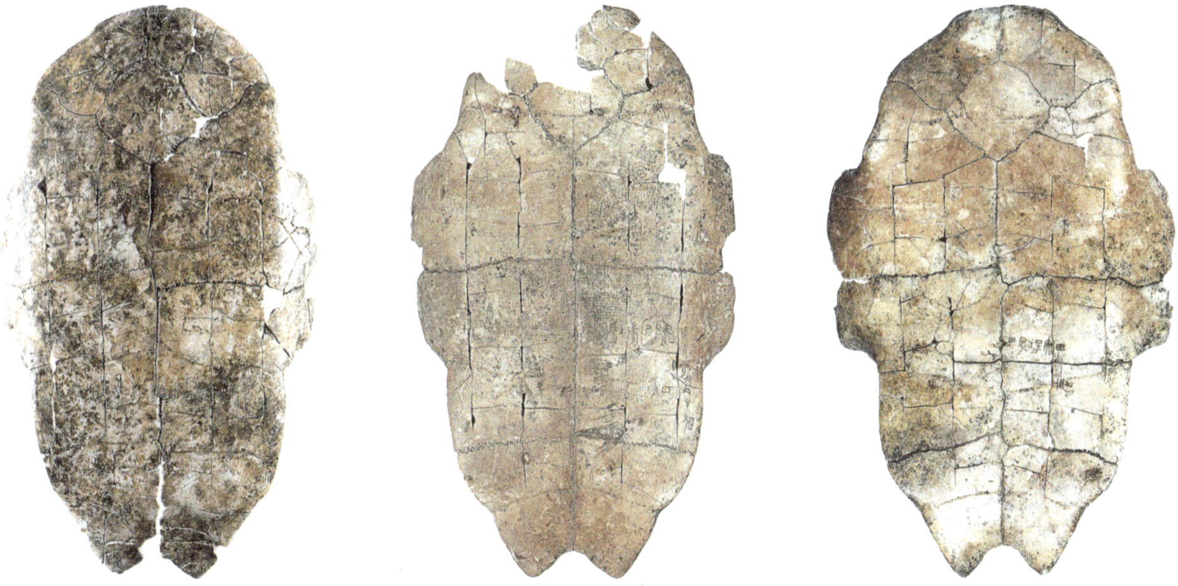

1　　2　　3

图3-108　带缺口的龟腹甲

花园庄东地还出土一片钻有方形孔的卜甲，即H3：981（图3-109），方形孔位于左甲桥中部，右甲桥缺失，此版腹甲之上应该有一对方孔。这不同于之前小屯发现的圆形钻孔，形状较为特殊。

第3类小孔，有的打破了卜甲反面的钻、凿、灼这种情况较多。有的圆孔还打破了正面的刻辞，如H3：632。可以推测：这些圆孔是在占卜完成后才制作而成的。“我们曾用放大镜对这些小孔进行观察，发现443（H3：1376）左侧的一对小孔内壁上还隐约呈现出细绳的痕迹。这表明，这类小孔的作用是便于人们用细绳将断折了的同版卜甲连缀在一起。由此可推知，当

图3-109 方形钻孔腹甲

时的卜官，对刻辞卜甲相当爱惜，占卜过后，并不是马上舍弃，而是要将其包存一段时间才处理。”①

第1、2、4类小圆孔位于甲桥外侧，位置比较固定，与钻凿灼和刻辞无关，当时占卜之前制作的。“我们曾将几块大小近似的甲桥有孔或有缺口的卜甲相叠在一起，发现圆孔或缺口的位置大体重合，故可推测，这些圆孔或缺口的作用是便于用绳子将数版或多版卜甲串联、捆扎在一起，目的是为了便于携带或保存。”②朱金发认为：“殷墟花东卜甲和各地出土甲骨上的凿钻小圆孔，就是为这样的龟甲保存而特意制作出来的，这在文献学上具有特殊的意义和价值。”③

除了殷墟出土了穿孔卜甲外，大辛庄和周原也出土有穿孔卜甲。山东济南大辛庄商代遗址中也出土一片穿孔卜甲，编号T2302［5］B：1，为龟腹甲，钻孔位于右甲桥中部偏下的位置，还有一半圆形穿孔位于左尾甲近边缘处。龟甲上的钻孔十分规整和圆滑，应属于有意识钻出来的，方辉认为甲骨上钻孔是为了甲骨之间的系连，其做法也常常见于安阳殷墟卜辞④。周原出土的西周甲骨，也有这种钻孔的现象，如H11：219（图3-110，1），右侧有一个明显的钻孔，较为圆润规整，另外H11还发现有钻有小孔的六片尾甲碎片（图3-110，2—7）⑤。

安阳殷墟发现了穿孔的“改制背甲”、花东出土百余片穿孔腹甲、济南大辛庄的钻孔腹甲、周原出土西周的钻孔甲骨，这些情况说明商周甲骨钻孔显然不是个例。某些甲骨钻孔是在占卜之后，在不同位置进行钻孔，其目的也是不同的。如在甲桥部位钻孔，是为了更好地捆绑甲骨。在腹甲后甲或尾甲钻孔，打破刻辞的钻孔，则是为了将一些重要但已然碎裂的甲骨再次捆扎起来，其最终目的是方便携带、保存。

## （二）卜骨的攻治

花东H3只出土5片卜骨，骨臼完全切除，骨端有缺口，缺口呈锐角、弧形。H3：374和H3：1337，残缺严重。骨臼端缺口呈弧形，如H3：940（图3-111，1）。缺口呈锐角，如H3：985（图3-111，2）、H3：974（图3-111，3）。

---

① 中国社会科学院考古研究所编著：《殷墟花园庄东地甲骨》（第一分册），云南人民出版社，2003年，第19页。

② 中国社会科学院考古研究所编著：《殷墟花园庄东地甲骨》（第一分册），云南人民出版社，2003年，第19页。

③ 朱金发：《殷墟花东甲骨上的圆孔与先秦文献中的上古占卜记录》，《殷都学刊》2012年第2期。

④ 方辉：《济南大辛庄遗址出土商代甲骨文》，《中国历史文物》2003年第3期。

⑤ 曹玮：《周原甲骨文》，世界图书出版公司北京公司，2002年，第118、157页。

图3-110 钻孔甲骨碎片

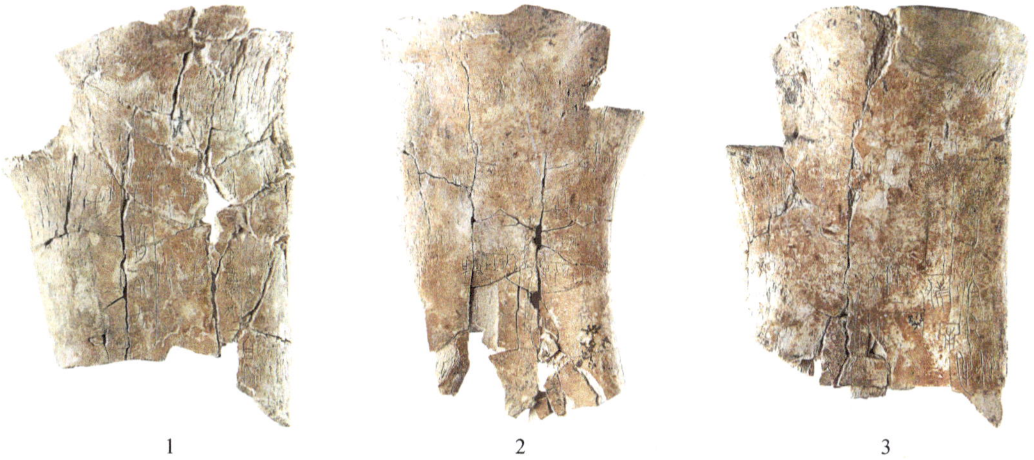

图3-111 卜骨

然而，还有一些攻治特例，如苗圃北地出土的背甲，有两种攻治技法：一种呈梭形；另一种似刀钺形，两端厚，中间薄，有锯磨痕迹，中间钻有圆孔[①]。

综上所述，商代甲骨的攻治技法大体如上，攻治技法主要有锯、削、刮、磨、抛光等工序，穿孔只能算是附加工序。商代早期针对兽骨进行简单的攻治，而后用于占卜。偃师商城遗址卜骨的攻治特征是保留骨臼，削去骨脊。郑州商代遗址出土甲骨的攻治特征主要是卜骨保留骨臼或削去一部分骨臼，龟甲稍作刮削，攻治呈现出相当粗糙的风格。小屯出土甲骨的攻治特

① 刘一曼：《安阳殷墟甲骨出土地及其相关问题》，《考古》1997年第5期。

图3-112　龟腹甲

征是卜甲刮削平整、光滑，某些背甲和腹甲有钻孔，卜骨骨臼端有缺口，骨扇存在截锯的现象，这些攻治技法相当纯熟，工艺精湛。小屯南地甲骨的攻治技法娴熟，骨面显得平整、光滑，但较小屯甲骨的攻治粗糙一些。花东没有出土“改制背甲”，甲骨的攻治技法高超，卜骨和卜甲穿孔现象较多，连接桥或多或少地保留在腹甲，这和小屯腹甲情况相似。

商代早期、中期、晚期遗址出土甲骨的攻治技法存在细微差异，但总体而言，攻治技法逐渐走向成熟，追求精美，某些攻治后的甲骨实为艺术品。

另外，需要说明的是：首先，某些龟甲的连接桥保留在其腹甲上，即腹甲与连接桥相连，这种情况常见。甲桥连在腹甲上，甲桥上一般记刻征取甲骨的数量，不作占卜之用，“甲桥记所入龟其数有500、300、200、130、120、100、50、30、20、10等，数目大而且常是整数”[①]。但甲桥用于钻凿、烧灼占卜者，比较少见，如《花东》龟腹甲H3：1433的反面（图3-112），左、右甲桥处就有钻凿之孔，且对称分布。

所以，我们还可以根据腹甲与甲桥的连接情况划分甲骨攻治的类型，沈之瑜就根据锯后留在腹甲上甲桥的多少将腹甲分为三种类型。

（1）全桥型腹甲，即锯在甲桥的最上部，使甲桥全部留在腹甲上，甲桥的四角不修成弧形（图3-113，1）。

（2）半桥型腹甲，即在甲桥中间把龟锯开，使背、腹甲上各带有一半甲桥，然后修整留在腹甲上的甲桥四角呈弧形（图3-113，2）。

（3）无桥型腹甲，即在剖龟时，锯于甲桥最下端把甲桥完全和腹甲分开（图3-113，3）[②]。

其次，攻治的工序繁多，但这不能意味着攻治就能决定甲骨的卜兆形态。攻治之后的程式如钻凿、烧灼更可直接地引导卜兆的延伸走向。攻治是取材之后、钻凿之前甲骨占卜的重要环节，商代早期、中期、晚期攻治技法明显不同。

① 陈梦家：《殷虚卜辞综述》，中华书局，1988年，第19页。
② 沈之瑜：《甲骨学基础讲义》，上海古籍出版社，2011年，第19页。

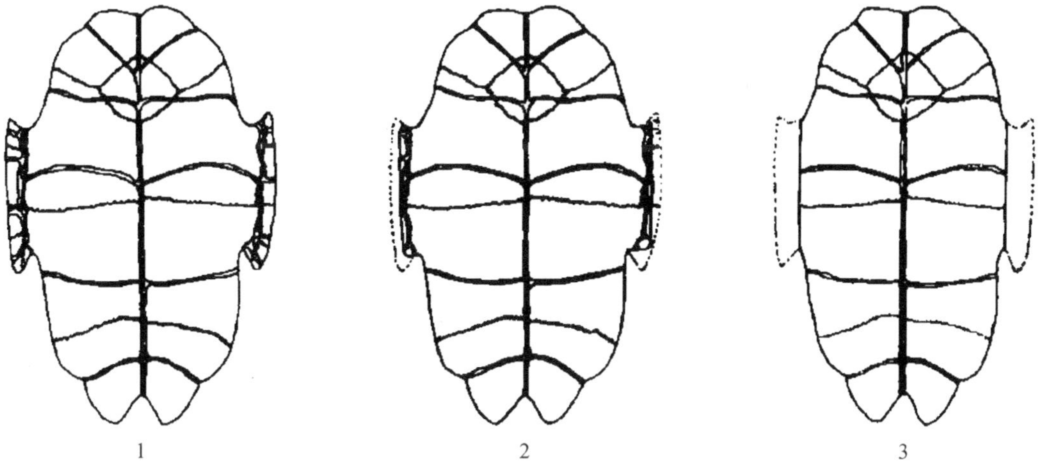

图3-113　腹甲甲桥示意图（虚线表示未经修锯前甲桥的形状）

# 第五节　龟室——甲骨攻治后贮藏的地点

甲骨攻治之后，就会将其贮藏于室内。商代甲骨贮藏的地点，可以称为“龟室”。《周礼·春官·龟人》载：“凡取龟用秋时，攻龟用春时，各以其物入于龟室。”贾疏云：“龟有六室”，惠士奇云：“龟室在庙中……汉高庙中有龟室。”[①]然而，沈启无、朱耘菴认为《周礼》之意谓是各龟色为类，藏于一室之中，非谓六龟有六室，龟室是在宗庙之中[②]。结合地下甲骨发掘出土的情况，可知此说不当。

龟室不一，可以设置在庙堂之中，《庄子·秋水篇》曰：“吾闻楚有神龟，死已三千岁矣，王巾笥藏之庙堂之上。”[③]《史记·龟策列传》载：“王者发军行将，必钻龟庙堂之上，以决吉凶，今高庙中有龟室，藏内以为神宝。”[④]

商代甲骨贮存的地点，可以从殷墟考古出土实物中寻得。殷墟发现了储藏龟版和骨料的地方，包括未曾攻治和攻治之后的甲骨，应该就是“龟室”。

在1929年，董作宾就指出：“已经修治光滑之肩胛骨版，土人得之，往往售于肆估……前数年村北河干（指朱家十四亩地，后来称为E区者），曾发现一储藏龟料之所，大小数百只，皆为腹背完整之龟甲。”[⑤]只有刻意储藏的甲骨，才能得以保存完整，这为研究保存甲骨的“龟室”提供了新线索。

1936年，殷墟第13次发掘时，在小屯附近一处整坑中发现了16 986片甲骨[⑥]。YH127坑出

① （清）孙诒让撰，王文锦、陈玉霞点校：《周礼正义》，中华书局，1987年，第1952页。

② 沈启无、朱耘菴：《龟卜通考》，《国立华北编译馆馆刊》1942年第1卷，第1期。

③ （清）郭庆藩撰，王孝鱼点校：《庄子集释》，中华书局，1985年，第604页。

④ （汉）司马迁撰：《史记》，中华书局，1963年，第3227页。

⑤ 董作宾：《新获卜辞写本后记》，《安阳发掘报告》1929年第1期。

⑥ YH127坑出土甲骨的数量，按魏慈德：《殷墟YH127坑甲骨卜辞研究》，花木兰文化出版社，2011年，第46、47页。

土的龟甲居多，兽骨较少，这明显是殷人有意将甲骨存储于一处。仁言就认为甲骨使用以后有的是有意识存储起来，如YH127坑就是存放甲骨的“档案库”①。

1973年，小屯南地H99坑发掘出土未曾加工的牛肩胛骨33片、牛肋条骨6片、卜骨6片、卜甲2片，“此坑所出的未经加工的牛肩胛骨，保留有圆的骨臼，骨版背面有骨脊，没有钻、凿、灼痕。这些现象说明此坑主要是存放卜骨骨料用的”，而H17“似为堆放刻辞卜骨的窖穴”②。晁福林也认为：“殷墟曾发现有储藏龟版的处所，应该就是龟室。近年在殷墟小屯南地还发现有以放置骨料为主的窖穴，其性质应和‘龟室’相同。”③这些未经加工的骨料集中存放，都说明了当时确实设有专门加工甲骨的场所。

张秉权坚持认为有“专门储藏甲骨的地方”：

> 既然有大量的材料，从各方来入贡，自然得有专门的人去管理它们和专门的地方储存它们。在殷墟发掘中所发现的那些堆积甲骨材料的窖穴，可以证明，当时确有“龟室”之类的特定场所储藏甲骨的……在殷墟的遗址中，曾经发现过未曾攻治过的甲骨原料的堆积场所，也曾发现过已经攻治而尚未使用过的甲骨。又有许多刻了卜辞的甲骨上面，还遗留着很多没有灼过的凹穴（双联的或单钻单凿的）……并且更可以确定那时必须有专司保管的人和专门保管的人和专门储藏甲骨的地方④。

由传世文献的记载，结合甲骨出土的情况和学者的论述，可以推测商代必定有如“龟室”性质的储藏地点。未经攻治的甲骨、攻治好的甲骨和占卜之后的甲骨都需要专门的储藏之所。周代有所谓的“龟室”，专门用于储藏甲骨，殷人占卜所用之甲骨远多于周族，故知商代不只有一间龟室，而是有多间龟室，用于贮藏修治好的甲骨。龟室可以设置在宗庙、高庙或庙堂之上（此或是与龟之神灵性有关），以便世人拜祭、取用。最后，不只在王畿范围内有，商王朝的统治区域如花园庄东地、济南大辛庄、周原等地也该有龟室，以备商王与贵族随时随地进行占卜。

## 小　　结

本章论述了甲骨攻治的相关问题，简单总结如下：

一，甲骨攻治技术的专业性极强，商代有一批专司攻治甲骨的职官。攻治职官世袭罔替，既保证了攻治技术的传承和发展，又提升了甲骨的攻治技术。

---

① 仁言：《殷墟甲骨文基础七讲（一）》，《殷都学刊》1985年第1期。

② 中国社会科学院考古研究所安阳工作队：《1973年小屯南地发掘报告》，《考古学集刊》（第九集），科学出版社，1995年，第53、60页。

③ 晁福林：《夏商西周的社会变迁》，北京师范大学出版社，1996年，第402页。

④ 张秉权：《甲骨文与甲骨学》，台湾编译馆，1988年，第54—56页。

二，甲骨攻治在春季进行，有三点原因：春季干冷，攻治的甲骨不易损伤，适合攻治甲骨；釁龟之礼，在上春，攻龟也应在春季；春季乃一年之始，需要备好一年占卜之用的甲骨。

三，传世文献记载的可以作甲骨攻治的工具有锯、刀、错等，考古发掘可作甲骨攻治工具的是锯、错、刀、凿、钻等，其材质是青铜和石器。

四，偃师、郑州、小屯、屯南和花东出土甲骨的攻治技法主要有锯、削、刮、错，甲骨钻孔、卜骨截锯是攻治的附加工序。

五，甲骨攻治之后，存储于“龟室”，以备占卜之用。

# 第四章　甲骨的钻凿

甲骨的钻凿包括钻凿技术、钻凿职官、钻凿工具、钻凿之数、钻凿布局和钻凿形态及其相关问题。本章即论述甲骨钻凿的技术、职官、工具、数量、布局和形态六大问题及其内在的关联，从而分析成熟的钻凿技法。

## 第一节　钻凿技术和钻凿职官

钻凿职官负责钻凿事宜，故此处首先简述钻凿技术的专业性和钻凿职官及其世袭性。

### 一、钻凿技术的专业性

传世文献中有许多关于契龟、钻龟、凿龟的记载，如《诗经·大雅·绵》："爰始爰谋，爰契我龟。"[①]《荀子·王制篇》："相阴阳，占祲兆，钻龟陈卦。"[②]《韩非子·饰邪》篇言道："凿龟数筴，兆曰大吉。"[③]《史记·龟策列传》："必钻龟于庙堂之上，以决吉凶。"[④]

#### （一）"钻""凿"的字意

古人在《诗经》《荀子》《史记》中"契龟""钻龟""凿龟"的记载，影响了后世学者对龟卜的理解，如郑玄、王先谦和郭庆藩等，都曾将"契龟""钻龟""凿龟"视为"灼龟"。其实，钻龟和灼龟是甲骨占卜的不同程序，契龟、钻龟、凿龟可作龟卜讲。可以说，中国先秦时期的古典文献已经记载了"契龟""钻龟"和"凿龟"，在安阳殷墟甲骨出土之后，龟卜得到了实物的验证。自此，学者开始探索契龟、钻龟、凿龟的方法，同时，"契""钻""凿"字也被赋予甲骨学特定的含义。

有的学者分析了钻凿之孔形成的方式，进而说明钻、凿之意。董作宾观察了甲骨实物说：

---

① 程俊英译注：《诗经译注》，上海古籍出版社，1985年，第497页。

② （清）王先谦撰，沈啸寰、王星贤点校：《荀子集解》（上），中华书局，1988年，第169页。

③ （清）王先慎撰，钟哲点校：《韩非子集解》，中华书局，2003年，第121页。

④ （汉）司马迁撰：《史记》，中华书局，1963年，第3227页。

“其灼处必先凿而后钻，凿而不钻者甚少。”①陈梦家将甲骨的钻凿之法分为三类：钻、凿、钻凿并用，指出：“战国之末及汉世，用金属的‘凿子’或‘钻子’造作龟甲的窠槽，因名所钻所凿之窠槽为‘钻’为‘凿’。我们今采用名词的‘钻’‘凿’以当窠槽，并非说小屯的‘钻’一定是用‘钻子’钻出来的”，他“目验了小屯出土的刻辞甲骨，无论是椭长形的凿或圆形的窠，绝大多数是用凿子凿成的，也就是挖出来的”②。学者论述钻凿之孔的形成方式有助于我们对钻、凿字意的理解。

有的学者则对甲骨上的“钻”“凿”字意进行了具体的分析。如戴彦臻对于龟甲上“钻”和“凿”的形态有明确的见解：“甲骨学之所谓‘钻’，仅仅是表示龟甲上圆形痕迹的名称。所谓‘钻龟’，也只是指对龟甲施之圆形洞孔的一种加工。至于甲骨的工具则有不同种类，并非专用钻子。所谓‘凿’，也仅是表示龟甲上椭圆形洞孔的名称。所谓‘凿龟’，也只是对龟甲施于椭圆形洞孔的加工。至于加工工具，也并非专用凿子。”③

殷商甲骨多是钻凿并用。所谓凿，是指甲骨之上“长方形或椭长形的凹槽”，所谓钻，是指“圆形或半圆形的洼洞”④。简言之，钻是指圆形或半圆形的洼洞，凿是指长方形或椭长形的凹槽，一般施于靠近圆钻中下部位，凿较钻深，多以临近穿透甲骨正面为限。

钻、凿可以分开作为不同的动作词语使用，也可以合在一起为“钻凿”作动词使用，也可以作为施于甲骨上凿孔或钻孔的名词使用。而在甲骨学研究的范畴，“钻凿”多作名词和动词使用。钻凿是一个泛称的词语，是指施于甲骨表面凹形之孔，可以是圆凿、长凿，也可以是圆钻。

总而言之，无论钻凿的制作方法如何，甲骨学中的钻凿之意已然明确。钻凿多作名词使用，也可以是施于甲骨之上的动作。但是，甲骨上的“凿”多不是凿成的，“钻”也多不是钻成的。只是，“钻凿”一词已经被学术界普遍接受其意，且广泛使用。正如王宇信所言：“几十年来大家习以为常的钻凿之名，原来是‘名不副实’的。但‘积重难返’，既然凿、钻这一名称已为学术界所接受，再‘正名’不仅很困难，而且也没有必要了。”⑤故在甲骨学研究中，“钻凿”一词至今使用，且其甲骨学的含义几乎没有变化。

### （二）技术的专业性

从占卜程序而言，钻凿处于攻治和烧灼中间的环节，其技术至关重要。如果说甲骨攻治是从大处着手探寻攻治的技法，那么钻凿则是从小处着眼寻绎钻凿的技术，前者从甲骨自身攻治遗留的痕迹入手，后者着眼于甲骨之上细小的钻凿之孔。

但是，有的学者认为钻凿属于甲骨攻治工作的环节，如张秉权就说：“在殷墟的遗址中，

---

① 董作宾：《商代龟卜之推测》，《安阳发掘报告》1929年第1期。
② 陈梦家：《殷虚卜辞综述》，中华书局，1988年，第10—12、17页。
③ 戴彦臻：《论殷周甲骨文化中的钻凿现象》，《管子学术》2001年第2期。
④ 中国社会科学院考古研究所编著：《小屯南地甲骨》（下册·第三分册），中华书局，1983年，第1490页。
⑤ 王宇信：《甲骨学通论》，中国社会科学出版社，1999年，第112页。

曾经发现过未曾攻治过的甲骨原料的堆积场所，也曾发现过已经攻治而尚未使用过的甲骨。又有许多刻了卜辞的甲骨上面，还遗留着很多没有灼过的凹穴（双联的或单钻单凿的）。这些事实，再加上一块甲骨有时可以用上几十天或几个月等的现象，就可以证明每一块甲骨上面的全部攻治工作（包括那上面的全部钻凿凹穴的工作），一定是在占卜取用之前都已完成的了。”[①]他把钻凿视为攻治的工作范畴。我们不同意张秉权的意见，而是将钻凿视为独立于攻治环节之外的工序。

最初，沈启无、朱耘菴认为：“凿钻之事，虽极简单”，“不若刻字之繁难。然若凿钻不得其法，即不能致兆；不兆为卜者之大忌，故必须娴习之”[②]，意为凿钻之法虽然简单，但是也需练习娴熟，强调了钻凿技术重要性。

实际上，钻凿并非易事，专业性极强。因为甲骨上薄厚不均，钻凿耗费一番功夫才能符合规范。如殷人在甲骨上实施钻凿的布局并非杂乱无章，而是排列整齐的，“龟版之钻凿处，井然有序、如其布星罗”[③]。如《花东》卜甲H3：443（图4-1，1）、H3：1365（图4-1，2）反面的钻凿。诚如刘玉建所言：“商人之所以如此规则地钻凿，我们认为有如下几方面的原因：其一，节约龟甲……其二，合理利用龟甲……其三，便于以后的阅读……其四，为了美观。”[④]

1　　　　2

图4-1　《花东》卜甲

① 张秉权：《甲骨文与甲骨学》，台湾编译馆，1988年，第56页。
② 沈启无、朱耘菴：《龟卜通考（续）》，《国立华北编译馆馆刊》1942年第1卷，第3期。
③ 董作宾：《商代龟卜之推测》，《安阳发掘报告》1929年第1期。
④ 刘玉建：《中国古代龟卜文化》，广西师范大学出版社，1992年，第155页。

殷墟绝大多数甲骨钻凿都是事先准备好的，并非占卜临时实施而成的。赵鹏就曾从钻凿布局的角度出发论述了实施钻凿可能有两个时间点：

一是在还没有具体的占卜事件时，就按一定布局施以钻凿，以备日后占卜取用。稀疏型中的“0”字Ⅰ型基本型、“0”字Ⅱ型基本型、“8”字型、复环稀疏型以及所有的密集型，龟版数量相对比较多，钻凿布局规范，正面卜辞既有一辞一兆，也有一辞多兆以及成套卜辞、成套腹甲，说明正面占卜方式受反面钻凿影响相对小一些，这种钻凿布局很可能具有预先性，是龟腹甲被送至占卜机构以后就按照贞人们设计好的布局模式施以钻凿。殷墟甲骨施钻凿的时间绝大多数都属于这种情况。例见《合集》14659。

另一是在确定了要进行占卜的事件，并且有了对这个事件的占卜方式以及过程的初步设想以后，取龟，施加钻凿，再进行占卜。外环钻凿数目减少的“0”字Ⅰ型变式ⅰ，正面通常是几版一套的成套腹甲，一套之内各版钻凿格局全同，很可能是有了占卜预设以后才施加钻凿的。另外稀疏密集混合型的稀疏部分很可能具有临时性①。

可知，按照赵鹏的说法，钻凿分为常规准备和临时性攻治，即：占卜之前，“就按一定布局施以钻凿，以备日后占卜取用”；确定了占卜的事件及其初步设想，再“取龟，施加钻凿”。

钻凿之孔是甲骨上最薄的地方，有的钻凿之孔对着光线，甚至可见其长凿底部基本上处于半透明的状态。这些实例都说明钻凿并非易事，殷人对技术要求较高。

学者对钻凿的制作方法作了较多的探讨。王宇信曾详细论述“凿”“钻”的制作方法：

凿　根据学者对小屯南地出土甲骨凿钻形态的研究，没有发现凿子的痕迹。因而认为凿钻不是用凿子凿挖而成的，而是用下述二种方法制作的：

一、用刀挖刻而成。小屯南地甲骨上的凿，用刀挖刻而成的占多数。观察出土实物标本，可见到不少甲骨凿的内壁上都留有很清晰的刀痕。有的是长方形的凿挖成以后，又用刀继续把凿的边缘加宽，内壁呈现出一圈突棱。如果从平面上看，则显现出内、外两圈。也有的凿是在长方形的基础上，修整并加宽凿的外圈，外圈显现出鼓腹的尖弧形，但凿的内圈仍近似原来的长方形。

二、轮开槽。这种凿应是使用一种与现在砣轮近似的小轮开槽后制成的。凿的这种制作方法，是整理一九七三年小屯南地甲骨的几位学者的新发现，前人从未论及。学者们在整理这批甲骨时，曾从卜骨凿内剥落下土锈块。细心的整理者发现有一些土锈块底部为很规则的弧形，而且表面还有旋纹。他们设想，这种槽是用小轮子开槽后制成的，并将卜骨标本带至北京玉器厂，求教于经验丰富的玉工师傅。玉工师傅听了

① 赵鹏：《殷墟YH127坑宾组龟腹甲钻凿布局探析》，《考古学报》2017年第1期。

他们的意见并仔细观察、研究了卜骨凿、钻标本后，也认为弧形凿是轮开槽制成的。这些玉工师傅还与学者一起做了实验，用自制的砣轮在新鲜的牛胛骨上打了两个凿，竟与商代卜骨上的弧形凿异曲同工，惟妙惟肖。就是这样，甲骨学的一个新奥秘被学者们发现了。

虽然都是轮开槽制作凿，但制作时又有一些差别。一种是轮开槽后，不再用刀加工，或只用刀加工凿的边缘部分，而不加工底部，所以这样制作的凿纵剖面保持规则弧形。另一种是轮开槽后，底部用刀加工量较大，刀痕明显，已看不出弧状了。

钻 指的是单独的小圆钻和凿旁的钻。这两种钻的制作方法，据甲骨实物标本观察所见，应主要有三种方法：

一、用钻子钻成。据观察，这种钻是一种实心的小圆棒，在卜骨上旋转而成。因为从卜骨钻内取出的锈土块上，留有制作圆钻过程的痕迹。学者们作模拟实验时，制作了一把弓子，把弓弦绕在钻头中部，再用手将一凹形物覆压在钻头的顶端，前后拉动弓子。钻头在洒有细沙的骨上飞快旋转，就可制作出圆钻。模拟实验制作出的圆钻平面呈圆形，钻壁及底光滑并有弦纹，与真正的商代卜骨上的钻毫无二致。

二、先轮开槽，再用刀加工，使钻内侧与凿连接。学者们发现，凡是较规整的弧形凿（即轮开槽者），凿旁之“钻”大多是用轮开槽制作的。

三、用刀挖刻而成。小屯南地所出甲骨，绝大多数凿旁的“钻”，是用刀挖刻而成的[①]。

傅罗文也指出商代晚期甲骨的钻凿“在许多情况下，槽线旁常伴随圆形或弧形的钻孔。伴随的孔有些是钻成，有些则是凿成的，但常常是挖削而成的”[②]。但是，傅罗文对钻凿之孔的制作方法论述简单，估计是没有观察大量的甲骨实物，得出了比较片面的结论。

再如，周忠兵也曾详细论述了卡内基博物馆所藏甲骨的钻凿制作之法：

在长凿旁使用轮开槽的办法制作一小长凿，然后用刀加工，使之与长凿相连；在长凿或小圆钻旁用钻钻成半圆或月牙形凹面；在烧灼的那边紧贴钻凿肩部口沿中上直接挖一较深或浅的形状不大规则的凹面，凹面将钻凿凿壁破坏或略微破坏，凹面的底部并不推刻光滑整齐，口沿也不是很整齐；一般用刀直接在要烧灼的那处长凿肩部口沿附近挖超过长凿长一半的近圆形凹面，底部较光滑，凹面最深处在中部；在要烧灼的部位直接用刀刮出较均匀的薄薄的一层，无明显凹面；可能在烧灼处先刻一道纵向刻痕，刻痕为直线或微曲，然后再由长凿肩部口沿向刻痕刮削，刮削面的长度为刻痕的长度或略微超过其长度，而宽度即口沿至刻痕的距离；在长凿

---

① 王宇信：《甲骨学通论》，中国社会科学出版社，1999年，第110、111页。

② 傅罗文：《贞人：关于早期中国施灼占卜起源与发展的一些思考》，《多维视域——商王朝与中国早期文明研究》，科学出版社，2008年，第101页。

旁挖制一个小长方形凿[①]。

观察商代甲骨之上的钻、凿、灼痕可知，钻、凿、灼的组合形式主要有：钻灼、凿灼、钻凿灼。如屯西卜骨都是较大而完整的牛肩胛骨，有凿、无钻，有灼，而且正面和反面都有凿、灼[②]。

再者，钻和凿孰先孰后，也是研究钻凿技术不可回避的一个问题。罗振玉认为是“钻而复凿者”，意思是先钻而后凿，这只是钻凿的一种制作方法。

随着商代大量甲骨的发掘出土，学者对钻、凿先后的顺序有了清晰的认识。董作宾说：“观下列之龟版，其钻凿之迹，至为明显，凿之深处成一直线，其凿与凿之间，皆一线相连，而钻则分附于每一凿旁，可知必先凿而后钻也。”[③]即亦认为先凿而后钻。朱芳圃从董作宾之说：“钻与凿，孰先孰后？亦一问题也。观大龟四版，其钻凿之迹，至为明显，凿之深处成一直线，其凿与凿之间皆一线相连，而钻则分附于每一凿之旁，可知必先凿而后钻也。”[④]罗振玉、董作宾、朱芳圃之言确有道理，凿先而钻后，后世学者也多从罗、董、朱之说。先在甲骨之上施凿，成一条直线，这样还可以确定钻凿的具体位置。

然而，钻与凿并不是一蹴而就的。所以，我们观察大量钻凿相连的甲骨，猜想：凿的底部几乎穿透至甲骨的另一面，若按罗振玉、董作宾、朱芳圃等人之言，在凿近至穿透时暂停而再在甲骨之上施钻，必定会因为钻凿工具对甲骨施工的震动对长凿底部产生影响，甚至会导致凿孔底部薄片被震裂或因震动而穿透。由此，我们推测，钻凿的实施，必须是先施以长凿，使其成为一直线，确定欲钻凿处，单个长凿实施至甲骨版面厚度的三分之一或三分之二处，需要暂停，间以实施圆钻，待圆钻完成后，再继续施以长凿，至长凿将近穿透另一面处则止。凿先而后钻，最后再凿，才能最终完成钻凿。这样，才能避免钻凿过程中对甲骨本身的损伤，主要是需要避免实施圆钻对几乎穿透长凿的震动，这种方法应是钻凿的合理工序。

另外，从甲骨本身而言，一片甲骨需要施以多少钻凿、钻凿之孔的大小、钻凿间隔多少，都有严格限定。甲骨之上多是钻凿并施，即长凿和圆钻的组合形态。从卜兆显示而言，与卜兆联系紧密的就是钻凿和烧灼，钻凿必须分布整齐、大小适中，若甲骨背面的钻凿排列无序、大小不一，极有可能直接影响卜兆的显示。如果卜兆兆象杂乱，亦会影响卜辞的书契。以商王朝占卜所用甲骨的数量和殷人追求甲骨占卜的美观等因素而论，殷人都会高标准地要求的钻凿技术。

---

① 周忠兵：《卡内基博物馆所藏甲骨研究》，上海人民出版社，2015年，第593页。

② 中国社会科学院考古研究所编著：《殷墟的发现与研究》，科学出版社，1994年，第154页。

③ 董作宾：《商代龟卜之推测》，《安阳发掘报告》1929年第1期。

④ 朱芳圃：《甲骨学商史编》（下册），中华书局，1935年，第16页。

## 二、钻凿职官及其世袭性

《周礼·大卜》载：“大祭祀，则眂高命龟。”又：“凡国大贞，卜立君，卜大封，则眂高作龟。”郑玄注：“视高，以龟骨高者可灼处，是宗伯也”，“作龟，谓凿龟令可热也”。孔颖达疏云：“作龟、眂龟二者劳事。”[①]《士丧礼》作“示高”：“宗人受卜人龟，示高。莅卜受视，反之……卜人坐，作龟，兴。”贾公彦疏：“今云‘腹甲高’者，谓就龟之四体腹下之甲高者部之处钻之，以示莅卜也。”[②]可知，传世文献中的“眂高”即“视高”“示高”。

陈梦家根据《周礼》中的“眂高”、《士丧礼》中的“示高”、《荀子》中的“钻龟”、《韩非子》中的“凿龟”等记载指出：“今验实物，龟甲自刳剖锯错磨平之后，先在反面凿钻椭长形的槽和圆形的窠以备灼，既灼于所钻的圆窠之后乃有兆文现于正面，即于兆旁刻卜辞。‘某示’之‘某’大约即系凿钻的人。‘帚某示’之例最多，或许多由‘妇’担任的。”进而指出武丁卜辞中“卜人又兼为卜官者”的“示者”有品、中、邑、小臣中等[③]。刘玉建也认为《周礼》所谓“示高”有两方面的含义：一，钻凿龟甲、以此示之莅卜的官员。二，“示”字有钻凿龟甲的意思[④]。

商代甲骨卜辞中的诸妇如“某妇”“妇某”等，负责指导钻凿甲骨事宜，“大量的甲骨记事刻辞证明诸妇参与加工和管理卜骨。骨臼刻辞主要是记载钻凿卜骨的数量和加工管理的人名。骨臼刻辞中的人名有50个左右，近半数为妇名，证明诸妇在钻凿管理卜骨方面起着重要作用”[⑤]。

但是，正如攻治职官一样，钻凿职官的名字也不会出现在甲骨之上。因为“做具体的修治、钻凿、契刻工作的是手工工人，他们的名字不会被刻在卜用甲骨上，刻在甲骨上的只能是某项工作的主持人或负责人。‘妇某’等的工作大概是负责指导、督查龟骨的刮剖锯错磨平等事”[⑥]。张惟捷指出殷墟YH127坑宾组甲骨卜辞整治机构的负责人是“帚某”这些人[⑦]。

尽管钻凿职官留下来许多的钻凿甲骨，但甲骨之上多没有钻凿职官的姓名。既然甲骨之上多不记载具体实施攻治、钻凿、契刻的人，故研究具体职官存在一定难度。何况现在很少学者信从记事刻辞“示”字为钻凿甲骨之意。但是，可以确定的是，商代确实存在一批专门负责甲骨钻凿的职官。

---

① （清）孙诒让撰，王文锦、陈玉霞点校：《周礼正义》，中华书局，1987年，第1939、1943页。

② （汉）郑玄注，（唐）贾公彦疏，彭林整理，王文锦审定：《仪礼注疏》，北京大学出版社，1999年，第719、720页。

③ 陈梦家：《殷虚卜辞综述》，中华书局，1988年，第177—179页。

④ 刘玉建：《中国古代龟卜文化》，广西师范大学出版社，1992年，第107页。

⑤ 齐文心、王贵民：《商西周文化志》，上海人民出版社，1998年，第30—40页。

⑥ 刘一曼、曹定云：《论殷墟花园庄东地H3的记事刻辞》，《殷都学刊》1998年第3期。

⑦ 张惟捷：《殷墟YH127坑宾组甲骨新研》，万卷楼图书股份有限公司，2013年，第501页。

商代甲骨钻凿职官拥有一套关于钻凿的艺术和比例观念，在创作过程中不断提升钻凿技术。钻凿技术也存在世袭性，朱志荣指出："实用技术的进步提高了人们驾驭形式的能力。如石器、玉器从打制到磨制，陶器从手工到轮制，都使得工艺品更为实用，更为精美。到了商代，这类技术在前人的基础上又有了提高。由于工艺技术的积累、传承的因素，形成了许多世代相传的手工艺氏族，这还影响了后来的姓氏。"[①]我们暂且不论钻凿之后的甲骨是否属于工艺品的范畴，单就其实用的性质而言，钻凿技术必须世代相传才能保证技术的传承和发展。

正是因为钻凿技术的专业性和眂龟乃"劳事"之故，才形成了千锤百炼的钻凿技术。也只有钻凿职官世袭罔替，才能保证钻凿技法世代相传。在钻凿职官的世代相传中，才能保证钻凿技术愈发精湛，这种情况与攻治技法情况相似。

## 第二节　钻凿工具

经过钻凿工具处理后的钻凿之孔，是龟甲和兽骨比较薄弱的地方，有的钻凿之孔基本处于半透明的状态（特别是长凿处）。研究甲骨的钻凿工具，是探索甲骨钻凿形态的基础。传文献世无钻凿工具的记载，我们只得从地下出土工具入手。从钻凿之孔的形状和制作方法，可以推测钻凿制作所使用的工具。

考古发掘出土早商的卜骨和卜甲，不在少数，但发掘报告多以"凿"代"钻"字，描述其钻凿的形状，其实，甲骨上圆孔实为钻孔，也有不规则形状的凿孔。

偃师商城的卜骨，有的是直接在卜骨的正面施灼的，也有的是钻或凿之后再施灼的，卜法皆不太成熟。偃师出土的卜骨，骨面多是凿、灼之孔，如标本1983YSMⅧT1④：10、1983YSⅧT2③：6、1983YSⅧT2H2：1、1983YSⅧT3③：5等[②]。1983年，偃师商城T1城墙发掘出土的文化遗物有卜骨，即T1 城墙夯土：007 ，为羊肩胛骨，骨面残存有4处灼痕[③]。偃师商城第Ⅱ号建筑群遗址发掘的卜骨H9：5，有钻、灼之孔，无凿孔[④]。偃师商城Ⅳ区出土的1件卜骨，标本1996YSⅣT103H179：1，背面有钻、凿、灼之孔[⑤]。此时期的钻孔、凿孔都不太规整，呈不规则圆形，做工粗糙。偃师商城卜骨的钻凿工具比较单一，有凿子、钻子，钻凿并用者较少，这和早期卜骨多是骨面直接施灼的卜法不无关系。

二里岗遗址出土卜甲H14：12的钻孔，显然是铜钻钻成的，钻孔的底面有三种：尖圆的（T14：1）、平圆的（H2甲：340）、钝圆的（H17：161）。出土器物中，发现有1件铜钻

① 朱志荣：《商代审美意识研究》，人民出版社，2002年，第70页。

② 中国社会科学院考古研究所编著：《偃师商城》（第一卷・下册），科学出版社，2013年，第701—705页。

③ 中国社会科学院考古研究所洛阳汉魏故城工作队：《偃师商城的初步勘探和发掘》，《考古》1984年第6期。

④ 王学荣：《偃师商城第Ⅱ号建筑群遗址发掘简报》，《考古》1995年第11期。

⑤ 中国社会科学院考古研究所河南第二工作队：《河南偃师商城Ⅳ区1996年发掘简报》，《考古》1999年第2期。

（H13：10），出土之时保留在钻孔之内，铜钻为圆柱状，顶端略残，“下端有锋利的略成弧形的双面刃”，残长3、中径0.3、刃宽0.65厘米①。安志敏对这件铜钻作了详细介绍，也简述了其用途，认为这是钻卜骨用的：

> 狭长条形，横剖面作菱形，身中有脊，分钻身为左右两页，两页外刃直行，向前聚成钝圆形锋刃，后锋向里收缩以至于消失，脊下附有近似圆形的铤。通长5.5、脊长3.9、锋宽0.8、脊厚0.5厘米。
>
> 最初我们不认识这件青铜器的用途，后来因用自作的红铜钻试验卜骨钻孔时，才想到这件青铜器可能就是钻卜骨的用具；而郑州所出卜骨的第三种钝圆孔的孔径也恰好与钻身相合，因此我们肯定它是钻卜骨所使用的铜钻。至于使用的方法，可能是把它缚在木棒之下端，用一凹石顶住木棒的上端，然后用弓状物来转动它，如今日使钻之法。钻作卜骨的青铜钻具之发现，这还是第一次，是我们在整理工作中最大的意外收获②。

二里岗遗址也出土了铜凿标本C1H10：89，比较完整，“扁平长条体，横剖面呈扁平梯形，顶平而微鼓，单刃略斜。为目前郑州商代二里岗遗址中出土的唯一一件铜凿。长5.6、顶宽1.1、刃宽1.2、中厚0.4厘米”③。

人民公园一期遗址发掘出土的4件卜甲“都是在龟甲上经过钻处圆坑和凿出椭圆形槽才进行灼制的”，2件卜骨是“先钻出圆坑，再灼制的”，即卜甲钻凿并用，卜骨钻后施灼④。

早商遗址陆续出土的铜钻和铜凿，可作钻凿甲骨之用。刘焕明就认为商代“早期钻为钻制，晚期钻多挖制，也有轮开槽与刀挖结合、钻挖结合的”，且认为“挖制与轮开槽要比钻制快捷省时得多”⑤。商代早期甲骨最初是直接灼制或凿后施灼，进而发展为钻后或凿后施灼，后来又发展为钻凿灼并用，至商代晚期甲骨的钻凿之孔为挖制和轮开槽。

小屯出土的甲骨多是钻凿并用，形状呈枣核形和圆窠形，这是不同工具留下的凿刻痕迹，需要“用锥、凿、刀挖许多不穿透的圆窝”⑥。张秉权就认为小屯卜甲上的钻凿之孔都是“凿出来的”，卜骨上的圆形凿孔是“有用钻子钻成的，也有用刀子凿成的”⑦。陈梦家则认为这

---

① 河南省文化局文物工作队：《郑州二里岗》，科学出版社，1959年，第37页。

② 安志敏：《一九五二年秋季郑州二里岗发掘记》，《考古学报》1954年第8期。

③ 河南省文物考古研究所编著：《郑州商城：1953—1985年考古发掘报告》，文物出版社，2001年，第162页。

④ 河南省文物考古研究所编著：《郑州商城：1953—1985年考古发掘报告》，文物出版社，2001年，第926页。

⑤ 刘焕明：《商代甲骨占卜探讨》，《文物春秋》1992年第3期。

⑥ 朱天顺：《中国古代宗教初探》，上海人民出版社，1982年，第157页。

⑦ 张秉权：《甲骨文的发现与骨卜习惯的考证》，《“中研院”历史语言研究所集刊·第三十七本》（下册），“中研院”历史语言研究所，1967年，第854页。

些椭长形的凿和窠圆形的钻多是用凿子凿成的，也就是挖刻而成的[①]。陈氏观点的不足之处就在于没有把钻和凿的工具区分开来，而是将钻子和凿子的使用混为一谈。

王宇信把钻、凿两种方法分开论述，凿孔的工具有刀和轮开槽，钻孔的工具包括实心小圆棒（钻子）和刀[②]。

在藁城台西商代遗址的文化遗物中，卜甲的钻凿也有用刀挖刻的情况。河北省文物研究所编著的《藁城台西商代遗址》指出："卜骨施钻一般用钻类工具，孔既圆，底部也较规整。卜甲除标本T13：178两个孔与卜骨钻法相同外，其余则都用刀类挖成，多数近圆形，也有呈方形的，底部也凹凸不平。"[③]何毓灵、李志鹏根据近年殷墟出土的十余件钻孔工具配件，论述了钻陀的组成、出土背景、复原及其相关问题[④]，我们认为这种钻陀（小圆钻）也可以当作卜用甲骨的钻孔工具。

小屯甲骨的钻凿工具有钻子、凿子和挖刻刀。钻凿之孔的形状不同，其工具也有所不同。某些凿孔确系凿成，其工具就是凿子，某些凿孔的制作工具是刀和轮开槽。钻孔有用刀挖制的，也有用钻子钻成的。

至于屯南甲骨上的钻凿的制作之法及其工具，详述如下：

一、凿：甲骨上的凿并不是用凿子凿成的。因为，在我们见到的屯南甲骨凿的内壁或底上均未发现凿痕。根据我们观察，凿主要是用两种方法裂成：（一）用刀挖刻；（二）先用轮开槽，然后用刀加工两侧和底部。现分述如下：

1. 用刀挖刻。小屯南地甲骨上的凿，用刀挖刻的占绝大多数。这种作法在凿的内壁往往留下清晰的刀痕。

在用刀挖刻的凿中，还有一种情况：当长方形凿挖成后，再用刀加宽凿之边缘，使其内壁呈现出一圈突棱，从平面看，则显内外两圈。

2. 轮开槽。此种裂法是前人未曾注意的。我们在修整甲骨的过程中，发现从卜骨凿中剥离出来的土锈块，有的底部为很规则的弧形，并有旋纹。这种现象给我们以启示，此种凿应是类似砣轮的小轮子开槽后制成的。基于这一想法，我们又进一步试验，用胶泥将更多的凿形翻出来，发现不少凿都具有这种现象：其凿底部为弧形或近似弧形，复原后的圆半径，不少是彼此接近的。以后，我们又带着卜骨钻凿标本，走访北京玉器厂，问老师傅们请教钻凿的制造技术问题。他们在观察实物后亦认为：弧形凿应是轮开槽，并且用他们自制的砣轮在现在的牛胛骨上打了两个凿，同殷代甲骨上的弧形凿几乎无别。弄清这个基本事实以后，我们确信：殷代卜骨中的凿，有一部分是用轮开槽，但其具体制法仍有区别，可以分以下几种：

---

① 陈梦家：《殷虚卜辞综述》，中华书局，1988年，第12页。

② 王宇信：《甲骨学通论》，中国社会科学出版社，1999年，第110、111页。

③ 河北省文物研究所编：《藁城台西商代遗址》，文物出版社，1985年，第88页。

④ 何毓灵、李志鹏：《殷墟出土之钻陀及相关问题》，《南方文物》2017年第4期。

（1）轮开槽后，不再用刀加工，或只用刀加工凿之边缘而不加工底部。因而，此种凿的纵剖面都保持规则的弧形。此弧之半径应与原来砣轮半径相等。

（2）轮开槽后，用刀将凿之边缘和底部稍作加工，故其底部仍略近弧形，我们称之为弧平底。

（3）轮开槽后，底部加工特甚，已不成弧状。

总之，小屯南地甲骨的凿中，有一部分（主要是规则和不规则弧形凿）是采用轮开槽的方法制成的。它使我们对殷代甲骨的攻治有了新的认识，促进了对甲骨钻凿形态的研究。

二、钻：这里包括单独的小圆钻和凿旁之“钻”，其制作方法有以下几种：

1. 用钻子钻成。才用此种方法主要是单独的小圆钻和极少部份凿旁之钻。此钻是用实心的小圆棒，在卜骨上旋钻而成。我们曾经作了如下试验：在牛胛骨上要钻孔的地方、放上一些湿的细砂，将一直径0.9厘米的小圆木棒垂直其上，木棒的中段套在一弓弦上（用细绳作弦），左手用一凹形工具用力压在木棒的顶端，右手来回快速拉动弓弦，使木棒在骨面上飞速旋转。这样就钻出了和殷代卜骨中相类似的小圆钻。这种钻的特点是平面呈圆形、四壁及底光滑、细看并有旋纹。我们在卜骨钻内，取出过土锈块，真实地反映了制作过程的痕迹。

2. 先用轮开槽，然后再用刀加工，使钻内侧与凿相连接……此种“钻”之外侧仍保持张状，“钻”底近外侧有一道沟痕，这是轮开槽后留下的痕迹。有的因轮开槽较浅，而后又由于用刀加工太甚，这种痕迹已经看不到。根据我们观察，凡是很规整的弧形凿，其凿旁之“钻”，大多是用此种办法制成的。

3. 用刀子挖刻。屯南所出甲骨中，绝大多数凿旁之“钻”是用此种办法作成的。这种“钻”的特点的平面不规则，边缘不整齐，“钻”壁和底部往往留下刀痕[①]。

可以说，屯南甲骨为学者探索钻凿的制作方法提供了新的思路。可知，屯南甲骨上凿的工具有刀子、轮开槽，钻的工具有钻子、轮开槽、刀子。再者，小屯南地遗址发掘有铜刀、骨刻刀、骨镞[②]。铜刀，标本H68：3（图4-2，1），可作挖刻刀，铜刀呈长条形，背部直棱，刃部为弧形，刀尖和刀把顶端略残，铜刀长21.5、最大宽度3、背厚0.5厘米。屯南遗址中发掘有3件骨镞，如骨镞标本T54③：109（图4-2，2），圆棒形，有铤、尖头，铤较粗糙，尚存细磨纹，通长6.1、身长4.5厘米。

商代甲骨的钻凿工具形式多样、作用不一，主要有钻子、凿子和挖刻刀，细分之下则有铜钻、铜凿、挖刻刀、轮开槽等。显然，甲骨钻凿工具和攻治工具有相通之处。

---

① 中国社会科学院考古研究所编著：《小屯南地甲骨》（下册·第三分册），中华书局，1983年，第1490—1495页。

② 中国社会科学院考古研究所安阳工作队：《1973年小屯南地发掘报告》，《考古学集刊》（第九集），科学出版社，1995年，第77—81页。

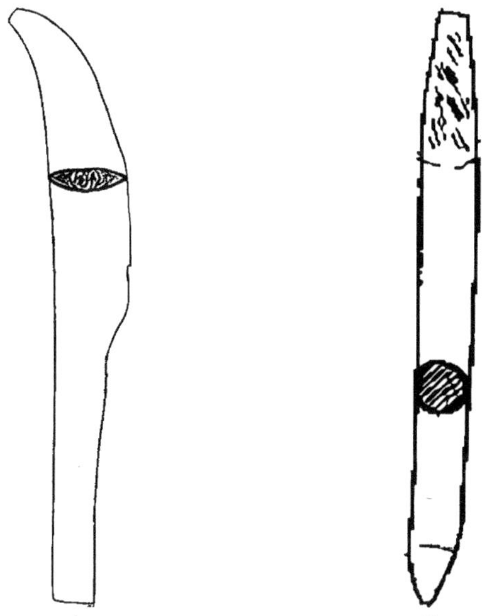


图4-2　铜刀与骨镞

# 第三节　钻凿之数

《庄子·外物篇》言道："乃刳龟，七十二钻而无遗筴。"①"七十二钻"是传世文献中对甲骨钻凿之数的记载。《礼记集解·礼器第十》记载："诸侯以龟为宝，以圭为瑞，家不宝龟，不藏龟，不台门，言有称也。"注疏云："按《三正记》、《白虎通》：'天子龟尺二寸、诸侯一尺、大夫八寸'。"②实际上，观察商代各地出土甲骨上钻凿之孔的数量，其钻凿之数似乎与甲骨的大小并无直接关系，《庄子·外物》所载甲骨上的钻凿之数也"未必合于商代的实情"③。

董作宾曾根据文献记载之"七十二钻"，绘制"七十二钻图"（腹甲里面，图4-3）：

首先，甲骨之上的钻凿之数由什么决定。董作宾、朱芳圃认为一片龟腹甲上的钻凿之数"定于龟板之大小"④，认为钻凿之数是和腹甲的大小成正比的。范毓周亦认为钻和凿的数目"根据龟甲和牛骨的大小而定"⑤。钻凿之数由甲骨的大小决定，这是学界主流的观点。

但是，并非所有的钻凿之数都由甲骨的大小决定，有的龟腹甲较大，也只有几个钻凿之孔。张秉权就持与董作宾不同意见，他说："龟腹甲上的双联凹穴的数目多寡与龟板的大小并无一定的关系……但是我们在殷虚的遗物中，可以看到很多业已制成而又未曾灼过，即未曾卜

① （清）郭庆藩撰，王孝鱼点校：《庄子集释》，中华书局，1985年，第934页。

② （清）孙希旦撰，沈啸寰、王星贤点校：《礼记集解》，中华书局，1989年，第629、630页。

③ 陈炜湛：《甲骨文简论》，上海古籍出版社，1987年，第42页。

④ 董作宾：《商代龟卜之推测》，《安阳发掘报告》1929年第1期；朱芳圃：《甲骨学商史编》（下册），中华书局，1935年，第16、17页。

⑤ 范毓周：《甲骨文》，人民出版社，1986年，第9页。

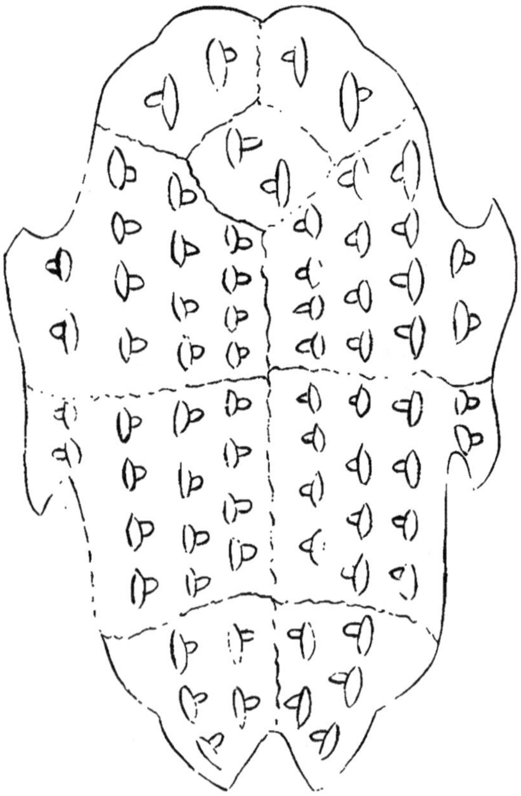

图4-3　龟腹甲“七十二钻图”
引自董作宾：《商代龟卜之推测》

用过的双联凹穴，甚至有些龟版上的凹穴全部未经灼用过的，有很多龟腹甲则在一版之灼用了一部分，而又留下一部分未加灼用……即龟腹甲上双联凹穴数目的决定是在攻治之时，换句话说，每一块龟腹甲可以供作若干次灼卜当由攻治者来决定，但是攻治的人只是决定每一龟腹甲可用若干次而已，至于事实上究竟能用多少次，这似乎又是由贞卜的人来决定的……”①

赵鹏从甲骨上的钻凿布局入手研究钻凿布局和钻凿之数的关系，认为“YH127坑宾组龟腹甲一版内钻凿的数目，主要是由钻凿布局决定的”，宾组龟腹甲“在密集型模式中，龟腹甲的大小与钻凿的数目普遍成正比”②。

殷商甲骨确实有不少钻凿之后没有烧灼卜用的备用甲骨，这种情况就说明钻凿之孔的制作并非临时的。同时也说明，钻凿之孔的数量并不完全由占卜事宜决定。我们认为，甲骨之上的钻凿之数并非只取决于一种因素，而是取决于多种因素，诸如甲骨的大小、钻凿职官的选择、占卜事宜和钻凿布局等。

商代不同时期、不同地域甲骨的钻凿之数，与甲骨的大小和占卜的需要似乎有更密切关系。我们通过观察商代甲骨实物，可以确定，钻凿之数并非“七十二钻”，或多于七十二钻、或少于七十二钻，正好是七十二钻者则少见。

偃师商城出土卜骨的钻凿之孔，如卜骨标本1983YSⅧT1④：10、1983YSⅧT2③：6、1983YSⅧT2H2：1、1983YSⅧT3③：5、1983YSⅧT3④：8、1983YSⅧT4③：22、1988YSⅡT6H4：3、1989YSⅣT19H71：9、1989YSⅣT19H71：10、1992YSⅣT40④：2、1996YSⅣT103H179：1，钻凿之孔的数量多于20个。卜骨标本1991YSJ2T2H9：4上有5个钻凿之孔。卜骨标本1992YSⅣT31H117：4、1992YSⅣT32HG2⑤：11上有10多个钻凿之孔。由已经残缺的卜骨推测，偃师商城卜骨上的钻凿之数多是20多个、10多个。

郑州商城卜骨标本C5T97④：40、C1H14：50、C5H40：20、C9.1H105：15，钻凿之孔有10多个。卜骨标本H10：423、C5H19：4、C5T21②：39、C9.1H105：21、C5H13：20、C15T14②：15、C5.3H311：6、C7H1：6上的钻凿之孔有20多个。卜骨标本H17：60上的钻凿之孔有40多个。卜骨标本C1H9：26上有4个钻凿之孔。卜骨标本C9.1T108①：84上有6个钻凿之孔。卜甲标本C9.1H167：7、C5H39：7上有30多个钻凿之孔。卜甲标本C5H20：49上有10多

① 张秉权：《殷虚卜龟之卜兆及其有关问题》，《“中研院”院刊》1954年第1辑。
② 赵鹏：《殷墟YH127坑宾组龟腹甲钻凿布局探析》，《考古学报》2017年第1期。

个钻凿之孔。卜甲标本C7H109：2上有20多个钻凿之孔。由已经残缺的卜骨推测，郑州商城卜骨上的钻凿之数多是20多个、10多个，卜甲上的钻凿之孔多是10多个、20多个，有的甚至30多个。

小屯甲骨上的钻凿之孔，有的甲骨上的钻凿之孔较多。如1936年，殷墟第13次发掘，出土于小屯村北的腹甲，编号13.0.10110，《乙编》4330，即《合集》14659（图4-4，1），龟腹甲长约44、宽约35厘米，其“反面钻凿，复原之后，得二百零四处”①，204个钻凿之孔布满整个甲面。再如《合集》376（图4-4，2），是一片较为完整的龟腹甲，其背面钻凿之数至少180，是72的二倍有余。再如《合集》背甲1823（图4-4，3），为残存大半的左背甲，其反面整体密集布满了钻凿之孔，总数不可计，但在100以上。

有些卜甲的钻凿之孔则寥寥可数，钻凿之数不足72，如《合集》671是一块比较完整的龟腹甲（图4-5），其背面千里路左侧和右侧各有5个钻凿之孔，共10个钻凿之孔。这也说明钻凿之孔的数量并非只由甲版的大小决定。

卜骨的钻凿之数少于卜甲，钻凿之孔多是没有布满骨面，如《合集》卜骨19946正面（图4-6），不足72钻之数。

小屯南地甲骨如ASTT1⑦：6附2，为一比较完整之卜骨，其反面钻凿之数只有32钻。再如H53（4A）：146，是半片龟腹甲，钻孔布满腹甲，一半之数为28，整片腹甲钻凿之数则是56。小屯南地出土甲骨的钻凿之数不足72，而卜甲的钻凿之数多于卜骨。

花园庄东地出土龟甲上的钻凿之数较多，完整龟腹甲是布满钻凿之孔。如卜甲H3：212，千里路左侧钻凿之数为32，右侧钻凿之数与之相等，整片腹甲钻凿之数则是64。再如

1 2 3

图4-4 龟腹甲与龟背甲

① 董作宾：《甲骨实物之整理》，《“中研院”历史语言研究所集刊·第二十九本》（下册），“中研院”历史语言研究所，1958年，第912页。

图4-5 龟腹甲

H3：237，其钻凿之数基本对称，整片腹甲钻凿总数则是75。再如H3：1433龟腹甲（图4-7），其反面甲桥处也有钻凿之孔，整版数量近100个。花东龟腹甲钻凿之数最多的是《花东》15（H3：53），其钻凿分布为：中甲3个，首甲左右各4个，前甲左右各18个，后甲左右各21个，尾甲左右各6个，甲桥左右各5个，整版共计钻凿111个。兽骨之上的钻凿之数不足72者居多。

商代甲骨上钻凿之孔的数量，各个时期差别较大。偃师商城遗址卜骨上钻凿之孔的数量较多，多是10多个、20多个，钻凿之孔布满骨面。郑州商城遗址出土卜骨上钻凿之孔的数量为10多个、20多个，卜甲上的钻凿之孔多是10多个、20多个。据残缺甲骨推测，商代早期甲骨的钻凿之数多不足72。而小屯、屯南和花东遗址，属于晚商时期，遗址出土甲骨上钻凿之孔的数量，皆有规律可循，卜甲上的钻凿之孔多者可达100多个、200多个，少者只有几个，而卜骨上钻凿之孔多不足72之数。

可知，钻凿之数和甲骨的大小无直接关系，而是根据每次占卜的需要，选择大小合适的甲骨，进行烧灼，故甲骨的大小、钻凿职官的选择、占卜事宜和钻凿布局等因素，共同决定了甲骨之上的钻凿之数。至于甲骨之上钻凿的分布，如两行、四行和三行等问题，则是钻凿布局需要研究的内容。

图4-6 卜骨

图4-7 龟腹甲

# 第四节　钻凿布局

钻凿布局就是钻凿施于甲骨之上具体部位及其呈现的特征。商代甲骨的钻凿多施于甲骨的背面，也有施于正面的情况，钻凿布局已经呈现一定的规律性。钻凿分布于甲骨的不同部位，在一定程度上决定了卜兆的延伸走向，而卜兆的延伸走向又与甲骨卜辞行款密切相关。

可知，钻凿布局研究的意义重大。首先，研究甲骨钻凿布局，有助于复原甲骨占卜之法；其次，明确甲骨钻凿布局的特征，对研究卜兆的延伸走向和卜辞的行款有重要指导意义；最后，了解钻凿布局的特征，有助于我们确定甲骨碎片在整版甲骨中所处的大致位置，结合兆枝的延伸走向、刻辞的行款特征、碎片的断裂碴口等，可以更加准确地缀合甲骨。

学者早就注意到了甲骨之上的钻凿布局，董作宾认为左右对称的龟腹甲钻凿布局具有对称性，前后甲钻凿数目相同，间有前少于后一钻的情况。首甲、中甲不施钻凿的情况很多①，这是龟腹甲钻凿布局的部分情况。

1973年，许进雄就将卜骨上长凿的配置分为六类：①缺角处的长凿与另一边的第三个长凿平行或以下。②骨臼处只见2个长凿，推测其属于第一类。③缺角处的长凿介于另一边的第二个和第三个之间。④缺角处的长凿与另一边的第二个长凿等高。⑤缺角处的长凿介于另一边的第一、第二个长凿之间。⑥缺角处的长凿与另一边的第一个长凿是等高的，进而将六类归纳为两式②。另外，许进雄最早注意到骨首、骨颈部位的钻凿排列布局，称之为“安排”—“表示长凿在卜骨上的排列方式”，并依此论定时代③。

然而，钻凿布局的概念提出较晚。有的学者指出：“卜甲上钻凿排列形式，前人研究不多。但钻凿排列型式，反映了人们的占卜观念和占卜习俗，应当予以重视和研究……研究卜甲上钻凿排列形式，主要研究甲首、前甲、后甲、甲尾钻凿之排列。为了简明起见，甲桥和中甲上之钻凿不入考察之例。”④其实，殷墟龟腹甲上甲桥和中甲部位的钻凿布局也呈现出一定的特征，应当“予以重视和研究”。

张惟捷最先提出了龟腹甲钻凿排列布局的概念：“所谓钻凿的排列布局，所指的是复数钻凿在腹甲反面特定部位形成的一种固定形态……推测同类型的钻凿排列布局反映了该批尺寸相近的腹甲具有高度同质性”，其论著的方法是“采取腹甲的单侧‘后甲’反面（图4-8，1）钻凿之排列布局，将其由直排数量、横排数量分别定其类型；举例而言，某版后甲反面钻凿的竖行左右共二、横列上下共三，则以‘2-3’记录其类型”。而后，张惟捷指出布局类型中的一

① 董作宾：《商代龟卜之推测》，《安阳发掘报告》1929年第1期。

② 许进雄：《从长凿的配置试分第三与第四期的卜骨》，《中国文字》（第48册），台湾大学文学院中国文学系编印，1973年，第5273页。

③ 许进雄：《甲骨上钻凿形态的研究》，艺文印书馆，1979年，第76—80页。

④ 中国社会科学院考古研究所编著：《殷墟花园庄东地甲骨》（第六分册），云南人民出版社，2003年，第1771页。

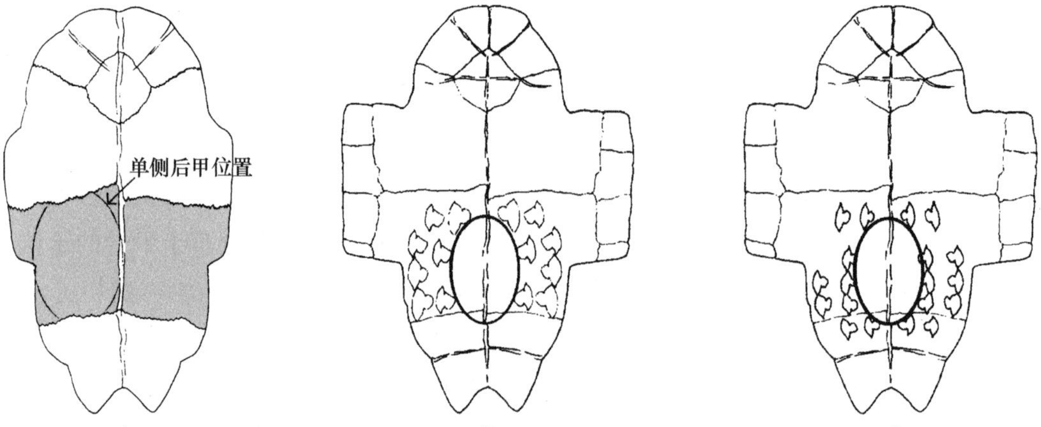


图4-8 单侧后甲部位与“中空”形态示意图
引自张惟捷：《殷墟YH127坑宾组甲骨新研》，第503、505页

类排列呈不规矩的“中空”形态（图4-8，2、3），“也就是腹甲四周围绕钻凿，而中间部分刻意空出位置”，他将宾组龟腹甲单侧“后甲”反面的钻凿布局类型分为：

1-1形态：1-1　　1-2形态：1-2、1-2（3）、1-3
2-2形态：2-2、2（1）-2　　2-3形态：2-3、2-3（4）、2-3（2）
2-4形态：2-4　　2-5形态：2-5
3-2形态：3（2）-2、3-2（3）　　3-3形态：3-3（4）、3-3
3-4形态：3-4、3-4（5）　　3-5形态：3-5、3-5（6）
3-6形态：3-6、3-5（6）　　3-7形态：3-7
四行以上形态：4（3）-7、5-5（6）、4-7、4-4、4-6[①]。

张惟捷所说的“钻凿的排列布局”就是龟腹甲的钻凿布局。张惟捷只是研究了YH127宾组龟腹甲单侧“后甲”反面的钻凿布局，其实，钻凿布局还是应该研究整版龟腹甲的钻凿情况为宜，不必局限于特定部位。再者，张惟捷以“直排数量、横排数量”为分类标准，虽然标准比较清晰，但是他划分钻凿布局的类型略显繁琐，且以数字记录钻凿布局类型的形式，令人难以根据“数字”看出其中端倪。总之，张惟捷确实最先提出了龟腹甲钻凿布局的概念，但其论著中对钻凿布局的分类标准和记录形式等尚有可再商榷之处。

赵鹏认为龟腹甲的主体部位主要包括前甲和后甲，这是钻凿布局研究的侧重部位[②]。“主体部位”即是龟腹甲用于占卜的主要部位（图4-9）。上文已经说明，我们也应重视和研究首甲、尾甲、甲桥、中甲部位的钻凿布局。

① 张惟捷：《殷墟YH127坑宾组甲骨新研》，万卷楼图书有限公司，2013年，第502—522页。赵鹏在《殷墟YH127坑宾组龟腹甲钻凿布局探析》中说：“张惟捷在研究YH127坑宾组卜辞时，最早提出了钻凿的排列布局概念。”论文载《考古学报》2017年第1期。

② 赵鹏：《花东龟腹甲钻凿布局的整理研究》，《甲骨文与殷商史》（新十辑），上海古籍出版社，2020年，第491—498页。

结合以上学者的论述和龟腹甲的构造，我们认为龟腹甲的钻凿布局需要研究首甲、中甲、前甲、后甲、尾甲和甲桥等部位的钻凿，此为龟腹甲钻凿布局之“整体研究”。

综上，甲骨上钻凿布局的研究，可以根据甲骨之上钻凿的稀疏、密集、排列以及钻凿之数的多少、钻凿分布于甲骨部位等特征进行分类。具体则结合甲骨的各部位，如龟腹甲的首甲、中甲、前甲、后甲、尾甲和甲桥等部位和齿纹、盾纹、千里路等天然信息，龟背甲的颈甲、脊甲、尻甲、肋甲、边甲等部位，兽骨的骨臼、骨首、骨颈、骨扇、骨面外缘、骨面内缘等部位。

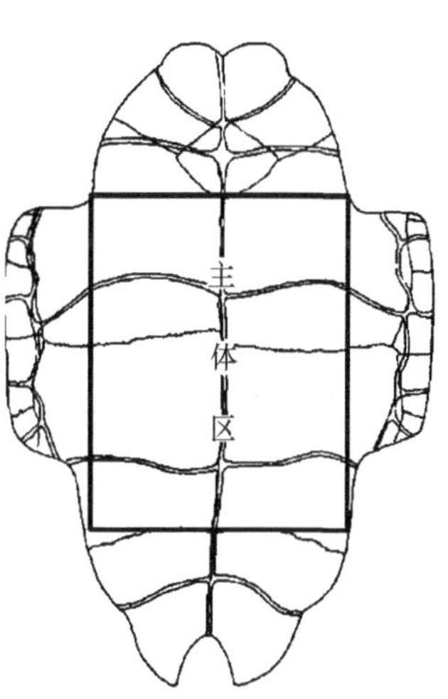

图4-9　龟腹甲主体部位示意图
引自赵鹏：《花东龟腹甲钻凿布局的整理研究》

## 一、偃师商城卜骨的钻凿布局

偃师商城出土的卜骨居多，故在此讨论卜骨的钻凿布局。根据出土卜骨钻凿布局的分布特征，卜骨的钻凿布局主要分为以下二式。

第一式，分布零散、稀疏，布满骨面，排列无规律。如卜骨标本1983YSⅧT1④：10、1983YSⅧT2H2：1、1983YSⅧT3④：8、1988YSⅡT6H4：3、1992YSJ2T38H20：7、1992YSⅣT40④：2。

钻凿分布于骨扇上部，如卜骨标本1992YSⅣT31H117：4、标本1992YSⅣT32HG2⑤：11。

有的纵向一列，如卜骨标本1991YSJ2T2H9：4，5个钻凿纵向排列，分布于骨扇部位。

有的钻凿分布于骨扇正、反两面，卜骨标本1989YSⅣT19H71：9、1992YSⅣT31H117：4、1996YSⅣT103H179：5等。

第二式，分布密集，布满骨面，排列无规律。如卜骨标本1983YSⅧT2③：6、1983YSⅧT3③：5、1983YSⅧT4③：22、1996YSⅣT103H179：1。

偃师商城遗址出土卜骨的钻凿布局主要有以上两种型式，以分布稀疏者居多。无论分布密集还是稀疏，钻凿之孔排列多没有规律。

## 二、郑州商城甲骨的钻凿布局

郑州商城遗址出土甲骨的钻凿，再不是随意排列，反而是呈现一些规律。这些特征表明，郑州商城遗址出土的甲骨比较注重钻凿布局。

### （一）龟甲的钻凿布局

（1）第一式，钻凿分布零散、稀疏。卜甲标本C7H109：2，甲面上的钻凿分布稀疏，其首甲、后甲和尾甲均有钻凿之孔，以千里路为中线，几乎对称。

（2）第二式，分布密集，排列无规律。

龟腹甲标本C5H39：7，钻凿位于后甲和接近第三道齿纹处，分布比较密集。

（3）第三式，分布密集，横向排列有序。

龟腹甲标本C5H20：49，在首甲和前甲部位有10多个钻凿，前甲部位的10个钻凿排列整齐。

### （二）卜骨的钻凿布局

（1）第一式，分布零散、稀疏。

排列无规律者，如卜骨标本C1H14：50、C9.1H105：15、C7H11：14、C9.1H106：13、C7H1：6，钻凿之孔稀疏分布于骨扇。

排列有规律者，如卜骨标本C5H13：20，从骨臼到骨扇都有钻凿之孔，纵向、横向排列有序。

（2）第二式，分布密集。

排列无规律者，如卜骨标本H17：60、C15T14②：15、C5.3H311：6，钻凿之孔分布于骨扇上部至骨臼端，分布密集。

排列有规律者，如卜骨标本C5T21②：39，纵向、横向排列有序。再如基本完整的牛卜骨标本C5H19：4，在骨扇下端中间部位密集分布着50多个灼痕，左右、上下成行集中排列，呈现出近似方形的灼痕区。

郑州商城遗址出土甲骨的钻凿布局，已经呈现出一定的规律。卜甲的钻凿布局有三式：①钻凿分布零散、稀疏，以千里路为中线，几乎对称。②钻凿密集，排列无规律。③钻凿密集，排列有序。卜骨的钻凿布局有二式：①钻凿分布稀疏，有的钻凿排列规整，有的钻凿排列无序。②钻凿密集，排列或有规律，或无规律。

## 三、小屯甲骨的钻凿布局

商代早期遗址出土甲骨的钻凿布局，规律性不强，难以理出钻凿的总体特征。商代中期和晚期遗址出土甲骨的钻凿布局，已然显现出一定的规律。如商代中期的遗址藁城台西，台西遗址出土甲骨的钻凿布局与殷墟甲骨就有相通之处。藁城台西遗址发掘龟甲91片，背甲59片、腹甲32片，其钻凿布局的特征为：

凿的位置无定，有的在孔的左侧，有的位于右侧，个别的如标本T13：174凿痕横在钻孔之内，标本T13：144则在凿痕之中，标本T13：92甚至在两钻孔之间。其形状以枣核形为主，但也有凿成长方形的。

孔的排列或稀疏，或密集。标本F2：39是一块小龟的背甲，上面钻灼孔排列密集；而与其大小略同的标本T13：97，是一块腹甲，上面钻灼孔则比较稀疏。多数钻痕的背面有卜兆裂纹，但也有隐约不清的，特别是浅孔或钻、凿而不灼的[①]。

商代晚期甲骨的钻凿布局和早期、中期一脉相承。殷商甲骨的钻凿布局，规律性极强，但也有特例。以下，我们选取比较完整的龟甲和兽骨，分别论述龟腹甲、龟背甲、卜骨的钻凿布局及其特征。

### （一）龟腹甲的钻凿布局

严一萍认为通常腹甲的钻凿是相对的，即“左右两半，各施钻凿的数目相等，左边的钻凿，一定凿在左，钻在右，右边就相反”，他根据龟腹甲上舌腹甲、内腹甲、上腹甲、下腹甲、剑腹甲、甲桥各部位的钻凿之数及其特征，将龟腹甲的钻凿布局分为48式[②]。严一萍所说腹甲钻凿布局的规律，确实符合钻凿分布的实际，但也只是龟腹甲钻凿的一般情况，且其划分龟腹甲钻凿布局的型式的标准是龟腹甲各部位的钻凿之数及其特征，这就致使其划分的型式多达48式，且过于细化。然而，严一萍划分钻凿布局型式的方法，为学界提供了研究思路。

商代“凿钻、灼兆于龟甲腹版上，往往以龟甲的中缝（千里路）分成左右龟甲两部分，龟甲由九块‘甲盾’组成，龟甲近边缘处为‘外’，近中间的‘千里路’处为内；近首部位为‘上’，近‘尾’部分为‘下’”[③]，这是腹甲构造的基本情况。

刘一曼根据小屯龟腹甲反面钻凿灼的分布，以千里路（中缝）为界将其排列分为五种形式：一，千里路两侧，各有一竖列钻、凿、灼。二，千里路两侧，各有二竖列钻、凿、灼。三，千里路两侧，各有三竖列钻、凿、灼。四，千里路两侧，各有四竖列钻、凿、灼。五，千里路两侧，各有五竖列的钻、凿、灼。刘一曼指出小屯左右背甲反面各有3—8列钻、凿、灼[④]。刘一曼划分钻凿布局型式的标准是龟腹甲千里路两侧钻凿灼的纵列之数，清晰明了。

赵鹏致力于殷商甲骨钻凿布局的研究，取得了一系列成果。

赵鹏认为龟腹甲钻凿布局的研究“不限于龟腹甲反面的‘特定部位’，而是以钻凿在整个龟腹甲上的布局为着眼点”，她将YH127坑宾组龟腹甲钻凿布局分为稀疏性、密集型和稀疏密集混合型三类：

---

① 河北省文物研究所编：《藁城台西商代遗址》，文物出版社，1985年，第88页。

② 严一萍：《甲骨学》，艺文印书馆，1978年，第542、581—692页。

③ 张文翰：《论殷墟甲骨文化中的“信仰与占卜”》，《华章》2013年第8期。

④ 刘一曼：《论殷墟甲骨整治与占卜的几个问题》，《古文字与古代史》（第四辑），“中研院”历史语言研究所，2015年，第199、200页。

（一）稀疏型

稀疏型指龟腹甲反面的钻凿数量比较少，排列比较稀疏，可以分为两种类型：单环稀疏型和复环稀疏型。

1. 单环稀疏型（“0”字型） 主要指沿原边有一列钻凿，有的呈椭圆形，有的呈双圆形上下排列。这种钻凿布局按照首甲与中甲有无钻凿，分为首甲中甲无钻凿型和首甲中甲有钻凿型两种。

（1）首甲中甲无钻凿型（“0”字Ⅰ型） 这种类型以长约20厘米的龟腹甲居多，也有11厘米的小龟和29厘米的大龟。无论龟腹甲大小，首甲和中甲皆不施钻凿。前甲左右各两个钻凿，呈上下纵向排列。后甲近尾甲处，左右各两个钻凿，呈上下纵向排列。尾甲左右各一个钻凿，位于近后甲与千里路处。整版有十个钻凿。沿这些钻凿做一条连线，很像数字“0”，也可称之为“0”字Ⅰ型，如《合集》9950（图4-10，1）。这种钻凿布局的龟腹甲约有86版。

“0”字Ⅰ型变式ⅰ：YH127坑中有一些龟腹甲或大或小，反面的钻凿比较少，主要是在首甲中甲无钻凿基本型的基础上，成对地减少外环钻凿个数：整版有二、四、六、八等偶数钻凿，基本位于前甲和后甲部位，呈对称分布。其中以六个钻凿为多，也有三个钻凿的。这种钻凿布局主要出现在典宾类，偶见宾组一类。《合集》10656整版两个钻凿在前甲部位；《合集》10184整版四个钻凿在前甲和后甲部位；《合集》3947整版六个钻凿，前甲左右各两个，后甲左右各一个，上下纵向排列。

“0”字Ⅰ型变式ⅱ：YH127坑中有一些比较大的龟腹甲，钻凿基本布局呈“0”字型，但有时在中甲下面、千里路两侧各施加一个钻凿。这种钻凿布局主要见于典宾类，如《合集》6771，整版外环有十二个钻凿。

（2）首甲中甲有钻凿型（“0”字Ⅱ型） 以长约16厘米的龟腹甲居多。基本布局为首甲左右各一个钻凿。中甲一个钻凿。前甲左右各两个钻凿，呈上下纵向排列。后甲近尾甲处，左右各两个钻凿，呈上下纵向排列。尾甲左右各一个钻凿，一般位于近后甲与千里路处。整版有十三个钻凿。这种排列布局的连线也有些像数字“0”，可称之为“0”字Ⅱ型，如《乙》7361（图4-10，2）。这种钻凿布局的龟腹甲约有66版。

“0”字Ⅱ型变式（“8”字型）：一般在基本布局模式的基础上，在左右后甲近前甲和千里路部位左右再各施加一个钻凿，使得反面的钻凿形成两个相连的圆环状，整版钻凿布局类似“8”字，也可称之为“8”字型，如《合集》4769。这种钻凿模式的正面卜辞布局稍显凌乱，疑是占卜机构对钻凿布局探索过程中的产物，由于并不适合占卜或刻写，很快就废弃不用了。

以上为单环稀疏型的基本布局模式及变式情况。

2. 复环稀疏型 这种钻凿布局以26—32厘米的大龟居多，多两个钻凿在一起，排列上整体呈椭圆形的较少，呈下圆形或双圆形的稍多。整版钻凿二十至四十个。大多首甲与中甲无钻凿。首甲有钻凿的，一般左右各一至三个。中甲有钻凿的，一般为两个，左右相对，偶见三个。前甲左右各三至八个，一般分布在近首甲原边部位一或三个，近后甲中间部位两个。后甲左右各三至十个，一般分布在近前甲千里路部位一行两个，近尾甲和原边部位两列五或六个。尾甲左右各一或二个，一般分布在近后甲及千里路部位。甲桥一般不施钻凿，如《合集》5637（图4-10，3）。这种钻凿排列类型约有56版，基本见于典宾类，偶见宾组一类。

复环稀疏型钻凿布局首甲中甲一般不施钻凿，这与首甲中甲无钻凿的单环稀疏型相类。后甲尾甲钻凿排列呈圆形布局，这与"8"字型相似。

（二）密集型

密集型指龟腹甲反面钻凿数量比较多，排列比较密集，基本布局到每个角落。密集型又可以分为两种类型：主体左右各两列型和主体左右各三列及以上型。

1. 主体左右各两列型 钻凿在千里路两侧，从上到下各通以两列。这种钻凿布局类型的龟腹甲长约20厘米。由于修治时留下的甲桥面积大小不同，又可分为近甲桥处无钻凿与近甲桥处有钻凿两种类型。

（1）近甲桥处无钻凿型 这种钻凿布局类型的龟腹甲长16—23厘米。甲桥处留有很小的边缘，不足以施钻凿，以整版三十一或三十三个钻凿为主。基本布局为首甲左右各一或二个钻凿。中甲一个钻凿，兆干在右，兆枝在左，该钻凿一般右属。前甲左右各五个钻凿，最上部近首甲与原边处一个，下面两行两列四个。后甲左右各两列三行六个钻凿。尾甲左右各三个钻凿，如《乙》7491（图4-11，1）。这种钻凿布局类型约99版，多见于典宾类，偶见宾组一类。

（2）近甲桥处有钻凿型 这种钻凿布局类型的龟腹甲长16—24厘米。甲桥处留有稍大的边缘，近甲桥处一般容得下三个一列的钻凿，与相应的前甲下部、后甲上部钻凿成行。这种钻凿布局类型的龟腹甲一般以整版三十九、五十二、五十七个钻凿为基本型。基本布局为首甲左右各二或三个钻凿。中甲多为一或二个钻凿，一个钻凿及两个钻凿上下排列时，通常兆干在右，兆枝在左，该钻凿一般右属；两个钻凿左右排列时，分属左右卜辞。前甲一般左右各七或九个钻凿，最上部近首甲与原边处一或三个，下面两行三列六个。后甲一般左右各七或九个钻凿，近甲桥处一个钻凿，中间两列三或四行，六或八个。一般有后甲钻凿数同于前甲钻凿数的规则。尾甲左右各三或五个钻凿，如《乙》3427（图4-11，2）。这种钻凿布局类型约77版，多见于典宾类，也见于宾组一类。

2. 主体左右各三列及以上型 这种钻凿布局类型的龟腹甲长27—30厘米，钻凿以千里路为轴，自上而下通以三列及以上排列。基本布局为首甲左右各一至七个钻凿。中甲左右各二至五个钻凿，偶数钻凿时，左右相对，分属左右两侧卜辞；奇数钻凿时，右侧通常比左侧多一个，多出的一个一般右属。前甲一般左右各三至四列，八至三十六个钻凿。后甲一般左右各三至四列，七至三十二个钻凿。左右前甲及左右后甲近甲桥处通常也会有一列钻凿。尾甲一般左右各二至十个钻凿。甲桥留有较大的边缘，通常有一列五或六个钻凿，如《合集》7352（图4-11，3）。这种钻凿布局类型

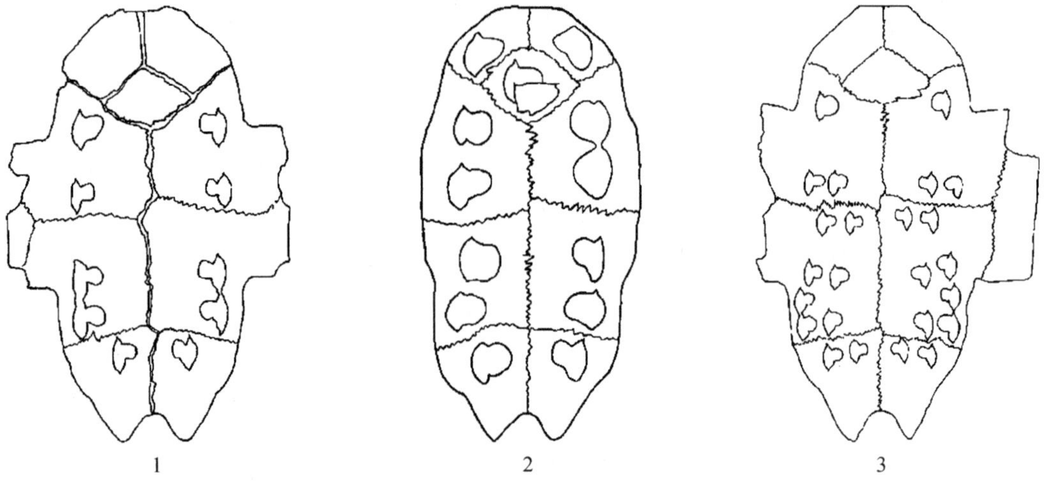


图4-10　龟腹甲稀疏型钻凿布局

引自赵鹏：《殷墟YH127坑宾组龟腹甲钻凿布局探析》

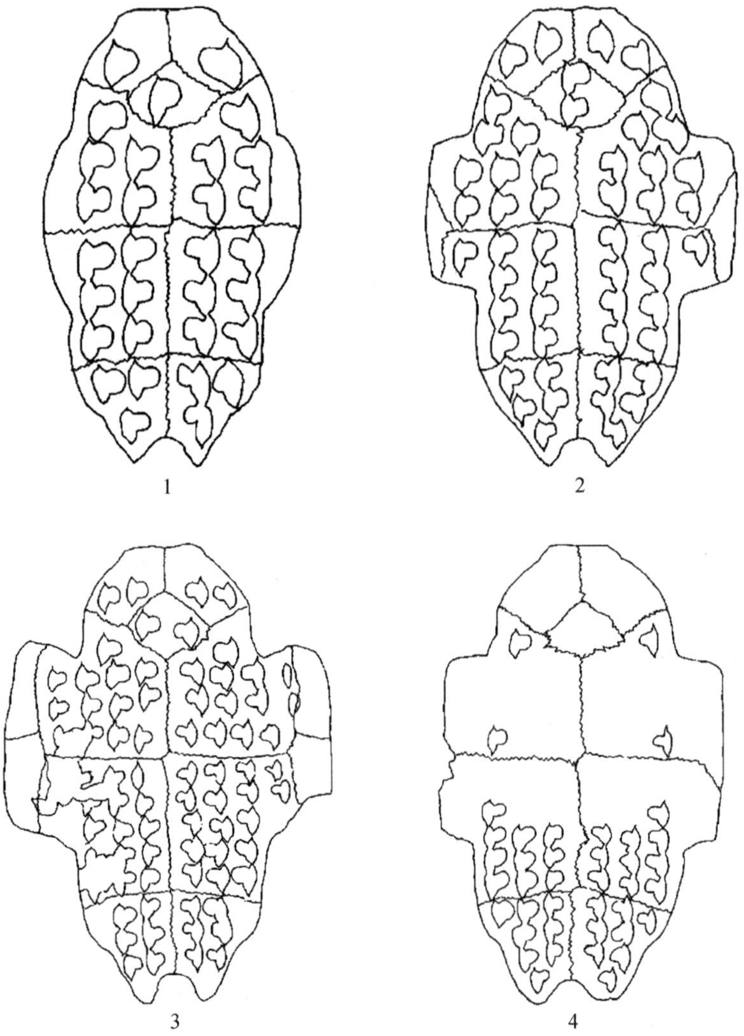


图4-11　龟腹甲密集型与稀疏密集混合型钻凿布局

引自赵鹏：《殷墟YH127坑宾组龟腹甲钻凿布局探析》

虽然各个部位钻凿的数目差异较大，但基本从上到下通以三或四列。因为钻凿呈密集排列，单个钻凿的长度相仿，所以钻凿的个数普遍与龟腹甲的大小成正比。这种龟腹甲约274版，见于宾组一类和典宾类，宾组一类较多。

（三）稀疏密集混合型

有些龟腹甲尺寸比较大，钻凿排列部分密集，部分稀疏。密集部分以三列为主。如《合集》975首甲中甲部位钻凿属密集型排列，前甲后甲尾甲呈单环稀疏型布局。《合集》3979后甲下部及尾甲部分呈主体三列密集型排列，上部为首甲中甲无钻凿单环稀疏型变式（图4-11，4）。这种龟腹甲约9版。

殷墟YH127坑宾组龟腹甲钻凿布局模式主要有以上一些基本型、式。在每种基本式之外，还有一些变式。一些变式较为规则，如单环稀疏型的变式。一些变式则比较随意，如主体三列及以上密集型，有时钻凿布局比较灵活，不一定完全对称。但这些都不影响对于基本布局类型的类别判断①。

以上是赵鹏针对殷墟YH127坑宾组龟腹甲的钻凿布局进行的研究，将钻凿布局划分为稀疏型、密集型和稀疏密集混合型：

一，稀疏型：（一）单环稀疏型（“0”字型）：1.首甲中甲无钻凿型（“0”字Ⅰ型），另有变式ⅰ和变式ⅱ；2.首甲、中甲有钻凿型（“0”字Ⅱ型）；另有变式“8”字型。（二）复环稀疏型：多两个钻凿在一起，首甲中甲一般不施钻凿。

二，密集型：主体左右各两列型和主体左右各三列及以上型。

三，稀疏密集混合型：钻凿排列部分密集，部分稀疏，密集部分以三列为主。

赵鹏所划分的某些变式，“首甲中甲无钻凿型”中“0”字Ⅰ型变式ⅰ，如《合集》龟腹甲3947反面（图4-12，1）。“0”字Ⅰ型变式ⅱ，如《合集》龟腹甲6771反面（图4-12，2）。这两种变式的钻凿多分布于前甲和后甲。首甲、中甲有钻凿型“0”字Ⅱ型变式，如《合集》龟腹甲4769反面（图4-12，3）。

赵鹏将殷墟村北系胛骨出组二类的钻凿布局划分为“对边一列，臼边半列”，“只对边一列”，“正面骨扇下部有时施有钻凿”，“颈扇交界处，对边与臼边之间的钻凿通常在臼边最下钻凿之前使用”②。赵鹏还将黄组胛骨钻凿布局分为“只对边一列”（主要的钻凿布局模式），“对边一列，臼边半列”（可见一些），“特例”（个别）③。

以上是赵鹏近年发表的四篇论文《宾组三类胛骨钻凿与兆序排列的初步整理与研究》《殷墟YH127坑宾组龟腹甲钻凿布局探析》《出组二类胛骨钻凿布局、兆序排列与占卜》《黄组胛骨钻凿布局、兆序排列及相关问题》，其中的研究方法、型式划分的标准及其主要观点，都为学界研究钻凿布局提供了较多可以借鉴之处。

---

① 赵鹏：《殷墟YH127坑宾组龟腹甲钻凿布局探析》，《考古学报》2017年第1期。

② 赵鹏：《出组二类胛骨钻凿布局、兆序排列与占卜》，《古文字研究》（第32辑），中华书局，2018年，第127—130页。

③ 赵鹏：《黄组胛骨钻凿布局、兆序排列及相关问题》，《南方文物》2019年第3期。

1 2 3

图4-12 龟腹甲钻凿布局的变式

以下，我们就研究殷墟小屯龟腹甲的钻凿布局，首先根据千里路两侧前甲、后甲、尾甲和甲桥钻凿的列数，其次是据首甲和中甲的钻凿分布，对龟腹甲钻凿布局的型式进行划分①。

（1）第一式，千里路左右两侧各1列钻凿，钻凿沿着腹甲的外围边缘，分布稀疏，排列整齐、有序。

有的中甲没有钻凿，如《合集》龟腹甲9950的反面（图4-13，1）、10964的反面（图4-13，2），再如《合集》龟腹甲14、671、1100、1532、2498、3238、6654、7103、7851、8310、8796、9271、10136、10345、10989、12487、12972、13675、18860的反面。

有的中甲没有钻凿之孔，在靠近千里路的前甲处，有一组钻凿之孔，左右各1个，对称分布。比较稀疏者，如《合集》龟腹甲32的反面（图4-14，1）。比较密集者，如《合集》龟腹甲203的反面（图4-14，2）。

有的中甲左侧部位有1个钻凿，如《合集》龟腹甲838的反面（图4-15，1）、13658的反面（图4-15，2），再如《合集》龟腹甲1086、1114、1868、4264、5298、9013、9658、9742、9788、10174、10910、10935、12438、13338、13716和17185的反面。

有的中甲左侧部位有1个钻凿，在纵列钻凿和千里路中间的后甲部位，分布着一组对称的钻凿之孔，左右各1个，如《合集》龟腹甲812的反面（图4-16，1），再如《合集》龟腹甲768、4464、9743的反面。还有的在右前甲部位有1个钻凿，如《合补》龟腹甲287的反面（图4-16，2），应是此种型式的特例。

有的中甲分布一组对称的钻凿之孔，左右各1个，如《合集》龟腹甲9525反面（图4-17，1）。有的中甲两侧分布两组对称的钻凿之孔，左右各2个，上下、左右对称分布，如《合集》龟腹甲975反面（图4-17，2），在其首甲部位对称分布着8个钻凿，左右各4个。

① 某些龟腹甲的左右甲桥上各有1个钻凿，为了方便钻凿布局的研究，我们仍然视其为各有1列。

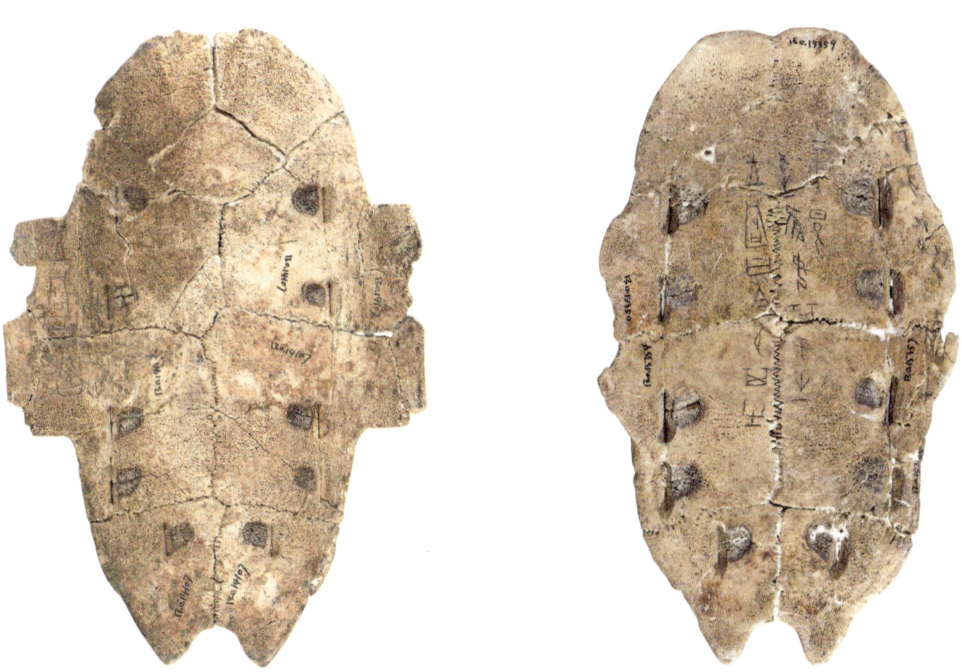

1　　2

图4-13　龟腹甲

1　　2

图4-14　龟腹甲

1 2

图4-15 龟腹甲

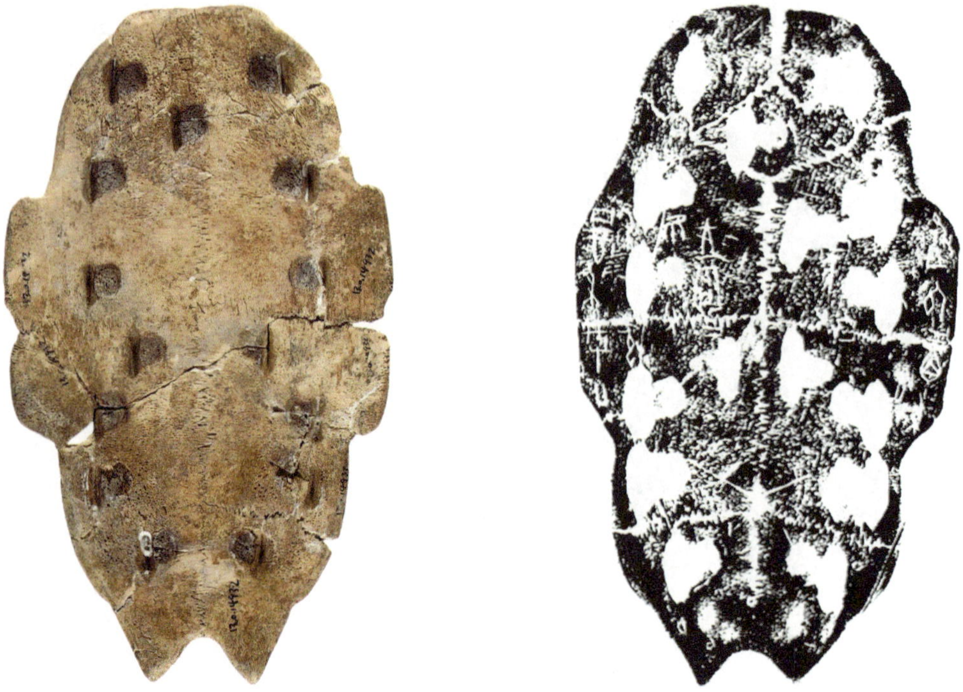

1 2

图4-16 龟腹甲

1　　2

图4-17　龟腹甲

有的首甲、中甲和尾甲都没有钻凿，前甲和后甲部位有1列钻凿，对称分布，钻凿之数较少，以4个钻凿、6个钻凿的情况居多，如《合集》龟腹甲3946的反面（图4-18，1）、3947的反面（图4-18，2），再如《合集》龟腹甲3945的反面。

（2）第二式，千里路左右两侧各2列钻凿，排列整齐、有序。

有的中甲没有钻凿，如《合集》龟腹甲946的反面（图4-19，1）、6653的反面（图4-19，2），再如《合集》龟腹甲506、904、1822、6016、6571、9472的反面。

有的中甲没有钻凿，在靠近千里路的后甲处，有两组对称分布的钻凿之孔，左右各有2个，如《合集》龟腹甲110的反面（图4-20，1）。还有的在靠近千里路的后甲处，有一组对称分布的钻凿之孔，左右各1个，如《合集》龟腹甲13505的反面（图4-20，2），再如《合集》龟腹甲698、12921的反面。

有的中甲没有钻凿，在靠近中甲处分布一组对称的钻凿之孔，左右各1个，其下前甲、后甲、尾甲对称分布2列钻凿，如《合集》龟腹甲150的反面（图4-21，1）、5637的反面（图4-21，2）、6647的反面。

有的中甲左侧部位有1个钻凿，如《合集》龟腹甲116的反面（图4-22，1）、2415的反面（图4-22，2）、10937的反面（图4-22，3），再如《合集》龟腹甲267、555、656、2274、2429、2530、3201、5096、5480、5611、5884、6655、7023、9012、9234、9235、9236、9671、9775、9791、9810、10137、11274、12163、12396、12862、12898、13333、16335、17230、17485、18911的反面。有的中甲右侧部位有1个钻凿，如《合集》龟腹甲9774的反面（图4-22，4）。

1 2

图4-18 龟腹甲

1 2

图4-19 龟腹甲

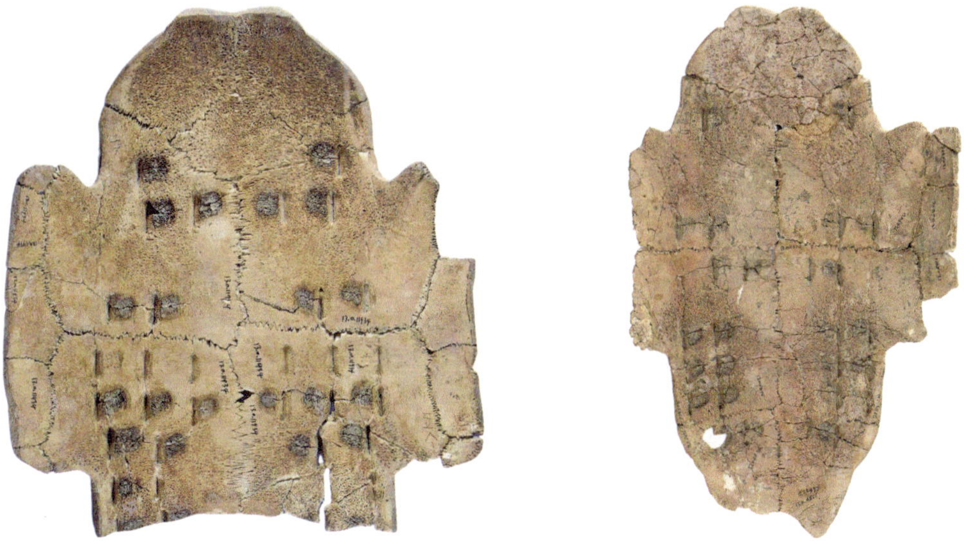

1　　2

图4-20　龟腹甲

1　　2

图4-21　龟腹甲

1

2

3

4

图4-22 龟腹甲

有的中甲分布一组对称的钻凿之孔，左右各1个，如《合集》龟腹甲11484反面（图4-23，1）、1657的反面。有的中甲左侧部位纵向排列2个钻凿，如《合集》龟腹甲3458反面（图4-23，2）、12324的反面。

（3）第三式，千里路左右两侧各3列钻凿，排列整齐、有序。

有的中甲左侧部位有1个钻凿，如《合集》龟腹甲822反面（图4-24，1）、6032反面（图4-24，2），再如《合集》龟腹甲500、926、4611、6928、9252、9783、10124、13390、17408的反面。

1

2

图4-23　龟腹甲

1

2

图4-24　龟腹甲

有的中甲部位有一组钻凿之孔，左右各1个，对称分布，如《合集》龟腹甲5638反面（图4-25，1）、12051反面（图4-25，2），再如《合集》龟腹甲190、672、3482、6033、9177、11892和《合补》龟腹甲4351的反面，分布密集。分布稀疏者，如《合集》龟腹甲721反面（图4-25，3）。

1　　2　　3

图4-25　龟腹甲

图4-26　龟腹甲

有的中甲左侧部位纵向排列2个钻凿之孔，如《合集》龟腹甲4735反面（图4-26），再如《合集》龟腹甲1772、10299、13604的反面。

有的中甲左侧上部有1个钻凿，下部有一组对称分布的钻凿之孔，左右各1个，分布密集者，如《合集》龟腹甲893的反面（图4-27，1）。分布稀疏者，如《合集》龟腹甲1402的反面（图4-27，2）。

有的中甲右侧上部位有1个钻凿，下部有一组对称分布着的钻凿之孔，左右各1个，如《合集》龟腹甲697反面（图4-28）。

（4）第四式，千里路左右两侧各4列钻凿，排列整齐、有序。

有的中甲部位没有钻凿，如《合集》龟腹甲7076的反面（图4-29）。

有的中甲两侧分布着一组对称的钻凿之孔，左右各1个，如《合集》龟腹甲1027反面（图4-30，1）、《合补》龟腹甲5121反面（图4-30，2），再如《合集》龟腹甲93、685、902、6947、6948、10302、10315的反面。

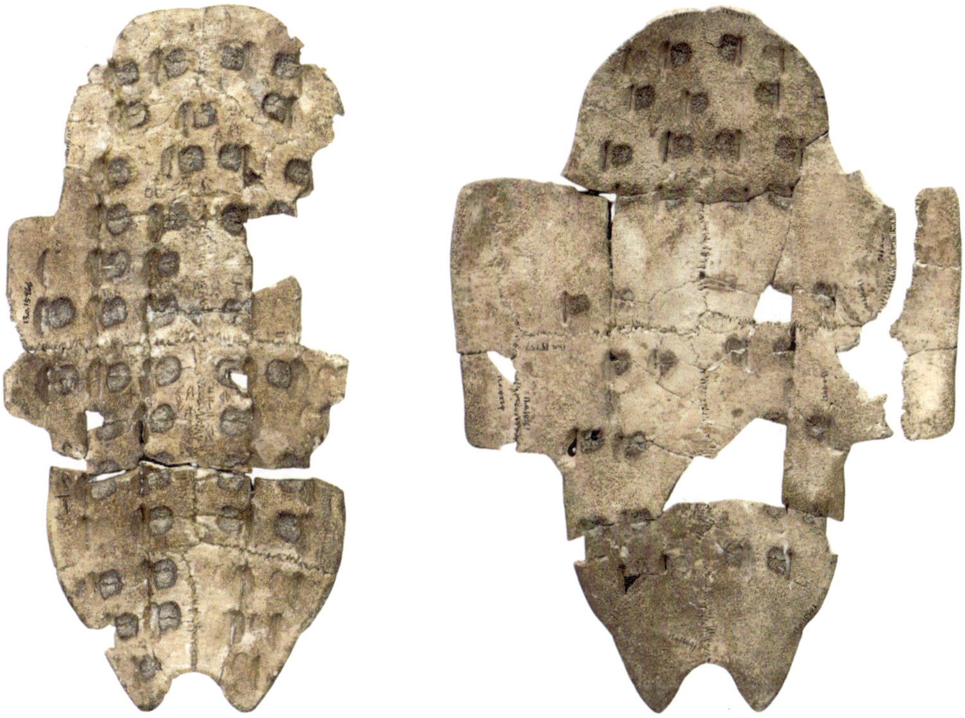

1　　2

图4-27　龟腹甲

图4-28　龟腹甲

图4-29　龟腹甲

1

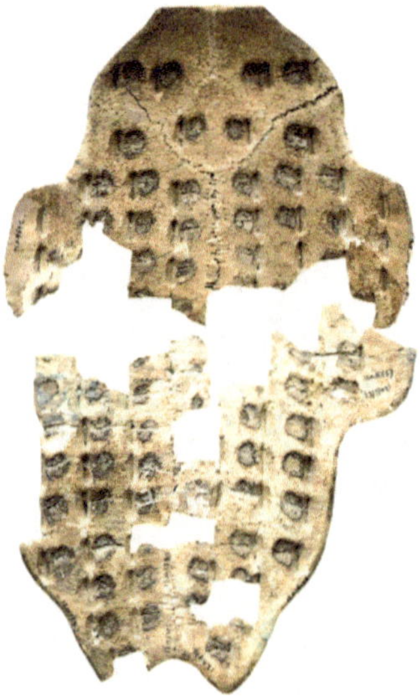

2

图4-30　龟腹甲

图4-31　龟腹甲

有的中甲左侧上部和右侧下部各有1个钻凿，如《合集》龟腹甲7352的反面（图4-31），左右甲桥的钻凿不对称。

有的中甲左侧部位纵向排列2个钻凿，如《合集》龟腹甲270的反面（图4-32，1）、13696的反面（图4-32，2）。

有的中甲左右两侧分布着两组对称的钻凿之孔，左右各2个，如《合集》龟腹甲585反面（图4-33，1）、10976反面（图4-33，2）、1051的反面。

有的在中甲左侧上部有1个钻凿，下部左右两侧分布着一组对称的钻凿之孔，左右各1个，如《合集》龟腹甲11423反面（图4-34，1）、1248反面和《合补》龟腹甲60的反面。有的在中甲左侧上端有1个钻凿之孔，下部2个钻凿不太对称，如《合集》龟腹甲5775反面（图4-34，2）。

（5）第五式，千里路左右两侧各5列钻凿，左右甲桥各有1列或2列钻凿对称分布于左右甲桥，排列密集、整齐、有序。

有的中甲部位没有钻凿，如《合集》龟腹甲900的反面（图4-35），虽然比较残缺，但是可以看到背面千里路左右各有5列钻凿，其中2列分布于甲桥部位。

有的在中甲左侧上部有1个钻凿，下部左右两侧分布着一组对称的钻凿之孔，左右各1个，如《合集》龟腹甲10936反面（图4-36，1）、17397反面（图4-36，2），再如《合集》龟腹甲136、667、810、6475、7440、10171的反面。

有的中甲两侧分布着两组对称的钻凿之孔，左右各2个，如《合集》龟腹甲903反面（图4-37，1）、6834反面（图4-37，2），再如《合集》龟腹甲371、905、940、5658、6478、7427、9504的反面。

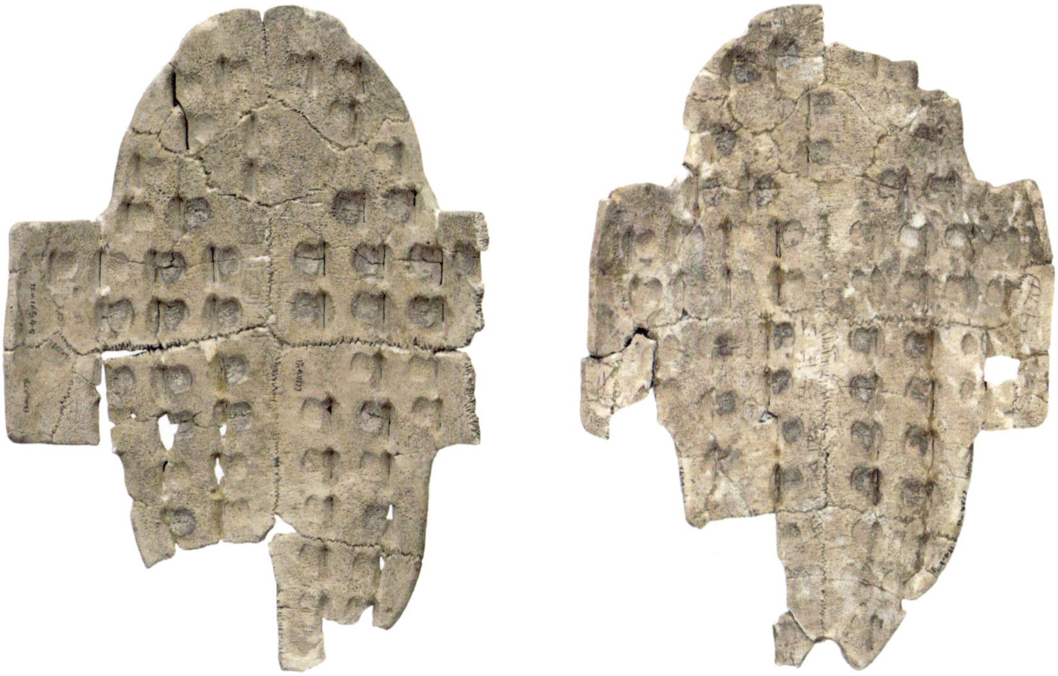

1　2

图4-32　龟腹甲

1　2

图4-33　龟腹甲

1　　2

图4-34　龟腹甲

图4-35　龟腹甲

1

2

图4-36 龟腹甲

1

2

图4-37 龟腹甲

图4-38　龟腹甲

（6）第六式，千里路左右两侧各6列钻凿，其中2列或3列钻凿对称分布于左右甲桥，排列密集、整齐、有序。

有的中甲两侧分布着一组对称的钻凿之孔，左右各1个，如《合集》龟腹甲10613的反面（图4-38）。

有的中甲两侧分布着两组对称的钻凿之孔，左右各2个，如《合集》龟腹甲635反面（图4-39，1）、9741反面（图4-39，2），再如《合集》龟腹甲140、272、641、709、811、914、1656的反面。

有的中甲左侧上部有1个钻凿，中甲下部左右两侧分布着一组对称的钻凿之孔，左右各1个，如《合集》龟腹甲419反面（图4-40，1），再如《合集》龟腹甲151、809的反面。有的中甲上部有2个钻凿，左右各1个，对称分布，在中甲右侧下部还有1个钻凿，如《合集》龟腹甲795反面（图4-40，2），这种型式的钻凿比较少见。

有的中甲左侧上部有1个钻凿，在其下的中甲部位另有两组钻凿，左右各2个，对称分布，如《合集》龟腹甲376反面（图4-41）、974的反面，这种型式的钻凿也比较少见。

小屯龟腹甲之上钻凿布局的规律性极强，具体如下：

（1）钻凿布局概有以上六式，千里路两侧各分布1列（第一式）、2列（第二式）、3列

1

2

图4-39　龟腹甲

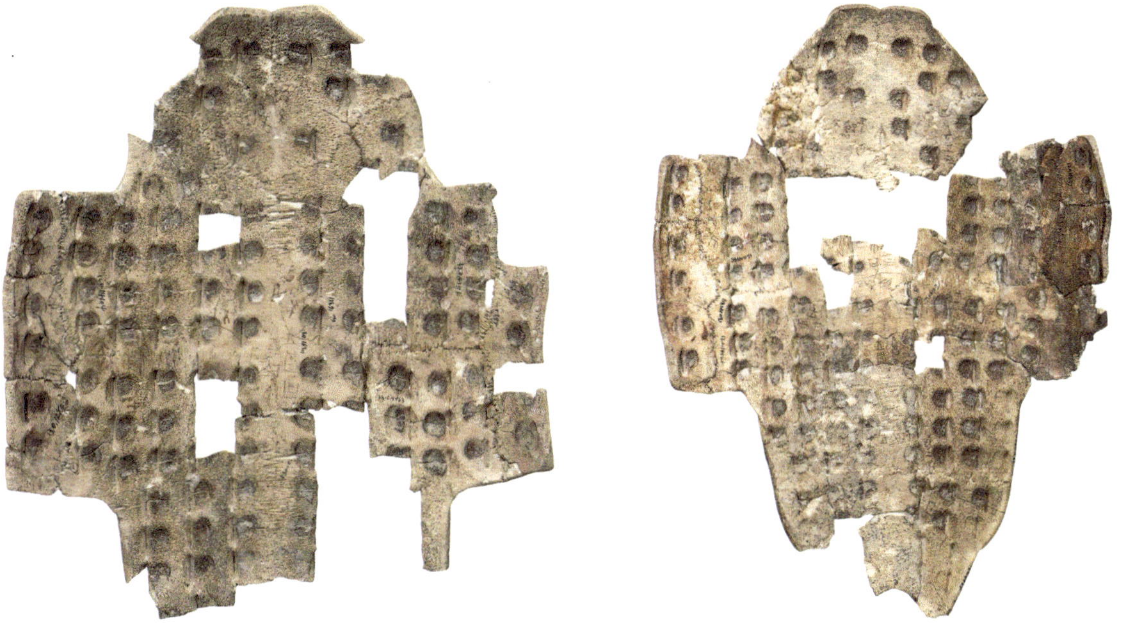
1　　2

图4-40　龟腹甲

图4-41　龟腹甲

（第三式）、4列（第四式）、5列（第五式）、6列（第六式）钻凿，钻凿对称、整齐、有序。以千里路两侧各分布2列的腹甲居多，1列的腹甲次之，3列的腹甲再次之，第四是各分布4列的腹甲，第五是各分布5列的腹甲，第六是各分布6列的腹甲。可知，小屯腹甲足够占卜之用，故其钻凿稀疏的情况比较常见。

（2）从分布稀疏、密集而言，第一式、第二式的钻凿之孔，分布最为稀疏，第三式适中，第四式、第五式比较密集，第六式最为密集。

（3）从中甲部位的钻凿情况看：千里路左右两侧各有1列钻凿的龟腹甲，首甲和中甲没有钻凿者较多，中甲左侧部位有1个钻凿的情况次之。千里路左右各有2列钻凿的龟腹甲，首甲和中甲没有钻凿的情况较少，中甲左侧部位有1个钻凿的情况较多。千里路左右各有3列钻凿的龟腹甲，中甲左侧部位有1个钻凿和中甲左右两侧各有1个钻凿的腹甲数量几乎对等，但还是以中甲左侧部位有1个钻凿的腹甲居多。千里路左右各有4列钻凿的龟腹甲，以中甲左右各有1个钻凿的情况居多，其他如中甲左右各有2个钻凿、中甲左侧上端有1个钻凿且在下部左右各有1个钻凿的情况较少。千里路左右各有5列钻凿的龟腹甲，中甲左右各有2个钻凿的情况较多，中甲左侧上部有1个钻凿且在下部左右两侧各有1个钻凿的情况较少。千里路左右各有6列的龟腹甲，中甲左右各有2个钻凿的情况较多，其他型式的钻凿布局较少。总之，小屯龟腹甲的中甲部位多有钻凿，其分布规律明显。

（4）抛开千里路左右两侧的钻凿列数，仅以首甲和中甲的钻凿而言，首甲和中甲没有钻凿的腹甲不在少数，共有40多例。中甲左侧部位有1个钻凿之孔的腹甲最多，共有60多例。中甲左右各有1个钻凿之孔的腹甲共有20例，中甲左右各有2个钻凿之孔的腹甲共有20多例。可知，中甲的钻凿多施于左侧部位，若是双数，则分布对称。

（5）龟腹甲上首甲、中甲、前甲、后甲、尾甲、甲桥部位的钻凿，多是对称分布。钻凿布局多以千里路为中线对称分布，即左侧几列，与之相对的右侧就是几列；左侧几个钻凿之孔，右侧就有几个钻凿之孔。

（6）就甲桥部位的钻凿而言，千里路两侧各分布1列、2列钻凿的腹甲，甲桥处没有钻凿。千里路两侧各分布3列、4列钻凿的腹甲，甲桥部位多有1列钻凿。千里路两侧各分布5列、6列钻凿的腹甲，甲桥处多有2列或3列钻凿。

（7）首甲、中甲和尾甲的钻凿布局具有特殊性。首甲、中甲和尾甲部位的钻凿，大多数是对称分布的，也有少部分钻凿不对称分布。以中甲钻凿为例，中甲左右两侧的钻凿之孔多数是对称分布的，如左右各有1个或2个钻凿，但中甲钻凿不对称的腹甲也不少，此以中甲左侧有钻凿的情况为多。但中甲也有右侧分布2个、左侧有1个钻凿之孔的情况，如《合集》龟腹甲697的反面。

图4-42　龟腹甲

（8）腹甲某些部位也有不对称分布的情况。如《合集》龟腹甲10133反面（图4-42），钻凿纵横排列整齐、稀疏、零散，前甲、后甲、尾甲部位的钻凿，分布就不太对称。

（9）无论钻凿分布密集还是稀疏，钻凿都尽量避开龟腹甲的第一道齿纹、第二道齿纹，只有少数钻凿打破了第三道齿纹。有些龟腹甲上布满了钻凿，其齿纹仍然依稀可辨。有些龟腹甲上的钻凿较少，分布零散、稀疏，但却紧靠第一道盾纹、第二道盾纹、第三道盾纹。再者，钻凿极少有打破千里路的情况。因此，我们推测龟腹甲的千里路和齿纹是钻凿重要的分界线。有些钻凿打破第一道盾纹、第二道盾纹、第三道盾纹、第四道盾纹、第五道盾纹，所以，我们在钻凿后的龟腹甲上难以看到某些盾纹所在。

（10）腹甲钻凿布局也有特殊型式，这些只能算是其特例。如上所述，殷墟小屯龟腹甲的钻凿布局也有一些特例，如《合集》龟腹甲975、3979的反面。还有些特例，如《合集》龟腹甲10344反面（图4-43，1），中甲左右各1个，前甲外侧的连接桥处，对称分布着4列钻凿之孔，左右各2列，在后甲至尾甲部位，千里路左右两侧各有3列钻凿之孔，对称分布。再如，赵鹏所说的“稀疏密集混合型”：①《合集》975的反面（图4-43，2），“首甲中甲部位钻凿属密集型排列，前甲后甲尾甲呈单环稀疏型布局”。②《合集》3979的反面（图4-43，3），“后甲下部及尾甲部分呈主体三列密集型排列，上部为首甲中甲无钻凿单环稀疏型变式”。赵鹏所说的这两种“稀疏密集混合型”，前者是首甲和中甲部位有钻凿、分布密集，千里路两侧的前甲、后甲、尾甲部位各有1列钻凿；后者是后甲和尾甲有钻凿、分布密集，千里路两侧的首甲、前甲、后甲上部各有1列钻凿。可知，腹甲钻凿布局有不少特殊型式。

1　　2　　3

图4-43　龟腹甲

以上，我们选取的是比较完整、且能看出钻凿布局特征的龟腹甲。除了以上所论各种型式的钻凿布局，小屯出土腹甲肯定还有其他型式的钻凿布局，只待日后研究。从小屯龟腹甲钻凿布局的特征看，以千里路两侧的钻凿列数和中甲部位的钻凿分布划分腹甲钻凿布局的标准，比较合理，这是腹甲钻凿布局整体研究行之有效的方法。然而，这也仅仅是龟腹甲钻凿布局整体研究的第一步，至于首甲、甲桥、后甲等部位特殊型式的钻凿布局，就需要进一步细化地研究。

### （二）龟背甲的钻凿布局

严一萍将龟背甲的钻凿布局分为5式，其划分标准是脊甲、尻甲、肋甲、边甲各部位钻凿之数的多少[①]。此处，我们根据龟背甲的颈甲、脊甲、尻甲、肋甲、边甲各部位钻凿分布的特征，对龟背甲钻凿布局的型式进行划分。

① 严一萍：《甲骨学》，艺文印书馆，1978年，第570—580页。

### 1. 第一式

《合集》左背甲1823反面（图4-44，1）、右背甲14129反面（图4-44，2），其反面布满了钻凿之孔，分布比较密集、规整，背甲的颈甲、脊甲、尻甲、肋甲、边甲各部位都有钻凿之孔，背甲也多是这种型式的钻凿布局，再如《合集》右背甲7959、左背甲8648、右背甲17598的反面。

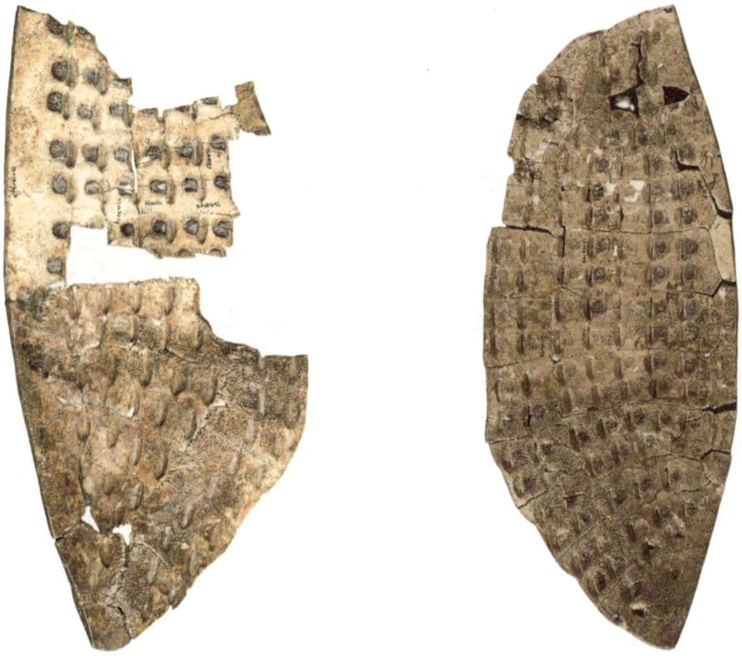

1　　2

图4-44　龟背甲

### 2. 第二式

《合集》左背甲9733反面（图4-45，1），肋甲部位有3列钻凿。《合集》右背甲8492，背面有2列钻凿（图4-45，2）。再如《合集》右背甲10615反面（图4-45，3），只在肋甲部位有5个钻凿之孔，其他部位无钻凿。这些都是“改制背甲”，比较完整，钻凿分布稀疏。

### 3. 第三式

《合集》右背甲17493反面（图4-46），比较完整，肋甲和边甲处有4列钻凿，比较稀疏。

小屯龟背甲之上的钻凿呈3—8列分布[①]，排列整齐、有序。有些背甲上布满了有6—8列钻凿，也有稀疏分布几列或几个钻凿的“改制背甲”。

① 朴载福以《合集》《花东》为例，指出商代晚期背甲反面有4—7列钻凿，《先秦卜法研究》，上海古籍出版社，2011年，第137页。刘一曼对朴载福的观点作了补充，指出小屯左右背甲反面各有3—8列钻、凿、灼，《论殷墟甲骨整治与占卜的几个问题》，《古文字与古代史》（第四辑），“中研院”历史语言研究所，2015年，第199、200页。

1　　2　　3

图4-45　“改制背甲”

## （三）卜骨的钻凿布局

图4-46　龟背甲

严一萍较早地划分了卜骨的钻凿布局型式，他没有言明划分布局型式的标准，只是一味地细数胛骨之上钻凿的行数以及每行的钻凿之数，将胛骨的钻凿布局分为十式①。严一萍划分的十式胛骨钻凿中，第一式、第二式、第五式、第六式、第七式、第八式和第九式是比较完整的胛骨，但还是难以总结钻凿分布的规律，何况他划分型式的“方法”令人难以信服。所以，他指出：“胛骨的钻凿，因为材料不充分，还不能归纳出一个系统来，需要假以时日，骨版的背面都能拓印出来时，一定可以研究出一个头绪的。”②

王蕴智认为殷墟牛肩胛骨上所见到的钻凿，“骨条部位的钻凿通常有较强的规律性，骨面上的钻凿规律性相对较差。骨扇上的钻凿通常较为集中而整齐，一般不刻写相应的卜辞。一般在原中脊处钻凿分布凌乱”③。然而出土卜

① 严一萍：《甲骨学》，艺文印书馆，1978年，第554—570页。

② 严一萍：《甲骨学》，艺文印书馆，1978年，第570页。

③ 王蕴智主编：《中原文化大典·文物典·古文字》，中州古籍出版社，2008年，第65页。

图4-47　卜骨

骨多是碎片，少有完整者。下文，我们根据骨颈至骨扇上部分布几列钻凿、骨扇部位钻凿分布的概况为标准，试着将卜骨的钻凿布局进行分类。

赵鹏考察了殷墟出土胛骨宾组三类钻凿布局的三种情况：一，骨首、骨颈部位的钻凿布局以两列为主，“1. 两列钻凿，布局较为整齐。2. 近乎两列钻凿，一列整齐，一侧零散分布。3. 两列钻凿，沿臼边和对边各有一列钻凿，颈扇交界中部有钻凿分布”。二，骨条部位，“宾组三类胛骨一般对边可能普遍有一列数目较多的钻凿，臼边因目前材料缺乏不宜判断，但可能存在有少数三四个左右钻凿的情况”。三，骨扇部位，“宾组三类胛骨骨扇部位的遗存比较少”。赵鹏进而指出：“宾组三类胛骨反面，骨首、骨颈部位一般有两列钻凿，其中对边一列数目较多可以延续到胛骨下部，排列较为密集、紧凑、规整。臼边有少数几个钻凿一列到颈扇交界处的情况，排列也不一定紧凑、规整。有时颈扇交界中部会有少数几个钻凿。骨扇部位通常不施钻凿。”①

**1. 第一式**

沿着卜骨边缘纵向分布1列钻凿，如《合集》卜骨19812反面（图4-47）、《合补》1804。

**2. 第二式**

骨臼下端至骨扇上部有4列钻凿，纵横排列有序。如《合集》390反面（图4-48，1），共有9行钻凿，第一行、第二行和第三行各有2个钻凿，第四行有3个钻凿，第五、第六和第七行各有4个钻凿，第八行和第九行各有6个钻凿，共计33个钻凿，总体稀疏分布于骨卜的中上部，纵向而言，卜骨的内缘和外缘，均有一列钻凿之孔。再如《合集》卜骨33747反面（图4-48，2），比较完整，靠近骨臼处2列变为3列，至骨扇上部有4列钻凿。

这种钻凿型式的卜骨较多，一般从骨颈处就开始钻凿，至骨扇处钻凿的列数逐渐增多，骨扇下部的钻凿较少甚至没有。严一萍划分的胛骨钻凿第七式、第八式、第九式也都是这种情况。

---

① 赵鹏：《宾组三类胛骨钻凿与兆序排列的初步整理与研究》，《出土文献研究》（第15辑），中西书局，2016年，第1—5页。

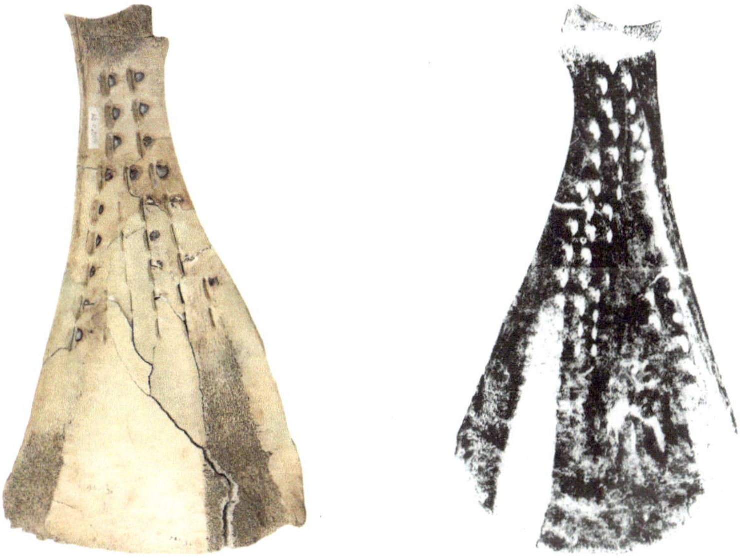

1　　　2

图4-48　卜骨

**3. 第三式**

钻凿分布于骨扇部位，纵横排列有序。如《合集》卜骨18942反面（图4-49，1），比较完整，钻凿分布于骨扇部位，3行3列共9个钻凿之孔，比较密集。《合集》卜骨31993反面（图4-49，2），比较完整，钻凿之孔分布于骨扇部位，近似方形，第一行、第二行和第三行各有4个钻凿，第四行和第五行各有5个钻凿，共计22个钻凿，比较密集。《合集》32729反面（图4-49，3），有13个钻凿之孔，比较密集。3件卜骨都比较完整，钻凿整齐、有序。

卜骨钻凿布局也有特例：①钻凿呈团状分布于骨扇部位，比较密集，如《合集》卜骨19946正面（图4-50，1），正面有32个钻凿之孔。再如《合集》20576正面（图4-50，2），在骨扇部位团状分布着21个钻凿，其反面（图4-50，3）骨颈和骨扇上部有2列、3列钻凿，骨

1　　　2　　　3

图4-49　卜骨

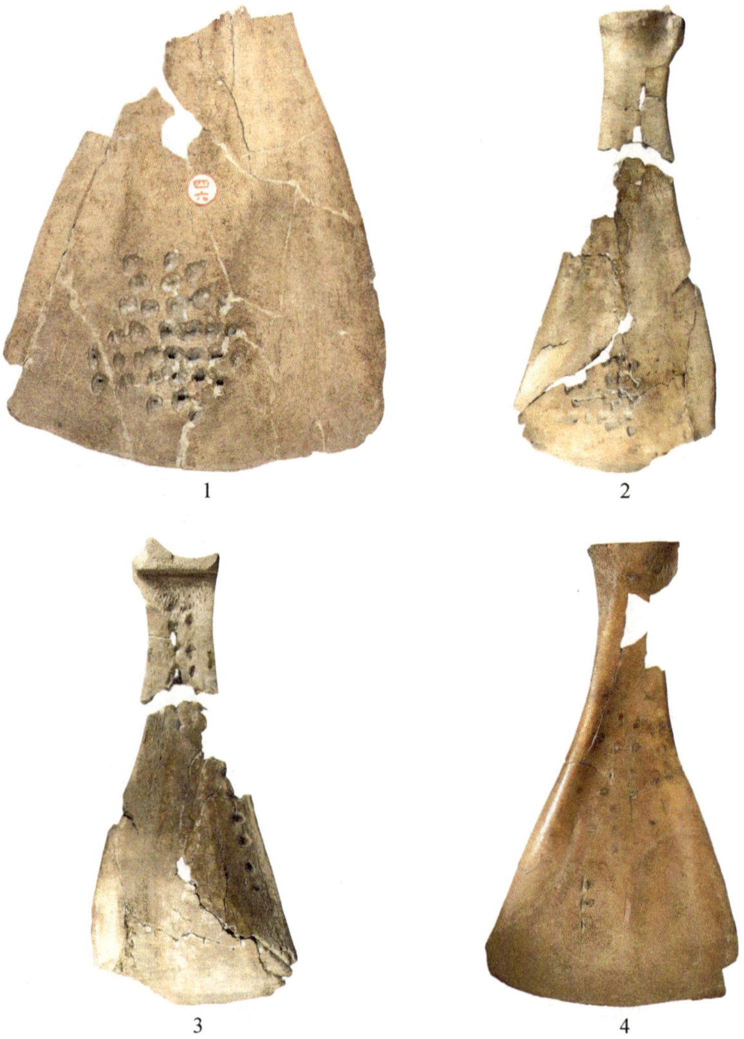


图4-50　卜骨

扇边缘有1列钻凿。②只有1列钻凿分布于骨扇。如《合集》卜骨23664（图4-50，4）正面骨扇处，有3个钻凿纵向排列，其背面的钻凿相对整齐有序，从骨颈到骨扇上部，分别有2列、3列、4列、5列，纵向排列整齐，骨扇下半部分没有钻凿。有些卜骨正面和反面的钻凿布局不同，如严一萍划分的胛骨钻凿第五式、第六式、第七式、第八式也都是如此。

小屯卜骨虽然少有完整者，但也可以从以上的分析中归纳出一定的规律。首先，卜骨的钻凿多分布于骨扇部位，排列整齐、有序。其次，钻凿沿着卜骨的内缘和外缘纵向分布数列，从骨臼下端到骨扇上部钻凿的列数逐渐增多，有的部位可有3列、4列甚至5列钻凿，这种钻凿布局的型式较为常见，这是由于骨颈到骨扇部位空间大小的限制，使得钻凿列数逐渐增多。除了以上所述型式的钻凿及其特例，卜骨肯定还有其他型式的钻凿布局，如卜骨2列、3列、5列等型式的钻凿布局。虽然从卜骨骨臼的下端到骨扇部位的钻凿列数多有变化，但是我们统计的标准是卜骨上呈现的整体列数，便于以此划分型式。

# 四、小屯南地卜骨的钻凿布局

《小屯南地甲骨》的编者指出：“凿之排列是指卜骨背面上半部凿的排列形式。我们一般选用较大片的卜骨为例进行类型的划分，而且主要根据其背面上部凿的排列情况，卜骨中部隆起处的凿较小，且往往排列零乱，一般不予考虑”，进而将卜骨凿之排列形式分为三型：

Ⅰ型：卜骨背面仅有一行长凿，凿的位置多在卜骨外缘一侧。

Ⅱ型：卜骨背面有两行凿。$Ⅱ_1$式，卜骨内缘一行的第一个凿，与外缘一行的第一个凿平齐。$Ⅱ_2$式，卜骨内缘一行的第一个凿，与外缘一行的第二个凿平齐。$Ⅱ_3$式，卜骨内缘一行的第一个凿，与外缘一行的第三个凿平齐。$Ⅱ_4$式，卜骨内缘一行的第一个凿，与外缘一行的第四个凿平齐。

Ⅲ型：卜骨背面有三行并列的凿，此式中的情况不尽相同。如2366（H57：142）是内缘及中行的第一个凿与外缘一行的第四个凿平齐。2604（H85：53）是内缘第一个凿与外缘、中行一行第二个凿平齐。2666（H93：1）是内缘第一个凿与中行、外缘一行的第四个凿平齐。2307（H57：64）是中行的第一个凿与内缘、外缘的第三凿平齐[①]。

《小屯南地甲骨》的编者还指出：“此外，还有一部分小圆钻与凿混杂在一起的情况。如399（H2：632）是右边一行凿下有小圆钻；751（H23：104）是卜骨下部外缘有一行小圆钻；2601（H85：42+43+46+102）是外缘小圆钻与凿相间排列。”[②]显然，《屯南》编者划分卜骨钻凿布局的Ⅱ型和Ⅲ型借鉴了许进雄《从长凿的配置试分第三与第四期的卜骨》一文的方法和标准。

小屯南地出土多是卜骨，龟甲较少，且多是碎片，故在此讨论卜骨的钻凿布局。我们选取比较完整的卜骨，仍然以其骨颈至骨扇上部分布几列钻凿、骨扇部位钻凿的分布概况为标准，划分为以下数式。

### 1. 第一式

卜骨边缘有1列钻凿，纵向排列。如H57：54（图4-51，1），8个钻凿纵向排列于骨面右侧边缘。再如H57：12反面（图4-51，2），10个钻凿纵向排列于骨面右侧边缘，骨扇还分布几个钻凿。

### 2. 第二式

卜骨有2列钻凿，纵向排列。如H57：58反面（图4-52，1），左侧1列从骨臼下端中间部位延伸至骨颈，此列钻凿较少，右侧1列沿着骨面边缘从骨臼下延伸至骨扇。如H57：60反面

---

① 中国社会科学院考古研究所编著：《小屯南地甲骨》（下册·第三分册），中华书局，1983年，第1506、1507页。

② 中国社会科学院考古研究所编著：《小屯南地甲骨》（下册·第三分册），中华书局，1983年，第1507页。

图4-51　卜骨

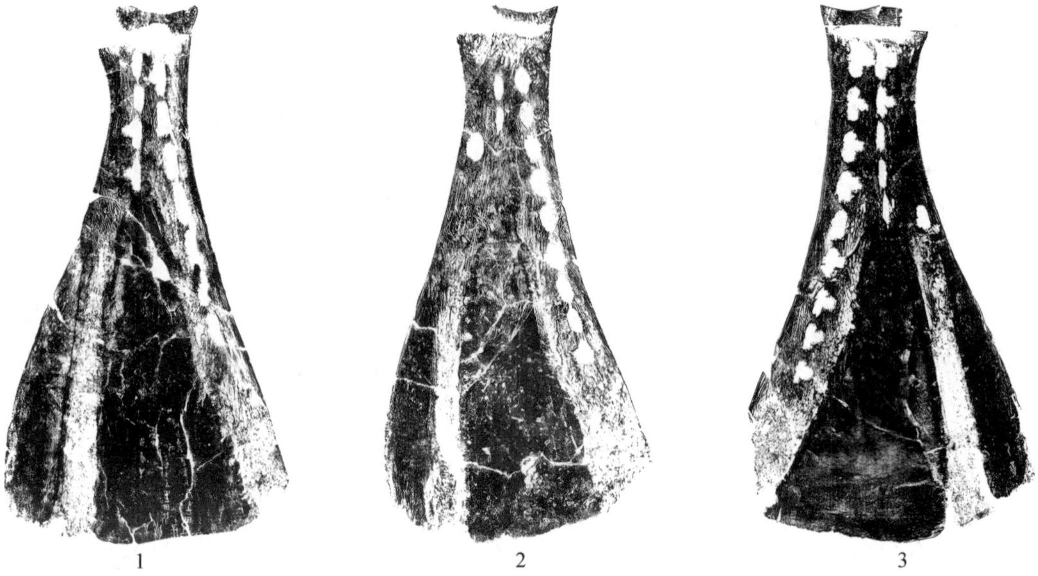

图4-52　卜骨

（图4-52，2），也是这种型式的钻凿布局，在卜骨左侧骨颈边缘有1个钻凿。再如H103：28+52反面（图4-52，3），在卜骨右侧边缘有1个钻凿。

H57：72反面（图4-53，1）、T54③：102反面（图4-53，2），在其左侧1列钻凿的下端还有2个并列的钻凿，H24：423也是这种型式的钻凿布局。再如H103：77+78反面（图4-53，3），H103：36也是这种型式的钻凿布局。

H24：410反面（图4-54，1），在其左侧1列钻凿的下端还有4个钻凿，呈2行分布，每行2个钻凿。H57：40反面（图4-54，2），在其左侧1列钻凿的下端还有6个钻凿，呈3行分布，每行2个钻凿。

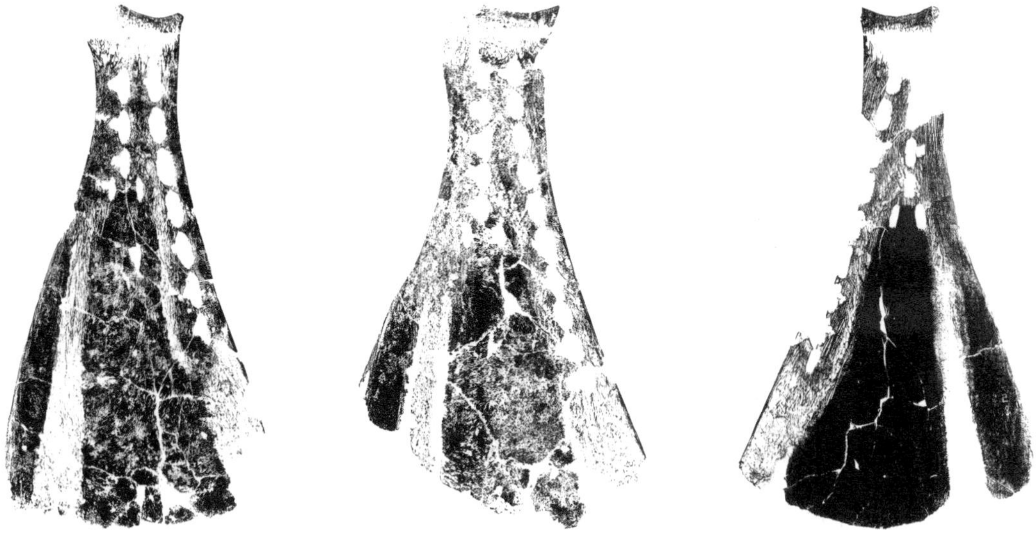

1　2　3

图4-53　卜骨

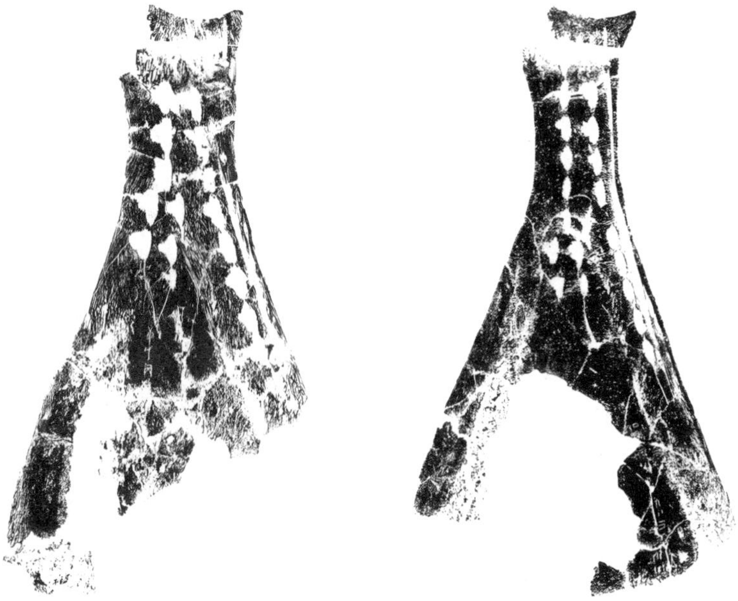

1　2

图4-54　卜骨

H23：130反面（图4-55，1），左侧1列5个钻凿之孔沿着骨面边缘纵向排列，右侧1列5个分布于从骨臼下端延伸至骨扇中上部位。ASTT1：11反面（图4-55，2），两列钻凿之孔中间分布几个稀疏、零星的钻凿。

**3. 第三式**

卜骨有3列钻凿，纵向排列。H57：64的反面（图4-56，1），左侧2列，右侧1列，还有4个钻凿零散分布于骨扇上部，其中2个钻凿纵向排列，紧邻右侧1列钻凿。H57：126的反面（图4-56，2），骨扇下部还有甲骨钻凿。

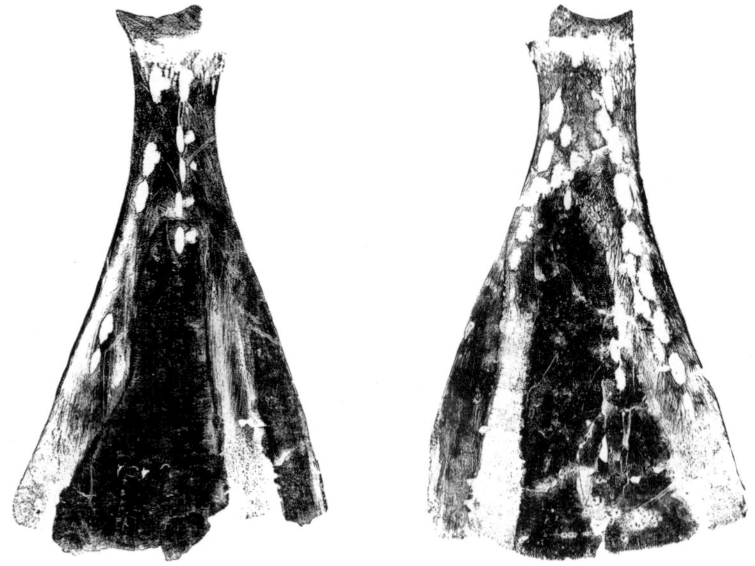

1　　2

图4-55　卜骨

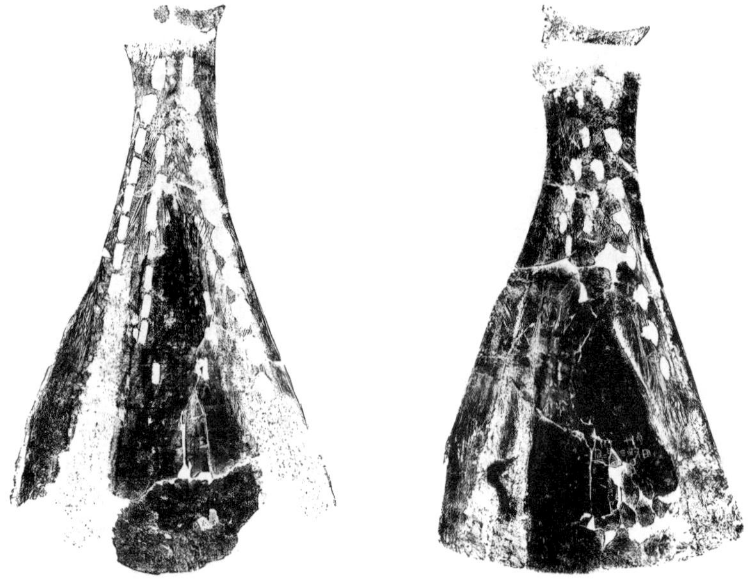

1　　2

图4-56　卜骨

**4. 第四式**

钻凿分布于骨扇部位。如H17：56正面（图4-57，1），骨扇有5个钻凿，分布密集，排列有序。H57：44正面（图4-57，2），骨扇有5个钻凿，排列不太规整。

H57：7正面（图4-58，1）、H57：138正面（图4-58，2），骨扇纵向排列2个钻凿。

H57：64正面（图4-59，1）、H57：77正面（图4-59，2）和ASTT1：13正面（图4-59，3），3行3列，共9个钻凿，纵横排列有序。

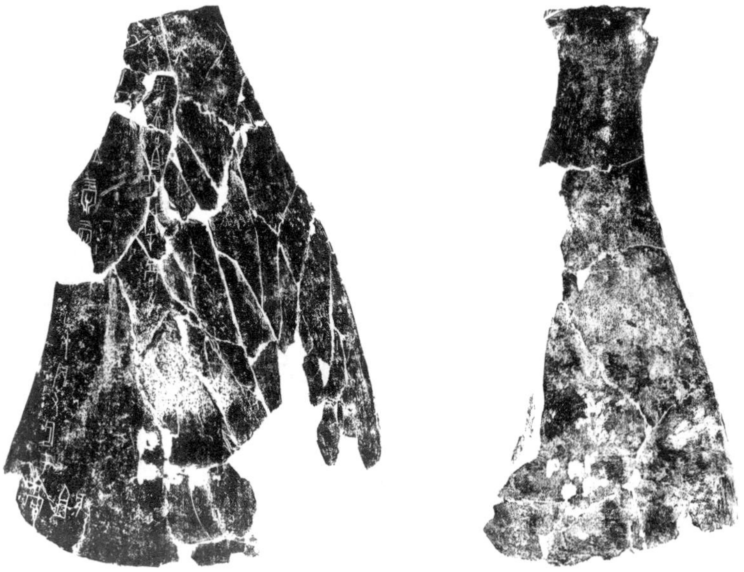

1　　2

图4-57　卜骨

1　　2

图4-58　卜骨

卜骨H103：77+78正面（图4-60，1），钻凿分布于骨扇部位，3行2列，共6个钻凿，纵横排列有序。卜骨ASTT1⑦：6正面（图4-60，2），共计25个钻凿位于骨扇，纵横排列有序。卜骨ASTT1⑦：8正面（图4-60，3），共计22个钻凿位于骨扇，纵横排列有序。

小屯南地卜骨的钻凿布局概有以上四式：1列钻凿纵向排列于卜骨边缘，在其骨扇部位还分布有钻凿。卜骨有2列钻凿，1长列和1短列，在卜骨某些部位会夹杂一些钻凿，但整体仍呈2列纵向分布。卜骨有3列钻凿，有的骨扇部位还有一些钻凿。钻凿分布于骨扇部位的型式比较多，钻凿多纵横排列有序，比较规整。另外，小屯南地钻凿于正面的卜骨也不在少数。

1　　2　　3

图4-59　卜骨

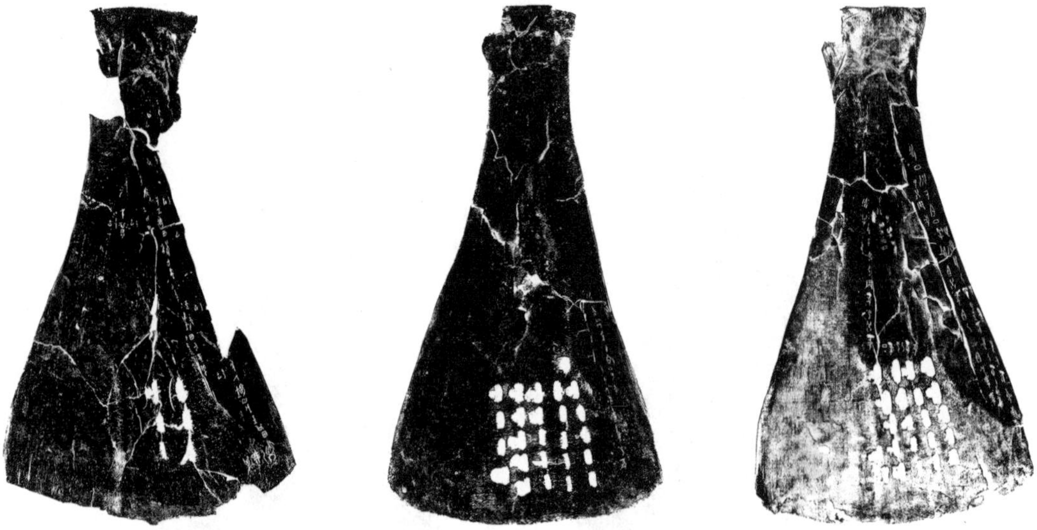

1　　2　　3

图4-60　卜骨

## 五、花园庄东地卜甲的钻凿布局

《殷墟花园庄东地甲骨》根据花东卜甲之甲首、前甲、后甲和甲尾各部位钻凿的分布行数，对卜甲的钻凿布局进行了较为成熟的研究。此书将卜甲钻凿排列型式分为九式，进而统计了各式排列所占的比例：

（1）○二二一式，甲首无凿，前甲、后甲各2行，甲尾1行。4片，占3.6%。

（2）一二二一式，甲首凿1行，前甲、后甲各2行，甲尾1行。3片，占2.7%。

（3）一二二二式，甲首凿1行，前甲、后甲、甲尾各2行。21片，占19.2%。

（4）一三二二式，甲首凿1行，前甲3行，后甲、甲尾各2行。4片，占3.6%。

（5）一三三二式，甲首凿1行，前甲、后甲各3行，甲尾2行。21片，占19.2%。

（6）一三三三式，甲首凿1行，前甲、后甲、甲尾各3行。13片，占11.9%。

（7）二二二二式，甲首、前甲、后甲、甲尾各2行。3片，占2.7%。

（8）二三三二式，甲首凿2行，前甲、后甲各3行，甲尾2行。21片，占19.2%。

（9）二三三三式，甲首凿2行，前甲、后甲、甲尾各3行。19片，占17.4%[①]。

赵鹏除了对宾组三类胛骨、殷墟YH127坑宾组龟腹甲、出组二类胛骨、黄组胛骨的钻凿布局进行研究之外，还整理、研究了花园庄东地龟腹甲的钻凿布局。赵鹏指出花东龟腹甲反面的钻凿布局均属“密集型”，密集型钻凿布局分为主体两列、主体三列（图4-61），她根据龟腹甲主体部位钻凿的列数、前甲钻凿的数量和行数，将两种钻凿类型分为若干小类，同时分述首甲、中甲、前甲、后甲、尾甲五个部位的钻凿之数及其特征。

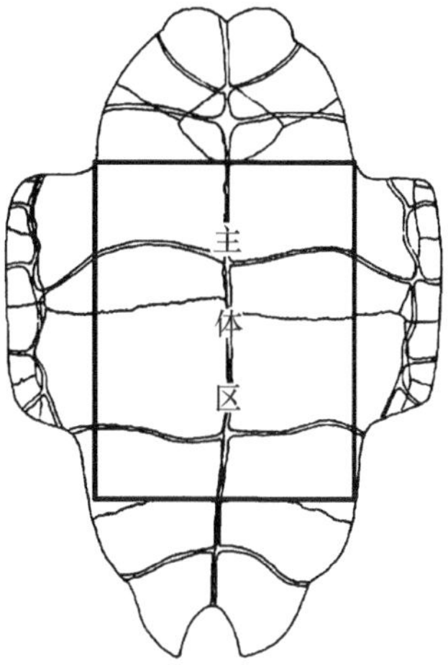


图4-61　龟腹甲主体部位示意图
引自赵鹏：《花东龟腹甲钻凿布局的整理研究》

一，主体两列：“第一类的核心特征是前甲部位四个钻凿”，“第二类的核心特征是前甲部位五个钻凿”，“第三类的核心特征是前甲两行三列钻凿”。

二，主体三列：“第一类的核心特征是前甲两行钻凿”，“第一类的核心特征是前甲三或四行钻凿”[②]。

以上是学者根据两种不同标准，研究花东龟腹甲钻凿布局的情况。可知，《花东》编者认为龟腹甲钻凿布局主要研究甲首、前甲、后甲、甲尾的钻凿排列，不必考察甲桥和中甲部位的钻凿。而赵鹏却认为龟腹甲的主体部位的钻凿布局才是研究重点。以下，我们主要论述花东龟腹甲和龟背甲的钻凿布局。

## （一）龟腹甲的钻凿布局

我们仍根据研究小屯龟腹甲钻凿布局的标准，考察花东龟腹甲的钻凿布局[③]。

### 1. 第一式

千里路左右两侧各2列钻凿，钻凿稀疏分布于首甲、前甲、后甲和尾甲，排列整齐、

① 中国社会科学院考古研究所编著：《殷墟花园庄东地甲骨》（第六分册），云南人民出版社，2003年，第1771—1775页。

② 赵鹏：《花东龟腹甲钻凿布局的整理研究》，《甲骨文与殷商史》（新十辑），上海古籍出版社，2020年，第491—498页。

③ 某些花东卜甲反面的照片、拓片和摹本，没有公开。此时，我们根据已经公开卜甲正面的照片以及孙亚冰划分龟腹甲中甲正面卜兆排列的十类方式（第一类：A型、B型；第二类；第三类：A型、B型；第四类；第五类：A型、B型；第六类；第七类；第八类：A型、B型；第九类；第十类），推论其反面的钻凿布局。参考中国社会科学院考古研究所编著：《殷墟花园庄东地甲骨》，云南人民出版社，2003年；孙亚冰：《殷墟花园庄东地甲骨文例研究》，上海古籍出版社，2014年，第71—74、289—293页。

有序。

有的中甲没有钻凿，如H3：1203的反面（图4-62，1），再如H3：190、H3：613、H3：639、H3：914、H3：1032，也是这种型式的钻凿布局。有的中甲左侧部位有1个钻凿，如H3：63反面（图4-62，2），H3：52、H3：86、H3：179、H3：281、H3：331、H3：333、H3：466、H3：484、H3：537、H3：600、H3：642、H3：661、H3：760、H3：820、H3：972、H3：1039、H3：1128、H3：1162、H3：1205、H3：1209、H3：1215、H3：1219、H3：1396、H3：1406、H3：1430、H3：1441、H3：1495等龟腹甲，也是这种型式的钻凿布局。

有的中甲左侧上部有1个钻凿，如H3：1286的反面（图4-63，1），再如

1　　2

图4-62　龟腹甲

1　　2

图4-63　龟腹甲

H3：150+440+1513、H3：220、H3：256、H3：276、H3：356+917+947+1565、H3：557、H3：620、H3：1005、H3：1041、H3：1199、H3：1246、H3：1284、H3：1481等龟腹甲，也是这种型式的钻凿布局。有的中甲左侧下部有1个钻凿，如H3：547的正面（图4-63，2）。

有的中甲右侧部位有1个钻凿，如H3：274的反面（图4-64，1），再如H3：696+1539、H3：441、H3：791、H3：801，也是这种型式的钻凿布局。有的中甲右侧上部有1个钻凿，如H3：1450的正面（图4-64，2）。

有的中甲左侧下部和右侧上部各有1个钻凿，如H3：489的反面（图4-65，1）。有的中甲左侧上部和右侧下部各有1个钻凿，如H3：1218的反面（图4-65，2），再如H3：1、

1　　2

图4-64　龟腹甲

1　　2

图4-65　龟腹甲

图4-66 龟腹甲

H3：7+34+94+269+1559、H3：720+736、H3：1163，也是这种型式的钻凿布局。

特例，有的中甲左侧上部和右侧下部各有1个钻凿，如H3：1506的反面（图4-66），其前甲上部、千里路两侧左右各有3个钻凿，首甲、前甲部位的钻凿不太对称。

**2. 第二式**

千里路左右两侧各3列钻凿，排列整齐、有序。

有的中甲部位没有钻凿，如H3：601的反面（图4-67，1），再如H3：1245、H3：1505，也是这种型式的钻凿布局。有的中甲左侧有1个钻凿，如H3：1314的反面（图4-67，2），再如H3：517、H3：986、H3：1042、H3：1262、H3：1404、H3：1499、H3：1502，也是这种型式的钻凿布局。

有的中甲左右两侧有一组钻凿之孔，左右各1个，对称分布，如H3：299的反面（图4-68，1）、H3：1477的反面（图4-68，2），H3：143+392、H3：227、H3：412+1254、H3：443、H3：648+1548、H3：738、H3：1164、H3：1360、H3：1383，也是这种钻凿布局。

有的中甲左侧上部和右侧下部各有1个钻凿之孔，如H3：535的反面（图4-69，1），再如H3：54、H3：42、H3：454、H3：533、H3：599、H3：873、H3：877、H3：1122、H3：1182、H3：1467，也是这种型式的钻凿布局。有的中甲左侧下部和右侧上部各有1个钻凿，如H3：1347的正面（图4-69，2），再如H3：54、H3：198、H3：215、H3：1037、H3：1458，也是这种型式的钻凿布局。

有的中甲左侧上部有1个钻凿，如H3：714的反面（图4-70，1），H3：114、H3：754、H3：880、H3：924、H3：1177、H3：1279、H3：1471、H3：1490等龟腹甲，也是这种型式的钻凿布局。有的中甲左侧下部有1个钻凿，如H3：365（图4-70，2），再如H3：115+241+246、H3：822、H3：1325，也是这种型式的钻凿布局。

有的中甲右侧上部有1个钻凿，如H3：1497的正面（图4-71，1），再如H3：906，也是这种型式的钻凿布局。有的中甲右侧下部有1个钻凿，如H3：757的正面（图4-71，2），再如H3：729，也是这种型式的钻凿布局。

有的中甲左侧纵向排列的2个钻凿，如H3：334的正面（图4-72，1）。有的中甲左侧上部有1个钻凿之孔，中甲下部有一组对称分布的钻凿之孔，左右各1个，如H3：1085的反面（图4-72，2）。

特例，钻凿在腹甲主体部位大体呈3列分布，其他部位不太对称，如H3：123+373的正面（图4-73，1），中甲部位对称分布一组钻凿之孔，左右各1个，但在右甲桥上部有1个钻凿，左甲桥没有钻凿。再如H3：657的反面（图4-73，2），在前甲部位靠近千里路处，左右还各有1个钻凿之孔，对称分布。

1　　2

图4-67　龟腹甲

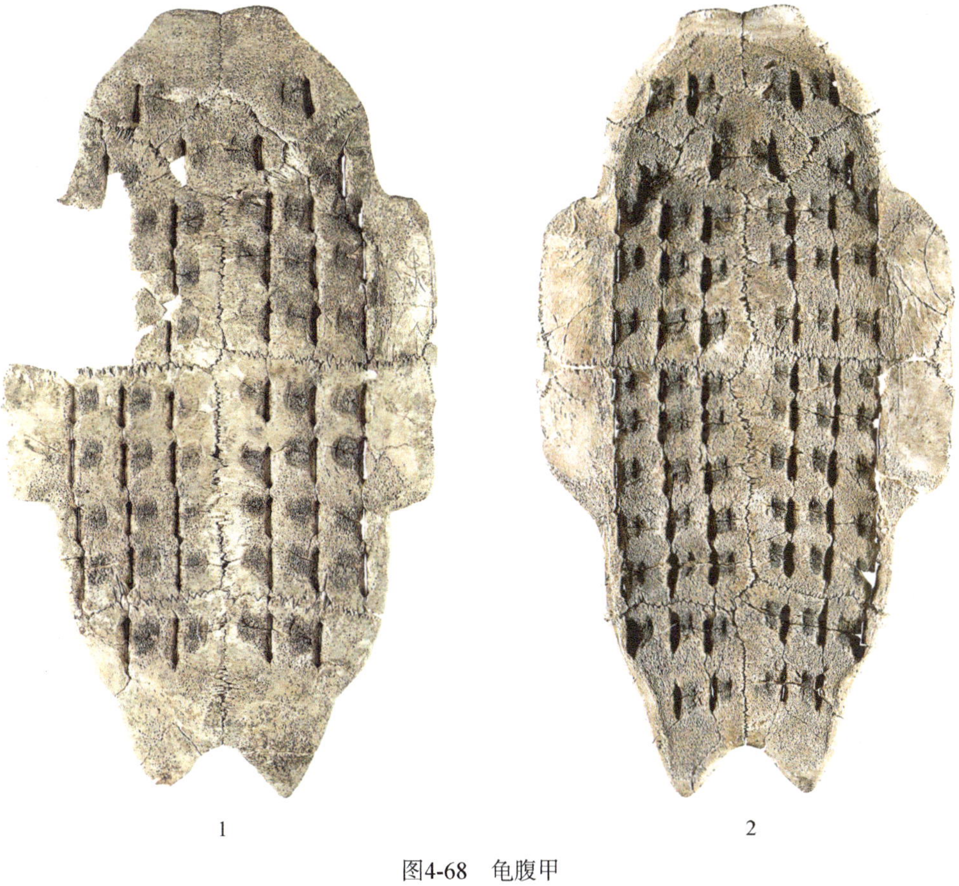

1　　2

图4-68　龟腹甲

1　　2

图4-69　龟腹甲

1　　2

图4-70　龟腹甲

1　　2

图4-71　龟腹甲

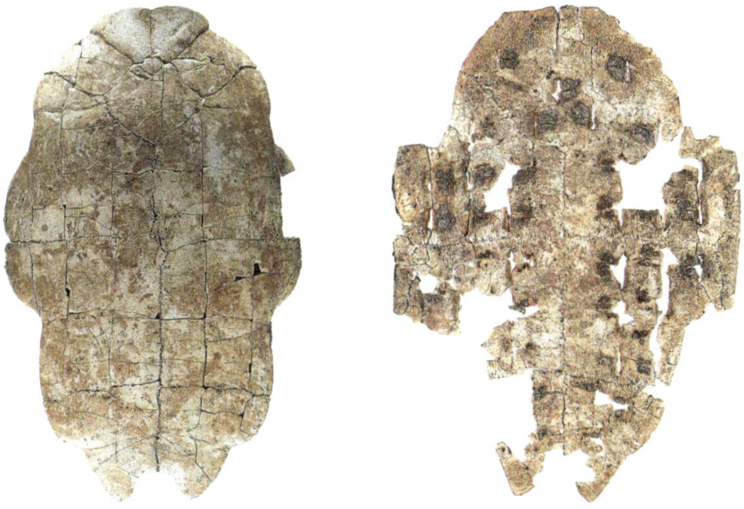

1　2

图4-72　龟腹甲

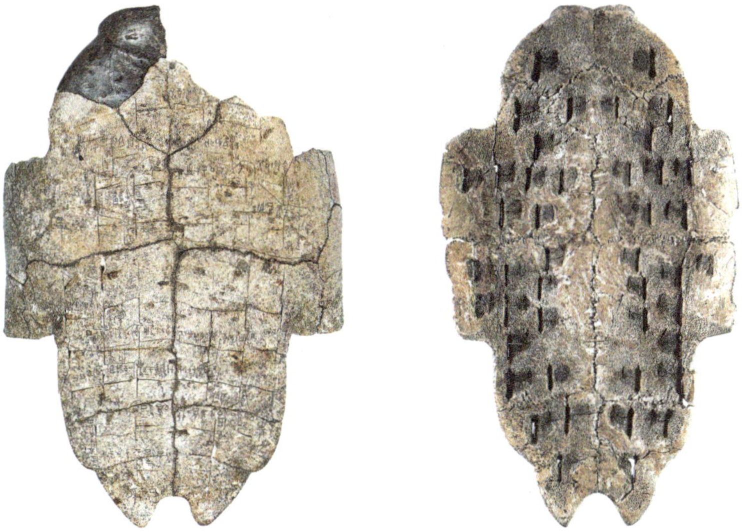

1　2

图4-73　龟腹甲

**3. 第三式**

千里路左右两侧各4列钻凿，排列整齐、有序。

有的中甲部位没有钻凿，如H3：391的正面（图4-74，1），再如H3：101+168+1549、H3：541、H3：586+1006+1536、H3：626、H3：762、H3：823+824+922+995、H3：865、H3：1251、H3：1257、H3：1496，也是这种型式的钻凿布局。有的中甲左侧有1个钻凿，如H3：1488的反面（图4-74，2），再如H3：1125+1126+1317+1574，也是这种型式的钻凿布局。

有的中甲左侧上部有1个钻凿，如H3：1342的正面（图4-75，1）。有的中甲左侧下部有1个钻凿，如H3：60的正面（图4-75，2），再如H3：203，也是这种型式的钻凿布局。

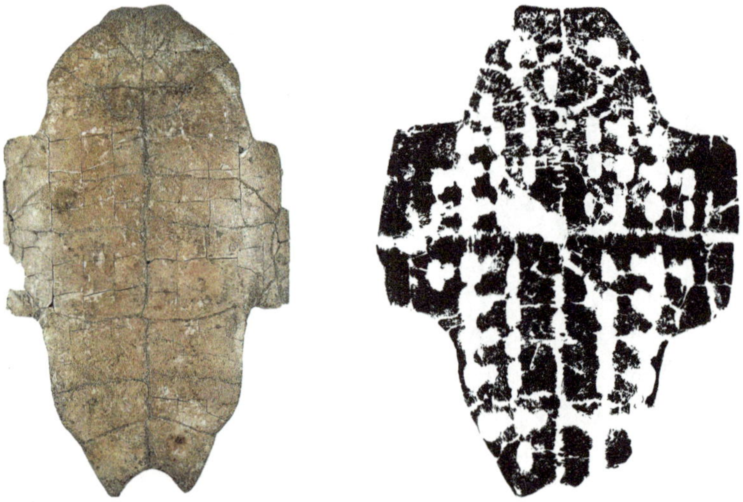

1　　2

图4-74　龟腹甲

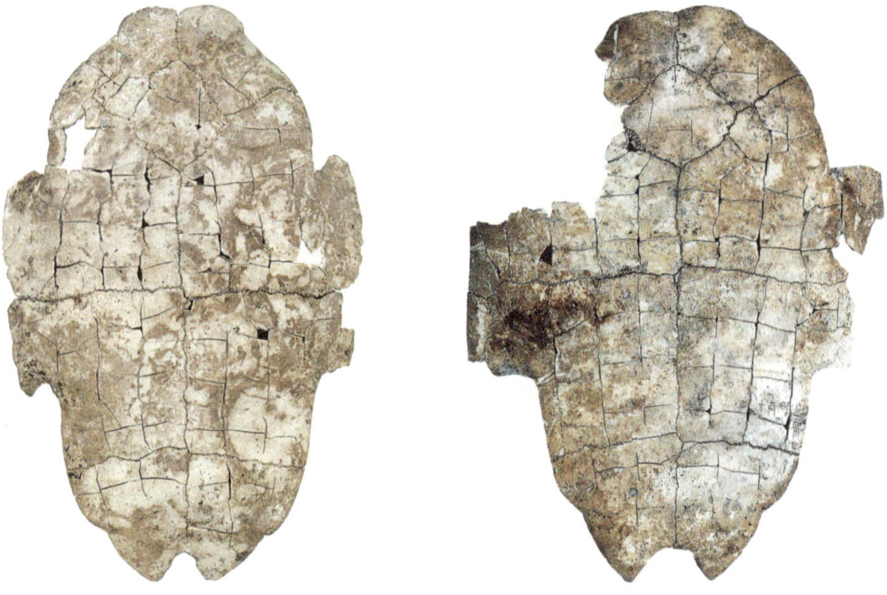

1　　2

图4-75　龟腹甲

有的中甲左侧上部和右侧下部各有1个钻凿，如H3：291的正面（图4-76，1），再如H3：323、H3：378、H3：526、H3：772、H3：882、H3：1038+1457+1579、H3：1111、H3：1409，也是这种型式的钻凿布局。有的中甲左侧下部和右侧上部各有1个钻凿，如H3：9的正面（图4-76，2）、H3：876的反面（图4-76，3），再如H3：192、H3：561、H3：920、H3：1023，也是这种型式的钻凿布局。

有的中甲右侧上部有1个钻凿，如H3：627的正面（图4-77，1）。有的中甲右侧下部有1个钻凿，如H3：1270反面（图4-77，2）。

有的中甲部位有一组钻凿之孔，左右各1个，对称分布，如H3：306的反面（图

1 2 3

图4-76 龟腹甲

1 2

图4-77 龟腹甲

4-78，1）、H3：1285的反面（图4-78，2），再如H3：22+1515+1575、H3：24+50、H3：47+984、H3：61、H3：11+283+468+1519+1521+1522+1531+1537+1543、H3：89、H3：109、H3：111、H3：113+1518、H3：163、H3：182、H3：196+197+871、H3：200、H3：202、H3：207、H3：212、H3：222、H3：224、H3：232+233+569+572+595、H3：242、H3：255、H3：266、H3：279、H3：313、H3：317、H3：401+1607+《辑佚》561、H3：442+1523、H3：445、H3：474、H3：479、H3：490、H3：502、H3：532、H3：546+1517、H3：553、H3：560、H3：563、H3：565、H3：609、H3：615、H3：632、H3：641、H3：649、H3：654、H3：663、H3：674+848、H3：680、H3：684+1152、H3：713、H3：728、H3：750+763、H3：753、H3：770、H3：775、H3：790、H3：808、H3：816+1221、H3：840+859、H3：849、H3：855+1612、H3：864、H3：884、H3：896、H3：897、H3：905、H3：958、H3：975、H3：976、H3：994、H3：1028、H3：1047、H3：1106、H3：1109 、H3：1131、H3：1159、H3：1186、H3：1189、H3：1242、H3：1258、H3：1282、H3：1308、H3：1351、H3：1359、H3：1364、H3：1376、H3：1387、H3：1388、H3：1389、H3：1425、H3：1453、H3：1469、H3：1470、H3：1472、H3：1476、H3：1509的反面。有的左右甲桥各分布2列钻凿，如H3：443的反面（图4-78，3），内侧1列是4个钻凿，外侧1列是2个钻凿，这种龟腹甲较大，甲桥可有2列钻凿。

有的中甲左侧纵向排列2个钻凿，如H3：219的正面（图4-79），再如H3：1454，也是这种型式的钻凿布局。

有的中甲左侧上部有1个钻凿之孔，中甲下部有一组对称分布的钻凿之孔，左右各1个，如H3：668（图4-80，1）、H3：1501（图4-80，2，其中甲右侧的钻凿有2个长凿，比较特殊），再如H3：2、H3：23、H3：53、H3：127、H3：130+1123、H3：243、H3：264、H3：304、

1　　2　　3

图4-78　龟腹甲

H3：305、H3：353、H3：380、H3：428、H3：435、H3：437、H3：485、H3：566、H3：610+703、H3：617、H3：716+727、H3：733+911、H3：829、H3：836、H3：925、H3：977、H3：981、H3：1008、H3：1149、H3：1155、H3：1275、H3：1278、H3：1311、H3：1349+1350+1368、H3：1366、H3：1377、H3：1379、H3：1385、H3：1390、H3：1397、H3：1405、H3：1493、H3：1510，也是这种型式的钻凿布局。

有的中甲右侧上部有1个钻凿，下部有一组对称分布的钻凿之孔，左右各1个，如H3：1343的反面（图4-81，1）、H3：1365的反面（图4-81，2），再如H3：72、H3：161+332、H3：318、H3：565、H3：368+430、H3：404+1380、H3：448、H3：571、H3：672、H3：902、H3：1287、H3：1373、H3：1436、H3：1452+1461，也是这种型式的钻凿布局。

图4-79 龟腹甲

有的中甲有4个钻凿，如H3：105的正面（图4-82，1），中甲左侧2个钻凿靠中下部位，右侧2个钻凿靠中上部位，分布比较规整。特例，如H3：486的正面（图4-82，2），中甲左侧下部的1个钻凿，钻孔朝向龟甲边缘。

1 2

图4-80 龟腹甲

1　　2

图4-81　龟腹甲

1　　2

图4-82　龟腹甲

**4. 第四式**

千里路左右两侧各5列钻凿，左右甲桥各有2列钻凿，排列整齐、有序。

有的中甲部位没有钻凿，如H3：767的正面（图4-83），再如H3：845也是这种型式的钻凿布局。

有的中甲两侧分布着一组对称的钻凿之孔，左右各1个，如H3：573的反面（图4-84，1）、H3：864的反面（图4-84，2），再如H3：478+1259+1540+1617、H3：516、H3：539、H3：542、H3：655、H3：659、H3：744、H3：758、H3：948、H3：1434、H3：1435也是这种型式的钻凿布局。

有的中甲左侧上部和右侧下部各有1个钻凿，如H3：335的正面（图4-85，1），再如H3：439

也是这种型式的钻凿布局。有的中甲左侧下部和右侧上部各有1个钻凿，如H3：737的正面（图4-85，2）。

有的中甲左侧上部有1个钻凿，中甲下部左右两侧分布着一组对称的钻凿，左右各1个，如H3：237的反面（图4-86，1）、H3：397的反面（图4-86，2），再如H3：288+1615、H3：320、H3：361、H3：372、H3：405、H3：431+433、H3：432、H3：462、H3：470、H3：510+735、H3：540、H3：550、H3：584、H3：590、H3：631、H3：645、H3：669、H3：685、H3：751+1061、H3：784、H3：862、H3：903、H3：957、H3：1009、H3：1185、H3：1187、H3：1253、H3：1271、H3：1298、H3：1312、H3：1348、H3：1417、H3：1455、H3：1463、H3：1468、H3：1479、H3：1492也是这种型式的钻凿布局。

图4-83　龟腹甲

有的中甲右侧上部位有1个钻凿，下部有一组分布对称的钻凿，左右各1个，如H3：1433的反面（图4-87），再如H3：259、H3：508、H3：624、H3：662、H3：701、H3：789、H3：895、H3：1046、H3：1078、H3：1113也是这种型式的钻凿布局。

1

2

图4-84　龟腹甲

1　　2

图4-85　龟腹甲

1　　2

图4-86　龟腹甲

有的中甲有4个钻凿，如H3：616的正面（图4-88，1），中甲分布着两组对称的钻凿，左右各2个，分布比较规整。有的中甲左侧2个钻凿靠中下部位，右侧2个钻凿靠中上部位，如H3：1008的正面（图4-88，2），钻凿分布比较规整。

有的中甲上部对称分布着一组钻凿，左右各1个，左侧下部还有1个钻凿，如H3：330的正面（图4-89），再如H3：619+1346、H3：1295也是这种型式的钻凿布局。

图4-87　龟腹甲

**5. 第五式**

千里路左右两侧各6列钻凿，左右甲桥各有2列钻凿，排列整齐、有序。

有的中甲两侧分布着一组对称的钻凿之孔，左右各1个，如《花东》H3：844的正面（图4-90，1）。有的中甲左侧上部有1个钻凿，下部左右两侧分布着一组对称的钻凿之孔，左右各1个，如H3：480的正面（图4-90，2）。

上文共统计了花东390版龟腹甲的钻凿布局，千里路两侧各有2列（第一式）、3列（第二式）、4列（第三式）、5列（第四式）、6列（第五式）钻凿，第一式62例、第二式60例、第三式193例、第四式73例、第五式2例。花东龟腹甲的钻凿布局，有自身的规律性。

（1）第一式共计62例，中甲没有钻凿的腹甲有6例，中甲左侧部位有1个钻凿的腹甲有28例，中甲左侧上部有1个钻凿的腹甲有14例，中甲左侧下部有1个钻凿的腹甲有1例，中甲右侧部位有1个钻凿的腹甲有5例，中甲右侧上部有1个钻凿的腹甲有1例，中甲左侧下部和右侧上部各有1个钻凿的腹甲有1例，中甲左侧上部和右侧下部各有1个钻凿的腹甲有5例，特例1例。

1

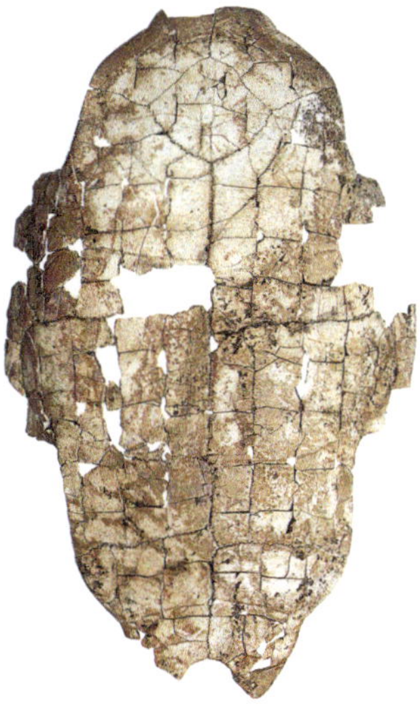

2

图4-88　龟腹甲

图4-89　龟腹甲

第二式共计60例，中甲没有钻凿的腹甲有3例，中甲左侧部位有1个钻凿的腹甲有8例，中甲对称分布一组、左右两侧各1个钻凿的腹甲有11例，特例2例，中甲左侧上部和右侧下部各有1个钻凿的腹甲有11例，中甲左侧下部和右侧上部各有1个钻凿的腹甲有6例，中甲左侧上部有1个钻凿的腹甲有9例，中甲左侧下部有1个钻凿的腹甲有4例，中甲右侧上部有1个钻凿的腹甲有2例，中甲右侧下部有1个钻凿的腹甲有2例，中甲左侧纵向排列的2个钻凿的腹甲有1例，中甲左侧上部有1个钻凿之孔、下部左右两侧各有1个钻凿的腹甲有1例。

第三式共计193例，中甲没有钻凿的腹甲有11例，中甲左侧部位有1个钻凿的腹甲有2例，中甲左侧上部有1个钻凿的腹甲有1例，中甲左侧下部有1个钻凿的腹甲有2例，中甲左侧上部和右侧下部各有1个钻凿的腹甲有9例，中甲左侧下部和右侧上部各有1个钻凿的腹甲有6例，中甲右侧上部有1个钻凿的腹甲有1例，中甲右侧下部有1个钻凿的腹甲有1例，中甲对称分布一组、左右各1个钻凿的腹甲有97例，中甲左侧纵向排列的2个钻凿的腹甲有2例，中甲左侧上部有1个钻凿、下部左右两侧各有1个钻凿的腹甲43例，中甲右侧上部有1个钻凿、下部左右两侧各有1个钻凿的腹甲16例，中甲左侧2个钻凿靠中下部位、右侧2个钻凿靠中上部位的腹甲有2例（包括特例1例）。

第四式共计73例，中甲没有钻凿的腹甲有2例，中甲对称分布一组、左右各1个钻凿的腹甲有13例，中甲左侧上部和右侧下部各有1个钻凿的腹甲有2例，中甲左侧下部和右侧上部各有1

1

2

图4-90　龟腹甲

个钻凿的腹甲有1例，中甲左侧上部有1个钻凿、下部左右两侧各有1个钻凿的腹甲39例，中甲右侧上部有1个钻凿、下部左右两侧各有1个钻凿的腹甲11例，中甲分布二组、左右各2个钻凿的腹甲有2例（包括特例1例），中甲上部对称分布着一组钻凿、左右各1个、左侧下部还有1个钻凿的腹甲有3例。

第五式共计2例，中甲对称分布一组、左右各1个钻凿的腹甲有1例，中甲左侧上部有1个钻凿、下部左右两侧各有1个钻凿的腹甲1例。

可以看出，钻凿布局以千里路两侧各分布4列钻凿的腹甲最多，各分布5列钻凿的腹甲次之，第三是各分布2列钻凿的腹甲，第四是各分布3列钻凿的腹甲，最后是各分布6列钻凿的腹甲。

（2）就龟腹甲中甲的钻凿而言，中甲没有钻凿的腹甲仅有24例，中甲对称分布一组、左右各1个钻凿的腹甲最多，仅第三式就有97例。总体特征为：中甲部位或没有钻凿；或其左侧部位有1个钻凿；或其左侧上部有1个钻凿；或其左侧下部有1个钻凿；或其右侧部位有1个钻凿；或其右侧上部有1个钻凿；或其右侧下部有1个钻凿；或其左侧下部和右侧上部各有1个钻凿；或其左侧上部和右侧下部各有1个钻凿；或对称分布一组、左右两侧各1个钻凿；或其左侧纵向排列的2个钻凿；或其左侧上部有1个钻凿、下部左右两侧各有1个钻凿；或其右侧上部有1个钻凿、下部左右两侧各有1个钻凿；或其左侧2个钻凿靠中下部位、右侧2个钻凿靠中上部位；或其分布二组、左右各2个钻凿；或其上部对称分布着一组钻凿、左右各1个、左侧下部还有1个钻凿；以上中甲部位的钻凿布局共有16种型式，分布规律比较明显，钻凿或单数，或双数。

（3）花东龟腹甲的圆钻基本都朝向千里路，但也有几个例外。如《花东》106（H3：252，图4-91，1），龟腹甲后甲部位有4个钻凿的圆钻朝向龟甲外缘。再如《花东》423（H3：1342，图4-91，2），其甲首部位有2个钻凿的圆钻朝向龟甲外缘。这些圆钻朝向龟甲外缘的特征，属于钻凿布局的特例，可由其正面卜兆的横向兆枝的朝向看出来。

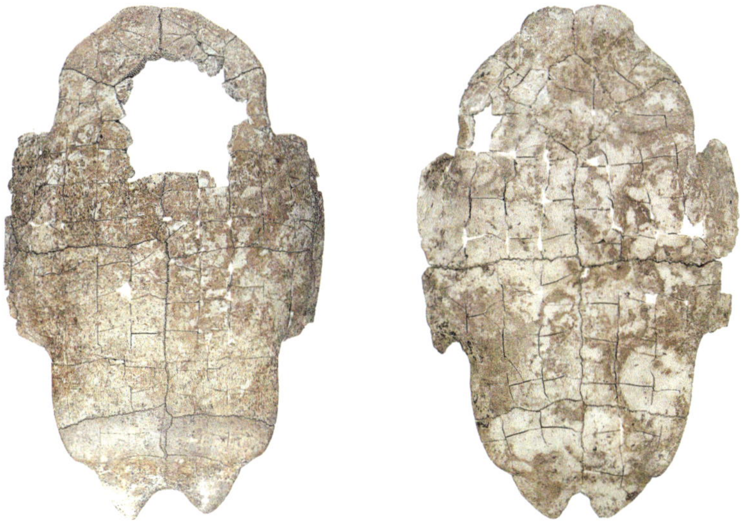

1　　　　2

图4-91　龟腹甲

图4-92　龟腹甲

（4）腹甲残缺影响钻凿布局的研究。除了以上所说的中甲有4个钻凿之例：H3：105、H3：486、H3：510+735、H3：616、H3：994、H3：1008，还有1例，即H3：1291，腹甲残缺严重，不确定其千里路两侧各有几列钻凿。

（5）特例。除了以上所说各种型式中的某些特例外，还有一些特例，如龟腹甲H3：1291（图4-92），其中甲部位有5个钻凿，中甲上部2个钻孔都朝向龟甲外部边缘，中部对称分布着2个钻凿，左侧下部还有1个钻凿，这种情况仅有此1例。

花东龟腹甲和小屯龟腹甲多有相同之处：①钻凿以千里路为中线对称分布。②在千里路左右两侧都有各2列钻凿、3列钻凿、4列钻凿、5列钻凿、6列钻凿的钻凿布局。③龟腹甲中甲部位多有钻凿。④都有特例型钻凿布局。这些共同特征，不再烦言。

但是，花东龟腹甲有些具体的布局特征与小屯龟腹甲存在不同之处。

（1）花东龟腹甲与小屯相比，少见千里路左右两侧各有1列钻凿的腹甲。

（2）花东腹甲的钻凿之数最多是111个，这比小屯大腹甲的钻凿之数较少。花东龟腹甲H3：53上的钻凿之数最多，共计111个，千里路两侧各有5列钻凿。

（3）就中甲部位的钻凿而言，花东龟腹甲没有而小屯龟腹甲有的某些钻凿布局：小屯龟腹甲中甲上部对称分布着一组钻凿之孔，左右各有1个，在中甲右侧下部还有1个钻凿，花东腹甲没有这种钻凿布局。花东腹甲中甲上部对称分布着一组钻凿、左右各1个，左侧下部还有1个钻凿的腹甲。

花东龟腹甲有而小屯龟腹甲没有的某些钻凿布局，如龟腹甲H3：441，其中甲部位有5个钻凿，具体特征如上所述，这是花东腹甲钻凿布局独有的特征。

再者，诸如花东和小屯在龟腹甲首甲、前甲、后甲、尾甲等部位的钻凿，肯定有细微的差别，这主要体现在各部位的钻凿布局和钻凿之数两个方面。

## （二）龟背甲的钻凿布局

此处，我们根据背甲上钻凿整体的列数，划分花东背甲的钻凿布局。背甲的钻凿布局有以下二式[①]。

第一式，钻凿整体呈4列，几乎布满肋甲和边甲，排列纵横有序。如H3：189+217+284+

① 我们没有查阅到某些背甲反面的照片、拓片和摹本，只得根据正面的卜兆推论其反面的钻凿布局。

1529+1542正面（图4-93，1）、H3：886正面（图4-93，2）、H3：1232正面（图4-93，3），这三版都是右背甲，钻凿呈4列，整齐、有序。

H3：287+394+1511正面（图4-94，1）、H3：1030反面（图4-94，2），这两版都是左背甲，也是整体呈4列的钻凿布局。

第二式，钻凿整体呈5列，布满肋甲和边甲，排列纵横有序。H3：723+990+1512正面（图4-95，1）、H3：768正面（图4-95，2），两版为左背甲。H3：1358+1557正面（图4-95，3），此版为右背甲。钻凿呈5列，整齐、有序。

1　　2　　3

图4-93　龟背甲

1　　2

图4-94　龟背甲

1　　2　　3

图4-95　龟背甲

花东龟背甲的钻凿布局有以上二式。可以看出：①钻凿列数依据背甲的大小而定，较小背甲的钻凿布局为第一式，较大背甲的钻凿布局为第二式。②无论是左背甲还是右背甲，钻凿一般位于肋甲和边甲，脊甲没有钻凿。多数背甲保留了脊甲，但脊甲也没有钻凿。③背甲的上下两端处，多没有钻凿。

总之，商代各期甲骨钻凿布局的特征，变化比较明显。

偃师商城遗址出土卜骨的钻凿布局有两式：①钻凿零散、稀疏地布满骨面。②钻凿密集地布满骨面。两式钻凿布局均无规律。

郑州商城遗址出土甲骨的钻凿布局，已经呈现出一定的规律。卜甲的钻凿布局可以分为三式：①钻凿稀疏地分布于甲面，几乎以千里路为中线对称。②钻凿密集，排列没有规律。③钻凿密集，排列比较整齐、有序。卜骨的钻凿布局可分二式：①钻凿稀疏地分布于骨面，排列规整或无序。②钻凿密集地分布于骨面，排列有规律或无规律。

小屯龟腹甲之上钻凿布局有六式，钻凿多是对称分布，排列整齐、有序。各式龟腹甲数量多少不同，钻凿分布稀疏、密集程度也不同。各式中甲部位的钻凿布局差别较大。第三式、第四式、第五式和第六式的甲桥部位多有钻凿，对称分布。首甲、中甲和尾甲的钻凿大多数是对称分布的，也有少部分不对称的情况。龟腹甲的千里路和齿纹是钻凿重要的分界线。腹甲钻凿布局有一些特殊型式，只能算是特例。龟背甲之上，多是布满了钻凿之孔，排列整齐，也有稀疏分布几个钻凿的“改制背甲”和钻凿数列的背甲。卜骨的钻凿多分布于骨扇部位，钻凿沿着卜骨的纵向分布数列的钻凿布局也较为常见，卜骨的钻凿排列多是整齐、有序。

小屯南地卜骨的钻凿布局有四式，卜骨分布1列、2列、3列钻凿，有的骨扇部位还有一些钻凿。钻凿分布于骨扇部位的型式比较多。卜骨钻凿多纵横排列有序，比较规整。

花东龟腹甲的钻凿布局共有五式，没有千里路左右两侧各有1列钻凿的腹甲，千里路两侧各有2列、3列、4列、5列、6列钻凿，各式腹甲数量不同，钻凿布局也有一些特例。中甲部位多有钻凿，有1个、2个、3个、4个、5个不等。再者，中甲和后甲的某些圆钻朝向龟甲外缘，此为其布局的特例。龟背甲的钻凿布局有二式，钻凿整体呈4列或5列，其钻凿列数依据背甲的大小而定，钻凿一般位于肋甲和边甲，脊甲和背甲的上下两端处没有钻凿。

商代甲骨的钻凿布局，在偃师商城时期基本无规律，在郑州商城时期已然出现了其自身的规律性。殷商小屯和花东甲骨上钻凿布局的特征明显，特别是龟腹甲钻凿的对称性，实为钻凿职官有意以千里路、齿纹为界线，将龟腹甲划分为若干部位，以便钻凿，这体现了钻凿技法的成熟。商代甲骨上的钻凿施于较薄之处，这样易于卜兆的显示。另外，殷人的钻凿工具、钻凿习俗和占卜制度也会影响甲骨的钻凿布局。

但是，上文只是按照甲骨上钻凿布局的整体特征，划分龟腹甲、龟背甲和卜骨钻凿布局的型式。钻凿布局的研究存在一个关键问题，这就是：学者划分甲骨钻凿布局的型式，并无一个特定的标准。如严一萍划分胛骨钻凿布局型式的标准是胛骨之上钻凿的行数以及每行的钻凿之数，划分龟背甲钻凿布局型式的标准是脊甲、尻甲、肋甲、边甲各部位钻凿之数的多少，划分龟腹甲钻凿布局型式的标准是龟腹甲上舌腹甲、内腹甲、上腹甲、下腹甲、剑腹甲、甲桥各部位的钻凿之数及其特征①。当然，严一萍划分龟背甲和龟腹甲钻凿布局型式的标准有一定的参考价值。《小屯南地甲骨》的编者对屯南卜骨凿之排列形式划分的方法是选用较大片的卜骨，“主要根据其背面上部凿的排列情况”，一行（列）长凿、二行（列）凿、三行（列）并列的凿以及各行第一个凿与某行、第某个凿平齐的情况②。再如，《殷墟花园庄东地甲骨》编者根据花东卜甲之甲首、前甲、后甲和甲尾各部位钻凿的分布行数，将卜甲的钻凿排列型式分为九式③。刘一曼则是根据龟腹甲千里路两侧钻、凿、灼的纵列之数，划分了五种形式的钻凿布局④。

赵鹏划分殷墟出土宾组三类胛骨钻凿布局的标准是骨首、骨颈、骨条部位钻凿的列数和骨扇部位钻凿的概况；划分YH127坑宾组龟腹甲钻凿布局的首要标准是钻凿分布稀疏、密集、稀疏密集混合，其次是千里路两侧（腹甲主体部位）钻凿的列数、首甲和中甲的钻凿之数、近甲桥处有无钻凿等；划分殷墟村北系出组二类胛骨和黄组胛骨的钻凿布局型式的标准是胛骨和臼边钻凿列数、正面骨扇的钻凿概况；划分花东龟腹甲钻凿布局的标准是腹甲主体部位钻凿的列数、前甲钻凿的数量和行数⑤。

---

① 严一萍：《甲骨学》，艺文印书馆，1978年，第554—692页。

② 中国社会科学院考古研究所编著：《小屯南地甲骨》（下册·第三分册），中华书局，1983年，第1506、1507页。

③ 中国社会科学院考古研究所编著：《殷墟花园庄东地甲骨》（第六分册），云南人民出版社，2003年，第1771—1775页。

④ 刘一曼：《论殷墟甲骨整治与占卜的几个问题》，《古文字与古代史》（第四辑），“中研院”历史语言研究所，2015年，第199、200页。

⑤ 赵鹏：《宾组三类胛骨钻凿与兆序排列的初步整理与研究》，《出土文献研究》（第15辑），中西书局，2016年，第1—5页；赵鹏：《殷墟YH127坑宾组龟腹甲钻凿布局探析》，《考古学报》2017年第1期；赵鹏：《出组二类胛骨钻凿布局、兆序排列与占卜》，《古文字研究》（第32辑），中华书局，2018年，第127—130页；赵鹏：《黄组胛骨钻凿布局、兆序排列及相关问题》，《南方文物》2019年第3期；赵鹏：《花东龟腹甲钻凿布局的整理研究》，《甲骨文与殷商史》（新十辑），上海古籍出版社，2020年，第491—498页。

赵鹏还指出："钻凿布局还是应该从占卜载体的材质及整版情况来考虑，不必只看特定部位……实际上整版甲骨的钻凿布局对于探讨甲骨的占卜方式、占卜的演变都具有一定意义，应该综合整版的钻凿布局进行研究。"①

综合以上学者对甲骨钻凿布局的研究方法，我们研究甲骨钻凿布局的方法是：首先选取比较完整的龟甲和胛骨，其次按照一定的标准划分龟腹甲、龟背甲、胛骨钻凿布局的型式，最后总结各自钻凿布局的规律、特征。我们在文中划分甲骨钻凿布局型式的标准分别是：①龟腹甲的钻凿布局，我们首先根据千里路两侧前甲、后甲、尾甲和甲桥钻凿的列数，其次是据首甲和中甲的钻凿分布，划分型式的主要标准是龟腹甲千里路两侧钻凿的列数和中甲部位钻凿的概况。②龟背甲的钻凿布局，我们根据背甲整体的列数划分其钻凿布局的型式，主要看肋甲和边甲的钻凿列数。③胛骨的钻凿布局，其型式的划分以其骨颈至骨扇上部分布几列钻凿、骨扇部位钻凿的分布概况为标准。

总之，龟甲钻凿布局的规律性极强，容易断明其型式。但是，胛骨某些部位的钻凿布局显得杂乱无章，难以判定。胛骨上分布数列钻凿，有的在某些空闲部位还有钻凿，这种型式的钻凿就显得杂乱。骨扇部位的钻凿比较规整，多是纵横有序。

所以，我们对甲骨钻凿布局的研究，需要根据龟腹甲、龟背甲和胛骨本身的构造特征，制定一套型式划分的标准，这样才能取得更好的成果。

## 第五节 钻凿形态

商代甲骨上的钻、凿、灼有三种方式：一，直接施灼，主要是牛肩胛骨、猪骨和羊骨等兽骨。二，钻或凿后施灼，主要是牛肩胛骨，其次是龟甲。三，钻凿后施灼，如殷商甲骨。钻凿后施灼的方式形成了多种型式的钻凿形态，可分为单独型和组合型，单独型的钻凿形态多出现于卜骨之上，而殷商甲骨多是组合型的钻凿形态。

商代占卜既用龟腹甲、龟背甲，也用牛肩胛骨、羊肩胛骨、鹿骨和猪骨等兽骨。龟甲是主要的占卜材料，其数量多于卜骨，故龟甲的钻凿形态是研究的重点。钻凿的研究，相当重要，"根据近年来的研究，钻凿对于考察甲骨的时代、殷人的卜法、卜辞文例等具有较高的价值"②。从宏观角度而言，甲骨钻凿形态的研究对甲骨的分期断代、占卜之法、卜辞文例等有重要意义。从微观角度而言，钻凿形态自身（钻凿型式及其特征）也有重要的学术价值，熟悉钻凿形态有助于残缺甲骨的缀合、便于观察卜兆的延伸走向。我们对钻凿形态的研究，一定要立足于甲骨实物。

在甲骨学界，甲骨之上钻凿形态的命名，多是以凿孔的形状特征、钻凿的工具、钻凿的制作方法、施凿位置、凿痕深浅为标准的。以钻凿之孔的形状命名，如单独长凿型，学界多以钻

① 赵鹏：《殷墟甲骨钻凿研究述评》，《甲骨文与殷商史》（新九辑），上海古籍出版社，2019年，第435页。
② 刘风华：《殷墟村南系列甲骨卜辞的整理与研究》，上海古籍出版社，2014年，第9页。

凿之孔的形状对钻凿形态命名。以钻凿的工具命名，如董作宾称钻凿之孔为“钻”[①]。再如张秉权发现甲骨上的凹穴“大都是凿成的，而不是钻成的”，称钻凿为“双联凹穴”[②]。以施凿于甲骨上的位置命名，如许进雄划分的第五种钻凿形态“于骨面中下部位施凿型”[③]。以凿痕的深浅命名，如刘渊临称凿孔为“浅凿”[④]。

在此，需要特殊说明的是，有些长凿旁边的圆孔并不是钻成的，而是挖刻而成的，但学界习惯称之为“钻凿”，上文已经论述了这些问题。总之，无论钻凿形态以何种标准命名，学界已经习惯了以“钻凿”作为统称。

## 一、钻凿形态的分型分式

甲骨钻凿形态的研究，起步较晚，成果不多。下文首先评述钻凿形态的研究成果，然后再对小屯甲骨的钻凿形态进行分型分式。

### （一）商代甲骨钻凿形态研究综述

#### 1. 在甲骨学研究的起始阶段，就有学者意识到甲骨之上钻凿问题的重要性，且提出了很多见解。后来，学者开始注意著录甲骨反面的钻凿

罗振玉指出殷墟甲骨：“龟皆凿，骨则钻者什一二、凿者什八九。既钻而又凿者，二十之一耳”，进而又说凿迹都呈椭圆形，钻孔呈正圆形，既钻更凿者呈外圆而内椭形[⑤]。这是罗氏对甲骨凿、钻、既钻又凿的最初认识。

只有著录甲骨反面的钻凿，才能便于学者的研究。《库方二氏藏甲骨卜辞》可能最早摹写了甲骨反面的钻凿[⑥]。郭若愚在《殷契拾掇二编》序中指出：“最后要说明的，是本编附有侧面和反面只有卜兆钻灼而没有文字的拓片，侧面是表示龟甲的厚度和锯痕（本编一六三龟腹甲亦然）；反面是表示钻灼的形式。我觉得做学术工作是严肃的、精密的，因此亦必须是负责的，根本不能忽视一点现象，而且要立刻说明，以供大家研究。”[⑦]郭若愚此书著录了一些甲

---

① 董作宾：《商代龟卜之推测》，《安阳发掘报告》1929年第1期。

② 张秉权：《殷虚卜龟之卜兆及其有关问题》，《“中研院”院刊》1954年第1辑。

③ 许进雄：《甲骨上钻凿形态的研究》，艺文印书馆，1979年，第5页。

④ 刘渊临：《卜用甲骨上攻治技术的痕迹之研究》，台湾编译馆，1984年，第53页。

⑤ 罗振玉：《殷虚书契考释》，永慕园石印本影印版，1915年，第108页。

⑥ 〔美〕方法敛摹，白瑞华校：《库方二氏藏甲骨卜辞》，上海商务印书馆石印本，1935年，第47、77、88、93、94、96、102、109、113、114、117、118、119、123、124、125、129页。

⑦ 郭若愚：《殷契拾掇二编》，来薰阁书店，1953年，第8页。

骨反面只有钻凿灼而无文字的拓片，“这是甲骨著录史上第一次著录反面钻凿”[1]。郭若愚没有对钻凿的相关问题做进一步的研究，但这些钻凿拓片为学者研究钻、凿、灼的形式提供了参考资料。

**2. 20世纪六七十年代以后，随着甲骨学研究的发展，学者更加重视钻凿形态的研究**

贝塚茂树利用甲骨上的钻凿形态和自卜问之次日算起的数日法，论证了其关于王族卜辞属于第一期的观点[2]。刘渊临认为陈梦家有关钻凿的说法不够准确，小屯甲骨上的凿洞“大、浅、不规整”，故殷商晚期没有钻只有凿[3]。刘渊临对卜骨的材料和攻治技术的研究，可制成下表（表4-1）。

**表4-1　牛骨攻治技术**

| 技术＼时期 | 龙山期 | 殷商早期 | 殷商晚期（武丁及以后） |
|---|---|---|---|
| 材料 | 牛骨 | 牛骨 | 牛骨 |
| | 兽骨（较多） | 兽骨（渐减） | 兽骨（极少） |
| 攻治 | 天然形 | 半月形骨臼 | 去骨臼角 |
| | | 天然形骨臼 | 半月形骨臼 |
| 钻凿 | 单钻 | 单钻 | 凿（长大形） |
| | 无凿 | 钻凿（短小形）并用 | |
| | | 三联钻 | |

肖楠指出安阳小屯南地自组卜甲上有两种钻凿形态：枣核形、头部有尖状的枣核形[4]。严一萍将钻凿分为民间的（只钻灼而无凿）、侯国的（多是钻凿灼兼施）、王室的（钻凿相互包撮式、圆钻里边包含长凿式），又用大量篇幅论述钻凿的形式：肩胛骨钻凿10式、背甲钻凿5式和腹甲钻凿48式[5]。严一萍只是将甲骨的钻凿分为民间的、侯国的、王室的三类，仅简述了“王室的”两种钻凿形态，严一萍划分钻凿形式的标准和类别也存在一些问题，这在前文已有评述。朱志荣将钻凿后施灼甲骨的钻凿形态简单分为“单钻、双联钻和三联钻”三种形式，指出：“这种钻法所显示的纹路既深且密。”[6]

① 赵鹏：《殷墟甲骨钻凿研究述评》，《甲骨文与殷商史》（新九辑），上海古籍出版社，2019年，第429页。

② 〔日〕贝塚茂树：《京都大学人文科学研究所藏甲骨文字》，京都大学人文科学研究所，1960年，第679—749页。

③ 刘渊临：《卜骨的攻治技术演进过程之探讨》，《“中研院”历史语言研究所集刊·第四十六本》（第一分册），“中研院”历史语言研究所，1974年，第99—154页。

④ 肖楠：《安阳小屯南地发现“遣组卜甲”》，《考古》1976年第4期。

⑤ 严一萍：《甲骨学》，艺文印书馆，1978年，第503—692页。

⑥ 朱志荣：《商代审美意识研究》，人民出版社，2002年，第28页。

### 3. 有的甲骨学者对钻凿形态进行了针对性的研究，取得了一系列成果

专门针对甲骨钻凿形态进行研究的学者，当首推许进雄。许进雄对甲骨钻凿形态进行了研究，其《卜骨上的凿钻形态》将骨上的凿钻形态依其契刻位置及形状粗略分为：异常型第一式—圆凿大于并包撮长凿型、异常型第二式—小圆凿、异常型第三式—圆凿在长凿旁、异常型第四式—于骨面施凿和正常型—仅有长凿[①]。

许进雄在《卜骨上的凿钻形态》的基础上又撰写了论著《甲骨上钻凿形态的研究》，此书的目的：一是从凿钻形态的观点来讨论王族卜辞应归属的时代；二是利用凿钻形态演变的进度与其他断代标准的参差，求得卜辞在各期中比较精确的时代；三是利用凿钻形态的观点开拓甲骨研究的新课题。此书依据甲骨钻凿的形状和挖刻位置把甲骨钻凿形态分为单独长凿型、圆凿包撮长凿型、小圆钻形、长凿旁有圆凿型、于骨面中下部位施凿型五种基本类型[②]。可以看出，前四种类型是按照钻凿形态划分的，第五种是据钻凿所处的部位划分的，这说明许进雄对钻凿形态的分类标准存在一定的问题。再者，许进雄《甲骨上钻凿形态的研究》所用的方法是以商代甲骨文字为根据，进而研究甲骨上钻凿的时代，再以钻凿的时代推断甲骨文字的时代。可知，许进雄将钻凿形态作为判定甲骨时代的一个标准，对甲骨材料进行分期断代，补充了董作宾提出的甲骨文分期断代的“十项标准”（世系、称谓、贞人、坑位、方国、人物、事类、文法、字形、书体）。张光直曾指出：“许进雄先生在十个标准之外又增加了一项，‘钻凿’。”将钻凿誉为可与董作宾十项断代标准并列的第十一项断代标准[③]。

许进雄还撰写了一系列研究甲骨钻凿的论文，如许进雄在《甲骨的长凿形态示例》说：“但普遍对各期形态注意的，笔者算是比较早的一人。”他指出：“每一个长凿都可以从三个方面来观察其形态：一是长度，这是最显见的特征和最易辨读及解说的。二是外围的形状，其微细的差异虽是难以尽述，但也可以简要的归纳成几种类型。三是内壁的结构，这是难以简单圆画表示的，也是不易具体说明的”，“长凿的长度与形态也常因挖刻的位置而有所差异。比较明显的是长度，骨上的情形，不锯角一边的外沿的长凿通常是长些，锯角一边的内沿上的短些，于中间部位的又短些。而且，近骨臼处的长凿也比下端的长些，最短的则是骨中央凸起处附近的……至于龟甲上的长凿，因受齿缝的限制，近齿缝的常较他处为短，尤其是在背甲上的，因其齿缝间隔往往很小”，下文又“把能看出长凿长度，头部及肩部形态的都尽量罗列出来”[④]。许进雄在此文中对长凿形态的描述，如长凿的长度、外围的形状、内壁的结构等观察方法以及对骨臼、龟甲长凿长度的解说多为学者借鉴。

再如《凿钻研究略述》将卜骨钻凿异常式分为：圆凿包撮长凿型、小圆凿、长凿旁有圆凿、于骨面施凿，许进雄进而指出：“凿钻形态的表现是多方面的，不但凿长、形态，就是骨

---

① 许进雄：《卜骨上的凿钻形态》，艺文印书馆，1973年，第7—20页。

② 许进雄：《甲骨上钻凿形态的研究》，艺文印书馆，1979年，第3—41页。

③ 〔美〕张光直：《傅斯年、董作宾先生百岁纪念专刊·序》，中国上古秦汉学会，1995年，第3页。

④ 许进雄：《甲骨的长凿形态示例》，《董作宾先生逝世十四周年纪念刊》，艺文印书馆，1978年，第110—136页。

沿的修治、长凿的排列、烧灼的方法等，也都或多或少地表现各期的差异性。”[①]许进雄此文中对卜骨钻凿异常式的论述，借鉴了其两本专著的相关成果。

再者，许进雄的其他论文《钻凿对卜辞断代的重要性》《从长凿的配置试分第三与第四期的卜骨》，也都从钻凿形态方面探讨了甲骨卜辞的分期断代。

在许进雄研究甲骨钻凿的两本专著出版之前，学界关于甲骨钻凿的研究，多以论文的形式发表。从这个角度而言，许进雄确实是甲骨钻凿形态研究的开拓者之一。许进雄的论著《卜骨上的凿钻形态》《甲骨上钻凿形态的研究》《甲骨的长凿形态示例》《凿钻研究略述》等，确实“为甲骨文分期断代提供了一条新的途径”[②]，也为后世学者的研究提供了较多可取之处。此后，许进雄也未再出版研究甲骨钻凿的专著。

国内学者借鉴许进雄研究方法，开始对甲骨钻凿形态进行专门的研究。于秀卿、贾双喜等学者把钻凿形态的研究与分期断代相结合，对五期甲骨钻凿形态的差异和演进变化作了粗略的概述[③]。

此后，学界逐渐重视甲骨钻凿方面的研究，许进雄论著之后，更有《小屯南地甲骨的钻凿形态》《殷墟花园庄东地甲骨钻凿形态研究》《小屯村中村南甲骨凿钻形态》《甲骨钻凿形态研究》等论著。以下，我们分别评述这些论著。

《小屯南地甲骨》的第三分册专门论述屯南甲骨的钻凿：

一，分册将甲骨上的凿分为六型：弧形凿（三式）、尖头直腹凿、圆钻包含长凿、长方形凿（四式）、鼓腹凿（三式）和不规则弧形凿（二式），然后研究了各型、式凿流行的时期以及各时期凿型、式的变化。

二，分册将屯南骨面（卜骨之正面）凿的型式分为三种：长方形凿、弧形凿、圭形凿。

三，分册还将钻分为：①凿旁之“钻”（弧形凿和尖头直腹凿旁“钻”的形状比较规整，长方形凿只有一部分凿旁有“钻”，不规则弧形凿部分凿旁有形状不规整的“钻”）。②小圆钻（常与尖头直腹凿共存）。

最后，分册还从钻凿形态角度探讨了𠂤组卜辞、午组卜辞的时代，从钻凿形态方面分析了武乙、文丁卜辞的断代，分析了两类田猎卜骨在钻凿形态上的特点并推断其时代，论述了同版不同期卜骨2384（H57：179）的分期问题[④]。后来，该分册有关钻凿的部分以论文的形式又汇编于萧楠所著的《甲骨学论文集》[⑤]。

总之，《屯南》第三分册分别论述了甲骨之上的凿型、骨面凿的型式、凿旁之“钻”、

① 许进雄：《凿钻研究略述》，《屈万里先生七秩荣庆论文集》，联经出版事业公司，1978年，第215—219页、第233页。

② 刘一曼：《殷墟考古与甲骨学研究》，云南人民出版社，2019年，第3页。

③ 于秀卿、贾双喜、徐自强：《甲骨的凿钻形态与分期断代研究》，《古文字研究》（第6辑），中华书局，1981年，第345—369页。

④ 中国社会科学院考古研究所编著：《小屯南地甲骨·小屯南地甲骨的钻凿形态》（下册·第三分册），中华书局，1983年，第1496—1506、1508、1509、1512—1522页。

⑤ 萧楠：《小屯南地甲骨的钻凿形态》，《甲骨学论文集》，中华书局，2010年，第179—251页。

小圆钻。不可否认，分册在甲骨钻凿形态方面用力较深，不但将钻、凿分型分式，而且还探讨了各型式钻、凿的组合特征、流行时期以及各期钻、凿的演变，最后还从钻凿形态方面探讨了学界的两个热点问题：自组和午组卜辞的时代，武乙、文丁卜辞的断代。该文“是八十七年来关于钻凿制作工艺过程最全面、系统，也是最科学的论述”，“是目前国内学者关于钻凿形态与分期断代研究关系的较全面、系统的论述”①。然而，《屯南》第三分册也有不足之处：其一，多数甲骨之上是组合型的钻凿—既钻又凿，分册却将钻、凿分开论述，划分各自的型式，忽略其组合性特征。其二，各钻凿型式中没有“单独小圆钻”。

刘渊临鉴于贝塚茂树和许进雄研究甲骨钻凿的方法，改以考古学的研究方法，先断定卜用甲骨攻治技术的痕迹及其时代，再由此断定甲骨文字的时代。刘渊临归纳了小屯卜骨18种钻凿样式，且指出：“当然每一式样亦不可能有两个完全相同的，因为是人工制作的不是机器制作的……它们在断代标准中占着重要的地位，因它们尺度的长短显示时代的不同，可以大致看出一个时代演进的趋向，时代越早长度越小，时代越晚，长度越大”，也论述了小屯背甲和腹甲钻凿的形状②。刘渊临突出贡献在于分别论述了龙山期、齐家期、殷商早期、殷代晚期、小屯早期和晚期卜用甲骨之上的攻治、钻凿等痕迹及其演变，基本捋清了各期甲骨攻治的发展序列。然而，虽然刘渊临提倡以考古学的研究方法断定卜骨的时代，但这也恰恰是其论著的不足之处，“钻凿形态亦未能依考古类型学方法分型式，故概况钻凿形态演进特点稍显有些笼统而已”③。刘渊临研究卜骨攻治技术的另一个重要贡献在于他从钻凿形态入手，发现《甲编》2342、2344、2875等六片卜骨的整治技术比较原始，认为这是“安阳早期”即武丁以前的卜骨。

无字甲骨上的钻凿，也有一定的研究价值。小屯南地出土了五千多片无字甲骨，中国社会科学院考古研究所安阳工作队择其“较大的，并能看出背面钻凿”的甲骨，将凿的形态分为：

一，头尾尖、腹较直，有的头部还有针尖状凸出，这种形式的凿多见于卜甲上。

二，呈长方形、平底。

三，鼓腹、平底。这种凿，从平面上看，中部为一窄长方形，外围一椭圆形。

四，头尾稍尖、腹略鼓，边缘不大整齐，有的凿边缘上还有刮削痕迹，弧底。

五，小圆钻，这是在卜骨背面钻出的圆形洼洞，其位置多在与臼角相对的骨沿及骨版之上部。形式有两种：一种钻的直径较大、另一种钻的直径较小④。安阳工作队对屯南无字甲骨钻凿的研究，借鉴了《小屯南地甲骨的钻凿形态》，故其所论无字甲骨的钻凿形态与《屯南》字骨的钻凿形态有较多相似的特征。

以上论著对甲骨的钻凿进行了研究，但某些成果仍处于初步阶段。21世纪以后，学者对甲骨钻凿形态的研究，逐渐进入成熟阶段。学者鉴于早期甲骨著录书籍的不足，在新出版的

① 王宇信：《甲骨学通论》，中国社会科学出版社，1999年，第277、278页。

② 刘渊临：《卜用甲骨上攻治技术的痕迹之研究》，台湾编译馆，1984年，第7、84、103、116—133页。

③ 朱彦民：《殷墟考古发掘与甲骨文研究》（下册），花木兰文化出版社，2012年，第292、293页。

④ 中国社会科学院考古研究所安阳工作队：《1973年小屯南地发掘报告》，《考古学集刊》（第九集），科学出版社，1995年，第86、87页。

著录书籍中都注意顾及甲骨的钻凿，借助于此，学者研究甲骨的钻凿形态也都取得了丰硕的成果。

《殷墟花园庄东地甲骨》不仅著录了大量卜甲反面的图版，还和《小屯南地甲骨》一样，其分册《殷墟花园庄东地甲骨钻凿形态研究》专门论述卜甲的钻凿形态，分册根据花东卜甲凿的形状及其长度，分为以下型式：

一，Ⅰ型凿。尖头弧形凿，其头尾呈尖状，凿腹为弧形。

ⅠA型，头尾作针尖状，又称之“芒”。根据统一长度标准，本型共分六式。

ⅠB型，头尾稍尖，无“芒”。凿之两腹为弧形。根据凿之长度，亦分为六式。

ⅠC型，头尾为尖状，无“芒”。该型凿最突出的特征是，凿旁之“凿”也是一个完整的小凿，从外观上看，就是一个小弧形凿紧靠着一个大弧形凿，两个弧形凿并联在一起。根据凿之长度，共分为五式。

二，Ⅱ型凿。尖头长形凿，其特征是头尾为尖形、凿腹较直。根据凿之长度，亦分为六式。

三，Ⅲ型凿。圆头弧形凿，凿之头尾为圆形，两腹为弧形。根据凿之长度，可分五式。

四，Ⅳ型凿。圆头直腹凿。其特征是，头尾为圆形，略近平，两腹近直，凿呈圆角长方形。本型分四式。

分册还将甲桥型式分为A型（五式）、B型（四式）、C型（五式），进而论述各凿式出现于甲桥各型式的情况[①]。

由于花东卜甲上几乎没有单独的小圆钻，故在分册中只对卜甲上的凿进行了分型分式。但是，花东卜甲上是组合型的钻凿，分册却没有论述钻的形态。再者，各型以下按照2毫米长度标准再次分式，这种分式对钻凿形状的描述、类别特征的研究意义不大，因为大于或小于2毫米的长凿本就是一类，根据其大小再次分式就略显繁琐。

《小屯村中村南甲骨凿钻形态》借鉴了《殷墟花园庄东地甲骨钻凿形态研究》卜甲钻凿形态型式划分的标准，“主要根据凿的头、尾及腹部的形状，每一型下的式，主要依凿的长度来划分”，将村中、村南甲骨的凿分为以下六式：

一，Ⅰ型凿，尖头弧形凿。腹部呈弧线形，头、尾较尖，发现于卜甲及卜骨上，根据头、尾的差异又可分为三个亚型。

ⅠA型，头、尾作针尖状突出，即有“芒”。据凿之长短分为四式。

ⅠB型，头部或尾部一端作针尖状突出，据凿之长短可分为四式。

ⅠC型，头、尾均无针尖状突出。据凿之长短，亦可分为四式。

二，Ⅱ型，圆头弧形凿，腹部呈弧线形，头、尾较圆。按凿的长度，可分为三式。

三，Ⅲ型，圆钻中的凿。按凿的长度可分为二式。

四，Ⅳ型，长方形凿。腹部略带弧度或近直线，头、尾平圆，也有少数呈规整的长方形。

---

① 中国社会科学院考古研究所编著：《殷墟花园庄东地甲骨·殷墟花园庄东地甲骨钻凿形态研究》，云南人民出版社，2003年，第1762—1770页。

根据凿的长度，可分为四式。

五，Ⅴ型，鼓腹凿。腹部呈弧线形，比较丰肥，头、尾尖圆或平圆。依凿的长度，可分为二式。

六，Ⅵ型，不规则弧形凿，腹部呈不规则的弧形，头、尾尖或稍圆。据凿之长度可分为二式。

《小屯村中村南甲骨凿钻形态》将钻分为：

一，圆钻。

A型。大圆钻中含小圆钻。此型钻又可细分为二式：小圆钻置于大圆钻之中部、小圆钻置于大圆钻内之一侧。

B型。单独的圆钻。依直径的大小可分为二式。

二，凿旁之钻。不同类型的凿，其凿旁之钻也有所差异。

A型，此型凿之制法是先用轮开槽，然后再用刀加工，使钻内侧与凿相连接。这种凿外侧呈弧线形，底部近外侧，有一道沟痕。

B型，此型凿之制法是用钻子钻成的，形制规整。

C型，此型凿之制法是用刀挖成的。只见于卜骨上。据钻之大小，可分二式。

《小屯村中村南甲骨凿钻形态》还将骨面的凿划分为：

一，弧形凿，占村中、村南骨面凿的绝大多数。二，长方形凿，发现极少[①]。

济南大辛庄遗址是商文化遗址的代表，遗址出土了大量甲骨。王华将大辛庄卜骨的钻凿形态分为圆钻型（圆底小圆钻、中圆钻、大圆钻）、圆钻包摄长凿型（浅大圆钻、圆钻较深、圆钻旁附长凿）、长凿型，将卜甲上的钻凿形态分为圆钻型（小圆钻、中圆钻）、圆凿包摄长凿型、长凿旁附圆凿型（微曲肩平圆头、直肩平圆头、直肩方头式）、单独的长凿型（曲肩尖头、微曲肩平圆头、直肩方头式）[②]。

各组类甲骨的钻凿形态也是不同的，研究各组类甲骨的钻凿形态可以看出钻凿形态的演变。如张惟捷将殷墟YH127坑宾组刻辞甲骨钻凿分为五类：弧肩尖圆头、弧肩平圆头、直肩尖圆头、直尖平圆头和直尖三角头[③]。再如周忠兵首先分类举例各类甲骨的钻凿形态：

师组大字类甲骨的钻凿形态有：单独小圆钻、弧肩尖圆头长凿（有的有尖状突出）。

师组小字类甲骨的钻凿形态有：单独小圆钻、弧肩尖圆头长凿、直肩尖圆头长凿（有的有尖状突出）、直肩三角头长凿。

甲种子卜辞（妇女）的钻凿形态有一种：弧肩尖圆头长凿。

乙种子卜辞（午组）的钻凿形态有：弧肩尖圆头长凿（有的有尖状突出）、直肩尖圆头长凿。

---

① 中国社会科学院考古研究所编著：《殷墟小屯村中村南甲骨·小屯村中村南甲骨凿钻形态》，云南人民出版社，2012年，第751—758页。

② 王华：《济南大辛庄遗址出土甲骨攻治技术研究》，山东大学硕士学位论文，2006年，第14—20页。

③ 张惟捷：《殷墟YH127坑宾组甲骨新研》，万卷楼图书股份有限公司，2013年，第500—502页。

丙种子卜辞（子组）的钻凿形态有一种：弧肩尖圆头长凿。

圆体类甲骨的钻凿形态有一种：弧肩尖圆头长凿。

花东子卜辞的钻凿形态有：弧肩尖圆头长凿（有的有尖状突出）、直肩尖圆头长凿、弧肩平圆头长凿、直肩平圆头长凿（据《花东》）。

师宾间组甲骨的钻凿形态有：单独的小圆钻、小圆钻包撮长凿、大圆钻包撮长凿、单独的圆凿、弧肩尖圆头长凿、直肩尖圆头长凿、直肩三角头长凿。

师历间组甲骨的钻凿形态有：单独的小圆钻、弧肩尖圆头长凿、不规则弧肩尖圆头长凿（有的有尖状突出）、直肩平圆头长凿。

宾组一类甲骨的钻凿形态有：单独的小圆钻、弧肩尖圆头长凿、弧肩平圆头长凿、直肩尖圆头长凿（有的有尖状突出）。

历组一类甲骨的钻凿形态有：单独的小圆钻、弧肩尖圆头长凿、不规则弧肩尖圆头长凿、直肩平圆头长凿。

典宾类甲骨的钻凿形态有：单独的小圆钻、小圆钻包撮长凿、弧肩尖圆头长凿、直肩尖圆头长凿（有的有尖状突出）、直肩三角头长凿（有的有尖状突出）、直肩平圆头长凿（有的有尖状突出）、弧肩尖圆头长凿（有的有尖状突出）、弧肩平圆头长凿（有的有尖状突出）。

历组二类甲骨的钻凿形态有：单独的小圆钻、弧肩尖圆头长凿、直肩三角头长凿、直肩平圆头长凿、弧肩平圆头长凿。

宾组三类甲骨的钻凿形态有：直肩尖圆头长凿（有的有尖状突出）、弧肩尖圆头长凿。

出组甲骨的钻凿形态有：直肩尖圆头长凿（有的有尖状突出）、直肩三角头长凿、直肩平圆头长凿、弧肩尖圆头长凿（有的有尖状突出）、弧肩平圆头长凿（肩部宽）。

历无类甲骨的钻凿形态有：直肩平圆头长凿、弧肩尖圆头长凿。

何组甲骨的钻凿形态有：直肩尖圆头长凿（有的有尖状突出）、直肩平圆头长凿、弧肩尖圆头长凿、弧肩平圆头长凿。

无名组甲骨的钻凿形态有：直肩平圆头长凿、弧肩尖圆头长凿。

无名黄间类甲骨的钻凿形态有：直肩平圆头长凿、弧肩尖圆头长凿、弧肩平圆头长凿。

黄组甲骨的钻凿形态有：直肩平圆头长凿、弧肩尖圆头长凿、弧肩平圆头长凿。

然后，周忠兵将甲骨钻凿分成五大类：

一，小圆钻（钻成）。

二，圆钻包搓长凿：小圆钻包撮长凿、大圆钻包撮长凿。

三，圆凿（挖制）。

四，轮开槽长凿：弧肩尖圆（有尖状突出、无尖状突出）、不规则弧肩尖圆（有尖状突出、无尖状突出）、直肩尖圆、弧肩平圆、直肩平圆、直肩三角。

五，挖制长凿：直肩尖圆（有尖状突出、无尖状突出）、直肩三角（有尖状突出、无尖状突出）、直肩平圆（有尖状突出、无尖状突出）、弧肩尖圆（有尖状突出、无尖状突出）、弧肩平圆（有尖状突出、无尖状突出）。

周忠兵进而指出钻凿的发展是“从小圆钻和轮开槽形成的弧形长凿共存，发展到只有挖制的长凿，乙种子卜辞挖制的长凿肩部是由直变曲这样发展的”，总结了钻凿形态的发展规律[①]。

周忠兵此文分类列举了师组大字类、师组小字类、甲种子卜辞（妇女）、乙种子卜辞（午组）、丙种子卜辞（子组）、圆体类、花东子卜辞、师宾间组、师历间组、宾组一类、历组一类、典宾类、历组二类、宾组三类、出组、历无类、何组、无名组、无名黄间类、黄组二十组类甲骨的钻凿形态以及各组类钻凿形态的主要特征，然后对比、分析各组类钻凿形态的异同，最后整合为五大类钻凿形态。

周忠兵将《甲骨钻凿形态研究》一文修缮后，编入其专著《卡内基博物馆所藏甲骨研究》中，专著与论文的观点基本一致，也将甲骨的钻凿形态归纳为小圆钻、圆钻包摄长凿、圆凿、轮开槽长凿和挖制长凿五种类型[②]。

刘一曼将小屯甲骨凿的形态分为六型：

一，Ⅰ型　弧形凿。此型凿在殷墟甲骨中数量多。凿的腹部呈弧线，外形匀称、规整，一般上下左右对称，内壁较光滑，凿之纵剖面大多为弧底，少数呈袋状。凿旁多有钻。此型凿可分为四式。

$Ⅰ_1$式：尖头弧形凿，头尾有针尖状突出，即有“芒”。

$Ⅰ_2$式：头部或尾部的一端有针尖状突出。

$Ⅰ_3$式：与上二式的区别是头、尾无针尖状突出。

$Ⅰ_4$式：头、尾较圆，或称圆头弧形凿。

Ⅰ型凿的长度多在1.2—2.2厘米，宽0.5—0.8厘米，大多数凿常用轮开槽的方法制作成。

二，Ⅱ型　尖头直腹凿。此型凿腹部近直线，头尾呈三角形，凿之纵剖面为平底或弧平底。凿长多1.1—2.2厘米，宽0.4—0.9厘米。Ⅱ型凿的制法是用刀挖刻而成。

三，Ⅲ型　圆钻中的小凿，凿在圆钻的底部，故其形状在拓片上是看不出来的。Ⅲ型凿可分为两式。

$Ⅲ_1$式：凿完全包摄在圆钻之内。

$Ⅲ_2$式：凿之头、尾两端伸出圆钻之外。

Ⅲ型凿的长度多1—1.6厘米，宽0.1—0.4厘米。

四，Ⅳ型　长方形凿。凿的腹部大多近直线或略带弧度，头、尾平圆,也有部分凿呈很规则的长方形。凿为平底，纵剖面似倒梯形，多数凿旁无钻，少数有钻。根据长度不同，可分为四式。

$Ⅳ_1$式：凿长在2.6厘米以上，最长的可达3厘米。

$Ⅳ_2$式：凿长2.2—2.5厘米。

$Ⅳ_3$式：凿长1.8—2.1厘米。

$Ⅳ_4$式：凿长在1.7厘米以下。

---

① 周忠兵：《甲骨钻凿形态研究》，《考古学报》2013年第2期。

② 周忠兵：《卡内基博物馆所藏甲骨研究·甲骨钻凿形态研究》，上海人民出版社，2015年，第587—624页。

Ⅳ型凿，大多见于卜骨上，部分见于卜甲上。此型凿，是用刀挖刻而成的。

五，Ⅴ型　鼓腹凿。腹部呈弧形外鼓，比较肥大，头尾尖圆或平圆。凿的纵剖面似倒梯形，平底。凿旁大多无钻。依据凿长差异，可分为三式。

$Ⅴ_1$式：凿长在2.3厘米以上，最长的达2.9厘米。

$Ⅴ_2$式：凿长1.8—2.2厘米。

$Ⅴ_3$式：凿长在1.7厘米以下。

Ⅴ型凿见于卜骨上。其制作方法是先用刻刀挖出长方形凹槽，然后用刀向外刮削，使凿之腹部向外扩张呈弯曲的弧线，从平面观察，多数可以看到内外二圈。

六，Ⅵ型　不规则的弧形凿。凿之边缘不大整齐常见有刀刮削过的痕迹，凿之上下左右往往不对称，凿之纵剖面平底或弧底，部分凿旁有钻。依据形状的差异，可分为二式。

$Ⅵ_1$式：腹部呈不规则的弧形，头、尾尖或尖圆。此式凿常与小圆钻共存。

$Ⅵ_2$式：头部较尖，尾平圆，似水滴状。

Ⅵ型凿的长度多在2厘米以下，宽度在0.9厘米以下。此型凿之制法，部分用刀挖刻，部分是先用轮开槽，再用刀加工凿之两侧及底部而成。

刘一曼又论述了在普通遗址中发现的小屯甲骨未见或罕见的几种凿型：

七，Ⅶ型　圭形凿。有的凿锐角朝下（84苗圃H19：1卜骨），有的凿锐角朝上（2010刘家庄北地H518：3+8+15卜骨），凿长1—2厘米，宽0.6—0.7厘米。此种凿曾见于小屯卜骨正面下部的位置，形体较小，一般未见于卜骨反面。

八，Ⅷ型　倒梯形凿。见于84苗圃H19：17卜骨上，凿长2—2.5厘米，宽0.7厘米。

九，Ⅸ型　方形凿。在2003年孝民屯出土的甲骨上常有发现，有的正方（03AXSH226：1），有的呈圆角方形，两侧微鼓（03AXSH683：113）。此型凿长1—1.3厘米，宽1—1.3厘米。

刘一曼将小屯甲骨的钻分为单独的钻与凿旁之钻两类。

一，单独的钻。可分为两型。

A型　双圆钻。即大圆钻内含小圆钻，可分为二式。

$A_1$式：小圆钻位于大圆钻之正中。

$A_2$式：小圆钻在钻内一侧。

B型　单圆钻。可分二式。

$B_1$式：直径在1厘米以上，有的较浅，剖面似锅底状。有的较深，弧底。

$B_2$式：直径在1厘米以下，多在0.6—0.9厘米，直壁，底略呈弧状。

二，凿旁之钻，可分五种类型。

a型　凿旁之钻的外侧近似弧形凿形。

b型　钻为规整的半圆（或大半圆）形。

c型　钻为不规则的半圆形。

d型　钻为小长凿型。

e型　钻为不规则的三角形。

刘一曼还论述了小屯以外的其他遗址甲骨上一些新的钻的类型：

①在单独的钻中，新见c型椭圆钻，有的呈长椭形（2010刘家庄北H518：18卜骨），有的呈横椭形（96刘家庄北地T19：5卜骨）。②在凿旁之钻，新见f型方钻，有的呈方形，有的近圆角方形（97白家坟ABDT4-6：4）[①]。

以上为刘一曼对小屯甲骨钻凿形态型式的划分，她将凿型分为弧形凿、尖头直腹凿、圆钻中的小凿、长方形凿、鼓腹凿、不规则的弧形凿、圭形凿、倒梯形凿、方形凿，将钻分为单独的钻、凿旁之钻、椭圆钻、方钻，各型以下可分若干式。刘一曼对钻凿形态型式的划分比较准确、论述详细。

以上，我们梳理、评析了甲骨钻凿形态所取得的一系列成果。可以看出，甲骨钻凿形态的研究，确实已经取得了一定的成绩，但仍少于甲骨文字信息方面的研究成果。以下，我们从学术问题发展的角度，再次简评。

第一，在甲骨学研究起始阶段，《铁云藏龟》《殷虚书契》《殷虚书契菁华》《簠室殷契征文》等书籍多著录有文字的甲骨片，而没有著录甲骨上的钻凿。这就造成甲骨钻凿研究起步较晚，成果较少。自《库方二氏藏甲骨卜辞》《殷契拾掇二编》出版后，这种“厚此薄彼”的局面才逐渐得到改观。特别是《小屯南地甲骨》《殷墟花园庄东地甲骨》《殷墟小屯村中村南甲骨》《卡内基博物馆所藏甲骨研究》等著录书籍相继出版之后，甲骨钻凿的研究才可谓进入了崭新的阶段，成果不断增多。但是，这些拓片、照片、摹本、释文、索引“五位一体”的著录书籍也有不足之处，如《殷墟花园庄东地甲骨》，著录仍以甲骨正面的图版为主，而反面图版的数量还是有限。在前文研究甲骨钻凿布局之时，我们就只得以甲骨正面的卜兆推论反面钻凿布局的情况，这就增加了研究的难度。

可以说，从1935年至今，甲骨反面钻凿的著录一直滞后于正面卜辞的著录，就连一些大部头的甲骨著录书籍，反面钻凿的图版也只是其中一小部分。这些问题说明甲骨钻凿还没有得到应有的重视和研究。我们只有对甲骨的正面、反面、侧面“一视同仁”，将三者同时著录，才能在前贤的基础上取得更好的成果。

第二，钻凿形态分型分式的标准。《甲骨上钻凿形态的研究》根据钻凿的形状、组合形式、施凿部位等对钻凿形态进行分型分式，这些研究方法为学者提供了有效的参考。《小屯南地甲骨的钻凿形态》是以钻、凿的形状以及钻凿的组合特征为标准。《殷墟花园庄东地甲骨钻凿形态研究》则是以花东卜甲凿的形状及其长度对凿进行了分型分式。《小屯村中村南甲骨凿钻形态》根据凿的头、尾及腹部的形状对凿分型、依凿的长度分式，根据钻的形状、大小、制法对钻进行分类。《甲骨钻凿形态研究》的标准有三：钻凿的制作方法、形状、钻凿的长度与制作方法和形状。《殷墟考古与甲骨学研究》以凿的形状、长度、制法对凿进行分型分式，以钻的形状、直径对钻进行分型分式。可知，钻凿形态分型分式的标准主要有三：①凿的形状、长度、制法。②钻的形状、直径、制法。③钻凿的组合特征。

赵鹏对钻凿形态分类的标准问题，也提出了一些看法：“钻凿形态的分类依据是钻凿的外形轮廓，甲骨钻凿形态的实际情况是在不同组类、不同时期会有相同的外形轮廓，因此这一标

---

① 刘一曼：《殷墟考古与甲骨学研究》，云南人民出版社，2019年，第105—109页。

准分出的类别不容易建立类型学序列。”①

第三，学者多侧重于长凿，且多分开论述长凿和圆钻的型式及其特征。不可否认，无论是单独型的长凿还是组合型式中的凿，凿的形状较多，特征明显，这就使得长凿理所当然地成为学者研究的重点。关键是，殷商甲骨上多是组合型的钻凿，乃是既钻又凿的形式。在各种组合型式中，凿的形状、长度、制法等不同，其旁小圆钻的形状、直径、制法也就不同。所以，我们在研究钻凿形态的时候，不能忽略组合型式中的小圆钻。若是单独小圆钻式、单独长凿型的钻凿形态，就可以分别论述其特征。

第四，无字甲骨上的钻凿形态也有重要信息，不容忽视。虽然无字甲骨没有文字信息，但是我们可以观察无字甲骨的整治痕迹。钻凿就是重要的整治信息，所以学者已经开始重视且专门研究无字甲骨之上的钻凿形态，如中国社会科学院考古研究所安阳工作队，专门研究了小屯南地出土无字甲骨的钻凿形态。

第五，针对性、持续性地研究甲骨的钻凿形态，取得了一系列的成果。针对某一批甲骨钻凿形态进行研究的论著，如《小屯南地甲骨的钻凿形态》《殷墟花园庄东地甲骨钻凿形态研究》《小屯村中村南甲骨凿钻形态》。针对组类甲骨钻凿形态研究的论文，如周忠兵的《甲骨钻凿形态研究》。持续性研究的论著，如许进雄的《卜骨上的凿钻形态》《甲骨上钻凿形态的研究》《甲骨的长凿形态示例》《凿钻研究略述》等，刘渊临的《卜骨的攻治技术演进过程之探讨》《卜用甲骨上攻治技术的痕迹之研究》，再如周忠兵的《甲骨钻凿形态研究》（此文修缮后编入《卡内基博物馆所藏甲骨研究》）、《小屯南地甲骨的钻凿形态》（后刊于萧楠所著的《甲骨学论文集》）。这种针对性、持续性的研究，均体现了甲骨钻凿形态已经成为一个学术热点。其实，针对性、持续性地研究某些问题，有利于学术的长足发展。

但是，学者对甲骨钻凿形态的研究也存在一些问题：

第一，专门研究甲骨钻凿形态的论著仍然只是少数。

第二，多数学者只是对某批甲骨的钻凿形态稍作描述。刘一曼《殷墟考古与甲骨学研究》对钻凿形态的研究比较全面。

第三，学界缺乏对不同钻凿形态之间关系的探究。

第四，某些学者只对钻凿形态外部轮廓及其相关问题进行研究，致使学界无法得出商代甲骨钻凿形态的发展演变。

第五，几乎没有专门以拓片、照片、摹本“三位一体”的形式著录甲骨背面钻凿的书籍。

周忠兵也曾指出甲骨钻凿研究存在的两大问题：

> 虽说对甲骨钻凿的研究已有所发展，但是对殷墟甲骨的钻凿形态作全面系统的研究还是有必要的。因为：（一）在已公布的甲骨材料中，有反面钻凿的或对其钻凿形态进行描述和研究的还是少数，真正以拓片或照片形式公布一批甲骨的钻凿形态的著录书似乎还没有。这说明甲骨钻凿的研究还没有得到充分的重视。我们利用整理一

---

① 赵鹏：《殷墟甲骨钻凿研究述评》，《甲骨文与殷商史》（新九辑），上海古籍出版社，2019年，第432页。

批甲骨实物的机会对钻凿进行系统的研究，希望能使更多的学者对甲骨钻凿有所关注，也希望以后的甲骨著录书最好能够发表甲骨反面的钻凿照片，以方便学者研究。

（二）以往的研究或只是对一些甲骨钻凿作具体的描述而缺乏对不同甲骨钻凿形态间关系的揭示，如许进雄先生的有关研究；或只是对某批甲骨的钻凿进行分型分式研究，如《屯南》《花东》的相关研究。这就使得或因研究得不够系统，或因材料的不完整，使我们无法对整个殷墟甲骨钻凿形态发展脉络有清晰的认识。因而对甲骨钻凿形态再进行全面系统地整理研究还是有必要的。我们在整理卡内基博物馆所藏的这批甲骨时，就注意对这批甲骨的钻凿形态进行仔细观察，并结合以往学者对钻凿形态的研究成果，试图较准确地排比归纳出殷墟甲骨钻凿形态的发展序列及规律，这种研究对甲骨的断代应该是有益的[①]。

以上为学者对甲骨钻凿进行研究的代表性成果、研究存在的诸多问题以及我们的评述。下文，我们就在前贤研究的基础之上，再次对小屯甲骨钻凿形态进行分型分式，进而论述钻凿形态的规律性，最后简述甲骨钻凿对分期断代的重要意义，以求系统梳理甲骨钻凿的发展序列。

## （二）小屯甲骨钻凿形态的分型分式

商代各个时期、不同地域的甲骨，都有着不同型式的钻凿形态。《小屯南地甲骨的钻凿形态》《殷墟花园庄东地甲骨钻凿形态研究》《小屯村中村南甲骨凿钻形态》《卡内基博物馆所藏甲骨研究・甲骨钻凿形态研究》《殷墟考古与甲骨学研究》等论著已经针对屯南、花东、村中村南、卡内基、小屯甲骨上的钻凿进行了分型分式，故下文主要以《合集》为参考资料，再次对小屯出土甲骨上的钻凿形态进行分型分式。

小屯出土的甲骨主要有龟甲和牛肩胛骨，而龟甲的腹甲和背甲在割据分离后皆可使用于钻凿。占卜之前，钻凿施于腹甲、背甲、牛胛骨的背面，凿出长凿或圆凿，焦火灼之以断吉凶[②]。大多数甲骨上的钻凿多施于背面，施于其正面者少见，而卜骨的钻凿施于正面者，为数不少。

### 1. 单独椭圆型

单独椭圆型钻凿形态的特征为凿孔呈椭圆形，底部略显深窄。卜骨单独椭圆型钻凿形态的特征与卜甲略微相似，此种形态的卜骨数量远多于卜甲。这种类型的钻凿形态在甲骨之中并不常见，形态略微简单，技术简陋，制作方法有二：挖制和轮开槽。

单独椭圆型钻凿形态可以分为以下各式。

第一，标准椭圆式，首尾两端都有尖头状凸出，如《合集》卜甲4109反面（图4-96，1）

---

① 周忠兵：《卡内基博物馆所藏甲骨研究・甲骨钻凿形态研究》，上海人民出版社，2015年，第587页。

② 胡厚宣：《甲骨学绪论》，《甲骨学商史论丛二集》，齐鲁大学国学研究所，1945年，第426、427页。

和《合集》卜骨23977反面（图4-96，2），二者都有标准椭圆式的钻凿，只是首尾两端的尖头凸出大小不同。

第二，尖头尖尾瘦体式，如《合集》卜骨67反面（图4-97），整体呈椭圆形、瘦窄体。

第三，平头式，如《辑佚》卜甲6反面（图4-98，1），右侧一列第2个钻凿，头部略显平直。平头直腹式，如《辑佚》卜甲630反面（图4-98，2），头部和腹部略显平直。

第四，尖头弧肩式，如《卡》卜骨392反面（图4-99），左侧一列第3个钻凿，右肩部的右侧有拓宽痕迹，使得右肩部向外鼓出。

第五，不规则椭圆式，如《合集》卜骨390反面（图4-100），骨扇上部，左侧骨缘第2列、第3列最下端的4个钻凿，整体呈现不规则形状，瘦而窄，制作粗糙。再者，不规则椭圆式的钻凿，还发现于小屯以外的其他遗址，如单独的小圆孔有的呈长椭圆形（2010刘家庄北卜骨

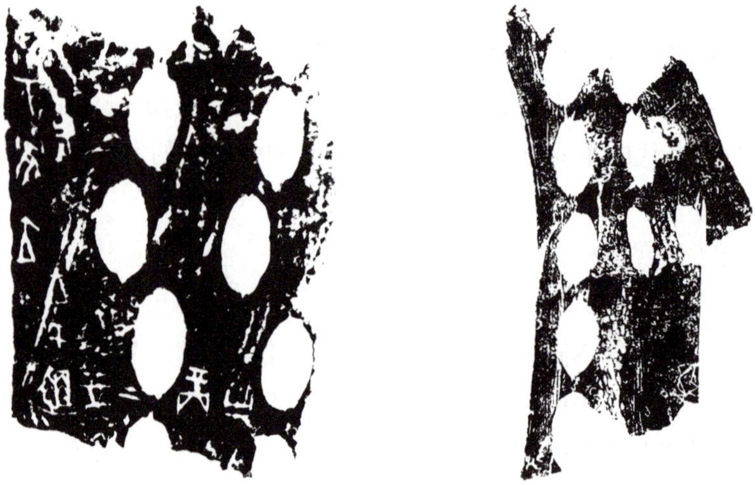

1　　2

图4-96　卜甲与卜骨

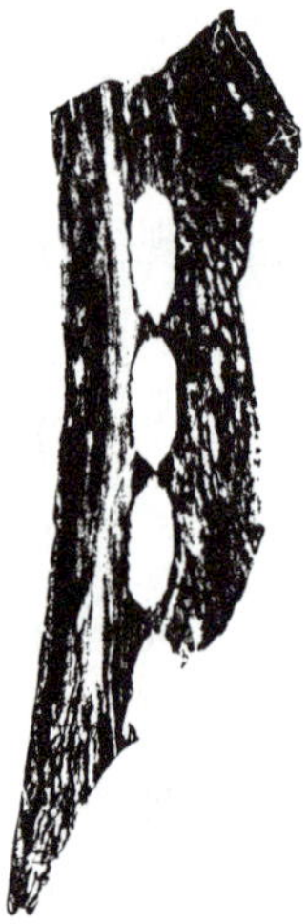

图4-97　卜骨

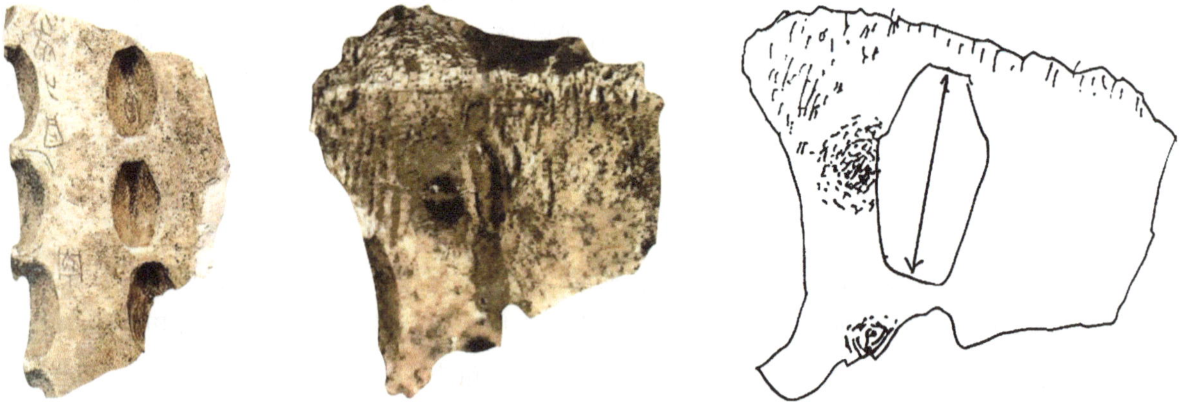

1　　2

图4-98　卜甲

图4-99　卜骨

图4-100　卜骨

H518：18）[①]。有的呈横椭圆形，刘家庄北地卜骨96T1⑨：5[②]。

可知，单独椭圆型的钻凿形态有标准椭圆式、尖头尖尾瘦体式、平头式、尖头弧肩式、不规则椭圆式5式。单独椭圆型的钻凿形态多出现于卜骨之上，有的也施于卜甲之上，如《合集》卜甲900反面（图4-101），多是单独椭圆型的钻凿形态，只有极少数其他类型的钻凿形态。我们依据其整体形状以及头部、肩部、腹部、尾部的特征划分型式，不再据其长短、大小细分。

图4-101　卜甲

**2. 圆孔型**

（1）单独小圆钻式

上文已经论述，周忠兵指出师组大字类、师组小字类、师宾间组、师历间组、宾组一类、历

① 刘一曼：《殷墟考古与甲骨学研究》，云南人民出版社，2019年，第109页。
② 安阳市文物工作队：《1995—1996年安阳刘家庄殷代遗址发掘报告》，《华夏考古》1997年第2期。

组一类、典宾类、历组二类甲骨的钻凿形态都有单独小圆钻式。小圆钻是钻成的，这类/这种形态的钻凿比较常见，当属殷墟早期甲骨的钻凿形态。如《合集》卜骨21102（即《卡》5，图4-102）。再如《合补》10530、20975反面也有这种形态的钻凿。

黄天树曾指出："如果把历类、自历间类按照新说，也看作早期的。那么就可以看到小圆钻实际上主要是流行于第一期的钻凿形态。"①

（2）圆孔包含长凿式

第一，圆钻完全包含长凿式，如《合集》卜骨72反面（即《国博》1，图4-103），左侧一列第1个钻孔，圆孔完全包含着长凿，其边缘非常规整。《合集》骨20113反面也有这种型式的钻凿。

第二，长凿首尾凸出圆钻式，如《合集》卜骨16879反（图4-104，1），中间一列3个钻凿，都是这种型式。再如《合集》卜骨20260+32341（即《卡》20反面；图4-104，2），右侧一列第1个、第2个圆钻。这种圆孔包含长凿的型式，在小圆钻底部有椭圆形长凿，长凿的头尾均超出圆钻的边缘而呈凸出状。另外，《合集》卜骨5945反面（图4-104，3），第2个、第3个圆孔，圆钻并未完全包含长凿，长凿收尾凸出圆钻边缘，钻孔边缘不太规整，甚至有直棱挖刻状。

图4-102　卜骨

图4-103　卜骨

① 黄天树：《殷墟王卜辞的分类与断代》，文津出版社，1991年，第177页。

1　　2　　3

图4-104　卜骨

许进雄曾说过这种钻凿的作用："为了保证小圆钻于烧灼后兆纹裂成卜字形，偶尔在圆钻的底部上刻一道与长凿的作用相似的深沟。"[①]这些小圆钻底部的长凿，多是挖制而成的。

（3）大圆孔包含小圆孔式

小圆孔位于大圆孔的正中部位[②]，这种形态在拓片之上不易看出。

（4）圆钻旁附半圆式

如《合集》卜骨33887反面（即《卡》96，图4-105，1），右侧一列第1个、第2个、第3个圆钻，在小圆钻旁边钻有半圆或月牙形的凹面。再如《合集》20260+32341（即《卡》20，

1　　2

图4-105　卜骨

① 许进雄：《甲骨上钻凿形态的研究》，艺文印书馆，1979年，第17页。

② 刘一曼：《殷墟考古与甲骨学研究》，云南人民出版社，2019年，第108页。

图4-105，2），右侧一列第3个圆钻也是这种钻凿形态。

圆孔型有以上4式：单独小圆钻式、圆孔包含长凿式、大圆孔包含小圆孔式、圆钻旁附半圆式。

**3. 单独长方凿型**

长方凿整体呈长方形，其颈部和腹部近直棱形，尾部平缓圆润，有一少部分边缘比较规整。此类型的钻凿形态，多出现于卜骨之上。

第一，直肩平头式，如《合集》卜骨28640（即《国博》213，图4-106），第一个长凿，长凿头部略显平切。

第二，弧肩圆头式，如《卡》卜骨33反面（图4-107），卜骨的右下部有1个长凿，肩部平直，头部呈圆形。

第三，平头平尾式，如《合集》卜骨14912反面（图4-108），右侧一列第3个长凿，头尾略平直。

第四，平头圆尾式，如《合集》卜骨18942反面（图4-109），左侧一列和右侧一列的第1个长凿，头部略平，尾部圆弧。

单独长方凿型的钻凿形态，分为直肩平头式、弧肩圆头式、平头平尾式、平头圆尾式4式。

图4-106 卜骨

图4-107 卜骨

图4-108　卜骨

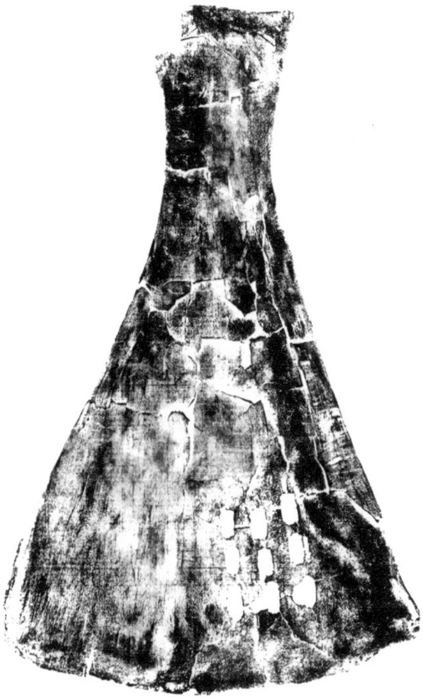

图4-109　卜骨

### 4. 椭圆形长凿与圆孔互包型

许进雄指出长凿旁的圆凿分两种形态："一是大而圆，一是较小而不正圆的指甲形。"[①] 李学勤、彭裕商认为："凿旁钻盛行于早期，附属于自组的自历间组卜辞中尚较普遍。"[②]椭圆形长凿与圆孔互包型钻凿形态的主要特征是：椭圆形长凿与圆孔互相包撮，在卜甲千里路左侧和右侧对称分布，是为对贞型卜甲。在千里路左侧，椭圆形长凿位于宽大圆孔左侧；在千里路右侧，椭圆形长凿位于宽大圆孔右侧；椭圆形长凿上下两端头处，有明显挖刻痕迹；长凿较圆孔深长，底部较为深窄；圆孔底部略微平缓，多分布于长凿中上方，近似圆形，且其整体朝向甲首部位；分布密集，排列整齐，间隔若一；横向间距大，纵向间距小。如《合集》卜甲5096（图4-110，1）、10936（图4-110，2）等，椭圆形长凿与圆孔互包型的钻凿形态，几乎布满整个腹甲背面，分布密集。

我们主要根据长凿首部、尾部、腹部等特征，将椭圆形长凿与圆孔互包型分为以下各式。

第一，尖头尖尾互包式（图4-111，1）、尖头平尾互包式（图4-111，2）、尖头尖尾直腹互包式（图4-111，3）、尖头尖尾弧腹互包式（图4-111，4）、尖头尖尾胖体互包式（图4-111，5）、尖头尖尾瘦体互包式（图4-111，6）。其椭圆形长凿的特征和与之对应的单独椭圆形长凿的特征几乎无别，不再烦言。

---

① 许进雄：《凿钻研究略述》，《屈万里先生七秩荣庆论文集》，联经出版事业公司，1978年，第217页。

② 李学勤、彭裕商：《殷墟甲骨分期研究》，上海古籍出版社，1996年，第252页。

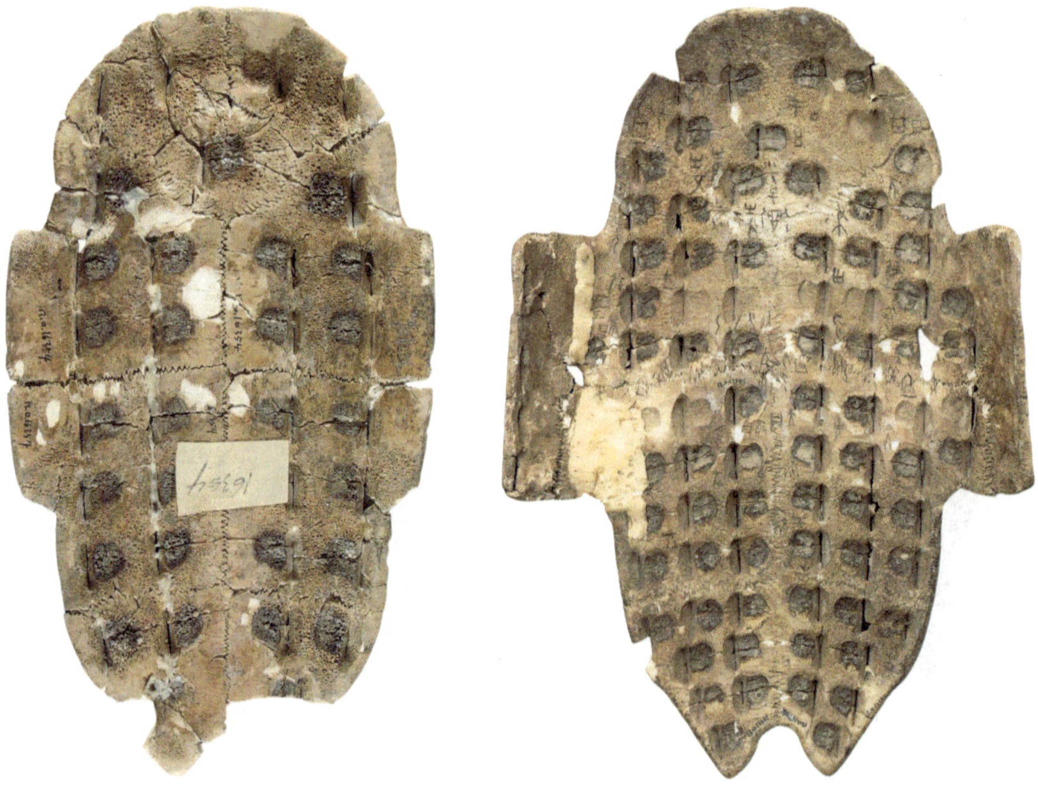

1　　2

图4-110　卜甲

再者，尖头尖尾短胖式，如《合集》卜骨19761反面（图4-112），左侧第2个椭圆形长凿，整体显得短胖，这种型式属于尖头尖尾胖体互包式的特殊型式。

第二，圆头平尾互包式，如《合集》卜骨3033反面（图4-113，1），右侧一列第2个钻凿，其首尾部圆润；平头圆尾互包式，如《合集》卜骨16538反面（图4-113，2），其首部呈直棱状，尾部圆润。

椭圆形长凿与圆孔互包型的钻凿形态，可以分为尖头尖尾互包式、尖头平尾互包式、尖头尖尾直腹互包式、尖头尖尾弧腹互包式、尖头尖尾胖体互包式、尖头尖尾瘦体互包式、圆头平尾互包式、平头圆尾互包式，共计8式。每一式的特征明显，容易辨别。每一种型式的钻凿形态，其首部、尾部、肩部、腹部都会有细微的差别，我们只是选取特征比较明显的钻凿形态进行论述。

另外，需要特殊说明的是，首先，一种钻凿形态可以分布于不同的甲骨之上。反之，一片甲骨之上也可以施于多种钻凿形态。一片甲骨之上，多是几种不同型式的钻凿形态。如《合集》卜甲900反面（图4-114，1）和《合集》卜骨457反面（图4-114，2），既有单独椭圆型，也有椭圆形长凿与圆孔互包型。再如《合集》卜骨20975正面（图4-114，3），既有圆孔型，也有椭圆形长凿与圆孔互包型。甲骨上只有一种钻凿形态的情况，则极其少见。

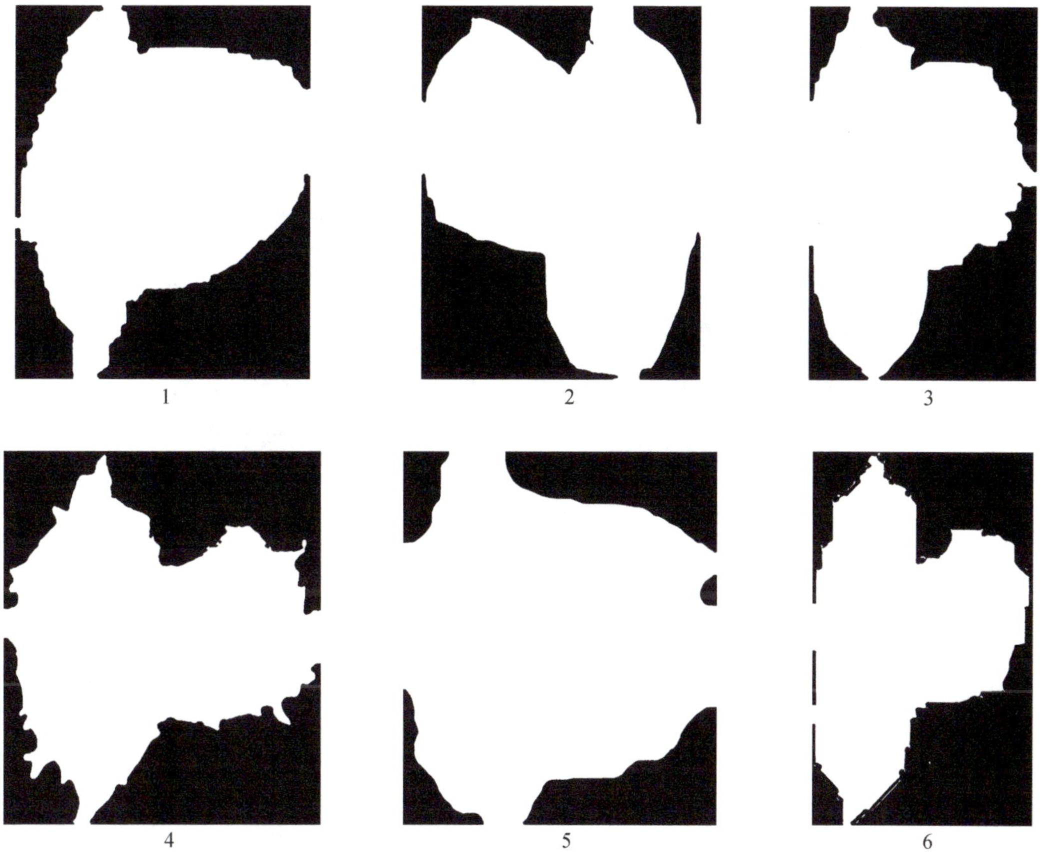


图4-111　椭圆形长凿与圆孔互包型钻凿

1.《合集》卜甲938反　2.《合集》卜甲1773反　3.《合集》卜甲7165反　4.《合集》卜甲7352反　5.《合集》卜甲438反
6.《合集》卜骨1661反

图4-112　卜骨

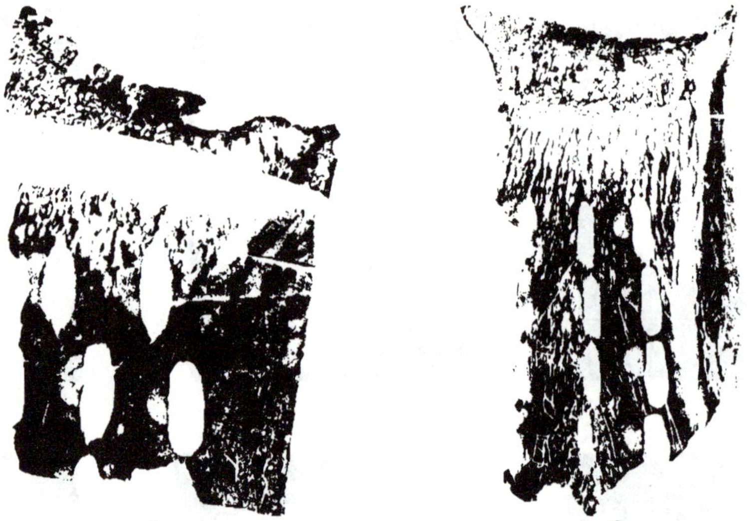

1　　2

图4-113　卜骨

1　　2　　3

图4-114　卜甲与卜骨

其次，有的钻凿施于甲骨的正面和反面。如《合集》卜骨72（其正、反见图4-115，1；图4-115，2）和《合集》卜骨19946（其正、反见图4-115，3；图4-115，4），其正反两面都有钻凿之孔。再如《合集》卜骨1318，也是这种情况。商代早期遗址出土的卜骨和卜甲，正反两面都有钻凿，这种情况的情况也多出现在小屯南地的甲骨之上。

再次，有很多卜骨之上的钻凿，施于正面，如《合集》20385、20463、20466、20555、21872、22062、24670等。

最后，椭圆形长凿与圆孔互包型的钻孔多是规则圆形，长凿多是不规则的。有的圆孔边缘比较规则，攻治精美，而有的凿孔却是非常粗糙，如《合集》卜甲1402（图4-116，1）、1544和1623（图4-116，2）等反面的椭圆形长凿与圆孔互包型，其长凿就显得比较粗糙。

1　2　3　4

图4-115　卜骨

1.《合集》卜骨72正面　2.《合集》卜骨72反面　3.《合集》卜骨19946正面　4.《合集》卜骨19946反面

以上，我们主要以《合集》为参考资料，划分小屯出土甲骨钻凿形态的型式，共有4种基本类型，各型以下又可以分为若干式：

一，单独椭圆型：标准椭圆式、尖头尖尾瘦体式、平头式、尖头弧肩式、不规则椭圆式。

二，圆孔型：单独小圆钻式。

圆孔包含长凿式—圆钻完全包含长凿式、长凿首尾凸出圆钻式。

大圆孔包含小圆孔式。

圆钻旁附半圆式。

三，单独长方凿型：直肩平头式、弧肩圆头式、平头平尾式、平头圆尾式。

四，椭圆形长凿与圆孔互包型：尖头尖尾互包式、尖头平尾互包式、尖头尖尾直腹互包式、尖头尖尾弧腹互包式、尖头尖尾胖体互包式、尖头尖尾瘦体互包式、圆头平尾互包式、平头圆尾互包式。

1　　2

图4-116　卜甲

其中，椭圆形长凿与圆孔互包型最为常见，型式最多。单独椭圆形、圆孔型和单独长方凿型的钻凿形态略微简单，技术简陋，风格单调，可以说简单速成。圆孔包含长凿式，多见于卜骨之上。

当然，殷商甲骨之上还有一些特殊型式的钻凿形态。

一，三联钻。城子崖遗址曾发现三联钻的卜骨，“所谓三联钻者就是三个凿痕互相连套成为一组。这种三钻相套成组的形式（在小屯村未曾见过）是比较进化的……凿痕的排列是颇齐整的，由上而下每组横置如梯形。这横置的现象很可注意的，因为灼时裂痕被逼着横切骨理而生，恰违犯了小屯村卜骨上顺理凿痕的原则。也许是因为材料的缺乏的原故？”[①]后来，刘渊临就发现殷墟小屯村一种“三联钻”的形态（牛卜骨3.2.139，《甲编》未收），这版牛卜骨的攻治技法是：骨臼半月形，骨臼角未切除，骨脊锯制，经过打磨，未上光。刘渊临指出：“这版的近骨臼部分有一组三联钻，钻在一个大的圆窝中，二钻在圆窝里，一钻在圆窝外，三联钻的右下侧一钻凿，钻中带凿，凿尖上下略大于圆钻，圆钻的左上肩有一半圆形的浅凿……所谓三联钻，《城子崖》的作者以为‘在小屯村未曾见过’，现在却发现了一片，亦就是这一片，它虽然不像城子崖的三个钻套连在一起，但它确是三个圆钻紧密的靠在一起，单独成为一组。所不同的是，此片的三联钻是竖立形，即三钻上中下成一组，城子崖与高皇庙的是横排形，

① 李济总编辑：《城子崖（山东历城县龙山镇之黑陶文化遗址）》，国立中央研究院历史语言研究所，1934年，第87页。

即三钻左中右成一组，因此也许就有时代上的区别，因此片上有短小形早期的深凿。所以我认为它应当属于早期。此片拓本不见于《殷虚文字甲编》。”[①]简单说，就是此版牛骨“骨臼处，大浅窝，三联钻”，“三穴残破”，钻凿呈上中下一列、纵向分布，靠近骨臼端[②]。可知，城子崖与小屯村卜骨三联钻最大的不同就是，前者三联钻左中右横向套连为一组，后者则是上中下纵向套连为一组。

图4-117　卜甲

二，双长凿与圆孔互包型。如《花东》卜甲H3：1501的反面（图4-117），中甲右侧的钻凿，属于长凿与圆孔互包型，但有2个长凿与1个圆钻互包，其特征非常明显。

三，椭圆形长凿与圆孔互包型，灼在钻凿左腹。《屯南》卜骨H50：21右侧一列3个钻凿，“其平面是弧形，但由腹旁之钻为圆钻，灼却是在左腹旁，凿之头、尾尖”[③]。

四，大长凿旁附小长凿型。在长凿旁再挖制一个小长凿，二者紧贴在一起。如《屯南》卜骨H23：66（图4-118，1），小长凿较长。《屯南》卜骨H24：265（图4-118，2），小长凿较短小。有的大长凿旁的小长凿是使用轮开槽的方法制作

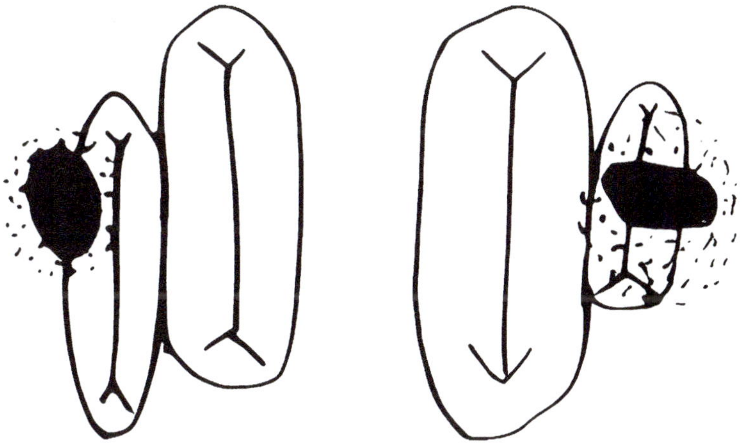

图4-118　大长凿旁附小长凿型钻凿

① 刘渊临：《卜骨的攻治技术演进过程之探讨》，《“中研院”历史语言研究所集刊·第四十六本》（第一分册），“中研院”历史语言研究所，1974年，第115页。

② 刘渊临：《卜用甲骨上攻治技术的痕迹之研究》，台湾编译馆，1984年，第62、75、84页。

③ 中国社会科学院考古研究所编著：《小屯南地甲骨·小屯南地甲骨的钻凿形态》（下册·第三分册），中华书局，1983年，第1501页。

的，如《屯南》卜骨H115：600、T53：799，再如《花东》卜甲H3：836、H3：863反面的钻凿。这些都是一个小弧形长凿紧贴着一个大弧形长凿的钻凿形态。

依据以上所论小屯甲骨钻凿形态，可制作下表（表4-2）。

**表4-2 商代甲骨钻凿形态**

| 型 | 式 | |
|---|---|---|
| 单独椭圆型 | 标准椭圆式、尖头尖尾瘦体式、平头式、尖头弧肩式、不规则椭圆式 | |
| 圆孔型 | 单独小圆钻式 | |
| | 圆孔包含长凿式 | 圆钻完全包含长凿式<br>长凿首尾凸出圆钻式 |
| | 大圆孔包含小圆孔式 | |
| | 圆钻旁附半圆式 | |
| 单独长方凿型 | 直肩平头式、弧肩圆头式、平头平尾式、平头圆尾式 | |
| 椭圆形长凿与圆孔互包型 | 尖头尖尾互包式、尖头平尾互包式、尖头尖尾直腹互包式、尖头尖尾弧腹互包式、尖头尖尾胖体互包式、尖头尖尾瘦体互包式、圆头平尾互包式、平头圆尾互包式 | |
| 特殊型 | 三联钻；双长凿与圆孔互包型；椭圆形长凿与圆孔互包型，灼在钻凿左腹；大长凿旁附小长凿 | |

## 二、甲骨钻凿形态的规律

图4-119 卜甲

商代甲骨上的钻凿形态具有规律性，主要有以下几点：

（1）商代晚期的钻凿形态，型式多样。小屯、花东、村中村南甲骨的钻凿形态整体上型式多样、技法娴熟，钻凿形态已经发展到比较成熟的阶段。

（2）钻凿形态的对称性。在腹甲千里路左侧，背面钻凿形态多是椭圆形长凿与圆钻互包型，且长凿位于圆钻左侧。千里路右侧长凿和圆钻互包的位置，与左侧相对。腹甲背面的钻凿之孔多是以千里路、第二道齿纹为中轴线，左右、上下相对称的，如《花东》卜甲H3：1477反面（图4-119）。正是甲面上钻凿形态的对称性，才使得对面卜兆形态具有对称性。卜骨之上的对称性则不太明显，少有对称分布的情况，多是集中分布于骨扇部位的时候才会出现。慧超也认为“殷墟甲骨上的兆象显现，因钻、凿、灼手段的谙熟而极为规范，排列有序，组合规整”[①]。

① 慧超：《论甲骨占卜的发展历程及卜骨特点》，《华夏考古》2006年第1期。

（3）在首甲、尾甲和千里桥连接处薄弱的部位，多是单一型的钻凿形态，如单独椭圆型、圆孔型、单独长方凿型。这是由于甲骨上这些比较薄弱的部位只要稍微施以钻凿，再加以烧灼，就会在另一面显示出卜兆，故无需组合式的钻凿形态。但是，即使是单一型的钻凿形态，殷人也会在甲骨的薄弱之处钻凿处各式各样的形态。

（4）钻凿形态的特征既表现在纵向长凿形态方面，也表现其本身的长度和圆钻走向方面。商代出土的龟甲和兽骨相比，龟甲较薄，背面的钻凿形态型式多样。而兽骨则不然，骨面较厚，多是组合型的钻凿形态。许进雄在《甲骨的长凿形态示例》中认为每一个长凿都可以从三个方面来研究其特征，即“一是长度……二是外围的形状……三是内壁的结构”[①]。比较重要和明显的就是甲骨上长凿形态的变化，要对长凿的形状、大小具体则是根据其首部、腹部和尾部的特征进行分型分式。本书对钻凿形态的分型分式，主要根据许进雄所言甲骨钻凿之孔外围的形状和内壁的结构。所以，商代龟甲上的钻凿形态，较兽骨上的钻凿更加多样化。

（5）从时间纵向而言，商代各期甲骨的钻凿形态由最初的直接施灼发展到后来的钻凿之后再施灼，由最初比较单一、粗糙的钻凿形态发展到后来多种组合、精工细作的钻凿形态。周忠兵就将攻治、钻凿后的施灼方式主要分为：第一，“直接烧灼，不作任何形式的整治”；第二，“在烧灼处先进行攻治，然后再施灼”，然后再根据烧灼之法对钻凿形态进行分型分式[②]。早商时期和中商时期，钻凿形态从直接施灼型式的灼孔发展到组合形式的钻凿形态。到了晚商时期，钻凿形态型式多样，整体显得成熟，钻凿形态随着时代在不断演进。甲骨上的钻凿属于甲骨占卜的前奏工作，在占卜之时才对其施灼，一版甲骨可以同时占卜数次，也可以在不同的时间根据需要占卜数次，凿孔或钻孔旁边的灼痕，有的可能就是不同次数施灼形成的。晚商时期甲骨上的卜兆，由于钻凿之孔和技法的逐渐成熟，已经逐渐摆脱了早期杂乱无章或兆象不太明显的现象。

总之，商代甲骨的钻凿形态，经历了一个从简单粗制到走向成熟的曲折过程。纵向而言，早商、中商和晚商时期的钻凿形态，则是由直接灼制到粗糙钻凿再到钻凿精细，组合逐渐多样化。

## 三、钻凿形态与分期断代

甲骨的钻凿形态有助于甲骨的分期断代。最初，许进雄借助牛肩胛骨上凿钻的各种形状，论证了王族卜辞和多子族卜辞的卜骨应该分属于第一期、第四期的观点，他认为长凿对卜辞时代的判别很有价值，长凿与圆凿的挖刻形态也有助于甲骨的分期，许进雄在文末归纳了：一，虽然凿钻的技巧有精粗之别，但并不能作为年代的序列标准。二，圆凿大于并包摄长凿出现于第一期，只有圆钻的也常现于第四期，并不只是出现于王族卜辞。三，一般地说，王族卜辞的

① 许进雄：《甲骨的长凿形态示例》，《董作宾先生逝世十四周年纪念刊》，艺文印书馆，1978年，第111页。

② 周忠兵：《卡内基博物馆所藏甲骨研究》，上海人民出版社，2015年，第591—593页。

凿洞更近于第三、第四期。四，圆凿包撮长凿和未灼或灼而保留完好状态的圆凿，常常出现在第一期的卜骨。如果王族卜辞是与第一期的约略同时的，则有自组贞人名的卜骨上也应有此等凿洞的。既然无此例子，把自组贞人名的卜辞归属于第一期就不能不成问题了。五，于骨下方的表面挖刻凿洞只出现于自组贞人及第三、四期的卜骨上。又除了几例可能是武乙的卜辞外，有特别小的长凿的卜骨只出现于自组贞人与文武丁的卜辞。所以自组贞人集团应该是与第四期文武丁同时的①。

1973年，许进雄发表《从长凿的配置试分第三与第四期的卜骨》一文，认为“骨上长凿的配置（六类），基本上第三期和第四期是相当不同的”，他指出：“概观第三期与第四期凿长的长度，第三期的是比第四期的长些，但由于凿钻的形态也是呈现过渡的现象，很难确定两期的界限。现在由长凿的配置，可以找出它们的一点关系来。首先看长凿很大与配置的关系，属于第一类、第二类、第三类的第三期形式，与属于第五、第六类的第四期形式之比约为五比二……再看凿长小的，都是第六类的，可见应是第四期才有的形式，又是属于比较晚期的。”②

1977年，许进雄在《明义士收藏甲骨释文篇·附录·关于断代分期》中又说：

> 本篇之撰写有一点不同于前人的著作，那就是尝试利用凿钻的形态去辨别卜辞的年代。自董作宾先生提出断代分期说以后，辨明时代已成研究卜辞的首要知识。董先生的标准虽然仍很有价值，但经过十数年来的应用，已发现有两个亟待解决的问题：一是第一期及第四期卜辞的划分，已引起很大的争论；二是贞人的奉职年代有超越数代的现象。此外，第三期与第四期的划分也有不同的意见。
>
> 第一与第四期的纷争持续十多年，主要是难以应用董氏的断代标准以确切划分其时代。这个问题的解决，于发现凿钻形态可作为断代的标准后，大半已不成问题的。笔者于《中国文字》第37期发表的《钻凿对卜辞断代的重要性》中，已经注意比较第一与第四期的凿钻形态，最近出版的《卜骨上的凿钻形态——断代分期的重要标准》（艺文印书馆，一九七三），更试从各个观点来比较第一期与第四期的形态和习惯，发现所谓王族、多子族的一批有争论的卜骨，其形态不论是异常式或正常式，都与第四期的相同而迥异于第一期，从而可确定董氏的分期是对的③。

《小屯南地甲骨》的第三分册还从钻凿形态角度探讨了自组卜辞、午组卜辞的时代，“从凿的型式上看，自组和午组甲骨是具有较多的早期特点，再结合地层、坑位和其他情况来分析，我们认为，这种卜辞应属武丁时代”。从钻凿形态方面分析了武乙、文丁卜辞的断代，

① 许进雄：《钻凿对卜辞断代的重要性》，《中国文字》（第37册），台湾大学文学院中国文学系编印，1970年，第4091—4104页。

② 许进雄：《从长凿的配置试分第三与第四期的卜骨》，《中国文字》（第48册），台湾大学文学院中国文学系编印，1973年，第5273—5285页。

③ 许进雄：《明义士收藏甲骨释文篇》，加拿大皇家安大略博物馆，1977年，第7页。

“从卜骨凿之形态，并结合地层关系、卜辞内容等方面进行分析，我们认为，将此两类卜辞定为武乙、文丁时代是适宜的”。分析了两类田猎卜骨在钻凿形态上的特点并推断其时代，“综合凿型、字体、坑位方面的情况，我们认为第二类卜辞的时代可能为帝乙早期；而第一类则比第二类要早些，其上限的康丁，其下限应在帝乙以前”。论述了同版不同期卜骨2384（H57：179）的分期问题：“第一至第九个凿对应之卜辞均为祖庚、祖甲时期的‘卜王’卜辞，第一辞使用的是第九个凿（第十个凿当时未用），其序数为‘一’；第十个凿对应的卜辞为武乙时的祭祀卜辞，其序数辞也为‘一’。这就表明：此片中的九段‘卜王’辞与最下一段祭祀卜辞，是在祖庚、祖甲和武乙两个不同时期占卜的。”[①]

曹定云认为判定一件卜骨的时代，须考察四个方面：甲骨出土时的地层关系；与甲骨同出的其他遗物的时代；甲骨的内容及文字特征；甲骨的钻凿形态[②]。

李学勤、彭裕商指出：“卜骨上有一种小圆钻，这种小圆钻起源甚早，在二里岗期卜骨上时常见到，一直延续到殷墟早期。”且论述了历组卜辞的凿之形态及其演变、骨沿形式、凿旁钻和小圆钻[③]。吴俊德分析了“历组卜辞”“王族卜辞”钻凿形态的特征，指出“王族卜辞第四期文丁时期”，“故历组卜辞的时代绝大部分应该武乙、文丁时期，少数或可能早至康丁时期”，也指出：“而钻凿是另一个须重视的标准，它所可标记的时代性，则远比刻辞本身所呈现的表象（如字形、书体）要来得强烈。这是因为钻凿属于纯粹技术层面的工作，它的作用在于让兆璺容易显现，此时需要的是工艺技巧，在大量施工时，个人风格的差异较为明显，所以形态不同，则时代不同可能性就很大。”且认为在钻凿形态方面，虽然第三、四期的凿形颇为一致，但却不能据此论证其间无所分别，同时论述了第三、四期甲骨的凿形8式、骨沿4型和凿列4式等相关钻凿问题[④]。郭振禄介绍了康丁时期锯截卜骨被锯截的部位、形状、钻凿、刻辞，并通过考察锯截卜骨所出地层和灰坑、字形和钻凿等特征，推论其属于康丁时代[⑤]。后来，郭振禄又指出：“无论是有字甲骨，还是无字甲骨，凿形的发展序列是相同的。搞清楚钻凿的发展序列对进一步研究卜辞分期是有帮助的，因此钻凿研究也是卜辞研究不可分割的一部分。”[⑥]

刘一曼、曹定云认为花东H3卜甲上凿的形态为“腹部呈弧线形（或略带弧度），大多头、尾较圆，部分凿头部略尖，尾部较圆。钻近椭圆形”，“卜骨凿的形态与卜甲的凿近似，但尺寸较短，腹部较丰满”，且指出花东H3甲骨的钻凿形态与《小屯南地甲骨的钻凿形态》

---

① 中国社会科学院考古研究所编著：《小屯南地甲骨》（下册·第三分册），中华书局，1983年，第1514—1523页。

② 曹定云：《殷墟四盘磨“易卦”卜骨研究》，《考古》1989年第7期。

③ 李学勤、彭裕商：《殷墟甲骨分期研究》，上海古籍出版社，1996年，第85、241—256页。

④ 吴俊德：《殷墟第三、四期甲骨断代研究》，艺文印书馆，1999年，第36、45—47、98—100、207—230页。

⑤ 郭振禄：《试论康丁时代被锯截的卜旬辞》，《殷墟博物苑苑刊》创刊号，中国社会科学出版社，1989年，第107—112页。

⑥ 郭振禄：《小屯南地甲骨综论》，《考古学报》1997年第1期。

所讲的一型三式凿相似，同时认为从钻凿形态而言，花东H3的时代当属殷墟文化第一期[①]。再者，曹定云、刘一曼认为花东卜甲钻凿形态与1973年小屯南地“𠂤组”卜甲之钻凿形态基本相近，但也有区别；花东H3之钻凿形态与1936年小屯村北YH127坑卜甲之钻凿形态大致接近，但也有区别；进而指出花东H3卜甲之钻凿形态一般也早于YH127坑卜甲之钻凿形态[②]。

由以上所论可知，钻凿形态可以作为甲骨分期断代的辅助性资料。许进雄就曾指出：“凿钻的断代虽不是完美的，但起码可供给很多相当有根据的线索，尤其不少的贞人有供职三期的情形，不用凿钻形态的断代，就难以决定其年代的早晚。”[③]

再者，就目前的研究成果而言，学界对甲骨钻凿资料整理与研究，存在较多可再商榷之处。究其原因：

首先，此类非文字资料的研究起步较晚，没有引起学界足够的重视。

其次，钻凿形态多无传世文献给予佐证，虽有只言片语的记载，却无图片予以解说。

最后，对商代甲骨上钻凿形态的分型分式，属于基础性研究，而钻凿形态多样化，难以依据细微不同之处作严密的划分，这使得多数研究者望而却步。

许进雄曾分析：“卜辞书体的风格既然可以由人、因时代而异其趣，则卜骨的准备工作也会因人、因时代而有不同的表现。不过甲骨实物非是人人可以有机会目验手触，而对钻凿形态的施拓或描画又无显而易见的功用，故忽略了对它的研究。”[④]吴俊德也曾分析过学者较少研究甲骨背面钻凿的原因：“或可能是钻凿之施布单调而相近，不及刻辞内容、形式富有变化，而绝多数甲骨拓本更不及此，此令有心人亦不得其门，遂使钻凿之运用既晚且少”，且认为甲骨钻凿对卜辞时代的析分有重要意义[⑤]。

王宇信、魏建震指出：“钻凿形态的研究为甲骨分期断代提供了新的途径。学者们根据钻凿判定甲骨时代，对甲骨进行全方位的考察，从而使分期断代增加了新证据。但是，大量已著录的传世甲骨，是缺乏对其钻凿形态进行考察的条件的。现在，不少学者在著录甲骨时，已注意到将甲骨正面文字及反面钻凿一并公布，从而为进行甲骨分期断代的全方位研究提供完整的资料。”[⑥]

对学术研究而言，甲骨实物确实重要，其研究需要清晰的照片，正如黄天树所言：“研究甲骨形态，彩色照片最佳，它能把甲骨的形态及其纤细的卜兆、齿缝、盾纹等逼真地表现出来。”进而指出商周甲骨实物形态学研究的主要内容：“商周龟之种属及其来源的比较研究；完整或较完整龟腹甲、龟背甲、肩胛骨的构造；完整或较完整龟腹甲、龟背甲、肩胛骨各部位

---

① 刘一曼、曹定云：《殷墟花园庄东地甲骨卜辞选释与初步研究》，《考古学报》1999年第3期。

② 曹定云、刘一曼：《1991年殷墟花园庄东地甲骨的发现与整理》，《花园庄东地甲骨论丛》，圣环图书股份有限公司，2006年，第11—13页。

③ 许进雄：《从长凿的配置试分第三与第四期的卜骨》，《中国文字》（第48册），台湾大学文学院中国文学系编印，1973年，第5286页。

④ 许进雄：《甲骨的长凿形态示例》，《董作宾先生逝世十四周年纪念刊》，艺文印书馆，1978年，第110页。

⑤ 吴俊德：《殷墟第四期祭祀卜辞研究》，台湾大学出版委员会，2005年，第3、4页。

⑥ 王宇信、魏建震：《甲骨学导论》，中国社会科学出版社，2010年，第163、164页。

的名称；完整龟腹甲、龟背甲的外形轮廓及其齿缝和盾纹的形态；完整肩胛骨的外形轮廓及其形态；甲桥形态分类研究（大甲桥、中甲桥、小甲桥）”，等等[①]。然而，本书研究小屯甲骨钻凿形态的参考资料，仍然是甲骨拓片为主，资料在一定程度上限制了钻凿形态的分型分式。

但是，不可否认，钻凿形态很难单独成为一种断代标准，这就是以钻凿为甲骨断代标准的重要缺陷。所以，我们只能说钻凿形态可以辅助甲骨进行分期断代，就是因为钻凿不能作为单独的断代标准。沈之瑜评述了许进雄《甲骨上钻凿形态的研究》和于秀卿、贾双喜《甲骨的凿钻形态与分期断代研究》：“两文所述各有异同，但在研究方法上都是先依据甲骨文的贞人、称谓、字体、贞卜术语分期，期别确定后，再研究各期钻凿形态的，如果不是在分期基础上看钻凿形态，可以说凿型长短等形制都带有许多偶然性，很难单独成为一种较明晰的断代标准，除了第一期大圆钻内包撮长凿这一形态，尚能一目了然之外，其他形态都不能像字体那样凝结着明显的时代特征。从目前来说所谓整治断代，实际上还难以成为一项独立的断代标准，只能说对断代起了一些帮助的作用。”[②]

刘义峰也说：“钻凿进行断代无疑是一种很好的补充。但是钻凿本身仍然存在一些局限，钻凿本身无法独自断代，要确定各期的钻凿标准，我们只能依赖于其他断代方法，如卜人和字体。”[③]

总之，鉴于钻凿形态的局限性，其在甲骨之分期断代的过程中只能起到辅助的作用。

# 小　　结

本章，我们论述了商代甲骨的钻凿技术、职官、工具、数量、布局、形态及其诸多相关问题。

一，“契”“钻”“凿”字被赋予了甲骨学特定的含义，而“钻凿”一词已经被学术界普遍接受，且广泛使用。钻凿技术的专业性和眂龟乃“劳事”之故，要求钻凿职官世袭，只有如此，才能保证钻凿技法世代相传。

二，甲骨的钻凿工具主要有铜钻、铜凿、挖刻刀、轮开槽等。

三，钻凿之数并不都由甲骨的大小决定，这和占卜的需要似乎有更密切关系。甲骨的大小、钻凿职官的选择、占卜事宜和钻凿布局等因素，共同决定了甲骨之上的钻凿之数。

四，商代早期遗址出土的甲骨的钻凿布局，规律性不强。小屯龟腹甲之上钻凿布局概有六式：千里路两侧各分布1列、2列、3列、4列、5列、6列的钻凿。小屯龟背甲之上的钻凿呈3—8列分布，卜骨的钻凿布局有三种型式。小屯南地卜骨的钻凿布局有四式。花东腹甲共有五种型式的钻凿布局，背甲的钻凿布局有二式。小屯、屯南、花东甲骨的钻凿布局，规律性极强。当

① 黄天树：《商周甲骨实物的形态研究》，《殷墟与商文化》，科学出版社，2011年，第364、365页。
② 沈之瑜：《甲骨文讲疏》，上海书店出版社，2002年，第226、227页。
③ 刘义峰：《无名组卜辞的整理与研究》，金盾出版社，2014年，第12页。

然，甲骨之上也有一些特殊型式的钻凿布局。

五，商代甲骨的钻凿形态有五种基本类型：单独椭圆型、圆孔型、单独长方凿型、椭圆形长凿与圆孔互包型和特殊型，各型以下又有若干式，钻凿形态具有一定的规律性。钻凿形态可以作为甲骨分期断代的辅助性资料，因其局限性，不能单独作为断代标准。

# 第五章　甲骨的烧灼

钻凿甲骨之后，就需要烧灼甲骨，这项任务由灼龟卜官担任。灼龟在卜辞中称为“示龟”，古文献中称“作龟”。《周礼·春官·大卜》云：“凡国大贞，卜立君，卜大封，则眂高作龟。”郑玄注：“作龟，谓以火灼之，以作其兆也。”[①]《大戴礼记解诂·曾子天圆》有言：“龟非火不兆”，注：“《说文》云：‘兆，灼龟坼也’”[②]。龟甲经过烧灼，才能显示出卜兆。烧灼甲骨是占卜十分重要的程序，包括烧灼职官、工具、部位等问题。

## 第一节　烧灼职官

商代甲骨占卜流程的各个环节，都由专人负责。中央龟人和地方龟人负责选材事宜，攻治职官负责攻治事宜，钻凿职官负责钻凿事宜。那么，商代也有一批烧灼职官，专门负责烧灼事宜。

关于卜官的设置，商代并没有完整可信的文献资料流传下来。《周礼·春官》中详细介绍了周代的执掌占卜的官吏设置情况，共有七种职位。周代由大卜、卜师、龟人、菙氏、占人、筮人、占梦等十多人组成了一个为占卜做准备服务的机构，他们的职责是负责占卜事宜。

大卜，掌三兆之法，玉兆、瓦兆、原兆。

卜师，掌开龟之四兆，方兆、功兆、义兆、弓兆。

龟人，掌六龟之属，各有名物，天龟、地龟、东龟、西龟、南龟、北龟。

菙氏，掌共燋契，以待卜事。

占人，掌占龟。

筮人，掌“三易”，《连山》《归藏》《周易》。

占梦，掌其岁时观天地之会[③]。

据《周礼·春官》记载，一些重大的占卜活动，灼龟工作由占卜机构的最高长官——太卜担任。一般的占卜活动，灼龟工作由卜师负责。在周代占卜机构中，下大夫太卜及上士卜师地位较高，其次是卜人、龟人、菙氏、占人等。《周礼·春官·菙氏》中提到一位掌管烧灼

---

① （清）孙诒让撰，王文锦、陈玉霞点校：《周礼正义》，中华书局，1987年，第1939页。

② （清）王聘珍撰，王文锦点校：《大戴礼记解诂》，中华书局，1983年，第100页。

③ （清）孙诒让撰，王文锦、陈玉霞点校：《周礼正义》，中华书局，1987年，第1924—1978页。

任务的“菙氏”，“菙氏掌共燋契，以待卜事”[①]。《仪礼·士丧礼》云：“卜人坐，作龟，兴”，“作犹灼也”[②]，即卜人为烧灼掌火之人。

陈梦家分析了《周礼》记载掌管卜事的职官及其职责：

龟人　取龟、攻龟（即杀龟，锯、削、刮、磨当亦属之）。

菙氏　掌共燋契（即准备所以灼的燃料）。

卜师　作龟（即扬火以灼龟，钻、凿之事当亦属之）。

大卜　作龟、命龟（即告龟以所卜之事）。

占人　占龟（即视兆坼以定吉凶），系币（即书其命龟之事及兆于策而系之于龟）。

陈梦家进而指出：“（《周礼》）此书所记虽是理想的周制，但亦非一无所本。它说明了卜事的分工，卜事的程序。”[③]韩国学者文镛盛指出：“于是为收集、灼、占、解释、整理、管理这么大量的龟甲一定需要不少的卜官，且卜官之间也有较明确的分工及等级。也许这种卜官的分工现象，到殷商后期更加明显，巫觋可能从事于占和解释方面的工作。”[④]

由于甲骨整治技术的要求，烧灼甲骨的工作由特定的人选进行，即烧灼职官，这一点在古文献中可以得到佐证。参考周代的卜法制度，可知商代的灼龟工作是由地位较高的卜官担任。灼龟是占卜的关键步骤之一，甲骨经过烧灼才能出现兆纹，从而达到天人沟通的目的。因此，烧灼龟甲是一项十分神圣的工作，烧灼的过程也具有一定的神秘色彩。《史记·龟策列传》中有过记载：“卜先以造灼钻，钻中已，又灼龟首，各三；又复灼所钻中曰正身，灼首曰正足，各三。即以造三周龟，祝曰……”[⑤]由此可见，灼龟也是一项技术性较强的工作，一定程度上可以影响卜兆的形状，因此灼龟卜官一般由地位较高的巫师担任。

那么，在商代究竟有没有烧灼职官呢？我们认为应该是存在的，仅武丁时期考证出来的命龟卜官就有七十多人，灼龟次数多，卜官工作量也较大，可以推测商代已有专门的烧灼职官。商代虽然没明确的记载，但也一定是由地位较高的神职人员担任烧灼职官。

当然，由于古籍和甲骨资料中相关信息的短缺，我们未能具体列举烧灼职官以及相关负责人员，有待日后补缺。

## 第二节　烧灼的工具与火候的掌握

工具和火候对烧灼甲骨极其重要，这些都是烧灼甲骨的基本要求。我们认为商代甲骨的烧灼工具有两种：烧炽的荆枝和烧红的木炭。以下分别论述之。

---

① （清）孙诒让撰，王文锦、陈玉霞点校：《周礼正义》，中华书局，1987年，第1955页。

② （汉）郑玄注，（唐）贾公彦疏，彭林整理，王文锦审定：《仪礼注疏》，北京大学出版社，1999年，第720页。

③ 陈梦家：《殷虚卜辞综述》，中华书局，1988年，第17页。

④ 〔韩〕文镛盛：《中国古代社会的巫觋》，华文出版社，1999年，第23、24页。

⑤ （汉）司马迁撰：《史记》，中华书局，1963年，第3240页。

# 一、荆　　枝

传世文献中，有关于烧灼工具的记载。《周礼·春官·菙氏》载："凡卜，以明火爇燋，遂吹其焌契，以授卜师，遂役之。"[①]从这段话中，我们可以知道"菙氏"的职责在于掌管用来燋灼甲骨的工具——"明火爇燋"。《仪礼译注·士丧礼》云："楚焞置于燋，在龟东"，"楚，木名，即荆……楚焞即荆木所燃明火……楚焞与燋皆为卜时灼龟所用"[②]。《史记·龟策列传》载："灼以荆若刚木"，《索隐》曰："古之灼龟，取生荆枝及生坚木烧之，斩断以灼龟"[③]。《白虎通·蓍龟》中载："龟以荆火灼之何？《礼·杂记》曰：'龟，阴之老也。蓍，阳之老也。龙非水不处，龟非火不兆，以阳动阴也'。"[④]可知，据传世文献所载，灼龟的工具为荆枝。

以上为传世文献中关于烧灼甲骨工具的论述，即灼龟用"荆"。商代甲骨烧灼工具的研究，就需要结合考古出土实物进行探索。

学者对甲骨之烧灼工具进行了一系列的探讨。孙诒让在其为《契文举例》的叙中引用《诗》《礼》等文献资料解说文字契刻与占卜之法，指出："综斠杜、郑之义，知开龟有金契，有木契；杜据金契用以钻、凿，郑据木契用以然（燃）、灼，二者盖同名异物。"[⑤]孙诒让所谓之木契，便是甲骨烧灼的工具，但未言明具体是何种材质的木契。仁言认为："占卜时，将经过整治的甲骨凿钻处用燃炽木枝烧灼。"[⑥]范毓周指出："卜官在占卜时，用燃着的紫荆木火炷烧灼凿钻巢穴。"[⑦]以上学者认为燃炽的木枝、燃着的紫荆木是烧灼甲骨的工具。

而陈梦家却有不同意见：

> 契即《尔雅·释木》"楔，荆桃"之楔，亦即郑玄注"以契柱燋火而吹之也"的契柱，亦即《士丧礼》"楚焞置于燋，在龟东"的楚焞，亦即《礼三正记》"灼龟以荆"、《白虎通》"以荆火灼之"、《龟策列传》"荆支卜之"、"灼以荆若刚木"、"荆灼而心"的荆、或"荆支"（枝）或刚木，《索隐》云"按古之灼龟，取生荆枝及生坚木烧之，斩断以灼龟"。小屯甲骨的灼处，绝非直接在燃火上烧出来的，乃是从一枝圆柱形的木枝燃炽以后所烫灼的[⑧]。

可知，陈梦家认为木枝燃炽以后才能烧灼甲骨，而非木枝燃火直接烧灼。因为

① （清）孙诒让撰，王文锦、陈玉霞点校：《周礼正义》，中华书局，1987年，第1958页。
② 杨天宇撰：《仪礼译注》，上海古籍出版社，2004年，第374页。
③ （汉）司马迁撰：《史记》，中华书局，1963年，第3239页。
④ （清）陈立撰，吴则虞点校：《白虎通疏证》，中华书局，1994年，第333页。
⑤ （清）孙诒让：《契文举例》，蟫隐庐石印本，1904年，第1页。
⑥ 仁言：《殷墟甲骨文基础七讲（一）》，《殷都学刊》1985年第1期。
⑦ 范毓周：《甲骨文》，人民出版社，1986年，第10页。
⑧ 陈梦家：《殷虚卜辞综述》，中华书局，1988年，第12页。

以荆枝明火烧灼，火力过强，容易造成甲骨的烧灼之处损伤、剥落。许进雄认为小屯出土的牛肩胛骨长凿旁的圆洼洞，其实“大部分都是烧灼火力过强，以致烧毁、剥裂骨面而成的”①。传世文献中就有灼龟失利而卜兆不成者，如《春秋左传·定公（九年）》记载：“卫侯将如五氏，卜过之，龟焦”，注云：“灼龟而龟焦，则不成兆”②。

日本学者藤枝晃指出了烧灼甲骨之法后，论述了日本龟卜烧灼之法：“龟卜之法自唐代起传至日本，但在今天的日本的大和地区，仍然使用被称为‘帚木’的树木细枝进行烧灼，因为这种树木即使是湿树枝也极易燃烧。占卜时，将树枝的着火的一端靠近龟甲的一个点进行烧烤，并要吹气使其继续燃烧，因为即使是炭火，要这样仅烧热一点也是很困难的。”③可知，日本龟甲的烧灼工具是“帚木”，以燃着的火烧灼龟甲。

马如森综合了明火和烧炽的观点：“灼兆使用的火有两种，一是有焰的火；二是用硬木枝放在燃火上边烧边吹，使之成炽炭，直接灼于凿钻之中。”④

综合以上观点，我们认为荆枝是烧灼龟甲工具的木料。将这些荆枝点燃，使之成为炭火，再进行烧灼。再者，根据商代甲骨材质的实际情况，也可以推测烧灼工具的使用，如果是厚实的龟甲、粗糙的兽骨，当然需用燃着的荆枝，只有如此，方能烧灼见兆。观察甲骨上的钻凿之孔，有很多烧灼痕迹几乎穿透至另一面，这就是火力强盛的缘故。

## 二、烧红的木炭

烧灼之后的甲骨，仅仅是在钻凿之孔处遗留一个小黑点，可知并非用有焰火的木质施灼，而是用能燃而没有焰火的木炭一类施灼，否则火焰会延伸至钻凿之孔周边处。

沈启无、朱耘菴《龟卜通考（续）》中引王鸣盛之言道：“予尝以龟甲如法凿钻，以木枝燃火而灼，结果全甲焦黑而不能兆。故知用以灼者，决非有焰之火，乃以木炭一小块燃着置于所凿中而吹炽之，移时爆然而兆，然后知《吴中卜法》之用法为不谬；及灼过之甲骨仅留一小点焦痕之故。”⑤

殷墟洹北商城、刘家庄北地、孝民屯等遗址曾出土大量的木炭⑥。我们猜测这些木炭可作烧灼甲骨的工具，木炭点燃之后还可以“存火”，为烧灼甲骨提供了耐久而又稳定的火源。再

① 许进雄：《凿钻研究略述》，《屈万里先生七秩荣庆论文集》，联经出版事业公司，1978年，第217页。

② 杨伯峻编著：《春秋左传注》，中华书局，1995年，第1574页。

③ 〔日〕藤枝晃著，翟德芳、孙晓林译：《汉字的文化史》，知识出版社，1991年，第10页。

④ 马如森：《殷墟甲骨学》，上海大学出版社，2007年，第116页。

⑤ 沈启无、朱耘菴：《龟卜通考（续）》，《国立华北编译馆馆刊》1942年第3期。

⑥ 王树芝、岳洪彬、唐际根等：《商代中晚期的树木利用——洹北商城和殷墟出土树木遗存分析》，《南方文物》2014年第3期。

者，木炭燃烧的烟也比较小，在使用上更为方便。

中国西南部少数民族在历史上曾长期流行着羊肩胛骨占卜习俗。利用民族学调查材料，尝试复原和印证失传已久的古代甲骨占卜习俗，能够为研究甲骨烧灼工作带来很大的启示。宋镇豪也曾指出："中国西南部分少数民族中历史上曾长期流行着羊胛骨占卜习俗，占卜范围几乎无所不包，凡出行经商、有人在外、打猎、农植、畜养、盖房子、搬家、丧葬、诉讼、分离、对付仇人等等，涉及日常生活的各个方面，都要卜以决疑。"①少数民族占卜时，也有用艾草作为燃料烧灼卜骨的。四川凉山彝族地区卜骨的烧灼方法是："用艾绒捻成圆粒状或圆柱状，置于骨的无脊面，以布绳或一种名叫'握子'的植物韧皮搓成的火绳点燃，于有脊面观兆。"②

另外，还有学者认为烧灼的方法是"将整治好并做有钻凿的甲骨，用一加热金属器在钻凿处灼烤"③。

所以，我们认为烧红的木炭比燃着的木枝更适合烧灼甲骨。木炭或荆枝必须制成圆柱状，才能在钻凿处烧灼。正如陈梦家所言："钻孔之所以要圆，乃所以容纳烧炽了的木端而可以集中热力以增强其爆裂性。"④

## 三、烧灼甲骨的火候

除了烧灼工具，火候在烧灼甲骨的过程中，极为重要。火候的大小，直接关系着烧灼钻凿之孔的强弱之势和卜兆兆枝的延伸走向。沈启无、朱耘菴在《龟卜通考（续）》中描述了烧灼之法："乃以楚木一段，置于燋火中烧之，俟其通赤而明，取出，置于凿旁或钻中炙之，龟甲着强烈之热度，即爆燃裂出兆坼矣。"⑤即强调了烧灼火候的重要性。前文已经引用许进雄的观点，用燃烧的木炭或荆枝直接烧灼甲骨，火力过强，容易烧毁、剥裂骨面。有时候，为保证适当的火候，烧灼职官需要"遂吹其焌契"。总之，适当的火候才能更好地烧灼甲骨，使其显兆。

有的也可能由于兽骨的骨面太厚，如果火力太小，施灼后的卜兆显示就不太明显，如《合集》卜骨15396正面的卜兆就非常模糊。再如《合集》卜骨16910、17075，靠近骨臼端有4个钻凿之孔，而与之对应的卜兆也极为模糊。再如《花东》卜骨H3：974、H3：985正面的卜兆，也是这种情况。

可知，烧灼的工具和火候的掌握对烧灼效果的影响极大。

---

① 宋镇豪：《殷墟甲骨占卜程式的追索》，《文物》2000年第4期。

② 汪宁生：《彝族与纳西族的羊卜骨——再论古代甲骨占卜习俗》，《文物与考古论集》，文物出版社，1986年，第138页。

③ 高明：《中国古文字学通论》，北京大学出版社，1996年，第235页。

④ 陈梦家：《殷虚卜辞综述》，中华书局，1988年，第12页。

⑤ 沈启无、朱耘菴：《龟卜通考（续）》，《国立华北编译馆馆刊》1942年第1卷，第3期。

# 第三节 烧灼部位

烧灼职官手持燃炽的荆枝或烧红的木炭，以适当的火候，就可在甲骨的钻凿之处实施烧灼。甲骨烧灼部位有直接烧灼、于钻凿之孔烧灼和几种特殊部位的烧灼，以下分别介绍。

## 一、于骨面直接烧灼

唐山大城山遗址是商族起源时期的典型遗存。根据已出土的实物资料，唐山大城山遗址所发现的骨卜材料是已知较早的殷人骨卜遗物。大城山遗址出土卜骨的一个共同特点，就是在骨面上直接进行烧灼，该遗址共出土卜骨4块，其中3块是牛肩胛骨，1块为鹿肩胛骨，在骨面上没有钻凿痕迹，烧灼位置多集中在肩胛骨的背面，灼痕分布较为密集且不规则。其中1块卜骨保存较为完整，骨面上有7处灼痕[①]。

先商文化漳河类型的文化是殷人在豫北冀南地区长时间居住后留下来的遗迹，属于典型的先商文化遗存。在河北邯郸涧沟、永年台口村遗址、永年何庄遗址、邯郸北羊台遗址中也发现了在骨面上直接进行烧灼的卜骨。

在河北邯郸涧沟遗址中出土了3件卜骨，2件牛肩胛骨，1件为狗肩胛骨，都未进行过骨脊骨臼上的修整以及钻凿，而是直接在骨面进行烧灼，“肩胛骨薄的（狗肩胛骨）易灼，灼痕较轻；肩胛骨较厚的（牛肩胛骨）不易灼，灼痕大而重，他们与龙山卜骨的不同点是，均在骨脊的侧面有灼痕，骨脊处很厚，甲骨的薄处空处很大”[②]。

河北永年台口村遗址中发现了1块残缺卜骨，据发掘报告得知该卜骨T24：2属于牛肩胛骨，骨面上没有钻凿痕迹，系在骨面上直接进行烧灼，“唐山大城山和邯郸涧沟所出土的与此做法也相同”[③]。再如，永年何庄遗址先商文化遗存中，也发现了2片猪肩胛骨，其中1件的骨面有几处灼痕而无钻凿[④]。邯郸北羊台遗址中出土了7件卜骨，“H2：7，系牛肩胛骨，一边有两个灼烧成黑色的不规则孔，无钻凿现象。H1：8，系猪肩胛骨，一面有6个灼烧的黑色印痕，

---

① 河北文物管理委员会：《河北唐山市大城山遗址发掘报告》，《考古学报》1959年第3期。

② 北京大学、河北省文物局邯郸考古发掘队：《1957年邯郸发掘简报》，《考古》1959年第10期；河北省文化局文物工作队：《河北邯郸涧沟村古遗址发掘简报》，《考古》1961年第4期；转引自朱彦民：《论商族骨卜习俗的来源与发展》，《中国社会历史评论》2008年第9卷，朱文据德海、来成：《来函更正》（对《河北邯郸涧沟村古遗址发掘简报》的补充更正）而述。

③ 河北省文化局文物工作队：《河北永年县台口村遗址发掘简报》，《考古》1962年第12期。

④ 邯郸地区文物保管所、永年县文物保管所：《河北省永年县何庄遗址发掘报告》，《华夏考古》1992年第4期。

亦无钻凿现象”[①]。

新乡辉县琉璃阁遗址，属于辉卫类型，遗址发现了多块直接烧灼的卜骨，“不钻而灼多施于骨版较薄处，所有灼号似乎没有一定的规则，有些灼印很深，有些仅露出淡灰色的火印；有些灼痕的排列很密集，也有很疏落的……由个别情况观察，钻灼印痕是相当杂乱的。1∶1是卜骨中最长的一块，只剩下右侧宽约2.5厘米的一狭条，刮治得比较规则，将骨臼刮去一半，骨脊完全刮平，大部分是钻而后灼，薄的部分多半是未钻而灼，钻痕多属尖圆形，仅骨臼部分有两个圆柱体的平底凿痕，钻痕之间的距离略相等，其间还有辅助的灼号”[②]。

总体上看，先商文化遗址出土的卜骨，多是直接烧灼的卜法（表5-1）。

**表5-1　先商文化遗址出土的卜骨**

| 所属类型 | 遗址 | 卜用材料 | 钻凿情况 | 烧灼情况 |
|---|---|---|---|---|
| 漳河类型 | 邯郸涧沟遗址 | 牛、狗肩胛骨 | 无凿无钻 | 骨面上有灼痕，灼痕较轻 |
| | 台口村遗址 | 牛肩胛骨 | 无凿无钻 | 骨面上有灼痕 |
| | 何庄遗址 | 猪肩胛骨 | 无凿无钻 | 骨面有几处灼痕 |
| | 邯郸北羊台遗址 | 牛、猪肩胛骨 | 无凿无钻 | 灼烧成黑色的不规则孔 |
| 辉卫类型 | 辉县琉璃阁遗址 | 猪肩胛骨 | 有钻无凿 | 骨版较薄处有灼痕，淡灰色的火印 |

至商代早期，郑州南关外遗址牛肩胛骨标本C5T97④∶40和卜甲标本C5T85④∶123，都是直接在骨面进行烧灼[③]。在二里岗商代文化下层出土的卜骨，直接烧灼于骨面上的比较多，钻后再灼的比较少。二里岗商代文化的上层出土的卜骨，钻后再灼的比较多，不钻而直接灼的较少[④]。

可见，商代早期的卜骨，多是没有钻凿，直接在骨面进行烧灼。到了商代中晚期，占卜制度逐渐完善，整治技法成熟，先钻凿，后烧灼。

## 二、于钻凿之处烧灼

《史记·龟策列传》载：“卜先以造灼钻，钻中已，又灼龟首各三，又复灼所钻中曰正身，灼首曰正足，各三。”[⑤]其中，灼钻即是指烧灼钻处。

甲骨的薄厚程度与兆纹裂开有关。张秉权曾指出：“平常在龟甲较薄之处，我们可以发现仅作枣核状的凹穴（其左或右侧无指甲状的凹穴），但是这里的那个未灼过的枣核状凹穴，

① 河北省文物研究所、邯郸市文物管理处、峰峰矿区文物管理所：《河北邯郸市峰峰矿区北羊台遗址发掘简报》，《考古》2001年第2期。

② 中国科学院考古研究所编著：《辉县发掘报告》，科学出版社，1956年，第13、14页。

③ 河南文物考古研究所编著：《郑州商城：1953—1985年考古发掘报告》，文物出版社，2001年，第136页。

④ 河南省文化局文物工作队编著：《郑州二里岗》，科学出版社，1959年，第38页。

⑤ （汉）司马迁撰：《史记》，中华书局，1963年，第3240页。

却在甚厚的腹甲上，这是不常见的例子。”[①]可知，甲骨的薄厚与兆纹裂开的容易与否也很有关系。

组合型的钻凿形态，如椭圆形长凿与圆孔互包型，二者的功能不一。许进雄指出了钻凿烧灼处和卜兆裂纹的关系：“圆凿有个很重要的功能，它供给更大的薄的表面使兆纹容易裂开。兆纹的剥裂总是由烧灼处和最薄处开端的，如果火烧灼在圆凿的上部，裂开处也比较容易朝上，一样地，兆纹也比较容易朝下，如果是烧灼在圆凿下部的话。如果没有圆凿，兆纹就比较不容易裂开，兆纹分歧的也大都是直接于长凿旁烧灼的结果。骨的厚薄对兆纹裂开之容易与否是很有关系的，这由没有圆凿的烧灼，因为需要更多的火和热度，所以其烧灼面比较大的事实也可推出的。”[②]

周忠兵指出甲骨钻凿的两种烧灼方式，每种方式以下又有若干类：

（1）直接烧灼，不作任何形式的整治。其形成的烧灼面可分以下几类：

①烧灼面与骨面在同一平面，一般没有剥离面，如《卡》324。有时在烧灼面或其外围有薄的骨面剥离，如《卡》135。

②烧灼基本无剥落面，但形成凹面，凹面看不出有刮痕，如《卡》221。

③烧灼处因骨面剥离形成洼面，洼面底部不平整，多将钻凿肩部口沿破坏，在洼面中存烧灼面，或烧灼面看不出，如《卡》228、《卡》194。

（2）在烧灼处先进行攻治，然后再烧灼，根据攻治的方式又可分为以下几类：

①在长凿旁使用轮开槽的方法制作一小的长凿，然后用刀加工，使之与长凿相连，如《屯南》2777、《屯南》4516等。有的长凿旁的小凿保持完整，从外观上看，就是一个小弧形长凿紧贴着一个大的弧形长凿，如《花东》279、《花东》287等。

②在长凿或小圆钻旁用钻钻成半圆或月牙形凹面，如《卡》20。

③在烧灼的那边紧贴钻凿肩部口沿中上直接挖一较深或浅的形状不大规则凹面，凹面将钻凿凿壁破坏或略微破坏，凹面的底面并不推刻光滑整齐，口沿也不是很整齐，如《卡》56。

④一般用刀直接在要烧灼的那处长凿肩部口沿附近挖超过长凿长一半的近圆形凹面，底面较光滑，凹面最深处在中部，如吉大7-533。此类长凿旁的近圆形凹面有的应该是用钻头钻出的，如《合集》14879（吉大7-582）。

⑤在要烧灼的部位直接用刀刮出较均匀的薄薄的一层，无明显凹面，如北图263。

⑥可能在烧灼处先刻一道纵向刻痕，刻痕为直线或微曲，然后再由长凿肩部口沿向刻痕刮削，刮削面的长度为刻痕的长度或略微超过其长度；而宽度即口沿至刻痕的距离。按刮削程度可分为两小类：F1、刮削基本不破坏长凿肩部口沿，只是将骨面较平整地削去薄薄一层，在骨面上也看不出明显凹面。烧灼面一般略微逸出刻痕，一般没有剥离面，如《卡》306。F2、刮削使骨面上可看出明显凹面，凹面的最深处在刻痕处，一般略为破坏长凿肩部口沿。烧灼面一

---

① 张秉权：《殷虚文字丙编·上辑（二）》，“中研院”历史语言研究所，1959年，第174页。

② 许进雄：《钻凿对卜辞断代的重要性》，《中国文字》（第37册），台湾大学文学院中国文学系编印，1970年，第4094页。

般不逸出洼面，一般没有剥离面，如《卡》277。

⑦还有一种在长凿旁再挖制一个小长方形凿的。这种例子不多，如《屯南》726、《屯南》1002[①]。

由此可见，甲骨的烧灼与钻凿形态紧密相关，烧灼痕迹都聚集于钻凿处，逐渐有规律可寻。上文已然论述，商代甲骨的钻凿形态有单独椭圆型、圆孔型、单独长方凿型、椭圆形长凿与圆孔互包型、特殊型5种基本类型的钻凿形态。此处，我们结合钻凿形态，论述具体的烧灼部位。

单独椭圆型、单独小圆钻式、单独长方凿型，都是单独型的钻凿形态，其灼点在钻凿底部靠上部位。圆孔包含长凿式（圆钻完全包含长凿式、长凿首尾凸出圆钻式）、大圆孔包含小圆孔式，灼点当然位于圆孔包含的长凿或小圆孔处。圆钻旁附半圆式的钻凿形态，灼点位于两个圆孔连接处。

而椭圆形长凿与圆孔互包型的钻凿形态，其灼点多在连接处，且多以长凿附属的圆钻为主。龟腹甲上多是椭圆形长凿与圆孔互包型的钻凿形态，在千里路左侧，圆孔位于长凿的右上部。在千里路右侧，圆孔位于长凿的左上部。这种组合型的钻凿形态，灼兆点在长凿与圆孔的结合处，但是侧重于圆孔之内。

所以，我们推测在组合型钻凿形态中，灼点以钻凿附属的圆钻或长凿为主，这也正好体现了小圆钻或小长凿的功能。

以上我们结合钻凿形态，论述了甲骨烧灼部位的一般情况。烧灼于钻凿之孔内，1个孔内有1个灼点。鉴于钻凿形态有几种特殊型式，以下我们就再介绍几种特殊烧灼的情况。

第一，殷墟四盘磨出土“易卦”卜骨的灼“尤具特色”，“两侧大弧形凿，凿旁之灼均在凿之内侧，两两左右相对，使兆枝指向卜骨的中央；胛冈上两个小长方凿，其灼又在凿之外侧，使小凿之灼与旁边大弧形凿之灼左右相对。这种左右两两相对之灼称之为‘相向’，在殷墟卜骨中实不多见”[②]。这片卜骨上共有10个钻凿，呈两列分布，其钻凿形态为单独椭圆型和单独长方凿型，都属于单独型的钻凿，两列钻凿的灼点“两两左右相对”，特色鲜明。殷商卜骨上的灼点，基本都是同向的，朝向卜骨的内缘或外缘，使得另一面卜兆横向兆枝的方向也有一致。卜骨之上灼点相向的情况并不多见，故此处将其作为灼点的特殊情况加以说明。

第二，椭圆形长凿与圆孔互包型的钻凿形态，其灼点也有特例。如圆孔在长凿右上部位，而灼在钻凿左腹部位。上文在钻凿形态一节，已经介绍了这种特殊型式的钻凿形态。即《屯南》卜骨H50：21右侧一列3个钻凿，“腹旁之钻为圆钻，灼却是在左腹旁，凿之头、尾尖”[③]，这种烧灼形式实在少见。

在组合型的钻凿形态中，灼点以钻凿附属的圆钻或长凿为主，这是其基本特征。朱歧祥

① 周忠兵：《卡内基博物馆所藏甲骨研究》，上海人民出版社，2015年，第591—593页。

② 曹定云：《殷墟四盘磨“易卦”卜骨研究》，《考古》1989年第7期。

③ 中国社会科学院考古研究所编著：《小屯南地甲骨·小屯南地甲骨的钻凿形态》（下册·第三分册），中华书局，1983年，第1501页。

曾指出："（花东甲骨的）卜兆因炙龟而生裂纹，炙龟的部位都在钻的正中，而并不见在凿成钻凿交接的地方。这应该是花东甲骨处理卜兆的基本方法。这似乎是花东卜人用兆的方法；与王卜辞的呈尖凿形、钻凿偶尔分开的形式和炙处往往压在钻凿之间的位置稍异。"[①]朱歧祥的说法，不太严谨。我们前文已经论述了组合型钻凿形态中灼点位置的特征，灼点以钻凿附属的圆钻或长凿为主。小屯甲骨的灼点多在长凿与圆孔的连接处（椭圆形长凿与圆孔互包型），这种特征比较明显。而花东卜甲上的灼点更是以长凿附属的圆孔为主，导致二者连接处的灼痕不太明显，朱歧祥这才简述了《花东》甲骨灼点的特殊性。如《花东》卜甲H3：306（图5-1，1）、H3：535（图5-1，2），两片卜甲之上都是椭圆形长凿与圆孔互包型的钻凿形态，其灼点确实位于长凿所附属的圆钻处，而位于二者连接处的灼痕确实不太明显。

第三，大长凿旁附小长凿型的钻凿形态，其灼点以小长凿处为主，如《屯南》卜骨H23：66、H24：265，再如《花东》卜甲H3：836、H3：863。

第四，沙市周梁玉桥遗址，属于商代文化遗存，发掘报告简述了两片腹甲的烧灼情况"上述两甲（H1：16、H1：18）的全部钻孔均已被烧灼过，且都留下了灼痕。我们细心观察时发现钻孔内一般都可见两处灼痕紧临凿槽的上下两侧……两个灼点之间的距离，各个钻孔不尽相等，最大的为0.4、最小的只有0.2厘米。从这里我们可以看出，这是分作两次烧灼的结果"[②]。

1　　2

图5-1　卜甲

① 朱歧祥：《亦古亦今之学——古文字与近代学术论稿》，万卷楼图书股份有限公司，2017年，第201、202页。
② 彭锦华：《沙市周梁玉桥甲骨的初步研究》，《考古》1986年第4期。

不只H1Ⓕ16、H1Ⓕ18钻孔内2个灼点比较明显，其他腹甲（H1Ⓕ17、H1Ⓕ20、H1Ⓕ21、H1Ⓕ24、H1Ⓕ25）和背甲（H1Ⓕ19、H1Ⓕ22、H1Ⓕ26）也是1个钻孔内有2个灼点的情况。这种1个钻凿之孔内有2个灼点的情况，更属于甲骨烧灼的特例。

以上我们论述了烧灼部位的基本情况和特例。在研究烧灼部位的问题时，我们不能一概而论，烧灼部位的特征，应该结合具体的钻凿形态和烧灼痕迹进行说明。

再者，刘一曼、王卫国、何海慧等人在2013—2018年间，曾先后作过六次甲骨烧灼试验，取得了不错的效果，灼处的灼点与兆纹与殷墟出土的商代甲骨上的相近，其烧灼试验的情况与收获是：

最初，我们用一根烧至通红的铜棒（直径约1厘米）在牛肩胛骨反面的凿旁之“钻”内施灼，骨版正面出现三种情形：①大多灼不出兆纹；②有时只见兆干，不显兆枝；③偶见兆干与兆枝，但兆枝模糊，很不清晰。无论哪种情况，卜骨反面的灼点与殷墟甲骨上的灼痕相比，显得过于焦黑。铜棒灼出的兆纹不理想，这是由于它不易保温，容易冷却之故。所以，我们认为当时殷人是不用加热的金属棒对甲骨施灼的。

舍弃铜棒以后，我们主要用坚木的树枝进行施灼，采用的树枝要有一定的硬度和韧性，成炭后不易很快折断。我们用过荆木、桃木、槭木、栗木、柳木等的核条，均可灼出兆纹。具体的做法是：在炭火盆内，同时燃着几根圆柱形的树枝，施灼时取一根燃着火焰的枝条，先将明火吹灭使其成炽炭，迅速地将之放入甲骨凿旁的钻（或单独的圆钻）内。边灼边用嘴吹钻内的枝条，使它持续保持红色高温，当枝条燃尽或不慎灭火时，就马上拿另一根燃炽的枝条在原灼点上再灼，直到听见“卜”的爆裂声时才停止。这时，甲骨的正面便会出现裂纹（兆纹），若再拿泡在凉水盆中的湿毛巾一擦，兆纹就显得更为清晰了。

要灼出一个清晰的“卜”字形兆纹，关键在于凿槽要挖得好。槽穴的两侧倾斜而下，其底部中央形成一条直线，凿槽的底部尽量地挖深，挖得只剩一层骨衣又不透过骨面为好。

人手轻压着在“钻”内（或凿旁）的枝条施灼，灼点要固定，不能移动。灼点的位置要尽量接近凿的中线。

用嘴吹气时要均匀地、慢慢地吹。若吹得太猛，火力过大，容易将甲骨面烧焦，若吹气不足，则正面难于见兆，或者出现兆纹的时间会长。

甲骨上的灼。一般是与钻、凿相配套的，小屯出土的甲骨上灼与钻、凿的组合通常有以下几种形式：

①灼位于圆钻的内部。

②灼位于圆钻旁侧中部（或中部之钻内）。

③灼位于圆钻旁侧上部（或上部之钻内）。

④灼位于凿侧中部（或凿侧中部之钻内）。

⑤灼位于凿侧上部（或凿侧上部之钻内）。

⑥灼位于凿侧下部（或凿侧下部之钻内）。

⑦灼位于凿之两侧钻内。

以①—⑤种为常见，尤其是第⑤种，数量最多，第⑥种较少，第⑦种最少。

在小屯以外殷墟的普通遗址的甲骨，除见到上面七种形式的灼外，还发现在甲骨上直接施灼的例子。如1959—1961年苗圃北地曾出土过极少数不施凿、钻直接施灼的卜甲，2003年孝民屯遗址曾出土过两片直接施灼的猪卜骨。

小屯甲骨上的灼，火力控制较好，灼痕一般不透过甲骨之表面。普通遗址甲骨上的灼，常见到灼痕渗透甲骨正面的情况，使表面呈现出一些浅黄褐色的斑点[①]。

需要指出的是，烧灼也有一定的原则、形式和先后次序等。张秉权从序数字在甲骨上的排列形式，看出了殷人灼龟开兆的种种步骤，大概归纳出下列五种：

甲式：自上而下。即从甲骨的顶端开始灼卜，挨次而下。这又可分为单行直下与多行直下二类。单行直下的以在较小龟腹甲上为多。多行直下的以在较大的甲骨上居多。

乙式：自内而外，自上而下。这一类的行式，在龟腹甲上最为普遍。即从靠近龟腹甲中央的那条垂直的齿缝的旁边，开始灼卜，渐次分向腹甲的左右两边，等到那一排的凹穴灼完以后，再挨次向下面一排排地灼卜下去。

丙式：自外而内，自上而下。即从甲骨的左右边缘，渐次向中缝部分灼卜，然后再向下面一排排地灼卜。这一类的行式，在甲骨上，所见不多。

丁式：自下而上。即从甲骨的下端渐次向上端灼卜。这一类的行式，在牛胛骨上最为普遍，在龟甲上，以腹甲的甲桥部分居多。

戊式：错综复杂，而没有一定的排列规则。那是一些比较特殊的行式，他们在灼龟的时候，似乎并不按照上面的四种方式，而是任意地灼卜甲骨上的凹穴。这种形式，在甲骨上却也不多。

上列五种行式，只是灼龟时的五种原则。有时一版只有一式，有时一版并存数式，可见当时灼龟的方式，在同一版上，也不是完全一律的[②]。

再者，一片甲骨上的烧灼之孔有可能是在不同时候分若干次烧灼形成的。方述鑫就指出："卜骨上凿（或钻）旁之灼，有的可能在不同时候分若干次烧灼的。同时，有的灼之凿，在一般情况下，与正面卜辞相对应。"[③]有些甲骨经过钻凿而未曾烧灼，这也是常有的事。

---

① 刘一曼：《殷墟考古与甲骨学研究》，云南人民出版社，2019年，第113、114页。

② 张秉权：《甲骨文与甲骨学》，台湾编译馆，1988年，第61、62页。

③ 方述鑫：《殷虚卜辞断代研究》，文津出版社，1992年，第271页。

# 小　结

一，商代有一批由地位较高的神职人员担任烧灼职官，专司烧灼事宜。

二，烧灼的工具有燃炽的荆枝和烧红的木炭，而烧灼的工具和火候的掌握对甲骨烧灼的效果影响极大。

三，商代早期的卜骨，多是直接烧灼于骨面。商代中晚期的甲骨多是先钻凿，后烧灼。单独型的钻凿形态，其灼点在钻凿底部靠上部位。在组合型钻凿形态中，灼点以钻凿附属的圆钻或长凿为主。当然，也有一些特殊烧灼的情况。总之，烧灼有一定的原则、形式和先后次序等。

# 第六章　甲骨的卜兆

在第五章，我们论述了甲骨烧灼的相关问题。烧灼之后，甲骨才能显示出卜兆。《大戴礼记解诂·曾子天圆》有言："龟非火不兆"，注曰："《说文》云：'兆，灼龟坼也'"[①]，就是说甲骨只有经过烧灼后才能显示卜兆。《白虎通疏证·蓍龟》曰："卜，赴也。爆见兆也。筮也者，信也。"[②]卜，是龟爆后而见之兆。卜兆，乃是甲骨烧灼之后显示的兆纹。

## 第一节　卜兆形态的分型分式

传世文献中关于卜兆的相关记载，多是文字方面的说明。殷墟甲骨的出土，印证了卜兆形态的千变万化。

### 一、传世文献中关于龟甲卜兆的记载

传世文献对龟甲的卜兆有所记载。如：

《周礼正义·大卜》云："大卜掌三兆之法，一曰玉兆，二曰瓦兆，三曰原兆。其经兆之体，皆百有二十，其颂皆千有二百。"贾疏注云："云体者，谓龟之金木水火土五兆之体。若然，龟兆有五而为百二十者，则兆别分为二十四分。"[③]这就是说龟甲经过烧灼之后，其兆象可能有一百二十种、"兆颂"有一千二百种。大卜掌握三种兆象——玉兆、瓦兆、原兆，以及占卜方法，这三种卜兆的兆象共有一百二十种。卜兆的兆象有金、木、水、火、土五行兆体之分，如《周礼正义·占人》就对五行兆象有所解释，贾注云："谓金木水火土五种之兆，言体言象者，谓兆之墨纵横，其形体象以金木水火土也。凡卜欲作龟时，灼龟之四足，依四时而灼之。其兆直上向背者为木兆，直下向足者为水兆，斜向背者为火兆，斜向下者为金兆，横者为土兆，是兆象也。"[④]根据注疏，我们可知卜兆的走向可"直上向背"（木兆）、"直下向足"（水兆）、"斜向背"（火兆）、"斜向下"（金兆）、"横"（土兆）。其中，向背、

---

① （清）王聘珍撰，王文锦点校：《大戴礼记解诂》，中华书局，1983年，第100页。

② （清）陈立撰，吴则虞点校：《白虎通疏证》，中华书局，1994年，第329页。

③ （清）孙诒让撰，王文锦、陈玉霞点校：《周礼正义》，中华书局，1987年，第1924—1926页。

④ （清）孙诒让撰，王文锦、陈玉霞点校：《周礼正义》，中华书局，1987年，第1961页。

向足、向下和横者是依据龟甲的首甲、中甲、前甲、后甲、尾甲等部位以及其上的千里路、盾纹、齿纹等而言的。

《尚书·洪范》记载："七，稽疑。择建立卜筮人。乃命卜筮，曰雨，曰霁，曰蒙，曰驿，曰克，曰贞，曰悔，凡七。卜五，占用二，衍忒。"其中"雨、霁、蒙、驿、克"为五大类龟卜兆象，因"稽疑"所建立卜与筮官员"凡七"，其比例是五比二。郑康成曰："雨者，兆之体，气如雨然也。济者，如雨止之云气在上者也。圉者，色泽而光明也。雾者，气不释，郁冥冥也。克者，如祲气之色相犯也。"[①]即龟卜的兆象有五：雨（"气如雨然"）、霁（"雨止之云气在上者"）、蒙（"气不释，郁冥冥"）、驿（"色泽而光明"）、克（"祲气之色相犯"）。胡煦在《卜法详考》中引蔡沉之注曰："此卜兆也。雨者如雨，其兆为水。霁者开霁，其兆为火。蒙者蒙昧，其兆为木。驿者络绎不属，其兆为金。克者交错，有相胜之意，其兆为土。"[②]《尚书》所载"雨、霁、蒙、驿、克"只解释了五种兆象的气、色，被后世学者注解为金、木、水、火、土五兆。

《春秋左传诂·哀公》传记载："晋赵鞅卜救郑，遇水适火。"服虔注云："兆南行适火。卜法，横者为土，立者为木，斜向径者为金，背径者为火，因兆而细曲者为水。"[③]根据注疏，我们可知卜兆的走向可"南行适火""横"（土）"立"（木）"斜向径"（金）"背径"（火）"细曲"（水）。这五种兆象与《周礼正义·占人》记载相同的是土兆（横），其余金、木、水、火四兆的兆象略有不同。

《唐六典·大卜令职》载："凡兆，以千里径为母，两翼为外，正立为木，正横为土，内高为金，外高为火，细长芒动为水兆，有俯仰、伏倚、着落、起发、催折、断动之状，而知其吉凶。"[④]根据记载，我们可知卜兆以"千里径为母，两翼为外"，卜兆可"正立"（木），"正横"（土），"内高"（金），"外高"（火），"细长芒动"（水兆），卜兆的形状有俯仰、伏倚、着落、起发、催折、断动。这与《周礼正义·占人》《春秋左传·哀公》所载唯一相同的是土兆（"横"），其余金、木、水、火四兆的兆象大不相同。

**表6-1　传世文献所载"五兆"对比**

| "五兆"<br>文献 | 金兆 | 木兆 | 水兆 | 火兆 | 土兆 |
|---|---|---|---|---|---|
| 《周礼正义》 | "斜向下" | "直上向背" | "直下向足" | "斜向背" | "横" |
| 《尚书》 | "驿"（络绎不属） | "蒙"（如木） | "雨"（如雨） | "霁"（如火） | "克"（相胜之意） |
| 《春秋左传》 | "斜向径" | "立" | "细曲" | "南行适火" | "横" |
| 《唐六典》 | "内高" | "正立" | "细长芒动" | "外高" | "正横" |

① （清）孙星衍撰，陈抗、盛冬铃点校：《尚书今古文注疏》，中华书局，1986年，第310、311页。
② （清）胡煦著，程林点校：《卜法详考》，《周易函书》（第四册），中华书局，2008年，第1148页。
③ （清）洪亮吉撰，李解民点校：《春秋左传诂》，中华书局，1987年，第863页。
④ （唐）李林甫等撰，陈仲夫点校：《唐六典》（下），中华书局，2014年，第412页。

《史记·龟策列传》记载："夫摓策定数，灼龟观兆，变化无穷"，又："中关内高外下、首仰、足开、肣开、首俛大、横吉、首俛大"，这些皆是卜兆之状。"首仰"谓"兆首仰起"，"肣"谓"兆足敛也"，"俛"指"兆首伏也"。《龟策列传》在卜诸事、命诸事处又记载了以下卜兆之状：

首上开、内外交骇、身节折、首仰足肣、中祟有内、外祟有外、横吉、足开首仰有外、首仰足开、内外相应、首仰足开身正、内自桥、外下、足肣首仰、身首内下外高、首足开、首仰足肣有外、足开首仰、肣胜有外、外高内下、足开有肣外首仰、足肣、身正、内外自桥外自垂、足肣首仰有外、身节有强外、身正首仰足开、身作外强情、内自桥、首仰、足肣有外、首仰足肣有内无外、首仰足开有内、横吉内外自桥、横吉内外自吉、首仰足肣内高外下、横吉上有仰下有柱、横吉榆仰、横吉下有柱、首仰足肣外高内下、头见足发有内外相应、首仰足开外高内下、首仰足肣身折内外相应、内格外垂、横吉内外相应自桥榆仰上柱足肣、头仰足肣内外自垂、横吉下有柱、横吉内外自举、内高外下疾轻足发、外格、内自举外来正足发、横吉上柱外内自举足肣、横吉上柱外内自举柱足以作、挺诈有外、挺诈有内、挺诈内外自举、狐格、狐徹、首俯足肣身节折、挺内外自垂、横吉榆仰首俯、横吉上柱载正身节折内外自举、横吉上柱足肣内自举外自垂、首俯足诈有外无内，等等[①]。

我们根据《史记·龟策列传》所载，推测"中关内高外下、首仰、足开、肣开、首俛大、横吉、首俛大"是卜兆的基本兆象，卜事、命事等所载的卜兆是由基本兆象变化而成的。可知，卜兆分身、首、足、内、外等，这也是卜兆的重要部位。

《卜法详考·玉灵秘本》所录龟兆较多。

形象字样：甲乙（上）腰金（中）兜财（下）。

甲乙：甲乙身平、甲乙身乡一字形、甲乙头高足又低、甲乙头低足又豁（谓开去也）、甲乙身乡旺中低、甲乙头中下累彰、甲乙身中上累生、甲乙身中下累生、甲乙足上乱枝生、甲乙丙丁俱发动、甲乙戊己庚辛动、甲乙壬癸交中动、甲乙诗断、头高足落、头伏足起、头伏足伏、头直身直足发、坐头枝、漏身枝、足发枝、朱雀枝、两枝上下相夹、枝纵横身拗乡、头无气头低、头有气、兄弟旺子孙衰、头动足迁、身旺足垂、箭发、离弓、巨龙游海、猛虎伏岗、龙口蛇口、坐头枝三起三伏、化龙形、华盖形、金上立木、金中化水、金中变火、居处作墙、金兆化水、先人上马、双鱼形、穿心六害、仰月形、覆月形、金中火、沥水金、掩墙金、金中木、挂龙金形、头高足管。

丙丁：足头、足无力形、足行卦断、行断卦象、断行六卦、初断另行、另行、

① （汉）司马迁撰：《史记》，中华书局，1963年，第3224、3238—3251页。

名利、另此行、丁形卦、卦断正、卦形正洁、洁断行、另兆卦正、正兆另洁、洁断通变、身动足发、丙丁自然形、平静形体、木枝截足、水火枝、头高足直身大、重丁卦、金水形、金火形、螣蛇形、四通卦、金上立木、纯金卦、失字形、金火形、箭不离弓、扬旗形、困鳅形、重金形、猛虎伏岗、鹁鸽驼铃、头高挂、叠丁卦、身起卦、乌鹊带箭、罗网形。

腰金：腰金论、木兆诗数、匙挑形、身空形、无根形、足虚头回、风吹烛、乂天乂地、风摆荷/水荡荷/弄珠荷、腾上木、两鬼扶身、软轿若柱、黄兰形、牛头火形、天井水、插花枝、云梯独步、杖鼓形、扫脚枝、帆篴形、梨生枝、倒木无根、头回身空足轻。

木兆金形：木兆化金、木横倒形、风摇正形、风摇形、倚壁形、独土、三安、三合、乱丝形、成林木、倒龙身直形、毛叶诗数并正形。

兜财：顺风船形、担肩诗断并正形、缩脚诗断并正。

变形总断：漏身漏财、卧蚕食叶、撑门诗断并正形、金鸡独立、公孙同数、背靠木、父子相负、飞鸟入林、揍须出洞、新卦连旧卦、乖异违形、枝动形、聚吉卦、聚凶卦。

钓竿形、金形化水、金火纯金、两乖形、鱼尾形、沥水金、联占式、欺祖卦、自然形、功名定位、腰金正形、兜财正形、掩墙木兆、仙人过桥、金中有水、金火形、坐身卦、伤残形。

同时，每种卜兆形态图像予以解说[①]。

以上，是古代典籍关于兆象的记载。饶宗颐就根据《周礼》《尚书》《春秋左传》《唐六典》等传世文献所载，指出兆有兆象—体、兆气—色、兆广—墨、兆璺—坼，“兆体即指兆纹横直斜曲之象”，“体即通指兆象”，兆气“即指兆所现明暗的程度”，“兆广为墨”，“兆璺即旁枝的兆象”[②]。

可知：首先，古人受五行观念的影响，将金兆、水兆、木兆、火兆、土兆视为五种基本兆象，兆象的变化依据五种基本类型，但是我们不确定殷人甲骨之上的卜兆是否也分五兆。其次，《周礼正义》《春秋左传》《唐六典》等描述了卜兆的走向特征，但由于多数文献没有相应的图像予以解说，我们难以得知卜兆的具体形态。再次，据《史记·龟策列传》《卜法详考·玉灵秘本》可知，卜兆整体可以分为身、首、头、内、外、足、枝等部位。兆象就是兆体，或是兆体的变化之状。

---

① （清）胡煦著，程林点校：《卜法详考》，《周易函书》（第四册），中华书局，2008年，第1206—1227页。

② 饶宗颐：《由卜兆记数推究殷人对于数的观念——龟卜象数论》，《庆祝董作宾先生六十五岁论文集》（下册），“中研院”历史语言研究所，1961年，第952、953页。

## 二、卜兆的各个部位

据上文传世文献所载，卜兆整体可以分为墨、坼、首、头、身、足、枝、内、外等部位，每个部位的延伸走向各有特征。但是，墨、坼、首、头、身、足、枝、内、外等到底是卜兆的什么部位？我们该如何区分？《卜法详考》所载卜兆的部位及其名称是否属实？这些问题就需要结合地下出土的甲骨实物进行论述了。

《礼记·玉藻》载："凡卜，以火灼龟，视其裂纹，以占吉凶。其巨纹谓之墨，其细纹旁出者谓之坼。"[①]观察甲骨之上的卜兆，纵向兆干多是巨大、清晰，横向兆枝是"细纹旁出"，即纵向兆干为"墨"，横向兆枝为"坼"，这也是学界比较统一的看法。而学界关于墨、坼、首、身、足等是卜兆的哪个部位，却有两种意见。

一，卜兆的横向兆枝分首、身、足三部位。胡煦在《卜法详考·卷一》的"总论"中说："坼之所见，其中为身，逼近千里者为首，舒而向于外者为足。或直或斜，或粗或细，或高或下，或仰或覆。"[②]胡煦将纵向兆干视为"千里者"，对横向兆枝的身、首、足部位作了简单的说明。

董作宾据《周礼》《卜法详考·吴中卜法》，将卜兆的横向兆枝分为首、身、足，且指出《史记·龟策列传》所载"今某病困。死，首上开，内外交骇，身节折；不死，首仰足肣"之说是卜兆的分身（图6-1、图6-2）[③]。董作宾将胡煦所说的"千里者"改称为"千里路"，即纵向兆干"墨"，且没有区分卜兆的内、外、肣、横等（这些卜兆的部位皆载于《史记·龟策列传》）。严一萍认为只有卜兆的一直划（即横向兆枝）的两边才可以称为内、外，"体"为兆象，应当把整个横纹看成"首"，也即《周礼》所说的"体"，"色"是兆气，"墨"是火灼钻处的灼痕，"坼"也是指卜兆的直划，"身"可能是指卜兆横纹中间的一段[④]。据严一萍所论，我们可以将其观点与卜兆部位相对应，即下：

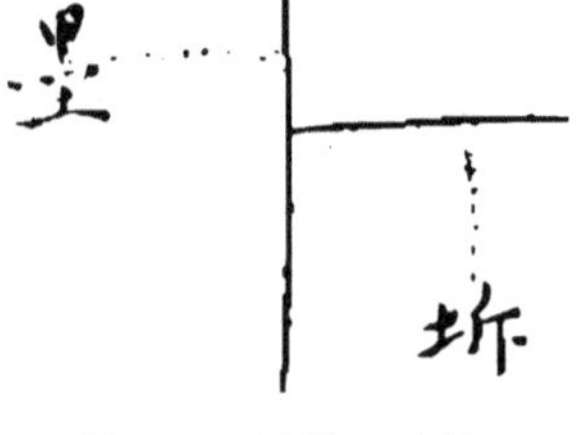


图6-1 "墨""坼"

图6-2 千里路，首、身、足

① （清）孙希旦撰，沈啸寰、王星贤点校：《礼记集解》，中华书局，1989年，第785页。

② （清）胡煦著，程林点校：《卜法详考》，《周易函书》（第四册），中华书局，2008年，第1153页。

③ 董作宾：《商代龟卜之推测》，《安阳发掘报告》1929年第1期。

④ 严一萍：《甲骨学》，艺文印书馆，1978年，第729—732页。

| | |
|---|---|
| “内”：横向兆枝的下边部位——“体” | “外”：横向兆枝的上边部位——“体” |
| “体”：兆象 | “首”：整个横纹 |
| “色”：兆气 | “墨”：灼痕 |
| “坼”：横向兆枝 | “身”：（可能是）横向兆枝中间的一段 |

可知，严一萍是在董作宾研究的基础之上，扩展论述了卜兆的“体”“色”“坼”“内”“外”等。

刘玉建从孙希旦、胡煦、董作宾等人之说，将纵向兆干视为“墨”，将横向兆枝视为“坼”，对卜兆首、身、足三部位的意见与前人相同（图6-3）[①]。

二，首、身、足是纵向兆干的部位。汪宁生根据胡煦所言吴中卜法，参考了少数民族卜兆的部位，拟作了一卜兆的图形（图6-4），将卜兆的纵向兆干分为首、身、足三部位，将横向兆枝分为内、外两部位[②]。

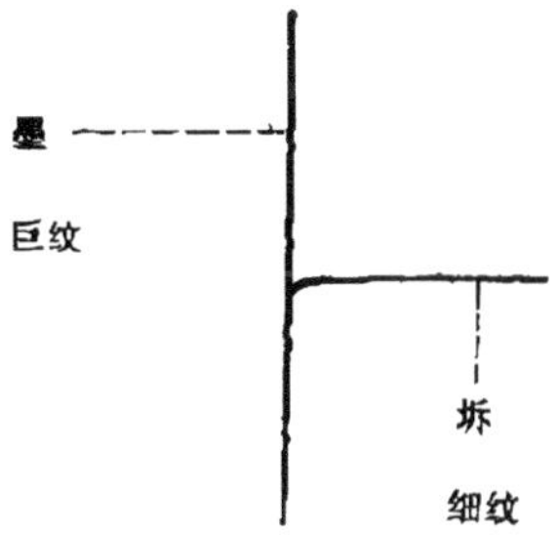

图6-3　“墨”——巨纹，“坼”——细纹

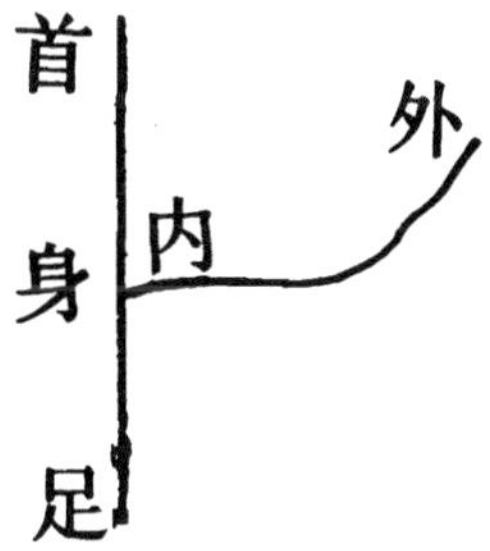

图6-4　首、身、足，内、外

竹书也可为甲骨卜法的研究提供参考，《上海博物馆藏战国楚竹书》中的《卜书》就是专讲龟卜的篇章。《卜书》的整理者认为“兆仰首出趾”指的是“卜兆的上端上扬，下端向外延伸”，指出卜兆由一横一竖组成，纵向兆干“上出之端曰首，上部近中曰膺（即胸），下部近中曰肣（即腹），下出之端曰趾（即足）”（简1）；“兆馗=内趾”是指“兆纹的上端低垂”，“兆纹的下端内敛”（简1）；“兆如仰首出趾”，“屯不困膺”指的是“首以下，肣以上”兆象的变化（简2）；“肣高上”指的是“兆腹上高，有如隆起的肚子”，“兆屯深”指的似乎是“形容兆纹的底槽比较深”（简4）；“是谓开”指的似乎是“把这种兆象比喻成窖穴，上有开口，底很深”（简4）[③]。《卜书》与《周礼》《唐六典》《卜法详考》所载多有相同之处，如“首”“趾”“肣”等。李华伦推测卜兆的纵向兆干为“人体隐喻”（图6-5），可以分为首、肣、足三部位[④]。第二种观点基本弄清楚了卜兆的首、身、足、内、外等部位，只在膺（即胸）、肣所指方面略有分歧。

---

① 刘玉建：《中国古代龟卜文化》，广西师范大学出版社，1992年，第178、189—194页。

② 汪宁生：《彝族和纳西族的羊卜骨——再论古代甲骨占卜习俗》，《文物与考古论集》，文物出版社，1986年，第152页。

③ 马承源主编：《上海博物馆藏战国楚竹书（九）》，上海古籍出版社，2012年，第292—296页。

④ 李华伦：《上博九〈卜书〉与出土甲骨实态比勘研究》，《出土文献》2020年第4期。

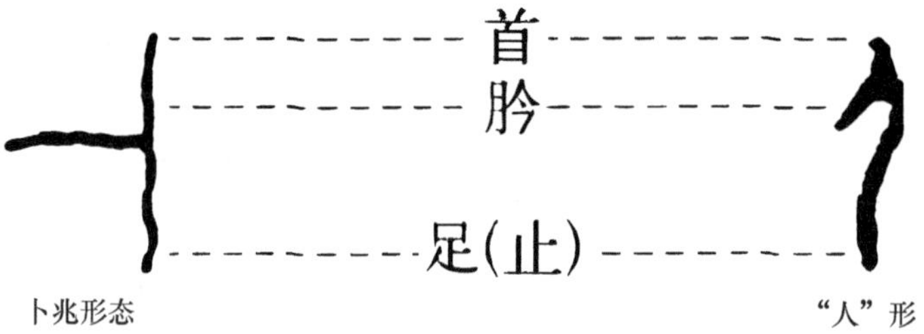

图6-5 卜兆“人体隐喻”

综合学界两种观点可知，兆体分首、身、足、内、外等部位的记载起源甚早，“墨”就是指卜兆的纵向兆干，“坼”就是指卜兆的横向兆枝。而学者的分歧在于首、身、足到底是纵向兆干还是横向兆枝的部位，内、外到底何指。若依董作宾所论，卜兆的纵向兆干为“千里路”，靠近纵向兆干的横向兆枝部位为“首”，这种观点似乎无法解释首上开、内外交骇、身节折、兆馗=内趾、仰首出趾、兆如仰首等兆象。刘玉建之言在于确定古人所说的“墨”（纵向兆干）、“坼”（横向兆枝），以及赞同前人对于卜兆之首、身、足三部位的观点。

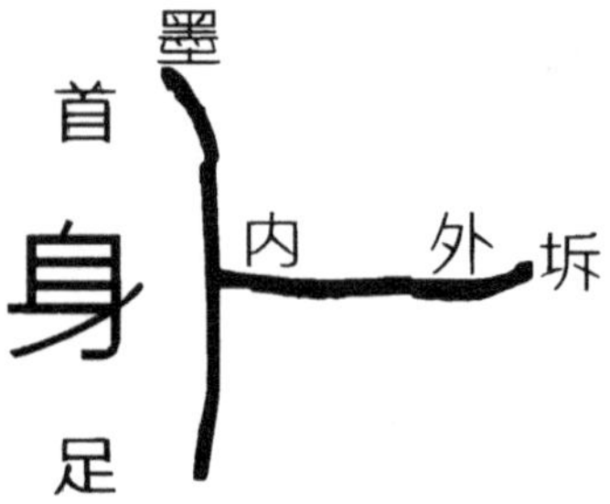

图6-6 卜兆部位示意图

综合而言，我们赞同第二种观点，将纵向兆干分为首、身、足等部位，靠近纵向兆干处的横向兆枝称为“内”，横向兆枝的末端称为“外”，兆干上部近中为“膺（胸）”，兆干下部近中为“肣（腹）”，此为“人体隐喻”（图6-6）。

据此，我们来看下面四个卜兆（图6-7），第一个卜兆属于首仰型，第二个卜兆属于首俯型，第三个卜兆属于首上开足俯型，第四个卜兆属于身节折型。至于四者横向兆枝的特征，就需要结合各自的延伸走向作具体的描述。

虽然我们弄清楚了卜兆的首、身、足、内、外等部位，但是由于种种因素，我们仍然难以得知《周礼正义》《春秋左传》《唐六典》等传世文献所载金兆、木兆、水兆、火兆、土兆五种基本兆象的具体形态。

图6-7 卜兆类型

## 三、甲骨卜兆形态研究评述

经过数千年的地下埋藏，出土的甲骨多数已经断裂为碎片，兽骨有比较完整的，却很少有完整的龟甲。龟甲断裂的方式主要有两种：一，龟版骨间的胶质腐朽脱落，致使龟甲断裂，这是甲骨断裂的自然因素。二，沿着甲骨卜兆纹理断裂，边缘峭直、比较平直，如此之例甚多。

如《花东》H3：767的正面（图6-8），连接桥、尾甲部位多沿着反面的钻凿和正面的卜兆断裂，特征比较明显。再如，《合集》龟腹甲16773“癸卯”条卜辞所属的纵向兆干，就是断裂为二。殷墟甲骨沿着卜兆断裂者，不在少数。

图6-8　卜甲

卜兆形态的研究，至关重要，但也存在很大难度。早在1930年，董作宾就指出：“卜兆的形状，关系卜事的吉凶，为极应研究的一事。后世如《龟策列传》所举,《吴中卜法》所传，区分细微，名目繁多，比较研究，颇非易事。又兆纹纤弱，拓本，照片，皆难显现，非有实物，无从研究，是材料亦发生问题。只有于摹写时并及卜兆而已。卜兆之易于考知者，为旁边注有‘大吉’‘小吉’‘弘吉’‘下吉’‘上吉’之处，倘将此类卜兆，汇集比较一下，便可知商人所认为吉的大，小，上，下等区别。”[①]可知，卜兆本身“区分细微，名目繁多”，又因为兆纹纤细，拓本和照片都难以准确呈现其形态。当今，卜兆研究的主要难度仍在于甲骨著录资料，前文已经论述，以拓片、照片、摹本“三位一体”的形式著录甲骨的书籍，只是少数。然而，研究者还必须如董作宾所言“非有实物，无从研究”，这就需要我们仔细观察甲骨实物之上的卜兆，才能更好地对卜兆进行研究。但是，能够接触到甲骨实物的学者，自然是寥寥无几。

**1. 在甲骨学研究初期，罗振玉注意到了这些纵横交错的卜兆**

罗振玉将纵向兆干命名为“直坼”，将横向兆枝命名为“歧理”，他指出卜兆“皆先为直坼，而后出歧坼，此即所谓兆矣。予所见兆形甚多”，列举了15种卜兆型式[②]。

**2. 严一萍、朴载福对甲骨上的卜兆形态进行了简单的分型分式**

严一萍据其所论卜兆的首、身、足、内、外等部位，将卜兆形态分为首仰型、首俯型、足开型、足肣型、外高内下型、内高外下型、横吉型、身节折型、有外型和有内型十种类型[③]，即下表（表6-2）：

① 董作宾：《甲骨文研究的扩大》，《安阳发掘报告》1930年第2期。

② 罗振玉：《殷虚书契考释》，永慕园石印本影印版，1915年，第108页。

③ 严一萍：《甲骨学》，艺文印书馆，1978年，第732、733页。

**表6-2　十种卜兆类型**

| 图像 | 类型 | 特征 |
| --- | --- | --- |
|  | 首仰 | 横纹向上，与首俯型当即《周礼》之“体”，所谓象吉象凶者 |
|  | 首俯 | 横纹向下 |
|  | 足开 | 直划坼裂明显，即《周礼》之坼明 |
|  | 足肣 | 直划坼裂微细不明，即《周礼》之坼微 |
|  | 外高内下 | 即直划裂开后，两边龟甲高低不平，而显得外面较内面为高者，相当于《周礼》之色有善恶也 |
|  | 内高外下 | 直划裂开后，内面一边龟甲较外面为高。如果两边一样平，即是内外相应 |
|  | 横吉 | 指横纹之广狭，即《周礼》之兆广 |
|  | 身节折 | 当指横纹自中间折断斜出形 |
|  | 有外 | 即是旁坼的枝，生于横纹的外面，他种卜法称为“柱”。胡煦谓“有外者，坼过其墨也”。案“坼过其墨”即是“横吉”之象，此篇卜法中已有横吉，故知这“有外”所指为旁枝生在外处，后世称为足上枝 |
|  | 有内 | 即是指旁枝生在近直划处，后世称为首上生枝 |

严一萍确实是首位结合传世文献所载，对殷墟甲骨卜兆进行分型分式的学者。但是，严一萍的研究也存在一些问题。如严一萍对卜兆的首、身、足、内、外等部位的划分，比较模糊，这也是由于以往学界对于卜兆各部位所指存在争议的缘故。再者，严一萍所划分的足开型（卜兆“直划坼裂明显”）、足肣型（卜兆“直划坼裂微细不明”）是针对横向兆枝呈现的状态而言的，但是《史记·龟策列传》所载“足开”“足肣”似乎是指卜兆某些部位的延伸走向特征，严一萍划分的这两种卜兆型式存在明显问题。另外，严一萍划分了十种基本类型的卜兆，似乎有意与《龟策列传》所载的卜兆相对应。《龟策列传》所载卜兆的基本兆象有“中关内高外下”“首仰”“足开”“肣开”“首俛大”“横吉”“首俛大”，严一萍划分的十种基本类型的卜兆似乎没有完全与之对应。

韩国学者朴载福也对商代甲骨上的卜兆形态进行了初步的分型分式，其在《先秦卜法研究》中将先秦时期的卜兆形状简单分为四种类型（图6-9）。

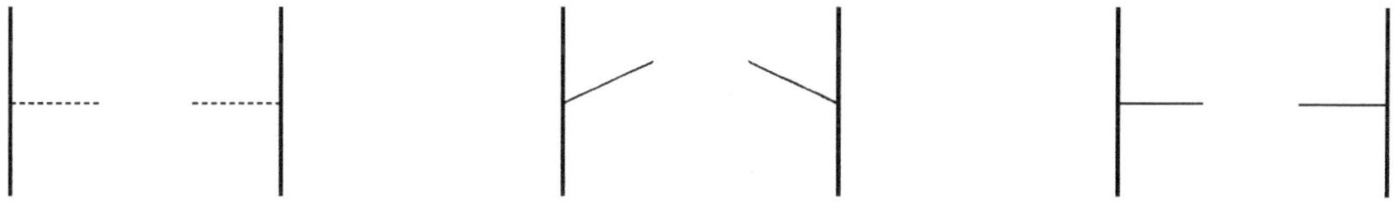

B型　　C型　　D型

图6-9　卜兆型式

A型　无规律。新石器至商代早期卜骨和商代早期卜甲上，基本为只灼及圆钻内施灼的方式，兆纹皆无固定的形状。

B型　兆身与兆枝夹角近90度，分左右两部分，兆枝多向内，各自对称。商代中期开始出现多种形状的钻凿形态和排列。中商时一般施灼在钻或凿的中间，反面的兆纹显示出兆身与兆枝夹角近90度，兆纹的分布与钻凿灼的排列相同。卜骨中虽出现多种形式的钻凿形态，但多数卜骨基本施灼在凿侧中间，兆枝多向内，同一板卜骨上，左右对称；腹甲以千里路为界，腹甲正面最外一列兆枝多朝向千里路，而另一列或两列兆枝多背向千里路，分左右两部分，几乎两两对称。商代晚期沿用中商文化特征的曹演庄类型、大辛庄类型也如此。

C型　兆枝位于兆身斜上方，兆枝均向内，左右对贞。商代晚期以殷墟类型为代表，施灼基本在凿的中间偏上部位，故兆枝位于兆身斜上方，夹角为锐角。同一板卜骨上，兆枝均朝向臼角方向，左右两块肩胛骨成组，其排列左右对称。腹甲则以千里路为界，兆枝均朝向千里路方向，其排列左右对贞。

D型　兆身与兆枝夹角90度，兆枝基本向内，左右对称。西周时期兆纹的形状，也是兆身与兆枝夹角90度。与商代中期相比更为严密而典型。卜骨兆纹的排列，在同一骨板上，骨中轴线为界，基本左右对称。腹甲兆纹的排列，与殷墟腹甲大同小异，以千里路为界，兆枝均向内，其排列左右对称，但左右甲桥内侧的兆枝均背向千里路方向，与甲腹的兆枝方向相反①。

朴载福对卜兆形态的分型分式注意到了钻凿与卜兆的对应关系，卜骨、腹甲之上卜兆总体显示的特征，纵向兆干和横向兆枝的夹角角度、横向兆枝的朝向等相关问题，但其分型分式过于简单，且B型纵向兆干与横向兆枝的夹角近90度，D型纵向兆干与横向兆枝的夹角是90度，二者的图形基本没有区别。

### 3. 刘一曼比较系统地划分了卜兆形态的型式

刘一曼根据前人的研究和搜集的殷墟甲骨的卜兆资料，将卜兆的形态分为以下十类（图6-10）。

---

① 〔韩〕朴载福：《先秦卜法研究》，上海古籍出版社，2011年，第138、139页。朴载福论著中原文是“同一板卜骨上”，“在同一骨板上”，此处，我们引用原文，没有将“板”改成“版”，保留原文文字。

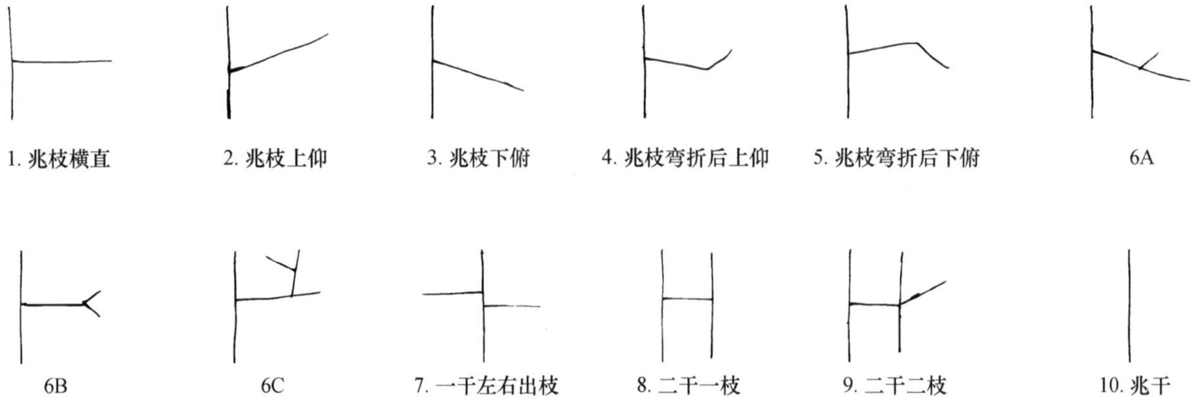


图6-10　十类卜兆

（1）兆枝横直。兆干与兆枝夹角呈90度，或近于90度。

（2）兆枝上仰。兆干与兆枝之夹角以70度至90度为多。

（3）兆枝下俯。

（4）兆枝中部弯折后上仰。

（5）兆枝中部弯折后下俯。

（6）兆枝末端分叉。又可细分为三种：6A：在兆枝的后段伸出一短枝，似侧置的“上”“下”之形；6B：在兆枝后端均匀地伸出二短枝；6C：一干多枝。目前所见为一干三枝、四枝等，形状不规则。

（7）在兆干的左、右各出一枝。此类兆，有一些是由于反面相应的位置凿之两侧各有一灼而形成的。

（8）二干一枝。即两个竖的兆干之中部与一横兆枝相连接，其形状似较宽的H形。

（9）二干二枝。两个兆干，各出一兆枝。（8）、（9）两类，其反面相应的位置只一凿、灼，但灼的尺寸较大，灼痕深黑。

（10）只见兆干，未见横的兆枝，也可以说是不完全的卜兆。此种兆，其反面的灼痕颜色较浅、灼的温度不大高。

刘一曼进而指出：“以上1—7类卜兆，见于殷墟的卜甲与卜骨上，8—10类卜兆，主要见于卜骨，卜甲上未见或罕见。殷墟不同地点的甲骨，卜兆的形态存在一定的差异。”①

后来，刘一曼又根据前辈学者的研究及其收集的殷墟甲骨上的卜兆资料，将卜兆形态分为十二类（图6-11）。

（1）兆枝横直。即兆干与兆枝的夹角呈90度，或近于90度。

（2）兆枝上仰。兆干与兆技的夹角小于90度。殷墟甲骨中，这类卜兆，干与枝的夹角以70度至90度为名。

---

① 刘一曼：《论殷墟甲骨整治与占卜的几个问题》，《古文字与古代史》（第四辑），“中研院”历史语言研究所，2015年，第205、206、224页。

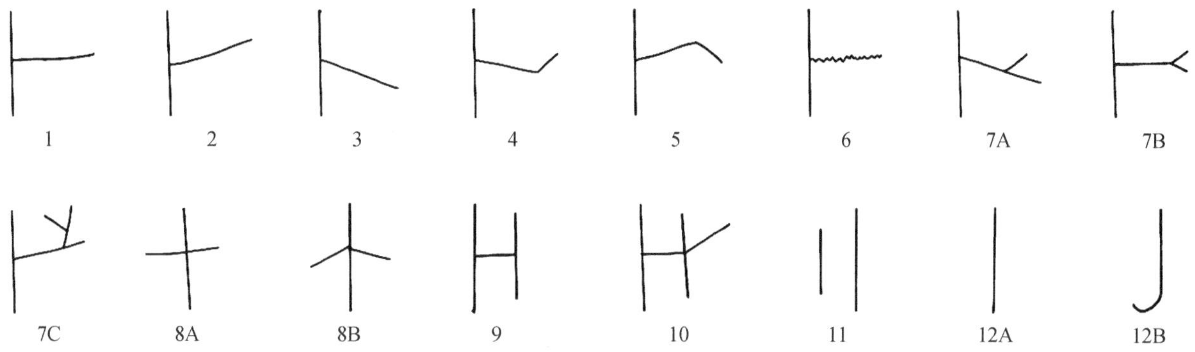


图6-11　十二类卜兆

（3）兆枝下俯。

（4）兆枝中部弯折后上仰。

（5）兆枝中部弯折后下俯。

（6）兆枝为曲线。

（7）兆枝末端分叉。此类可细分为三种：（7）A：在兆枝的后段伸出一短枝，似侧置的"上""下"之形；（7）B：在兆枝的后端均匀地伸出二短枝；（7）C：一干多枝。目前所见有一干三枝、一干四枝等，形状不规则。

（8）在兆干的左右各出一枝。此类可细分为两种：（8）A：兆干与兆枝呈十字形（即兆干两侧的兆枝连成一条直线）；（8）B：兆干两侧的兆枝为单独的两条短线。此类卜兆的兆干有的对应于凿槽底部的中线，有的对应于灼点的中部。

（9）二干一枝。即两个竖的兆干之中部与一横兆枝相连接，其形状似H形。这类兆的两个兆干长短有差异，对应于凿槽中线的兆干稍短、略粗，对应于灼点中的兆干较长、略细。

（10）二干二枝。即两个兆干，各出一兆枝。（9）、（10）两类，其反面相应位置只一个凿、灼，但灼的尺寸较大，灼痕深黑，表明施灼时温度较高。

（11）只见两个竖的兆干，无兆枝，与第（9）类一样，对应于凿槽的兆干稍粗、短，对应于灼点中部的兆干较细、长。

（12）一干。此类可细为二种：（12）A：为一道竖的直线；（12）B：为上部较直下部向内弯卷的弧线。这种一干无枝的卜兆，其反面的灼痕颜色较浅，灼的温度不太高。

刘一曼指出："以上1—5、7、8类卜兆，见于殷墟的卜甲与卜骨上，6、9—12类卜兆，只见于卜骨。卜甲上未见或罕见。"①

现根据刘一曼论文《论殷墟甲骨整治与占卜的几个问题》和论著《殷墟考古与甲骨学研究》所列卜兆形态，制作对照表，即下（表6-3）：

① 刘一曼：《殷墟考古与甲骨学研究》，云南人民出版社，2019年，第120—122页。

**表6-3 十类与十二类卜兆对比**

| 序号 | 论文（十类） | 论著（十二类） |
|---|---|---|
| 1 | 兆枝横直 | 兆枝横直 |
| 2 | 兆枝上仰 | 兆枝上仰 |
| 3 | 兆枝下俯 | 兆枝下俯 |
| 4 | 兆枝中部弯折后上仰 | 兆枝中部弯折后上仰 |
| 5 | 兆枝中部弯折后下俯 | 兆枝中部弯折后下俯 |
| 6 | 兆枝末端分叉（A、B、C） | 兆枝为曲线 |
| 7 | 在兆干的左、右各出一枝 | 兆枝末端分叉（A、B、C） |
| 8 | 二干一枝 | 在兆干的左右各出一枝（A、B） |
| 9 | 二干二枝 | 二干一枝 |
| 10 | 只见兆干，未见横的兆枝 | 二干二枝 |
| 11 | | 只见两个竖的兆干，无兆枝 |
| 12 | | 一干（A、B） |

可知，刘一曼论著《殷墟考古与甲骨学研究》在其论文《论殷墟甲骨整治与占卜的几个问题》的基础之上，又增加了两大类卜兆形态，即第（6）类“兆枝为曲线”、第（11）类“只见两个竖的兆干，无兆枝”。再者，论著的第（12）A类与论文的第（10）类对应，另增加了第（12）B类。其余8类卜兆型式基本相同，只是有些卜兆分类序号不同。刘一曼论著所划分12类卜兆形态，第（1）—（7）类侧重横向兆枝的特征，第（8）—（12）类侧重纵向兆干的特征。所以，刘一曼划分的卜兆型式还是比较系统的。

**4. 孙亚冰发现甲骨卜兆“双兆干”的独特现象**

孙亚冰将刘一曼所说的第（8）类“二干一枝”、第（9）类“二干二枝”称为“双兆干”，将双兆干区分为第一兆干、第一兆枝、第二兆干、第二兆枝（图6-12），并且推测第二兆干、第二兆枝是“烧灼力度大造成的”。孙亚冰指出“双兆干”必须有两个兆干，根据兆枝的有无，将双兆干分为以下四个类型：

（1）“第一兆枝”“第二兆枝”都有，此类即刘一曼的第（9）类；

（2）只有“第一兆枝”，此类即刘先生的第（8）类；

（3）只有“第二兆枝”；

（4）只有兆干，没有兆枝，刘先生的第（10）类中包含此类。

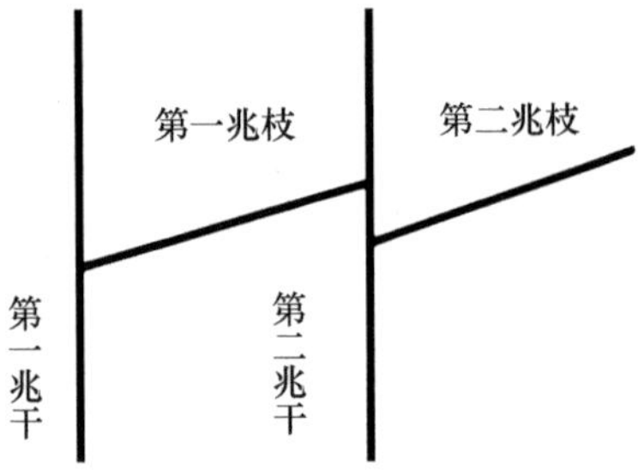

图6-12 双兆干

而后，孙亚冰根据“双兆干”的例证以及安阳大司空H279其他“双兆干”的例子，总结了“双兆干”的特征：

（1）“双兆干”只出现在卜骨上，分布位置骨颈处较多，骨扇处较少；

（2）“双兆干”的背面只有单个长凿或圆钻，有关灼痕颜色相对要深黑一些；

（3）从武丁到帝辛时期的卜骨上都发现了“双兆干”；

（4）“双兆干”卜骨的出土范围包括小屯及小屯以外地点；

（5）商人已经认识到了“双兆干”现象，并将其视作判断吉凶的依据。

孙亚冰进而指出：“当然，这些特征只是依据目前笔者看到的有限例子总结出来的，以后扩大观察范围增加例子，再进行总结，将会更加全面准确。”①

另外，李雪山、韩燕彪在《花园庄东地甲骨卜兆形态分型分式研究》中，根据花东甲骨卜兆的纵向兆干和横向兆枝的延伸走向特征，将其卜兆形态划分为16型90式，并探究了卜兆显示的某些规律②。

由以上的研究成果可知，学者比较重视对卜兆横向兆枝的描述和研究，依据其特征划分型式，如罗振玉、严一萍、朴载福。而刘一曼、孙亚冰则将纵向兆干和横向兆枝结合，研究卜兆的型式。再者，刘一曼、孙亚冰通过观察甲骨实物照片，发现了卜兆“双兆干”的形态，实属不易。我们在前文明确了卜兆的“墨”“坼”“首”“身”“足”“内”“外”，再结合《史记·龟策列传》所载“中关内高外下”“首仰”“足开”“肣开”“首俛大”“横吉”“首俛大”等基本兆象，可知卜兆的首、身、足、内、外等部位都比较重要。也就是说，卜兆型式的划分，需要结合兆干和兆枝进行。

## 四、卜兆的型式及其规律

甲骨卜兆的兆纹与龟甲的自然花纹相似，兆纹“犹如龟甲自然花纹的数倍缩小”，是商人是刻意模仿了龟甲的自然花纹，这是商代先民崇拜龟甲自然花纹的结果③。

卜兆位于甲骨的不同部位，经常是从钻凿之孔的烧灼处向外裂开。纵向兆干的延伸走向特征，遵循一般的规律，而横向兆枝由内向外延伸，兆枝向上延伸、向下延伸和平直延伸的情况均有。我们可以根据纵向兆干和横向兆枝的延伸走向特征，结合传世文献的相关记载，对卜兆进行分型分式。卜兆型式的划分和命名可以借鉴传世文献的记载，然而根据地下出土甲骨上所见的卜兆推测，卜兆的型式远远多于传世文献所载的卜兆名称。

---

① 孙亚冰：《殷墟卜骨的双兆干现象》，《甲骨文与殷商史》（新九辑），上海古籍出版社，2019年，第370—374页。

② 李雪山、韩燕彪：《花园庄东地甲骨卜兆形态分型分式研究》，《河南师范大学学报》（哲学社会科学版）2018年第3期。

③ 刘玉建：《中国古代龟卜文化》，广西师范大学出版社，1992年，第66页。

## （一）卜兆形态的分型分式

偃师和郑州商城属于商代早期遗址，卜骨之上的卜兆形态略显单一。这是因为“在原始形态的动物肩胛骨上直接施以火灼，有明显的缺陷”①，缺陷就是骨面比较粗糙，有凹凸不平的地方，这就影响施灼之时的火力。如果卜骨不加整治，仅仅直接施以烧灼，由于骨料的因素，兽骨上不一定能出现卜兆。总体而言，商代早期卜骨的卜兆裂纹不太明显，规律性不强。

那么，是否可以作简单推想，先民将早期卜骨上不明显的卜兆裂纹，视为不吉祥、否、禁忌等兆示，不情愿甚至拒绝接受这类神的意旨。后来才想到对龟甲和兽骨进行规则的修治，通过一系列的整治措施，甲骨施以火灼后的裂纹逐渐有了一定的规律，更为重要的是这些卜兆符合占卜者的心愿。宋镇豪就曾根据随葬甲骨习俗指出：“各遗址葬龟墓数与总墓数的百分比大体在1.16—8.27之间，平均百分比为4.04，似表明各居民共同体中有少数人生前从事于龟的冷占卜及利用龟灵观念进行巫术占验行医。大概龟的冷占卜法后又与各地较为流行的灼焦卜法相结合，遂开启出甲骨占卜并行不悖的上古占卜之俗。”②这就是宋镇豪对甲骨从“冷占卜”到“灼燋卜法”发展演变情况的推测，符合甲骨直接烧灼发展到整治后烧灼的演进情况。

以下，我们就选取甲骨之上比较清晰的卜兆，对具有典型特征的卜兆形态进行阐述。首先，就是结合传世文献所载，以及前人的研究成果，以纵向兆干的首、身、足等部位为标准划分卜兆的基本类型，其次在各基本类型的卜兆中选取若干典型横向兆枝变式进行分析，最后总结卜兆显示的规律。

观察甲骨之上的卜兆，卜兆的基本类型有身正型、首俯型、首仰型、首上开型、足俯型、足肹型、足开型、首仰足俯型、首俯足肹型、首上开足肹型、首上开足俯型、身节折型、一干二枝型、二干一枝型、二干二枝型、二干并列无兆枝型、一干型，等等。

### 1. 第一型，身正型

其纵向兆干呈一条直线，即竖着的“1”。其横向兆枝内、外部位变化不一，故其变式较多。

第一式，纵向兆干和横向兆枝连接处呈锐角，横向兆枝向上倾斜延伸（图6-13）。

第二式，纵向兆干和横向兆枝连接处呈钝角，横向兆枝向下倾斜延伸（图6-14）。

第三式，纵向兆干和横向兆枝连接处呈锐角，横向兆枝内段向上倾斜延伸，外段再向上弯折（图6-15）。

第四式，与第三式不同的是，横向兆枝的外段再向下弯折（图6-16）。

第五式，纵向兆干和横向兆枝连接处呈钝角，横向兆枝内段向下倾斜延伸，外段再向上弯折（图6-17）。

---

① 段渝：《卜用甲骨钻、凿的起源及其形态》，《文化史知识》1991年第7期。

② 宋镇豪：《夏商社会生活史》，中国社会科学出版社，1994年，第517页。

1 2

图6-13 卜兆

1.《合集》卜甲423正 2.《花东》卜甲H3：86正

1 2

图6-14 卜兆

1.《合集》卜甲456正 2.《花东》卜甲H3：891正

1 2

图6-15 卜兆

1.《合集》卜骨12297正 2.《花东》卜甲H3：479正

1 2

图6-16 卜兆

1.《合集》卜甲201正 2.《花东》卜甲H3：105正

1 2

图6-17 卜兆

1.《合集》卜甲151正 2.《花东》卜甲H3：42正

第六式，与第五式不同的是，横向兆枝的外段再向下弯折（图6-18）。

第七式，纵向兆干和横向兆枝连接处呈锐角，横向兆枝内段向上倾斜延伸，外段岔开为二，向上、下两个不同方向延伸（图6-19）。

第八式，纵向兆干和横向兆枝连接处呈锐角，横向兆枝向上倾斜延伸，且有一兆枝从横向兆枝岔开后向上延伸，原兆枝的外段方向不变（图6-20）。

第九式，与第八式不同的是，有一兆枝从横向兆枝岔开后向下延伸，原兆枝的外段方向不变（图6-21）。

第十式，纵向兆干和横向兆枝连接处几乎呈直角，横向兆枝内段和外段平行延伸（图6-22，1；图6-22，2）。有的横向兆枝外段还会再向下弯折（图6-22，3）。

第十一式，横向兆枝有二（图6-23）：其一，连接处呈钝角，横向兆枝向下倾斜延伸；其二，连接处呈锐角，横向兆枝内段向上倾斜延伸，外段再向上弯折。

第十二式，纵向兆干和横向兆枝连接处呈锐角（图6-24），横向兆枝内段向上倾斜延伸，外段再向下弯折，且有一兆枝从横向兆枝内段岔开后，向上倾斜延伸。

以上，我们对身正型的卜兆形态划分了12式。在这一类型中划分的每一式，纵向兆干是相同的，不同的是横向兆枝，每一式横向兆枝的延伸都有细微的差异。身正型的卜兆形态非常常见，几乎每片卜甲的每个部位都会出现。特别是卜甲的前甲和后甲，多是布满了这种型式的卜兆形态。但是，由于卜骨材料本身纹理的特征，卜骨之上的身正型卜兆形态，不太常见。

1　2　3

图6-18　卜兆

1.《合集》卜骨30827正　2.《花东》卜甲H3：192正　3.《花东》卜甲H3：101+168+1549正

图6-19　卜兆

《花东》卜骨H3：374正

1　2

图6-20　卜兆

1.《合集》卜甲5096正　2.《花东》卜甲H3：466

1　2

图6-21　卜兆

1.《合集》卜甲249正　2.《花东》卜甲H3：304正

1　2　3

图6-22　卜兆

1.《屯南》卜骨H24：17+53+56+614+645+756正　2.《花东》卜甲H3：876正　3.《花东》卜甲H3：131正

图6-23　卜兆（《花东》卜甲H3：865正）

图6-24　卜兆（《花东》卜甲H3：115+241+246正）

**2. 第二型，首俯型（图6-25）**

其纵向兆干的首部向下微俯。首俯型卜兆的纵向兆干之首部向下微俯，横向兆枝千变万化，特征明显①。

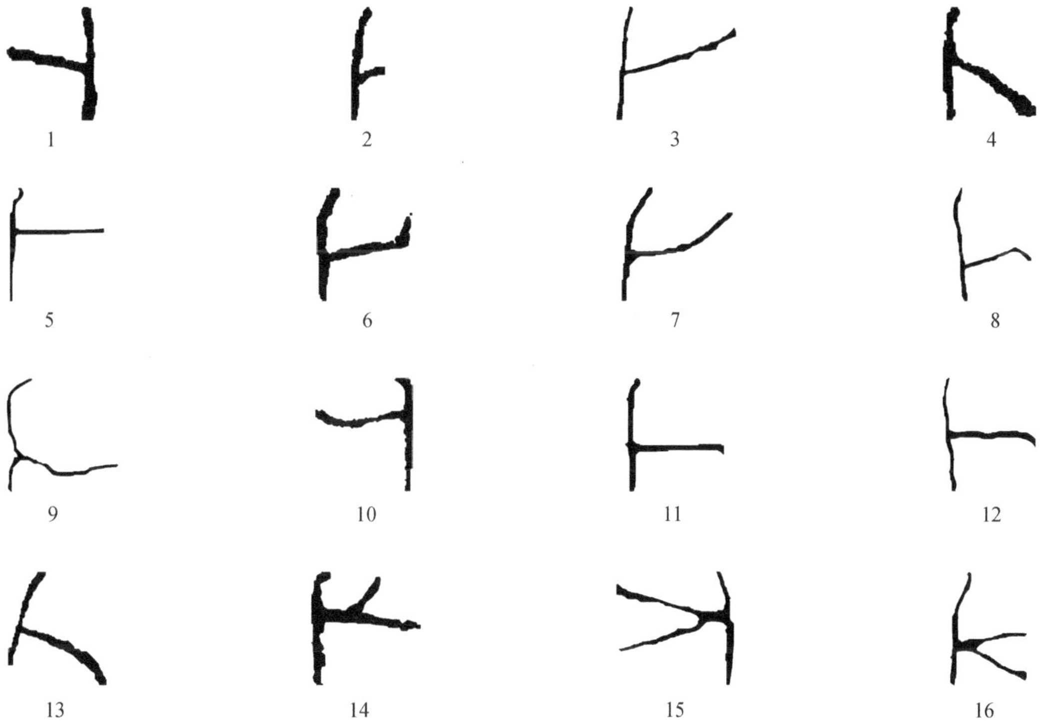


图6-25　首俯型卜兆

1.《合集》卜甲5884正　2.《屯南》卜骨H103：23+24正　3.《花东》卜甲H3：111正　4.《合集》卜骨9677正　5.《花东》卜甲H3：976正　6.《合集》卜甲11018正　7.《花东》卜骨H3：985正　8.《花东》卜甲H3：60正　9.《花东》卜甲H3：553正　10.《屯南》卜骨H24：119+277+543+791正　11.《花东》卜甲H3：22+1515+1575正　12.《合集》卜骨39588正　13.《屯南》卜骨50：41+52正　14.《合集》卜甲235正　15.《花东》卜甲H3：553正　16.《花东》卜甲H3：237正

**3. 第三型，首仰型（图6-26）**

其纵向兆干的首部向上仰起。

**4. 第四型，首上开型（图6-27）**

其纵向兆干的首部岔开。

---

① 基于身正型卜兆形态的特征，下文不再对各型每一式横向兆枝的特征作具体描述，除非其具有典型的特征。

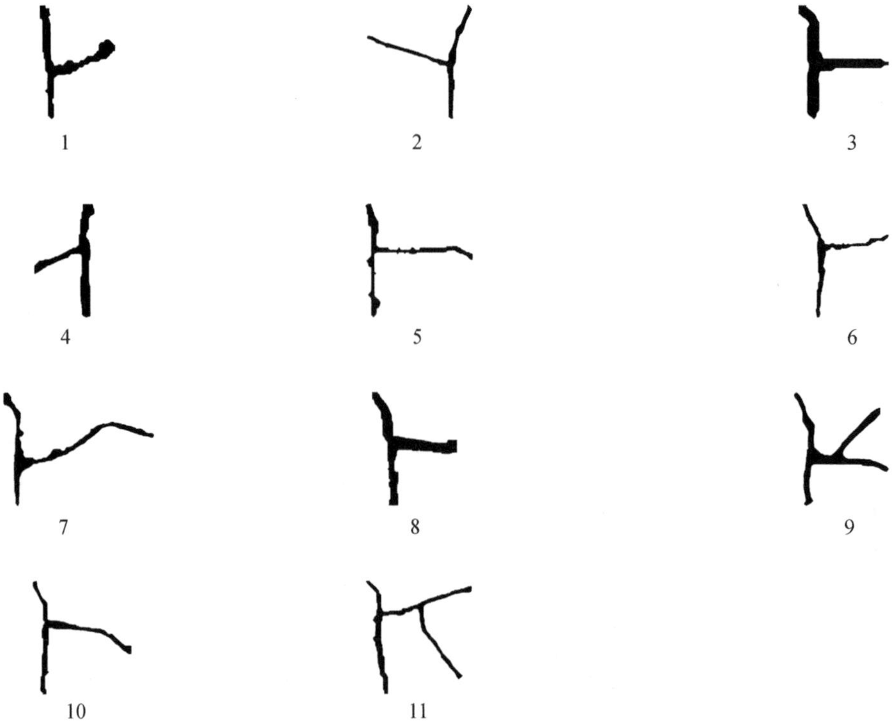


图6-26　首仰型卜兆

1.《合集》卜甲267正　2.《花东》卜甲H3：47+984正　3.《合集》卜甲10137正　4.《花东》卜甲H3：484正　5.《花东》卜甲H3：9正　6.《花东》卜甲H3：539正　7.《花东》卜甲H3：299正　8.《合集》卜甲6477正　9.《花东》卜甲H3：1441正　10.《花东》卜甲H3：586+1006+1536正　11.《花东》卜甲H3：1038+1457+1579正

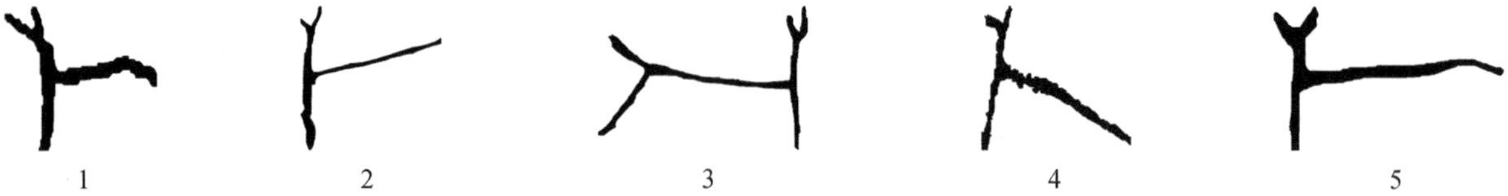


图6-27　首上开型卜兆

1.《合集》卜甲914正　2.《花东》卜甲H3：1467正　3.《花东》卜甲H3：1364正　4.《合集》卜甲248正　5.《花东》卜甲H3：478+1259+1540+1617正

**5. 第五型，足俯型（图6-28）**

其纵向兆干的足部向下微俯。

**6. 第六型，足肣型（图6-29）**

其纵向兆干的足部向内收缩。

**7. 第七型，足开型（图6-30）**

其纵向兆干的足部岔开。

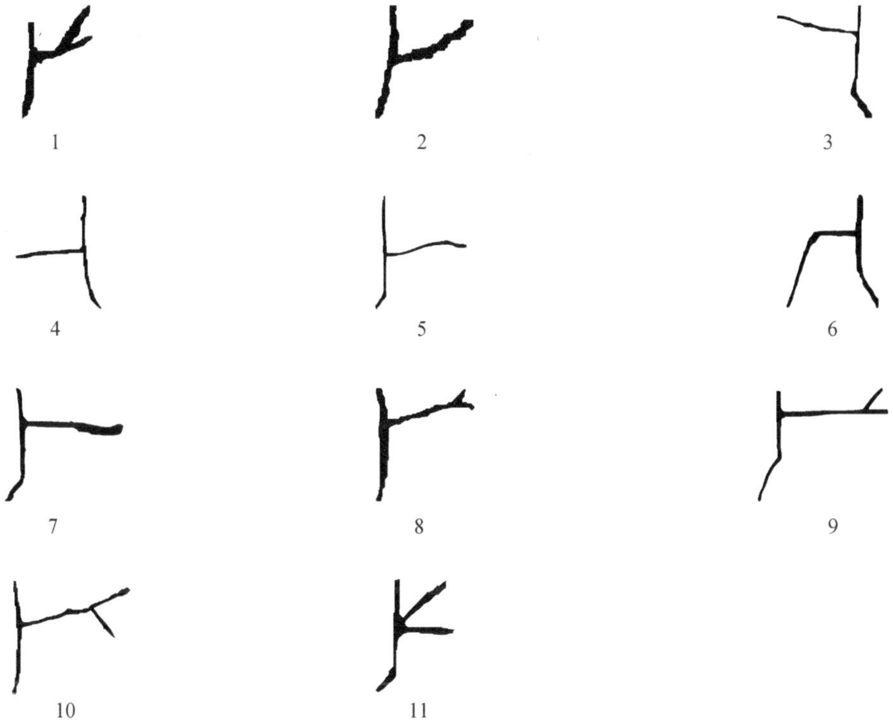

图6-28　足俯型卜兆

1.《合集》卜甲235正　2.《屯南》卜骨H57：72正　3.《花东》卜甲H3：2正　4.《花东》卜甲H3：304正　5.《花东》卜甲H3：466正　6.《花东》卜甲H3：304正　7.《花东》卜甲H3：22+1515+1575正　8.《花东》卜甲H3：232+233+569+572+595正　9.《花东》卜甲H3：443正　10.《花东》卜甲H3：443正　11.《花东》卜甲H3：1347正

**8. 第八型，首仰足俯型（图6-31）**

其纵向兆干的首部向上微仰，足部向下微俯。

**9. 第九型，首俯足朒型（图6-32）**

其纵向兆干的首部向下微俯，足部向内收缩。

**10. 第十型，首上开足朒型（图6-33）**

首部岔开，足部向内收缩。

**11. 第十一型，首上开足俯型（图6-34）**

其纵向兆干的首部岔开，足部向下微俯。

**12. 第十二型，身节折型（图6-35）**

两个兆枝从不同方向汇合后再向千里路方向延伸。

身节折型的卜兆形态只有横向兆枝，没有纵向兆干。再者，由《吴下卜书·吴中卜法》的甲乙兆象而言，身节折都是不祥、否定、禁忌的兆象。胡煦言道：“煦按：此上甲乙金兆，皆

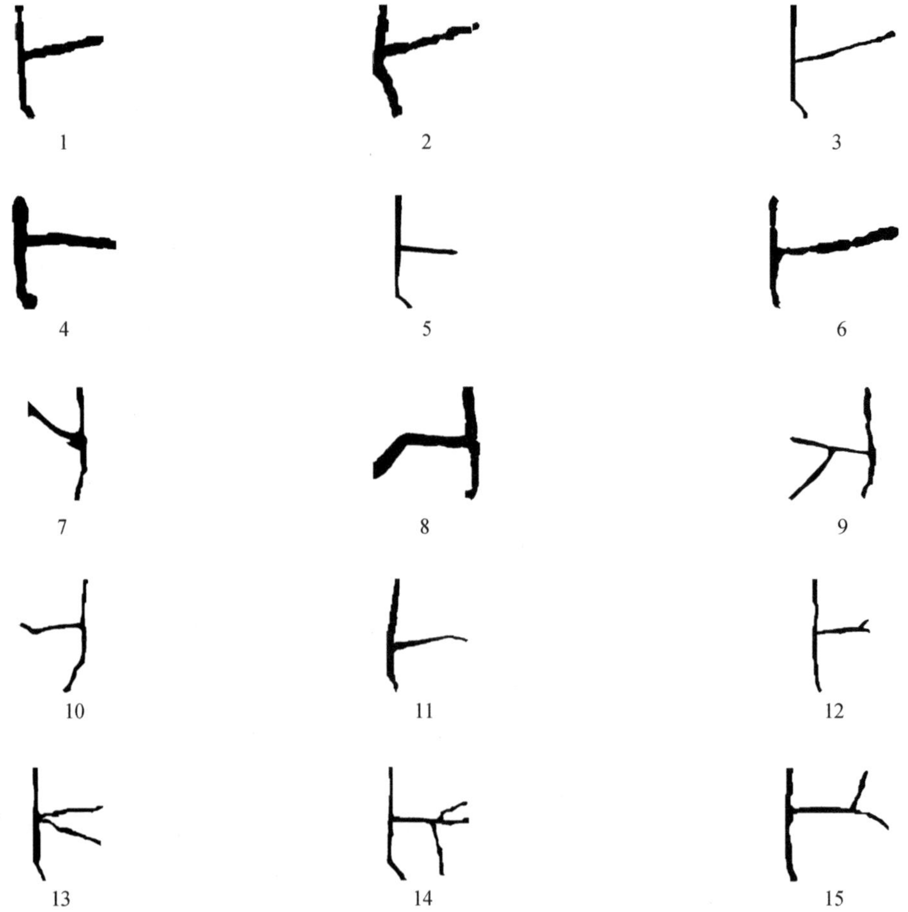


图6-29　足胗型卜兆

1.《合集》卜甲270正　2.《屯南》卜骨57：86正　3.《花东》卜甲H3：52正　4.《合集》卜甲5637正　5.《花东》卜甲H3：304正　6.《合集》卜甲722正　7.《花东》卜甲H3：1046正　8.《合集》卜甲6457正　9.《花东》卜甲H3：119正　10.《花东》卜甲H3：1364正　11.《花东》卜甲H3：143+392正　12.《花东》卜甲H3：654正　13.《花东》卜甲H3：1199正　14.《花东》卜甲H3：304正　15.《花东》卜甲H3：478+1259+1540+1617正

图6-30　足开型卜兆

1.《花东》卜甲H3：1189正　2.《花东》卜甲H3：977正　3.《花东》卜甲H3：891正　4.《花东》卜甲H3：486正

见于千里之左，前虽有腰金兜财，止两段耳。其下少腰金兜财，或与丙丁同占也。”①

另外，借鉴前文所引刘一曼论著所划分的十二类卜兆型式，除与本书划分型式所合者，仍有一干二枝型、二干一枝型、二干二枝型、二干并列无兆枝型、一干型。此处，简单列举三型：二干一枝型、二干并列无兆枝型、一干型。

① （清）胡煦著，程林点校：《卜法详考·吴中卜法》，《周易函书》（第四册），中华书局，2008年，第1210页。

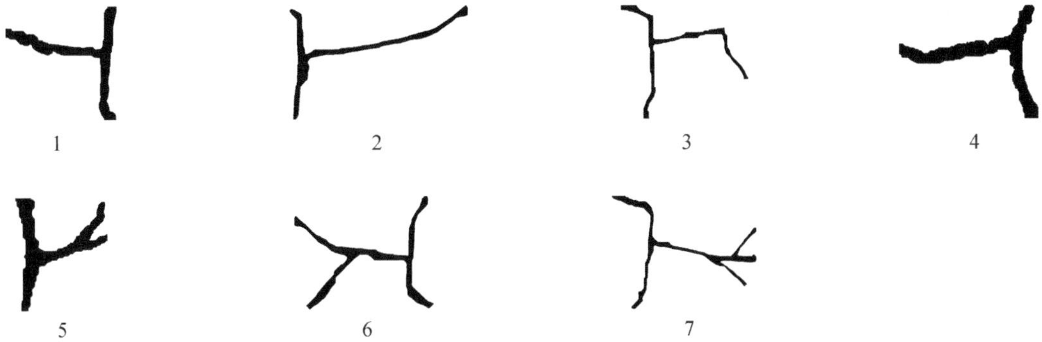


图6-31　首仰足俯型卜兆

1.《合集》卜甲151正　2.《花东》卜甲H3：448正　3.《花东》卜甲H3：86正　4.《合集》卜甲140正　5.《合集》卜甲6016正　6.《花东》卜甲H3：356+917+947+1565正　7.《花东》卜甲H3：662正

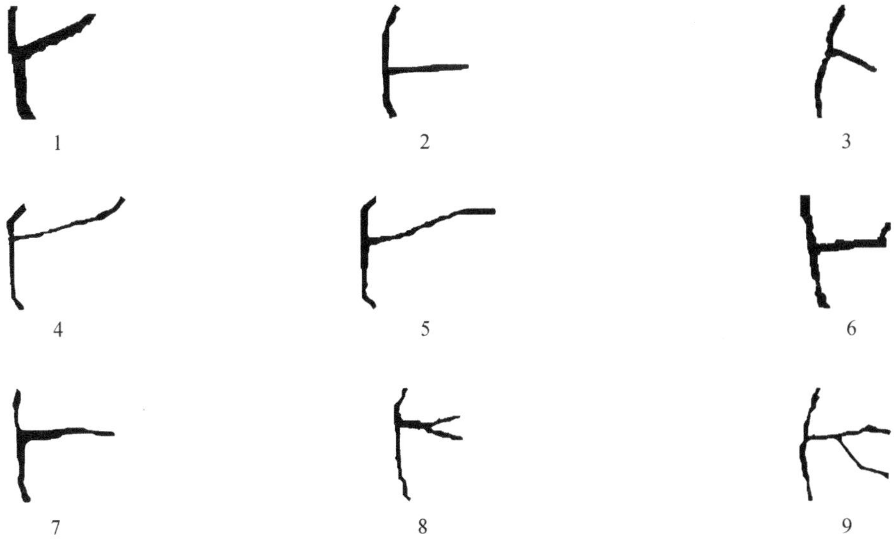


图6-32　首俯足肣型卜兆

1.《合集》卜甲140正　2.《花东》卜甲H3：19正　3.《屯南》卜骨H50：41+52正　4.《花东》卜甲H3：1106正　5.《花东》卜甲H3：478+1259+1540+1617正　6.《屯南》卜骨H24：416　7.《花东》卜甲H3：63正　8.《花东》卜甲H3：478+1259+1540+1617正　9.《花东》卜甲H3：478+1259+1540+1617正

图6-33　首上开足肣型卜兆

《合集》卜甲12648正

图6-34　首上开足俯型卜兆

1.《花东》卜甲H3：443正　2.《花东》卜甲H3：454正

图6-35　身节折型卜兆

二干一枝型，两个并列的兆干之间的中部由一横向兆枝（“第一兆枝”）相连接，状似H形（图6-36，1）。刘一曼曾指出：“这类兆的两个兆干长短有差异，对应于凿槽中线的兆干稍短、略粗，对应于灼点中的兆干较长、略细。”[①]另外，《张世放所藏殷墟甲骨集》无字甲骨部分第019号卜骨正面从上而下的第三个卜兆（图6-36，3），即为此类型。还有，出土于小屯村以外的白家坟东，编号98ABDH18：14卜骨上有一个卜兆也为此型式。再者，此型第二兆干上有横向兆枝，这是孙亚冰所说双兆干只有“第二兆枝”的型式（图6-36，2）。

二干并列无兆枝型（图6-37）。出土于小屯村以外的白家坟东，编号99ABDH17：12卜骨上有一个卜兆即为此型式。

一干型（图6-38），只有纵向兆干，没有横向兆枝，多出现于卜骨之上。这种型式的卜兆形态就是刘一曼论文《论殷墟甲骨整治与占卜的几个问题》所划分的第（10）类“只见兆干，未见横的兆枝”、论著《殷墟考古与甲骨学研究》所划分的第（12）A类。

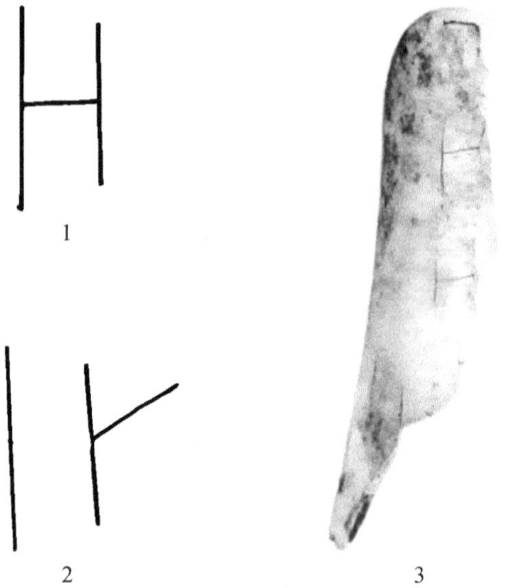
图6-36　二干一枝型卜兆

图6-37　二干并列无兆枝型卜兆


图6-38　一干型卜兆

二干一枝、二干二枝、二干并列无兆枝型和一干型的卜兆形态多出现于卜骨之上，这和卜骨本身的纹理有莫大关系，这也导致这些类型的纵向兆干只是整体上呈现一条直线，在兆身的具体部位存在弯折的情况。

以下，我们将《史记·龟策列传》、严一萍《甲骨学》、刘一曼《殷墟考古与甲骨学研究》和本书所列的卜兆的基本类型作对比，制成下表（表6-4）：

① 刘一曼：《殷墟考古与甲骨学研究》，云南人民出版社，2019年，第122页。

**表6-4　卜兆类型**

| 《史记·龟策列传》 | 严一萍《甲骨学》 | 刘一曼《殷墟考古与甲骨学研究》 | 本书 |
|---|---|---|---|
| 1. 中关内高外下 | 1. 首仰 | 1. 兆枝横直 | 1. 身正型 |
| 2. 首仰 | 2. 首俯 | 2. 兆枝上仰 | 2. 首俯型 |
| 3. 足开 | 3. 足开 | 3. 兆枝下俯 | 3. 首仰型 |
| 4. 肣开 | 4. 足肣 | 4. 兆枝中部弯折后上仰 | 4. 首上开型 |
| 5. 首俛大 | 5. 外高内下 | 5. 兆枝中部弯折后下俯 | 5. 足俯型 |
| 6. 横吉 | 6. 内高外下 | 6. 兆枝为曲线 | 6. 足肣型 |
| | 7. 横吉 | 7. 兆枝末端分叉（A、B、C） | 7. 足开型 |
| | 8. 身节折 | 8. 在兆干的左右各出一枝（A、B） | 8. 首仰足俯型 |
| | 9. 有外 | 9. 二干一枝 | 9. 首俯足肣型 |
| | 10. 有内 | 10. 二干二枝 | 10. 首上开足肣型 |
| | | 11. 只见两个竖的兆干，无兆枝 | 11. 首上开足俯型 |
| | | 12. 一干（A、B） | 12. 身节折型 |

附加说明：

一，我们在上文所列十二种基本类型的卜兆形态，是以纵向兆干的特征为标准划分的，而这个基础是我们在前文已经明确了卜兆的墨、坼、首、身、足、内、外等部位。不可否认，卜兆肯定还有其他的基本类型，上文只是根据一定的标准和方法试着划分卜兆的型式。每种类型，其纵向兆干的几乎无别。各种类型的卜兆又可据横向兆枝的特征分为若干式，横向兆枝的延伸走向可谓变化莫测，各不相同。卜兆纵向兆干的整体特征，可依其首、身、足而言，但横向兆枝的特征难以一一描述。我们可以如是说，在所有甲骨卜兆中，没有任何两个卜兆是完全相同的。鉴于千千万万的卜兆数量，我们难以在文中作全面的整理、划分。但是，至少我们确定了以兆干的首、身、足为标准划分卜兆基本类型的方法是可行的。

二，对卜兆形态的命名，一方面可以借鉴传世文献中的记载，另一方面需要对文献中卜兆的命名进行修订。比如，传世文献中已有首上开、身节折、首仰足肣型等卜兆形态的记载。本文所划分卜兆形态的基本类型有身正型、首俯型、首仰型、首上开型、足俯型、足肣型、足开型、首仰足俯型、首俯足肣型、首上开足肣型、首上开足俯型、身节折型等等。

三，上文所参考的卜兆资料是以甲骨拓片为主的，即使如此，我们仍可以从中看出卜兆延伸走向的端倪。卜兆研究的难点就在于参考资料，也就是甲骨的著录方式。正如上文董作宾所说卜兆研究的难点在于，“后世如《龟策列传》所举,《吴中卜法》所传，区分细微，名目繁多，比较研究，颇非易事。又兆纹纤弱，拓本，照片，皆难显现，非有实物，无从研究，是材料亦发生问题”[①]。依董作宾的意思，照片和拓片都难以准确无误地显现卜兆，可是依据甲骨实物研究卜兆形态又谈何容易。所以，全面整理卜兆资料就有待于学界全面整理的甲骨资料，最好的著录方式就是拓片、照片、摹本、释文、索引“五位一体”，以及全面性、综合性甲骨数据库的创建。

① 董作宾：《甲骨文研究的扩大》，《安阳发掘报告》1930年第2期。

## （二）卜兆显示的规律

商代甲骨上的卜兆显示，有一定的规律，可以归纳为：

（1）某些卜兆形态比较常见或少见。如身正型，甲骨之上多是身正型的卜兆形态，特别是龟甲的前甲、后甲部位，多是布满了这种类型的卜兆形态。身正型的卜兆，与甲骨文字“卜”非常相似，鲁实先就指出：“卜，灼剥龟也，象炙龟之形，一曰象龟兆之纵横也。”①“卜”就是占卜烧灼后，在甲骨之上显示出来的卜兆裂纹。徐中舒也指出：“如卜，就是占卜时在龟甲或牛肩胛骨上所出现的裂纹的形状。其音，读如卜声，则是象其裂纹的爆破之声。”②再者，某条甲骨卜辞的“卜”字与其所守卜兆也有一定的关系，“所刻卜辞，都是在相关的兆的附近。凡于此兆的卜辞，若兆是向左的，则卜辞中‘卜’字的横枝亦刻向左，反之向右。”③

首俯型、首仰型、足俯型、足胗型、首仰足俯型、首俯足胗型的卜兆形态也比较常见。而某些卜兆形态不太常见，如首上开型、足开型、首上开足胗型、首上开足俯型、身节折型、二干一枝型、二干二枝型、一干型等。

（2）卜兆的首、身、足、内、外的延伸走向有一定的规律。卜兆纵向兆干的首、足变化明显，有一定的规律，这就可以据此划分卜兆的基本类型。而横向兆枝延伸走向的变化形式较多，但也遵循一定的规律。每型的纵向兆干和每式的横向兆枝在延伸走向方面，也都有细微的差异。这些细微的差异，才使得卜兆形态多型、多式、多样，我们可以依此将卜兆形态划分为数十甚至上百种型式。所以，划分卜兆型式的第一步，就是要根据纵向兆干首、身、足的延伸特征，总结卜兆的基本类型。而后，在各型之下，依据横向兆枝的延伸走向特征，划分各式。

（3）某些卜兆形态只出现于龟甲或兽骨之上，此与甲骨的材质有关。如首上开型、足开型、身节折型、首上开足俯型等卜兆形态，只出现于龟甲之上。再如刘一曼所划分的第（6）类“兆枝为曲线”、第（9）类“二干一枝”、第（10）类“二干二枝”、第（11）类“只见两个竖的兆干，无兆枝”、第（12）类“一干”的卜兆类型，只出现于卜骨之上，卜甲上未见或罕见这些卜兆类型。这些只出现于龟甲或兽骨之上的卜兆形态，就是与甲、骨的材质有关。比如，只出现于卜骨之上的卜兆类型，究其原因，当与卜骨本身的纹理走向有关。卜骨的背面有长凿和圆钻相互包撮的组合型钻凿，经过烧灼之后，正面横向兆枝的显示也不如纵向兆干的裂纹明显，甚至出现了只有纵向兆干的卜兆，如二干并列无兆枝型和一干型的卜兆形态，即卜骨“有兆干、无兆枝”的卜兆。所以，卜骨和卜甲之上卜兆形态的区别，也应被学界重视且加以研究。

（4）某些比较少见卜兆形态是特例，属于非吉兆的性质。比如首上开型、足开型和身节

① 鲁实先著，王永诚注：《文字析义注》，台湾商务印书馆，2014年，第58页。

② 徐中舒：《怎样考释古文字》，《古文字学论集·初编》，香港中文大学，1983年，第16页。

③ 陈梦家：《殷虚卜辞综述》，中华书局，1988年，第13页。

折等类型的卜兆形态，极其少见。卜兆的吉凶和兆象有密切关联，如《周礼正义・占人》记载："凡卜筮，君占体，大夫占色，史占墨，卜人占坼"，注云："凡卜象吉，色善、墨大、坼明，则逢吉"[①]。即卜兆的吉凶判断和卜兆的体象、颜色、纵向兆干的大小、横向兆枝的明显程度等因素有关系。同时，在《史记・龟策列传》中也有卜兆形态与生死关联的记载："今某病困。死，首上开，内外交骇，身节折；不死，首仰足肣。"[②]可知，首上开、身节折类型的卜兆形态，是凶兆。

这些极少见到的卜兆形态，在古人看来是凶煞的兆象。因为古人总是心怀求取吉兆或者避开凶象的心理，更希望甲骨之上显示出吉兆，会在攻治、钻凿、烧灼甲骨的时候，引导"卜象吉"。也就是说，"古人在占卜之前，首先要在意愿上做出决定"[③]。当卜兆显示后，占卜者会在自我心理作用下，对大多数常见的卜兆形态根据卜兆本身的延伸特征做出解释，这与古人心理的祈愿倾向于吉祥、顺利等好的结果不无关系。古人在视兆而断吉凶的时候，遇到极其少见的卜兆形态，自然就视其为凶煞的兆示。

（5）龟腹甲之上卜兆的最大特征，便是其对称性，即卜兆多是左右、上下对称的，对称轴是龟腹甲之上的千里路和齿纹。龟腹甲另一面钻凿之孔的对称性是造成龟腹甲卜兆对称的直接原因。张秉权曾指出腹甲左边的坼兆，一定是向右边坼裂的，右边的坼兆，一定是向左边坼裂的[④]，这是卜兆在龟腹甲上显示的一般规律。在龟腹甲千里路左侧，其横向兆枝向右侧千里路方向延伸；在龟腹甲千里路右侧，其横向兆枝向左侧千里路方向延伸。卜兆上下对称，则是以龟腹甲的第二道齿纹为中线，前甲和后甲、首甲和尾甲部位的卜兆对称分布。龟腹甲上的卜兆形态虽然有细微的差异，但都是以千里路为中轴线左右、以第二道齿纹为中轴线上下对称出现的。卜兆左右、上下的对称，是龟腹甲卜兆显示的最大特征，这就是龟腹甲卜兆的基本规律。

（6）龟腹甲之上卜兆的横向兆枝基本都是向着中间千里路延伸的，但这种情况也有变例，如孙亚冰指出了6版龟腹甲卜兆特例："花东甲骨大都符合通例，只有6版卜甲上有特例，即77、106、157、174、411、423。77右甲'丙子'条的卜兆朝右，摹本误为朝左，另外首甲上的一对卜兆也都朝外；106后甲上有两对卜兆朝外；157中甲位置最下面的那个卜兆朝外；174右甲桥最下端的卜兆朝外；411中甲上的一对卜兆朝外；423首甲上一对卜兆朝外。"[⑤]《花东》77即H3：256（图6-39，1）、106即H3：352（图6-39，2）。这些特例，都和龟腹甲另一面的钻凿和烧灼有关。

（7）一片甲骨之上可以有若干类型的卜兆形态。如《花东》H3：196+197+871龟腹甲（图6-40），其上有50多个卜兆，卜兆类型有身正型、首仰型、首俯型、首上开型、足肣型、首仰足俯型、首俯足肣型等。所以，据出土甲骨上的卜兆形态，可以确定的是卜兆的型式不止

---

① （清）孙诒让撰，王文锦、陈玉霞点校：《周礼正义》，中华书局，1987年，第1960页。

② （汉）司马迁撰：《史记》，中华书局，1963年，第3241页。

③ 连劭名：《商代占卜丛考》，《象数易学研究》（第二辑），齐鲁书社，1997年，第7页。

④ 张秉权：《殷虚卜龟之卜兆及其有关问题》，《"中研院"院刊》1954年第1辑。

⑤ 孙亚冰：《殷墟花园庄东地甲骨文例研究》，上海古籍出版社，2014年，第37页。

整版　局部放大

1

整版　局部放大

2

图6-39　卜甲

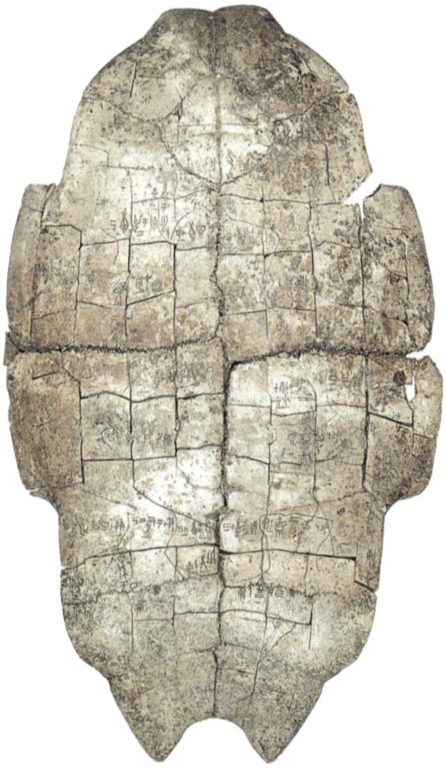

图6-40　卜甲

“百有二十”。由此也可知，卜兆研究存在的难度。

（8）卜兆的特征既表现在纵向兆干和横向兆枝的延伸走向方面，也表现其本身的长度和裂纹的宽度上，对二者作精密测量，或可有意外收获。商代出土的龟甲和兽骨相比，龟甲较薄，背面经过钻凿施灼，待其发生爆裂后，可以显示卜兆。而兽骨则不然，骨面较厚，这使得其卜兆纹理的显示不太明显。由于甲骨背面的长凿较圆钻深长，一般而言，纵向兆干会较横向兆枝略长，且裂纹也比较明显。如花东龟甲上的卜兆纹理，较兽骨上的纹理更为明显、多样，规律性极强。但是，对卜兆的纵向兆干和横向兆枝进行精密的测量，更是不易。

综上可知，甲骨卜兆的基本规律有：某些卜兆形态比较常见或少见。卜兆的首、身、足、内、外的延伸走向有一定的规律。某些卜兆形态只出现于龟甲或兽骨之上。某些比较少见的卜兆特例，属于非吉兆的性质。龟腹甲之上卜兆的最大特征，便是其对称性。龟腹甲之上卜兆的横向兆枝基本都是向着中间千里路延伸的，但也有变例。一片甲骨之上可以有若干类型的卜兆形态，这也是卜兆形态研究的难点之一。卜兆的特征既表现在纵向兆干和横向兆枝的延伸走向方面，也表现二者本身的长度和裂纹的宽度上。

# 第二节　卜兆与钻凿的关联

钻凿和卜兆是密不可分的两个环节，即钻凿通过烧灼决定了卜兆形态。艾兰在《龟之谜——商代神话、祭祀、艺术和宇宙观研究》中指出："贞人在甲骨上刮好空，控制它在右左两面制造出互为反形的兆纹。一般说来，他希望不要产生出异常的征兆。"[①]这是占卜人员的心理诉求，不希望甲骨之上出现异常的征兆，即不常见的卜兆形态。

商代甲骨之上的卜兆形态，基本都摆脱了早期卜兆杂乱无章的状态。甲骨上的卜兆纹理，受到钻凿的控制，其延伸走向才不会显得杂乱无章。甲骨上的卜兆形态与钻凿形态有直接关联，其延伸走向的特征受到钻凿形态的控制。"因为钻凿排列有序，所以卜兆也有一定方向。总的说来，龟甲正面，以千里路为中心，卜兆兆枝都指向千里路，即左龟甲卜兆向右，右龟甲卜兆向左。而牛肩胛骨的卜兆则兆枝与骨臼臼角保持一致，即右肩胛骨卜兆向右，左肩胛骨卜兆向左。"[②]如《合集》龟腹甲822正面（图6-41，1）、《花东》龟腹甲H3：566正面（图6-41，2）、《花东》龟背甲H3：886正面（图6-41，3），腹甲和背甲上的卜兆排列，整齐有序。

张光直也曾指出商代的钻凿和卜兆的关系，即"钻为圆形，平底或圆底；凿为枣核形，V字形底。二者相互交叠。加热时，就会有两条裂纹在另一面出现，一条垂直，沿着枣核形的中

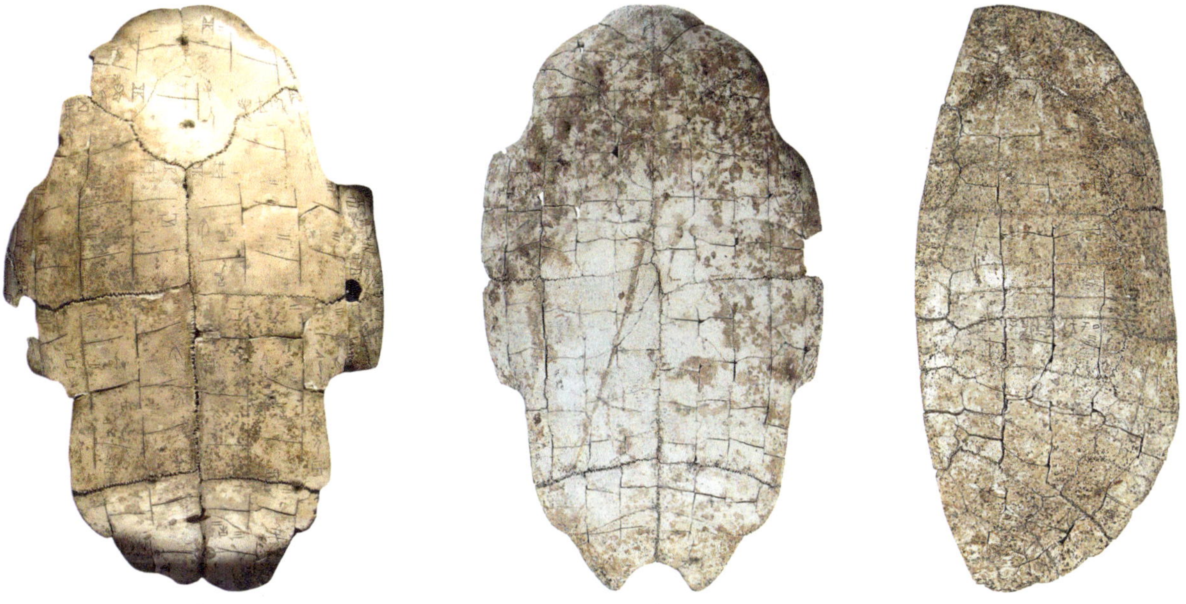

1　　2　　3

图6-41　卜甲

① 〔美〕艾兰著，江涛译：《龟之谜——商代神话、祭祀、艺术和宇宙观研究》，四川人民出版社，1992年，第134页。

② 王宇信、徐义华：《商周甲骨文》，文物出版社，2006年，第105—107页。

轴，另一条横向，垂直交于中轴并通过钻的圆心”①，张光直简述了卜兆产生与钻凿形状的联系，比较简单，但是也符合卜兆显示的实际情况。

总体而言，甲骨的长凿引导纵向兆干，圆钻引导横向兆枝，长凿和圆钻组合在一起共同引导卜兆的延伸走向。沈启无、朱耘菴在《龟卜通考（续）》中指出：“先用凿雕刻成两端尖锐如橄榄之形，两边极浅，渐深至正中若一线，几与正面相穿如，乃以之引兆文之直墨者，是谓之‘凿’。凿毕，更于凿旁以钻钻之使薄，其形圆，与凿相合如形，盖以之引出兆文之横者也。”②就是说，长凿引纵向兆干，圆钻引横向兆纹。二者作用不同，但关联甚密。正如马如森所言：“在凿槽的底部，因为是凿刃切下去的深处成一直线形，此处就是正面爆裂直行之兆干，即‘卜’字的‘丨’直行，谓之‘墨’……在钻洞的正面就是爆裂的兆枝，即‘墨’的横枝，谓之‘坼’。”③

通常，钻比凿靠近龟腹甲千里路，卜兆的横向裂纹就指向千里路。在卜骨上，由于钻凿的直接控制，卜兆的横向兆枝也可以指向同一个方向。圆凿或圆钻，就是起到了能够有效地控制卜兆角度的功能。“烧灼于圆凿的上部，其兆纹就比较容易朝上裂；烧灼于下部，兆纹就比较容易往下裂。”④而长凿的凹穴被挖得较深，在凹穴的底面几乎是一条直线，深长的长凿更有利于卜兆显得清晰。再者，长凿旁圆钻的底部较厚，所以，卜兆的纵向兆干总是比横向兆枝显得更加清晰自然，横向兆枝不如纵向兆干清晰明了，这也是卜兆本身的一般规律。

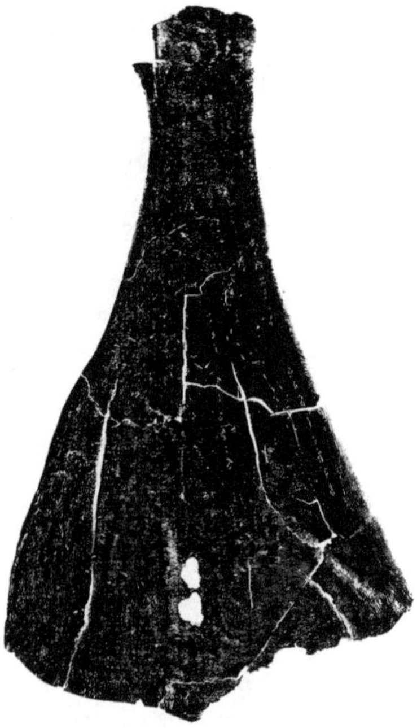

图6-42　卜骨

在第四章，我们论述了钻凿布局与钻凿形态及其规律。以龟腹甲而言，在龟甲千里路左侧，由于背面钻凿形态多是长凿与圆钻互包型，且长凿位于圆钻左侧。千里路右侧长凿和圆钻的位置，与左侧相对。龟腹甲背面的钻凿之孔多是以千里路、第二道齿纹为中轴线，左右、上下相对称的，这也就使得甲骨另一面卜兆的横向兆枝向中间千里路延伸，且形成了左右、上下对称的布局特征。在钻凿之孔的底部施灼，卜兆的纵向兆干向首甲和尾甲方向纵向延伸。

兽骨上卜兆横向兆枝的方向一般是全部向左或全部向右，这与其背面钻和凿的组合特征有莫大关联，“卜骨中的右肩胛骨是施灼于凿之左侧，因而正面兆枝向右，左肩胛骨施灼于凿之右侧，因而正面兆枝向左”⑤。但也有例外者，如《小屯南地甲骨》附1片，ASTT1⑦：4（图6-42），卜兆的横向兆枝向

① 〔美〕张光直，张良仁、岳洪彬、丁晓雷译：《商文明》，辽宁教育出版社，2002年，第32页。

② 沈启无、朱耘菴：《龟卜通考（续）》，《国立华北编译馆馆刊》1942年第1卷，第3期。

③ 马如森：《殷墟甲骨学》，上海大学出版社，2007年，第116页。

④ 许进雄：《卜骨上的凿钻形态》，艺文印书馆，1973年，第20页。

⑤ 张渭莲：《商文明的形成》，文物出版社，2008年，第78页。

左、向右者都有①。

另外，还有一片甲骨之上的钻凿未必全部灼用的情况。《合集》5637（图6-43，1），是一片比较完整的龟腹甲，左、右甲桥稍微残缺，全版共有18个卜兆，正面千里路左右两侧各有9个卜兆，反面共有24个钻凿，千里路左右两侧各有3个钻凿没有灼用，故没有相应的卜兆，千里路两侧为对贞卜辞②。如《合集》龟腹甲10345（图6-43，2），背面有10个钻凿，其中4个钻凿未曾烧灼；再如《屯南》卜骨H85：132的反面也有一个未曾烧灼的钻凿（图6-43，3）。这种一片甲骨之上的钻凿未必全部灼用的情况比较罕见，其原因值得进一步探究。

1　2　3

图6-43　卜甲与卜骨

由于龟腹甲背面多是布满了各种型式的钻凿形态，经过烧灼后，其正面的千里路，第一道、第二道、第三道齿纹和第一道、第二道、第三道、第四道、第五道盾纹多已爆裂。如花东龟腹甲H3：958（图6-44），背面布满了长凿和圆钻互包型的钻凿形态，背面千里路和三道齿纹爆裂的特征十分明显。而这些横向延伸的齿纹和盾纹爆裂后，与各种型式的卜兆形态交叉在一起，使得龟腹甲正面形成了多种形式的裂纹。再如《花东》甲H3：876、H3：895、H3：925等，其千里路、齿纹、盾纹大多也都爆裂。

图6-44　卜甲

总之，钻凿与卜兆的关联性在于钻凿、烧灼、卜兆三者相对应。钻凿通过烧灼决定卜兆，钻凿形态在很大程度上决定了卜兆型式。

① 中国社会科学院考古研究所编著：《小屯南地甲骨》（上册·第二分册），中华书局，1983年，第823页。

② 张秉权：《甲骨文与甲骨学》，台湾编译馆，1988年，第201页。张秉权书中说："另外还有左右各四个双联凹窝，尚未灼用。"观察甲骨实物照片，千里路左右两侧各有3个钻凿尚未灼用。

在此，需要特别说明的是，我们依据甲骨上钻凿之孔的特征对钻凿形态进行严密的分型、分式，依据纵向兆干、横向兆枝的延伸特征对卜兆形态进行严密的分型、分式，可以更好地探究各自的规律和二者的关联。同时，只有将钻凿形态和卜兆形态的分型分式研究配合多种甲骨断代标准作综合、全面的考察，才可以得到甲骨更为确定的年代。

当然，以钻凿形态和卜兆形态辅助甲骨进行分期断代，现今还只是初步探索的阶段。如学界已经注意到钻凿形态对甲骨分期断代的辅助作用，且取得了一系列的研究成果。但是，学界几乎没有从卜兆入手对甲骨进行分期断代的研究成果，这一方面是甲骨著录资料的限制，另一方面则是卜兆形态确实是千变万化，难以把握其总体规律。这两个方面在前文已有相关说明，再一个就是卜兆本身的型式划分，这是最基本的问题，但我们只是初步归纳了卜兆的基本类型，没有进一步细化。种种问题都说明，卜兆形态存在较大可持续研究的空间。

再者，各个时期钻凿和卜兆的长短、形制等本身特征，有可能具有一定的偶然性，即二者的时代特征不是十分明显，很难成为一种独立的分期断代标准。正如许进雄所言："很难单由钻凿来判定卜骨的正确时期"，但许进雄也指出了甲骨上钻凿的形状，对卜辞时代的判定是很有价值的①。所以，我们需要在甲骨分期的基础上探讨钻凿形态和卜兆形态，这也就是说二者对甲骨的分期断代只能起到辅助的功能。

研究钻凿和卜兆最理想的方法则是：在确定甲骨大致时代的基础之上，将此时期的钻凿形态和卜兆形态罗列出来，进行分型分式，最后类推同类型钻凿和卜兆形态的甲骨，以期求得钻凿、卜兆与时代的关系。而钻凿形态和卜兆形态在每个时期，必定是交叉渐进的，并不是一举完成其演变的，这是需要注意的地方。钻凿和卜兆研究得越是精密，甲骨的分期断代就越确切，这就是二者对于甲骨分期断代的重要价值体现。

## 第三节 卜兆的定性

卜兆是占卜的核心、灵魂和关键，代表了占卜的结果。有的学者早就已经看出卜兆在甲骨占卜过程中的重要性，视其为占卜的关键环节。"从花东甲骨的情况看，殷商时期甲骨占卜过程中，卜兆确为整个过程中的核心与灵魂。"②章秀霞在《花东子卜辞与殷礼研究·花东子卜辞与殷商甲骨占卜制度研究》中指出花东卜辞："除极少量因失误、兆序字排列方式及刻手主观因素等特殊原因而致的特殊情况外，无论卜辞契刻时的行款走向如何千变万化，原则上总是围绕着它所属的一个或一组卜兆而行刻。"③即卜辞围绕卜兆契刻，是刻手遵循的原则。

在前两节，我们划分了卜兆的型式，总结了卜兆显示的规律。在本节，我们便从判定卜兆的综合因素、记兆术语、卜兆刻划三个方面对卜兆进行定性。

---

① 许进雄：《钻凿对卜辞断代的重要性》，《中国文字》（第37册），台湾大学文学院中国文学系编印，1970年，第4091—4104页。

② 章秀霞：《从花东甲骨看殷商时期甲骨占卜中的若干问题》，《中州学刊》2010年第6期。

③ 章秀霞：《花东子卜辞与殷礼研究》，中华书局，2017年，第327、328页。

## 一、判定卜兆的综合因素

传世文献中有甲骨卜兆与吉凶关系的记载，如《周礼正义·占人》记载："凡卜筮，君占体，大夫占色，史占墨，卜人占坼"，注云："凡卜象吉，色善、墨大、坼明，则逢吉"①。《关尹子·二柱》有言："兆龟数蓍，破瓦文石，皆能告吉凶。"②《韩非子·饰邪》篇言道："凿龟数筴，兆曰大吉。"③《吕氏春秋·孟冬纪》有言："是月也，命太卜，祷祠龟策占兆，审卦吉凶。"④《说文解字》云："卜，灼剥龟也，象炙龟之形，一曰象龟兆之纵横也。"⑤

胡煦在《卜法详考·前人例辨·外兆图三》中言道："凡兆言吉者，高仰旺象，洪润明健，纤活有情，矜管平直，圆实刚震，轻清浮发，豁静回就，皆是也。凡兆言凶者，底伏临垂，脱落而漏，蒙昧而暗，沥溇窈窕，纵横摺折，夹私拖坠，休囚乖拗，枯朽颠狂，衰野滞蛀，戴白而出，皆是也。"⑥胡煦对吉兆和凶兆显示特征的描述，相当详细，可以作为商代甲骨卜兆吉凶判定的参考。

综合传世文献所载，可知卜兆的颜色、大小、长短、粗细、曲直、显隐等，是古人判断某些事件占卜结果——吉凶或成败的根据，是为综合因素。由于年代久远和甲骨卜兆自身的种种原因，现在学界对卜兆吉凶、是否的判定标准存在多种意见。"至于何种兆纹为吉，何种兆相为凶，今已难以确考。参照《史记·龟策列传》中对于卜兆吉凶判断的那些种种具体的标准——这些汉朝人的标准应该有很早的来源，说它有商代占卜的一些影子在内，应当不为过分——不外是兆纹的长短、走向、曲直、清晰度等等。"⑦

对卜兆形态进行分型分式，或可探寻先民对甲骨占卜结果吉、凶、是、否的判定标准。甲骨卜兆基本型式有身正型、首俯型、首仰型、首上开型、足俯型、足肣型、足开型、首仰足俯型、首俯足肣型、首上开足肣型、首上开足俯型、身节折型等等，卜兆的判定分为吉、凶、是、否。卜辞的肯定词有"允""其""乎""唯"等，否定词有"勿""不其""不""弗"等。殷墟甲骨，判定为是、否的卜兆远多于明确标注吉、凶的卜兆。我们推测，殷人遇到极少见到的卜兆形态，如首上开型、足开型和身节折等类型，则视其为凶煞的兆象，在卜辞中只标注了一些否定词。

殷人判定甲骨卜兆吉凶、是否的办法或标准，并没有记载在甲骨之上，也没有同时代的文献资料予以说明。但是，我们可以从甲骨卜兆的型式、记兆的术语和后世文献的某些记载等，

① （清）孙诒让撰，王文锦、陈玉霞点校：《周礼正义》，中华书局，1987年，第1960页。
② 朱海雷编著：《关尹子今译》，浙江大学出版社，2012年，第61页。
③ （清）王先慎撰，钟哲点校：《韩非子集解》，中华书局，2003年，第121页。
④ 许维遹撰，梁运华整理：《吕氏春秋集释》，中华书局，2010年，第217页。
⑤ （汉）许慎撰：《说文解字》，中华书局，1978年，第69页。
⑥ （清）胡煦著，程林点校：《卜法详考》，《周易函书》（第四册），中华书局，2008年，第1182页。
⑦ 朱彦民：《商代社会的文化与观念》，南开大学出版社，2014年，第45页。

试着推测殷人卜兆判定的方法。

我们认为卜兆吉凶、是否的判定与纵向兆干、横向兆枝所形成的角度有一定的关系。甲骨卜兆型式众多，我们对殷人如何判定卜兆的吉凶、是否却难以尽知。卜兆吉凶、是否的判定与卜兆型式的关联程度究竟如何，就要结合具体卜兆型式而言了。

董作宾曾经辑录过各种型式的卜兆，他指出："我曾把发掘所得甲骨卜辞、卜兆清晰可辨的，全部辑录下来，以卜兆下记有吉、上吉、小吉、大吉、弘吉字样的比较一下，结果是横裂纹向上向下的，都可以是吉，横纹发枝与无枝的，都可以是大吉，弄得终于莫测高深。只是一件可以说的，就是至少在殷代，卜辞中所有卜字写法，皆是随着卜兆的……卜字既然随着卜兆，它的写法一定会采取吉兆的形状，不会取凶兆形状，可是在武丁时卜字的写法，横画都是向上的，因此至少可以说，向上倾斜的，必是吉兆……还有，卜兆并不能只以吉凶定之，必须如英文中的是非二字，以正面肯定的为是，反面否定的为非。"①董作宾对判定卜兆的研究思路和方法是可取的，关于卜兆定性的观点也非常准确，即"卜兆并不能只以吉凶定之，必须如英文中的是非二字"。但是，董作宾辑录卜兆的型式、数量、记兆术语、甲骨著录等具体情况如何，我们不得而知。

朱芳圃却认为："盖龟版之见兆文，定吉凶，全视卜兆之横画为准。"②前文已经说明，卜兆首上开型、足开型等形态，是非吉兆的性质，也就是说，卜兆的纵向兆干也可以表示吉凶、是否。所以，结合传世文献所载卜兆吉凶判定的标准，朱芳圃所言有失偏颇。

有的学者则将纵向兆干和横向兆枝所构成的角度与卜兆的吉凶判断联系在一起，如张秉权就根据殷墟出土龟腹甲上卜兆的角度——即纵横坼纹所构成的角度（纵坼纹的上端为零度，下端为一百八十度）与兆辞如上吉、小吉、大吉、弘吉等关系，去探寻各种角度的坼纹。张秉权指出：

> 卜兆灼出以后，就要根据灼兆的情形，坼兆的现象，去断定那个卜兆所预示的吉凶了，通常在卜兆下端，除了吉兆有特别的术语标明以外，对于凶兆和非吉之兆，却没有个别的文字上的说明。我曾经根据殷虚出土的卜龟腹甲上的卜兆的角度——即纵横坼纹所构成的角度（纵坼纹的上端为零度，下端为一百八十度），与记兆术语如上吉、小吉、大吉、弘吉等关系，去探寻各种角度的坼纹，被认为是吉兆的可能性。首先从六百七十八个吉兆中，测量出七十种不同的角度，而其中以七十度（约总数的5%强），八十度（占总数的15.3%强），九十度（占总数的29.3%强），一百度（占总数的4.8%强）等四种角度上的吉兆占多数。又从一千三百二十一个非吉的卜兆中，测量出九十三种不同的角度，而其中有百分之九十三强的卜兆，都在七十度至一百度之间。但在七十度上的非吉之兆，只占总数的1.5%强，八十度和九十度的各占总数

① 董作宾：《殷墟出土一块"武丁逐豕"骨版的研究》，《先秦史研究论集（上）》（大陆杂志史学丛书第一辑第二册），大陆杂志社，1967年，第169页。

② 朱芳圃：《甲骨学商史编》（下册），中华书局，1935年，第16页。

的4%强，一百度的只占总数0.5%强。很显然地在这四种角度上的卜兆，被认为非吉的可能性并不大。然后再将上述二种统计的资料，作一比较，结果发现七十度上的卜兆，吉与非吉的比例是三比二；八十度的是二比一；九十度的是四比一；一百度的是四又二分之一比一。换句话说，这四种角度上的卜兆，被认为吉兆的可能性，远比非吉兆为大。为什么同样角度的卜兆，有时被认为是吉兆，有时则否。关于这一点，除了卜兆的角度以外，恐怕还有其他的因素存在，而那些因素，在卜辞中却是找不出来的。我们只能参考别的时代里的占卜情形，来推测它的可能的因素……可知吉凶兆象的判断，在占卜祝祷的时候，卜者和卜龟已经有了一种口头上的约定。那就是说，在某种预约的情形之下，如果出现了某样的卜兆，便算是吉；如果出现了另一某样的卜兆，便算是凶。而这种预先的口头上的约定，又往往因事而异，可能没有一定的法则。也可能有它一定的原则。但是甲骨文中的卜辞，所记录下来的，只相当于上举祝辞中的前一部分，即对于所卜之事的叙述，而对于后者，即卜者和卜龟所约定的吉凶兆象的描写，并没有记录下来。因此，我们现在仅凭卜兆的角度，去探求当时辨兆的法则，已经失去了一项极为重要的有决定性的因素了。所以那些统计的结果，也只是相对的可信和可靠，而不是绝对地没有例外的①。

可知，纵向兆干和横向兆枝构成的角度只对判定卜兆吉凶、是否有一定的参考作用，而非绝对。此处，我们以《合集》龟腹甲822为例，其正面（图6-45）左后甲有一个身正型的卜兆，横向兆枝向下延伸，守兆卜辞为“不隹妣己”；而其右上部还有一条卜辞“不隹妣庚”所守的卜兆也是身正型，其横向兆枝却向上延伸。这两条卜辞都是否定性的卜辞，且所守的卜兆都是身正型，但其横向兆枝的延伸走向却完全不同。另外，在此片龟腹甲右后甲部位的卜辞“贞：隹妣庚”，其所守卜兆也是身正型，横向兆枝向上延伸。也就是说，我们难以从纵向兆干与横向兆枝形成的角度推论卜兆的是、否。

日本学者藤枝晃指出龟纹解读和吉凶的判定：“龟裂如是正确的侧放的T字形，即为大吉，如呈不规则状则为凶兆。”②马如森也指出：“决定吉凶的主要根据，是看兆枝的形态变化……我们推测，吉兆是，首部向上，足部收敛。即‘首仰足肣’……凶兆是，‘首上开、内外交骇，身节拆’，或‘首仰足肣、身节拆’。‘身节拆’是凶兆的主要标志。”③马如森关于卜兆吉凶的说法，只是结合了简单的卜兆形态。法国学者汪德迈认为：“在五至六种不同的卜纹类型中，卜的形状还是浮动的。若卜枝分叉、断裂，被视作同一变体（凶兆）。若卜枝向上者（似为吉）或两种卜枝下倾（似为凶）。”④根据前文结合两个卜兆和两条卜辞的论证，可以看出三位学者的论述都不太全面。

① 张秉权：《甲骨文与甲骨学》，台湾编译馆，1988年，第58、59页。

② 〔日〕藤枝晃著，翟德芳、孙晓林译：《汉字的文化史》，知识出版社，1991年，第11页。

③ 马如森：《殷墟甲骨文引论》，东北师范大学出版社，1993年，第152、153页。

④ 〔法〕汪德迈著，金丝燕译：《中国思想的两种理性：占卜与表意》，北京大学出版社，2017年，第21页。

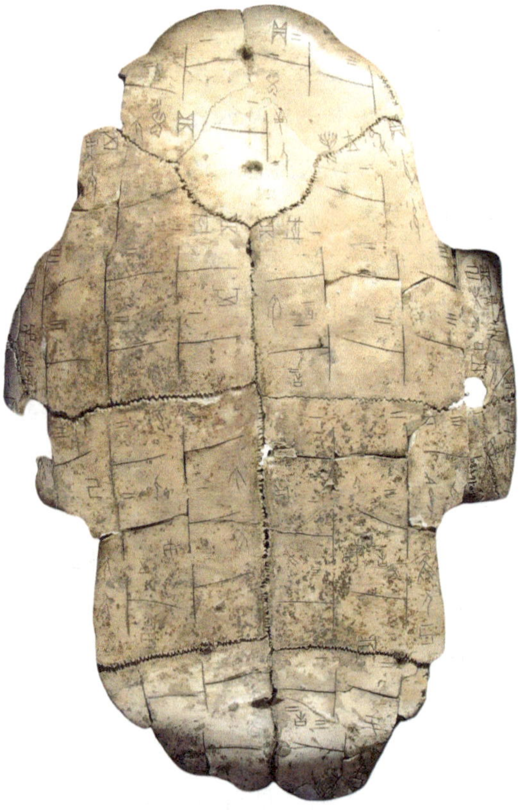

整版

局部放大

图6-45　卜甲

葛亮在《复旦大学藏甲骨集·后记》中曾说：

> 《复旦》220（图6-46）是一版较完整的牛胛骨，自下而上共有八枚卜兆，卜兆形态清晰可辨。除最上方一枚外，第一至七枚卜兆各对应一条黄类田猎卜辞，其命辞均作“干支卜，贞：王田某地，往来无灾”。辞1-3、5-7另有占辞“王占曰：吉”，其对应卜兆均有向上扬起的兆枝（如兆枝前端分叉，则至少有一条分枝向上）；全版仅辞4无占辞，其对应卜兆恰恰仅有一条向下垂落的兆枝。
>
> 这一现象似可说明商王占断本版卜兆吉凶的依据：凡出现上扬兆枝（包括分枝）的卜兆，均占曰“吉”；未出现上扬兆枝的卜兆，王或未作占断，或作出占断而未被记录。由于黄类卜辞一般只记录“王占曰：吉”的占辞，《复旦》220上无对应占辞的第4枚卜兆很可能就是被视为“不吉”的。以上推论成立与否，还有待更多大版甲骨的高清照片发表后，再作验证[①]。

以上是学界探索卜兆角度与吉凶关系的尝试办法，也是关于卜兆与吉凶判定比较详细的说明和合理的推测了。总之，卜兆的吉凶、是否还是需要综合考虑卜兆本身的颜色、大小、长

① 吕静主编，葛亮编著：《复旦大学藏甲骨集》（下），上海古籍出版社，2019年，第615页。

短、粗细、曲直、显隐等因素。

有的学者结合卜辞实例探索殷人对卜兆的定否之法，如丁骕指出："兆之是否，据余所见数版，似甚简单，不若后世辨兆之繁杂，亦无太多之枝节"，认为卜兆的横向兆枝向上为"是"，向下为"非"，平出为"无定"，兆卜明白曰"不[illegible]命"，却也指出："当然可能有长短、粗细、分歧与否，全弯半弯之别，此或是判断吉凶之根据亦未可知"①。丁骕以数版甲骨为参考，推论判定卜兆是否"似甚简单"，其论断也只是符合卜兆吉凶、是否的一般规律。

图6-46　卜骨

宋兆麟对大兴安岭鄂伦春族做了调查，指出："其中值得注意的是，猎人在烧骨时要观看骨裂状况，如裂纹大而纹直，认为这个骨髓会丰满、好吃；裂纹小而紊乱，则认为这骨髓少而不好吃。并且以骨裂大小、骨髓多少判断狩猎能否丰收。这个例证对说明骨卜起源有重要的启发。"②宋兆麟所言鄂伦春族猎人烧骨，裂纹大而纹直、裂纹小而紊乱，裂纹大小等关系着骨髓是否好吃、狩猎是否丰收等。大兴安岭鄂伦春族猎人以兽骨裂纹的状况预测事件的做法，对我们研究殷人判定甲骨卜兆吉凶、是否的启发甚大。

然而，有的学者则认为卜兆的型式与吉凶判断并无关系，可能是占卜者个人主观的认可起决定性作用。朱歧祥认为："兆辞与卜兆虽然有关联，但兆辞的吉凶却又不决定于卜兆本身。因此，在可观材料都无法解决此一问题之余，吾人推断兆辞的运用，可能与占卜者个人主观的认可有决定性关系。"朱歧祥又指出兆辞的吉否与命辞、卜序、占辞均无必然关系，卜兆之吉凶与卜兆爆裂的形式与角度亦无必然联系。朱歧祥认为："由诸卜兆的外观，实无法找出彼此的差别处，意即吾人不能由卜兆爆裂的可观形式来判断孰吉孰凶"，且认为："决定一组卜兆中的吉否可能只是占卜者个人主观的取舍，或者是由龟甲以外的其他依据如易筮、占书等来作判断"③。

朱歧祥还指出：

"殷人尚鬼"，在殷商贞卜问鬼神的迷信习俗中，殷王似乎是人与神、天与地之间的唯一桥梁。时王拥有与鬼神直接沟通和解读鬼神透过卜兆所呈现的语言之神圣权力。这种天赋神权，让殷王理所当然的成为不可知的鬼神的代言人。他掌握鬼神的发言权，也让自身在深信鬼神崇拜的群众心目中成为不可质疑不可取代的神圣人王。事

① 丁骕：《殷贞卜之格式与贞辞允验辞之解释》，《中国文字》（新二期），中国文字社，1980年，第75页。
② 宋兆麟：《巫与巫术》，四川民族出版社，1989年，第150页。
③ 朱歧祥：《甲骨文研究——中国古文字与文化论稿》，里仁书局，1998年，第51—63页。

实上，殷王可以根据个人主观的认知和偏好，选择卜兆和决定卜兆，从而取舍所要占卜的内容。殷王显然是当日神权和人权的终极结合①。

朱歧祥的说法虽然客观，但他过度强调了占卜者在视兆断吉凶过程中的作用，也没有以卜兆形态为基础推测卜兆吉凶的判定。

同样，陈斯鹏也认为占卜者的心理期待会对吉凶祸福做出某种选择："按常理，人们进行占卜活动，表面上是想知道吉凶祸福或者做出某种选择，但内心一般都会有某种心理期待，特别是当涉及吉凶祸福的时候。这种心理期待无疑是指向积极意义的，这是再自然不过的事情。"②

朱、陈的说法过于强调占卜者在视兆断吉凶过程中的作用，却没有以卜兆本身的综合因素对卜兆进行定性。我们认为占卜者掌握解释卜兆吉凶、是否的权力，但也不能随意地对卜兆进行定性，卜兆的吉凶、是否肯定与卜兆本身有莫大关联。殷商时期，殷人敬天地重鬼神，宗教意识浓厚，但殷人视兆断吉凶也会遵循一定的法则。

综合而言，判定卜兆的吉凶、是否确实困难。严一萍就曾指出："殷人的占卜方法，在今天看来，的确像一个猜不透的谜；怎样的卜兆是吉，怎样的卜兆算凶？我们简直无法加以辨别。但在当时的太卜，一定见兆即占，是吉是凶，说起来头头是道。原来这是专门的学问，属于太卜所世守的。这世守的专门学问，传授到了汉代，大约很多是失传了。"③可知，严一萍认为殷人的占卜之法是专门的学问，在汉代多已失传。马如森论述了卜兆吉凶论断的困难在于两个方面："但是，我们还必须说明的是，商代卜辞的吉凶说法，这也仅是推测而已，还没有更充分的材料去证实它。尤其在骨版或拓片上很难从中看出原来吉凶兆纹的样子。一是骨版埋地甚久，原貌消失；二是我们还不明了商时卜人观察兆象的特殊技能。因此今人探讨这类的问题是很困难的。这个问题在甲骨学中还是一个疑惑难解尚待讨论的问题。"④第一个方面的原因是"骨版埋地甚久"，卜兆"原貌消失"，即卜兆的颜色、大小、长短、粗细、曲直、显隐等并非今日显现在学者面前的原貌，如《花东》龟腹甲H3：323（图6-47，1）、H3：404+1380（图6-47，2），这是客观因素造成的结果。如今，我们以非原貌的兆象，只能推测殷人定性卜兆的方法。第二个方面的原因，也就是严一萍所说殷人占卜方法失传的问题。可知，严一萍、马如森比较详细地论述了现今研究判定卜兆吉凶各方面的困难。

可以说，至今，学界对于卜兆吉凶、是否的研究，也没有得出共识性的结论。研究的焦点有三：横向兆枝的延伸走向，纵向兆干和横向兆枝形成的角度，占卜者的心理诉求。但是，我们认为卜兆吉凶、是否的判定一定要考虑卜兆的颜色、大小、长短、粗细、曲直、显隐等综合因素，这也是传世文献所载判定卜兆吉凶的方法。再者，卜兆也不只是可以简单地分为吉凶、

① 朱歧祥：《殷墟花园庄东地甲骨论稿》，里仁书局，2008年，第68页。

② 陈斯鹏：《论周原甲骨和楚系简帛的"囟"与"思"——兼论卜辞命辞的性质》，《卓庐古文字学丛稿》，中西书局，2018年，第37页。

③ 严一萍：《甲骨学》，艺文印书馆，1978年，第699、700页。

④ 马如森：《殷墟甲骨文引论》，东北师范大学出版社，1993年，第154页。

1　　2

图6-47　卜甲

是否，所以张秉权称之为“吉兆”“非吉之兆”[1]。鉴于卜兆的判断，我们使用了“定性”一词，应该更为合理。无论如何，卜兆吉凶、是否的判定一定要考虑卜兆本身的综合因素，这就是判兆的首要标准。然而，这些卜兆本身的基本特征，就需要全面梳理甲骨卜兆资料后才能进行综合研究。目前，卜兆资料的整理和研究处于起步阶段。前文已经简述了卜兆研究的难点，所以我们在本章提到的某些学术问题，当下实在难以解决。

## 二、记兆术语

甲骨卜兆之旁的“一告”“二告”“三告”“小告”“吉”“大吉”“不玄冥”等，都是解释说明卜兆的兆记。“兆词，又称‘兆语’、‘兆记’或‘兆辞’，占卜术语。刻于占卜甲骨卜兆旁或兆序上下。常见兆词有：‘不玄冥’‘吉’‘大吉’‘弘吉’‘一告’‘二告’‘三告’等。‘不玄冥’是记明兆莹清晰可见，不昏暗，可用此卜。‘吉’‘大吉’‘弘吉’皆指此卜吉祥可用。‘一告’‘二告’‘三告’‘小告’，或释作‘吉’‘上吉’‘小

① 张秉权：《甲骨文与甲骨学》，台湾编译馆，1988年，第59页。

吉’。其义诸家各释不一。”[1]有的记兆术语在刻上甲骨之后，由于某些缘故，又被削去[2]。记兆术语围绕卜兆契刻，一般刻于卜兆横向兆枝的下侧。

王宇信、杨升南认为兆辞的构词法是一定的，有约定俗成的意义乃成为恒语[3]。以下，我们就以记兆术语“不玄冥”“吉”“大吉”“告辞”[4]为例，简述记兆术语对卜兆的解释作用，进而推测殷人对卜兆的定性。

### 1.“不玄冥”

记兆术语“不𠦪黽”者，学者多从杨向奎之说：“‘不玄冥’是武丁时习语”，“‘不玄冥’‘不玄’均指兆莹之清晰明白，不需再卜言”[5]。即“不玄冥”表示本次占卜的卜兆不昏暗、不模糊，清晰明白，如：

翌甲征雨。一 不玄冥 《合集》158正

### 2.“吉”

记兆术语“吉”者，表示本次卜兆显示的占卜结果是吉利，如：

庚午卜，狄，贞：王其田于利，亡災。 吉 《合集》27146正

甲子卜，翌日乙王叀〼。 吉 《合补》8924正

### 3.“大吉”

记兆术语“大吉”者，表示本次卜兆显示的占卜结果是非常吉利，如：

贞〼酢王亥，又蕽雨。 大吉 《合集》30449正

### 4.“告辞”

“告辞”一般刻于卜兆横向兆枝的下侧，字形比其所属的卜辞较小，常见于武丁时期。“告辞”有“一告”“二告”“三告”“小告”。如：

贞：王䢔母告。一 一告 《合集》1051正

贞：祖乙弗其孽［王］。四 二告 《合集》248正

癸未卜，穷，贞：旬亡𡆥。二 三告 《合补》4945正

贞：隹父乙咎帚好。三 小告 《合集》6032正

华强曾将“告辞”以外的刻辞分为四类：

---

① 孟世凯：《甲骨学辞典》，上海人民出版社，2009年，第258页。

② 张秉权：《甲骨文与甲骨学》，台湾编译馆，1988年，第171页。

③ 王宇信、杨升南主编：《甲骨学一百年》，社会科学文献出版社，1999年，第240页。

④ 此处，我们将“一告”“二告”“三告”和“小告”统称为“告辞”。

⑤ 杨向奎：《释“不玄冥”》，《历史研究》1955年第1期。

第一类：吉，大吉，弘吉。五期卜辞中均有，表吉利之意。

第二类：用，兹用，兹御。仅见于第三、四、五期卜辞，吉辞。

不用，兹不用，兹毋用，勿用。仅见于第三、四、五期卜辞，不吉之辞。

第三类：黽玄不？（译为：命準不？）玄不？（译为：準不？）表示疑问。向卜问对象表示自己对已经开示的兆莹的疑惑不解，以祈求对方的再次开示。疑问词仅见于第一第二期卜辞中。第三期以后不再刻写兆莹刻辞，而是在出现可疑或复杂兆莹之后直接再行灼龟占卜若干次。

第四类：单个数字，二告，小告，×告等。就某一事情灼龟占卜的次序[①]。

某些甲骨卜兆的记兆术语从少数民族对卜兆的解释中得到印证，如彝族就把羊骨卜兆分为“上吉”“吉”“中”“平”“不吉”五种[②]。

以上，我们简单列举了卜兆的几种记兆术语。有些记兆术语的含义比较明确，如“吉”表示本次卜兆显示的占卜结果是吉利，“大吉”表示本次卜兆显示的占卜结果是非常吉利。学界对于某些记兆术语的含义还存在争议，如“不玄冥”、“告辞”等。如在20世纪末，有的学者还指出：“商代甲骨文兆辞‘小告’‘二告’‘三告’等语，究竟是何含义，至今不能确知。倘能起古人而问之，说不定是极简单的事，不消三言两语便可以说得明明白白。关键是我们对于古代社会、古人语言尚缺乏足够的了解。”[③]可知，相当一部分学者对记兆术语的考论，多是就字论字、考释字意，这往往容易拘泥于文字本身，造成诸多误解，即研究方法存在一定的缺陷。所以在2014年，仍有学者指出：“但目前学界对‘小告’‘一告’‘二告友’‘三告’‘不玄黿’‘不玄’等兆辞的具体含义还没有统一看法。”[④]

另外，关于记兆术语与兆序数字的存在关系，李爱辉曾指出“有兆辞必有序辞”，“即在甲骨上不存在有兆辞无序辞的卜兆”[⑤]。但是，我们认为这是兆辞和兆序数字出现的一般规律。例如，《合集》94正（重见《合补》99）就有“小告”单独出现在某一卜兆之旁的情况。由于卜骨残缺，而“小告”、卜兆正位于残缺之处，卜辞与“小告”之间有一条界划将二者分割，“小告”单独契刻于卜兆之旁。再如，《合集》947左后甲、975左后甲、8808左后甲、11940右尾甲、14757右后甲、17798左尾甲等，也都出现了卜兆之旁有“二告”但无兆序数字的情况。当然，这种情况比较少见。

---

① 华强：《殷商甲骨文本训》，黄山书社，2014年，第327页。

② 汪宁生：《彝族和纳西族的羊卜骨——再论古代甲骨占卜习俗》，《文物与考古论集》，文物出版社，1986年，第143页。

③ 陈世辉、汤余惠：《古文字学概要》，吉林大学出版社，1988年，第3、4页。

④ 孙亚冰：《殷墟花园庄东地甲骨文例研究》，上海古籍出版社，2014年，第99页。

⑤ 李爱辉：《甲骨缀合方法研究》，中国社会科学院历史研究所博士后出站报告，2016年，第156—173页。

## 三、卜兆刻划

商代甲骨刻辞一般都回避卜兆，这是甲骨刻辞的一般规律。刻辞回避卜兆，“为的是保存并显示卜兆这些‘神示’痕迹”①。但是，确实存在刻划卜兆的现象，刻兆“是指那一版上的卜兆，曾经被刀子刻过的”②。在殷墟第13次发掘的YH127坑中，就出土了数千版乃至万版卜兆经过刻划的甲骨。如《合集》龟腹甲1100（图6-48，1），左、右前甲各有1个用刀刻划过的卜兆。有些卜兆刻划之后还涂以朱墨，如《合集》龟腹甲9775（图6-48，2），就是卜兆刻划之后又涂墨，卜兆呈黑色。再者，并非所有卜兆刻划的刻痕都呈圆形，有的刻痕两边呈双斜形。

关于卜兆刻划的工具，周鸿翔曾作了简单说明：“钻凿（形态）是由锋刃平直及弯曲的钻凿（工具）所剜而成的。在甲骨文的各种字沟中，有一种呈半圆形。尤其是那些‘卜兆刻

1

2

图6-48　卜甲

① 王宇信：《殷墟YH127甲骨窖藏发现在甲骨学史上的意义及新时期面临的课题》，《纪念殷墟YH127甲骨坑南京室内发掘70周年论文集》，文物出版社，2008年，第12页。

② 张秉权：《殷虚文字丙编·上辑（一）》，“中研院”历史语言研究所，1957年，第4页。

过’的刻痕，大多数是半圆形或弯度超过半圆形的。又此类刻痕之末端，亦往往呈‘钝’形而无锋。这种字沟以及‘卜兆刻过’的刻痕，显然是由一种具有半圆或弯度超过半圆的锋端的‘刀’所刻成的。此类刀可能是如其他刀一样是‘实心’的，但亦可能是‘空心’的。显然地这种刀与产生钻凿的工具的形态大抵相同，但其面积则较钻凿为小，弯度则较钻凿为大。何以当时既有‘双斜形’及‘一直一斜形’之刻刀而又再创出此‘半圆形’刀锋呢？一个可能的解释是：由于要‘卜兆刻过’，但兆纹与甲骨背面相距却是如纸之薄，若用上举二种具有锐锋的刀（‘双斜形’‘一直一斜形’）契刻，很可能刻穿甲骨背，于是便创出此圆形刀锋来专用于‘卜兆刻过’。”[①]这是周鸿翔对“半圆形”锋刃刻刀刻划卜兆的简述，相当有道理。

既然卜兆是占卜的关键，刻辞都需要避兆，那为何还会出现卜兆刻划的现象呢？学界主要有四种观点。

## （一）卜兆刻划的原因

### 1.“美观说”

董作宾根据殷墟YH127坑发现甲骨卜兆刻划的现象，认为刻划卜兆是为了美观：“这一坑（YH127）里却发现一种例外，在卜兆之上，再用刀加以刻画，这是武丁之世，一个时期的特殊风气，以前大家所不知道的。刻画卜兆这件事，很明白是为的美观，当太卜看过裂纹，判定吉凶，得到答案之后，太史们便把卜辞写在上面，卜兆的号数亦写了，然后用刀刻字，觉着裂纹细微，不甚醒豁，于是顺手也在卜兆上加以刻画。”[②]董作宾推测了卜兆刻划的过程及其目的，后世学者多从其说，刻兆“美观说”成为主流观点。

胡厚宣从董作宾之言，在《释双剑誃所藏甲骨文字》中指出：“三版龟甲有一共同点，即卜兆皆经刻过是也。考甲骨卜辞契刻卜兆之例，在已著录之甲骨中，实前所未闻，诸家已从无注意及之者……此实一至有兴味之事也。至其所以刻兆之故，疑与涂朱涂墨之例同，目的在使其显赫，以求美观。”[③]刘玉建从董作宾、胡厚宣之“美观说”，“刻兆与同涂朱涂墨一样，均是为了美观”[④]。

甲骨是殷人占卜的遗物，“美观说”并未结合殷商宗教信仰进行论述，这种说法尚待完善。

### 2.“兆纹加深、避免犯兆说”

王宇信认为胡厚宣的观点很有道理，且加以申述：“武丁时代整治甲骨可能有这么一种习惯，即占卜后与刻写文字之前，先要将卜兆用刀刻划一遍。因为灼裂之兆有时在骨面纤细不

---

① 周鸿翔：《殷代刻字刀的推测》，《联合书院学报》1967年第6期。

② 董作宾：《殷墟文字乙编·序》，《中国考古学报》（第四册），商务印书馆，1949年，第260页。

③ 胡厚宣：《甲骨六录·释双剑誃所藏甲骨文字》，齐鲁大学国学研究所，1945年，第203、204页。

④ 刘玉建：《中国古代龟卜文化》，广西师范大学出版社，1992年，第203—205页。

显，而所刻甲骨文字又不能与卜兆相重（即犯兆），故需先用刀将兆纹加深，这样再刻文字，就不致因看不清兆纹而使文字‘犯兆’了。至于涂墨之事，当为将卜兆刻划好之后，再涂墨刻字。字刻好以后，抹去甲骨表面之炭黑，一部分炭黑自然会留在刻划过的卜兆兆纹和文字字口之内。”[①]刻兆使兆纹加深，可以有效地避免契刻的文字“犯兆”。然而，《合集》龟腹甲5611，左右前甲部位的四个卜兆都有刻痕（据我们观察实物照片，这四个卜兆的刻槽应该涂有朱砂），两条正反对贞的卜辞皆“犯兆”。如此而言，就更难解释刻划卜兆是为了卜辞避免“犯兆”的说法了。

**3.“卜兆明显说”**

张光远曾做了甲骨占卜的实验，他指出刻划卜兆的原因：

> 当灼出裂纹时，其状作“卜”形，极为明显，事后将它任置一旁，过了五天，无意间想再检视该甲，发觉所灼的卜纹竟然不见，即使以放大镜观察，亦难看清；最新的一次实验所灼的卜纹，过了二天也隐隐只存微痕。这种现象，初颇惊奇，细思乃悟其理：原来龟甲受到暗火持续不断的烧灼，被灼部位因热力渐增而干焦以至爆裂，于是出现坼开的卜纹；灼过之后，被灼部位逐渐冷却，骨质干缩的现象渐渐松弛，同时也已吸收空气中的水份，逐渐膨胀，恢复原状，以致裂纹复合，卜纹隐失。
>
> 由这些实验体验，乃知晚商初期的太卜，在灼得卜纹后，必然也曾经历同样现象，尤其一片甲或骨，可以保留数月之久还在卜用，若前月之卜纹已然隐失不明，那么再卜时何从查考？故而兴起刻出卜纹之念，以存兆象，甚至刻卜之后，有的还填入墨色，使其更加明显，则事后查证占卜是否灵验，自可一目了然，是故我们不认为刻卜纯为美观，原应以实用的动机在先[②]。

张秉权认为当卜兆显示之后，“掌管书契的人，往往依着坼兆的纹路，把它重新刻划清楚……刻了卜兆、序数和兆语以后，往往再把朱、褐、墨等的颜色，填在刻痕之中。兆纹所填的颜色，通常都是褐色或墨色”，且在卜辞书契之前[③]。林宏明指出刻兆之目的是“为使兆纹明显而刻兆”[④]。朱彦民也认为：“为了使卜兆明显，在自然爆裂的卜兆纹路基础上，还有用刀再加刻划的现象。”[⑤]这些观点可总称为“卜兆明显说”。

---

① 王宇信：《甲骨学通论》，中国社会科学出版社，1999年，第122页。

② 张光远：《从实验中探索晚商甲骨材料整治与卜刻的方法》（下），《汉学研究》1984年第2卷第2期，第450、451页。

③ 张秉权：《甲骨文与甲骨学》，台湾编译馆，1988年，第61、62页。

④ 林宏明：《殷墟甲骨研究札记》，《第十八届中国文字学国际学术研讨会论文集》，2007年，第120页。

⑤ 朱彦民：《商代社会的文化与观念》，南开大学出版社，2014年，第47页。

### 4.“使用冷卜挖刻方式说”

蔡先金认为：“其实，这是在‘热卜’的时候重复使用‘冷卜’挖刻方式而已。如此冷卜与热卜方式的结合，既增加了一层神秘色彩，又有可能会令占卜更加‘灵验’。这种再次刻划卜兆的风气只是盛行于第一期武丁时期，这显然可能是一种‘复古’行为，或可称为占卜的‘复兴’时期，主要是为了恢复原来‘冷卜’法。”[①]其实，商代已经进入了烧灼占卜的“热卜”时代，且占卜流程环环相扣，占卜制度比较完善，没有必要再继续或恢复“冷卜”时代刻划卜兆的方法了。所以，蔡先金认为卜兆刻划是“复古”的观点只可以作为一家之言。

以上，我们评析了学者对卜兆刻划目的论述，有四种观点：“美观说”“兆纹加深避免犯兆说”“卜兆明显说”“使用冷卜挖刻方式说”。诸家观点均言之有据，难辨优劣。但是，他们都没有结合占卜材质（甲或骨）和卜兆形态论述刻划的卜兆。而陈梦家思想严谨，只是说“刻兆 和涂饰一样，刻兆是武丁时代所特有的，而且见于第十三发掘中YH127一坑中的龟甲上的为数最多”，但陈梦家认为卜兆刻划“美观说”“这种说法，尚待考虑”[②]。无论是刻辞所需，还是宗教信仰的缘故，卜兆刻划并非殷人的无意之举。前文已经论述，卜兆的判定需要考虑其本身的综合因素，经过刻划的卜兆，颜色较深，整体较大、较长、较粗，甚至还涂朱、填墨，有助于殷人对卜兆进行定性。因此，根据卜兆刻划对定性的辅助作用，我们提出“卜兆定性说”，这应该符合卜兆刻划的最终目的。

## （二）史家遗址出土商代晚期龟甲卜兆刻划的现象

大多数学者认为，殷墟甲骨卜兆刻划的现象只盛行于武丁时代，“为了美观而有损卜兆的神秘与尊严，所以在武丁行之不久，也就革除了”[③]。陈梦家也说：“所可决定者是刻辞涂以殷朱和墨以及刻兆都盛行于武丁一时，武丁以后的甲骨也有涂以褐色的朱的，因年久褪色，不经意时常被忽略。”[④]

其实，在殷墟以外的商代遗址，也发现了甲骨卜兆刻划的现象。山东省桓台县史家遗址出土的商代晚期龟甲，出土于史家遗址T7，原编号96HST7⑦：20，卜兆呈“丫”形，被刻划过[⑤]。

---

① 蔡先金：《“刻文骨”与“骨刻文”之性质推断与价值蠡测》，《烟台大学学报》（哲学社会科学版）2012年第3期。

② 陈梦家：《殷虚卜辞综述》，中华书局，1988年，第16页。

③ 董作宾：《殷墟文字乙编·序》，《中国考古学报》（第四册），商务印书馆，1949年，第261页。

④ 陈梦家：《殷虚卜辞综述》，中华书局，1988年，第16页。

⑤ 张光明、徐龙国、张连利等：《山东桓台史家遗址发掘收获的再认识》，《夏商周文明研究：97山东桓台中国殷商文明国际学术研讨会论文集》，中国文联出版社，1999年，第10页。

可知，殷墟甲骨卜兆刻划的现象或许只盛行于武丁时期或殷墟早期，但这种现象确实出现在殷墟以外的其他商代晚期遗址发掘的甲骨之上。

以下，我们列举一些卜兆刻划的著录编号，以便学界研究（表6-5）。

**表6-5　甲骨卜兆刻划统计表**

| 龟腹甲 | 龟背甲 | 卜骨 |
|---|---|---|
| 《合集》龟腹甲226、309、376、456、555、641、667、768、892、952、991、1100、1115、1390、1656、1657、2220、2231、2317、3715、3827、5446、5611、6828、8219、9235、9717、9775、9810、9849、9946、10539、10937、11484、12163、12324、12628、13750、14161、14200、14207、14620、14951、16462、17817、17821、22016 | 《合集》龟背甲13625、11497 | 《合集》卜骨9680、11955 |
| 《花东》龟腹甲H3：865、H3：981 | | |

其中，《合集》龟腹甲376（图6-49，1）、456（图6-49，2）、641（图6-49，3）、5611（图6-49，4），某些卜兆刻划后，卜辞刻依然在卜兆之上。《合集》龟腹甲9775上的卜兆刻划之后，再涂墨，兆纹呈黑色。《合集》11484卜兆刻划，卜辞是关于甲午月食的记载。《合集》龟腹甲641、1390、22016，以界划区分卜辞和卜兆。《合集》龟腹甲416、775、11274、14173，是卜兆刻划、卜辞刻于反面的龟腹甲。当然，我们在表中只是列举了著录卜兆刻划甲骨的一部分，并非全部。

再者，中国西南少数民族中流行的羊胛骨占卜习俗，可以与殷墟甲骨占卜相互印证。云南永胜县他鲁人用“羊卜骨”占卜，当骨面经过烧灼爆裂后，会在“骨的反面（即有脊的一面）已经烧裂处涂抹一番，再用手沾一点唾液，将黑灰揩去。这时裂纹内有了黑灰，就清晰地显露出来了，这就是‘卜兆’”，“盖裂纹初显现时，细如毛发，只有用墨或黑灰之类涂抹以后，纹内嵌入黑色（即所谓‘食墨’），才能清晰地显示出来”[①]。这种“用黑灰轻轻涂抹羊胛骨正面使兆纹明显，则有助于探讨殷墟甲骨刻兆涂朱墨以及刻辞涂朱填墨的原初意义所在”[②]。

以上，我们论述了颜色、大小、长短、粗细、曲直、显隐等卜兆判定的综合因素；简述了几种兆辞的属性、意义；评述了卜兆刻划原因的四种观点——“美观说”“兆纹加深、避免犯兆说”“卜兆明显说”“使用冷卜挖刻方式说”，而卜兆刻划有助于殷人对卜兆进行定性，所以我们提出的“卜兆定性说”应该更符合卜兆刻划的最终目的。由此三个方面，对卜兆进行定性。所以，我们在判定卜兆吉凶、是否之时，需要考虑卜兆本身的综合因素，还要结合记兆术语、卜兆刻划等相关问题。也就是说，从卜兆的定性而言，卜兆本身的综合因素是判兆的首要标准，记兆术语的本质属性是兆辞，“卜兆定性说”更符合卜兆刻划的最终目的。

---

① 林声：《云南永胜县彝族他鲁人“羊骨卜”的调查与研究》，《考古》1964年第2期。

② 宋镇豪：《殷墟甲骨占卜程式的追索》，《文物》2000年第4期。

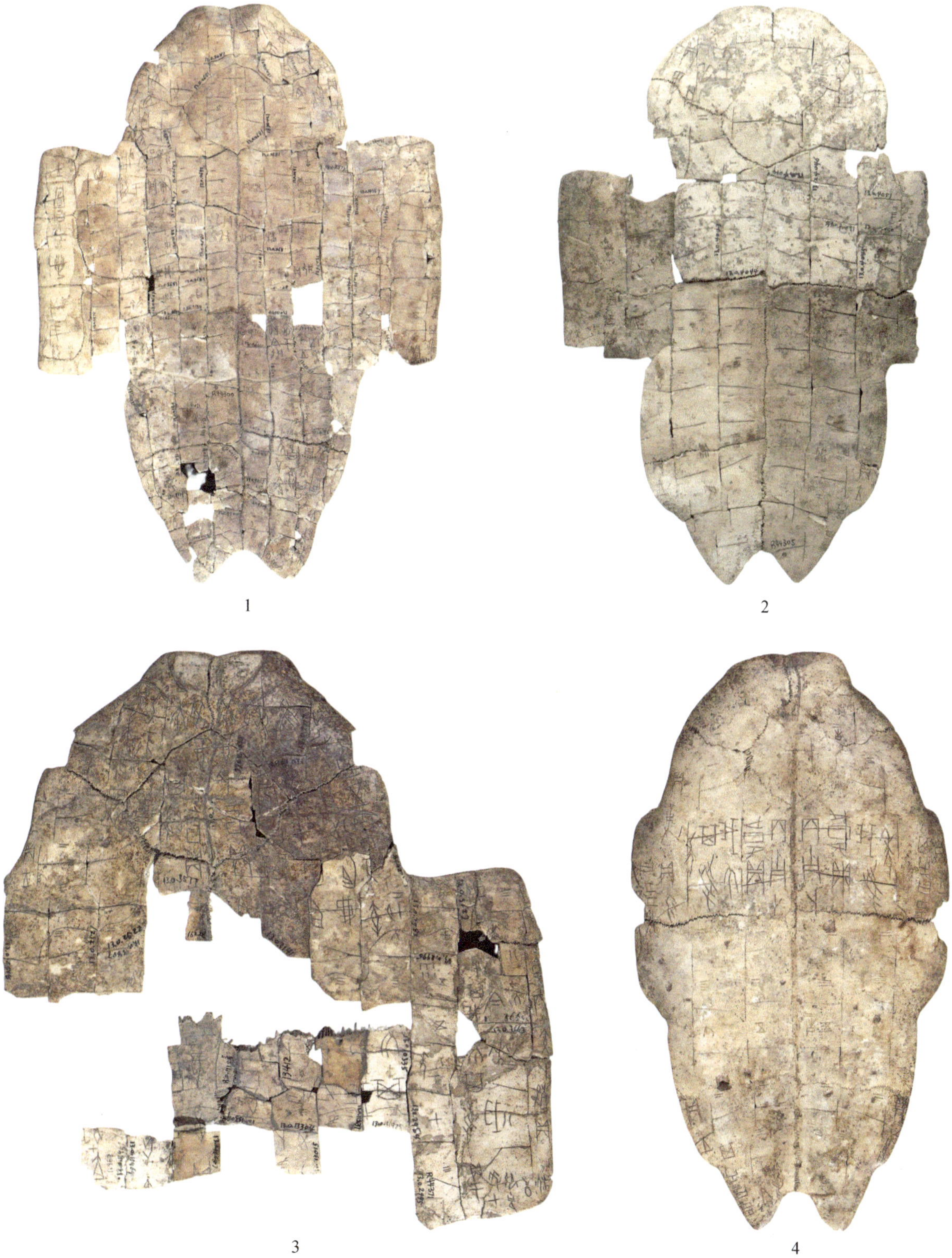

1　2　3　4

图6-49　卜甲

# 小　结

本章论述了甲骨卜兆的相关问题，简单总结如下：

一，卜兆分墨、坼、首、身、足、内、外等部位的记载起源甚早，“墨”是指卜兆的纵向兆干，“坼”是指卜兆的横向兆枝。兆干分为首、身、足等部位，靠近兆干处的兆枝为“内”，兆枝的末端为“外”。

卜兆的基本类型有身正型、首俯型、首仰型、首上开型、足俯型、足肣型、足开型、首仰足俯型、首俯足肣型、首上开足肣型、首上开足俯型、身节折型、一干二枝型、二干一枝型、二干二枝型、二干并列无兆枝型、一干型，等等。

甲骨上的卜兆显示的规律：某些卜兆形态比较常见或少见。卜兆的首、身、足、内、外的延伸走向都有一定的规律。某些卜兆形态只出现于龟甲或兽骨之上。某些比较少见的卜兆特例，属于非吉兆的性质。龟腹甲之上卜兆的最大特征是其对称性。龟腹甲卜兆的横向兆枝基本都是向着中间千里路延伸的，但也有变例。一片甲骨之上可以有若干类型的卜兆。卜兆的特征表现在纵向兆干和横向兆枝的延伸走向方面，以及二者本身的长度和裂纹的宽度。

二，钻凿与卜兆的关联性在于钻凿、烧灼、卜兆三者相对应。长凿引导纵向兆干，圆钻引导横向兆枝，长凿和圆钻组合在一起共同引导卜兆的延伸走向，钻凿形态在很大程度上决定了卜兆型式。

三，卜兆是占卜的核心、灵魂和关键。我们从三个方面对卜兆进行定性：颜色、大小、长短、粗细、曲直、显隐等是卜兆本身的综合因素，这是判兆的首要标准。记兆术语为解释说明卜兆而契刻，其本质属性是兆辞。卜兆刻划有助于殷人对卜兆进行定性，“卜兆定性说”更符合卜兆刻划的目的。

# 第七章　甲骨文字的书写和契刻

卜兆显示之后，殷人就开始在甲骨之上契刻卜辞。甲骨文字的契刻，体现了殷人精湛的书法。“卜辞契于龟甲，其契之美，而字之美，每令吾辈数千载后人神往……而行之疏密，字之结构，回环照应，井井有条……且有此为证，足知存世契文，实一代法书，而书之契之者乃殷世之钟王颜柳也。”①张光直指出：“骨卜与龟卜对古代艺术的贡献主要是在书法上面。卜辞的书法已经达到个别书家表现其作风的境地了。”②王宇信也曾指出：“甲骨文、金文十分古朴、劲遒，具有永恒的艺术魅力，堪称‘书法’之祖。”③冯时也说：“（殷周甲骨文）这些文字早已脱离了文字初创时期的幼稚状态，书契者深谙‘违而不犯，和而不同’的美学理念，结体和谐，章法多变，用笔流畅，刀法纯熟，文字虽显朴拙，却韵味无穷，终成一代法书，具有极高的审美意趣和艺术价值。”④所以，甲骨文字确实具备书法之精美。从艺术角度而言，甲骨书契就是商代流传下来的书法作品之一。

甲骨文字的书契，是一项专业的技术，“用刀刻在甲骨上是一种需要专门训练的特殊技巧”⑤。殷人“在坚硬的骨头上，能够刻出如此精美的文字来，对刻字者来说，必须掌握造字规律和行刀技法”⑥。所以，甲骨文字的书写和契刻，至少必须存在四个前提：一，熟练掌握书写和契刻技术的职官；二，比较适当的书契工具；三，相对成熟的甲骨文字；四，占卜活动的进行。在本章，我们主要论述甲骨文字书写和契刻的工具、书写与契刻的关系、卜辞和记事刻辞的行款走向、卜辞“守兆”和卜辞“犯兆”、甲骨文字的涂朱填墨等问题。

## 第一节　书写和契刻的工具

关于甲骨文字的书契工具，多数学者已经进行了探讨。孙诒让在其为《契文举例》的叙中引用《诗》《礼》等文献资料解说文字契刻与占卜之法，指出：“综斟杜、郑之义，知开龟有金契，有木契；杜据金契用以钻、凿，郑据木契用以然（燃）、灼，二者盖同名异物。金契即

---

① 郭沫若：《殷契粹编》，科学出版社，1965年，第10、11页。

② 〔美〕张光直：《考古学专题六讲》，文物出版社，1986年，第99页。

③ 王宇信：《甲骨学通论》，中国社会科学出版社，1999年，第445页。

④ 冯时：《殷代占卜书契制度研究》，《探古求原：考古杂志社成立十周年纪念学术文集》，科学出版社，2007年，第66页。

⑤ 林沄：《殷墟甲骨字迹研究——自组卜辞篇·序》，东北师范大学出版社，2002年，第3页。

⑥ 马如森：《殷墟甲骨学》，上海大学出版社，2007年，第59页。

刻书之刀凿。将卜，开甲俾易兆，卜竟，纪事以征吉，殆皆有契刻之事。”[①]经研究，甲骨书写和契刻的工具有毛笔、青铜刀、玉刀。

## 一、毛　　笔

先民使用毛笔书写的起源甚早。山西襄汾陶寺龙山文化陶寺类型晚期遗址所出的一件扁陶壶上，就发现有毛笔朱书的“文”字[②]。在郑州小双桥遗址也发现了写在陶大口尊上的朱书和墨书文字[③]。再者，商周时代的青铜器铭文，也有先用毛笔写出来，再制成范的[④]。

殷商时期的玉戈之上发现了毛笔书写的朱红色文字，在20世纪80年代，安阳小屯18号墓出土的玉戈18：46，援上有用毛笔书写的7个朱红色文字[⑤]。小屯东北地出土的陶器标本87H1：16，口沿内也有残存6个朱书文字，“笔锋挺拔，与小屯十八号墓所出土的朱书玉戈书体无大差异”[⑥]。1985年，在殷墟刘家庄发掘的10多座墓内扰土中发现了玉璋（玉璋残片居多。M54，28片上有朱书文字；M57，20片上有朱书文字；M64，6片上有朱书文字），玉璋上有朱书文字痕迹的残片不在少数，其中M42、M45、M57、M64四座墓葬出土的17片玉璋残片可以辨认出文字[⑦]。

殷人使用毛笔可作绘画，刘渊临曾指出：

> 殷人所用的绘画工具是毛笔。在殷虚出土的遗物中，虽然还没发现毛笔的直接证据，但是从许多间接的证据中，可以证明殷代的使用毛笔是相当普遍的，在前面所提过骨柶上的彩色绘画，盾牌上的彩画，与铜樟上的朱笔画，都是用毛笔绘画的，因为毛笔的笔毛，容易腐烂，绝不能埋在地下数千年而不腐烂的，所以我们想从地下挖出当时使用的毛笔实物来，是不可能的，然而我们从种种的遗迹上去看，当时的的确确是在使用毛笔。除上举的骨相彩色绘画，盾牌是彩画，与铜模上的朱笔绘画外，在甲骨文中，更可以普遍的见到很多用毛笔写的朱书文字[⑧]。

---

① （清）孙诒让：《契文举例》，蟫隐庐石印本，1904年，第1页。

② 李健民：《论陶寺遗址出土的朱书“文”字扁壶及相关问题》，《中国书法》2000年第10期。

③ 河南省文物考古研究所：《1995年郑州小双桥遗址的发掘》，《华夏考古》1996年第3期。

④ 洛阳文物工作队：《1975—1979年洛阳北窑西周铸铜遗址的发掘》，《考古》1983年第5期。

⑤ 中国社会科学院考古研究所安阳工作队：《安阳小屯村北的两座殷代墓》，《考古学报》1981年第4期。

⑥ 中国社会科学院考古研究所安阳工作队：《1987年安阳小屯村东北地的发掘》，《考古》1989年第10期。

⑦ 安阳市博物馆：《安阳铁西刘家庄南殷代墓葬发掘简报》，《中原文物》1986年第3期；王辉：《殷墟玉璋朱书文字蠡测》，《文博》1996年第5期。

⑧ 刘渊临：《殷代的绘画》，《史学·先秦史研究论集》（大陆杂志史学丛书第三辑第一册），大陆杂志社，1970年，第238页。

刘渊临从殷商的彩色绘画推测毛笔的普遍使用，毛笔可以在骨栖上、盾牌上、铜璋上进行绘画。再者，许进雄也认为殷商已经普遍使用毛笔书写文字①。

可知，商代确实已经使用毛笔书写文字。董作宾曾据《甲编》870、2636、2940三版，指出："在三块骨版上，偶然发现了几个残缺的毛笔书写的字，这两版是第三次发掘所得的，编号3.2.0531及3.2.0961出土于村北大连坑东畔；一版是第二次所得的，编号2.2.0506，出土于村中连坑二。前者属于第一期，后者属于第四期。这两版，确是毛笔书写之字，墨色因年久而又经过洗刷泥土之故，业已淡黄了，但是淡黄之色，却又侵入骨里，永久不退。"②后来，这三块骨版编入《甲骨文合集》，编号分别为35260（墨书；图7-1，1）、29813（朱书；图7-1，2）、18901（朱书；图7-1，3）。

刘一曼也认为殷墟卜用甲骨上不仅有契刻的卜辞，同时也存在朱墨两色的书写文字，还指出："殷墟甲骨距今已三千多年，它们长期湮埋于地下，经自然腐蚀，出土时不少甲骨刻辞字迹已不清，而在甲骨上的书辞，则保存更差，有的已完全褪色，有的字迹模糊，清晰可辨的书辞数量很少。过去。许多著录书只发表甲骨刻辞拓本，没有刊载书辞，有的在发表拓本的同时，虽也发表了甲骨书辞照片，但未附摹本，其上的书辞由于照相或制版技术欠佳，也不易辨识。所以很难精确统计出甲骨书辞的数目。"她还概述了卜甲和卜骨上的书辞③。

甲桥之上也有朱书者，如《合集》龟腹甲9783反面（图7-2，1）、龟腹甲13506反面（图7-2，2）、龟腹甲14208反面（图7-2，3），甲桥部位是朱书文字，没有契刻，因年代久

1　　2　　3

图7-1　朱书与墨书骨版

① 许进雄：《殷商已普遍使用毛笔》，《中原文献》1990年第4期。

② 董作宾：《甲骨文断代研究例》，《庆祝蔡元培先生六十五岁论文集》，国立中央研究院历史语言研究所，1933年，第417、418页。

③ 刘一曼：《试论殷墟甲骨书辞》，《考古》1991年第6期。

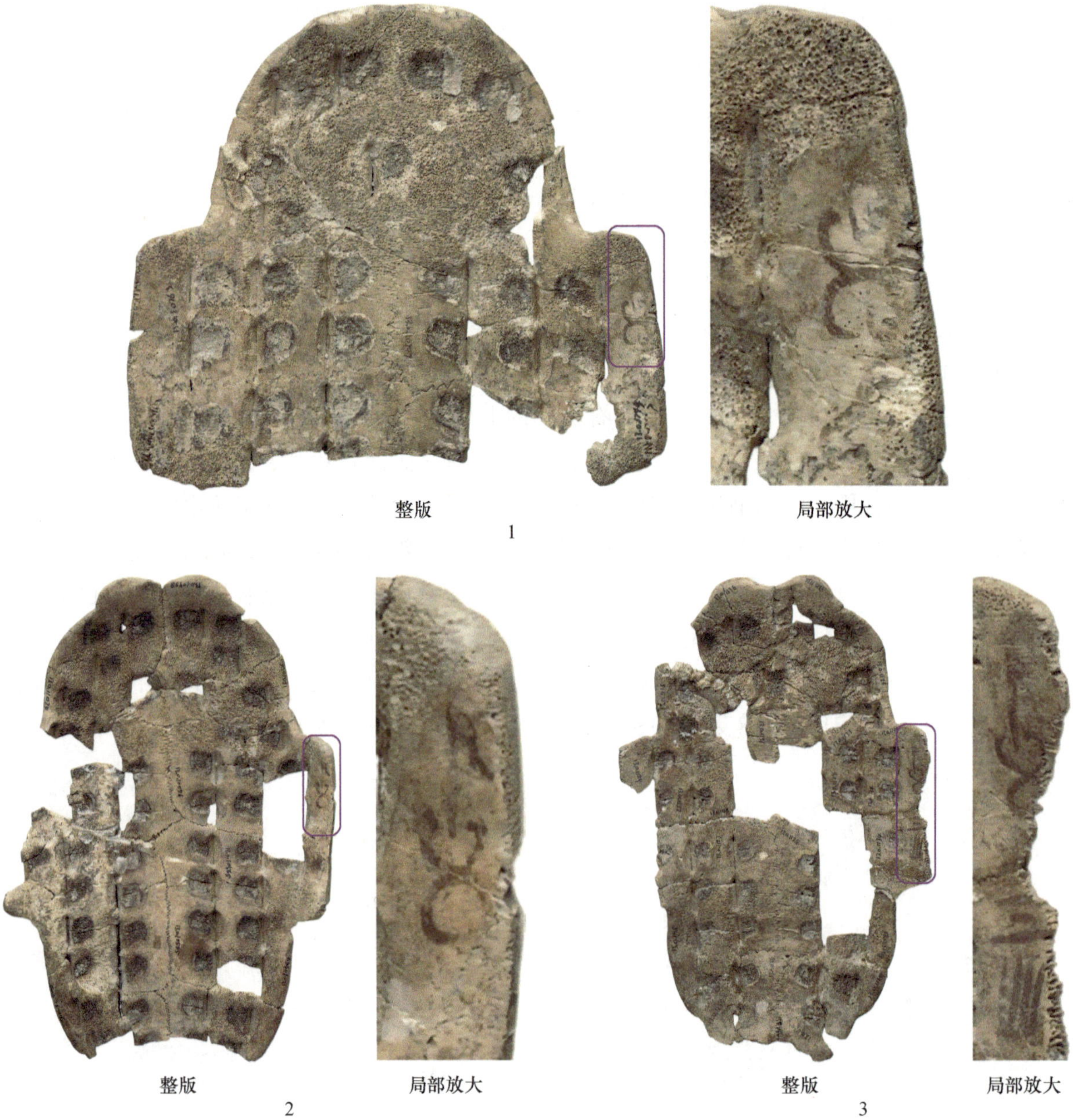


图7-2　朱书卜甲

远，有些文字的墨迹已经模糊。

在已释读的甲骨文字中就有了“笔”的文字记载，它形如以手握笔。“刻”与“写”是两种不同的文字表现形式，“刻”在经历了很多演变后，逐渐变成为保存“写”的原始状态的意义而存在。王蕴智指出：“以前我们曾根据文献记载和殷墟等商代遗址出土的硃书、墨书文字标本，把华夏先民运用毛笔的书写传统追溯到了商代。甲骨文习见（聿），‘聿’乃筆（笔）字初文，象手持笔状，商代人的册典即用毛笔在竹简上写成。”[①]但是，甲骨文中的“”多作地名、人名、祭名等，如下卜辞。这说明“聿”字应该与书写工具无关，我们难以

① 王蕴智：《远古陶器符号摹记》，《字学论集》，河南美术出版社，2004年，第11页。

从一个“”字而推测当时的用毛笔书写的实际。

□于聿田，母牋柬。二月。　　《合集》10084

□魚益，聿曰：之〔日〕允［魚］。　　《合集》18220

□㞢聿，午□入乙。三　　《合集》22063

丁丑卜，伊聿岁三牢。兹用　　《合集》32791

懿恭认为：“并且书写典册所用的毛笔和布帛竹木，由遗物遗文上来证明，在商王朝都已经有并且被所用了。例如用毛笔写字，在武丁时已盛行”，进而指出“龟册”是中国现存最古老的书[①]。林沄还曾推测：“商代和西周时代实际存在大量毛笔写的简牍文字，只是因为比甲骨刻辞和铜器铭文易朽而不能保存到今天。”[②]

许进雄也曾指出商代普遍使用毛笔的事实：

> 迄今所知，大量存在的中国最早文献，是三千多年前用刀刻在兽骨或龟甲上的商代贞卜文字。因此有少数人误会，以为商代的人们日常是以刀刻字作记录的，甚至有人以为要等到秦朝的蒙恬发明毛笔后，中国人才有以毛笔书写的事实，不知商代的甲骨和陶器都有以毛笔书写的事实。其实我们还有相当充分的理由相信，商代人已普遍使用毛笔书写文字了[③]。

综合考古出土玉戈玉璋之上的朱红色文字、青铜器毛笔文字、陶器口沿内的朱书文字、甲骨之上的朱书墨书文字、骨柶上的彩色绘画、盾牌上的彩画、铜樟上的朱笔画等，我们可以确定毛笔在商代已经使用于文字书写、绘画，或许使用还比较普遍。有的学者甚至认为“商代人们常用书写应该是用毛笔”[④]。

现今考古发现最早的毛笔属于战国时期。1953年，在长沙战国墓葬中发现了一支毛笔，全身套在一支小竹管里，杆长18.5、直径0.4、毛长2.5厘米，“这枝毛笔的发现，对中国毛笔的发明史是一个最重要证据，在研究中国文化史上是具有重大价值的”[⑤]。

可以确信，毛笔在商代已然用于文字书写了。在已出土的甲骨实物中也有少部分为毛笔书写的文字，据统计，其中卜骨书写例有18片，卜甲书写例有41片，经整理后列表如下：

《合集》《屯南》卜骨书写材料表，如以下18片（表7-1）：

**表7-1　卜骨书写统计表**

| 《合集》9片 | 《屯南》9片 |
|---|---|
| 18901、20576、28089、29813、35256、35257、35258、35259、35260 | 1028、1427、1453、2011、2732、2740、4163、4187、4194 |

① 懿恭：《我们最古的书：甲骨文—龟册》，《文物参考资料》1954年第5期。

② 林沄：《说“书契”》，《吉林师范大学学报》（人文社会科学版）2003年第1期。

③ 许进雄：《简明中国文字学》，中华书局，2009年，第18页。

④ 李学勤：《古文字学初阶》，中华书局，1997年，第24页。

⑤ 湖南省文物管理委员会：《长沙左家公山的战国木椁墓》，《文物参考资料》1954年第12期。

《合集》卜甲书写材料表，如以下40片（表7-2）：

**表7-2　卜甲书写统计表**

| 《合集》40片 |
| --- |
| 93反、98反、201反、376反、419反、488反、734反、973反、1285反、1385反、1780反、2754、5046反、6468反、6475反、6476反、7103反、8796反、9177反、9183反、9775反、11738、11892、11903、14129反、14208反、14542反、15563反、17301反、18899反、18900反（重见《合集》12315反）、18902、18903、18904、18905反、18906、18907、18909、29217、30966 |

当然，出土甲骨上的毛笔文字不止以上所列。甲骨之上还有书而未刻的文字，屈万里在《甲释》中指出四版“朱书未刻”的情况，即《甲编》2500、2506、2698、3586①。四版后编入《合集》，其编号分别为：《合集》11738（图7-3，1）、30966（图7-3，2）、27543（图7-3，3）、29217（图7-3，4），这四版卜骨“朱书未刻”的情况皆出现于其反面。另外，

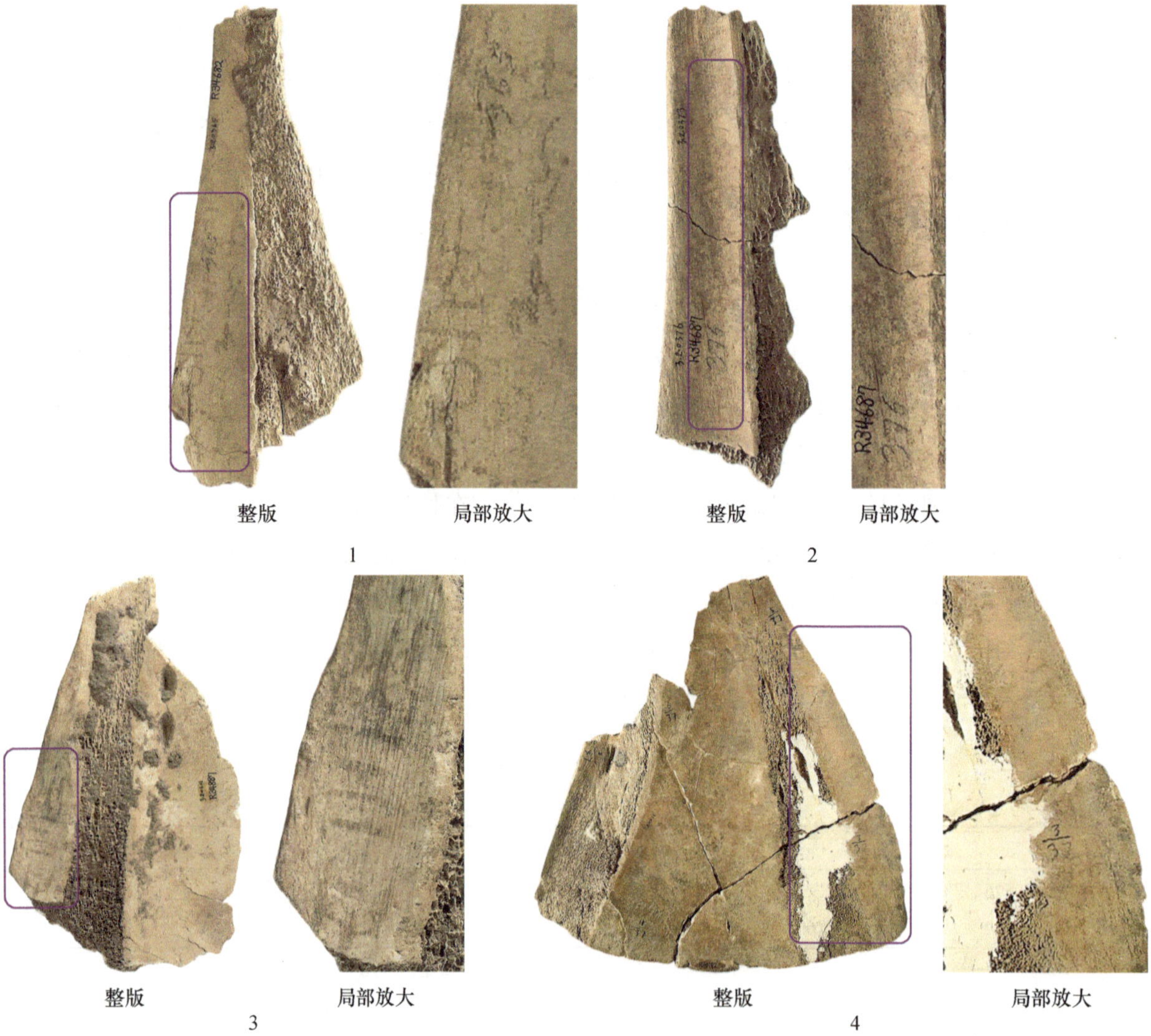


图7-3　“朱书未刻”骨版

① 屈万里：《殷虚文字甲编考释》（下），联经出版事业公司，1984年，第536、580、755页。

陈逸文在整理“中研院”历史语言研究所殷墟第一到第九次发掘所得甲骨的过程中，发现殷人在某些甲骨特定的位置上留有朱书文字，推测“这些朱书可能是自成体系的”①。陈逸文的观点可为朱书文字的研究提供借鉴。

## 二、青　铜　刀

殷人对甲骨进行契刻需要前期的专门培训，习刻甲骨就是很好的佐证。习刻甲骨证实了契刻技巧的获得需要不断的练习，也正因为这样，契刻者才能够对所刻甲骨的各种特性了如指掌，刻写才能流畅自如。殷人在成为契刻职官之前，必定经过了一番刻苦的训练，才能掌握契刻的技术。

图7-4　习刻卜骨

考古出土的某些习刻甲骨，就是例证，习刻者是直接用刀在甲骨上契刻的。如1953年，在郑州商城二里岗遗址发现两片甲骨，一片龟甲上有“㞢”字，一块动物肋骨上有“又㞢土羊乙贞受十月”10个字，经鉴定，均属习刻。殷商甲骨之上也有较多的习刻文字，如《合集》卜骨18910反面（图7-4）、18912正、18913正。

白玉峥认为习刻甲骨是“初习契刻者所遗留之习作”，这种“单画、单字或不能句读之字词，有的稚弱，有的颇为劲挺。稚弱者宜为习契者所作，劲挺者宜为师范之留痕”，还说明了四种习刻情形：

一，初习契刻：检坊间流传之甲骨资料书，所著录练习契刻之作不算稀少。

二，师徒授受：习契者于学习契刻之过程中，据理宜有指导之师、或契刻技术成熟之先进，从旁指导其方法，或其他注意之事者。

三，习范：练习契刻至相当程度，据时下流传之资料推察，习契者似有习范之阶段。

四，独立操觚：此所谓之独立操觚，其操觚者仍为习契之徒，惟其能力已臻于高徒，但未达于史官应具备之条件与能力者。

白玉峥还指出习刻所用的材质有“废弃之卜骨”“未经整治之胛骨”“腹甲及背甲”②。

甲骨的契刻和毛笔的书写有很大差异，在甲骨上刻字难以契刻得圆润，也不用求得笔画的

---

① 陈逸文：《“中研院”历史语言研究所殷墟第一到九次发掘所得甲骨之整理与研究》，台北中山大学博士论文，2013年，第55页。

② 白玉峥：《甲骨椝辞之辨识与分类》，《中国文字》（新十九期），艺文印书馆，1994年，第46、47页。

粗细程度，直起直入自然就能形成应该有的形式，落笔和收笔自然也是有笔锋存在。甲骨刻字是以刀为笔，故而与用毛笔直接书写有很大的差异。毛笔书写可以轻易横竖交换，而甲骨刻字时无论笔画是横或竖，直线都需要运用推刻来完成。但是推刻又需要根据每块骨料的形状不同而定，确保运刀的准确性，以便破除骨料对刻字的限制。运刀刻字，字的直画、横画先后顺序也有不同。董作宾指出："可以看得出他用笔是由上而下，由左而右，直与现代写字的笔顺无异，而契刻的方法，则是先刻每字的直画，后刻它们的横画，和书写是迥然不同的。"①

关于甲骨文字的契刻工具，在1927年，陆懋德就断言："亀甲兽骨文字者，其笔画极为工整，亦必为铜刀所刻"，"今考甲骨文确为铜刀所刻"②。

郭沫若曾设想：

> 甲骨文字是用铜刀或石刀刻在相当坚硬的龟甲兽骨上的东西。文字刻得很规整而美观，字大者径逾半寸，字小时细如芝麻。甲骨是很坚硬的东西，铜刀或石刀也并不是十分犀利的工具，为什么能刻出那样精巧的文字？许多年来，人们都怀抱着这个问题而没有得到解决。最近我联想到象牙工艺的工序，因而悟到甲骨在契刻文字或其他削治手续之前，必然是经过酸性溶液的池制，使之软化的。这样便使几十年来的怀疑涣然冰释了③。

但是，事实是否如此呢？首先，甲骨文字的契刻是在钻凿、烧灼、卜兆显示之后，若在契刻之前"经过酸性溶液的池制，使之软化的"，如何保证占卜的效果？再者，赵铨、钟少林、白荣金等人曾做过实验，结论是："运用青铜刀在骨料上刻字，无论是含水较多的新鲜骨料，或是已经干硬的陈骨，不经软化处理完全可以进行"，"用青铜刀具直接向不加处理的骨料上刻字，不仅是可能的，而且经模仿古人刀法，已经达到比较近似的程度"，"至于殷人刻字时，是否曾将骨料施行过某些软化措施，目前尚难确定"，"再结合出土甲骨文的细部观察，推测当时刻字的骨料并不很软，因为软化了的骨料反而难以刻出那样精巧规整的笔划来"④。所以，综合考虑占卜流程和甲骨文字的契刻实验，郭沫若的观点令人难以接受。

陈梦家曾感叹："关于书契所用的工具，正如锯、削、刮、凿所用的工具一样，我们还没有在当地找到当时的实物。它们不外乎坚硬的玉石或金属的锋刃具。"⑤然而，契刻的工具过去有种种猜测，考古发掘已经给我们提供了实物证据。"在第三次发掘大连坑附近大龟四版之地，我们曾发现一把小的铜刀，甚似现世刻字者所用，这大概就是殷人契刻文字的工具。"⑥

---

① 董作宾：《殷墟文字乙编·序》，《中国考古学报》（第四册），商务印书馆，1949年，第264页。

② 陆懋德：《由甲骨文考见商代之文化》，《清华大学学报》（自然科学版）1927年第2期。

③ 郭沫若：《古代文字之辨证的发展》，《考古》1972年第3期。

④ 赵铨、钟少林、白荣金：《甲骨文字契刻初探》，《考古》1982年第1期。

⑤ 陈梦家：《殷虚卜辞综述》，中华书局，1988年，第13页。

⑥ 董作宾：《甲骨文断代研究例》，《庆祝蔡元培先生六十五岁论文集》，国立中央研究院历史语言研究所，1933年，第418页。

小屯第186号墓葬曾出土两把龙首青铜小刀，石璋如据此推测“龙形为柄，口中所出之刀为刻刀。非常锋利，这刀或者是王之侍从随身佩带，占卜刻辞用的。其硬度相当的高。那么雕刻花骨也许是这一类的工具”[①]。而周鸿翔对此却有不同意见：“（石璋如）不敢肯定这一类刀在当时是用来刻字的，而事实上亦不大可能。因为契刻甲骨，不论刻字或雕镂，实在是不容易的，除了刀锋锐利外，尚要施用极大的指掌之力及腕力；而此二刀的刀柄成龙形（或兽形），凹凸崎岖，无从掌握，更遑论操刀，用力，契刻？”[②]我们认为周鸿翔的观点有道理，这两把龙形为柄的铜刀难作文字刻刀用。

以上意见是由于出土实物的限制，学者只是推测青铜刀为文字的契刻工具。随着考古发掘工作的进展，出土青铜刻刀的数量逐渐增多。在安阳大司空村殷代文化层出土了几件青铜小刻刀[③]。殷墟西区出土25件小型青铜刀[④]。白家坟西出土3件青铜刀。安阳苗圃北地还出土过1件铸造精致的“立鸟形铜雕刀”。大司空村还出土了青铜锥，如ST307④B：2（长条形，末端圆尖）[⑤]。郭家庄出土2件刻刀，“刃部已失”[⑥]。王裕口村南地出土1件青铜刀[⑦]。据研究，考古遗址出土的青铜刀可供契刻甲骨文字之用，而青铜锥可充作刻划细线之用，如有些卜骨上的数字符号。

青铜刀的出土，为甲骨文字契刻工具的研究提供了实物佐证。周鸿翔认为：“（甲骨文）字沟之研究，于甲骨辨伪关系甚大；而字沟之形成，则来自刻字刀”，“据本人经验，即使用现代的锋利的铁或钢质刻字刀，倘非技术熟练，要在新鲜的甲骨表面刻写类似甲骨文之笔画，尚非易事，况用玉刀”，“商殷时代的刻字刀是青铜制的，间或有用玉的，但其锋利与便于契刻处，似不及青铜，所以青铜刻刀应较碧玉刀实用而普遍”[⑧]。周鸿翔在此文中还简述了治印者刻字的三种执刀法，甲骨文字沟的横剖面“双斜形”“一直一斜形”“半圆形”“平底形”四种形状（也即四种刀锋形态），借以推测商代刻字刀的情况。可是，周鸿翔所依据的材料仅是出土的五把刀“龙形铜刻刀（甲）”“龙形铜刻刀（乙）”“铜刻刀”“鱼形玉刀”“碧玉刻刀”，只是推测了商代甲骨文字刻刀的长度、外形、锋刃等。

---

① 石璋如：《小屯后五次发掘的重要发现》，《六同别录》，国立中央研究院历史语言研究所，1945年，第34页。

② 周鸿翔：《殷代刻字刀的推测》，《联合书院学报》1967年第6期。

③ 赵铨、钟少林、白荣金：《甲骨文字契刻初探》，《考古》1982年第1期。文末注释做了说明：“这五件铜刻刀，是考古所工作队提供的，均为大司空遗址中出土（尚未发表）。”

④ 中国社会科学院考古研究所安阳工作队：《1969—1977年殷墟西区墓葬发掘报告》，《考古学报》1979年第1期。

⑤ 中国社会科学院考古研究所编著：《殷墟发掘报告1958—1961》，文物出版社，1987年，第167、168、245页。

⑥ 中国社会科学院考古研究所编著：《安阳殷墟郭家庄商代墓葬》，中国大百科全书出版社，1998年，第54、55页。

⑦ 中国社会科学院考古研究所安阳工作队：《河南安阳市殷墟王裕口村南地2009年发掘简报》，《考古》2012年第12期。

⑧ 周鸿翔：《殷代刻字刀的推测》，《联合书院学报》1967年第6期。

另外，某些学者则开始以实验的方法推论甲骨文字的契刻工具。赵铨等人对出土的一些青铜刀具进行了较为详细的介绍，如大司空村殷代文化层中出土的几件青铜小刻刀，其中描述道：“其中一件小刻刀通长5.63厘米，前段刀身扁长，平刃宽0.6厘米，刃的两侧均为斜面形成对称楔角，后段为圆锥形。另一件刻刀通长5.44厘米，呈四棱长条形，尾端细，前端扁而略宽，平刃宽0.48厘米，锋刃两侧之楔角夹面一直一斜。再一件刻刀刀体呈三棱形，残长5.24厘米，前端为鸭嘴形，似为斜刃，刃宽0.56厘米，后端残断，原长不明，有可能磨为三棱形锋刃，两头使用。”赵铨等人也对青铜刀的化学成分提出看法：青铜刀含锡量在20%—25%之间，其硬度和韧性都比较适中，而含锡量较多，硬度虽然提高，但是脆性也会提高，契刻时容易折断损毁；而含锡量少的青铜刀，契刻时虽然可以刻写，但是刀锋又容易出现卷刃的现象，使得刀锋偏向于疲软，出现刻写不耐用的状况。然而测试青铜刀具也不能简单地用出土的青铜刀进行实际的契刻测试，殷代的青铜刀保存到现在经过了几千年，它的成分、硬度、物理和化学等方面的特性发生了很大的变化，不易于简单地作为实验研究的依据。青铜刀由于铜和锡的混合比例不同，呈现出不一样的硬度与韧性，而青铜刀的刃部被磨合成何种几何形状则决定着这把道具的锋利程度和契刻使用方式方法。刀具的锋刃有平刃和斜刃之分，纵断面又有单面刃和双面刃之别。青铜刻刀在契刻时由于用力的角度会有差异，以至于刀刃和某一个侧面在起着切割的作用，而锋刃和另一面则起着挤压侧面的作用，在此作用下使得一面形成比较光滑的侧面，另一面就形成较为粗糙的表面现象。一般情况下，从放大的甲骨文字来看大多是一刀就刻画而成，可从切面的光滑程度进行判断出来[①]。刘一曼认为赵铨等人的“此种看法较合理”[②]。

张光远倾向于某些卜辞乃先书后刻，认为晚商卜辞的刻字方法有直锋、单锋、双锋、平锋之别，指出：

> 关于操刀刻字的笔顺先后，非作实验不能体悟。其用锥尖之直锋刻法，已如上述，其用刀作单锋或双锋之刻，若按笔顺逐字刻出，则需频频转动甲骨版面，以应运刀之便……（古人）他们可以将同行或全条卜辞之同向笔画，一口气刻出，则转动版面的次数，可减至最少限度，这就大大方便了。但如此刻法，有一先决条件，就是卜辞必须先用毛笔写在甲骨上，刻工才能循着墨迹同向齐刻，所以说甲骨卜辞大多应先写后刻，实在有其技术性的需要[③]。

朱鸿元“对于青铜刀具作了一次仿古模拟性的试验，并在牛腿骨上进行过契刻甲骨文字的试验”，认为“玉刀决然不能契刻甲骨文字，因为任何玉石虽硬但纯属脆性，想必另有他用，青铜制刻刀则是极有可能的”，“（青铜）刻刀和现代雕刻用刀相像之处极多。问题是刀的锋

① 赵铨、钟少林、白荣金：《甲骨文字契刻初探》，《考古》1982年第1期。

② 刘一曼：《殷墟考古与甲骨学研究》，云南人民出版社，2019年，第127页。

③ 张光远：《从实验中探索晚商甲骨材料整治与卜刻的方法》（下），《汉学研究》1984年第2卷第2期，第453—457页。

刃形状不同”，后用平刀、三角刀、单口刀做了试验[①]。钱存训指出：“（甲骨文字）刻字的工具一说是动物的尖齿或玉刀，但最可能是铜刀和剞劂。根据最近观察摹刻实验所得出的体会是，刻字之前甲骨并不需要软化，刻字工具采用含锡量20%至25%的青铜刀，其硬度和韧性都很适宜于刻画。”[②]其实，动物的尖齿和甲骨同属于骨骼，硬度和韧度等物理性质基本一致，因此以动物尖齿在甲骨上契刻文字的可能性并不大。

张世超用猪骨、牛肩胛骨和钢制的刀三种材料做了实验，实验重点放在契刻的方法上，故对刀具的质料未作严格的选择，指出：“用我们设计的特殊形制的刻刀，可以实现这种刻法（契刻文字的理想方式是自上而下运刀），但仍不及推刻省力。用平刃或斜刃的刻刀推刻，可以比较顺利地在骨料上仿刻出甲骨文字”，“刀具的刃部不宜锋利，刃两侧的夹角应在四十五度至九十度之间”[③]。侯乃峰结合学者研究甲骨攻治工具的成果和出土青铜刀，同时考察了甲骨文刀形“契”字的含义，推测“殷墟考古出土的青铜刀，都应该可以看成是契刻甲骨文的工具”[④]。

综上可知，大多数学者认为青铜刻刀就是契刻甲骨文字的工具，殷墟陆续出土的多数青铜刻刀也可以佐证这一观点。加之某些契刻试验，我们认为甲骨契刻的工具是青铜刀。青铜刻刀的铸造因铜锡合金的比例不同，而表现出不同的硬度。刻刀的锋刃又因铸造和磨成的几何形状不同，影响着刻刀的锋利程度、机械强度和使用方法等问题。实际上，出土的青铜刀因年代久远，发生了一些化学和物理特性的改变，已经不适宜直接进行刻写的实验。故而直接实验，应以现在铸造的青铜刻刀在现在整治好的甲骨之上进行契刻实验。

## 三、玉　　刀

当然，除了青铜刀以外，有的学者认为甲骨文字是用玉刀契刻而成的。玉刻刀多出土于大、中型墓葬中，如武官大墓、妇好墓、郭家庄160号墓、花东54号墓。1950年，武官大墓出土一件碧玉刻刀，郭宝钧据此指出：“略如今日佩带的铜笔……殆墓主人佩玉仿当日实用刻字刀而模制者，至今日锋利仍可刻画龟甲。此亦此次重要发现之一。”[⑤]殷墟妇好墓出土二十三件玉刻刀，均为斜刃，“有两件刻刀，柄呈锥状，是一种可供两用的工具”[⑥]。

关于玉刀是不是真的可以使用，学者也有一些探讨。如前文已经论述，周鸿翔认为玉刀不

① 朱鸿元：《青铜刀契刻甲骨文字的探讨》，《甲骨文与殷商史》（第二辑），上海古籍出版社，1986年，第414—419页。

② 钱存训：《书于竹帛：中国古代的文字记录》，上海书店出版社，2004年，第27页。

③ 张世超：《殷墟甲骨字迹研究——𠂤组卜辞篇》，东北师范大学出版社，2002年，第71—75页。

④ 侯乃峰：《商周时期契龟刻字专用刀稽考》，《殷都学刊》2011年第2期。

⑤ 郭宝钧：《一九五〇年春殷墟发掘报告》，《中国考古学报》（第五册），中国科学院，1951年，第26页。

⑥ 中国社会科学院考古研究所编著：《殷墟妇好墓》，文物出版社，1980年，第143—146页。

宜契刻甲骨。再者，赵铨等人通过实验证明玉刀虽然也能使用，但玉料脆而易折断，且玉料难得并且磨制难度大，不会作为主要的刻字工具①。

王宇信则综合了青铜刻刀和玉刀两种意见，认为安阳殷墟出土的青铜刻刀和玉刀，就是商人的“刀笔”，但当时主要是以青铜刀进行甲骨文字契刻②。王宇信还指出：

> 笔者一九八四年十一月二十日在河南安阳筹备中国殷商文化国际研讨会期间，与杨升南友在安阳宾馆见到专攻坊刻甲骨的郑州工艺厂侯某。他将所携来的仿刻牛骨让我们欣赏，并谈起玉刀可以刻甲骨之事。他当场手操玉刀为我们做了表演，并云玉刀刻字，刃并不易折断，只不过是容易将尖用钝而已。但玉质硬度大，磨起来十分不容易……可见学者们推测的安阳殷墟出土玉刀为刻字工具的说法是又有道理的③。

王宇信的这个观点和赵铨等人的观点几乎一致，玉的硬度较大，不易磨制且容易折断，玉刻刀不宜作为主要的刻字工具。

美国学者艾兰使用新的考察方法“摄影机加于显微镜上的单字或其局部的照片”，“显微镜放大能显示刻道的形态，弄清用到刻划的次数以及笔画的先后”，对甲骨契刻字迹显微照片进行了考察研究，指出：“（《英藏》甲骨文）字的刻道在其边缘的角度，其深度，其边和底的曲度，其末端道抑下或扬起地方的形态等方面均有变化，但作为规律，它们总是圆形而不是尖形的，也就是说U形而不是V形的（有例外）”，“大多数甲骨文字的圆的U形刻道，表明是用石质而不是金属的刀契刻的，因为石不能磨成金属那样锋利。玉是一种硬得足以刻动甲骨的石……刻道形态的多变可以这样反映出契刻文字时使用多种不同的刀。罕见的V形刻道可能出于青铜刀……因此动物形玉刀不但是适合，而且大概就是常用以契刻甲骨文的刀”④。

后来，艾兰再次结合甲骨文字的刻道形态，认为大多数甲骨文字的U形刻道是用石刀契刻的，罕见的V形刻道可能出于青铜刀，青铜素面刻刀和玉刀也可能用于契刻甲骨文字⑤。

玉刻刀从出土的那一刻，其是否可以作为契刻工具就存在很大的争议。相对于青铜刻刀，玉质刻刀确实有一些本身的缺陷，如硬度、延展性等，这些都不如青铜刻刀所拥有的良好特性。再者，甲骨本身也有一定的硬度，若用玉刻刀契刻甲骨文字，势必会增加难度。再者，玉刻刀多出土于一些较为地位高贵的墓葬中，玉本身代表了墓主人在当时的地位和权势，并不是普通的墓主人所普遍享有的待遇，而契刻甲骨文字的多是贞人或专门的契刻者，这些普通刻手的墓葬中很难随葬大量玉刻刀。妇好墓中出土了大量的玉器，其中包括多种造型的玉刻刀，如鸟、鱼等，“刻刀柄端多有小孔，可佩戴，既是小型艺术品，又可实用”⑥。

① 赵铨、钟少林、白荣金：《甲骨文字契刻初探》，《考古》1982年第1期。

② 王宇信：《谈甲骨文与甲骨书法》，《郑州大学学报》（哲学社会科学版）1987年第1期。

③ 王宇信：《甲骨学通论》，中国社会科学出版社，1999年，第115、116页。

④ 〔美〕艾兰：《论甲骨文的契刻》，《英国所藏甲骨集》（下编），中华书局，1992年，第203—206页。

⑤ 〔美〕艾兰著，杨民等译：《早期中国历史思想与文化》，辽宁教育出版社，1999年，第170—174页。

⑥ 中国社会科学院考古研究所编著：《殷墟妇好墓》，文物出版社，1980年，第143页。

通过对前人学者所做的合理推断、青铜刀和玉刀契刻实验的对比，我们认为玉刻刀有两种较为确定实际的功能：首先，玉刻刀有钻孔，可以进行佩戴，且出土于墓主人身份较为高贵又有一定社会地位的墓葬中，所以玉刻刀具有一定的装饰功能以及身份的象征意义；其次，玉刻刀的玉质千差万别，有硬玉和软玉之分，考古出土的一些玉刻刀确实也有使用过的痕迹，那么玉刻刀作为契刻工具也有其一定的道理。但是，综合而言，玉刻刀并不是契刻甲骨文字的主要工具。

经过学者的努力，关于甲骨文字书写和契刻工具的研究已经取得很多成果，但是这些研究都是运用传统的手段，很少借助现代先进实验仪器，而且大多学者无法接触到甲骨实物进行观察分析。除此之外，上文已经论述，艾兰借助摄影机、显微镜观察甲骨文字的刻痕，赵铨、周鸿翔、郭世超等人运用实验的方法研究甲骨文字的契刻。

当然，也有学者认为殷商甲骨文并非全部用刀刻成。如朱清时，他从2005年春及2008年秋，两次到中国社会科学院考古研究所安阳工作站参观站内所藏甲骨文。“他运用数码式光纤显微镜对甲骨实物进行仔细观察，发现某些甲骨文（即本书的461、477片）上的文字发黑，但又并非字中填墨，而是由于当年‘灼烧’文字时产生的钙化部分与炭化部分的残存物所致。据此他认为晚商甲骨文字并非全部由刀子刻成，其中有一些是运用‘灼烧’（灼烧过的金属针契刻）技术而成。”①后来，康睿元又指出：大多数甲骨文均是直接用刀刻的，而少数甲骨文有“灼烧”现象，“这些甲骨文字都是在刀刻的基础上又‘灼烧’的（并非直接运用‘灼烧’技术而成）”②。

无论是先灼烧再契刻，还是先契刻再灼烧，可以确定的是甲骨文字契刻之后再行“灼烧”的技术确实存在。在此，借用《殷墟小屯村中村南甲骨》之言：

> 我们认为朱清时院士的发现及康睿元的试验，对研究甲骨文的情况是很有意义的，但上述观点的确认还需要对定为“灼刻”的甲骨文字字口（即凹槽）中的残存物进行化验、分析。再者，“灼烧”甲骨文是少数的特例，还是在甲骨文中占有相当的比例，当时是直接在甲骨片上灼刻文字，还是先刻后灼，或两者兼而有之等问题，也有待于今后对更多的刻辞甲骨进行显微镜观察和继续进行刀刻、灼刻的试验才能明了③。

另外，除了青铜刀、玉刀，还有学者认为甲骨文是保存至今的刀笔文字，且推测殷墟发现的一种弧形的削，可能是最古老的书刀④。

---

① 中国社会科学院考古研究所编著：《殷墟小屯村中村南甲骨》，云南人民出版社，2012年，第60页。

② 康睿元：《小议“灼烧而成的甲骨文”》，2005年12月20日中国社会科学院历史研究所先秦史研究室网站刊载，http://www.xianqin.org/xr_html/articles/jgyj/304.html。

③ 中国社会科学院考古研究所编著：《殷墟小屯村中村南甲骨》，云南人民出版社，2012年，第60页。

④ 唐际根：《殷墟：一个王朝的背影》，科学出版社，2009年，第185—194页。

综上，商代甲骨文字的书写和契刻的工具有毛笔、青铜刀、玉刀。毛笔为书写工具，青铜刀是甲骨文字主要的契刻工具，玉刀也可以契刻甲骨文字。这三种书契工具还涉及一个问题，那就是甲骨之上，书写与契刻的关系。

## 第二节　书写与契刻的关系

甲骨文字书契的另一个重要问题便是书写与契刻的关系，学界对此有三种观点：先书后刻；小字直接契刻，大字先书后刻；直接契刻。以下，分别论述。

### 一、先书后刻

图7-5　卜甲

董作宾指出："在殷虚发掘以前，我们只知道商代文字是用刀刻的，而不知是先写后刻，写字所用的是毛笔……现在不曾掘到商代的笔，而商代用毛笔书写的文字，却赫然出现于吾人之前：甲骨上写了未刻的叙辞随处可见。"[①]即董作宾认为甲骨文字是先用毛笔书写，再用刀契刻。董作宾还指出"（甲骨文字）乃用铜刀刻于龟的腹、背甲，牛的肩胛骨上之文字，刻字必先书写，故以'书契'连称"[②]。先书后刻是董作宾所坚持的观点。

甲骨文确实存在先书后刻之例，如《合集》龟腹甲6834正面（图7-5），其中甲、前甲、后甲部位的数条卜辞字体笔画比较粗壮，明显是先以毛笔书写，而后契刻的卜辞。

再如《合集》龟腹甲9775正面、龟腹甲4175正面、龟背甲14129反面，也都存在先书后刻的卜辞。张秉权曾在考释《乙编》6667（即《丙编》66，也即《合集》龟背甲14129反面，共11条卜辞；图7-6，1）时说：

① 董作宾：《中国文字在商代》，《董作宾先生全集·乙编·第四册》，艺文印书馆，1978年，第655页。
② 董作宾：《殷契周甲》，《董作宾先生全集·乙编·第三册》，艺文印书馆，1978年，第380页。

这里的所谓朱书，实际上并不是鲜明的朱色，只是一种暗褐色，这种颜料的化学成分是什么？未经定性分析之前，我不敢随便判断。在这一版上，有很多卜辞，是用毛笔写过以后再加以刻画的。我说它是毛笔写的，因为它们看起来与现代的毛笔字没有什么分别，至少笔尖应该是软而有弹性的，像后代的毛笔一样，而决不会是像现代的钢笔尖一类似的东西。其次，我说它是写而后刻，是因为在刻槽的上下和两侧，可以看到书写的痕迹。因为刻槽不及写的笔划来得粗。所以还留着书写的笔画。可以看得出来，而且还有一些卜辞，只是“书”而未曾“契”，如第（1）（2）（4）等辞。又如第（5）辞除了“吉”字写了未刻以外，其余的都是先书而后刻的，假如它们是先刻后写的，那么就不会有整条卜辞书而未刻的现象，也不会有一条卜辞中，大部分的字都刻了，只剩下一二字未刻的现象①。

刘一曼认为：“张秉权对YH127坑的甲骨作了多年的整理、研究，我们相信他的观察与判断。”②我们也认为张秉权所言属实。

李宗焜就以《乙编》5867存在先写后刻之例，指出：“刀子刻过之后，笔写的痕迹还在，墨迹笔画明显比刀刻的笔画粗，而且个别笔画书写得较长，刀刻的较短，这些现象都足以证明这是先写后刻的……当然，并非所有甲骨都需先经过写的过程，熟练的刻者，不需笔写也能刻出字来。”③《乙编》5867即《合集》12315反乙（龟甲；图7-6，2），先刻后写的是叙辞“丁未卜，永”，全辞为“丁未卜，永，贞：自今至于辛亥雨”，而先写后刻的序辞位于背面钻凿的旁边。

张世超认为：“毛笔字迹的笔道一般总要比契刻字迹的笔道粗，所以，先书后刻的字迹的笔道外侧当留有墨（朱）遗迹，如果卜辞真的都是先书后刻，或大字都是先书后刻的话，这种遗迹当不少见，而事实却并非如此。”④可知，张世超不否认一些甲骨字迹刻痕外沿留有的墨痕，但这种先书后刻的现象确实极其少见。

刘一曼曾讨论过甲骨文字“先书后刻”的问题，提出了四个疑问：

第一，甲骨文多数是刻于卜甲和卜骨的正面，部分刻于反面，如果甲骨文都是先书后刻，甲骨正面发现的书辞，应多于反面的书辞。可是，为什么除个别的书辞是书于甲骨正面外，其余都书于甲骨的反面呢？

第二，如果甲骨文都是先书后刻，在各期的卜辞中都应发现一些“书而忘刻”的书辞，但为什么这类书辞只见于武丁时期，其他各期，没发现它们的痕迹？

第三，甲骨文中常发现缺刻笔划的文字，如果甲骨文都是先书后刻，在缺刻的部位上，为什么没有书写过的痕迹？

---

① 张秉权：《殷虚文字丙编·上辑（一）》，“中研院”历史语言研究所，1957年，第99、100页。
② 刘一曼：《试论殷墟甲骨书辞》，《考古》1991年第6期。
③ 李宗焜：《当甲骨遇上考古：导览YH127坑》，“中研院”历史语言研究所，2006年，第70页。
④ 张世超：《殷墟甲骨字迹研究——自组卜辞篇》，东北师范大学出版社，2002年，第30页。

1　　2

图7-6　卜甲

第四，如果甲骨文都是先书后刻，作为底稿的书辞与刻辞字体应该基本相似，但为什么有许多书辞与同版的刻辞字体风格相差甚远呢？

她进而指出："以上几个问题都是'先书后刻'论者难以回答的。"①

刘一曼还认为"先书后刻"的这种看法是"片面的。因为在甲骨文中常见缺刻笔画的文字，但在缺刻笔画的部位上，总没有见到书写过的痕迹。再者，书辞字大，刻辞大、小字均有，书辞一般都是书于甲骨反面，而刻辞大多刻于正面，在反面的较少，而且书辞与刻辞字体风格相差甚远。这些现象表明，甲骨上的书辞大多数都不是作为刻辞的底稿而作的"②。此处，略举甲骨文字两例缺刻，如《合集》8895正面"不其得"的"得"字，存在缺刻笔画的现

① 刘一曼：《试论殷墟甲骨书辞》，《考古》1991年第6期。
② 刘一曼：《殷墟考古与甲骨学研究》，云南人民出版社，2019年，第128页。

象，就没有发现毛笔书写的痕迹。再如《合集》709正面（图7-7）的“疾”字，有的缺刻横画，有的缺刻直画，有未见毛笔书写的痕迹。至于刘一曼所说的第二种原因，这就是甲骨文字契刻的一般情况了。

可知，某些甲骨文字确实是先书后刻的，但这只是极少的现象，并不能代表所有的甲骨文字。

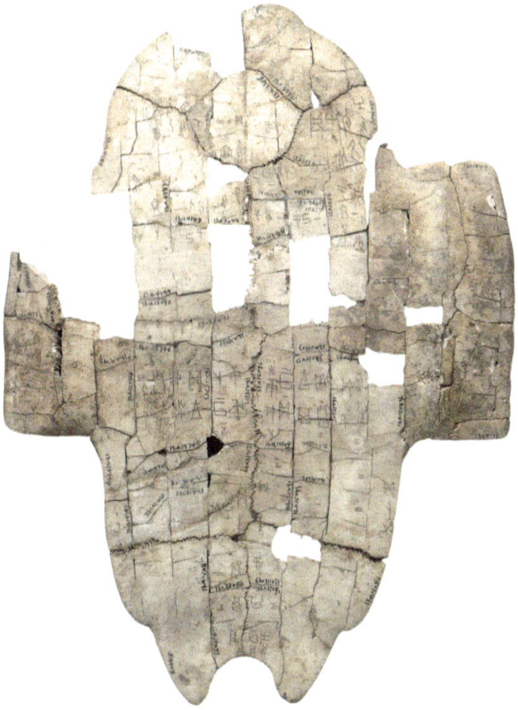
图7-7　卜甲

## 二、小字直接契刻，大字先书后刻

有些学者认为甲骨文字，小字直接契刻、大字先书后刻。胡厚宣就认为：“卜辞文字，先书后刻。惟习之既久，或不经书写，而直用刀焉。卜辞中之大字者，因须刻多次，始能完成。故必先写而后刻之，至其字小者，则往往随刀一刻，即可成文。”[①]胡厚宣的这个观点，得到不少学者的支持。如孟世凯就推测甲骨文：“有可能是刻大字卜辞，是先写而后刻。”[②]

再如，陈炜湛对董作宾的观点作了补充：

> 董氏所举《乙编》6667“贞乎”二字正是先书后刻的最好证据。写的字笔画很粗，中间的刻划则较细，大概是没有按笔画刻完。由此片看来，写的字比刻辞粗大些，是完全可以理解的。犹如今日治印，也是大都先写好底子，然后施刀，至于少数人直接刻上去者当然也有，但与先书后刻者并不矛盾。试看许多甲骨上的大字刻辞，笔画粗壮，雄深庄重，几与金文不相上下，很难想象，这些文字是直接用刀徒手刻上去的。……董作宾先书后刻之说既然不能否定，但是否甲骨文都是先书后刻的呢？那也不一定。笔者揣想，当时恐怕大字是先书后刻，小字则是直接刻的，因为刻辞确“有小如蝇头的，不容易先书后刻”。盖刻大字固难，写蝇头小字亦难，反不如直接施刻，故前者先书后刻，后者则不书而刻，这就是为什么甲骨文中字越大刀笔味越少，字越小刀笔味越重的缘故[③]。

---

① 胡厚宣：《卜辞杂例》，《中央研究院历史语言研究所集刊·第八本》（第三分册），商务印书馆，1939年，第401页。

② 孟世凯：《殷墟甲骨文简述》，文物出版社，1980年，第21页。

③ 陈炜湛：《甲骨文简论》，上海古籍出版社，1987年，第52、53页。

在此，陈炜湛合理地推测了“大字先书后刻，小字直接契刻”的情况。然而，并非所有的甲骨大字是先书后刻的。刘一曼就认为甲骨大字并非全部是先书后刻的，小字是直接契刻，甲骨文多是不书而刻，仅少数是先书后刻[①]。刘一曼还说“小字不书而刻”是“有道理的。在第一至五期的甲骨上，见有许多字体细小的卜辞，其中有的卜甲如‘易卦’大卜甲，其上的文字小如芝麻，细如发丝，要用放大镜才能看得清。刻细小的字，是难于先书后刻。当是直接用刀刻上去的。那么，‘大字先书后刻’是否正确呢？上文提到的先书后刻的甲骨，均属大字，说明确实存在这样的事实。但是，这样的例子，在整个大字刻辞中为数甚少……笔者在整理小屯南地及小屯村中的甲骨时，也曾审视过多片大字刻辞，在这些字的刻槽之上下和两侧槽壁，丝毫没有发现过书写过的痕迹。所以我们不能以偏概全，说甲骨文的大字都是先书后刻的。综上所述，我们认为绝大多数甲骨文是信手契刻而成的，仅极少数是先书后刻的”[②]。

我们结合甲骨文字，综合以上观点，可以确定甲骨小字是直接契刻的。学界的争议在于甲骨文大字是否是先书后刻。而今，可以确知，大多数的甲骨文大字是直接契刻的，却也存在少数大字先书后刻的情况。

## 三、直接契刻

除了上述甲骨文字“先书后刻”和“小字直接契刻，大字先书后刻”两种观点，还有的学者认为甲骨文字不存在先书后刻的现象，即直接契刻，这也是学界的主流观点。陈梦家指出：“少数卜辞与记卜事的有书于背面的……书写的字既然较刻辞粗大，且与刻辞相倒，所以书辞并非为刻辞而作的，更不是写了忘了刻了。刻辞中有小如蝇头的，不容易先书后刻，况且卜辞中所常用的字并不多，习惯了自然先直后横，本无需乎先书了作底子。”[③]郭沫若则直截了当地指出：“甲骨文不是先书后刻，而是信手刻上去的。”[④]日本学者崎川隆也持“大多数甲骨文直接契刻”的观点[⑤]。

前文已经论述了一些甲骨文先书后刻和甲骨大字先书后刻的情况，所以甲骨文字直接契刻的这种观点也不太全面。我们只能说在所有的甲骨文字中，直接契刻的文字占了绝大多数。

借助现代科技，或许可以破解甲骨文字的契刻之谜。赵孝龙运用到超景深数码显微镜对甲骨契刻方法进行了尝试性的分析，发现了甲骨文字锐器“书写”后再刻的现象，“即用锐器先在甲骨上‘写’出笔画极为纤细的文字，然后再进行正式契刻。在正式契刻的过程中，有的文字是在预先刻好的文字上将笔画继续加粗加深而成，也有另起笔画成字的现象。这类契刻方法尚属首次发现，如不借助显微镜，很难将其显露出来，此类文字的发现大大丰富了‘先写后

① 刘一曼：《试论殷墟甲骨书辞》，《考古》1991年第6期。

② 刘一曼：《殷墟考古与甲骨学研究》，云南人民出版社，2019年，第128、129页。

③ 陈梦家：《殷虚卜辞综述》，中华书局，1988年，第15页。

④ 郭沫若：《古代文字之辨证的发展》，《考古》1972年第3期。

⑤ 〔日〕崎川隆：《宾组甲骨文分类研究》，上海人民出版社，2011年，第30页。

刻'的甲骨文字资料”，而后，赵孝龙把文字的刻写方式分为了两种，分别是直接刻写和毛笔书写后再刻写。而先书后写又分为毛笔书写后再刻和锐器“书写”后再刻，其中以直接刻写较多，先写后刻出现的文字概率较低，毛笔书写后再刻最为少见。其次，甲骨文字的书写顺序有总的特征，但是不排除有一些特殊状况出现，据此也不能否认总的书写顺序特征[①]。

殷商时期的贞人和刻手在甲骨上进行契刻，使得后人有机会了解那个时期的占卜状况。研究者通过不断对甲骨文字的研究得出了丰富的结论，对书写和契刻的工具以及方式有了比较深刻的了解。商代甲骨上确实存在朱书、墨书的文字，以及先书后刻的文字，但是大多数甲骨文字还是直接契刻。再者，习刻甲骨文字，正是刻手在契刻前严格的训练，以求对甲骨的硬度纹理有更好的认识与适应，契刻精美的甲骨文字。

综上可知，甲骨文大字存在先书后刻的情况，大多数大字和小字都是直接契刻的。其实，“卜辞或先写后刻，或不写迳刻，或刻后再用毛笔涂以硃墨，有的甚至镶嵌绿松石作为艺术装饰，各种情况都有”[②]。所以，甲骨文字书写和契刻有一套方式，既有先书后刻，也有直接契刻，这两种方式是并存的，正如刘一曼所言“我们不能以偏概全”。以上就是甲骨文字的书写与契刻的关系。

另外，甲骨贞卜者和文字契刻者并非同一个人。常耀华就指出：“贞卜者与契刻者非为一人，各专其职，各负其责。几个贞人或几组贞人占卜的结果最后（或随时）都交于契者刻写”，且认为“几个卜官同时卜问同事之后的结果，都交予一人契刻”[③]。朱彦民也指出：“贞人不是史官，而贞人集团之下那些专门负责记事并刻写文字的人才是真正的史官。所以可以确定，殷代的史官负责记录记事卜辞。”[④]不只是占卜者和契刻者不是同一个人，结合甲骨文字书写和契刻的关系，我们认为书写者和契刻者也并非同一个人。

再者，书者、契者及其书契的甲骨文字，是甲骨分期、断代、分组、分类的一个关键的参考标准。我们可以根据甲骨文字的书契风格，对其进行分期断代、分组分类。蒋玉斌就认为：“商王朝和各家族的占卜机关内部，也存在发达的占卜文化，它们本身未必是完全一致的。同一主体也许拥有不同的占卜机关，同一占卜机关中也有可能使用来源、师承不同的刻手，这在卜辞的分类特征中都会有不同的体现。”[⑤]如今，利用甲骨文字体对甲骨刻辞进行分组分类，已经成为学界的主流。

---

① 赵孝龙：《甲骨文字契刻方法的初步显微分析》，《甲骨文与殷商史》（新七辑），上海古籍出版社，2017年，第347—356页。

② 吴浩坤、潘悠：《中国甲骨学史》，上海人民出版社，1985年，第85、86页。

③ 常耀华：《殷墟甲骨非王卜辞研究》，线装书局，2006年，第376、377页。

④ 朱彦民：《由甲骨文看“史”字本义及其早期流变》，《殷都学刊》2015年第4期。

⑤ 蒋玉斌：《殷墟子卜辞的整理与研究》，吉林大学博士学位论文，2006年，第10页。

# 第三节 卜辞和记事刻辞的行款走向

在前两节，我们论述了甲骨书写和契刻的工具，以及书写与契刻的关系。在本节，我们主要论述卜辞、记事刻辞的行款走向。

卜辞和记事刻辞的行款走向是甲骨文例研究的主要内容之一，“甲骨文例的研究应包括两个方面：一、卜辞和记事刻辞的行款走向、书契位置、先后次序、字体写刻习惯等；二、卜辞的结构形式（即叙辞、命辞、占辞、验辞、孚辞、兆序、兆辞）、同版或异版甲骨上的卜辞形式（即正反对贞、选贞、同文例、成套卜辞、成批卜辞等）”[①]。

卜辞文例对研读甲骨文极为重要，“无论是同版互较或是异版互较，都只是可观的透过材料的排比，让材料本身来说话。它能帮助我们缀补残缺的未知，而且呈现每一文字在句中的正确词性、词序和词意，从而归纳每一字在当日的真实用法。因此，甲骨文例的通盘分期整理，显然是今后研究甲骨的一重要方向”[②]。孙亚冰详细论述了甲骨文例研究的价值：有助于缀合、释读文字、通读整版卜辞、了解当时的卜法、研究殷商史[③]。而卜辞和记事刻辞的行款走向是甲骨文例研究的内容，由此可见二者研究的重要性。

故本节首先评述前贤的研究成果，然后总结甲骨卜辞和记事刻辞的行款走向及其一般规律。

（1）在甲骨学研究的初期，就有学者注意到了卜辞的文例问题，总结了卜辞行款走向的规律，此以胡光炜、董作宾、朱芳圃、胡厚宣等人为代表。

胡光炜的《甲骨文例》实为研究卜辞文例的第一本专著，论著上卷“形式篇”将甲骨文例分为二十八例，下卷“辞例篇”谈论了卜辞的语法[④]。当然，胡光炜的论著也存在一些缺陷，主要在于甲骨材料和研究方法，“胡氏作此书，用力甚勤，惜材料不足以供用，而方法亦欠精密……胡氏分类之详尽，固属甚善。然一则不别常例与例外；二则纲目不清；徒使读者对于契文，益增繁难之感，为可惜耳”[⑤]。但是，胡氏此著之价值，诚如张秉权之言：“筚路蓝缕，初立规模，艰苦缔造，亦非易事，后之学者，踵事增华，推陈出新，亦可有所遵循”[⑥]。后来，胡氏修缮、增补了《甲骨文例》，将其收入《胡小石论文集三编》，此文把文例分为三十一例，在原著的基础上增加了三例[⑦]（表7-3）。

---

① 孙亚冰：《殷墟花园庄东地甲骨文例研究》，上海古籍出版社，2014年，第2页。

② 朱歧祥：《甲骨文研究——中国古文字与文化论稿》，里仁书局，1998年，第348页。

③ 孙亚冰：《殷墟花园庄东地甲骨文例研究》，上海古籍出版社，2014年，第15—18页。

④ 胡光炜：《甲骨文例》，国立中山大学语言历史学研究所，1928年。

⑤ 董作宾：《商代龟卜之推测》，《安阳发掘报告》1929年第1期。

⑥ 张秉权：《甲骨文与甲骨学》，台湾编译馆，1988年，第150页。

⑦ 胡光炜：《胡小石论文集三编》，上海古籍出版社，1995年，第1—88页。

**表7-3　甲骨文例·形式**

| 《甲骨文例·形式篇》 | 《胡小石论文集三编·甲骨文例·行式篇》 |
| --- | --- |
| 1. 单字例 | 1. 单字例 |
| 2. 单列下行例 | 2. 单列下行例 |
| 3. 单列右行例 | 3. 单列右行例 |
| 4. 单列左行例 | 4. 单列左行例 |
| 5. 复列右行例 | 5. 复列右行例 |
| 6. 复列左行例 | 6. 复列左行例 |
| 7. 单复合右行例 | 7. 单复合右行例 |
| 8. 单复合左行例 | 8. 单复合左行例 |
| 9. 单列下行兼单列右行例 | 9. 单列下行兼单列右行例 |
| 10. 单列下行兼单列左行例 | 10. 单列下行兼单列左行例 |
| 11. 单列下行兼左行例 | 11. 单列下行兼上行例 |
| 12. 复右行兼单右行例 | 12. 复右行兼单右行例 |
| 13. 复右行兼单左行例 | 13. 复右行兼单左行例 |
| 14. 复左行兼单右行例 | 14. 复左行兼单右行例 |
| 15. 复左行兼单左行例 | 15. 复左行兼单左行例 |
| 16. 复左行兼单左行及单右行例 | 16. 复左行兼单左行及单右行例 |
| 17. 复左兼复右例 | 17. 复左行兼复右行例 |
| 18. 一方右行一方左行（左右向背者、左右相向者） | 18. 上下同右行例 |
| 19. 上行例 | 19. 上下同左行例 |
| 20. 倒书例 | 20. 上下背行例 |
| 21. 上下错行例 | 21. 一方右行一方左行（左右向背者、左右相向者） |
| 22. 互倒例 | 22. 上行例 |
| 23. 斜行例 | 23. 倒书例 |
| 24. 沾注例 | 24. 上下错行例 |
| 25. 句转例 | 25. 互倒例 |
| 26. 疏密例 | 26. 斜行例 |
| 27. 重文例 | 27. 沾注例 |
| 28. 合文例 | 28. 疏密例 |
| | 29. 重文例 |
| | 30. 合文例 |
| | 31. 反书例 |

董作宾将龟腹甲分为九个部位：中甲、首右甲、首左甲、前右甲、前左甲、后右甲、后左甲、尾右甲、尾左甲，据“取其同部位者排比之，其结果则同部位者其刻辞之例皆同”的定位法，分析了甲骨刻辞的体例和次序，总结出卜辞“沿中缝而刻辞者向外，在右右行，在左左行，沿首尾之两边者而刻辞者向内，在右左行，在左右行”的刻写规律，同时发现了“甲尾刻

辞”[①]。王宇信、杨升南评价说：“董氏的这一发现，远在胡光炜所论之上，总结出卜辞文例在龟甲上的行文格式特征，即使从今天来看，也是相当正确的。”[②]董作宾在王国维、王襄等人的研究基础之上，据甲骨实物研究了骨臼刻辞[③]。

朱芳圃认为甲文刻辞，左行右行之例有：“中甲：刻辞由中缝起，在右者右行，在左者左行；首右甲：由右边始，左行；首左甲：由左边始，右行；前右甲：除前足义之上由右边起者左行外，其余各辞一律右行；后右甲：除后足义之下由右边起者左行外，其余各辞一律右行；尾右甲：自右边起左行；前左甲、后左甲、尾左甲：刻辞皆与右方对称，其左右行适相反。”[④]可知，朱芳圃论述的甲文刻辞的行款走向，也是借鉴了董作宾的文例“定位法”。

后来，董作宾又将其文例“定位法”运用到卜骨文例之上，总结了卜骨的文例：凡完全之胛骨无论左右，沿近边两行之刻辞，在左方，皆为下行而左，间有下行而右者。在右方，皆为下行而右，亦间有下行及右行者。左胛骨中部如有刻辞，则下行而右，右胛骨中部反是，但亦有下行而右者[⑤]。董作宾还发现第三期贞人“狄”六版卜辞“特别复杂”的行文款式：一，把骨文中背兆刻辞法，用于龟版。二，凭空创立了五个格式，以补救背兆刻辞法的缺点。“这些都是狄的创作，第三期卜辞的奇怪的款式了。”[⑥]

胡厚宣发现了武丁时期的五种记事刻辞：“甲桥刻辞”“甲尾刻辞”“背甲刻辞”“骨臼刻辞”“骨面刻辞”，专门研究了骨臼刻辞的文例，指出其形式有六：一，右胛臼，以右为上，右行。二，右胛臼，以左为上，左行。三，右胛臼，以左为上，右行。四，左胛臼，以左为上，左行。五，左胛骨，以右为上，右行。六，左胛骨，以右为上，左行[⑦]。后来，董作宾修正了胡氏此文中的六种骨臼文例，罗列了胡氏文中未收入的两种文例，还指出胡氏五种记事刻辞实为三事：龟腹甲甲桥、龟背甲反面、牛胛骨骨臼[⑧]。

胡厚宣在董氏研究的基础之上，再次对卜辞的刻写规律进行了总结，指出：“写刻卜辞，皆有定例。大体言之，除一部分特殊情形者外，皆迎逆卜兆刻辞。如龟背甲右半者，其卜兆向左，卜辞则右行；左半者，其卜兆向右，卜辞则左行。龟腹甲右半者，其兆向左，卜辞则右行；左半者其兆向右，卜辞则左行。惟头尾及左右两桥边缘上之卜辞，则恒由内向外，即在右者左行，在左者右行，与前例相反。牛胛骨，左骨其兆向右，卜辞则左行；右骨其兆向左，卜辞则右行。惟近骨臼之一端，则往往两辞，由中间起，一左行，一右行，不拘前例。又龟腹甲

---

① 董作宾：《商代龟卜之推测》，《安阳发掘报告》1929年第1期。

② 王宇信、杨升南主编：《甲骨学一百年》，社会科学文献出版社，1999年，第259页。

③ 董作宾：《帚矛说——骨臼刻辞的研究》，《安阳发掘报告》1933年第4期。

④ 朱芳圃：《甲骨学商史编》（下册），中华书局，1935年，第21、22页。

⑤ 董作宾：《骨文例》，《中央研究院历史语言研究所集刊·第七本》（第一分册），商务印书馆，1936年，第11页。

⑥ 董作宾：《安阳侯家庄出土之甲骨文字》，《中国考古学报》（第一册），商务印书馆，1936年，第115、116页。

⑦ 胡厚宣：《武丁时五种记事刻辞考》，《甲骨学商史论丛初集》，齐鲁大学国学研究所，1944年，第470—475、516、517页。

⑧ 董作宾：《骨臼刻辞再考》，《“中研院”院刊》1954年第1辑。

背甲及牛胛骨，凡字多或字大者，往往不合文例，盖卜辞占地既多，情势使之然也。”[①]

胡厚宣还对异版甲骨上的同文例卜辞进行了整理、研究，“一事多卜之例，又有在不同之甲骨上为之者，则同一卜辞，常刻于每一甲骨。即今所谓卜辞同文之例也”，有：一辞同文例、二辞同文例、三辞同文例、四辞同文例、五辞同文例、六辞同文例、七辞同文例、八辞同文例、多辞同文例、辞同序同例、同文异史例、同文反正[②]。胡厚宣此文“通过甲骨卜数和序数的系联，把卜辞文例的研究从甲骨定位研究法及同版同文卜辞系联关系拓展到异版同文卜辞系联方面，也把甲骨文例的研究推进到了一个新的阶段”[③]。

胡光炜、董作宾、胡厚宣等人基本总结了甲骨卜辞、记事刻辞行款走向的规律，为后世学者的研究提供了范例。

（2）20世纪60—90年代，学界持续对甲骨卜辞和记事刻辞的行款走向进行研究，此以董作宾、李达良、严一萍、张秉权、朱歧祥等人为代表。

董作宾据殷代甲骨“文例”的“常例”“特例”指出：“所谓‘文例左行’者即‘下行而左’是常例，所谓‘文例右行’即‘下行而右’。凡是‘卜辞’，都为‘特例’。”[④]甲骨文例的“常例”和“特例”自然不出行款走向的一般规律。

李达良借用董作宾的“定位法”，参考《丙编》和胡厚宣新获大龟七版，在上半部“方位篇”中，将刻辞的行文方向分为正例和变例：正例右边（一，起边缘者向内下行而左例；二，起中缝及近中部位置向外下行而右例；三，起于内连甲桥用者向外下行而右例）、正例左边（一，起边缘者向内下行而右例；二，起中缝及近中部位置向外下行而左例；三，起于内连甲桥用者向外下行而左例）、变例直行例和变例横行例[⑤]。李氏此著“利用完整的龟版研究文例，从而揭示了整版卜辞的相互关系”[⑥]。李达良此著为以卜辞契刻起于甲骨何处为视角，研究了卜辞的行款走向。

严一萍也在董氏的基础之上，对卜辞的行款走向又有了新的论证，共辑录文例90式，他指出胛骨行文形式有56式、龟背甲行文形式有背2式、龟腹甲的行文格式有32式[⑦]。但是，严一萍所划分的文例90式，没有充分借鉴董作宾的文例“定位法”，总体略显杂乱。

张秉权详细论述了甲桥刻辞的内容和形式，将甲桥上记事刻辞的分布情形分为四种类型：一，右桥有刻辞，左桥无刻辞者；二，右桥有刻辞，左桥仅有签名或地名者；三，左右二桥均有刻辞者；四，左或右桥上之特例，据此总结了甲桥刻辞13种现象[⑧]。张秉权还归纳了董氏的

---

① 胡厚宣：《甲骨学绪论》，《甲骨学商史论丛二集》，齐鲁大学国学研究所，1945年，第428、429页。

② 胡厚宣：《卜辞同文例》，《中央研究院历史语言研究所集刊·第九本》（第二分册），商务印书馆，1947年，第135—184页。

③ 王宇信、杨升南主编：《甲骨学一百年》，社会科学文献出版社，1999年，第263页。

④ 董作宾：《殷代“文例”分“常例”、“特例”二种说》，《中国文字》（第6册），台湾大学文学院古文字学研究室编印，1962年，第592页。

⑤ 李达良：《龟版文例研究》，香港中文大学联合书院中文系，1972年，第31—68页。

⑥ 孙亚冰：《殷墟花园庄东地甲骨文例研究》，上海古籍出版社，2014年，第8页。

⑦ 严一萍：《甲骨学》，艺文印书馆，1978年，第983—1085页。

⑧ 张秉权：《甲桥刻辞探微》，《汉学研究》1984年第2卷第2期，第486—492页。

发现："龟腹甲上的卜辞，若从边缘起始，都是下行向内即向中缝，与卜兆坼裂方向相同，若从中间起始，则下行向外即向边缘，与卜兆坼裂的方向相反。"[①]

吴浩坤、潘悠认为龟腹甲卜兆内向对称，右面的卜兆向左，卜辞右行；左面的卜兆向右，卜辞则左行。龟背甲虽一剖为二，其卜兆卜辞的情况与腹甲同，其右半者卜兆向左，卜辞右行；左半者，卜兆向右，卜辞则左行。但龟甲首尾及左右两桥边缘上之卜辞，大都由外向内，即在右者左行，在左者右行，即"迎兆刻辞"和"顺兆刻辞"，但是刻写都有例外[②]。萧良瓊认为可以从相间刻辞的文例，推知相间刻辞和骨臼刻辞的关系，可以从迎兆刻辞、正反相接、同文卜辞等文例，推知"同对卜辞"[③]。

朱歧祥就龟甲和牛胛骨上常见的14类，论述了殷代卜辞"严谨而有系统的书写格式"，列举了六种龟甲对贞的行款（右正左反的正反对贞，两两成组；同在一边的正反对贞，各自成组；交叉相对成文的正反对贞；右反左正的正反对贞，两两成组；两两皆正，或左右、或上下相对；两两皆反，或左右、或上下相对）、八种牛胛骨对贞行款（右正左反的正反对贞，两两成组；两两皆正的左右对贞；两两皆反的左右对贞；上反下正的上下对贞；上正下反的上下对贞；隔组正反相对的上下对贞；两两皆正的上下对贞；两两皆反的上下对贞）[④]。后来，朱歧祥又列举了甲骨文同版互较和异版互较两种形式，进而指出甲骨文例通盘分期整理的重要性[⑤]。邹晓丽、李彤、冯丽萍提出了甲骨的四种基本卜辞行款：单列下行、单列右行（或左行）、左行和右行，进而提出卜辞的基本读法[⑥]。

（3）21世纪至今，甲骨卜辞行款走向的研究取得了丰硕的成果。此以刘一曼、曹定云、刘源、章秀霞、孙亚冰、刘风华、李旼姈等人为代表。

胡厚宣、胡振宇指出甲骨卜辞的文例，除一部分特殊情形外，皆迎逆卜兆刻辞，在甲骨头尾和左右两桥的卜辞则总是由内向外；牛肩胛骨左骨卜兆向右，卜辞则左行，右骨卜兆向左，卜辞则右行[⑦]。王玉哲指出："当时行文的文例，从卜辞中观察，一般来说是自上而下地直行，然后向左转行，但是靠甲骨外缘的卜辞都是向内转行。如在左侧边缘的卜辞向右转行，在右侧边缘的卜辞向左转行；在腹甲上，靠近当中'千里路'的卜辞则向外侧转行。"[⑧]

由于小屯南地、花园庄东地、村中村南甲骨著录的出版，屯南、花东、村中村南甲骨卜辞的文例研究成为学术热点。

---

① 张秉权：《甲骨文与甲骨学》，台湾编译馆，1988年，第78页。

② 吴浩坤、潘悠：《中国甲骨学史》，上海人民出版社，1985年，第90页。

③ 萧良瓊：《卜辞文例与卜辞的整理与研究》，《甲骨文与殷商史》（第二辑），上海古籍出版社，1986年，第24—64页。

④ 朱歧祥：《甲骨学论丛》，学生书局，1992年，第11—16页。

⑤ 朱歧祥：《甲骨文研究——中国古文字与文化论稿》，里仁书局，1998年，第344—349页。

⑥ 邹晓丽、李彤、冯丽萍：《甲骨文字学述要》，岳麓书社，1999年，第131、132页。

⑦ 胡厚宣、胡振宇：《殷商史》，上海人民出版社，2003年，第359页。

⑧ 王玉哲：《中华远古史》，上海人民出版社，2003年，第399页。

①屯南甲骨卜辞行款的研究。

姚志豪借鉴胡光炜、董作宾、胡厚宣等人在甲骨文例方面的研究成果，指出："所谓L形行款卜辞，是《屯南》卜辞中的常见例，一般是存在于胛骨的左右斜边，由于向下刻写时考量所余空间的不足，而形成顺着骨缘而向左、右折弯的文辞走向，极类似英文大写字母'L'的笔顺，因此笔者将之命名为'L形行款卜辞'"，以行列形式而言分为：①单行转单列，呈线状L形；②复行复列，呈条状L形。以刻写位置而言分为：①位在甲骨版左右边缘，顺势转折者；②位在骨版中央，遇骨缘或钻凿而转折者[①]。

②花东甲骨卜辞行款的研究。

刘一曼、曹定云指出H3坑卜甲行款较复杂，有九种形式：单列直行、单列左行或右行而下、单列左行或右行、单列转复列左行或右行、复列左行或右行、单列左行（或右行）而下再右行（或左行）、左行（或右行）而下再右行（或左行）、右行而下转左行再上行、下行而左或右[②]。

中国社会科学院考古研究所编著《殷墟花园庄东地甲骨》将H3卜甲卜辞排列形式分为：单列左行（或右行）而下、单列横行、左行（或右行）而下再右行（或左行）、单列转复列左行或右行、单列直行、左行（或右行）而下再复列右行（或左行）、复列左行（或右行）、单列左行（或右行）而下再左行（右行）、下行而左或下行而右、左行（或右行）而下再右行（左行）而下、复列右行再单列右行、单列转复列再单列右行、右行而下再右行而下转左行、右行而下再右行转复列而下、单列转复列右行再单列右行而下、下行而右再下行而右、右行而下再右行而下，并将其与过去发现的卜甲的行款做了比较；卜骨的行款分为：单列左行（或右行）而下、单列横行、左行（或右行）而下再右行（或左行）、左行（或右行）而下再复列右行（或左行），还有一特殊例[③]。这也是花园庄东地甲骨卜辞行款走向的基本情况。

刘源将殷墟花园庄东地的卜辞行款与卜兆结合起来，指出花东卜辞从兆枝的上方刻起，迎兆而行，然后绕兆而布局成形，行款形式表现为横行、折行和三面框形等形式[④]。张桂光指出花东刻辞的最大特色应该是对兆莹的粘附，其走向大致有迎兆刻辞、顺兆刻辞、背兆刻辞、迎兆刻辞转向、顺兆刻辞转向、绕兆刻辞、跨兆刻辞、圈兆刻辞[⑤]。张世超指出花东卜辞中的选贞卜辞注意到了在龟版上布局的相对关系，但不如对贞卜辞那般严谨[⑥]。黄德宽指出花东卜辞的契刻方式（即卜辞行款）主要有迎兆而刻、先迎兆再转向刻、顺兆而刻、先顺兆再转向刻、

---

① 姚志豪：《小屯南地甲骨句型与断代研究》，花木兰文化出版社，2013年，第148—155页。

② 刘一曼、曹定云：《殷墟花园庄东地甲骨卜辞选释与初步研究》，《考古学报》1999年第3期。

③ 中国社会科学院考古研究所编著：《殷墟花园庄东地甲骨》（第一分册），云南人民出版社，2003年，第22—25页。

④ 刘源：《试论殷墟花园庄东地卜辞的行款》，《故宫博物院院刊》2005年第1期。

⑤ 张桂光：《花园庄东地卜甲刻辞行款略说》，《花园庄东地甲骨论丛》，圣环图书股份有限公司，2006年，第65—72页。

⑥ 张世超：《殷墟花园庄东地甲骨字迹与相关问题》，《古文字研究》（第26辑），中华书局，2006年，第39—45页。

背兆而刻、先背兆再转向刻、向兆而刻、先向兆再转向刻及其他等九类[①]。

章秀霞对花东卜辞行款走向进行了系统的梳理，用力较深。章秀霞统计了花东甲骨上卜辞契刻时的行款走向与卜辞所粘附卜兆之间各种不同的组合状况，认为这些组合状况主要分为迎兆类、迎兆转向类、顺兆类、顺兆转向类、背兆类、背兆转向类、向兆类和向兆转向类八大类[②]。章秀霞将花东甲骨中作背兆类行款走向之卜辞的契刻，归纳出三个基本特征，认为花东卜辞行款走向与卜兆延伸有莫大关联[③]。章秀霞将兆序字或由兆序字系联起来的组卜兆的排列方式分为自内而外、自外而内、自上而下、自下而上、自内而外并自上而下、自内而外并自下而上、自上而下并自外而内、自下而上并自外而内、斜向而排、逆时针环形排列、混合排列和其他十二种排列方式[④]。可知，章秀霞对花东卜辞行款走向的研究比较全面，揭示了行款走向的众多形式。

孙亚冰专门研究了殷墟花园庄东地的甲骨文例，探寻出了花东卜辞行款的特点，她指出了花东30版99条的顺兆卜辞和组卜兆特例、因契刻空间不足转向另刻、卜辞首节在兆枝上方下行或兆枝下方下行、卜辞沿兆干内侧下行和其他5种逆兆特例[⑤]。

③村中村南甲骨卜辞行款的研究。

刘风华认为殷墟村南系列甲骨历二类卜辞的行款可分为骨条卜辞（首刻卜辞直行而下；骨条卜辞较少跳跃式刻写，行款较为规律，富有逻辑性）、骨面卜辞（成列卜辞从骨版中部竖行；从骨条溢出的卜辞）、骨顶卜辞（相向排列，相背而性；位于骨顶的卜辞上下位置相错；骨顶仅有一列卜辞；骨顶无卜辞，卜骨最上方的卜辞位于骨条最上方近于骨颈的地方）[⑥]。

此时期，除了专门研究屯南、花东、村中村南甲骨卜辞文例的成果，还有综合性的研究成果。如韩国学者李旼姈总结出了甲骨文一般行款形式（常用，分为：①单列直行；②单列横行—自左而右或自右而左；③下行而左或下行而右）和特殊行款形式（罕见，分为：①旋行、折行；②一条分为两段；③数条左右错行）[⑦]。各组类卜辞的文例研究也逐渐增多，如刘影指出𠂤组胛骨卜辞的行款走向有横行例、直行例、折行例、斜行例，𠂇类胛骨有直行例，村北系胛骨𠂤宾间类胛骨骨首有直行例[⑧]。再如，何会全面探讨了殷墟各组类王卜辞（宾组、𠂤组、出组、何组、黄类等）文例的特点及其差异、演变趋势，具体内容包括行款走向、版面布局、占卜次序、首刻卜辞等，指出文例研究对甲骨学具有重要的价值[⑨]。另外，方稚松还专门研究殷

① 黄德宽：《古文字学》，上海古籍出版社，2015年，第202页。

② 章秀霞：《花东卜辞行款走向与卜兆组合式的整理和研究》，《纪念王懿荣发现甲骨文110周年国际学术研讨会论文集》，社会科学文献出版社，2009年，第174—192页。

③ 章秀霞：《花东卜背兆类行款走向在卜甲上的分布特点》，《华夏考古》2014年第1期。

④ 章秀霞：《花东子卜辞与殷礼研究》，中华书局，2017年，第338—353页。

⑤ 孙亚冰：《殷墟花园庄东地甲骨文例研究》，上海古籍出版社，2014年，第37—71页。

⑥ 刘风华：《殷墟村南系列甲骨卜辞的整理与研究》，上海古籍出版社，2014年，第66—70页。

⑦ 〔韩〕李旼姈：《甲骨文例研究》，台湾古籍出版有限公司，2003年，第44—53页。

⑧ 刘影：《殷墟胛骨文例》，首都师范大学出版社，2016年，第43—71页。

⑨ 何会：《殷墟王卜辞龟腹甲文例研究》，中国社会科学出版社，2020年。

墟甲骨文的五种记事刻辞及五种外记事刻辞的相关问题[①]。

可知近年来，关于甲骨文例研究的论著逐渐增多，且多有创获。综上可知：

一，甲骨文例研究，一直是学界的热点。特别是卜辞和记事刻辞行款走向的研究，从甲骨学研究初期至今，已经取得了丰硕的成果，这不仅表现在某些论著的章节中，还表现在已有相当数量的专门研究的论著。

二，卜辞文例的某些观点不断修正，如胡光炜的《甲骨文例》，后收入其《胡小石论文集三编》中，文例增补为三十一例。再如殷墟花园庄东地甲骨卜辞的文例研究，成果最多，各论著的观点互相补正，观点已经趋于完善。

三，专门研究文例的论著，层出不穷，主要有胡光炜的《甲骨文例》、董作宾《骨文例》、董作宾《殷代“文例”分“常例”、“特例”二种说》、李达良《龟版文例研究》、刘源《试论殷墟花园庄东地卜辞的行款》、张桂光《花园庄东地卜甲刻辞行款略说》、章秀霞《花东卜辞行款走向与卜兆组合式的整理和研究》、孙亚冰《殷墟花园庄东地甲骨文例研究》、 李旼姈《甲骨文例研究》、刘影《殷墟胛骨文例》、何会《殷墟王卜辞龟腹甲文例研究》等。

四，有不少专门研究记事刻辞、骨臼刻辞和甲桥刻辞等的成果，如胡厚宣《武丁时五种记事刻辞考》、方稚松《殷墟甲骨文五种记事刻辞研究》和《殷墟甲骨文五种外记事刻辞研究》、董作宾《帚矛说——骨臼刻辞的研究》、董作宾《骨臼刻辞再考》、张秉权《甲桥刻辞探微》等。

五，出现了一些针对某一批甲骨卜辞行款走向的研究成果，花园庄东地甲骨卜辞行款的研究成果较多，如刘源《试论殷墟花园庄东地卜辞的行款》、张桂光《花园庄东地卜甲刻辞行款略说》、章秀霞《花东卜辞行款走向与卜兆组合式的整理和研究》、孙亚冰《殷墟花园庄东地甲骨文例研究》等。

六，鉴于学界对甲骨卜辞分组分类的成果，各组类卜辞文例的研究也逐渐兴起，如刘风华《殷墟村南系列甲骨卜辞的整理与研究》、刘影《殷墟胛骨文例》、何会《殷墟王卜辞龟腹甲文例研究》等。

综合而言，卜辞的行款走向都遵循“迎兆刻辞”和“顺兆刻辞”的规律，也有例外。

龟腹甲刻辞的一般规律是：在千里路右侧，卜兆向左，沿千里路向外刻辞者，刻辞则右行；在千里路左侧，卜兆向右，沿千里路向外刻辞者，刻辞则左行；沿首甲和尾甲的两边向内刻辞，在右左行，在左右行；刻辞起于边缘者，向内下行而左或右；刻辞起于中缝及近中部位置，向外下行而右或左；刻辞起于连接桥，向外下行而右或左；千里路左右两侧刻辞有单列下行或右行或左行；千里路左右两侧整行刻辞左行或右行。

龟背甲刻辞的一般规律是：右龟背甲部位，卜兆向左，卜辞则右行；左龟背甲部位，其卜兆向右，卜辞则左行。

---

① 方稚松：《殷墟甲骨文五种记事刻辞研究》，线装书局，2009年；方稚松：《殷墟甲骨文五种外记事刻辞研究》，上海古籍出版社，2021年。

胛骨刻辞的一般规律是：左牛胛骨的卜兆向右，卜辞则左行；右牛胛骨的卜兆向左，卜辞则右行。

卜辞和记事刻辞的行款走向，大抵如上所述，但也皆有变例。甲骨卜辞和记事刻辞的刻写都有一定的规律，对其行款走向的研究就是要分析总结所有甲骨的卜辞书刻情况，找出里面的一般规律，以更好更准确地释读甲骨文内容，同时也有助于我们更深入地了解殷商卜法和占卜制度。

当然，兆序数字也属于卜辞的内容，其行款走向的形式也应归于文例的研究范畴。饶宗颐指出龟甲之上兆序数字排列的四种类型：①同数。同一龟版上，只记着相同的某一数字，这类数字，只是由一到五而止；②等数。在同一龟版上，随着对称刻辞，左右两组的数字，完全相等；③差数。和等数相类，左右对贞，两组数字排列，但不相等；④变数。所记左右数字，不尽作对称，而无规则的[①]。

上文所引张秉权归纳出甲骨之上兆序数字的五种排列形式：自上而下；自内而外，自上而下；自外而内，自上而下；自下而上错综复杂，而没有一定的排列规则；[②]这是兆序数字排列的一般规律，这对我们研究商代灼龟开兆的步骤，启发甚大。孙亚冰也曾指出花东卜辞龟腹甲上同一条卜辞的序数排列的十一种形式：①自内而外（共97版166条）；②自内而外、自上而下（共15版20条）；③自内而外、自下而上（共17版23条）；④自外而内（共21版32条）；⑤自外而内、自上而下（兼有自外而内、自上而下两种，共1版1条）；⑥自外而内、自下而上（兼有自外而内、自下而上两种，共1版1条）；⑦自上而下（共38版45条）；⑧自下而上（共31版41条）；⑨自右而左（跨左右甲，共4版4条）；⑩自左而右（跨左右甲，共1版1条）；⑪错综复杂（共9版10条）[③]。但是，兆序数字行款走向的研究弱于卜辞和记事刻辞。

总之，学界对卜辞和记事刻辞行款走向的研究，无论是龟腹甲、龟背甲，还是牛胛骨、骨臼等，基本都趋于成熟，已经总结出了甲骨刻辞行款走向的一般规律和诸多变例。这些成果都得益于前贤在此方面的诸多建树，如胡光炜率先研究卜辞文例的“形式篇”、董作宾所创的甲骨文例“定位法”、胡厚宣研究甲骨卜辞和记事刻辞的方法等。

## 第四节　卜辞“守兆”和卜辞“犯兆”

卜辞契刻的一般规律是“守兆”，但也有“犯兆”的特殊情况。以下，我们分别论述这两种情况。

卜辞围绕卜兆，是卜辞契刻所坚守的一个原则，这一原则被称为卜辞“守兆”，“（卜辞）各式各样的记法，在甲骨上都可以找得出例子来的。但是有一个原则却是一定不变的，那

① 饶宗颐：《由卜兆记数推究殷人对于数的观念——龟卜象数论》，《庆祝董作宾先生六十五岁论文集》（下册），“中研院”历史语言研究所，1961年，第955页。

② 张秉权：《甲骨文与甲骨学》，台湾编译馆，1988年，第61、62页。

③ 孙亚冰：《殷墟花园庄东地甲骨文例研究》，上海古籍出版社，2014年，第145、146页。

就是它们都记在与它们有关的卜兆或灼穴附近”[①]。王宇信曾说：“殷人每灼龟占卜一次，就在兆枝的左（或右）上方刻下兆序，卜毕将所问之事刻在有关卜兆附近，也就是通常所说的卜辞‘守兆’。在甲骨上，刻辞的走向一般是‘迎兆’而不‘犯兆’。换一句通俗的话说，就是刻辞的走向与兆枝恰好相对，但又不能把字刻在卜兆上。”[②]

甲骨文中的序辞和兆辞都是围绕卜兆或钻凿上下契刻的，序辞刻于兆枝的上方，兆辞刻于兆枝的下方[③]。甲骨占辞“守兆”，也有一定的规律，《丙编》宾组龟腹甲占辞行款的守兆方式有：一，反面占辞跨写千里路两侧，与对贞命辞守兆；二，反面占辞单写于千里路一侧，与单贞命辞守兆[④]；三，我们可以根据卜兆判定卜甲残片的位置[⑤]。

在多数甲骨上，卜辞的契刻是需要避开卜兆的，此为卜辞“避兆”。这里需要指出的是，凡是卜辞，背面一定有钻凿痕迹和烧灼痕迹。如《合集》龟腹甲822（图7-8，1）、《合集》龟腹甲9775（图7-8，2），数条卜辞都围绕若干卜兆契刻，兆序数字刻于卜兆横向兆枝上侧。

1

2

图7-8　卜甲

① 张秉权：《甲骨文与甲骨学》，台湾编译馆，1988年，第65页。

② 王宇信：《甲骨学通论》，中国社会科学出版社，1999年，第146页。

③ 李爱辉：《甲骨序辞、兆辞释读中存在的几个问题》，《文献》2017年第5期。

④ 胡云凤：《占辞守兆考——以〈殷墟文字丙编〉为例》，《第三十二届中国文字学国际学术研讨会论文集》，台北教育大学语文与创作学系、中国文字学会主办，2021年，第40—45页。

⑤ 李延彦：《略论殷墟卜甲残片左右位置的辨识》，《故宫学刊》2018年第1期。

再如《花东》龟腹甲H3：502（图7-9），右甲“辛未”条卜辞的刻写位置是个靠近甲桥有弧度的版面，这里并不便于刻写，但在此位置的契刻卜辞的契刻在花东甲骨中很常见。由此可知，殷人在契刻卜辞时，都会尽量围绕卜兆且利用无卜兆的空地以避兆。

当然，“守兆”卜辞的契刻也有特殊的情况。如由蔡哲茂和林宏明先后缀合的胛骨《合集》7780正+《合补》534+《合补》3338+《合集》19387（图7-10）[①]，胛骨骨颈部位卜兆之旁契刻干支或干支卜，其对应的卜辞契刻于骨扇部位，即为了“守兆”，于卜兆之旁只刻干支或干支卜；为了“避兆”，将干支或干支卜所对应的卜辞刻于骨扇部位。这种卜辞“避兆”的现象比较明显。

整版　　局部放大

图7-9　卜甲

卜辞“守兆”和“避兆”是卜辞契刻的一般规律。但是，有些卜辞却并不回避，往往跨越在卜兆之上，此即卜辞“犯兆”。张秉权说：“有一部分卜辞，不避卜兆，我们称它们为‘犯兆卜辞’。”张秉权认为：一，被卜辞所犯的卜兆，大部分都是没有序数的，或者刻了序数之后又被铲除；二，龟腹甲上的犯兆卜辞，有对称现象，即“龟腹甲上左或右边的一辞犯兆，则

① 林宏明：《甲骨新缀第601例》，中国社会科学院历史研究所先秦史研究室网站：http://www.xianqin.org/blog/archives/5910.html，2015年12月24日。

与其对称的那些亦必是犯兆的”①。张秉权所言，是卜辞“犯兆”的部分现象。

后来，刘源撰文说：“卜辞何以会犯兆，答案其实很简单，即所犯非所守，其所犯的是没有兆序或刮去兆序的‘废兆’，同时其所守的卜兆则皆有兆序”；“卜辞侵犯的卜兆，就是无用的废兆”②。可见，刘源比较赞同张秉权关于卜辞“犯兆”的第一个观点，此文提出“犯兆”卜辞所侵犯的卜兆并非其所守的卜兆，这符合卜辞刻写的实际情况。

我们推测殷人会刻意标明“废兆”，如《复旦》186（图7-11），“左侧卜兆的兆枝上有两道纵向刻画，当表示此卜废弃不用。此类现象较难通过拓本发现（以往所知者见于《合集》226、《合集》940等），以彩照观之则甚明显”③。这两道刻痕明显与横向兆枝下侧的兆序数字不同，应该是为刻意标明卜兆而刻划。

图7-10　卜骨

图7-11　卜甲

卜辞“犯兆”的现象，多见于殷墟YH127坑出土甲骨之上。李宗焜说：“史官在根据卜兆判断吉凶后，就会把卜辞刻在卜兆旁边，通常刻卜辞时都会避开卜兆，一般称为‘避兆’。但YH127坑中的甲骨，有时可以看到卜辞刻在卜兆上的情形，一般称为‘犯兆’。”④

卜辞“犯兆”的情况，以武丁时期的卜辞最为常见，即殷墟第一期卜辞。如《合集》龟

① 张秉权首先提出卜辞“犯兆”的概念，张秉权：《卜龟腹甲的序数》，《“中研院”历史语言研究所集刊·第二十八本》（上册），“中研院”历史语言研究所，1956年，第237页；张秉权：《甲骨文与甲骨学》，台湾编译馆，1988年，第168页；张秉权：《殷虚卜龟之卜兆及其有关问题》，《“中研院”院刊》1954年第1辑。

② 刘源：《所谓卜辞犯兆是守兆的特殊形式》，中国社会科学院历史研究所先秦史研究室网站：https://www.xianqin.org/blog/archives/9658.html，2018年1月1日。

③ 吕静主编，葛亮编著：《复旦大学藏甲骨集》（下），上海古籍出版社，2019年，第615页。

④ 李宗焜：《当甲骨遇上考古：导览YH127坑》，“中研院”历史语言研究所，2006年，第42页。

腹甲5611（图7-12，1），左右前甲部位的两条卜辞“丙子卜，韦，贞：我受年”、“丙子卜，韦，贞：我不其受年”，属于左右对贞卜辞，这些甲骨文字契刻于卜兆之上，出现了卜辞“犯兆”的情况。甲骨卜辞“犯兆”的情况，位置以前甲和后甲居多，首甲、尾甲少见卜辞“犯兆”的情况。再如，《花东》龟腹甲H3：450+458正（图7-12，2），右半甲上某条卜辞的“祝”字刻在横向兆枝之上，也就是“犯兆”。章秀霞认为这一版“祝”字“所犯之兆无兆序字，卜兆亦经过刻画。武丁时期卜辞所犯之兆或为废兆，或仅是兆序字被刮去但并非废兆”，

整版

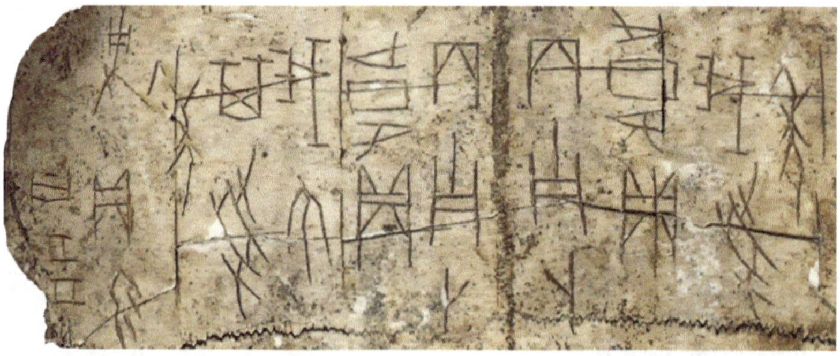

局部放大

1

整版

局部放大

2

图7-12　卜甲

花东这一例被侵犯的卜兆应该属于废兆[①]。

再如《合集》22378（重见《甲编》2302，图7-13），正面的卜辞“子”字“犯兆”，此版甲骨卜辞全部倒刻，情况比较特殊。

再者，还有一些“犯兆”卜辞涂朱的现象，这种现象多见于龟腹甲之上。如《合集》龟腹甲903正面（图7-14，1），其上有两条卜辞刻于左右后甲和尾甲部位，卜辞“犯兆”，字体粗大，且涂朱。

乙卯卜，㱿，贞：来乙亥酌下乙十伐㞢五，卯十宰。二旬㞢一日乙亥不酌，雨。五月。

勿𠏿隹乙亥酌下乙十伐㞢五，卯十宰，四☐

再如《合集》龟腹甲5611（图7-14，2），上文已经说明卜辞“犯兆”的情况，“犯兆”的两条卜辞刻于左右前甲部位，字体粗大，且涂朱。

丙子卜，韦，贞：我受年。

丙子卜，韦，贞：我不其受年。

图7-13　卜骨

此处，我们整理了一些卜辞“犯兆”的情况，制成下表（表7-4）：

**表7-4　卜辞“犯兆”甲骨统计表**

| 著录 | 编号 |
| --- | --- |
| 《合集》 | 龟腹甲734正、903正、3898正、5658正、6461正、6477正、6650正、6928正、10198正、10302正甲、11506正、12051正、12375正、12417正、13579正、13751正、35274+35263+《合补》10535正 |
| 《花东》 | 龟腹甲H3：435正、H3：479正、H3：1155正、H3：1472正 |
| 《卡》 | 龟腹甲76正 |
| 《英藏》 | 龟腹甲484正、485 |

有些甲骨卜辞为了“避兆”而缺刻笔画，如《复旦》龟腹甲144正面的“且”字“因犯兆而缺刻一横”[②]。《复旦》龟腹甲144（重见《殷契拾掇（三）》503，图7-15）。

并非所有的“犯兆”卜辞，都没有兆序数字。如《丙编》251（《合集》未收，图7-16），千里路两侧“庚戌卜”的两条对贞卜辞，皆属“犯兆”卜辞。这两条卜辞共侵犯十个卜兆，卜兆却都有兆序数字，且反面也有与之相对应的卜辞。显然，这十个卜兆，都不是废兆。所以，章秀霞、刘源的“废兆”论，还需观察所有甲骨卜辞“犯兆”的现象再做进一步完善。

---

① 章秀霞：《从花东甲骨看殷商时期甲骨占卜中的若干问题》，《中州学刊》2010年第6期；《花东子卜辞与殷礼研究》，中华书局，2017年，第330页。

② 吕静主编，葛亮编著：《复旦大学藏甲骨集》（下），上海古籍出版社，2019年，第366页。

整版

局部放大

1

整版

局部放大

2

图7-14 卜甲

图7-15 卜甲

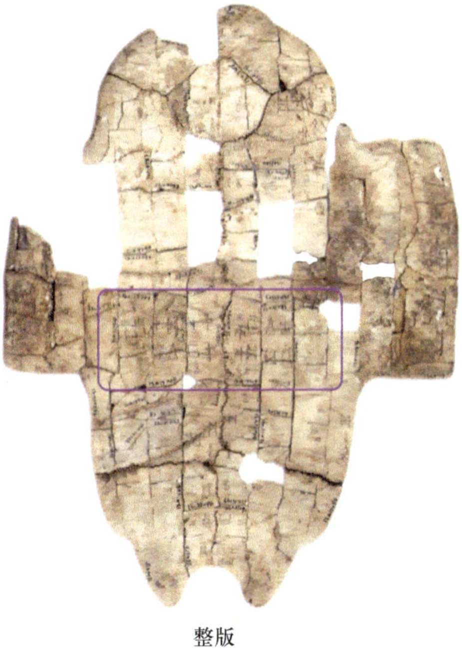

整版

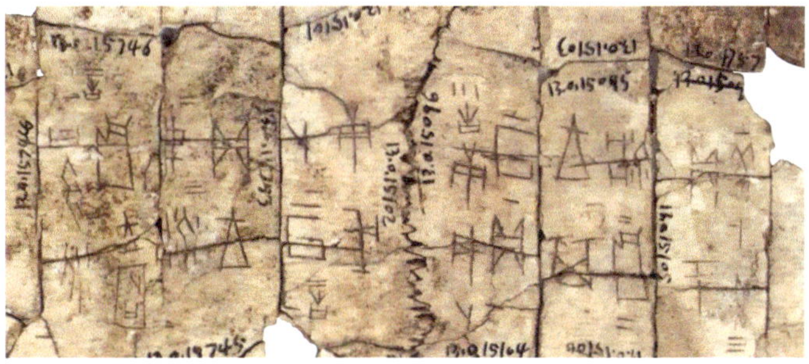

局部放大

图7-16 卜甲

卜辞“犯兆”的现象是探究其原因的基础。胡云凤基于张秉权、刘源所论，根据《丙编》57版的犯兆卜辞，讨论了宾组卜辞的“犯兆”现象。首先，梳理出被犯卜兆的序数及卜辞关系的四种类型，分别为：①被犯卜兆保留序数，拥有所属卜辞；②被犯卜兆无序数，拥有所属卜辞；③被犯卜兆保留序数，无所属卜辞；④被犯卜兆无序数，亦无所属卜辞。其次，探讨犯兆卜辞的守兆形式。最后，初步推测了宾组卜辞犯兆的两个原因：其一，犯兆卜辞所卜问的事件可能是商王所关心重视的，因而贞人在刻写这些卜辞时刻意放大字形，且压兆书写，将之与同版其他卜辞区隔开来，起到标注提醒的作用；其二，卜辞的犯兆可能也有着标识犯兆卜辞与被犯兆卜辞所问事件之间存在某种因承关系的作用。胡云凤还指出：“（《丙编》）宾组被卜辞侵犯的卜兆，在序数及所属卜辞的有无上，基本呈现上述的四种类型。虽然至目前为止我们对于这些卜辞犯兆刻写的原因，仍不得而知，但由这四种类型，也认识到被犯卜兆的序数及卜辞的有无情况十分复杂，对于刘氏将被犯卜兆简单视为‘无用的废兆’的观点，显然需要修打。”①胡云凤所持宾组卜辞“犯兆”的第一个原因，即“犯兆”卜辞的内容，涉及祭祀、征伐、生育、疾病、降祸、气象、出行、田猎等，这些仍是殷人占卜所问的主要事项，这并不能说明宾组卜辞“犯兆”的特殊原因。至于其第二个原因，或许可备一说。

再者，不只是甲骨卜辞，某些习刻文字也有“犯兆”的情形。如《甲编》2294（《合集》未收），这是陈逸文缀合的一版甲骨（图7-17），“诸字刻画浅而无力，‘己’字笔画不连接，且直接刻于卜兆上，犯兆情形非常明显，其后虽有钻凿与灼痕，但应是习书者利用卜完废弃甲骨练字之例”②。占卜所用的甲骨废弃之后，被当作习刻之物，这种情况比较常见。所以，殷人在卜后甲骨之上练习契刻，自然就会出现习刻文字“犯兆”的情况了。

如果不明白卜辞“犯兆”的特例，也许就会出现误摹、误释甲骨文字的情况。陈炜湛就指出“然亦有不明犯兆之例而误摹误释者”，还举出典型一例，即《文编》附录上二六页3386号所摹之“[illegible]”，此字“实为‘兵’字与兆文相交而成之形，所从之‘卜’显系兆文，而非可作偏旁之‘卜’，极为清楚”③。我们查阅甲骨原片，并不存在卜辞“犯兆”的情况，发现此字应该释为“[illegible]”字。但是，陈炜湛却给我们提醒了甲骨卜辞“犯兆”给文字释读带来的影响。再如，彭邦炯发现《殷墟甲骨刻辞摹释总集》因《合集》龟腹甲9792右边“卜”与“羊”字犯兆而误摹的情况④。

---

① 胡云凤：《谈卜辞的犯兆现象——以〈殷虚文字丙编〉为例》，《第三十三届中国文字学国际学术研讨会论文集》，辅仁大学中国文学系、中国文字学会主办，2022年，第281—300页。《丙编》57版“犯兆”卜辞：《丙编》1、25、32、49、51、53、63、96、100、106、110、126、155、159、165、169、182、197、201、205、211、212、221+546、223+289、227、229、239、241、243、247、251、257、259、276、284、292、296、304、307、311、313、328、349、392、400、407、419、436、438、440、444、467、477、515、519、562、597。

② 陈逸文：《“中研院”历史语言研究所殷墟第一到九次发掘所得甲骨之整理与研究》，中山大学博士论文，2013年，第67页。

③ 陈炜湛：《读契杂记》，《2004年安阳殷商文明国际学术研讨会论文集》，社会科学文献出版社，2004年，第10页。

④ 彭邦炯：《契文释录》，上海书店出版社，2017年，第348页。彭邦炯也认为《合集》龟腹甲9594所释之字“[illegible]”不误，第154页。

图7-17 习刻卜骨

由以上论述，我们也可知了解甲骨卜辞“犯兆”的重要性，而我们只能在甲骨片上才能发现卜辞“犯兆”的特殊情况，卜辞“犯兆”的原因，还需进一步探究。

与卜辞“犯兆”情况相似的是甲骨文字“犯”文字。如兆序数字被“犯”，《花东》龟腹甲H3：401+1607（图7-18），右前甲卜辞“辛酉昃，岁妣庚黑牝一，子祝。一 二 三”的

整版

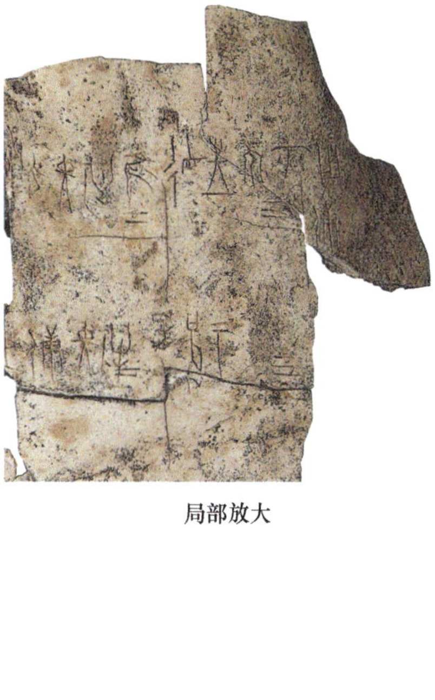

局部放大

图7-18 卜甲

“牝”字“犯”其所守卜兆的兆序数字“二”。

再如，卜辞被“犯”，《复旦》173（图7-19）上部小字被下部大字所“犯”，后者契刻时间较晚[①]。

以上，我们论述了卜辞围绕卜兆契刻的情况，其一般规律是“守兆”和“避兆”，但也有少数卜辞“犯兆”的实例。还存在极少数甲骨卜辞为了“避兆”而缺刻笔画的情况、甲骨文字“犯”甲骨文字的情况。基于以上所论，可知了解甲骨文字“犯兆”特殊情况相当重要。

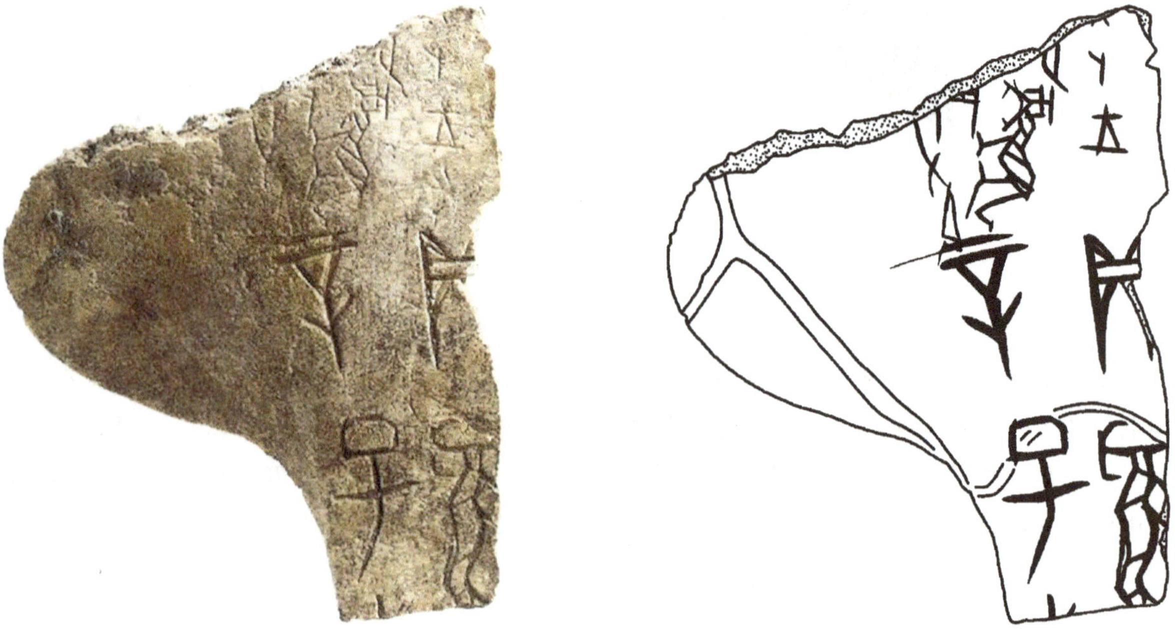

图7-19　卜甲

## 第五节　甲骨文字涂朱、填墨

前文已经论述，毛笔在商代作为书写工具已经从考古出土的玉戈、陶器、玉璋、甲骨等实物上的文字得到了验证。商代除了朱书、墨书文字，还有甲骨文字涂朱、填墨的情况。作为甲骨文字书写的特殊现象，涂朱填墨的甲骨备受前人的关注，罗振玉曾说：“予所藏龟与骨，文上涂朱者甚多，其涂墨者至罕，予所藏一二枚而已。朱色至今明艳，墨则如烟煤，深入字中涤之不去。”[②]

① 吕静主编，葛亮编著：《复旦大学藏甲骨集》（下），上海古籍出版社，2019年，第615页。

② 罗振玉：《殷商贞卜文字考》，玉简斋石印本，1910年，第32页。

# 一、商代朱砂的使用

从考古学资料分析，石器时代的人类已经开始使用颜料，且多用红、黑两色。这些红色颜料的来源为赭石或赤铁矿石。

人类对红色的崇拜在中国起源甚早，至少在旧石器时代。周口店山顶洞遗址的老年人和妇女尸体周围撒有赤铁粉[①]。在中国北方地区的旧石器时代晚期文化中，山顶洞遗址发现的石珠表面染有红色的赤铁矿粉末，钻孔鱼骨也有赤铁矿染成的红色，张之恒认为："（在尸体上和尸骨的周围撒有许多赤铁矿的粉粒）在当时人们的思想意识中，红色可能是鲜血的象征，是生命的来源和灵魂的寄生处。"[②]

根据已有的考古资料，我国史前先民最早从新石器时代早期就开始认识并使用朱砂。湖北宜都城背溪遗址南区T6第三层出土的"一件盘的内壁涂有红色朱砂"，年代距今6400—5300年[③]。此后，在同时期的河姆渡遗址出土的朱色漆碗，经检测分析所用颜料也是朱砂，年代距今约6000年[④]。在黄河流域，朱砂始用于仰韶文化，河南灵宝西坡遗址大型房屋F105的地面、房基夯土层、草拌泥层以及柱洞中发现的朱红色物质，经X射线衍射物鉴定后确认为朱砂[⑤]。

朱砂在我国史前丧葬仪式中也屡屡出现。有的是在填土中掺加朱砂，如安徽含山凌家滩墓葬87M4填土中夹裹有红色颜料，经拉曼光谱测试分析确定为朱砂[⑥]。除了在尸骨上撒有朱砂外，"有的墓葬填土中还有意掺入了不少红烧土颗粒，这种现象在元君庙仰韶文化墓地以及大汶口文化王因、岗上、大汶口、西夏侯、景芝等多处墓地的墓穴中均可见到"[⑦]。有的在随葬品上涂抹朱砂，如江苏江阴高城墩遗址M8出土石钺的木柄上发现有清楚的朱砂痕迹[⑧]。有的在尸骨上涂抹朱砂，如洛阳王湾遗址M45，头骨涂朱、左肱骨染成暗红色，另外还有几座墓葬头骨涂朱的现象[⑨]。

早商的考古遗址还发现了铺有大量朱砂的土坑。河南偃师二里头的早商时期宫殿遗址发掘了三个铺有大量朱砂的土坑：K3、K4、K5，其中出土的玉器和铜器原来被裹在朱砂之中。土坑K3略偏南处的小坑坑底"铺着5—6厘米厚的朱砂"，"K4、K5均铺有朱砂"[⑩]。

---

① 吴新智：《周口店山顶洞人化石的研究》，《古脊椎动物与古人类》1961年第3期。

② 张之恒主编：《中国考古学通论》，南京大学出版社，1995年，第86、87页。

③ 湖北省文物考古研究所编著：《宜都城背溪》，文物出版社，2001年，第41页。

④ 王进玉：《中国古代朱砂的应用之调查》，《文物保护与考古科学》1999年第1期。

⑤ 河南省文物考古研究所：《河南灵宝西坡遗址105号仰韶文化房址》，《文物》2003年第8期。

⑥ 冯敏：《87M4出土朱砂测试报告》，《凌家滩文化研究》，文物出版社，2006年，第261、262页。

⑦ 徐吉军：《中国丧葬史》，江西高校出版社，1998年，第37页。

⑧ 江苏省高城墩联合考古队：《江阴高城墩遗址发掘简报》，《文物》2001年第5期。

⑨ 北京大学考古文博学院编著：《洛阳王湾：田野考古发掘报告》，北京大学出版社，2002年，第29、30页。

⑩ 中国科学院考古研究所二里头工作队：《偃师二里头遗址新发现的铜器和玉器》，《考古》1976年第4期。

此外，西安半坡、襄汾陶寺、柳湾等墓地也都发现尸骨上遗留有朱红颜料。到了龙山文化时期，更是出现了以朱砂铺设墓地的丧葬形式，并在二里头文化和二里岗文化中得到应用，成为夏商周三代贵族墓葬制度的重要组成部分。

二里头文化朱砂墓统计表如下所示（表7-5）。

**表7-5　二里头文化朱砂墓**

| 朱砂用法 | 遗址 | 墓号 | 资料来源 |
| --- | --- | --- | --- |
| 器物涂朱 | 偃师二里头 | VM15、VM22 | 中国社会科学院考古研究所：《偃师二里头》 |
| | 商洛东龙山 | M41 | 陕西省考古研究院：《商洛东龙山》 |
| 人骨涂朱 | 偃师二里头 | VM15、VM22、ⅣM8 | 中国社会科学院考古研究所：《偃师二里头》 |
| | 荥阳西史村 | M1、M3、M7、M16 | 郑州市博物馆：《河南荥阳西史村遗址试掘简报》 |
| | 商洛东龙山 | M33、M43、M45 | 陕西省考古研究院：《商洛东龙山》 |
| | 郑州商城 | T166M6 | 河南省文物考古研究所：《郑州商城新发现的几座商墓》 |
| 棺内涂朱 | 偃师二里头 | 75ⅥK3、80ⅢM2 | 中国科学院考古研究所二里头工作队：《偃师二里头遗址新发现的铜器和玉器》 |
| 墓底涂朱 | 偃师二里头 | 80ⅢM4、84ⅥM9 | 中国科学院考古研究所二里头工作队：《1980年秋河南偃师二里头遗址发掘简报》 |
| | 伊川南寨 | M10、M16、M31、M33 | 河南省文物考古研究所：《河南伊川县南寨二里头文化墓葬发掘简报》 |
| | 郑州大师姑 | M1 | 郑州市文物考古研究所：《郑州大师姑》 |
| | 平顶山蒲城店 | M17 | 河南省文物考古研究所：《河南平顶山蒲城店遗址发掘简报》 |
| | 吉利东杨村 | M4 | 洛阳市文物工作队：《河南洛阳吉利东杨村遗址》 |

注：完整出版信息见本书参考文献

在二里岗文化时期，也有较多朱砂墓的发现，与二里头文化相比，分布范围进一步扩大，经整理后如下表所示（表7-6）。

**表7-6　二里岗文化朱砂墓**

| 朱砂用法 | 遗址 | 墓号 | 资料来源 |
| --- | --- | --- | --- |
| 器物涂朱 | 郑州商城 | C7M27、C8M2、C8M7、C11M119 | 河南省文物考古研究所：《郑州商城1953—1985年考古发掘报告》 |
| | 黄陂盘龙城 | PYWM7、PYWM11 | 湖北省文物考古研究所：《盘龙城1963—1994年考古发掘报告》 |
| 人骨涂朱或尸身铺撒 | 偃师商城 | 1983YSⅢT2M3 | 中国社会科学院考古研究所：《偃师商城》（第一卷） |
| | 藁城台西 | M14、M35、M36、M38、M85、M102 | 河北省文物研究所：《藁城台西商代遗址》 |
| | 耀县北村 | IM2 | 陕西省考古研究所：《陕西耀县北村遗址1984年发掘报告》 |
| | 柘城孟庄 | M5 | 中国社会科学院考古研究所：《河南柘城孟庄商代遗址》 |
| | 荥阳西史村 | M2 | 郑州市博物馆：《河南荥阳西史村遗址试掘简报》 |

续表

| 朱砂用法 | 遗址 | 墓号 | 资料来源 |
|---|---|---|---|
| 棺内铺朱 | 济南大辛庄 | 11M5、11M11、11M20、11M21 | 山东大学东方考古研究中心：《大辛庄遗址1984年秋试掘报告》 |
| 墓底铺朱 | 郑州商城 | C8M3、C8M6、C8M7、C8M8、C8M28、CWM7、CWM8、CWM9、C11M146、C11M148、C11M150、MG2、BQM1、BQM2、CNM5、CNM15 | 河南省文物考古研究所：《郑州商城1953—1985年考古发掘报告》 |
| | 偃师商城 | 1989YSⅣT28M12、M15、M16、M18 | 中国社会科学院考古研究所：《偃师商城》（第一卷） |
| | 辉县孟庄 | XXT31M5、XXT30M11、XXT30M12 | 河南省文物考古研究所：《辉县孟庄》 |
| | 黄陂盘龙城 | PL2M2、PYWM7、PLWM3、PLWM4、PLWM5 | 湖北省文物考古研究所：《盘龙城1963—1994年考古发掘报告》 |
| | 济南大辛庄 | M106、M107、11M1、11M4、11M7、11M25 | 山东大学东方考古研究中心：《济南市大辛庄商代居址与墓葬》 |

注：完整出版信息见本书参考文献

殷商墓葬之中，也发现了人骨涂朱的现象。李济最早关注到朱砂在殷墟墓葬中的使用，将尸身涂红的现象视为俯身葬的习俗之一[①]。石璋如在整理殷墟小屯发掘材料时发现许多殉葬墓中的不少人骨上涂有颜色，乙七基址北组墓葬车马坑的马车前25具人骨上均涂朱，车马坑右边有27座无头殉葬墓，共出土125人，其中21具人骨涂朱[②]。中组墓葬出土约378具人骨，其中约百余具涂朱[③]。人骨周围铺也有朱砂层的情况，1976年，安阳小屯西北地发掘了殷代墓葬10余座，其中M11墓室人骨的骨架周围铺有长1.3米、宽0.45米、厚约5厘米的朱砂层[④]。

有些墓室、棺底、墓底也使用了朱砂。殷墟西区1984年发掘的M1713，位于孝民屯南白家坟西第七墓区，墓室及棺室底部铺满朱砂，棺木上有红色及黑色的漆痕[⑤]。1984年，在安阳武官村北西北冈王陵区发掘的带墓道的甲字形墓M260的墓底椁四壁及底部聚红漆，墓底铺一层

① 李济：《俯身葬》，《安阳发掘报告》1931年第3期。

② 石璋如：《小屯第一本：殷墟的发现与发掘·乙编·殷虚建筑遗存》，“中研院”历史语言研究所，1959年，第294—297页；《小屯第一本：殷墟的发现与发掘·丙编·殷虚墓葬之一·北组墓葬》，“中研院”历史语言研究所，1970年，第267、275、284、290、293、298、325、412—415页。

③ 石璋如：《小屯第一本：殷墟的发现与发掘·丙编·殷虚墓葬之二·中组墓葬》，“中研院”历史语言研究所，1972年，第334、335页。

④ 中国社会科学院考古研究所安阳工作队：《1976年安阳小屯西北地发掘简报》，《考古》1987年第4期。

⑤ 中国社会科学院考古研究所安阳工作队：《安阳殷墟西区一七一三号墓的发掘》，《考古》1986年第8期。

朱砂[①]。殷墟5号妇好墓残留的棺木处有一层较厚的漆皮同朱砂[②]。

再者，殷墟西区M150两匹殉马的马骨上撒有朱砂[③]。殷墟西区1981年发掘的1座车马坑81AGSM1613，两个马坑底部均铺有朱砂[④]。安阳武官村北M20出土的马骨架头部涂朱，车马坑属殷墟早期[⑤]。

除安阳殷墟以外，其他地区的商代遗址也有使用朱砂的墓葬。如1985年，河南省罗山县蟒张乡第三次发掘三座商代晚期（帝乙或帝辛早期）墓葬，其棺底均铺有朱砂[⑥]。再如1989年，江西新干大洋洲商代后期墓葬（相当于殷墟早、中期）出土的“部分戈、矛的器身上涂有鲜艳的朱砂”，神人兽面形饰的“两面均粘有红朱”[⑦]。另外，2003年，山东济南大辛庄北区发现的M74（属殷墟三期偏晚）的棺底铺撒了朱砂，东区M62、M72、M86（属殷墟三期）棺底铺有朱砂[⑧]。

以上是朱砂在殷商时期墓葬、车马坑中使用的一些情况。墓葬中使用朱砂的方式主要有：在尸体上涂朱、在尸体或其周围撒朱砂、在棺底铺撒朱砂。可以推测，殷商时期的朱砂用量较大。

至于墓葬棺椁或人体涂抹朱砂的原因，陈光宇曾说：“以红色硃砂置于尸身或棺墓的习俗不外如下几个原因：（1）赭石或红色硃砂可能是用来象征鲜血与永生或再生。人死血枯，而硃砂经久不褪色，也就给予古人长生的希望。（2）硃砂有防虫、防腐保护尸体棺木之用。（3）硃砂又是百年不朽的物质，因此把它们作为灵魂不死的象征而用于死者身上。（4）与五行或宗教或辟邪观念有关。有见于古人对墓葬的重视，硃砂在古代文化中应该具有一定的宗教性质。”[⑨]陈光宇持续对商代朱砂进行了研究，其观点可信。

以上，我们简单罗列了史前先民使用红色颜料、朱砂墓葬中的使用实例等，使用朱砂墓葬遗址主要有偃师二里头、商洛东龙山、郑州商城、偃师商城、藁城台西、济南大辛庄等。涂朱现象可以分为人体涂朱、随葬器物涂朱、棺椁涂朱、墓底涂朱等等。由以上所论可知，商代墓葬中使用朱砂的现象比较常见。

---

① 中国社会科学院考古研究所安阳队：《殷墟259、260号墓发掘报告》，《考古学报》1987年第1期。

② 中国社会科学院考古研究所编著：《殷墟妇好墓》，文物出版社，1980年，第8页。

③ 中国社会科学院考古研究所安阳工作队：《1969—1977年殷墟西区墓葬发掘报告》，《考古学报》1979年第1期。

④ 中国社会科学院考古研究所安阳工作队：《殷墟西区发现一座车马坑》，《考古》1984年第6期。

⑤ 中国社会科学院考古研究所安阳工作队：《安阳武官村北地商代祭祀坑的发掘》，《考古》1987年第12期。

⑥ 信阳地区文管会、罗山县文管会：《罗山蟒张后李商周墓地第三次发掘简报》，《中原文物》1988年第1期。

⑦ 江西省文物考古研究所、江西省新干县博物馆：《江西新干大洋洲商墓发掘简报》，《文物》1991年第10期。

⑧ 山东大学东方考古研究中心等：《济南市大辛庄商代居址与墓葬》，《考古》2004年第7期。

⑨ 〔美〕陈光宇：《从“硃砂”到“不綷黽”》，《古文字研究》（第29辑），中华书局，2012年，第31页。

## 二、朱砂的化学成分和制作朱砂的工具

殷代已经有红、白、黑、赭、绿等不同而美丽之写绘颜料。所以甲骨文不但书刻精美，还在某些文字中填涂朱墨或深浅不同的赭色。

朱砂的主要化学成分为硫化汞（HgS），在古代文献中也称丹砂，因古时主要产于辰州（今湖南沅陵一带）而又得名辰砂。朱砂在古代有着广泛的用途，可用作颜料，也可用于炼丹。

学界对甲骨上朱砂的化学成分分析，则首推美国Benedetti-Pichler（皮其来）教授，他受美国Roswell S. Britton（白瑞华）教授之托，用化学分析法来检测普林斯顿大学甲骨刻辞所用红色与黑色颜料的成分。他选出P51、P39两片刻辞有红色涂痕的甲骨，从P39上的“上甲”中采取样品。首先,他用不锈钢针头从“上甲”一字的上端刮下一点红色颜料，然后用玻璃吸管将之取至载玻片上，放置在显微镜下，然后进行定性化学分析，确定红色颜料含有汞及硫。基于这些观察及结果，他认定红色颜料为硫化汞。硫化汞在自然界即硃砂矿①。Benedetti-Pichler的这篇不到4页的短文，是迄今为止唯一用化学方法研究商代甲骨刻辞朱砂的报告。同年，白瑞华发表了论文，介绍了Benedetti-Pichler 的工作并强调甲骨涂朱的颜料是硃砂②。但是，皮其来“所用湿化学分析方法繁复，同时只能测出颜料可能的成分元素，无法确知颜料的分子结构。所以如果要全面认知甲骨填色的化学，必须采用快速、精准、非侵入性的检测技术”③。

鉴于皮其来的检测方法，陈光宇等人利用显微拉曼光谱仪器分析检测了甲骨刻辞填色，“这是甲骨学界首次以最先进的化学仪器为最古老的中国文字样品取得拉曼光谱。拉曼散射光谱分析为甲骨填色颜料化学取得精准科学的数据，为了解商代甲骨填色功能建立坚实的基础”，“此次实验最重要的结果是发现甲骨填朱的颜料除朱砂外还有红赭石”④。后来，陈光宇等人对史语所藏安阳小屯出土的三件甲骨样品进行了拉曼光谱分析，实验的结果确定了商代施用于甲骨刻辞的朱色颜料“几乎全为纯度极高的硃砂粉，但少数甲骨填朱也用红赭石”，进而指出：“利用显微拉曼光谱仪器可以迅速无损辨识取得甲骨填色数据，复原甲骨填色原来面貌，结合刻辞分布、内容、贞人、兆璺、兆语等参数，有助进一步研究殷商占卜过程及填色

---

① Anton Alexander Benedetti-Pichler. Microchemical Analysis of Pigments Used in the Fossae of The Incisions of Chinese Oracle Bones, Industrial and Engineering Chemistry, Analytical Edition 9 (15 March, 1937) p.151.（《中国卜骨涂色之显微分析》，《工业工程化学杂志》1937年第9期）

② Roswell S Britton. Oracle-Bone Color Pigments, Harvard Journal of Asiatic Studies, 1937(1): 1-3.（《甲骨颜色和颜料》，《哈佛亚洲研究学报》1937年第2卷第1期）

③ 〔美〕陈光宇、刘致慧、柯维盈等：《甲骨刻辞填色的拉曼光谱分析》，《甲骨文与殷商史》（新十辑），上海古籍出版社，2020年，第460页。

④ 〔美〕陈光宇、刘致慧、柯维盈等：《甲骨刻辞填色的拉曼光谱分析》，《甲骨文与殷商史》（新十辑），上海古籍出版社，2020年，第462页。

功能。”[①]

我们基于这四篇论文，可以推测商代甲骨刻辞某些涂朱所用颜料应该是朱砂，这和此前董作宾的观点不谋而合。但是根据陈光宇等人的检测结果，少量甲骨涂朱的颜料为红赭石。

商周时期，制作朱砂的工具有臼、杵、调色盘等。董作宾在发掘小屯时，除了发现二百多版涂朱墨的甲骨片外，他指出：“涂朱之龟版，见于第一区第9坑，此器则自第二区26坑得之。器为一骨制之小铲形，长约五分宽二分许。一端涂有朱砂，疑是调朱用具。于同坑得朱砂粒，如梧桐大，色犹鲜艳。”[②]1957年，安阳高楼庄殷代遗址出土了一件铜壶，“器内存朱砂痕”[③]。

妇好墓也出土了研磨朱砂的臼、杵、调色的盘，分别是：臼（M5：1），白色、硅质大理岩，其“孔周及口面上均粘有朱砂”；杵（M5：596），棕色，略呈圆柱形，与臼可配套，这“无疑是一套研磨朱砂的用具”；调色的盘（M5：351），“表面灰白色、背面墨绿色……大概作调色之用”[④]。殷墟曾出土少量调色器，“外形呈圆筒状，有圈足，皆为泥质灰陶……如YH367的一件中心的小圆筒透底，边缘围绕五个筒形凹坎，坎内沉淀有黄色、绿色以及白色的各种颜料……50年代大司空村发现的一件，腹腔有两个并列的小圆筒（ST316（3）：7），高7.4厘米。也应是调色之器”；在苗圃北地殷墟文化早、晚期地层中都出土了箕形器，其中一种“底部平整如上举的两件，有可能作色盘之用”[⑤]。

花园庄东地M54也出土有砂岩制成的三孔调色器，三孔内还保存有红、绿、黑三种颜料[⑥]。洛阳北窑一件西周中期灰白色玉质的牛形调色器（M14：8），“出土时圆洞内残留有朱红色颜料”[⑦]。“从殷墟发掘的遗物，虽没有发现笔，恰有调硃色用的如今砚台功用的陶圆饼，以及可供书写的竹木缣帛与兽皮。”[⑧]可见，商周时期朱砂的制造和利用工艺已经相当成熟。

不过，由于条件的限制，商代朱砂的化学成分和制作朱砂的工具的研究尚处起始阶段。鉴于条件，我们不可能对每一片甲骨之上的朱砂进行化学鉴定。但是，我们可以据甲骨之上朱砂的化学成分和考古出土制作朱砂的工具推测，朱砂在商代确实已经广泛使用。

---

① 〔美〕陈光宇、刘致慧、何毓灵等：《殷墟出土甲骨、文物、棺土的拉曼光谱分析》，《古今论衡》2021年第37期。

② 董作宾：《新获卜辞写本》，《安阳发掘报告》1929年第1期。

③ 周到、刘东亚：《1957年秋安阳高楼庄殷代遗址发掘》，《考古》1963年第4期。

④ 中国社会科学院考古研究所编著：《殷墟妇好墓》，文物出版社，1980年，第149、150页。

⑤ 中国社会科学院考古研究所编著：《殷墟的发现与研究》，科学出版社，1994年，第245页。

⑥ 中国社会科学院考古研究所编著：《安阳殷墟花园庄东地商代墓葬》，科学出版社，2007年，第214页。

⑦ 洛阳市文物工作队编著：《洛阳北窑西周墓》，文物出版社，1999年，第245页。

⑧ 严一萍：《商周的文字》，《甲骨古文字研究》（第三辑），艺文印书馆，1990年，第139页。

# 三、甲骨文字涂朱、填墨的现象

我们在上文论述了先民使用朱砂的实例、朱砂的化学成分、制作朱砂的工具，这些都是研究甲骨文字涂朱、涂墨现象的必要条件。

1928—1937年，中央研究院历史语言研究所在殷墟进行了15次大规模的科学发掘。其中，第十次发掘“虽然没有发现刻有文字的甲骨，但在西区大墓中发现了多块一面涂有朱色的龟版，其意义值得研究”[①]。再者，殷墟第十三次发掘的YH127坑中出土了一万七千多片甲骨，常常见到甲骨文字涂朱、填墨的现象。“殷人书写文字时用朱同墨，在契刻之后，有时仍用朱和墨作装饰，即将朱墨涂入字画中，写字用的朱，有时不免混入墨色。”[②]陈梦家认为殷商时期的许多甲骨刻辞可能都填涂过颜料，只是后来颜色褪掉了[③]。

甲骨文字涂朱、填墨的现象主要出现在武丁时期的甲骨上，“对于已经契刻的文字，又间有涂上朱砂或墨。这种习惯多见于第一期武丁卜辞”[④]。但是，甲骨文字涂朱、填墨的现象，“若单看拓片或照片，是不容易分辨的”[⑤]。

以下，我们简单列举一些涂朱、填墨的甲骨，制成下表：

涂朱甲骨统计表（共44片）（表7-7）。

**表7-7　涂朱甲骨统计表**

| 《英藏》28片 | 《合集》15片 | 《屯南》1片 |
|---|---|---|
| 134、147、433、483、486、497、644、651、767、809、922、1043、1064、1097、1420、1455、1480、1525、1606、1622、1623、1644、1670、1675、1687、1692、1725、2672 | 137、583、3297、6057、6834、10405、10406、11497、16410、38764、39641、40059、40302、40304、40632 | 4193 |

填墨甲骨统计表（共91片）（表7-8）：

**表7-8　填墨甲骨统计表**

| 《俄藏》81片 | 《合集》3片 | 《屯南》7片 |
|---|---|---|
| 3、5—8、11—13、16、22、24、33—35、42、48—52、54、56、60—63、65—67、69—73、75、76、79、82、89、91、92、94、95、97—99、101、103、109、112—115、119、121、122、124、126、129、131—134、138—140、143、148—150、154、167、170、171、175、182、185、192—194、196、197 | 583、10406、11497、11947 | 1024、1056、2910、2932、3438+905、3613、4049 |

---

① 胡厚宣：《殷墟发掘》，学习生活出版社，1955年，第77、78页。

② 董作宾：《平庐文存卷三·殷墟甲骨文字》，《董作宾先生全集·乙编·第三册》，艺文印书馆，1978年，第416页。

③ 陈梦家：《殷虚卜辞综述》，中华书局，1988年，第15、16页。

④ 朱歧祥：《甲骨学论丛》，学生书局，1992年，第50页。

⑤ 董作宾：《殷墟文字乙编·序》，《中国考古学报》（第四册），商务印书馆，1949年，第264页。

《殷虚书契菁华》收录罗振玉所藏的大版甲骨，著录了几版字口涂满朱砂的大骨，非常醒目。《合集》卜骨6057（图7-20），是一块残断的牛肩胛骨下部，出土于安阳殷墟，最早由罗振玉收藏，著录于《殷虚书契菁华》（《菁》1.1、2.1）[①]，现藏于中国国家博物馆（《国博》35正、反）[②]，长22.5、宽19厘米，其正、反两面均刻满长篇卜辞，正面残存125字、反面残存99字，且字口涂朱，是典型的大版涂朱卜骨。

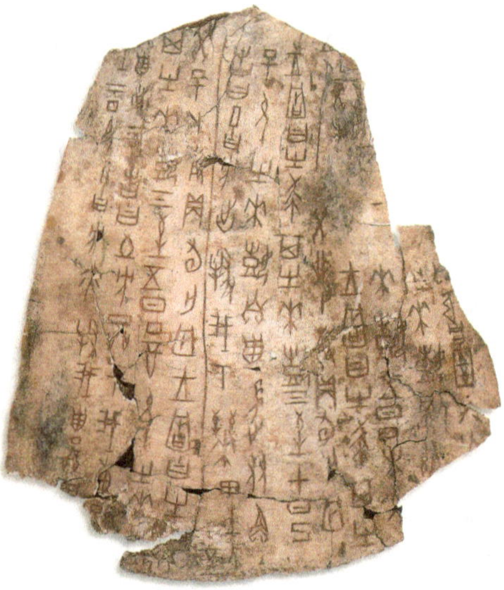
正面

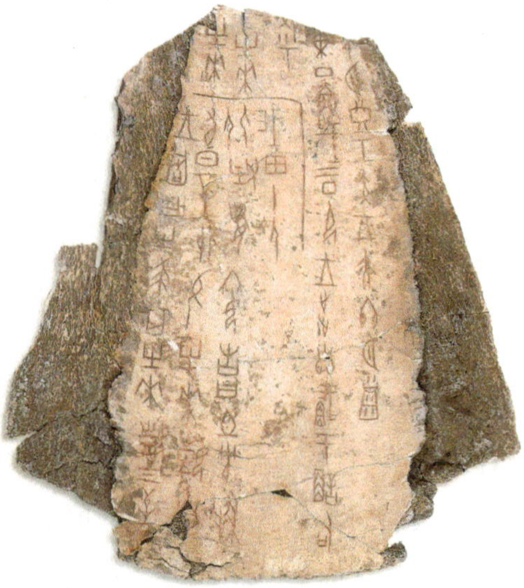
反面

图7-20 大版涂朱卜骨

《合集》10405（图7-21），是一版武丁时期的祭祀狩猎涂朱牛骨刻辞，出土于安阳殷墟，最早由罗振玉收藏，著录于《殷虚书契菁华》（《菁》3.1、4.1，不全）[③]，现藏于中国国家博物馆（《国博》56正、反）[④]，长32.2、宽19.8厘米，骨面共计170余字，正面残存118字、反面残存56字，刻辞内容丰富，具有极高的历史价值。书风雄健宏大，也是甲骨文书法研究的代表作品。

有的甲骨正面文字填墨，反面文字涂朱，即朱墨同版。如《合集》卜骨583（图7-22，1、2），为清华大学所藏，卜骨正面的文字填墨，而反面的文字则涂朱。有的甲骨大字涂朱，小字填墨，如《合集》龟腹甲11497（图7-22，3），其大字涂朱、小字填墨。大字涂朱、小字填墨的甲骨，朱墨互衬，鲜艳夺目。

这种同版甲骨之中，朱墨兼施的现象还出现于《花东》、北图甲骨之上。如《花东》有6版刻辞也是朱墨并施行：H3：865（中缝左侧字中填朱、右侧字中填墨）、H3：880（以中缝为

① 罗振玉辑：《殷虚书契菁华》，永慕园石印本，1914年，第1页。

② 朱凤瀚、沈建华主编：《中国国家博物馆馆藏文物研究丛书·甲骨卷》，上海古籍出版社，2007年，第20、21页。

③ 罗振玉辑：《殷虚书契菁华》，永慕园石印本，1914年，第2页。

④ 朱凤瀚、沈建华主编：《中国国家博物馆馆藏文物研究丛书·甲骨卷》，上海古籍出版社，2007年，第36、37页。

正面　　反面

图7-21　祭祀狩猎涂朱牛骨

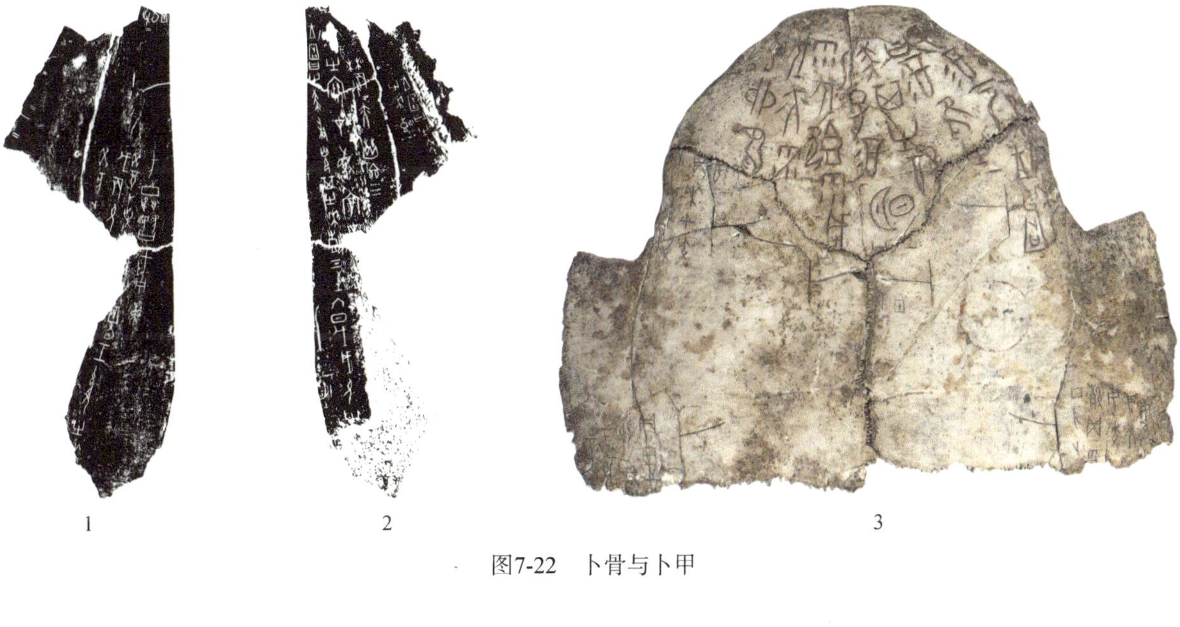

1　　2　　3

图7-22　卜骨与卜甲

界，左侧字中填朱、右侧字中填墨）、H3：975（左侧字中填朱、右侧字中填墨）、H3：1246（左侧字中填朱、右侧字中填墨，但左侧前甲“庚辰卜”填墨）、H3：1275（左侧字中填朱、右侧字中填墨）、H3：1492（左侧字中填墨、右侧字中填朱）。再如北图11373左边刻辞“工方”等字涂朱，右边刻辞“癸丑卜”填墨。北图11148正面左边刻辞“己亥卜，古贞：戊☐”涂朱，右边两条刻辞“辛卯卜”“癸巳卜”填墨，其背面一条刻辞“王固曰”填墨①。

还有些兆辞涂朱的现象。如《合集》10406，为清华大学所藏甲骨，正面与背面都是大字涂朱，而正面的兆辞“二告”则填墨。再如北图18276“不啎鼄 三”、18294“不啎鼄 二”、18336“不啎鼄”、18357“不啎鼄”、18646“不啎鼄”等兆辞涂朱。

涂朱、填墨甲骨契刻的卜辞多是祭祀神祖、田猎农作、出入征伐、天象气候等。从出土的涂朱涂墨的甲骨实物来看，一片龟版上的某一条卜辞涂朱填墨，或者只有某条卜辞的一部分被填涂，这种情况居多。文字涂朱、填墨的甲骨，实为商代的艺术品，“在许多大字的刻纹里还涂有朱砂成为红色，看起来非常好看，这可以说是商朝的一种文字艺术品”②。

林雅雯分析了28版“雀入二百五十”龟甲，将同版之上的卜辞和记事刻辞的涂色状况分为四种：一，皆涂朱；二，皆未涂朱；三，记事刻辞涂朱但卜辞未涂朱；四，卜辞涂朱但记事刻辞未涂朱③。林雅雯所说的四种状况，基本概括了记事刻辞和卜辞涂朱的情况。

甲骨文字除了涂朱填墨之外，还涂有其他颜色，如褐色、浅红色、黄色、紫色等。张秉权在考释《丙编》1时曾说：“那是一个大字，小字；粗笔，细笔见于同版的标本，不过它们并非全为同日所刻，其中粗笔大字的刻槽里，填着朱色，但大部分已因年久色褪，仅存浅淡的痕迹，细笔小字，则填褐色，亦有褪色现象，那种褐色，可能是由朱和墨调成的，也可能是由朱色经过还原作用而变成的，在没有经过化学成分的定性分析以前，我不敢认定它究竟属于何者。”④张秉权甚至认为朱书“实际上只是一种褐色”⑤。但是，朱色和褐色的甲骨文字确实存在差异，朱色、墨色、褐色甚至还见于同版。如《合集》龟腹甲6648（其正、反见图7-23，1；图7-23，2），正面的甲骨文字涂以朱、褐，反面的文字填墨。再如《合集》龟腹甲6649，也是这种情况，正面的文字涂以朱、褐，反面的文字填墨。另有正面的文字涂朱填墨、反面的文字涂褐的龟版，如《合集》龟腹甲655（其正、反见图7-24，1；图7-23，2）。《合集》龟腹甲6834正面（图7-25）的文字，大字涂朱，小字涂褐。

另外，还有些甲骨刻辞涂以紫色（《合集》卜骨27696；图7-26，1）、涂以黄色（《合集》卜骨31464，图7-26，2）、涂以赭色（《合集》卜骨27515；图7-26，3）⑥。

---

① 胡辉平：《关于国图藏甲骨中涂朱现象的初步考察》，《甲骨文与殷商史》（新十辑），上海古籍出版社，2020年，第481、487页。

② 孟世凯：《殷墟甲骨文简述》，文物出版社，1980年，第21页。

③ 林雅雯：《甲骨涂辞研究：以涂朱甲骨为核心》，台北政治大学中国文学系硕士学位论文，2015年，第74—76页。

④ 张秉权：《殷虚文字丙编·上辑（一）》，“中研院”历史语言研究所，1957年，第2页。

⑤ 张秉权：《殷虚文字丙编·上辑（二）》，“中研院”历史语言研究所，1959年，第236页。

⑥ 宋镇豪：《殷墟甲骨占卜程式的追索》，《文物》2000年第4期。

整版

局部放大

1

整版

局部放大

2

图7-23　卜甲

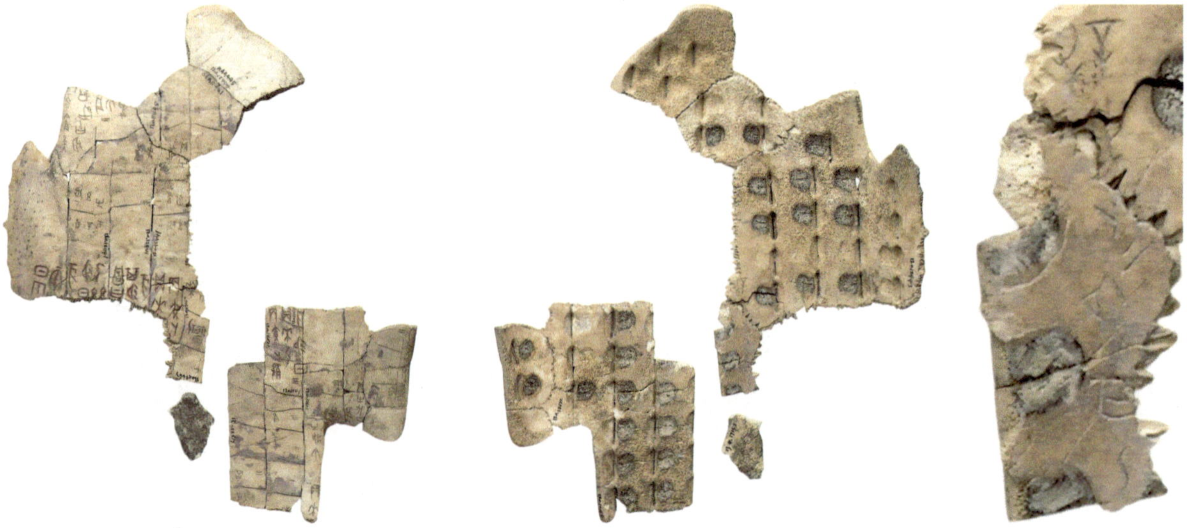

1 整版 局部放大

2

图7-24 卜甲

图7-25 卜甲

甲骨文字不仅有涂色的现象，还有镶嵌绿松石的情况。如现收藏于中国国家博物院的商代后期“宰牛骨”（《国博》261；图7-27，1），通体呈匕首形，文字花纹间镶嵌绿松石，存14颗。再如现藏于加拿大多伦多皇家安大略博物馆的“虎骨刻辞”（《怀特》1915；图7-27，2），花纹和文字都镶嵌了绿松石。

当然，甲骨镶嵌绿松石，以及甲骨文字涂以紫色、黄色、赭色的现象，都只是少数，甲骨文字还是以涂朱、填墨者居多。

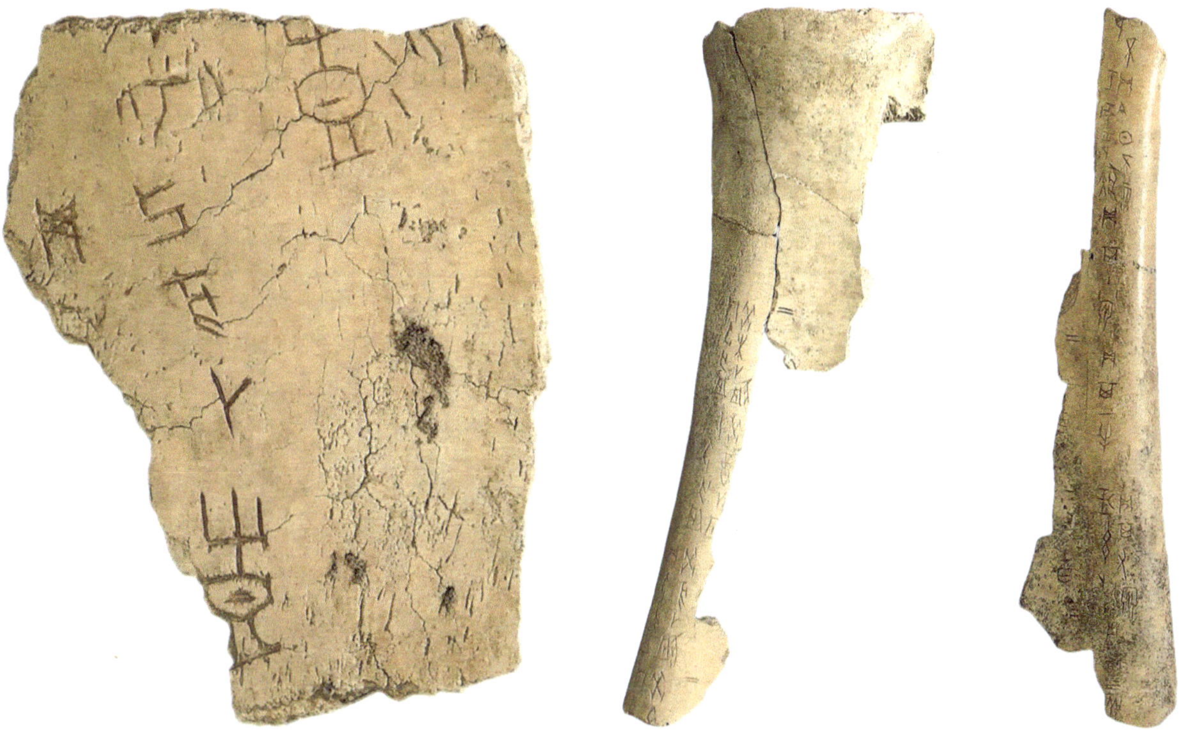

1　　2　　3

图7-26　卜骨

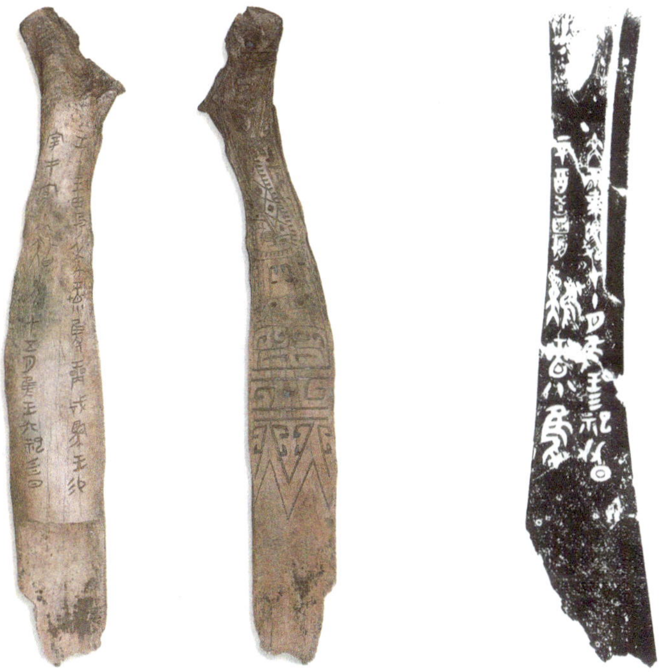

1　　2

图7-27　“宰牛骨”与“虎骨刻辞”

## 四、甲骨文字涂朱填墨的原因

学者早就发现了甲骨文字涂朱、填墨的现象，且开始探讨其原因。随着殷墟考古发掘的进展，出土涂朱填墨的甲骨也日益增多。而甲骨文字涂朱、填墨的原因一直是一个争议较多的问题，学界目前存在三种说法：“美观说”“醒目说”和“宗教说”。

（1）“美观说”。从美观角度来看，甲骨文字涂朱、填墨确实相当美观。董作宾率先提出看法：“硃墨当然是殷代重要的文具，写字是一定要用的，但是契刻之后，就没有用的必要了，所以在别的王的时期，通常是刻过的卜辞，不加涂饰；武丁时，也以不涂硃墨的卜辞为多，所以我以为涂饰硃墨完全是史官们爱美，为的好看，并不是一定的制度，也不是某类卜辞应该涂硃而某类卜辞应该涂墨……因此我认为涂饰硃墨，为的是装潢美观，和卜辞本身是没有什么关系的。”①即董作宾认为甲骨文字“涂饰硃墨完全是史官们爱美，为的好看”，“为的是装潢美观”，这就是典型的“美观说”。马如森也说：“为了字体的美观，为了对某一事件表示庄重及严肃，是涂朱的主要作用。”②

然而，陈梦家则持有不同的看法，他指出董氏的说法自相矛盾，结合实例指出：“照他（董作宾）的说法，先用朱墨书底然后刻字，刻了再填色，然而出土甲骨刻辞，并非全有填色。而且最盛行于武丁时代。他又说涂朱涂墨是随便的，只是为了美观，这和他填朱墨所以补刻去了书写时的朱墨之说，又相矛盾……可见填朱填墨是有区别的，并不是为了美观。同版之中，大字小字也是有区别的，所以往往大字填朱而小字填墨。”③陈梦家不赞同董作宾的观点，并没有指出甲骨文字涂朱填墨的原因。

（2）“醒目说”。张秉权曾说：“卜辞刻好以后，往往又在刻痕中填些朱、褐、墨等的颜色。那大概是为了使得文字显著，易于识别的缘故。至于大字小字，和填朱填墨或填褐等等，并没有一定的关系。也有些时候刻了卜辞，并不再填颜色。有的卜辞，虽曾填色，但因种种原因，褪去了颜色，所以和那些不填色的，也差不多了。”④赵铨等人认为：“书刻细小的文字时，有可能先在骨料上涂色，以便于字划的观察与掌握，然后擦拭，则字划中填入颜色十分显目。有些出土字骨上涂朱，可能出于某种宗教意识，以增加其神秘色彩，一般可能与刻字的涂色有关。”⑤前文已经论述，甲骨之上的某些小字，确实存在先书后刻的情况，先书后刻可使文字“十分显目”。王宇信曾评价这个观点说：“即在甲骨上涂以墨色（即炭黑），刻字时易于显出白色笔划，以区别刻字处与未刻字处。刻完后将墨色抹去，显出甲骨骨版的本色，而所刻的字口里自然又被抹时的炭黑填满，而文字也更显得醒目。这样解释甲骨‘涂墨’

① 董作宾：《殷墟文字乙编·序》，《中国考古学报》（第四册），商务印书馆，1949年，第265页。

② 马如森：《殷墟甲骨学》，上海大学出版社，2007年，第157页。

③ 陈梦家：《殷虚卜辞综述》，中华书局，1988年，第15页。

④ 张秉权：《甲骨文与甲骨学》，台湾编译馆，1988年，第62页。

⑤ 赵铨、钟少林、白荣金：《甲骨文字契刻初探》，《考古》1982年第1期。

处理是有道理的。但甲骨涂朱与刻字可能关系不大。因为朱砂红艳、热烈，为温色。试想在刻字前，将甲骨满版涂以朱砂，必鲜艳耀目。刻字时稍一久视，必使人目眩眼胀，因此刻字时不可能在版上涂以朱红。”[①]我们认为王宇信的观点有道理，因为刻小字之前，如果先用朱砂书写，再行契刻，确实会影响刻手的视觉，给契刻带来不必要的麻烦。

（3）“宗教说”。王宇信据上述论述推测：“我们认为甲骨文大字涂朱者，多有重要内容，可能与宗教意识或祭祀特殊需要有关。”[②]宋镇豪也说：“甲骨涂饰主要盛行于武丁时，可能出于某种占卜心态，目的对占卜行事资以慎重考验，与特定的宗教信念有关。”[③]陈光宇也认为：“一般学者认为在甲骨刻辞上涂以朱红或其他颜色，只是为了使得文字显目，易于识别，或者作为装饰。然而如果考虑到占卜甲骨是商王或贵族与祖先神灵世界沟通交流的媒介，以及硃砂在古代墓葬文化所占显著地位。在甲骨刻辞或兆璺上涂以红色朱砂，应当不只是为求显目而已，可能含有深层的文化宗教意义。”[④]英国学者汪涛在论述了商代墓葬中的颜料、涂色的甲骨、刻辞里的填色之后，他认为：“鉴于商代祭祀反映出来的颜色象征的重要性，我们很难认为甲骨上填涂颜色只是偶然为之，也很难相信颜料的使用只是为了装饰。着色或许已经成为商代占卜的一项重要内容。与甲骨的钻凿、契刻一样，着色可能也是占卜的一部分。我认为，甲骨着色的涵义，最好置于它所处的巫术—宗教仪礼背景下来理解。流传已久的‘丹书’传说，可能也与商代传统有某种联系。”[⑤]

冯时指出：“诚然，在先民的观念中，红色不仅是鲜血的象征，当然也是生命的源泉和灵魂的寄所。这种朴素的宗教观念在山顶洞人生活的旧石器时代晚期就已经具有了生命不死的意味，那么文字适应着这种观念而出现，涂朱便理所当然地成为彰显其巫术作用的一种有意义的方法。”[⑥]

宋镇豪则综合了“醒目说”和“宗教说”：“（甲骨文字）涂饰可能出于某种占卜心理或者与特定的宗教信念有关，但从凉山彝族卜者用黑灰轻轻涂抹羊胛骨正面使兆纹明显来看，至少‘醒目说’是有其道理的。”[⑦]何会曾结合《合集》11498上涂朱填墨的卜辞，认为这不仅仅是为了美观，它还可以明确卜辞与序数，起到了提示卜辞间内在联系的作用[⑧]。

可知，甲骨文字涂朱填墨“宗教说”，得到多数学者的支持。但是，甲骨占卜本身就是一种宗教信仰，是“殷人尊神”的表现，如何进一步理解甲骨文字涂朱填墨的宗教意识是“宗教说”不可回避的关键问题。

---

① 王宇信：《甲骨学通论》，中国社会科学出版社，1999年，第120页。

② 王宇信：《甲骨学通论》，中国社会科学出版社，1999年，第120、121页。

③ 宋镇豪：《商代社会生活与礼俗》，中国社会科学出版社，2010年，第606页。

④ 〔美〕陈光宇：《从“硃砂”到“不綼黽”》，《古文字研究》（第29辑），中华书局，2012年，第32页。

⑤ 〔英〕汪涛著，郅晓娜译：《颜色与祭祀：中国古代文化中颜色涵义探幽》，上海古籍出版社，2013年，第17—30页。

⑥ 冯时：《中国古文字学概论》，中国社会科学出版社，2016年，第12页。

⑦ 宋镇豪：《殷墟甲骨占卜程式的追索》，《文物》2000年第4期。

⑧ 何会：《殷墟王卜辞龟腹甲文例研究》，中国社会科学出版社，2020年，第304页。

以上，我们分析了甲骨文字涂朱、填墨的“美观说”“醒目说”“宗教说”三种观点。我们认为“醒目说”和“宗教说”有道理，甲骨文字涂朱、填墨确实可使文字明显、醒目，殷人也不会无缘无故在某些卜辞之上涂以朱墨，肯定有其一定的考虑。而“宗教说”是众多学者所持的一个观点，这可以合理地解释甲骨文字涂朱、填墨的现象。我们综合以上学者对甲骨刻辞涂朱填涂墨现象的分析，认为在甲骨上涂朱、填墨是出于某种特殊的占卜心理或者与特定的宗教信念，确切来说这就是一种宗教信仰。甲骨刻辞涂朱、填墨，确实可以使甲骨更加醒目。甲骨埋藏于地下的时候，可以让鬼神通过另类的方式看见甲骨上的这些刻辞，以便让鬼神知道殷人的祷告询问之事，更是让询问之事顺利。同时，我们认为涂朱填墨是殷人占卜祭祀仪式的重要组成部分。

然而，甲骨文字涂朱、填墨的现象还有一些问题需要解决，如涂朱填墨甲骨片的汇总统计、颜料的化学成分、涂朱填墨与刻辞内容的关系等等。再者，涂朱填墨刻辞研究的难点之一，则是甲骨实物之上涂朱填墨刻辞的褪色问题。如1936年，在殷墟第十三次发掘中，小屯村北地第六号灰坑出土的牛左距骨，“刻笔内原来涂有朱砂，现在较浅的地方已经一部分失去了鲜红的颜色”[①]。张秉权也曾提到甲骨涂朱颜色的变化：“朱与墨原应有极明显的分别的，有些甲骨上的朱色依然保持着鲜明可爱的艳色，有些则因地下情形的不同，起了化学变化，颜色变成深褐，与墨色无别，有的则变褐而后又逐渐褪色了的。”[②]在甲骨出土之后，文字内的朱砂便会开始褪色，时至今日，甲骨文字内朱砂的褪色情况可想而知。

所以，“虽然前人在善斋旧拓本上标注有大量的涂‘朱’字样，但现在我们在相应的甲骨上却看不到任何朱色的痕迹，这部分材料我们应该如何看待？在整理初期，我们一直持有困惑，为何善斋旧拓本上前人明明标注了大量的‘朱’，而今天我们在大多数甲骨实物上却看不到丝毫的朱红色痕迹。这部分甲骨材料出现如此大的差别，前人标注的‘朱’我们又该如何对待？最近读到相关资料，如《殷墟花园庄东地甲骨》书中有41片刻辞涂朱，有108片刻辞涂墨。这些数据不能代表当时涂朱涂墨的实貌，因为整理者提到褪色问题。陈光宇教授在《甲骨刻辞涂朱与商代朱砂》中也指出：‘朱砂的水溶性极低，几乎是溶解度最低的化合物，硫化汞也不溶于各种有机溶剂，所以褪色的原因最可能的是原来涂朱的黏着剂失效，因此朱砂容易被磨拭擦掉。值得注意的是整理者提到的黏着剂失效，因此朱砂容易被磨拭擦掉。’鉴于此，我们结合善斋旧藏甲骨的流传经历来考查，如上文所述善斋旧藏甲骨至少经过了5次以上的传拓，其中涂朱、涂墨等痕迹不能完好地保存至今，也就显而易见了。因为国图藏甲骨为传世品，经过多次传拓，朱砂粉末容易散落，且有其附着剂易溶于水的特性。经过数次拓印后，很多红色自然就消失了。甲骨片上原有的涂朱现象，在早期整理者原本是可以亲睹的，而现今却朱色尽失而不得观，实属遗憾。我们应该尽可能取信于前人的记录，因为这是我们目前拥有唯

① 高去寻：《殷墟出土的牛距骨刻辞》，《中国考古学报》（第四册），商务印书馆，1949年，第156页。

② 张秉权：《殷虚卜龟之卜兆及其有关问题》，《“中研院”院刊》1954年第1辑。

一的，前人真实的、宝贵的第一手记录材料，我们应该相信和尊重前人的观察记录”[①]。这就是说，甲骨文字涂朱、填墨的痕迹，很难保存至今，或许在甲骨照片之上，我们也难以分辨出涂朱、填墨的文字。

因此，我们在对甲骨文字涂朱、填墨现象进行研究的时候，需要查阅甲骨的原片，参考众多学者的相关成果，再对其论述。

## 小　结

本章论述了甲骨文字的书写和契刻及其相关问题。

一，商代甲骨文字的书写工具是毛笔，契刻的工具主要是青铜刀，玉刀也可以作为契刻工具使用。

二，书写和契刻的关系有三：先书后刻；小字直接契刻，大字先书后刻；直接契刻；其中，直接契刻是甲骨文字主要的契刻方式。

三，甲骨卜辞和记事刻辞的行款走向形式众多，龟腹甲、龟背甲、胛骨各自有其一般规律，刻辞行款走向也有特例。

四，卜辞契刻的一般规律是“守兆”和“避兆”，也有少数卜辞“犯兆”的情况。还有极少数甲骨卜辞为了“避兆”而缺刻笔画、甲骨文字“犯”甲骨文字等特殊情况。

五，商代朱砂比较常见，考古出土了不少制作朱砂的工具。甲骨涂朱的颜料是朱砂和红赭石。甲骨文字涂朱、填墨的原因有“美观说”“醒目说”和“宗教说”，我们赞同“宗教说”。

① 胡辉平：《关于国图藏甲骨中涂朱现象的初步考察》，《甲骨文与殷商史》（新十辑），上海古籍出版社，2020年，第488、489页。

# 第八章　甲骨占卜后的处理

《礼记·表记》载："殷人尊神，率民以事神，先鬼而后礼。"[①]即殷人尊敬鬼神，一切大事乃至日常小事，都要通过甲骨占卜询问鬼神的意见。在殷人的认知里，鬼神似乎有着无穷的神力，既能赐福又能降灾，故殷人对鬼神无不尊崇、畏惧。因此，殷人都要通过甲骨占卜来抉择日常琐事乃至国家大事。殷人遇事必卜，长此以往，占卜所用的甲骨数量庞大，殷人势必要处理这些占卜后的甲骨。商代甲骨占卜后的处理，也是占卜流程的一个环节。

殷人占卜之后，会结合甲骨的用途对其进行处理，故有数种方式。我们研究殷人对甲骨的处理，首先就是要结合甲骨出土的基本情况，进而分析其不同的处理方式。故本章首先简述卜用甲骨的处理职官及其职责，然后论述甲骨的处理方式，如直接废弃、归档收藏、甲骨刮削、埋藏等，最后解释殷人处理卜后甲骨的原因。

## 第一节　处理卜官

商王朝存在一个庞大的占卜机构，占人和卜人负责甲骨占卜，分管占卜不同的程序。"商代的占卜是个复杂的过程"，在甲骨占卜这一过程"必须有一个合作的群体才能顺利完成占卜"，"以商代占卜的频繁和所占卜事类，一个占卜机关难以胜任，于是商王朝建立了数个占卜机关"[②]。根据本书第二至七章的论述，我们知道殷人在占卜机关之中设置了取用、攻治、钻凿、烧灼等职官。由此也可知，商王朝肯定设置了专门的职官，处理卜用后的甲骨。

### 一、职官的名称

商代甲骨占卜程序繁琐且复杂，包括占卜前的选材、攻治、钻凿，占卜时的烧灼、书契、刻兆、涂饰等，占卜后的补刻验辞、归档、埋藏等处理，这些占卜程序则分别由各司其职的职官专门负责某一个环节。

《周礼·春官》记载的占卜职官有"大卜""卜师""龟人""菙氏""占人"等，分工明确，各司其职，且卜官世袭。但是，传世文献中没有关于甲骨占卜后处理职官的记载，加之

---

① （清）孙希旦撰，沈啸寰、王星贤点校：《礼记集解》，中华书局，1989年，第1310页。

② 徐义华：《商代的占卜权》，《商承祚教授百年诞辰纪念文集》，文物出版社，2003年，第253—255页。

甲骨之上多没有卜后处理职官的相应记录，以致后来的学者在对卜官进行分类时，只是简单地认为甲骨占卜前后需要管理，设置“管理卜官”来管理占卜后的甲骨。

对于商代甲骨卜后“管理卜官”设置的研究，陈梦家最先从文字材料的角度提出甲骨文是商代的“王室档案”，他认为甲骨上的卜辞是商王室为了保留王室档案而所做的文字记录，甲桥刻辞、背甲刻辞、骨臼刻辞之上的“签署者”是“经管的卜官的名字”，这些人“经管这些档案”，武丁时期命龟卜官兼管理卜官的有㱿、争、宾、亘、品等[①]。但是，胡厚宣认为这些刻辞是“史官签名”，史官“乃记事之史”[②]。这是陈梦家、胡厚宣对记事刻辞“签署者”职责的不同理解。后来，刘玉建也提出：“商代确有一批管理卜辞档案的管理卜官，只是这些官员中有专职的，也有兼职的。”[③]可以看出，陈梦家、刘玉建等人认为商代占卜后的甲骨是作为档案由管理卜官保存的。但是，卜用后甲骨最终的处理方式则是埋藏，埋藏是管理之后的环节，我们在下文会有详细说明。

然而，也有学者反对这一观点，认为商代并未有专门存放“档案库”的窖穴，而发掘的甲骨窖穴坑如殷墟YH127坑、花东H3坑等，应是殷人对占卜之后甲骨的最后埋藏（处理）。在最终埋藏之前，或有其他的处理方式，如花东子卜辞中的“子”作为占卜机构内保管甲骨的人员，对花园庄东地甲骨埋藏前做过最终处理[④]。刘一曼提出花东子卜辞中“子”虽然为占卜机构中保管甲骨的人员，但是花东甲骨的最终处理却是埋藏，并且在埋藏前进行了一些处理，如卜后甲骨在埋藏前进行了清理、按甲骨的尺寸大小进行埋藏，另外，还把无字甲骨掺杂其中。

从甲骨占卜流程和出土甲骨本身的情况来看，商王朝理应存在一批占卜后的处理职官。商代甲骨占卜之后，有些甲骨作为档案由专门的管理卜官归档储存，有些甲骨则是先由专门的职官对其进行一般的处理或特殊的处理之后，再进行掩埋。所以，无论是卜后甲骨处理的最终方式——埋藏，还是埋藏之前的一些处理，都需要有专门的职官负责。

从考古发掘的资料看，商王朝已经设置了专门的职官负责甲骨卜用之后的事宜。如在殷墟YH127坑中，就发现一具骨架，“在龟甲的堆积中有一个圈曲而侧置的人架，紧紧的靠着北壁，大部已被埋在龟甲之中，而头及上躯还较清楚的露出龟甲以外”，石璋如据此人架的姿态和龟甲堆积的情形指出：“由我们的观察，推定他们是同时埋入的。”石璋如还据此认为人龟同处或为管理龟版的人员：“在穴窖内发现人架，在小屯是数见不鲜的现象，可是与龟甲同堆在一处，这却是第一次的发现。我们应该注意的是先认清楚这个现象的类别。由它的形制看来，它是一废弃的圆窖，而不是一个埋人的墓葬，所以这些龟版可断言不是为这人而殉葬，或有这人为龟甲而殉节的可能。再就人架的地点来看，正是沿着倾入龟版时的路线而下去的；人的姿态像是活人跳入，而不像是死后投进，很可能的当龟甲倾入完毕后，自己也跳进去的。在墓葬的现象，为战士与车、民夫与马是分不开的，这虽然是个残窖，但与普窖的含义不同。那

① 陈梦家：《殷虚卜辞综述》，中华书局，1988年，第46页。

② 胡厚宣：《卜辞记事文字史官签名例》，《中央研究院历史语言研究所集刊·第十二本》，商务印书馆，1947年，第317页。

③ 刘玉建：《中国古代龟卜文化》，广西师范大学出版社，1992年，第119、120页。

④ 刘一曼：《花东H3坑甲骨埋藏状况及相关问题》，《考古学报》2017年第3期。

么，这个人架或为当时管理龟甲的公务员了。”[①]胡厚宣也认为“这个人可能就是当时管理甲骨的人员”[②]。

后来，石璋如再次详细说明了殷墟YH127坑“字甲层中，埋有人骨”的情况：

> 靠近坑东北边的斜坡下，距地面约3.00，即距窦口1.30公尺处，在字甲层中杂有一具人骨。背倚北壁仰置，下肢被埋在字甲层中，上身也盖有字甲，人骨的放置，头向西北上，膝向东南下，呈单膝跪坐的姿态。很可能的，是于字甲全部倾入窦中后，这位人士也投入窦中的。因之右大腿向西南伸，下腿被埋入甲骨层中，部分朽毁；左腿在东，沿着墙壁作屈膝状，惟左脚又转向东南，趾骨尚存一部，盆骨左侧清晰，右侧不清，脊、肋有坠落现象。右胛朽毁，右上臂向西下伸置，下臂作向上弯曲状，均朽腐仅存痕迹，指骨不清，左胛被压在坑壁上，轮廓清晰，左上臂下垂，下臂沿坑壁上伸，尺、挠分离，指骨也不清。颈椎不清，头骨则面向前上方仰置，下颚骨特别清晰，可能因填土的关系被压于北壁之上，经血肉腐蚀后，脊肋下坠，因之脊、肋较乱。这具人骨是全躯，与本窦中的字甲当有密切的关系，我在发掘时推测他可能是管理甲骨的人员，这个意见至今尚未变更[③]。

另外，1955年秋，工作队在小屯村坑3内发现了殷代灰坑，“在距坑口0.54来深处，发现有文字的卜骨一片。另在坑内发现保存完整的人骨架两具。一具在灰坑中部，距坑口深0.3米，头向南，仰身直肢，方向192度。第二具人骨架正压在第一具人骨偏东处。头向东南，仰身屈肢。两腿作蜷曲状，方向116度。两具骨架中间，仅相隔0.1米左右。这两具人骨都是在灰坑废弃后，被随便抛入坑中的。这种情况，在郑州商代早期的灰坑中，也屡见不鲜”[④]。人骨与卜甲或卜骨同处一坑，此人应是甲骨的管理人员。

小屯南地也有刻辞甲骨和人骨同出一坑的情况，如灰坑H23、H103、H50。刘一曼曾指出：“H23的人骨、狗骨，出于坑之中部。在殷墟一些带墓道的大墓及某些较大的中型墓，在道或墓室中部、上部的填土中，常见埋人、埋动物（大多是犬）的现象。学术界一般认为，这些填土中的人与兽，不是殉人、殉牲，而是埋葬过程中进行祭祀活动时被杀害的人牲、兽牲。由此我们认为，小屯南地H23等坑的人骨、兽骨，H127坑的人骨，可能也属于这一性质。屯南地H23坑中的人骨较年轻，不会是卜人，H127坑的人骨年龄不明，但当时的卜人地位高是不会充当人牲的。所以‘卜人殉职’说，尚难成立。”[⑤]

---

① 石璋如：《小屯后五次发掘的重要发现》，《六同别录》，中央研究院历史语言研究所，1945年，第29—31页。

② 胡厚宣：《殷墟发掘》，学习生活出版社，1955年，第100页。

③ 石璋如：《遗址的发现与发掘：丁编·甲骨坑层之二（十三次至十五次出土甲骨）》（上），“中研院”历史语言研究所，1992年，第75页。

④ 河南省文化局文物工作第一队：《一九五五年秋安阳小屯殷墟的发掘》，《考古学报》1958年第3期。

⑤ 刘一曼：《小屯北YH127坑与花东H3坑之比较》，《甲骨文与南京》，南京出版社，2009年，第73页。

我们赞同石璋如、胡厚宣的观点，从人骨与甲骨同处一坑的情况看，这些人应该是甲骨的管理人员。或许如刘一曼所说，与甲骨同处一坑的人骨不是“卜人殉职”。可惜，限于文献资料，我们不能确知这些管理职官的名字。

总之，由占卜机构的运作、甲骨占卜之后的一系列工作、考古发掘人骨与卜骨同处一坑的情况可知，商王朝确有一批专门的职官管理占卜后的甲骨。甲骨占卜之后，有些作为“王室档案”而保存，有些还需分门别类、钻孔编册、运输、刮削等处理。因此，我们把这些官员称为“处理卜官”，其主要职责便是处理占卜后的甲骨。

## 二、处理卜官的职责

商王朝为了更好地处理甲骨，设置了“处理卜官”。从河南安阳殷墟出土甲骨的情况可知，甲骨占卜之后需要由专门的卜官处理，处理卜官的职责分别为：一，归档、收藏；二，钻孔、编册；三，运输、埋藏；分别论述如下。

### （一）归档、收藏

首先，“处理卜官”职责之一为归档、收藏。《周礼·春官·占人》载：“凡卜筮既事，则系币以比其命。岁终，则计其占之中否。”①这就是说占卜之后的甲骨要保留下来，因为在“岁终”需要验证卜辞是否应验。

殷人占卜有一定的程序，刻写卜辞有一定的体例。卜辞一般由四个部分组成：叙辞、命辞、占辞、验辞。如卜辞：

［叙辞］癸巳卜，穷，［命辞］贞：臣卒。［占辞］王固曰：吉。其隹卒乙、丁。［验辞］七日丁亥既卒。一　　《合集》643正丙

其中，叙辞又称为述辞、前辞，指用来记述占卜时间、地点和占卜者；命辞是指命令之辞，向龟甲或兽骨陈述占卜之事；占辞是指因兆而定吉凶；验辞是指占卜之后所要记录的应验事实。只有记录过验辞后，一件事情的占卜才算是全部结束。但是，这并不代表所有的卜辞都会记录验辞，甲骨卜辞无验辞的情况还比较常见，如：

无占辞、验辞的卜辞，如：

［叙辞］戊午卜，［狄］，［命辞］贞：王其田，［往］来亡灾。　　《合集》28469

验辞需要在占卜事宜应验之后，再补刻于甲骨。这个时期，处理卜官会把未刻验辞的甲骨进行分类归档、收藏存放。这样，等到占卜有了结果，可以方便快速地找到需要补刻验辞的甲骨。如此补刻验辞之后，再由处理卜官对占卜后的甲骨进行分类、收藏，或者掩埋、处理，等等。

---

① （清）孙诒让撰，王文锦、陈玉霞点校：《周礼正义》，中华书局，1987年，第1963页。

一些学者认为甲骨占卜确实有入档、归档的环节。如陈梦家就曾推测甲尾刻辞“某入”“某来”或许就是“入档”[①]。再如张秉权曾说：“我认为有归档的手续，是根据一些其它的现象，来加以推测的。譬如成套甲骨的保管得有条不紊，以及一块甲骨有时可以连续地使用很多日子，等等，那都是须有专人保管，和专地储存，才能办到的，所以它必须有归档一类的工作。”[②]

此处，我们只是根据甲骨占卜的流程、卜辞的内容推测了甲骨归档的大概。入档、归档、收藏等也都是处理卜官的职责。再者，处理卜官收藏卜后甲骨的另一个原因可能是甲骨的原料比较珍贵，所以某些甲骨还要再次利用。

## （二）钻孔、编册

其次，“处理卜官”职责之二为钻孔、编册。我们在第三章“甲骨的攻治”中已经论述了甲骨钻孔的某些问题，此处，我们从甲骨占卜后处理的角度再看甲骨的钻孔。

《尚书·多士》载：“惟殷先人，有册有典。”[③]这是关于商代已有典册的记载，但到目前为止，考古发掘并未出土真正意义的商代“典册”。但是，在安阳殷墟出土的十几万片甲骨中，有一些钻孔的特殊卜甲，我们认为这些钻孔为了将龟甲编制成册。

前文已经论述，在这些出土的有孔卜甲中，有四类形制比较特殊的有孔卜甲：其一，在椭圆形（或称鞋底形）的“改制背甲”中部有一圆孔。其二，在腹甲的左右甲桥外侧边缘中部各有一半圆形的缺口（或称半圆孔）。其三，在腹甲的甲桥边缘中部各有一圆孔。其四，在一些腹甲上的甲桥、前甲、后甲、尾甲等位置发现一些较小的孔，且孔的数目成偶数。这些钻孔均处于断裂处两侧的边缘，位置不大固定。其中第四类的某些小孔打破了正面的刻辞，说明这些小孔是甲骨卜后对甲骨进行处理时钻上的。刘一曼等人曾用放大镜观察了这些小孔，“发现其中一版的孔壁上留下了植物纤维的痕迹，可见这类小孔的作用是便于人们用细绳将同版断折了的卜甲连缀在一起。这类小孔打破了卜甲背面的钻、凿、灼，有的还打破了正面的刻辞。说明在占卜，刻辞之后，由于卜甲不慎断裂，才钻上小孔的”[④]。

上述钻孔的目的是卜官为了用绳子将数版或多版龟甲串联、捆扎在一起，便于此后的处理。再者，卜官串联、捆扎卜后甲骨的形状就如同甲骨文的“册”字——“卌”，我们可称之为钻孔、编册，这也是“处理卜官”的职责之一。

有些龟甲因为钻凿、灼兆的原因，比较脆弱，容易断裂，不方便携带和运输。所以，处理卜官根据龟腹甲、龟背甲、胛骨的不同形制进行钻孔，再用细绳编纂成册。关于处理卜官的编册这一职责，从甲骨文字本身也可以找到证据。甲骨文的“册”字作“卌”，像以丝绳或皮革

---

① 陈梦家：《殷虚卜辞综述》，中华书局，1988年，第17页。

② 张秉权：《甲骨文与甲骨学》，台湾编译馆，1988年，第67页。

③ （清）孙星衍撰，陈抗、盛冬铃点校：《尚书今古文注疏》，中华书局，1986年，第429页。

④ 刘一曼：《论殷墟甲骨的埋藏状况及相关问题》，《三代考古》（一），科学出版社，2004年，第354—370页。

穿简策为一束的形状。

甲骨文中也有关于“册”字的卜辞，如下：

（1）乍册。　《合集》1724反

（2）☐册☐十月。　《合集》6440反

（3）册入（甲尾刻辞）　《合集》9353

（4）册入（甲尾刻辞）　《合集》9354

（5）册入（甲尾刻辞）　《合集》9355

（6）册入（甲尾刻辞）　《合集》9356

（7）册入（甲尾刻辞）　《合集》9357

（8）册入（甲桥刻辞）　《合集》9358

（9）☐册。七月。　《合集》15320

（10）册入。　《屯南》2768

以上是甲骨文中和“册”字有关的部分卜辞，其（1）中“乍”通“作”，释文“作册”，应是卜官对龟甲进行钻孔后，为方便携带、运输，会把一些规格大小一致的龟腹甲或背甲用细绳（植物制成）做成册或串成册。（2）、（9）中刻辞残缺，残存的“十月”“七月”可能是处理卜官钻孔编册的月份，但由于甲骨残缺，这也仅是一种推测。（3）—（8）的刻辞内容均为“册入”，其中（3）—（7）中刻辞的位置均在甲尾处，（8）中刻辞的位置在甲桥处，与（3）—（7）的刻辞位置不一致，显得较为特殊。处理卜官将龟甲钻孔编册后，还要把编成册的龟甲暂时存放在一个特殊的地点，存放的过程称为“册入”。刻辞所刻位置、字体不同，可能是不同卜官处理的偏好，所以处理卜官应不止一人。甲桥、甲尾刻辞属记事文字，卜官刻写“册入”可能是在运输、埋藏前，为了统计各自编了多少册龟甲。最后（10）中刻辞内容“册入”与上面几条所表达意思一样。

此外，关于甲骨刻辞中的“入”字，陈梦家认为在卜事刻辞中所记所“入”“示”为：其一，甲尾刻辞只记“某入”而无“某示”，似乎是记入档之事；其二，甲桥记所入龟之数其数有500，300，200，130，120，100，50，30，20，10等，数目大而且常是整数；背甲记所入之数都是10以内的的零散，只有《甲编》2993记入60之数；由此可知腹甲用得多，出土的龟甲也是腹甲多于背甲；其三，甲桥与背甲、骨臼与骨面的卜事刻辞，大致是相同的，所不同者刻辞的地位而已①。

甲骨文中与“入”相关的部分甲桥卜辞，如下：

（1）□入二。（甲桥刻辞）　《合集》141反

（2）贮入三。（甲桥刻辞）　《合集》371反

（3）奠入十。（甲桥刻辞）　《合集》110反

（4）［妻］入二十。（甲桥刻辞）　《合集》463反

（5）雀入三十。（甲桥刻辞）　《合集》190反

---

① 陈梦家：《殷虚卜辞综述》，中华书局，1988年，第19页。

（6）入四十。（甲桥刻辞）《合集》4735反

（7）庚□壴入五十。（甲桥刻辞）《合集》419反

（8）贮入七十。（甲桥刻辞）《合集》671反

（9）入百二十。（甲桥刻辞）《合集》267反

（10）雀入二百五十。（甲桥刻辞）《合集》1100反

根据上述所论，陈梦家认为刻辞中的“入”或“册入”，是指商代的卜官对王室档案进行入档。对于（4）中所述的甲桥刻辞上的入龟之数，本文从甲骨卜辞中也找到一些，如（1）—（10）中，均为记入龟之数的甲桥卜辞，上述中除陈梦家所提之数，（6）“40”、（8）“70”、（10）“250”是陈梦家没有提到的，这是由于当时甲骨资料的限制。这也说明随着考古发掘的不断发展，越来越多的甲骨被发现，弥补前人研究的不足。根据以上对“入”卜辞的分析，我们认为入龟之数是便于卜官的编册或者收藏，如（2）中贮入三，贮即贮藏之意，（5）中雀入三十，雀为人名，也是商代贞人名，说明占卜过后，对甲骨进行贮藏，或者由贞人进行统计统一进行处理之用。

所谓“惟殷先人，有册有典”，“典”字在甲骨文写作、、、，像两手捧册之形。甲骨之上也有关于“典”字的卜辞，如下：

（1）☐工典其翌。《合集》38301

（2）甲子工典其妹。《合集》38305

（3）癸☐甲子典其萑。《合集》34398

（4）甲辰工典其幼其翌。《合集》35399

（5）□申卜，□，贞：医［告］爯典☐《合集》7414

以上是甲骨文中和“典”字有关的部分卜辞，其（1）、（2）、（4）中“工典”为殷人的一种典礼，（5）中“典”通“册”，（3）中“典”为祭名。可知，卜辞中的“典”多作祭名。

总之，钻孔、编册也是处理卜官的职责。

## （三）运输、埋藏

除了上述记档、收藏、钻孔、编册之外，处理卜官的职责还有运输、埋藏。运输包括从外地将甲骨运输到殷都、将甲骨搬运到收藏室、将甲骨运送到埋藏之处等。从考古发掘的资料看，安阳殷墟甲骨的埋藏方式有集中埋藏、分类储存而后埋藏、特殊的埋藏方式等，我们在下文会详细论述这些埋藏方式。

上述钻孔、编册的有孔卜甲，大都出土于安阳殷墟。钻孔、编册确实便于卜后甲骨的运输。李学勤就认为在河南安阳殷墟出土的午组腹甲上刻有卜辞“三册册凡三”，这是将占卜过的龟甲进行编册，其三版成一册，然后卜官用绳子进行捆扎，方便携带或者保存，有些特殊钻

孔卜甲上的钻孔为半圆孔，是为了方便运输卜后的龟甲而另作修治的[①]。此外，山东大辛庄遗址也出土了带有钻孔的卜甲，钻孔位于右甲桥中间偏下的部位，这是在殷墟以外出土的有孔卜甲[②]。

以此来看，钻孔、编册是为了便于甲骨的运输，这也是处理卜官的职责。卜用甲骨的散佚，恰好说明了甲骨存在运输的可能。仁言认为殷墟宫殿基址里和基址之上以及一些窖穴内零星出土的甲骨，当是搬运存储甲骨过程中所散落者，可视为散佚[③]。谢麟认为甲骨的散佚情况，即在搬运过程中，不慎遗落的少数甲骨，其原因是商代甲骨占卜频繁，卜用甲骨数量巨大，散佚的甲骨是在来回搬运过程中掉落下来的[④]。

另外，分析现有的考古资料，可知虽然出土了十余万片甲骨，但是大多数甲骨集中出土于安阳殷墟，少数出土于其他地区。殷商时期，商王经常外出巡守、出游、狩猎、征伐等，在外占卜的甲骨，也要带回王都。这就需要提前将甲骨钻孔、编册，以便运输。

以上种种事例都表明，处理卜官需要负责甲骨的运输工作。安阳殷墟甲骨的埋藏状况说明甲骨的埋藏以窖藏坑为主，这也表明卜官对卜用甲骨进行某些处理之后，还需要挖窖藏坑来埋藏甲骨，此为甲骨卜用之后最终的处理方式。既然要对甲骨进行埋藏，肯定要把之前归档过的龟册或者兽骨运送到窖藏坑附近，以便倾倒入坑。

在本节，我们首先确定了商王朝确实存在一批专门处理卜后甲骨的职官，而后简单论述了处理卜官的职责，旨在说明处理卜官的职责所在，如记档、收藏、钻孔、编册、运输、埋藏等。下文，我们还会结合考古出土的实物资料，再次详细甲骨卜用之后的处理方式。

## 第二节　处理方式

《史记·龟策列传》记载："略闻夏殷欲卜者，乃取蓍龟，已则弃去之，以为龟藏则不灵，蓍久则不神。至周室之卜官，常宝藏蓍龟。"[⑤]这句话大意是说夏商时期用蓍草和龟甲占卜，占卜之后就把蓍草和龟甲丢弃，其原因是如果将占卜后的龟甲和蓍草收藏起来，就会"不灵""不神"。而周室的卜官，常常珍藏蓍龟。可知，《史记》中记载的夏商周时期甲骨占卜后的处理方式，有"已则弃去之"和"宝藏"两种。但是，传世文献记载有一定的局限性。

从考古发掘出土的甲骨实物资料来看，商代早期、中期、晚期卜后甲骨的处理有不同的方式。直接废弃为商代早期、中期甲骨占卜后的主要处理方式，早期甲骨出土不是甚多，且甲骨上多没有卜辞，大多数出土于文化层、房址、沟、垃圾坑等遗迹中，多是随意丢弃。在殷商时期，甲骨占卜之后，并不全是立即丢弃，有些甲骨在占卜后还要保留一段时间，这是因为需

① 李学勤：《大辛庄甲骨卜辞的初步考察》，《文史哲》2003年第4期。
② 方辉：《济南大辛庄遗址出土商代甲骨文》，《中国历史文物》2003年第3期。
③ 仁言：《殷墟甲骨文基础七讲（一）》，《殷都学刊》1985年第1期。
④ 谢麟：《卜法新考》，山东大学硕士学位论文，2009年，第52页。
⑤ （汉）司马迁撰：《史记》，中华书局，1963年，第3223页。

要补刻验辞或要“废物利用”。再者，殷人在埋藏甲骨之前还会对卜后甲骨进行一些特殊的处理，如刮削甲骨等。埋藏，是殷商卜后甲骨的最终处理方式。

总之，商代甲骨占卜后的处理方式有四种：直接废弃、归档收藏、刮削、埋藏。其中，直接废弃和埋藏是甲骨最终的两种处理方式，归档收藏、甲骨刮削是埋藏前的处理。各种处理方式也各有不同的处理方法。

以上是商代甲骨占卜之后处理的四种方式。如果想研究某批甲骨的处理方式，就要弄清楚该批甲骨出土的地点、坑层及其时代等基本情况。具体到某一片甲骨的处理方式，也应如此进行研究。特别是坑层，直接代表了甲骨在地下的情形。石璋如曾经指出编撰“甲骨坑层”的第一个理由便是：“他（董作宾）所提出的四点（甲骨在地下的情形），正如他说的‘是很复杂的问题’，现在我们尚不能作全盘解释。如果我们先把甲骨出土的坑层弄清楚后，自然有一个可靠的基础作根据，可能就不难分辨储存、埋藏、散佚、废弃或其它等的类别了。”[①]这是石璋如据坑层推测甲骨的处理方式，除董作宾提出的甲骨在地下的四种情形外，石璋如还说或有“其它等的类别”。所谓甲骨坑位，“就是埋藏甲骨灰坑的位置，这个位置既可以指空间上的即在地层中的位置（笼统一些也可称为‘出土地点’），也可以指时间上的即由地层关系或坑内遗物所体现的时代。学界一般认为的甲骨坑位是指后者，即由地层关系或坑内遗物所体现的时代”[②]。

下文，我们就根据考古发掘出土的甲骨资料，分析商代各期处理卜后甲骨的具体情况。

## 一、直接废弃

商代卜后甲骨是否有如《史记·龟策列传》所载“已则弃去之”的情况呢？我们认为某些甲骨确实是“已则弃去之”。下面，我们以郑州、偃师、大辛庄、邢台、藁城、安阳等具有代表性的遗址为例，论述商代早期、中期、晚期遗址甲骨的出土情况，进而分析卜后甲骨的废弃。

### （一）偃师、郑州商代早期遗址出土的甲骨

偃师和郑州商城是商代早期的遗址之一。偃师商城遗址出土的商代卜骨，数量较多，分布于如Ⅱ、Ⅳ、Ⅵ区和Ⅶ（J2）区，而Ⅵ区出土卜骨的数量较多、较密集，如标本1983YSⅧT1④：10、1983YSⅧT2③：6、1983YSⅧT2H2：1、1983YSⅧT3③：5、

① 石璋如：《遗址的发现与发掘：丁编·甲骨坑层之一（一次至九次出土甲骨）》，“中研院”历史语言研究所，1985年，第1、2页。

② 禹剑：《对甲骨坑位分期断代作用的再认识》，《甲骨文与殷商史》（新九辑），上海古籍出版社，2019年，第409页。

1983YSⅧT3④：8、1983YSⅧT3H3：1、1983YSⅧT4③：22、1988YSⅡT6H4：3、1989YSⅣT19H71：9、1989YSⅣT19H71：10、1991YSJ2T2H9：4、1992YSⅣT31H117：4、1992YSⅣT32HG2⑤：11、1992YSJ2T38H20：7、1992YSⅣT40④：2、1996YSⅣT103H179：1、1996YSⅣT103H179：5等[①]。偃师商城第Ⅱ号建筑群遗址发掘出土的卜骨，皆出自灰坑中，材质为牛或羊肩胛骨，如标本1991YSJ2T2H9：4[②]。

郑州商城的南关外型属于早商文化，邹衡据郑州商城所有南关外型文化层都压在城墙下面，认为“当时还没有修筑城墙”[③]。南关外期文化中出土1件卜骨（C5T97④：40），1件卜甲（C5T85④：123）[④]。

郑州二里岗商代文化层出土的卜骨残片，数量较多，如牛卜骨H10：423、H2乙：299、H17：60、H2甲：341等[⑤]。郑州二里岗下层一期遗址出土了商代卜骨，如标本C1H9：24、C7H15：11、C1H9：26、C1H14：50、C7H15：45等；二里岗下层二期遗址出土的商代牛卜骨56件、猪卜骨7件、羊卜骨33件、卜甲10件等；二里岗上层一期遗址出土了商代卜骨74件、卜甲37件，共计111件[⑥]。

郑州人民公园一期遗址出土卜甲4件，如标本C7H111：46、C7H109：2、C7T37①：4、C7T105②：2，二期遗址出土卜骨1件，即标本C7H1：6[⑦]。

偃师、郑州商城遗址的甲骨，多零散地出土于商代文化层和灰坑中，且与垃圾或其他遗物混合出土，没有明显的埋藏痕迹，这些就是占卜之后就被随意丢弃或废弃了的甲骨。

## （二）济南大辛庄商代早期、中期、晚期遗址出土的甲骨

山东济南大辛庄遗址是在山东发现的一处较为重要的商周遗址。1958年，山东文物管理处在山东大辛庄遗址进行了试掘，试掘时在沟西遗址中心地带开5米×5米探方两个，以西探方一为例，文化层堆积共分四层，其中第3、4层皆为商代文化层，第3层出土卜骨10片，其中一片龟版已残损，均无文字[⑧]。

---

① 以下偃师卜骨标本及其基本信息皆源自中国社会科学院考古研究所编著：《偃师商城》（第一卷·下册），科学出版社，2013年，第701—705页。

② 王学荣：《偃师商城第Ⅱ号建筑群遗址发掘简报》，《考古》1995年第11期。

③ 河南省博物馆、郑州市博物馆：《郑州商代城址发掘简报》，《文物》1977年第1期；邹衡：《试论夏文化》，《夏商周考古学论文集》，文物出版社，1980年，第175页。

④ 河南文物考古研究所编著：《郑州商城：1953—1985年考古发掘报告》，文物出版社，2001年，第136页。

⑤ 河南省文化局文物工作队编著：《郑州二里岗》，科学出版社，1959年，第37页。

⑥ 河南文物考古研究所编著：《郑州商城：1953—1985年考古发掘报告》，文物出版社，2001年，第174、175、681—683、834—837页。

⑦ 河南文物考古研究所编著：《郑州商城：1953—1985年考古发掘报告》，文物出版社，2001年，第926、947页。

⑧ 山东省文物管理处：《济南大辛庄遗址试掘简报》，《考古》1959年第4期。

1984年，为了进一步弄清大辛庄遗址的内涵及其所含商文化性质，山东大学历史系等单位对此遗址进行了较大规模的试掘。这次试掘将遗址分为四大区，商代遗迹主要有房址（房址较完好者均属早期）、窖穴（灰坑）、水井和墓葬（墓葬则多为晚期）。以探方Ⅲ6T76东壁剖面为例，文化层堆积共分10层，第3层（商晚期）出土少量有钻无凿的卜骨、钻（挖）凿兼施的卜甲，第4层（商代晚期早段）、第5层（商代早期）、第9层（商代早期）、第10层（商代早期）也都有卜骨出土。大辛庄商代遗址分七期，第一期遗迹有窖穴和水井，水井中出土有卜骨；第二期遗迹为房址和灰坑，在2H95、2H109、2F4中出土有卜骨；第三期文化中灰坑11H23中出土有卜骨；第四期文化层6T77③中初见卜甲；第五期文化中以H17出土卜甲16件，“为此次发掘获得龟甲最集中的单位”，另外此期在探方4T1③层中出土骨匕1件，骨匕正面刻一“𠄡”字，与安阳殷墟出土一期甲骨文“五”字一样；第六期中遗存无完整地层，窖穴以圆形为主，出土有大圆钻卜骨；第七期文化中无地层堆积，只有几个深穴大坑，出土甲骨中以龟腹甲较多。关于大辛庄遗址的分期，遗址中第一—三期相当于郑州二里岗上层文化，第四—七期与殷墟文化较一致（可称为大辛庄商代文化后期）[①]。按照以上考古学文化分期，第一—三期为早商文化，卜骨的出土地点为水井、灰坑、房址等。第四—七期为晚商文化，开始出现卜甲，卜骨的数量增多，但是出土地点集中在灰坑之中。

2003年，为了进一步了解大辛庄遗址的文化性质，山东大学东方考古研究中心等单位再次对该遗址进行了发掘。商代甲骨集中出自T2302、T2402第5B层面和T2401第2层及其所属的扰坑内。以T2302和T2402南壁剖面为例，地层堆积共分5层，第5层为商代文化层，分为第5A层和第5B层。在第5B层表面有一层活动面，主要分布在T2302，并延伸至T2401和T2301。活动面平整、坚硬，有明显的踩踏痕迹。活动面上分布有14片卜甲和两件平整的石块[②]（表8-1）。

**表8-1　大辛庄遗址甲骨出土概况**

| 《济南大辛庄遗址试掘简报》 | 《1984年秋济南大辛庄遗址试掘述要》 | 《济南市大辛庄遗址出土商代甲骨文》 |
|---|---|---|
| 卜骨，出土自第三层（商代文化层） | 甲骨，出土自第3层（商代晚期）、第4层（商代晚期早段）、第5层（商代早期）、第9层（商代早期）、第10层（商代早期）等 | 甲骨，集中出自T2302、T2402第5B层面和T2401第2层及其所属的扰坑内 |

综合三次发掘可知，山东济南大辛庄遗址出土的甲骨，1958年发掘的卜骨出土自第三层（商代文化层）。1984年发掘的甲骨出土自商代文化层，地点为水井、灰坑、房址等，其中商代晚期的甲骨集中出土于灰坑。这一现象说明商代早期、中期卜后甲骨零散出土于某地，且大多数还是被随意丢弃在商代文化层、灰坑、水井、房址等遗迹中。然而，商代晚期的卜骨集中出土于灰坑，这说明此时期殷人开始有意识地挖坑掩埋卜用后的甲骨。再者，2003年大辛庄发掘的甲骨，集中出土在一个活动面上，“活动面平整、坚硬，有明显的踩踏痕迹”，这说明当

① 山东大学历史系考古专业、山东省文物考古研究所、济南市博物馆：《1984年秋济南大辛庄遗址试掘述要》，《文物》1995年第6期。

② 山东大学东方考古研究中心、山东省文物考古研究所、济南市考古所：《济南市大辛庄遗址出土商代甲骨文》，《考古》2003年第6期。

时人们把占卜之后的甲骨集中放在一起。

从以上甲骨出土的地点、坑层等情况看，济南大辛庄出土的商代早期、中期的某些卜后甲骨多被随意丢弃或废弃了，这种可能性较大。当然，我们不能肯定这些卜用甲骨是否是占卜之后收藏一段时间才抛弃于水井或灰坑之中。综合而言，这些甲骨大概率是直接废弃了的。大辛庄商代晚期的卜骨则集中出土于灰坑，应该是有意识的埋藏。不过，大辛庄遗址出土的甲骨多属商代早期、中期，也就是说这些卜后甲骨以随意丢弃者居多。

### （三）河北邢台、藁城台西遗址出土的商代甲骨

河北地区也有代表性的商代遗址，如：

其一，位于邢台西南约十里的贾村，1957年，省文化局驻邢台文物发掘组进行调查后，开始试掘。贾村遗址的文化遗迹有灶、窖穴。其中，窖穴的填土与文化层无异，出土遗物有石铲、骨笄、卜龟等。出土10片甲骨，卜骨7片、卜龟3片。“邢台商代晚期层又相当于安阳小屯的堆积，因此证明这个遗址的时间应与小屯殷墟很相近。”①

其二，1957年，河北省文化局文物工作队对河北邢台地区进行了调查，并试掘清理，在尹郭村试掘了两处商代遗址和清理了两座战国墓葬。尹郭村两处商代遗址发现的遗迹为三个灰坑，出土的遗物有陶器、石器、骨器、蚌器、铜器、甲骨等。商代遗址出土21片甲骨，卜骨16片、卜甲5片。1片卜骨采自北区的地面，6片卜骨出自于探沟二第3层、探沟二第1层、探沟三第2层，9片出自于南区探沟一的两个灰坑中。3片卜甲出自于南区探沟一第一层与灰坑中，2片出自于北区探沟三第1层、第2层。尹郭村的商代遗址可分为上中下三层，与曹演庄（即粮库遗址）、南大郭两地遗址相较，上层相当于前两地的上层（即商代晚期），中层相当前两地的下层（商代中期），下层为前两地所无②。

其三，1957年，对邢台西关外遗址试掘了四条探沟。从试掘的情况看，遗址的地层西部只有一层殷文化，东部为殷文化层和西周文化层。殷代层发现4座窑址，还出土卜骨2片牛肩胛骨③。

其四，藁城台西商代遗址位于河北省石家庄市的东侧，是继安阳、郑州、邢台之后又一重要发现。台西遗址早晚两期居住遗址中，共发现卜用甲骨494片，卜骨403片、卜甲91片（背甲59，腹甲32）。除3块整板外，其他都是碎片。早期和晚期遗址中都出土了卜骨。卜甲都出自晚期遗址中，早期没有发现。墓葬中出土11片卜骨，M12、M61各出土1片卜骨，M14、M56、M103每座墓各出土3片卜骨（“置放位置都在二层台上，而且骨臼朝一个方向。因疑当时可能是用绳捆扎在一起的”）。“根据这三座墓中出土的遗物和殉葬人的情况，说明在商代‘卜用三骨’只是奴隶主贵族阶级的占卜方法。至于M12、M61所出的各一块残骨，也许是反映平民使用卜骨的情况。”④

---

① 河北省文物管理委员会：《邢台贾村商代遗址试掘简报》，《文物参考资料》1958年第10期。

② 河北省文化局文物工作队：《邢台尹郭村商代遗址及战国墓葬试掘简报》，《文物》1960年第4期。

③ 唐云明：《邢台西关外遗址试掘》，《文物》1960年第7期。

④ 河北省文物研究所编：《藁城台西商代遗址》，文物出版社，1985年，第87、88、143—145页。

**表8-2 邢台、藁城台西遗址甲骨出土概况**

| 《邢台贾村商代遗址试掘简报》 | 《邢台尹郭村商代遗址及战国墓葬试掘简报》 | 《邢台西关外遗址试掘》 | 《藁城台西商代遗址》 |
|---|---|---|---|
| 甲骨，出土自窖穴 | 甲骨，出土自探沟 | 卜骨，出土自窑址 | 甲骨，出土自居住遗址和墓葬 |

由表8-2可知，河北地区商代遗址的甲骨大多数出土在商代文化层，地点集中在灰坑、房址、水井、墓葬等遗迹中，其中灰坑、居址出土的甲骨较多。再者，出土于藁城台西商代遗址晚期墓葬中的卜骨较为特殊，从其数量和摆放位置看，此时期的人们开始有意识地处理卜后的甲骨。

以上是偃师、郑州、大辛庄、邢台、藁城台西等商代遗址出土卜用甲骨的一些大概情况，这些遗址多属商代早期、中期，我们可以从中看出当时人们对卜后甲骨的处理方式。从以上各遗址出土甲骨的情况看，商代早期和中期的卜后甲骨，直接废弃的概率较大。至商代晚期，人们开始有意识地埋藏卜后甲骨。

### （四）安阳殷墟出土的习刻甲骨属于直接废弃

在安阳殷墟，也有一些甲骨是直接废弃的。殷商时期的习刻甲骨应该就是直接废弃的。“习刻”是刻辞，而非卜辞。董作宾最早注意到甲骨上的习刻文字，他说：“又近复发现‘习契’的文字，或在正文之旁，或在废料之间，学书者视同废纸，画图习字，任意涂鸦，倘非亲手从地下掘来，必且疑是赝品了。”①考古发掘之习刻甲骨，多被学者忽视，其研究成果较少。刘一曼曾说：“习刻，多见于废弃的甲骨上。在刻辞的兽骨中，它们占的比例也较大，肋骨及胛骨刻辞大多属此类。通常，一提到甲骨文中的习刻，不少人以为，那是一些文字紊乱、书法幼稚、不成辞句的契刻，事实不尽然。”进而将习刻刻辞归纳分为三类：

（1）习字之刻。这类习刻发现较多，很易判别。如《善斋》4551，《屯南》2661、2662、2685+2687、2686+2697、2694、2695，《外》456等。其上的刻辞，字体歪斜，书法幼稚，不能句读，一望而知是初学者的习刻。

（2）习辞之刻。如《屯南》2502、2682，《甲编》622、3630等。这种习刻，是以卜辞作蓝本的，所以，也可称之为“仿刻卜辞”。这类习刻，大多字体仍较幼稚，行款较乱，也较易判别。但也有少数习刻之辞，字体较熟练，只是行款不大整齐。

（3）示范之刻。它常常混杂于上述两类习刻之中。示范刻辞，还单独发现于骨版之上。这些刻辞，是当时“师傅”们在传授契刻技术时所做的，因它们在字体、文例方面与同期卜辞相似，所以，也可以称之为“范刻卜辞”②。

白玉峥曾指出《殷契萃编》959片上的内容为习刻文字，认为习契材质的其中一种便是

---

① 董作宾：《甲骨文研究的扩大》，《安阳发掘报告》1930年第2期。

② 刘一曼：《殷墟兽骨刻辞初探》，《殷墟博物苑苑刊》创刊号，中国社会科学出版社，1989年，第115、116页。

"废弃之卜骨"[①]。

习刻甲骨出土地比较分散、出土数量比较零散，如殷墟以外的四盘磨、薛家庄南地、后岗、苗圃北地、花园庄南地、大司空等地出土19片刻辞甲骨，大多数属于习刻甲骨[②]。所以，我们认为习刻甲骨，在习者契刻之后，不必刻意保存，其直接废弃的可能性较大。

另外，有的学者秉持占卜之后的甲骨大多数如垃圾一样直接废弃的观点。如晁福林就认为："（殷周时期）占卜之后的龟甲即弃于灰坑，如同垃圾一样处理掉。当然，对于某些被商王认为有特别意义的卜龟，也可能有作为宝物留存的情况。但是多数情况则属随意弃置。"[③]这是关于甲骨占卜之后直接废弃的代表性观点，对学界影响较大。但是，并不是所有的甲骨占卜之后随即丢弃，如前文所述，某些甲骨在埋藏之前，还需钻孔、编册、归档、收藏、刮削等处理事宜。

综合商代各遗址出土甲骨的情况而言，商代早期和中期的卜后甲骨，多被直接废弃，而商代晚期直接废弃甲骨的数量较少。殷商大多数卜后甲骨，则是有意识的埋藏，而习刻甲骨多是直接废弃。另外，需要特别说明的是，任何一个时期的甲骨，都可能存在直接废弃或处理后再丢弃的情况。我们应就具体的考古资料进行分析，不能以偏概全。

## 二、归档、收藏

在论述处理卜官的职责部分，我们简单地从卜官的职责论述了某些甲骨存在归档、收藏的环节。此处，我们再从处理的角度详细论述甲骨的归档、收藏。商代甲骨占卜之后，会有归档、收藏甲骨的环节，其原因、意义和地点如下。

### （一）归档、收藏的原因

首先，从殷墟甲骨卜辞内容来看，需要归档保存。因为那些需要补刻验辞的甲骨，会存放一段时间，这个工作就由专门的处理卜官负责。

张秉权在《甲骨文与甲骨学》一书中提到"成套卜辞"和"成套甲骨"，列举《丙编》34、35、36、37、38五版"成套卜辞"，在这一套腹甲中的每一版上，"虽只六条卜辞，亦即三组对贞卜辞，但都有两个占卜的日子，即'甲辰卜王入'和'乙卯卜王立黍'，可见不是一日之内所卜用的。从甲辰到乙卯，前后十二天，中间间隔十天。从乙卯到甲辰，前后五十天，中间间隔四十八天。无论如何，这两次占卜的时间，中间曾经隔了一段不少的日子……从这一事实看来，我们可以作这样的假定，这套腹甲，在甲辰日（或乙卯日）用过之后，仍被妥善地

---

① 白玉峥：《甲骨契辞之辨识与分类》，《中国文字》（新十九期），艺文印书馆，1994年，第48页。

② 刘一曼：《安阳殷墟甲骨出土地及其相关问题》，《考古》1997年第5期。

③ 晁福林：《天命与彝伦：先秦社会思想探研》，北京大学出版社，2012年，第45页。

保管着，直到乙卯日（或甲辰日）取出来再卜的时候，它们的次序依然保持原状……如果那许许多多的甲骨，和这一成套的腹甲一样，必须妥善地加以保管，那么，就非得有若干专门管理的人员（龟人）不可了，同时，也必须要有一个特殊的场所（龟室）来加以典藏保存。这情形，正和后世保管档案一样，需要专门人才，并且需要精密的分档储存方法和妥慎周到的维护照管，以及有特殊设备的场所”[①]。这是张秉权据成套卜辞中验辞的契刻情况，对殷商设置专门人才管理卜用甲骨的合理推测，论述相当详细。从张秉权所说的“成套卜辞”和“成套卜骨”看，为保证甲骨占卜，需要卜官对这些成套甲骨进行归档收藏，以保证甲骨占卜的顺序，这也是殷墟甲骨卜辞需要归档保存的明证。吉德炜和张秉权的观点相似，也据验辞契刻晚于卜辞的事实，提到在一段时期过后将甲骨取出来，补刻上验辞[②]。

首先，我们由此推测，在占卜过后到补刻验辞期间，会有卜官专门负责归档管理事宜。从补刻验辞的角度而言，归档、收藏应该属于处理卜官辅助书契卜官进行的工作，目的是减少查找甲骨所浪费的时间与精力。归档、收藏，可以提高书契卜官记录验辞的效率。

其次，从殷墟出土甲骨的数量看，殷商占卜之风盛行，所用甲骨数量巨大。从1928年殷墟开始科学发掘以来，距今已出土十五六万片的甲骨。卜官有时需要查阅甲骨卜辞，这就需要对甲骨进行分门别类。另外，卜甲与卜骨、字甲与字骨、无字甲骨与有字甲骨有时会存放在一起，可能会增加了卜官查阅卜辞的难度。所以，卜官在甲骨占卜以后，会根据占卜的材质、时期、内容等进行分类归档，以便日后查找。

最后，从文字学和档案学的角度而言，甲骨卜辞是商代的文字档案。李圃就从文字学的角度指出：“殷商甲骨文字是殷商时期宫廷占卜语言的记录。这类占卜文辞，就文章样式来说，它属于宫廷档案文体，就文体语言来说，它属于记叙性语言。也就是说，殷商甲骨文字是记录这种宫廷档案文体语言的文字。”[③]据李圃所言，既然甲骨卜辞是“宫廷档案”，殷商时期会有专人负责管理这种文字档案。张世超也说：“历年来对殷墟发掘多次发现的甲骨窖藏，说明殷人在占卜、契刻以后，是将甲骨作为档案资料收藏起来的。《周礼》上所说的‘岁终，则计其占之中否’在殷代也是可能存在的制度。”且认为至少在占卜过程中，甲骨是由契刻者保管的[④]。张世超据殷墟发掘的甲骨窖藏、验辞契刻的时间较晚，以及《周礼》所载推测了“甲骨作为档案资料收藏”的情况。

以上是处理卜官将卜后甲骨归档、收藏的原因，以下，我们再论述其意义。

---

① 张秉权：《甲骨文与甲骨学》，台湾编译馆，1988年，第205、206页。

② 〔美〕吉德炜：《贞人笔记：论商代甲骨刻辞属于二次性资料》，《商承祚教授百年诞辰纪念文集》，文物出版社，2003年，第241—252页。

③ 李圃：《甲骨文文字学》，学林出版社，1995年，第3页。

④ 张世超：《殷墟甲骨字迹研究——𠂤组卜辞篇》，东北师范大学出版社，2002年，第69、70页。

## （二）归档、收藏的意义

甲骨收藏的现象已为考古资料所证明，且为学术界所认可。从目前所公布的考古资料看，甲骨收藏有以下三种意义：

首先，为卜用而收藏。有些甲骨要进行多次占卜，而且未用作占卜之前以及甲骨卜完之后都需要收藏。

其次，为补刻验辞而收藏。占卜后，为了验证占卜之事是否准确，也要收藏。验证的意义在于能够总结经验，使兆坼解释更准确。

再次，甲骨存档。刘一曼、曹定云曾详细论述甲骨收藏的原因："殷墟卜辞中，不同时期的卜辞出现在同一版上应当是可以理解的。殷代卜龟（骨）是很宝贵的，占卜完后，不会马上扔掉，因为这是档案，时王甚至后继者还会不时地检验查看；而史官们也会经常查阅这些卜骨，从中总结出占卜经验；后来的史官也会翻阅以前的卜龟（骨），从中学习前辈的技术。"①

以上三种意义，都是为甲骨占卜服务的，这就是甲骨存档的占卜意义。

## （三）归档、收藏的地点

归档、收藏由职官处理，也需要有归档、收藏的地点。董作宾认为"中研院"历史语言研究所在殷墟第九次发掘的半地穴式房屋内底挖出的窦窖，可以作储藏粮食和甲骨之用，他指出："这些窦窖，出土之物：有兽骨、鹿角、陶片、蚌壳、石器、骨器、龟甲、铜器、玉器、石刀等……多量的甲骨文字，也以窦窖为专门存储的仓库。在小屯遗址中，此类复穴窦窖的遗迹占第一位，总计已发掘的有六百一十七处。有许多地下面的房屋仓库，经过填塞，改造为地上宫室宗庙的，而且改造不止一次，这是小屯遗址的复杂情形。"②殷涤非从考古发掘的角度指出："藏是把甲骨文聚积存档。殷墟发掘所得藏的情况有三：储藏的——如小屯所出武丁卜辞，侯家庄所出廪辛卜辞。累藏的——小屯一个圆坑内出土有武丁至廪辛时期的卜辞和'大连坑'所出武丁至帝辛时期卜辞。零散的——小屯所出帝乙、帝辛卜辞，后岗出土一片胛骨，四盘磨所出三片大卜骨。"③

所以，既然有归档、收藏的占卜环节，殷人也就会设置专门的地点，用以收藏甲骨。考古发掘的储藏室、窖藏坑等，应是卜后甲骨归档、收藏的地点。

学界一直争论殷商卜后甲骨是否属于档案而需归档，大多数学者以偏概全，不能兼顾直接废弃、集中埋藏等事实。禹剑就曾根据殷墟甲骨卜辞的内容、载体、出土情况以及殷商史等

---

① 刘一曼、曹定云：《三论武乙、文丁卜辞》，《考古学报》2011年第4期。

② 董作宾：《甲骨学六十年》，艺文印书馆，1965年，第31页。

③ 殷涤非：《商周考古简编》，黄山书社，1986年，第79页。

材料，对比了殷墟甲骨卜辞和档案的属性，进而把殷墟甲骨占卜之后的处理过程分为“甲骨档案期”和“甲骨埋藏期”两个阶段，还说：“在‘甲骨档案期’，占卜之后的甲骨被归档集中保存在某种特殊场所，这种场所不是甲骨坑，而应该是一种遮风挡雨、干燥透气、宽敞明亮的室内场所，只有这样才会方便管理人员归档存放，方便商王、贵族或贞人随时查阅、学习甚至‘备份’。”①

可知，殷商确实存在甲骨归档、收藏的情况，其原因、意义、地点便如上所述。归档、收藏就是甲骨处理的方式之一。这些归档、收藏的卜后甲骨的最终归宿，也应是埋藏。

## 三、刮　　削

殷人有时会把原本刻在甲骨上的文字刮去，这就是甲骨刮削的现象。董作宾认为殷人“骨不足用，乃有刮去重刻之举，此后当有以骨代甲之发明”②。这是早期学者看到刮削甲骨之举的观点。严一萍曾指出甲骨异代使用的情形之一，“是把前一时期的刻辞刮掉，重新使用”③。

崎川隆指出《合集》10405正面“癸巳”条卜辞的第2行从第1至第6字下面，刮掉了“乃兹亦有求若”6个字，留下了刮削痕迹，“而这6个字正好相当于从第1行第12个字到第2行第3个字的6个字，这种现象可以叫做‘刮字重刻’”，且认为“刮字重刻”的原因为“有可能是换行地点的修改”，但其原因并不限于换行地点的修改，他还指出此版正面最左边“癸酉”条卜辞的第3行“丁丑”两字就是刮掉“戊寅”而重刻的，“这明显是为了修改算错的日期而重刻的”④。

刘源曾指出：“《合集》1075是一版刻有宾组大字的牛胛骨卜辞，其反面很有特色，存在着刮掉先刻的字再重刻新字的现象：即在‘之日二有来艰’下可看到被刮去的‘其有来艰’。推测产生此种现象的原因，可能是刮去命辞来刻验辞。”⑤

以上是甲骨刮削的五种观点，即甲骨不足用、甲骨异代使用、卜辞换行地点的修改、文字错刻而重刻、刮去命辞而刻验辞。其实，刮削甲骨，也是殷人处理卜后甲骨的一种方式。至于甲骨刮削的原因，应该就甲骨的刮削痕迹以及是否具有重刻之辞的具体情况而论。甲骨刮削的现象常见于殷墟YH127坑、小屯南地和花园庄东地H3坑出土的甲骨，但三者刮削的原因明显不同。分别论述如下：

---

① 禹剑：《论殷墟甲骨卜辞的性质——兼论殷墟甲骨占卜之后的“甲骨档案期”和“甲骨埋藏期”》，《档案管理》2018年第6期。

② 董作宾：《新获卜辞写本后记》，《安阳发掘报告》1929年第1期。

③ 严一萍：《甲骨断代问题》，艺文印书馆，1982年，第35页。

④ 〔日〕崎川隆：《殷墟出土大字骨版刻辞的史料性质考辨》，《东方考古》（第4集），科学出版社，2008年，第250—252页。

⑤ 刘源：《谈一则卜辞“刮削重刻例”及一组历宾同文卜辞》，《南方文物》2015年第3期。

## （一）殷墟YH127坑和小屯南地出土甲骨的刮削现象

殷墟YH127坑出土的甲骨的特点之一，就是某些龟腹甲上有刮削痕迹。如《合集》龟腹甲22050（图8-1），腹甲出土于殷墟YH127坑，将《乙编》4520、4522、4678缀合在一起，其正面甲骨的刻辞经过刮削，刮削的痕迹比较明显。

图8-1　卜甲

YH127坑出土的甲骨，刮削之后多再刻新辞。如《合集》龟腹甲6834（正面即《丙编》1，反面即《丙编》2，图8-2），出土于YH127坑。

《合集》龟腹甲6834之上共有22条卜辞，第1—19条刻于正面，第20—22条刻于反面：

（1）壬子卜，争，贞：自今日我𢦏𡆥。

（2）贞：自五日我弗其𢦏𡆥。

（3）癸丑卜，［争］，贞：自今至于丁巳我𢦏𡆥。王固曰：丁巳我毋其𢦏，于来甲子𢦏，旬㞢一日癸亥车弗𢦏。之夕㞢，甲子允𢦏。一 二

（4）癸丑卜，争，贞：自今至于丁巳我弗其𢦏𡆥。一 二

（5）庚申卜，王，贞：余伐不。三月。一

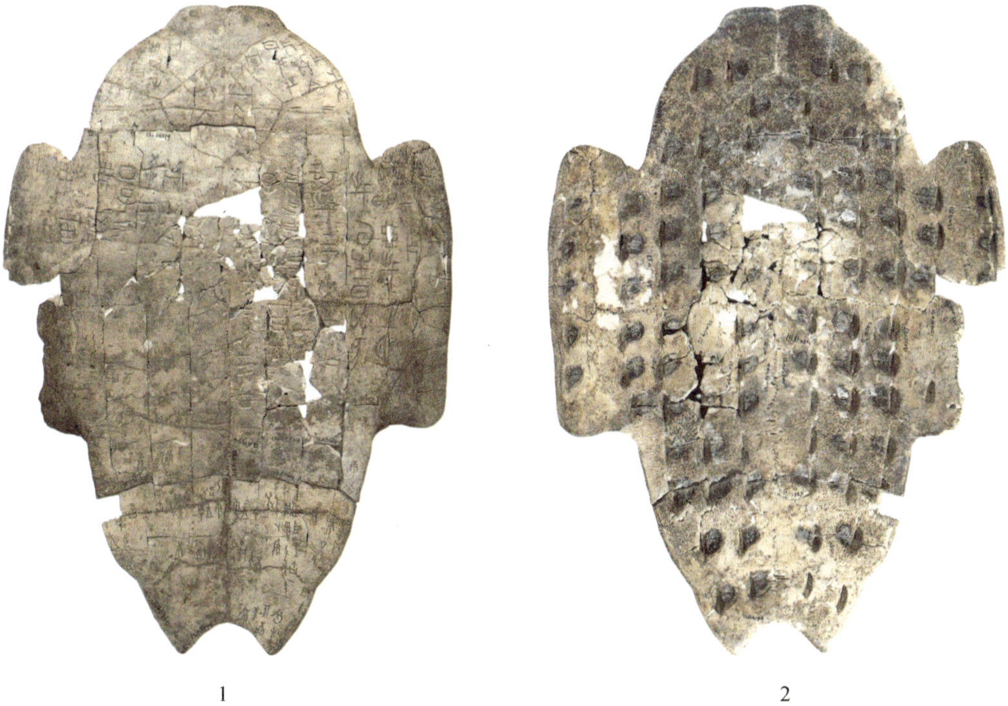

1　　　2

图8-2　卜甲

（6）庚［申卜］，王，贞：余勿伐不。　一　二告
（7）庚申卜，王，贞：余伐不。　一
（8）庚申卜，王，贞：余勿伐不。　一
（9）［庚］申卜，［王］，贞：支缶。　二告
（10）庚申卜，王，贞：雀弗［其］支缶。　一
（11）雀弗其支缶。　一
（12）辛酉卜，㱿，贞：翌壬戌不至。　一　二告
（13）癸亥卜，㱿，贞：我史𢦏缶。　一　二　二告
（14）癸亥卜，㱿，贞：我史毋其𢦏缶。　一　二　二告
（15）癸亥卜，㱿，贞：翌乙丑多臣𢦏缶。　一　二
（16）翌乙丑多臣弗其𢦏缶。　一　二
（17）乙丑卜，㱿，贞：子商弗其支先。　一　二　三　二告
（18）丙寅卜，争，贞：乎□□医专□权。　一　二
（19）贞：□弗其𠭁王史。　一　二　二告
（20）辛酉卜，㱿，贞：我亡须。
（21）辛酉卜，㱿，贞：□［不］▨［囚］。
（22）㱿。

张秉权在考释《丙编》1、2之时说："在这一版上，有许多地方，留着曾被刮削的痕迹"，他指出此版五处刮削重刻之例：

一，辞（1）"今"下的"五"字，刻后被削，拓本已不可辨，然在原物上，仍旧隐隐可见削剩之形。"争"字的下部被削平了，所以拓本只能看到半个字。

二，辞（3）的"毋"与"子"二字之间的下端，有一细笔的"毋"字，曾被削除，拓本不显，但在实物上，仍隐隐留着残痕。

三，辞（3）"来甲子𢦏"的"𢦏"字顶端，亦有一被削的"其"字残痕。

四，右甲桥上（21）中的序数"一""二"，已被削去（知者，因其下有序数"三""四""五"，而左桥对称部分，则有"一""二"），序数"三"的左旁，留着一片削痕，从它下面那个削除未净的"子"字（在序数"四"之左侧）来推测，此处被削之字，应是"壬"字，但因削得很深，所以没有痕迹了。

张秉权进而指出："由这几个削剩的残字来推测，我们可以知道：左边胸腹甲上的辞（1）（3）（21）等部分，在刻上现在的那些卜辞之前，曾刻划另一些文字，而又被削去了的。"①据张秉权所言，这片龟腹甲上的刮削之处较多，痕迹比较明显。

殷墟YH127坑出土的某些甲骨，刮削之后，也有不刻新辞的情况。如张秉权曾指出《丙编》49（图8-3，出土于殷墟YH127坑）："第（10）辞'南'字的头顶有一个序数'九'字，刻好以后，又被削去，在拓本上，只留下了一块白色的铲削痕迹，在实物上还可以看出那

① 张秉权：《殷虚文字丙编·上辑（一）》，"中研院"历史语言研究所，1957年，第2、3页。

个被削去的是‘九’字，而‘南’字却刻在这个卜兆的横裂坼兆上，即所谓卜辞犯兆，‘南’字之下的‘庚’字，也是犯兆的，那个卜兆的序数也被削去，但是已经看不出原来的是什么字了。”[①]张惟捷认为：“目验‘南’字较大，似有以字体盖去刮消痕迹之意。”[②]

图8-3　卜甲

由于误刻，刮削之后重新刻辞的现象也是甲骨文字契刻比较常见的一种情况。误刻就需要修改，只能刮削后重刻新辞。如陈炜湛指出《美录》651下辞的“今”字系刮后重刻；《美录》92的“羌”字也是刮后重刻；《美录》505的“休”字左半部分有刮削痕迹，也系重刻[③]；《美录》651即《合集》26101（图8-4，1），《美录》92即《合集》32088（图8-4，2），《美录》505即《合集》32961（图8-4，3），确实如陈炜湛所说，三片之上的刮削痕迹非常明显。但是，这种刮削重刻的现象，自然不是“废物利用”，而是先刻之辞有误，需要再刻新辞。

小屯南地出土的卜骨上，也有刮削重刻的现象。1973年安阳小屯南地的发掘简报中提到非卜辞有习刻和记事刻辞两种，“习刻，有的是刻在未经整治的牛肩胛骨或牛肋条骨上，如原编号H85：127是牛肋骨条，其

1　2　3

图8-4　刮削重刻的甲骨

① 张秉权：《殷虚文字丙编·上辑（一）》，“中研院”历史语言研究所，1957年，第83页。
② 张惟捷：《殷墟YH127坑宾组甲骨新研》，万卷楼图书股份有限公司，2013年，第68页。
③ 陈炜湛：《甲骨文简论》，上海古籍出版社，1987年，第56页。

上刻有干支表；还有的是把旧卜骨上的字迹刮去，在其上练习刻字”[①]。再如，《屯南》2151（H48：21），卜骨正面有竖行卜辞，“背面有凿”，“此骨上部经过修治磨光，有单面刃和使用痕迹，说明卜骨废弃后又作了工具”[②]。把甲骨之上原来的文字刮去再刻上习刻文字或者将其改制为其他工具，其目的非常明显，就是“废物利用”。

但是，“废物利用”的行为并不是所有刮削甲骨的目的。如殷墟YH127坑出土的某些刮削甲骨，有相当一部分是由于误刻或其他原因需要重新刻辞而刮削原辞。再如，花东甲骨的刮削，也不是为了“废物利用”。

## （二）花园庄东地出土卜甲刮削现象考论

以上，我们论述了殷墟YH127坑和屯南出土甲骨刮削的现象，以下，我们以花园庄东地出土刮削甲骨为例，首先分析甲骨刮削的基本情况，而后讨论其目的。

### 1. 花东卜甲刮削的基本情况

经朱歧祥统计，花园庄东地出土的甲骨被刮削者129版，占出土甲骨总数的23%。[③]而陈佩君统计花东甲骨中整版内容被削除或者有大面积刮除痕迹者为110版，“另有小部分情形是仅刮除一条卜辞或者铲削面积较小者皆未在此计数中”[④]。花园庄东地出土的龟甲被刮削者共有129版，被刮削的龟腹甲128片、龟背甲1片（表8-3）。

**表8-3　花园庄东地甲骨刮削统计表**

| 材质 | 《花东》著录编号 |
|---|---|
| 龟腹甲（128片） | 1、15、18、19、24、25、31、41、42、45、52、53、54、64、66、68、69、72、74、77、82、85、88、89、90、92、96、99、105、106、120、128、134、135、140、141、148、151、153、155、160、166、185、187、189、197、199、200、202、203、204、207、210、212、213、222、223、229、230、233、238、245、246、249、254、256、257、258、263、266、268、269、273、279、281、282、283、292、294、298、301、302、305、309、349、356、359、365、368、374、383、386、387、388、390、392、393、394、396、398、402、404、405、406、408、411、443、445、448、453、456、460、461、465、468、469、471、472、476、477、479、482、486、487、488、489、499、501 |
| 龟背甲（右背甲，1片） | 385 |
| 总计129片 | |

① 中国科学院考古研究所安阳工作队：《1973年安阳小屯南地发掘简报》，《考古》1975年第1期。

② 中国社会科学院考古研究所编著：《小屯南地甲骨》（下册·第一分册），中华书局，1983年，第984页。

③ 朱歧祥：《殷墟花东甲骨文刮削考》，《花园庄东地甲骨论丛》，圣环图书股份有限公司，2006年，第53页。

④ 陈佩君：《由花东甲骨中的同卜事件看同版、异版卜辞的关系》，《第十八届中国文字学国际学术研讨会论文集》，辅仁大学中国文学系、中国文字学会主办，2007年，第133页。

以下，我们略举数例以作说明。花园庄东地甲骨整理者在整理H3：891（《花东》298，图8-5）时，提到“本版原卜辞被刮削，只能隐约看到一些零星的字。本版估计原有十条卜辞，但均被刮削，辞意不明。刮削的目的，是准备再用。但本版未见新刻之辞”①。

《花东》龟腹甲H3：1468（《花东》476，图8-6），其左右后甲部位12个卜兆的卜辞基本都被刮削干净，左右后甲部位被重新刻上“用”字。

《花东》H3：1485（《花东》486，图8-7），整版卜辞基本被刮削干净，只剩下了笔道和兆序数字，左尾甲处有重刻之辞“其至令”。

以上所举之例，都是花园庄东地出土的龟腹甲，其上卜辞都有被刮削的痕迹。有些腹甲之上的卜辞被刮削后，没有重新刻辞，有的龟腹甲上还会重新刻辞。

综合花东被刮削的128片龟腹甲、1片龟背甲而言，花东甲骨文刮削有以下情形：

一，刮削卜辞的命辞而保留前辞，如《花东》1、15、52、82、88、105、106、189、197、202、207、256、257等。命辞在卜辞之中相当重要，而花东甲骨却刮削了命辞，朱歧祥认为这种情形“刮削的目的显然是要透过消除命辞，刻意的不让别人掌握花东甲骨主人‘子’所占卜的内容。刮削的意图显然并不单纯”②。花东刮削少量的卜甲，还保留了用辞或卜兆。

二，刮削之后再刻辞，这种情形比较少。朱歧祥认为在花东129版刮削卜甲中，“只有极少数在刮削处重新刻上文字，这似乎可理解为重新使用的甲骨版”，明显的例子有《花东》204、256、460、476，朱歧祥据此说：“（这种情形）只占遭刮削的129版中的极少数。可见花东甲骨并没有在刮削后重复使用的习惯。”③可见，殷墟YH127坑与花东H3坑出土甲骨刮削的最大不同之处，便是刮削之后是否重刻新辞。YH127坑甲骨刮削之后，或因误刻或欲习刻，多重新刻辞，也有刮削之后没有刻辞的甲骨。而花东H3坑的情况则恰恰相反，多是刮削之后没有重新刻辞。

三，以刮削和保留的情况看，“刮削的部分有不损及文字（至少在拓片上仍能看见字形笔画），也有刮削掉一句中的若干文字，复有整段卜辞和整版甲骨的字被刮削掉的。刮削的过程并非边写边刮，也不是因写错而遭个别刮削”④。

四，以刮削的材质而言，有龟腹甲和龟背甲，无卜骨。刮削的龟腹甲有128版，龟背甲只有1版。

---

① 中国社会科学院考古研究所编著：《殷墟花园庄东地甲骨》（第六分册），云南人民出版社，2003 年，第1684、1685 页。

② 朱歧祥：《殷墟花东甲骨文刮削考》，《花园庄东地甲骨论丛》，圣环图书股份有限公司，2006年，第55页。

③ 朱歧祥：《殷墟花东甲骨文刮削考》，《花园庄东地甲骨论丛》，圣环图书股份有限公司，2006年，第62、63页。

④ 朱歧祥：《殷墟花园庄东地甲骨论稿》，里仁书局，2008年，第32页。

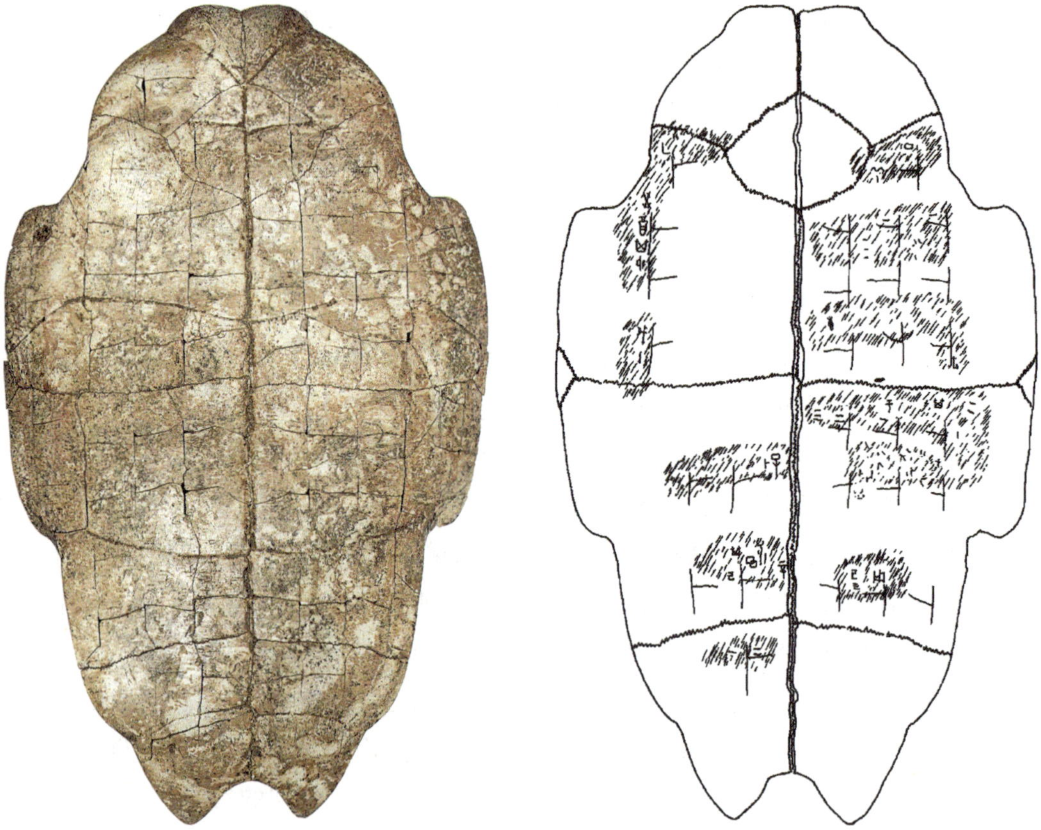

图8-5　卜甲

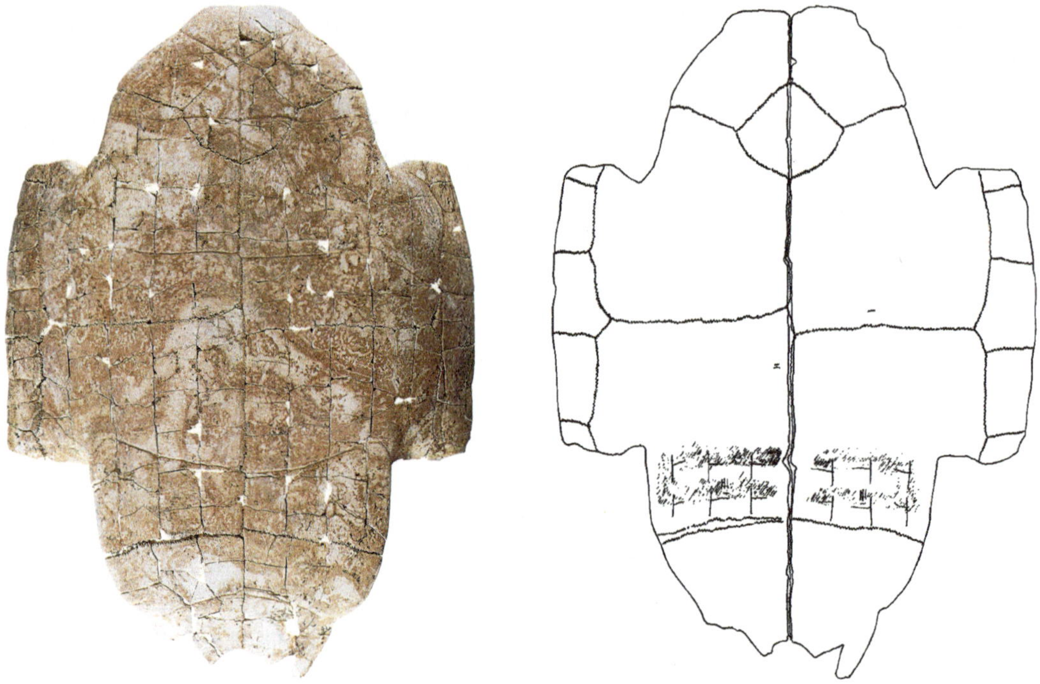

图8-6　卜甲

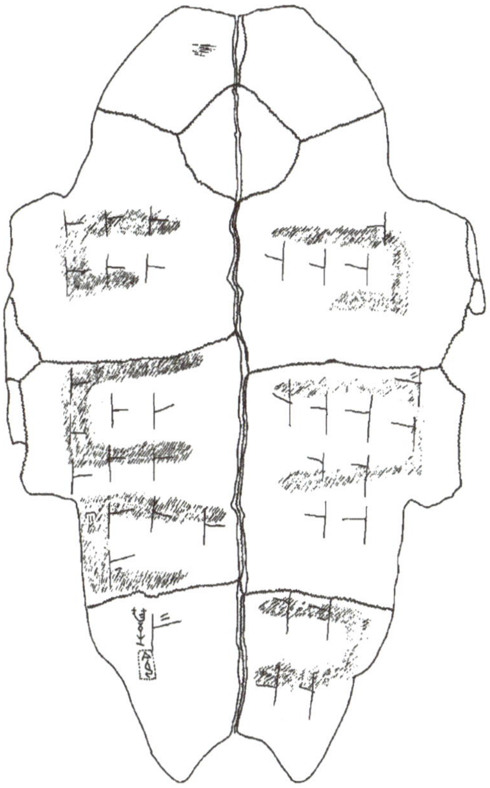

图8-7　卜甲

（1）龟腹甲的刮削情形。

以龟腹甲刮削卜辞的部位而言，刮削只见于龟腹甲的正面，有12种情形[①]：①前甲和后甲部位的卜辞被刮削；②前甲、后甲、尾甲部位的卜辞被刮削；③首甲、前甲、后甲、尾甲部位的卜辞被刮削；④后甲部位的卜辞被刮削；⑤前甲部位的卜辞被刮削；⑥中甲、前甲、后甲部位的卜辞被刮削；⑦后甲和尾甲部位的卜辞被刮削；⑧中甲和前甲部位的卜辞被刮削；⑨首甲部位的卜辞被刮削；⑩中甲、前甲、后甲、尾甲部位的卜辞被刮削；⑪前甲、甲桥部位的卜辞被刮削；⑫中甲、前甲、尾甲部位的卜辞被刮削。龟腹甲刮削部位的12种情形，见于龟版之上的情况有所不同（表8-4）。

**表8-4　花东腹甲卜辞的刮削部位统计表**

| 刮削部位 | 著录编号 |
|---|---|
| ①前甲和后甲部位的卜辞被刮削（共31版） | 《花东》1、31、42、45、52、53、54、64、66、77、82、92、106、120、135、189、199、204、212、222、246、396、405、443、445、460、461、471、479、499、501 |
| ②前甲、后甲、尾甲部位的卜辞被刮削（共26版） | 《花东》15、69、88、89、134、148、203、223、230、249、256、283、349、387、390、404、406、408、453、465、469、477、482、486、488、489 |
| ③首甲、前甲、后甲、尾甲部位的卜辞被刮削（共8版） | 《花东》18、90、105、238、257、298、374、398 |

① 此处，我们选取《花东》比较完整的被刮削的龟腹甲和龟背甲，以便论述其刮削部位的情况。

续表

| 刮削部位 | 著录编号 |
|---|---|
| ④后甲部位的卜辞被刮削（共9版） | 《花东》19、24、85、266、294、392、468、472、476 |
| ⑤前甲部位的卜辞被刮削（共10版） | 《花东》99、141、185、200、233、263、281、282、356、487 |
| ⑥中甲、前甲、后甲部位的卜辞被刮削（共2版） | 《花东》229、368 |
| ⑦后甲和尾甲部位的卜辞被刮削（1版） | 《花东》254 |
| ⑧中甲和前甲部位的卜辞被刮削（1版） | 《花东》273 |
| ⑨首甲部位的卜辞被刮削（1版） | 《花东》305 |
| ⑩中甲、前甲、后甲、尾甲部位的卜辞被刮削（1版） | 《花东》365 |
| ⑪前甲、甲桥部位的卜辞被刮削（1版） | 《花东》393 |
| ⑫中甲、前甲、尾甲部位的卜辞被刮削（1版） | 《花东》402 |

可见，在我们所统计的92版刮削龟腹甲中，前甲和后甲部位的卜辞被刮削者最多，共有31版。前甲、后甲、尾甲部位卜辞被刮削者较多，共有26版。首甲、前甲、后甲、尾甲部位卜辞被刮削者有8版，后甲部位卜辞被刮削者有9版，前甲部位卜辞被刮削者有10版。第⑥—⑫种情形则非常少见。

（2）龟背甲的刮削情形。

花东出土的龟背甲较少，其刮削只有1例，即《花东》龟背甲385（图8-8），为右背甲，其肋甲、边甲部位的卜辞被刮削。

以上统计了花东被刮削的129版卜甲。刮削的龟腹甲共有128版，我们统计了比较完整的龟腹甲就有92版。刮削的龟背甲1版，也比较完整。可见，花东刮削现象的特殊性。《花东》著录了有刻辞的数百版甲骨，但还有千余版无字甲骨的资料尚未公开。至于无字甲骨之上是否也存在刮削的现象，我们就不得而知了。

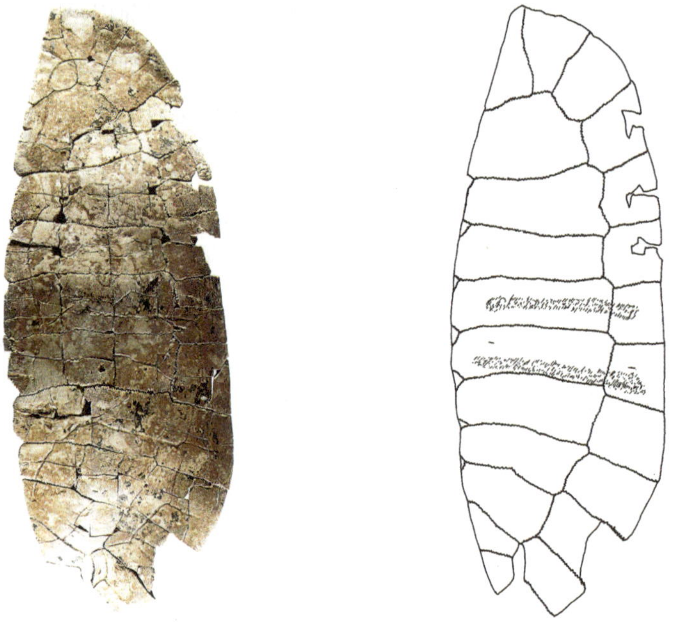

图8-8　卜甲

## 2. 花东卜甲刮削的目的

学界已经初步探索了花东甲骨刮削的目的或原因，但观点存在较大争议。刘一曼注意到花东甲骨刮削的现象，她认为花东H3“也见有将卜辞刮了以后不再重刻的情况，其原因大概是一些卜辞的内容不重要，无保留价值”①。这种观点，只是推测之言，论述也比较简单。

后来，花园庄东地东甲骨的整理者指出花东卜辞刮削重刻的现象仅见于数版。

《花东》374（H3：1185）：“本版共有两种字体风格各异的卜辞：第一种即刮削前的卜辞，如第1、3、4、5、6、7、10辞；第二种是刮削之后重新刻上的卜辞，如8、9、10、11、12、13辞。这两种卜辞区分的依据是，第一类卜辞基本被刮削，只剩下一些零星的字；第二类卜辞，甲面虽经刮削，但卜辞基本完整，足证这些卜辞是刮后再刻上去的。第一类卜辞字体细、长、软；而第二类卜辞字体粗、直、较硬。依时间而言，第二类卜辞显然要晚于第一类卜辞。”

《花东》443（H3：1376）：“本版卜辞基本被刮削，但有些字仍能隐约可辨”，“第1至第7辞为刮削前卜辞，因被刮削后剩下单个孤立的字，整个辞意不明。第8、9二辞，是刮后新刻。但第8辞辞意未了；而第9辞其字混乱，字不成为字，应是习刻。在此还须指出：刮削之字体与刮削后之字体风格截然不同，应是不同的人所为”。

《花东》460（H3：1425）：“第1辞‘用’应是刮削后再刻上去的。”

《花东》476（H3：1468）上的两个“用”字“笔道清晰，未见任何刮痕，应是刮削后重新刻上去的”。

《花东》486（H3：1485）：“本版原卜辞基本被刮削干净，只剩笔道和兆序；左甲尾处有刮削后新刻之辞”，“第1辞字风格与被刮之辞字体风格不同：笔体粗，且‘其’字不规范，辞意不完整，当属刮削后习刻之作”②。

可知，整理者据《花东》3版龟腹甲374、443、486刮削之前的卜辞与重刻卜辞的字体风格不同，论述了刮削的目的是准备再用，即重新刻卜辞或作习刻之用。整理者所说的刮削重刻之版在129版被刮削龟甲数量中所占比例极小，再者，字体风格不同并不能说明刮削之后是为了重刻之辞。如禹剑认为《花东》476上的两个“用字”“从拓片上看位于刮削痕迹之中，我们认为仍应当看作是刮削后的残余，之所以笔道清晰或是由于刮削力度不同所致”③。所以，整理者所持花东刮削甲骨是“准备再用”的观点还有待商榷。

另外，整理者还据《花东》H3：891刮削现象指出：“本版估计原有十条卜辞，但均被刮

① 刘一曼：《殷墟花园庄东地甲骨坑的发现及主要收获》，《甲骨文发现一百周年学术研讨会论文集》，文史哲出版社有限公司，1998年，第206、207页。

② 中国社会科学院考古研究所编著：《殷墟花园庄东地甲骨》（第六分册），云南人民出版社，2003 年，第1707、1708、1730、1737、1742、1743、1745、1746页。

③ 禹剑：《殷墟花园庄东地甲骨刻辞语言文字综考》，天津师范大学博士学位论文，2020年，第231页。

削，辞意不明。刮削的目的，是准备再用。但本版未见新刻之辞。”[①]但是，既然卜甲刮削之后“准备再用”，那么这版为何“未见新刻之辞”？综合花东129版被刮削卜甲看，除极少数龟腹甲上的卜辞被刮削后重新刻辞外，绝大多数刮削部位的字迹都模糊不清或未再刻文字，这表明花东刮削卜甲不会是“准备再用”。

专门研究花东甲骨刮削者，应属朱歧祥，他认为：“花东卜辞上文字的刮削应是整坑甲骨在埋藏前集体一次有意的选择性的刮削结果”，“花东大量的刮削甲骨，删除了子、丁和妣庚的名字和关系，隐藏了三人之间在武丁政权早期的长久亲密接触；复剔掉以子为主导的祭祀和政事的动作，对于子为国家所作的贡献，亦不欲为后人所强调或纪念。我们推测，刮削的背景是殷墟花园庄甲骨的主人‘子’因贤能而受武丁或妇好的猜忌，遂遭放逐疏远，失却继承王位的机会。子或其家族后人为免续招祸患，遂将子卜辞中许多记录子主持政事和祭祀的事例删除。这是我们所看见花东甲骨被刻意刮削的主要原因”[②]。

《花东》第一册前言谈到清理甲骨的经过，将H3坑甲骨分层取出，H3坑由上到下拍摄了16张照片，可以观察到16层甲骨的分布状况[③]。朱歧祥观察了《花东》第一册中的这16张插图，据其引录有刮削的甲骨位置，制作了甲骨置放状况表（表8-5），包括刮削甲骨出土的坑层、放置情况。

**表8-5　花东刮削甲骨置放状况表**

| 坑层 | 放置情况 | 例子（《花东》） |
|---|---|---|
| ①层 | 刮削甲骨平铺放置在坑平面的上下两边，版数不多 | 1、53 |
| ②层 | 刮削甲骨平铺放置在四侧，偶有堆至中央位置 | 72、111 |
| | 偶有垂直置放 | 81 |
| ③层 | 刮削甲骨平铺放置在四侧，偶有堆至中央位置 | 239、192、198、219、291 |
| ④层 | 刮削甲骨在坑（平面图）下方的四周，以至中央的位置 | 316、391、392、318 |
| ⑤层 | 刮削甲骨平铺在坑的左右两边，偶有堆至中央的位置 | 485、448、424、566、440 |
| ⑥层 | 刮削甲骨散在四边 | 649、784、668、649、601、703 |
| | 有垂直置放在坑的上边 | 626 |
| | 复有重叠在一起的 | 784、753、613 |
| ⑦层 | 刮削甲骨平铺放置在左右二边，偶有堆至中央的位置 | 791、801、849、836 |
| ⑧层 | 刮削甲骨平铺在两边，并无放置在中间 | 891、939 |
| | 有重叠出现在左上方 | 902、903 |
| ⑨层 | 无刮削甲骨 | |
| ⑩层 | 无刮削甲骨 | |

① 中国社会科学院考古研究所编著：《殷墟花园庄东地甲骨》（第六分册），云南人民出版社，2003 年，第 1684、1685 页。

② 朱歧祥：《殷墟花东甲骨文刮削考》，《花园庄东地甲骨论丛》，圣环图书股份有限公司，2006年，第54、63页。

③ 中国社会科学院考古研究所编著：《殷墟花园庄东地甲骨》（第一分册），云南人民出版社，2003年，第38—43页。

续表

| 坑层 | 放置情况 | 例子（《花东》） |
|---|---|---|
| ⑪层 | 刮削甲骨平铺放置在坑的左边，偶有堆至中央 | 1106、1185、1159 |
| | 但亦有垂直置放在坑的上边 | 1157 |
| ⑫层 | 刮削甲骨平铺分布在四边，偶有堆至中央 | 1242、1257、1286、1282、1239 |
| | 亦有垂直置放在上下二边 | 1251、1284、1285 |
| ⑬层 | 刮削甲骨平铺置于右上角 | 1291、1298 |
| ⑭层 | 刮削甲骨平铺放在周边 | 1397、1420、1425、1385 |
| ⑮层 | 刮削甲骨平铺放在周边，亦有堆至中央。其中有重叠的现象 | 1450、1452 |
| ⑯层 | 刮削甲骨平铺放在周边，以至于中间的位置。其中有重叠的现象 | 1148、11489、11490 |

朱歧祥据统计状况表指出：

"刮削甲骨基本上都是刻意的置放在坑的周边，而且有重叠置放一起的现象，与其他有字甲骨主要存放在坑的中间位置可能有一定的人为区隔。在由上而下的16层甲骨中，刮削甲骨的储存可以细分作五个阶段：1—2层在上下二边，3—8层，平铺在四侧，9—10层无刮削例，11—14层平铺在四侧，15—16层多重置放。"①朱歧祥进而简析了花东卜甲刮削后保留的文字，大致推测了刮削内容的可能类别和刮削目的，他总结说："综合以上诸刮削句例，见所保留下来的有前辞、用辞、兆数和命辞中的人名、祭品、动词、语辞、否定词、数词、时间词、这些辞例所隐藏的内容，基本上都是指向'子'和'丁'、'妣庚'二人有关。子与丁是政治的关系，子与妣庚则是祭祀的刮削。刮削的目的正是要清除上述的两种关系的记录，从而删除'子'的重要性。个中的意义自然非比寻常。"②

朱歧祥还归纳了以下几点想法：

（1）刮削的动作是有其动机目的，并不是随意或习刻的刮削。

（2）刮削文字的内容、保留下来的辞例、刮削在甲骨的部位和刮削骨版的置放，都没有明显的严格规律。

（3）花东同性质辞例的甲骨卜辞，有被刮掉文字，也有没有被刮而完整地保留下来。原因不详。

（4）花东甲文刻写字形基本一致，刻手应是出自同一人。但刮削的人是否只有一人，则不可考。

（5）同版刮削句子中有刮主语、宾语，也有只保留主语、宾语。这种现象除了随意刮削外很难作具体的解释。

（6）互参同版和异版同类卜辞内容，花东子、丁、妣庚三个重要的人名有被刮除、也有刻意被保留下来。这一点无论由保存抑或隐藏的目的来看，似乎是相矛盾的。这一现象只能理解为花东甲骨储存在这一H3坑中以前，它的管理者很可能是多元的。换言之，其中某一管理

① 朱歧祥：《殷墟花园庄东地甲骨论稿》，里仁书局，2008年，第29—31页。

② 朱歧祥：《殷墟花园庄东地甲骨论稿》，里仁书局，2008年，第32—42页。

者因为某种原因考量而将其掌握的甲骨中某些重要的人事选择性地刮掉，但其余的管理者却完整地保存着。所以才会这种出现若隐若现的冲突。至于刮削的人是花东子本人、当日负责的史官，抑或是花东子的后人？目前是无法考知。但由局部刮削的例子看，刮削为当日花东子的其中一名史官故意的一次性动作，可能性是比较高的。后来因为某种原因需要统筹的刻意储存花东子的占卜记录，所以才会有H3一整坑将有刮有不刮的甲骨材料混杂汇处的状况出现①。

朱歧祥致力于花东卜甲刮削的研究，论述详细。我们赞同朱歧祥的第1个、第3个观点，但朱歧祥第2个观点中“刮削在甲骨的部位”，其实已然有一定的规律，我们在前文已经作了统计和说明。朱歧祥的第6个观点，只是猜测了刮削卜甲在埋藏前的一些处理情况。另外，朱歧祥仍坚持其在《殷墟花东甲骨文刮削考》一文中关于刮削原因的观点。

章秀霞也不太赞同刮削甲骨是“准备再用”的观点，且不完全赞同朱歧祥的观点，她曾指出：

> 从花东中遭刮削甲骨的普遍情况看，其重复再利用的可能性确实不大，正如朱歧祥先生文中（《殷墟花东甲骨文刮削考》）所指出的那样，129版遭刮削者中，仅有极少的4例重新刻上了文字，可视为特例，且只有1例是问卜内容，可见花东甲骨并没有刮削后重复使用的习惯。朱先生指出这种刮削是“整坑甲骨埋藏前集体一次选择性的刮削结果”亦是可取的。但是，其对刮削原因的解释尚欠缺一些足够的证据，有些疑点似乎无法解释。笔者在翻检花东被刮削卜辞的过程中，注意到这样一个现象，即存在刮削卜辞现象的129版卜甲中，虽有74版上遭刮削的卜辞其卜日是完全不可辨的，但尚有55版卜甲上遭刮削的卜辞里还能辨出其卜日，且可辨卜日仅记为“天干”者见于48版，占可辨总数55版卜甲中的87.3%，而可辨卜日仅记为“干支”者共见于3版，占总数的5.5%，可辨卜日记为“天干”与记为“干支”共版者见于4版（其中第88版被刮者仅1例卜日可能记为“干支”，其余11例皆记为“天干”），占总数的7.3%。至少从这些尚可辨其卜日的刮削之辞来看，被刮削者中，将近90%其卜日都是仅记为“天干”；只有少许卜日是记为“干支”者，可见这种刮削确实是有选择性的。但是，此若是子或其家族后人为免续招祸患而将子卜辞中许多记录子主持政事和祭祀的事例加以删除的话，那么花东中还有大量卜日记为“干支”者，且其中也不乏子与丁和妣庚之间亲密关系的见证和祭祀事例，为什么它们没有遭到大量刮削呢？又据笔者初步统计，花东卜辞中卜日仅记为“干支”者见220版，卜日仅记为“干支”者见115版，而这两种卜日记录方式共版者则极少，仅16版，可见使用这两种卜日记录方式的占卜绝大部分都是各用其甲的。所以，我们怀疑这种现象可能与花东子家族的占卜制度有关，而并非政治权力斗争背景下的行为②。

---

① 朱歧祥：《殷墟花园庄东地甲骨论稿》，里仁书局，2008年，第42、43页。

② 章秀霞：《从花东甲骨看殷商时期甲骨占卜中的若干问题》，《中州学刊》2010年第6期；《花东子卜辞与殷礼研究》，中华书局，2017年，第329、330页。

可知，章秀霞结合了花东子家族的甲骨占卜制度论述了花东刮削的一些情况。然而，据章秀霞所说，除了55版被刮削卜甲的卜日可辨，还有“74版上遭刮削的卜辞其卜日是完全不可辨的”，这就使得章秀霞仅仅推测了刮削现象“可能与花东子家族的占卜制度有关，而并非政治权力斗争背景下的行为”。

禹剑在评述了前人关于花东甲骨刮削原因的观点后说：

> 我们认为，研究甲骨刮削首先要解决的问题是确定哪些甲骨或者卜辞经过刮削。刮削没有契刻那样较深的笔道，仅是甲骨表面的刮磨，特征并不明显。而且，从花东刮削甲骨情况来看，卜辞完全刮削不可见的情况较少，多数仍可隐约辨识，有些字还十分清晰，有的卜辞还比较完整如花东179.1，说明当时在刮削时并未十分精细，可能对刮削的质量要求并不严格。再加上甲骨在地下埋藏千年，这些刮削痕迹有多少能够保存下来尚未可知，所以很可能一些刮削过的甲骨或卜辞与未刮削过的混淆难辨。如果接触甲骨实物可能还好一些，但多数人是没有这种机会的。我们判断的依据只能是整理者提供的拓片，有些从拓片看没有刮削痕迹、字迹清晰的卜辞，从整理者的释文可知仍属于刮削过的卜辞，比如花东387.5。
>
> 还要解决的问题是确定哪些卜辞属于重刻。上文我们已经谈到，仅凭字体风格判断不可靠，仅凭拓片来判断也不可靠。而且，据整理者介绍，被刮削的甲骨版中还有不少属于刮削时保留的卜辞，如花东256.2、256.3、266.1、266.3、268.11、269.6、269.8、292.1、292.2、302、305.1、305.2、349等，我们推测整理者判断依据应当是有无刮削痕迹，鉴于上文所论，这些情况势必也会与一些刮削痕迹不明显的卜辞混在一起。更为重要的是，从占卜制度来说，卜兆是占卜吉凶判断的依据，卜辞依附于卜兆而存在，由于“一事多卜”的存在，一条卜辞包含多个卜兆的现象很常见，但是同一个卜兆周围不可能刻写不同的卜辞（刻写错误而刮削重刻的情况除外）。所以，从理论上来讲，处于刮削痕迹之中的卜辞，都应当是刮削之残余，而不会是重刻。换句话说，如果甲骨版上有重刻的卜辞，一定不会围绕原来占卜过的卜兆，而是会在其它空白之处重新灼兆契刻。这样一来，重刻卜辞与刮削保留之卜辞都不会有刮削痕迹，二者就根本无法辨别。那么，花东被刮削甲骨版中，一些少数卜辞刮削而大部分卜辞完整的情况，那些完整的卜辞也有可能都属于重刻。
>
> 综上所述，由于甲骨刮削的情况非常复杂，仅据目前条件还不足以揭示其真实目的或原因，这个问题只能存疑待考[①]。

可知，禹剑给我们指出了研究花东刮削甲骨的步骤，比较合理，即：一，确定哪些甲骨或者卜辞经过刮削；二，确定哪些卜辞属于重刻；但是，研究甲骨刮削

---

① 禹剑：《殷墟花园庄东地甲骨刻辞语言文字综考》，天津师范大学博士学位论文，2020年，第233、234页。

现象存在一定的难度，禹剑提到了“甲骨在地下埋藏千年，这些刮削痕迹有多少能够保存下来尚未可知，所以很可能一些刮削过的甲骨或卜辞与未刮削过的混淆难辨。如果接触甲骨实物可能还好一些，但多数人是没有这种机会的”。这一点，我们在前文甲骨文字涂朱填墨处也有相关的说明，此不赘述。

总之，朱歧祥分析了花东刮削甲骨的基本情况，但其在刮削原因的解释处有些牵强。章秀霞的观点应该符合刮削的事实，“这种现象可能与花东子家族的占卜制度有关，而并非政治权力斗争背景下的行为”。再者，加上上文对花东甲骨刮削部位的统计、分析，我们认为刮削者似乎中意于前甲、后甲的卜辞，多是刮削这两个部位的卜辞。不可否认，甲骨刮削部位在一定程度上反映了花东卜辞刻手的偏好，在卜甲的哪个部位契刻卜辞，或许就需要刮削哪个部位的卜辞。无论如何，花东甲骨刮削绝对是有意识的处理行为。

综上所述，从以上花园庄东地卜甲的刮削来看，刮削是整坑甲骨埋藏前的集中处理。甲骨刮削和埋藏关系密切，我们可以视之为一种特殊的处理方式。但是，刮削甲骨的目的或许并不单纯。我们不否认某些甲骨刮削确实是为了“废物利用”，如殷墟YH127坑和屯南出土的一些刮削甲骨。而从花东甲骨刮削的情况看，“废物利用”或“准备再用”的观点似乎不太适用于此批刮削甲骨。

所以，殷墟出土的某些甲骨刮削，确实是为了习刻之用或是重刻新辞，但花东H3出土刮削龟甲并不是“准备再用”。无论甲骨刮削是何目的，我们都可确定这是甲骨埋藏前的工作。

## 四、埋　　藏

《礼记·曲礼》载“龟筴敝则埋之”，郑玄注曰：“此皆不欲人亵之也。焚之，必已不用。埋之，不知神之所为。”[①]埋之，就是为了避免他人知道“神之所为”。

自殷墟甲骨出土后，学者就开始研究商代卜后甲骨的处理情况。陈邦福认为：“逮夫失国以后，殷人不忍听其沦落，遂发诸卜室，就朝歌隙地，霾而藏之。”[②]后来，陈邦福将此文修订，著成《殷墟薶契考》一书，书中有言：“殷人不忍任卜骨沦没，遂发诸卜室，就朝歌隙地，薶而藏之。”[③]而据科学考古发掘出土的甲骨资料看，陈邦福的“‘失国埋卜’的说法是毫无根据的”[④]。

从考古出土的甲骨实物看，卜后甲骨最终的处理方式是埋藏。而埋藏的方式有二：集中埋藏；分类储存，而后埋藏。

① （清）孙希旦撰，沈啸寰、王星贤点校：《礼记集解》，中华书局，1989年，第88、89页。

② 陈邦福：《商代失国薶卜考》，《国立中山大学语言历史学研究所周刊》1928年第30期。

③ 陈邦福：《殷墟薶契考》，伏生草堂石印本，1928年，第8页。

④ 刘一曼：《论殷墟甲骨的埋藏状况及相关问题》，《三代考古》（一），科学出版社，2004年，第354页。

## （一）集中埋藏

卜后甲骨集中埋藏，是殷人主要的埋藏方式。

1928—1937年，中央研究院历史语言研究所在殷墟进行了十五次发掘，“1928—1937年的发掘，硕果累累，不仅发掘到大量的甲骨文和各种文化遗物，而且还发现了殷代的宫殿宗庙遗址和殷代王陵。在短短的十年间取得如此辉煌的成果是难得的，同时还对洹水两岸的一些遗址进行了发掘和试掘，对遗址的分布状况有了初步了解”[①]。这十五次发掘是在科学考古发掘方法指导下进行的，我们可以从中窥探甲骨的埋藏情况。中华人民共和国成立后，中国社科院考古所在小屯南地、花园庄东地、小屯村中村南等地进行了大规模的发掘。其后，《屯南》《花东》《村中南》陆续出版，这些著录不但提供可靠的甲骨资料，而且提供了甲骨相关的坑层、出土地点、同出器物等重要参考资料，这些都是早期甲骨著录书籍无法比拟的。

下文，我们根据史语所在殷墟第一次试掘的大致情况、第三次发掘的大连坑、第四次发掘的E16坑、第十三次发掘的YH127坑、第十五次发掘的YH251坑和YH330坑，以及社科院考古所在小屯南地、花园庄东地、小屯村中村南等地发掘出土的甲骨为例，参考前贤的研究，分析甲骨集中埋藏的情况。

### 1. 史语所在殷墟的数次发掘及甲骨的集中埋藏情况

1928年，殷墟第一次发掘的情况大致是：第9坑“出有字甲骨，但皆为残碎小片，大者方寸许，小者如指甲”，第11坑“得骨料及兽骨”，第15坑“得兽骨及无字骨版”，第23坑“得无字骨版”，第24坑“得有字骨版”，第25坑和第26坑“得残碎甲骨”，第27坑和第28坑“得有字甲骨甚少”，第30坑和第31坑“得字骨甚少”，第36坑“得有字龟甲甚多”，第37坑“得有字骨版”，第38坑“得无字甲骨”[②]。石璋如先生曾说：“（小屯）村东北区的第9坑，就是经过朱家大规模的挖掘，把大块的甲骨弄成碎块而又填入，因此杂乱无序，一期至五期差不多每层都有。”[③]当然，殷墟第一次的发掘属于试掘的性质，所得甲骨数量总计784版[④]。

1929年，殷墟第三次发掘，发现了“大连坑”，这不是完整的灰坑[⑤]。此次发掘开坑118个，出土的实物大多比较完整，共发现甲骨3012片，字甲2050片，其中有著名的“大龟四版”，字骨926片。此外，还发现了牛头刻辞和鹿头刻辞[⑥]。“本次出土甲骨的范围很广，各

① 中国社会科学院考古研究所编著：《殷墟的发现与研究》，科学出版社，1994年，第7页。

② 董作宾：《民国十七年十月试掘安阳小屯报告书》，《安阳发掘报告》1929年第1期。

③ 石璋如：《殷虚文字甲编的五种分析》，《“中研院”历史语言研究所集刊·第五十三本》（第三分册），“中研院”历史语言研究所，1982年，第407、408页。

④ 董作宾：《民国十七年十月试掘安阳小屯报告书》，《安阳发掘报告》1929年第1期；石璋如：《遗址的发现与发掘：丁编·甲骨坑层之一（一次至九次出土甲骨）》，“中研院”历史语言研究所，1985年，第9页。

⑤ 李济：《民国十八年秋季发掘殷墟之经过及其重要发现》，《安阳发掘报告》1930年第2期。

⑥ 胡厚宣：《殷墟发掘》，学习生活出版社，1955年，第54、55页。

坑出土的数量相差很远。出土少的，一个坑中只出一片，多的可达数百片。有的被拓印了，有的未被拓印。虽然开坑的次第，与编号的次第都是按日排列，但出甲骨的日期有早有晚，不一定第一块甲骨出在第一个坑中，可是拓号确是按着编号来编排的，因此有一个坑名前后数见”①。第三次发掘出土的甲骨在第一次至第九次中是最多的，但是“本次出土号编排较乱，是因为用甲骨出土日期先后次序编排田野登记号，而非是以坑位为次序编排，这种情况于第一、二次发掘也出现，但因本次出土甲骨数量较大，故田野登记号与坑位之关系显得更为杂乱”②。

由于时代的限制，史语所在殷墟的前三次发掘，并未严格按照科学的考古方法进行。所以，限于资料，我们无法确定殷墟前三次发掘的各坑是否是殷人有意存储甲骨的窖穴。

1931年，殷墟第四次发掘，共开坑152处，其中24坑出土了甲骨。第四次发掘发现了小屯村北E区的E16坑，E16坑是一个深窖（即窦），从其形制和深度可判定它原是水井，废弃之后成为埋藏陶器、石刀、甲骨等器物的窖穴③。所以，我们称E16是“埋藏”甲骨之处比较合适。再者，E10坑还出土了鹿头刻辞、虎头骨、牛骨、鹿角等。

1936年，殷墟第十三次发掘，工作地点在小屯村北，发现了著名的YH127坑，这个坑未经翻扰，坑里堆满了大量甲骨，共计17096片甲骨，龟甲17088片、卜骨8片，其中完整的龟版300多版。YH127坑“甲骨的排列并不整齐，有反有正，有大有小；这些甲骨有的完整，有的残缺，有的比较坚硬，有的已经腐朽；甲骨上的文字，有写的，有刻的，有的涂墨，有的涂朱，有的不涂，彼此叠压，相互枕藉，由北而南，堆成斜坡形。这些甲骨可能就是从坑的北边倾入的，所以才发生北高南低的斜坡的现象”④。殷墟YH127坑“字甲成层”，“不再是一块接一块的出土，乃是成层的一版压一版的出起来了”，“字甲满坑，无立足地”⑤。

这坑集中出土的甲骨，数量较大，应属于有意识的集中埋藏，这是殷墟YH127坑甲骨发掘的重大意义，为我们研究卜后甲骨的处理方式提供了可靠的参考资料。YH127坑被誉为“中国最早的文字档案库”“殷人保存典册的府库”。再者，据此坑出土卜甲和卜骨的数量及其比例，我们猜测殷人对卜用之后的卜甲和卜骨进行了分别埋藏。

1937年，殷墟第十五次发掘，发现了YH251坑和YH330坑。YH251坑出土有字卜甲211片、无字卜甲1286片、无字卜骨1片。YH330坑出土有字卜甲78片。这两坑都只出有字卜甲，没有字卜骨出土。两坑有些卜甲可以缀合在一起，石璋如曾推测：“YH330与YH251的关系，它们的时期相同，性质相同，而且同在基址的门右旁，又同出字甲而不出字骨，很可能

① 石璋如：《遗址的发现与发掘：丁编·甲骨坑层之一（一次至九次出土甲骨）》，“中研院”历史语言研究所，1985年，第61页。

② 陈逸文：《“中研院”历史语言研究所殷墟第一到第九次发掘所得甲骨之整理与研究》，台北中山大学博士论文，2013年，第21页。

③ 李济：《安阳最近发掘报告及六次工作之总估计》，《安阳发掘报告》1933年第4期。

④ 胡厚宣：《殷墟发掘》，学习生活出版社，1955年，第98—101页。

⑤ 石璋如：《遗址的发现与发掘：丁编·甲骨坑层之二（十三次至十五次出土甲骨）》（上），“中研院”历史语言研究所，1992年，第73页。

的在当时整块龟版被打破的时候，龟版的碎块并不在一处，被弃置的时候随便丢入两个窖中了。”①

以上是“中研院”历史语言研究所在殷墟进行的几次发掘，其出土甲骨的情况大致如此。我们只是参考大批、大宗以及具有典型意义甲骨的发掘概况，以便分析甲骨的埋藏。

甲骨在地下的情形，反映了卜后甲骨的处理。董作宾、陈梦家、石璋如、王宇信等人曾分析了甲骨的地下情形。

董作宾对甲骨文字在地下的情形作了比较详细的论述，如下。

董作宾据史语所在殷墟的第一次到第五次发掘经验，率先推论了甲骨存放的情形：

一，甲骨文字在地下的情形，一部分是有意的储藏，所以有许多是排列成层；有许多是聚积在一个地窖之内；他们的时期每每前后衔接。

二，有些是当时就丢弃了的，随时把甲骨改作别的器物，以致锯去了文字的半边。

三，有些是当时卜用过了，如同废纸，初学的人，便拿来练习书契。

四，一部分被后来（或当在殷代亡国的时候）扰乱了，掺杂堆集于粪土垃圾之中。②

后来，董作宾指出：“在前三次发掘，因多在曾经扰乱之处，曾有大水淹没之推测。至第四、五、六次发掘，才证实了殷虚不是淹没，乃是废弃。”他论述了甲骨文字在地下的四种情形：

一，地窖内的藏储。在最早发现甲骨时，每得一坑，动辄数以万计，但不能知其原在地下之状。十八年秋，曾得一长方井，在穴洞内，深至两丈以下，中有纯粹之蚌壳，大龟四版即出期间，足见是储藏什物之窖。二十年春（四次）掘得一圆井，中有铜兵器等，亦多甲骨储藏。殷人多“半穴居”，居处为大圆洞，其下更有长方形或圆形地窖，为储藏器物之用者。甲骨文字大宗之出土，自此类地窖中者为多。

二，居穴里的散乱。在殷人所居之穴洞里，常有杂入瓦砾间之甲骨文字，多散乱无次，如村北大连坑，村前的F5、F6等坑是。这大概原在穴洞中放置而日后散乱者。

三，版筑间的弃置。殷人卜辞，除了特别收藏者以外，有一部分弃置的，或经锯截改作他物，或偶尔遗弃，在每版筑的基址之旁，尝有发现，但非大宗。如二十一年春，在两座宫室基址之间，得骨版一片，一季之所得仅此，而只此一片文字，便可证附近各建筑的时代。

四，垃圾中的堆积。殷人每将不用之地窖，以垃圾堆积中之土填塞之，然后再向其上作新的建筑。二十一年发掘B区，见此种情形为多，垃圾中为破碎之陶器，兽骨，灰土，炭屑等物，间有甲骨文字，多为练习书契者所为，如村北地一深井中所出骨版，上有虎、象、鹿、龙之绘画，实为初学书契者戏作之物，彼时视卜骨如废纸，随意涂鸦，顺手抛弃而已。

董作宾进而指出：“由上四项，可知甲骨文字地下情形的一般，至于每一时期之卜辞，每

---

① 石璋如：《遗址的发现与发掘：丁编·甲骨坑层之二（十三次至十五次出土甲骨）》（上），“中研院”历史语言研究所，1992年，第189、190页。

② 董作宾：《甲骨文断代研究例》，《庆祝蔡元培先生六十五岁论文集》，国立中央研究院历史语言研究所，1933年，第351页。

区卜辞的时代，皆有一定，彼此不紊。将来小屯一带殷人之宫室宗庙能研究略有头绪，于甲骨存储彼此关系，当更明了了。”①

另外，董作宾在《殷墟文字甲编·自序》中，也简单介绍了甲骨文字在地下埋藏的四种情形：

一，“存储”。存储，是有意的保存储藏，例如第一次发掘的第九坑，包涵一、二、五期，第三次发掘的“大连坑”包涵一、二、三及五期，这两个坑内，无疑的是在武丁时已用它存储甲骨卜辞了，到祖庚祖甲时继续使用，以后各王或者不在此坑存储，可是到了帝乙帝辛时，又把卜辞存入了，所以这一、二、五期的甲骨文字，才能同出于一坑，这第九坑，大连坑，都是复穴而兼有窦窖，甲骨文字就是存储其中的。有的窦窖不在复穴之中，直接由地面凿土为之，如第四次发掘的E16坑，这是一个圆井，应该叫作窦的，井中只有一、二期的卜辞，深至十公尺，下及水面，因为两丈以下，全是沙土，在第二期祖甲时，此窦塌陷，也就废而不用了。所以当时存储的东西，也就保留到如今。

二，“埋藏”。这一类似乎是很少的，第十三次发掘，得到了一万七千多片龟版，在H127一个灰土坑之中，据石璋如君的记载，127坑的堆积，可分三层，上层为灰土，下层为绿灰土，中间一层是龟甲杂于灰土的堆积中。距地面一公尺七寸处发现坑口，坑口以下五公寸，发现龟版，至二公尺一寸为止，龟甲文字，厚约一公尺六寸。此坑乃是复穴中的一个窦窖，开凿的时期很早，初存谷物，后来废而不用了，就用它埋藏龟版。据石君观察，这坑是将龟版从北面倾入的，同时发现一具人骨，而此人似是掌管龟甲者。因为龟甲既已埋了，掌管人也就殉了职。但是这种情形，在别的坑是没有的。

三，“散佚”。在许多复穴内或者版筑土中，灰土中，偶然发现几片甲骨文字，都应该属于这一类。因为当时贞卜刻辞的甲骨太多了，搬运的时候，免不了随处遗落，但这些都是少数，不能和存储同埋藏相比。例如：第六次发掘，在一个地下室一复穴的土阶旁发现一块骨版，上面有第五期的卜辞，大概是无意中的遗落。有些小块甲骨文字，杂入灰土中，后来建筑新宫室，就被打入版筑层里了。凡是零星发现的甲骨文字，可以说都是当时偶然散佚的。

四，“废弃”。这种情形也不多，我们可以看见，一块骨版被锯去了文字的一半，改为他物的，有时把用过的骨版，拿来作练习书契之用的，许多干支表，就是如此。在本编中，拓本2692，2698，2880，2881四号，原是大胛骨一版，裂而为二，正反两面均有文字。可是在正面只有十组卜辞伴着卜兆，是第三期贞人宂所记的，其余的还有四十段却都是初学的人仿抄贞人宁的卜辞，作为习字之用的。这样的情形，与其说是废弃，不如说是“废物利用”。

董作宾进而指出：“以上四类，只是我个人粗略的印象，至于详细的研究，须待到将来写《甲骨文字与殷墟遗址》一文的时候了。”②

董作宾《甲骨学六十年》据殷墟十年的发掘经验，再次指出甲骨文字在殷墟地下的四种情形：

---

① 董作宾：《今后怎样研究甲骨文》，《董作宾先生全集·乙编·第三册》，艺文印书馆，1978年，第398、399页。本文于1940年写讫，原为北京大学讲义。

② 董作宾：《殷墟文字甲编·自序》，《中国考古学报》（第四册），商务印书馆，1949年，第237—240页。

一，“存储”。存，是有意的保存着，储，是有意的储藏起来。每一个王，常常有巡守、征伐、田猎、游观等等活动，这些活动都有贞卜，又都不在殷都。又凡是卜夕的文字，多属于王在外面的时候。因此卜夕之文，常记有“在某地卜”的字样，田猎、征伐、游观，也记所在之地，这些甲骨，必是用车载去而又载来的，不然就不会出现在殷代的都城（小屯村）。很明白的例子，像帝辛征人方，从十年九月到十一年七月，向东南部兜了一个大圈子，南到淮，东到海滨又到齐。还京之后，所卜用的甲骨，都完全带回来了。我们现在用以作“帝辛征人方日谱”的材料，全部都是这次旅行中的作品。第一次发掘的第九坑，包含着一、二、五期；第三次发掘的“大连坑”，包含着一、二、三、五期；这很明白的，这种坑乃是地下的复穴而兼有窦窖，专供存储甲骨之处，武丁时用它（一），祖甲时用它（二），廪辛康丁时用它（三），直到帝乙帝辛时还在用它（五）。又如第四次发掘的E一六坑，只存过武丁到祖甲的卜辞，以后就不再使用了。第九次发掘侯家庄南地，有六块康丁时代卜用过的完整龟腹甲，半块背甲，叠在一起，存于复穴中，也许那时是要带回宫廷（小屯）而又被忘却了。当然，如果不是殷代王室加意保存着所有贞卜用过的神迹，把它存储起来，就不会有今天的甲骨学。

二，“埋藏”。这一种应该是很少的。如果是龟骨每版用完，应该埋藏在地下，那就到处可以埋藏，不必集中埋在一处，如第十三次的H一二七坑，确是埋藏的一例，何故埋藏，虽不可知，但是在埋入以前，已存储于他处，经过了从武丁到文武丁七个王的年代了。掌管经过的人，殉职以死，也可以推知或者是有了变故。这种例子是别处没有见过的。

三，“散佚”。这是偶然的散失遗落，不是有意的。在许多复穴、窦窖中或版筑基中基上偶然发现几片甲骨文字，应属于这一类。因为当时贞卜事繁，用过的甲骨实在太多了。搬运存储时，不免有所遗落。例如第六次的发掘，在一个大圆坑（复穴）的土阶上，发现一块骨版是第五期的卜辞；第四次发掘，在E二一坑一个堆积鲸鱼骨，象骨，鹿头的地下室中，掺杂着一块“帝辛征人方”卜旬的骨版；第九次发掘，在E区版筑层中，筑入许多碎片的甲骨。这些都是零星的，破碎的，偶然遗存下来的，决不能和存储，埋藏那样的大量出土者，相提并论。

四，“废弃”。与其说是废弃，不如说是“废物利用”，这也占着少数。有时候史官们在教授他们的弟子，随手把用过的龟骨取过来，给学生们练习书写同契刻，最多的例子就是临摹甲子表，其次是仿作卜辞，例如第三次发掘所得的一块骨版正面只有十组卜辞，伴着卜兆，是第三期贞人宂所记的，其余还刻着四十段卜辞，却是一个学徒仿写另一块骨版贞人宁的卜辞。有时候利用甲骨的空白处抄两个月的历表，抄几句册命，抄一段谱牒。至于把用过的骨版，锯去一半，改用他物，也是偶然可以见到的。

以上四种，严格讲起来，以第一种为最多，第二种不过一见，三、四种均占少数。甲骨文字在殷墟的地下情形，大致如此①。

董作宾在《甲骨文断代研究例》中对卜后甲骨存放情形的论述，比较简单，而《今后怎样研究甲骨文》《殷墟文字甲编·自序》《甲骨学六十年》则详细论述了甲骨在地下的情形。此处，我们根据以上董作宾论著中的观点，制成下表（表8-6）：

---

① 董作宾：《甲骨学六十年》，艺文印书馆，1965年，第43—45页。

表8-6　甲骨在地下的情形

| 《今后怎样研究甲骨文》 | 《殷墟文字甲编·自序》 | 《甲骨学六十年》 |
| --- | --- | --- |
| 地窖内的藏储（较多） | “存储”（最多） | “存储”（最多） |
| 居穴里的散乱（少数） | “埋藏”（很少） | “埋藏”（一见） |
| 版筑间的弃置（极少） | “散佚”（少数） | “散佚”（少数） |
| 垃圾中的堆积（少数） | “废弃”（少数） | “废弃”（少数） |

由以上论述可知，董作宾最初根据甲骨文字出土的情况，将其在地下的情形分为：地窖内的藏储、居穴里的散乱、版筑间的弃置、垃圾中的堆积。后来，董作宾整理、研究考古发掘的资料之后，将甲骨文字在地下综合为四种情形：“存储”“埋藏”“散佚”“废弃”，这也是董作宾关于甲骨在地下情形自始至终所坚持的观点。甲骨文字在地下四种情形的数量多少不一，应区别看待。再者，董作宾认为甲骨埋藏是卜后甲骨处理的主要方式，这种情形很少。

以上是1937年以前史语所在殷墟发掘出土甲骨文字在地下的情形，综合分析，我们认为董作宾曾主持并多次参与了殷墟的发掘，持续对甲骨文进行了研究，其观点可信、可从。

后来，陈梦家对董作宾的观点作了修正，将甲骨埋藏地下的情况分为三类：

一，储积的。第四次E16，第十三次B119和YH127，小屯所出武丁卜辞；第九次H.S.20，侯家庄所出廪辛卜辞。

二，累积的。第五次E57、E59、E60（一个圆坑），小屯所出武丁至廪辛卜辞；董所说的大连坑，小屯所出武丁至帝辛卜辞。

三，零散的。第六次所出一片胛骨（《甲编》3659），是小屯所出帝乙、帝辛卜辞；1931年，后岗灰土坑所出一片胛骨，是殷代中期以后习契之作（《安报》4：708）；1950年第一次殷墟发掘在四盘磨西地SP11获大卜骨三，其中一片横刻了三行字，乃习契之作（《考古》5：55-56）[①]。

可见，陈梦家修正了董作宾的第一种、第二种观点，没有提到董作宾的甲骨“废弃”一说。刘一曼认为：“‘废弃’是指甲骨本身的使用情况，而不是甲骨的埋藏，所以（陈梦家）将之删除是有道理的。”[②]这也是我们的观点，故本节的第一个问题就论述了甲骨废弃的情况。

石璋如指出史语所在殷墟第一次至第九次发掘出土甲骨所见文化层堆积可以分为两大类：

（1）普通的堆积，这种堆积较薄，从现地面算起不过1.2米上下，以下便是黄沙土。在这一层内所见的甲骨大都为碎小的破片。

（2）出于文化层中的窖穴内，其出土的层位较深，也是以破片为多，但其中也有少数接近整版的。

石璋如进而分析了甲骨在地下的情形：

---

① 陈梦家：《殷虚卜辞综述》，中华书局，1988年，第19页。

② 刘一曼：《论殷墟甲骨的埋藏状况及相关问题》，《三代考古》（一），科学出版社，2004年，第355页。

我们尚没有发现在一个坑中，专埋甲骨而不杂其它遗物，即令出甲骨最多之坑，其中也有大量的陶、骨、蚌、石等残存与大量的灰土。

根据以上种种现象，这些甲骨似乎是他们用过而不要的东西，随着垃圾而填到废弃的穴窖中，或随便丢到两个建筑物之间的庭院中；但那些整版的甲骨每数个叠在一起，放置在坑底，或入口处，又好像是有意的埋藏。总之，据我个人的推想，这些东西，可能有一定保存的时限，以便查考，过了时效，他们也许不要了，而随着垃圾丢弃，或埋在穴窖中了①。

石璋如对甲骨在地下情形的推测，认为甲骨有随意丢弃的、有有意埋藏的、有保存一段时间再丢弃的，比较合理。

王宇信赞同董作宾的观点，认为甲骨文的最后处理有四：

一，“存储”，即有意识地保藏甲骨。例如第一次科学发掘的第九坑，出土一、二、五期甲骨。第三次发掘的著名“大连坑”，出土一、二、三期及五期甲骨。说明这些坑武丁时就已使用，历祖庚、祖甲，中间稍停使用后，到了帝乙、帝辛又复开窖，继续用以存储甲骨。而第四次科学发掘的E16圆井，只出一、二期甲骨，当是第二期祖甲时此坑塌陷，因而废弃不用，仔储的甲骨一直保存到科学发掘时才“重见天日”。而帝乙、帝辛时的征夷方卜辞，多是在外所卜，千里迢迢携回京师，也是为了保存。而小屯村中一带，三、四期甲骨集中出土，侯家庄南地六块腹甲叠在一起，当也是预备带回小屯殷墟“存档”的，但被遗忘于此。

二，“埋藏”。著名的127坑整坑时代单纯的一万七千多版龟甲的集中发现说明了这种情况。此坑开挖时本为储藏谷物之用，但后来用于存储甲骨。1973年小屯南地甲骨的发掘也为有意“埋藏”甲骨提供了新的例证。

三，“散佚”。在殷墟的不少灰坑、版筑基址的灰土中，也偶有甲骨的发现，这可能是因为当时甲骨使用太多，在集中存储或搬运过程中，难免有所遗落。第六次科学发掘殷墟时，曾在一窖穴土阶旁发现一块五期甲骨，可能就是当年被遗落的。

四，“废弃”。殷墟出土甲骨中，曾发现有骨版被锯去文字的一部分而改作他用的。也有把用过的甲骨，作练习刻字之用。如不少“干支表”就是习刻的作品。收入《甲编》的2692、2693、2881、2882四版甲骨，原为一大胛骨，后断裂成二片，正反面都刻有文字。1973年小屯南地也发现残碎甲骨常与废弃陶片或杂物一起倒入坑中，如灰坑H2，就有卜甲、卜骨795片左右与陶片、猪牛骨混杂一起出土。而灰坑H38，是多次把零星卜甲、卜骨和陶残片一起弃入坑内，共出甲骨20多片。这些与生活垃圾一起被随意抛弃的甲骨，也应是当年的“废弃”之物②。

以上是董作宾、陈梦家、石璋如、王宇信对甲骨在地下情形的论述，其主要参考资料是史

---

① 石璋如：《遗址的发现与发掘：丁编·甲骨坑层之一（一次至九次出土甲骨）》，“中研院”历史语言研究所，1985年，第210、211页。

② 王宇信：《甲骨学通论》，中国社会科学出版社，1999年，第122—124页。

语所在殷墟历次发掘出土的甲骨。

此处，我们需要说明：本节的第一个问题，我们就论述了卜后甲骨直接废弃的情况；第二个问题，我们论述了卜后甲骨记档、收藏的情况。在上文诸处，我们论述了史语所在殷墟数次发掘出土甲骨的情形以及前贤关于甲骨处理的观点。如此交叉论述相关问题，原因有四：

（1）由出土情况看，甲骨确实存在诸多处理方式，而埋藏可谓其最终的处理，我们需要分别论述，区别看待。

（2）1899—1928年，小屯村民私掘甲骨，售于古董商，以谋高利，这更助长了村民私掘甲骨的风气，致使相当一部分甲骨没有相应的科学发掘记录，其科学价值较低。将近三十年的私掘行为，对甲骨文物的保存和复原极为不利。这种私掘甲骨的行为使得学者研究甲骨地下埋藏情况，不能参考有效的资料。傅斯年曾说："夫殷人卜辞藏地下者，宁有几许？经一度之非科学的搜罗，即灭损一部之储积，且因搜求字骨，毁弃他器，紊乱地下情形，学术损失尤大。"①

（3）史语所在殷墟的历次发掘，为学界研究卜后甲骨的处理方式提供了参考资料。甲骨出土的地点，有的比较集中，有的比较分散。再者，某些发掘报告比较简单且发掘资料也比较分散。这给我们研究卜后甲骨的处理带来一定的难度。而中华人民共和国成立后，社科院在小屯南地、花园庄东地、村中村南等地的发掘，甲骨出土的地点集中，且陆续发表或出版的发掘资料比较科学，论述详细。

（4）前贤在甲骨处理方面的研究，确实可以为我们的研究提供参考。

基于以上四点，我们不得不如此安排章节，交叉论述。

再者，董、王的卜后甲骨"存储说"对学界的影响较大，有的学者还借此发挥，认为殷墟YH127坑"是有意识的存储，类似现代的资料档案库，以备查找"②。

**2. 中国社会科学院考古研究所在小屯南地、花园庄东地、村中村南等地的发掘及甲骨的集中埋藏情况**

下文，我们再看中华人民共和国成立以后，中国社会科学院考古研究所（1977年前隶属于中国科学院）在小屯南地、花园庄东地、村中村南等地发掘出土的甲骨及其埋藏情况。

（1）小屯南地出土的甲骨及其埋藏情况。

小屯南地出土的甲骨，虽然有些与其他遗物、垃圾混出，但是近半数的灰坑出土的甲骨数量还是较为可观的，是有意识埋藏的。

安阳工作队在《发掘简报》中根据窖穴中出土的情况推测这批甲骨出土的两种情况："第一，可能是有意识储存的。我们在几个窖穴中发现有大量的卜骨和少量的卜甲集中地放置在一起，而其他的文化遗物如陶片、牛骨则很少"，灰坑H17"卜骨、卜甲（主要是卜骨）层层叠压放在一起，没有一定的规律，有的骨版面向上，有的向下，骨臼亦无一定方向。坑内共出卜

---

① 傅斯年：《本所发掘安阳殷墟之经过》，《安阳发掘报告》1930年第2期。

② 段振美：《殷墟考古史》，中州古籍出版社，1991年，第96页。

甲、卜骨165片，其中有字的卜甲2片、卜骨105片”。“第二，把废弃的卜甲、卜骨碎片和日常生活残余物一起倒入窖穴中。按照出土的情况可分两类：一是把数量较多的卜甲、卜骨和大量的陶器残片、牛骨、猪骨、灰烬等集中地倾倒入坑内……另一类是多次把零星的卜骨、卜甲弃入坑内，属于此种情形的较多”，“还发现有以放置骨料为主的窖穴”[①]。

中国社会科学院考古研究所编的《小屯南地甲骨》介绍了小屯南地刻辞甲骨的出土情况，其有三：

一，出在近代扰乱层、扰乱坑、井及隋唐墓的填土中。这部分均是小片的卜甲、卜骨，共1847片，占甲骨出土总数的36.6%。这是由于在隋唐时期和近代挖墓、打井、挖沟、修路等过程中破坏了殷代的窖穴和文化层，故殷代的甲骨也就散佚在这些晚期的填土中。

二，出在殷代文化层及房子基址夯土中。这部分亦多是小片的卜甲、卜骨，共150片，占甲骨总数的3%。

三，出在殷代的灰坑中。这次发掘共发现殷代灰坑123个，其中58个出刻辞甲骨，少者一片，多者数百片乃至上千片，共发现刻辞甲骨3044片，占甲骨出土总数的60.4%。

《屯南》将屯南甲骨在灰坑的埋藏情况分为三种：

一，可能是有意识的储存，在H17、H24、H57、H103等灰坑中出土大量甲骨，其他的文化遗物如陶片、兽骨等则较少。

二，把废弃的卜甲、卜骨碎片和日常生活残余物一起倒入灰坑中。按照出土情况可分两类：①把数量较多的卜骨、卜甲和大量的陶器碎片、牛骨、猪骨、灰烬等集中地倾入坑内；②多次把零星卜甲、卜骨弃入坑内，属于这种情况的较多。

三，发现一些以放置骨料为主的窖穴。坑内放置甲骨的现象说明此坑主要是存放卜骨骨料的窖穴[②]。

屯南甲骨埋藏的第一种情况“可能是有意识的储存”对应的是董作宾关于甲骨文字地下情形的第一种“存储”，第二种“把废弃的卜甲、卜骨碎片和日常生活残余物一起倒入灰坑中”对应的是董作宾的第四种“废弃”。至于第三种“发现一些以放置骨料为主的窖穴”，因为这些窖穴中出土的多是未经整治的牛肩胛骨、牛肋条、卜骨、卜甲。可知，这些窖穴属于储藏占卜骨料的“龟室”，属于备用甲骨的性质，并不是处理卜后甲骨的地方。

1973年，小屯南地发掘，发现了H24，从坑口以下就发现了卜骨，集中堆放在一起。“卜骨层在坑之北半部，厚约0.3—0.35米，多为小块的卜骨，在坑之南半部，厚约0.5米，大块的卜骨数量较多。”[③]H24出土刻辞卜骨1365片，层层叠放在一起，全是牛肩胛骨。这表明H24和YH127坑都是作窖穴使用之后再埋藏甲骨的，实为有意识的埋藏。

而姚孝遂、肖丁据小屯南地H24、H50、H99等坑出土的习刻甲骨，认为“很难说这批甲

---

① 中国科学院考古研究所安阳工作队：《1973年安阳小屯南地发掘简报》，《考古》1975年第1期。

② 中国社会科学院考古研究所编：《小屯南地甲骨》（上册·第一分册），中华书局，1980年，第5—11页。

③ 中国社会科学院考古研究所安阳工作队：《1973年小屯南地发掘报告》，《考古学集刊》（第九集），科学出版社，1995年，第54页。

骨是有意识地‘珍藏’”[①]。姚孝遂、肖丁的观点有一定的道理，我们在前文已经论述，大多数的习刻甲骨确实属于直接废弃的处理方式。但是，屯南出土的习刻甲骨，仅占甲骨总数的一部分。

以上是小屯南地甲骨出土的情况，我们据此分析了甲骨的处理方式。屯南甲骨出土的基本情况表明，殷人对卜后甲骨的处理方式有二：存储、废弃、埋藏。

（2）花园庄东地出土的甲骨及其埋藏情况。

我们再看花园庄东地甲骨出土的情况。安阳工作队在《发掘简报》中简述了花园庄东地H3坑甲骨的出土情况，坑口以下1.7米发现了甲骨堆积层，“这些甲骨集中在第3层中部至第四层底部（即至坑底）出土，其堆积厚达0.8米。在堆积层的上部（距坑口1.7—1.9米）的甲骨，呈现四周较高中部较低的情况，而且小片的甲骨数量较多，这可能是受上部填土的压力所致。自坑口1.9米以下，则以大块或完整的龟甲为主。甲骨出土时有的竖立，有的平躺，有的斜置。竖放的甲骨较少，全为卜甲，主要发现于坑边，特别是坑之东北角和西北角尤为明显，几块竖立的大龟甲紧贴坑边。平放的甲骨数量最多，大多数是反面朝上，露出钻、凿、灼痕迹，少数是正面朝上。卜甲的甲首或卜骨的骨臼无一定方向。卜甲与卜骨、龟腹甲与背甲、大块的与小块的、有字的与无字的相杂处，但它们均叠压得十分紧密，甲骨堆中几乎没有什么空隙”[②]。可见，H3坑是有意识埋藏甲骨的灰坑。

后来，《殷墟花园庄东地甲骨》再次详细介绍了花东H3坑甲骨的出土情况：H3坑共发现甲骨1583片，卜甲1558片（腹甲1468片、背甲90片），卜骨25片。有刻辞的甲骨689片，其中刻辞卜甲684片（腹甲659片、背甲25片），刻辞卜骨5片。此外，H3坑平面近长方形，其中坑内堆积分4层：第1层为浅灰土，第2层为黄色夯土，第3层为深灰土（发现甲骨堆积层），第4层为黄土（亦为甲骨层）。而坑内甲骨堆积层上填有深灰土，深灰土之上又填了近半米多较纯净的黄土，最后用夯打实。这说明这是当时埋藏甲骨的卜官进行有意识的活动，为保证甲骨不会被扰乱。编者根据H3坑的形制、坑内堆积及甲骨出土情况，推测：“H3是专门为埋放甲骨而挖的。因为此坑形制规整、从坑底便开始堆放甲骨、坑内除甲骨外其他的遗物很少，这些情况表明H3坑是为埋藏甲骨而营造的。在长方坑挖好后，当时负责埋放甲骨的人，先从坑边的脚窝下至坑底，将东北角、北边、西边的卜甲摆好，然后再将大批的甲骨倒入坑内，随即填上灰土、黄土，并进行夯打，在黄夯土上再填上一层灰土，与当时的地面平齐。”

编者还解释了夯打甲骨上方填土的原因：“在殷墟墓葬的发掘中，墓内绝大多数填土都经过夯打，越是形制较大、随葬品丰富的墓，填土夯打得越坚硬。而灰坑的填土，大多都不经夯打。夯打墓葬填土的目的在于保护墓主遗骨与墓中随葬品的安全。甲骨坑上部的填土被夯打，其目的应与之相似，即埋藏甲骨的人，希望这些神圣之物，永远安宁地长存于地下，免遭他人

---

① 姚孝遂、肖丁：《小屯南地甲骨考释》，中华书局，1985年，第206页。

② 中国社会科学院考古研究所安阳工作队：《1991年安阳花园庄东地、南地发掘简报》，《考古》1993年第6期。

亵渎。”[①]

从《花东》对甲骨出土情形的论述可知，花东甲骨多集中出土于H3坑，我们认为H3坑确实是殷人专门为埋藏甲骨而挖的灰坑。

（3）小屯村中村南出土的甲骨及其埋藏情况。

1986年与1989年，中国社会科学院考古研究所安阳工作队在小屯村中进行发掘，获刻甲骨305片（缀合后为291片）。2002年与2004年安阳工作队又在小屯村南进行发掘，获刻辞甲骨233片（缀合以后为207片）。

1986年，工作队在小屯村中开探方3个，T2和T3发现了8片刻辞卜骨。在T2探方的1B扰坑中出土了4片刻辞卜骨，第3A层和第4B层各出土1片刻辞卜骨。T3探方的第2层下，在探方西南发现的殷代灰坑H5出土2片卜辞卜骨。这8片刻辞卜骨，“其中出于现代扰乱坑的4片，出于殷代文化层及灰坑的4片”。1989年，开5个探方，T4和T7各出土几片刻辞卜骨，T6和T8出土甲骨的数量较多。T6的第3B层出土4片刻辞卜骨，第3C层出土2片刻辞卜骨，第3D层出土27片刻辞卜骨。T8探方东部发现较多的刻辞卜骨，T8的第2层出土137片刻辞卜骨，第3层出土91片刻辞卜骨，第3A层出土8片刻辞甲骨（卜甲1片、卜骨7片）。另外，1989年村中发现的灰坑H7位于T6中部偏西第3层下，出土7片刻辞卜骨。1989年，小屯村中发掘共出土刻辞甲骨283片，只有1片为卜甲外，其余全部为卜骨。出于晚期坑、层的有151片，出于殷代文化层及灰坑的有132片。它们见于T4、T6、T7、T8、H7等几个单位[②]。

2002年和2004年，工作队在小屯村南分别开22个和9个探方，发掘出土了207片刻辞甲骨（缀合以后的数字）。出土刻辞甲骨的典型单位：

①位于T3西北部的H4共出土24片甲骨，刻辞甲骨16片（卜甲14片、卜骨2片）。

②位于T4西南部第2层下的H6（上）共出土89片甲骨，其中刻辞甲骨28片，距离坑口20—30厘米甲骨分布较密集，以下逐渐稀疏。甲骨排列没有规律，甲骨堆中还夹杂木炭、兽骨和少量碎陶片。

③位于H6（上）下部的H6（下）出土了少量甲骨，其中刻辞甲骨9片，排列没有规律。

④位于T4西南部第2层下的H9出土的甲骨较多，共182片，48片刻辞甲骨（卜骨31片、卜甲17片），甲骨分布没有规律，第1层含甲骨第1—4层（为浅灰花土，质地较疏松，厚1—1.1米），第2层含甲骨第5、6层（黄花土，略施夯，质地较紧密）。

⑤出于T4A东南第3层下的H55，共出土82片甲骨，刻辞甲骨32片，以卜骨为主，坑内填土可分三层，第1层（灰土，质地较疏松，厚的0.4米）的甲骨主要分布在坑的北部、中部亦有零星出土；第2层（黄灰花土，质地松软，厚约0.3米）；第3层（浅灰土，质地松软，厚约0.3

---

① 中国社会科学院考古研究所编著：《殷墟花园庄东地甲骨》（第一分册），云南人民出版社，2003年，第3—14页。

② 中国社会科学院考古研究所编著：《殷墟小屯村中村南甲骨》，云南人民出版社，2012年，第1—5、7—10页。

米，第2、3层甲骨亦分布于坑的西北部），甲骨分布无规律，是作为废弃物扔入坑内的。

⑥位于T4A下南部第4层下的H57，共出土107片甲骨（卜骨81片，卜甲26片），其中刻辞甲骨47片（卜骨23片，卜甲24片）。H57甲骨均出土第1层（黄花夯土，质地紧密、坚硬，厚约1.5米），甲骨分3层堆放：第1层从坑口就开始发现，三块完整的大卜骨斜立于坑的中南部，排成一行，骨臼向西，在其下有28片甲骨，以大的牛肩胛骨为主，骨臼大多向西或向西北，只2片向东，1片向南。卜骨有的正面朝上，有的反面朝上，有的平放，有的斜置。第2层，距坑口0.9米，厚约0.15米，出土甲骨15片，亦以大版的牛肩胛骨为主，骨臼亦大多向西与西北。第3层，距坑口深约1.4米，厚约0.1米，以小片的甲骨为主，主要分布于坑的西部，较大的几片卜骨骨臼亦是向西北和向西。甲骨排列没有规律。从坑的形制、填土及甲骨出土状况看，此坑与上述几个坑有所不同，这是人们有意挖建的一个专门埋藏已占卜过的甲骨的窖穴[①]。

小屯村南出土刻辞甲骨的非典型单位有02H8、H23、H24、H47、H54、F1、G1、T4A（2）、T4A（3）、04T5（10），这是个单位出土刻辞甲骨不多，1—6片不等[②]。

可知，小屯村中村南甲骨，有的集中或零散出土于探方、灰坑之中。出土甲骨较多的是T8、H55、H57，探方T8的第2层出土137片刻辞卜骨、第3层出土91片刻辞卜骨，灰坑H55出土82片甲骨，灰坑H57出土107片甲骨。

综上可知，殷墟遗址甲骨的出土有三种情况：①出在晚期的坑、层及殷代文化层中，多属小片甲骨；②零星地或较为集中地出于殷代的灰坑中，但甲骨与陶器、兽骨、木炭等其他遗物杂处，也是以小片居多；③集中出于殷代的灰坑中，坑内大版的或完整的甲骨相当多，甲骨叠压得很紧密，甲骨堆中其他遗物甚少。在考古发掘中，这类坑发现较少，如小屯北YH127、小屯南H24、H17、H57等，但出土甲骨的数量大。花园庄东地遗址属第2、3种情况，其他的殷代遗址只见第1、2种情况，至今尚未发现专埋甲骨的窖穴。刘一曼据此指出："出土情况的差异，反映出对卜用后的甲骨处理有所不同，一般遗址的卜者，占卜之后，很快将甲骨如同垃圾一样遗弃；而小屯、花园庄东地的卜者，虽有随意舍弃卜后甲骨的现象，但经常是将卜后之甲骨保存一段时间，再集中埋于窖穴之中。"[③]刘一曼据甲骨的出土情况概述了占卜后甲骨的处理方式，比较符合实际情况，我们赞同她的观点。

随着考古发掘的进展，学界研究甲骨埋藏情况的论著逐渐增多。如张国硕关于殷人对甲骨的处置方式的观点是：殷商已卜用甲骨大多被短期保留而非"已则弃去之"，已卜用甲骨最终的处置方式是挖坑掩埋而非有意存档（论据有三：①考古材料不见商代有专门存放甲骨档案的大型地上库房；②不见确凿无疑地涵盖商王朝后期多王时期的甲骨累积坑；③甲骨坑本身不具备当时档案库房的特性），尊神和以地通神是已卜用甲骨最终挖坑掩埋的主要原因[④]。我们赞

① 中国社会科学院考古研究所编著：《殷墟小屯村中村南甲骨》，云南人民出版社，2012年，第14、15、19—21、25、27、34页。

② 中国社会科学院考古研究所编著：《殷墟小屯村中村南甲骨》，云南人民出版社，2012年，第42页。

③ 刘一曼：《安阳殷墟甲骨出土地及其相关问题》，《考古》1997年第5期。

④ 张国硕：《试论殷人对甲骨的处置方式》，《殷都学刊》2003年第2期。

同张国硕的第一个观点，卜用后的甲骨会被收藏一段时间后再掩埋，因为卜后甲骨最终的处理是埋藏，殷人在埋藏前需要存储以待其他的处理方式。张国硕第二个观点的其中一个论据“不见确凿无疑的涵盖商王朝后期多王时期的甲骨累积坑”，似乎并不确切，因为如董作宾的所说的大连坑，出土武丁至帝辛卜辞。陈梦家所持甲骨“累积的”的观点，即殷墟第五次E57、E59、E60（一个圆坑），出土武丁至廪辛卜辞。这些也都是“涵盖商王朝后期多王时期的甲骨累积坑”。而张国硕第二个观点的第三个论据“甲骨坑本身不具备当时档案库房的特性”，不无道理，但是据董作宾所说，YH127坑是一个窦窖，最初存储谷物，后来埋藏龟版。也就是说，可以存放谷物、生活工具的储物坑，自然也可以存储或埋藏甲骨，这也是董作宾、王宇信等人的观点。无论这种甲骨坑是否为“档案库房的特性”，其存储卜后甲骨确是事实。

对甲骨埋藏状况进行综合分析的当属刘一曼。甲骨埋藏的状况大致如刘一曼所述，我们从中可知卜后甲骨的处理方式。刘一曼根据甲骨出土的坑层、数量及其他伴随出土物，参考前贤所论，总结了甲骨埋藏的状况：

一，在殷代的文化层、房基、沟、墓葬填土、灰坑等各类遗迹中均有发现，以灰坑出土为主。

二，大多数遗迹出土的甲骨属零散的小片甲骨，数量不多，还常常与生活垃圾（如陶片、木炭、兽骨、蚌壳等）共出。

三，部分遗迹所出的甲骨属“埋藏”或“有意识的埋藏”。这种遗迹一般都是窖穴（沟仅一见）。出土的甲骨以大版的为主，通常是成堆甲骨集中地出土。从遗迹总体而言，这类埋藏甲骨的窖穴不多，但坑内所出的甲骨数量大，是殷墟甲骨主要的埋藏方式。

四，殷墟迄今尚未发现有意“存储”甲骨的档案库[①]。

另外，刘一曼还曾对比分析了殷墟YH127坑与花园庄东地H3坑出土甲骨的异同，如：

一，一些相同点：

（1）时代大致相同。两坑的地层关系较早，所出的甲骨刻辞也较早均属武丁时代。

（2）甲多骨少。H127坑刻辞甲骨17096片，其中卜骨仅8片，占甲骨总数的4.7‰；花东H3刻辞甲骨579片，其中卜骨5片，占刻辞甲骨总数的8.6‰。

（3）完整和大版的卜甲数量多。完整的刻辞卜甲，H127坑近300版，花东H3为310版。

二，不同之处：

坑之形状及坑内堆积不同。H127坑是圆坑，坑内堆积分三层，甲骨处于中层，其下还有一层较厚的灰绿土，内含陶片与兽骨，说明该坑在放入甲骨之前便已使用过一段时间。而花东H3是长方形坑，从坑之底部就开始堆放甲骨，在甲骨层之上方有一层0.6公尺厚的黄色填土，还用夯加以打实。H3坑是专门为埋放甲骨而挖的[②]。

综合以上所论，从殷墟第四次发掘的E16坑、第十三次发掘的YH127坑、第十五次发掘的YH251坑和YH330坑、小屯南地H24坑、花园庄东地H3坑等出土甲骨的基本情况看，除了废

---

① 刘一曼：《论殷墟甲骨的埋藏状况及相关问题》，《三代考古》（一），科学出版社，2004年，第360、361页。

② 刘一曼：《近十年来殷墟考古的主要收获》，《故宫文物月刊》1998年第188期。

弃、散佚等情况，卜后甲骨的最终处理应是埋藏，且集中埋藏应是殷商卜后甲骨处理的主要方式。综合而言，商代甲骨卜后虽有随意舍弃的现象，但是大多数卜后甲骨都在保存一段时间后，被卜官进行集中（或分数批）埋于窖穴之中①。

## （二）分类储存，而后埋藏

当然，除了以上所论甲骨的处理方式，殷人有时会对卜后甲骨进行分门别类的处理。这反映在一些甲骨出土的特殊情况，我们也需要注意这些问题。甲骨出土的特殊情况包括无字甲骨的埋藏、字甲单出或字骨单出的情况、“甲骨异地而藏”、以占卜内容归类存放等。以下，我们便分别论述甲骨分类储存，而后埋藏的情况。

### 1. 无字甲骨的埋藏方式

无字甲骨出土数量相当可观。史语所在殷墟第一至第九次发掘时，将出土的有字甲骨和无字甲骨做过分类，有字甲骨标有田野登记号、部分无字甲骨标有田野登记号②。所以，2001年，“史语所库房开始对所有有字及无字甲骨重新编号，即为登录号（Registered Number），简称R号。史语所库房所藏之无字甲骨，不少在清理后发现有残文，但当初未标注田野出土号，与第十三至十五次发掘所得无字甲骨混在一起，以致于无法判断为第几次出土甲骨”，据陈逸文统计，史语所在殷墟第一至第九次发掘出土无字甲骨共计6299片③。

再者，1955年，小屯东南出土了9片无字卜骨④。1971年，小屯西地出土了11片无字卜骨⑤。1973年，中国科学院考古研究所在小屯南地进行发掘，出土了五千多片无字甲骨⑥。《花东》只著录了数百版刻辞甲骨，还有千余版无字甲骨的资料尚未公开。

2018年，殷墟遗址东北部的大司空东地发现了1个无字甲骨坑，“新发现的无字甲骨坑出土甲骨165片，这是殷墟在小屯宫殿区之外发现无字甲骨最多的一次。新发现的甲骨坑是袋状坑，口径1.8米，底径2.4米，深1.6米。出土甲骨基本无字，主要是牛的肩胛骨，还有少量龟甲。甲骨学家认为，这次发现很重要，属商代晚期供贵族使用的甲骨，与小屯所出的供商王使用的甲骨有一定的差别，表明供商王使用的甲骨整治和占卜手法更加娴熟。此次发现的牛肩胛骨四角被截锯的片数较多，从卜兆看，龟甲上的跟小屯所出土的一样规整，牛肩胛骨上的普遍

---

① 刘一曼：《安阳殷墟甲骨出土地及其相关问题》，《考古》1997年第5期。

② 董作宾：《殷墟文字甲编·自序》，《中国考古学报》（第四册），商务印书馆，1949年，第227—230页；石璋如：《遗址的发现与发掘：丁编·甲骨坑层之一（一次至九次出土甲骨）》，“中研院”历史语言研究所，1985年。

③ 陈逸文：《“中研院”历史语言研究所殷墟第一到九次发掘所得甲骨之整理与研究》，台北中山大学博士论文，2013年，第2、3页。

④ 河南省文化局文物工作第一队：《一九五五年秋安阳小屯殷墟的发掘》，《考古学报》1958年第3期。

⑤ 郭沫若：《安阳新出土的牛胛骨及其刻辞》，《考古》1972年第2期。

⑥ 中国社会科学院考古研究所安阳工作队：《1973年小屯南地发掘报告》，《考古学集刊》（第九集），科学出版社，1995年，第86页。

不及小屯所出的规整”[1]。此条资讯，非常重要，但是记录比较简单，可以确定的是，此坑是专门埋藏卜后无字甲骨的灰坑。

所以，由于种种原因，无字甲骨的数量难以统计，实为“不详”[2]。然而，据考古出土无字甲骨的数量而言，其埋藏方式，不容忽视。

我们可以据无字甲骨与有字甲骨同坑出土、无字甲骨单独出土等出土情况来推测无字甲骨的处理方式。从无字甲骨出土的情况看，无字甲骨的埋藏方式有无字甲骨和有字甲骨同坑埋藏、无字甲骨单独埋藏。

段渝曾认为商人对卜后无字甲骨的处理方式不是同卜后有字甲骨一样进行有意储存和集中保管，而是就地埋藏或者随意扔入垃圾堆中[3]。但是，这并不能解释无字甲骨与有字甲骨同坑出土、无字甲骨单独出土等基本事实。所以，段渝关于无字甲骨卜后处理的观点，与殷墟无字甲骨出土的实际情况不大相符。其实，无字甲骨的埋藏采取了特殊的处理方式，应该有以下两种：

（1）无字甲骨与有字甲骨同坑出土。

无字甲骨与有字甲骨一起集中埋藏，故二者出土于同一地点。河南安阳小屯是发现无字甲骨与有字甲骨共同埋藏最多的地方。某些有字甲骨和无字甲骨同坑出土，如殷墟第十五次发掘YH251坑出土有字卜甲（211片）和无字卜骨（1片）、花园庄东地H3坑有字与无字甲骨相杂处、小屯南地H9坑出土48片刻辞甲骨和134片无字甲骨。

无字甲骨与有字甲骨同坑集中埋藏，有可能是在占卜之后留作他用，或者进行某种特殊的处理。故而，殷人将某些无字甲骨与有字甲骨集中存放在一起。

另外，汪宁生曾据有字甲骨和无字甲骨有同出一坑的情况指出：“过去研究甲骨文的学者，或称殷墟甲骨成坑埋藏为存储档案，这似乎尚难成为定论。因为同坑埋藏的不仅有有字甲骨，还有无字甲骨。”[4]据我们以上所论，汪宁生的观点有一定的道理，殷墟确实有一些无字甲骨和有字甲骨出土于同一个灰坑。

（2）无字甲骨单独埋藏。

单独埋藏无字甲骨的原因可能是当时的占卜人员出于某种政治目的，占卜之后并未契刻甲骨文字。某些没有刻辞的卜后甲骨单独存放一起，而后集中埋藏。

在考古发掘过程中，就发现了一些专门埋藏无字甲骨的灰坑。如1928年殷墟第一次发掘第15坑“得兽骨及无字骨版”、第23坑“得无字骨版”、第38坑“得无字甲骨”[5]。

再如殷墟第十三次发掘YH001坑中出土40多块大骨版，均有凿、钻、灼等痕迹而无卜辞，只出土1片龟版[6]。后来，石璋如又对YH001坑46块无字骨版的出土情形做了详细说明：

---

① 《河南殷墟大司空东地新发现无字甲骨坑》，《文物鉴定与鉴赏》2018年第13期。

② 刘一曼：《安阳殷墟甲骨出土地及其相关问题》，《考古》1997年第5期。

③ 段渝：《卜用甲骨的用后处理》，《文史知识》1993年第1期。

④ 汪宁生：《彝族和纳西族的羊卜骨——再论古代甲骨占卜习俗》，《文物与考古论集》，文物出版社，1986年，第149页。

⑤ 董作宾：《民国十七年十月试掘安阳小屯报告书》，《安阳发掘报告》1929年第1期。

⑥ 石璋如：《小屯后五次发掘的重要发现》，《六同别录》，中央研究院历史语言研究所，1945年，第30页。

“YH001在B119的东南。民国二十五年（1936）三月十九日开工，次日（二十日），于现地面下0.30公尺，即发现它的上口，它是一个口径约2.22公尺的圆窦，本身深1.11公尺，底径比口径略大，为2.30公尺。当口下0.37公尺，在东部出残盂及陶片。以下有大批骨版一层，相互叠压，此层便有47版，直至0.80公尺，上下总计共有58版，另有小块卜骨46块，并有一个完整的陶罐。这些骨版都是经过整治，满骨火号，但无刻辞，仅在一版背面的高棱上刻有一个记号，似‘鼒’字。这样大量未刻辞的骨版集中在一个小窦中，尚是第一次的发现。这或者是占卜某一固定的事件，不必记录，用过之后，即放入窦藏了，或者为整制已妥暂时窖藏，随时待用之品，尚不可知……虽然其上没有刻辞，但是这个发现却很重要。”[①]殷墟YH001坑可谓单独埋藏卜后无字甲骨的典型代表。

此外，在小屯南地发掘的灰坑H62，“可能是有意识储存的”灰坑，“坑口略呈圆形，距地表深0.90—1.05、径长1米左右，坑内填黄绿土”，此坑埋藏20片卜骨，卜骨的反面有整治、钻凿、灼烧等痕迹，但是“无一片有刻辞”[②]。

以上两例无字甲骨的出土情形，表明殷墟YH001坑和屯南H62坑是专门埋藏的卜后无字甲骨的灰坑。

**2. 单出字甲或单出字骨的坑层**

史语所在殷墟第一至第九次发掘，发现了一些单出字甲或单出字骨的坑层，如：

第一次发掘第一区第24坑地层未乱，“只出字骨而未出字甲”[③]。

殷墟第二次发掘村南区开坑13个，只出字骨的有四个坑（G坑、I坑、J坑、K坑）。殷墟第二次发掘村北区X坑只出土2块字骨、Y坑只出土5块字骨。殷墟第二次发掘村中区斜三及其支坑“共得字骨11块而没有字甲”，西斜沟只出土字骨24块、没有字甲，西斜南段及支坑“共出字骨15块而没有字甲”[④]。

殷墟第三次发掘北部纵六甲乙坑出字甲7块、没有出字骨，东南部纵一己坑出土1块字骨，东南部横十三・五乙坑出字甲2块、无字骨，西南部横十三庚坑只出字骨1块、横十三壬南支坑只出1块字骨、横十三・五丁坑只出1块字骨、横十三・五己坑只出字甲16块、横十四丁坑只出字甲3块、横十四辛坑只出字骨1块、横十四壬坑只出字甲1块、横十四西坑只出字骨8块[⑤]。

殷墟第四次发掘A区A3坑只出1块字甲、A14坑只出23块字甲、A16坑只出111块字甲、A20

---

① 石璋如：《遗址的发现与发掘：丁编・甲骨坑层之二（十三次至十五次出土甲骨）》（上），“中研院”历史语言研究所，1992年，第24、25页。

② 中国科学院考古研究所安阳工作队：《1973年安阳小屯南地发掘简报》，《考古》1975年第1期。

③ 石璋如：《遗址的发现与发掘：丁编・甲骨坑层之一（一次至九次出土甲骨）》，“中研院”历史语言研究所，1985年，第16页。

④ 石璋如：《遗址的发现与发掘：丁编・甲骨坑层之一（一次至九次出土甲骨）》，“中研院”历史语言研究所，1985年，第30—33、34、42、44、46页。

⑤ 石璋如：《遗址的发现与发掘：丁编・甲骨坑层之一（一次至九次出土甲骨）》，“中研院”历史语言研究所，1985年，第64、66、81、84—89页。

坑只出2块字甲、A22坑只出2块字甲、A25坑只出126块字甲，B区B4坑只出1块字甲、B8坑只出1块卜骨、B12坑只出4块字甲、B16坑只出2块字骨、B17坑只出2块字骨、B46坑只出4块字甲，E区E10坑只出1块字骨、E21坑只出5块字骨、E23坑只出2块字骨①。石璋如曾说E16："其中甲多，骨少，甲有285片，而骨只有14片，这个现象是代表当时用甲多，用骨少呢，或者甲易得，骨难求？或甲骨分别储藏？"②

殷墟第五次发掘B区B69坑只出2块字甲、B85坑只出1块字甲，E区E39坑只出3块字甲、E52坑只出1块字骨，F区F3坑只出12字骨、F4只出2块字骨。殷墟第六次发掘E区E98只出1块字骨，这也是第六次发掘出土的唯一一片字骨。殷墟第七次发掘A区A31坑只出2块字甲、A39坑只出1块字骨、旧坑只出1块字甲，C区C64坑只出1块字骨，E区E157坑只出2块字甲、E181坑只出3块字骨③。

殷墟第八次发掘D区D20坑只出2块字甲、D31坑只出1块字甲、D32坑只出2块字甲、D36坑只出1块字骨、D42.2坑只出2块字甲、D43坑只出1块字甲、D47坑及其支坑D47.1与D47.2共只出47块字甲、D48坑只出61块字甲、D49坑只出3块字甲、D50坑及其支坑D50.1共只出60块字甲、D68坑只出9块字甲、D74A坑只出4块字甲、D92坑只出6块字甲、D93坑只出5块字甲、D95坑只出1块字甲、D98及东支坑只出36块字甲、D99坑只出5块字甲、D100坑只出1块字甲④。石璋如总结本次D区发掘情况说："本次所得字甲256片，而字骨仅1块，共257块。又卜甲258，卜骨4，共262块。甲多骨少的原因，或者当时即甲多骨少，或者因地区之故，某处专出甲，某处专出骨。"⑤

殷墟第九次发掘小屯D区D34.1坑只出1块字甲、D91东支坑只出32块字甲、D98坑只出403块字甲，侯家庄南地东区HS：20坑只出8块字甲、西区HS：31A坑只出2块字骨⑥。

据石璋如统计，殷墟第一次至第九次发掘，共有179坑出土了甲骨，单出字甲者61处、占34.08%，单出字骨者65处、占36.31%，甲骨齐出者44处、占24.58%⑦。见下表（表8-7）：

---

① 石璋如：《遗址的发现与发掘：丁编·甲骨坑层之一（一次至九次出土甲骨）》，"中研院"历史语言研究所，1985年，第101、103—108、112、118页。

② 石璋如：《遗址的发现与发掘：丁编·甲骨坑层之一（一次至九次出土甲骨）》，"中研院"历史语言研究所，1985年，第115页。

③ 石璋如：《遗址的发现与发掘：丁编·甲骨坑层之一（一次至九次出土甲骨）》，"中研院"历史语言研究所，1985年，第127、128、130—132、138—140、145—147、152、155、156、158、160页。

④ 石璋如：《遗址的发现与发掘：丁编·甲骨坑层之一（一次至九次出土甲骨）》，"中研院"历史语言研究所，1985年，第167—175页。

⑤ 石璋如：《遗址的发现与发掘：丁编·甲骨坑层之一（一次至九次出土甲骨）》，"中研院"历史语言研究所，1985年，第175、176页。

⑥ 石璋如：《遗址的发现与发掘：丁编·甲骨坑层之一（一次至九次出土甲骨）》，"中研院"历史语言研究所，1985年，第184、185、193、197页。

⑦ 石璋如：《遗址的发现与发掘：丁编·甲骨坑层之一（一次至九次出土甲骨）》，"中研院"历史语言研究所，1985年，第211、212页。

**表8-7　甲骨出土同坑异坑的情形**

| 第一次至第九次单出字甲和单出字骨统计表 | | | | | | |
|---|---|---|---|---|---|---|
| 发掘次数 | 单出字甲 | 单出字骨 | 甲骨齐出 | 甲骨与其他坑合并者 | 共计 | 备注 |
| 1 | 1 | 6 | 4 | 4 | 15 | 16、17、18，3坑附于9坑，26附于25 |
| 2 | | 26 | 9 | | 35 | |
| 3 | 8 | 13 | 18 | 3 | 42 | 纵五癸东支、纵六甲乙、横十三.二.五均为合并坑 |
| 4 | 10 | 9 | 5 | | 24 | |
| 5 | 3 | 4 | 6 | | 13 | |
| 6 | | 1 | | | 1 | |
| 7 | 4 | 3 | 1 | | 8 | 其中有一旧坑非本次所开，为7坑 |
| 8 | 27 | 1 | | | 28 | 有4支坑 |
| 9（小屯） | 7 | | 1 | 2 | 10 | D120南支及北支合并于D120 |
| 9（侯家庄） | 1 | 2 | | | 3 | |
| 总计 | 61 | 65 | 44 | 9 | 179 | |
| 百分比 | 34.08% | 36.31% | 24.58% | 5.03% | 100% | |

注：引自石璋如：《遗址的发现与发掘：丁编·甲骨坑层之一（一次至九次出土甲骨）》，“中研院”历史语言研究所，1985年，第211—212页

石璋如还指出：“单出字甲或单出字骨之坑，也并不是偶一见之，故这种现象仍是值得注意，希望甲骨学者，就各该不同坑别出土甲骨内容加以分类统计，求出异同，这样或可以了解，为什么分别异坑存储，或同坑存储了。”①

殷墟第十三次发掘B区北部B126只出5块字甲、B128只出1块字骨、B130只出2块字甲、B136只出1块字甲、YH038只出5块字甲、YH044只出45块字甲、YH076只出1块字甲、YH085只出1块字甲、YH096只出5块字甲。第十三次发掘C区北部、中部区C75只出2块字骨、YH017只出7块字甲、YH090只出1块字甲、YH126只出1块字甲②。

殷墟第十四次发掘C区C128只出1块字甲、YH228只出1块字甲、C173只出1块字骨③。

殷墟第十五次发掘C区C170只出1块字甲、C171只出19块字甲、C172只出3块字甲、YH244S只出1块字甲、YH251只出332块字甲、YH330只出78块字甲、YH370只出1块字甲、YH371只出9块字甲、YH258只出1块字骨、YH265只出8块字甲、YH279只出1块字骨、YH288

① 石璋如：《遗址的发现与发掘：丁编·甲骨坑层之一（一次至九次出土甲骨）》，“中研院”历史语言研究所，1985年，第218页。

② 石璋如：《遗址的发现与发掘：丁编·甲骨坑层之二（十三次至十五次出土甲骨）》（上），“中研院”历史语言研究所，1992年，第21、22、23、40、46、48、50、56、58、66、69页。

③ 石璋如：《遗址的发现与发掘：丁编·甲骨坑层之二（十三次至十五次出土甲骨）》（上），“中研院”历史语言研究所，1992年，第149、150、167页。

只出1块字甲、YH309只出5块字甲、YH338只出2块字甲、YH354只出1块字骨、YH367只出1块字骨、YH409只出1块字甲、C329只出1块字骨、C333只出2块字骨、C334只出1块字骨、YH359只出2块字骨、YH364只出2块字骨、YH393只出2块字甲、YH423只出1块字骨、YH427只出3块字骨、YH448只出5块字甲、YM331只出1块字骨、后岗210窖只出1块字骨、横十三·五乙只出1块字骨（原为第三次出土未印，此次误编入YH344）①。

石璋如据以上所论，统计了殷墟第十三次至第十五次及后岗发掘甲骨出土的情形，单出字甲者28处、单出字骨者17处②。此处，我们根据石璋如所记单出字甲或单出字骨的情况，制成下表（表8-8）。

由表8-8可知，史语所在殷墟第十三至第十五次发掘时，更加详细地记录了单出字甲或单出字骨的情况。

总之，史语所在殷墟十二次发掘，单出字甲者计89处，单出字骨者计82处，共计171处。可知，诸如此类单出字甲或单出字骨的灰坑、窖穴，确实不在少数。虽然这种坑窖单出字甲或字骨的数量不多，但是我们也可从中得知字甲和字骨在地下的情形。这表明，殷人当时很有可能是把有字的卜甲或有字的卜骨集中存放，而后埋藏。如此，考古发掘才能出现单出字甲或字骨之坑。

**表8-8　第十三次至第十五次单出字甲和单出字骨统计表**

| 发掘次数 | 灰坑、窖穴、墓葬 | 单出字甲数量 | 单出字骨数量 |
|---|---|---|---|
| 13（13处，单出字甲者11处、单出字骨者2处） | B126 | 5 | |
| | B128 | | 1 |
| | B130 | 2 | |
| | B136 | 1 | |
| | YH038 | 5 | |
| | YH044 | 45 | |
| | YH076 | 1 | |
| | YH085 | 1 | |
| | YH096 | 5 | |
| | C75 | | 2 |
| | YH017 | 7 | |
| | YH090 | 1 | |
| | YH126 | 1 | |

① 石璋如：《遗址的发现与发掘：丁编·甲骨坑层之二（十三次至十五次出土甲骨）》（上），“中研院”历史语言研究所，1992年，第164、165、166、169、184、190、193、195、202、204、206、207、208、210、212、214、215、216、217、225、227、231、232、236、239、240、250、259页。

② 石璋如：《遗址的发现与发掘：丁编·甲骨坑层之二（十三次至十五次出土甲骨）》（上），“中研院”历史语言研究所，1992年，第257—359页。

续表

| 发掘次数 | 灰坑、窖穴、墓葬 | 单出字甲数量 | 单出字骨数量 |
|---|---|---|---|
| 14<br>（3处，单出字甲者2处、单出字骨者1处） | C128 | 1 | |
| | YH228 | 1 | |
| | C173 | | 1 |
| 15<br>（29处，单出字甲者15处、单出字骨者14处） | C170 | 1 | |
| | C171 | 19 | |
| | C172 | 3 | |
| | YH244S | 1 | |
| | YH251 | 332 | |
| | YH330 | 78 | |
| | YH370 | 1 | |
| | YH371 | 9 | |
| | YH258 | | 1 |
| | YH265 | 8 | |
| | YH279 | | 1 |
| | YH288 | 1 | |
| | YH309 | 5 | |
| | YH338 | 2 | |
| | YH354 | | 1 |
| | YH367 | | 1 |
| | YH409 | 1 | |
| | C329 | | 1 |
| | C333 | | 2 |
| | C334 | | 1 |
| | YH359 | | 2 |
| | YH363 | | 2 |
| | YH393 | 2 | |
| | YH423 | | 1 |
| | YH427 | | 3 |
| | YH448 | 5 | |
| | YM331 | | 1 |
| | 210窖 | | 1 |
| | 横十三·五乙 | | 1 |
| 共计 | 45 | 28 | 17 |

### 3.“甲骨异地而藏”

“甲骨异地而藏”，即甲和骨分别存放。如殷墟第一次发掘第三区的第36坑，“纯乎其为龟版”[①]。

石璋如推测了“字骨绝少或为甲骨异地埋藏”：

在小屯少数甲骨经常的出土现象不论穴窖或散层以及版筑土中，差不多都是甲骨齐出的，可是在量上很少很少。这种堆积犹如字纸篓中的废物而倒入垃圾堆中；现在看来固然有它不可泯灭的价值，可是在当时堆积的时候并没有含着什么重要的意义。但是大量的堆积则不然。殷墟第九次在洹北侯家庄南地发掘的时候，发现了甲骨异穴埋藏的事实，龟版由我们亲自挖出，而兽骨系盗掘者所获。这两个坑相距不远，当我们把这两个坑清理出以后，便有一推测以谓甲骨的用途或有不同，为收存方便计而异其储藏，但在卜辞上尚未十分分出它们的异点。殷墟第十三次发掘，在小屯B区H001小穴中发现了四十多块大骨版，均经灼过但无卜辞，其中只夹杂了一块龟版。在C区H127坑，出了一万七千余片字甲而仅出八片字骨。殷墟第十五次发掘，在H251坑中发现了整版大龟而少卜骨，在H344坑中发现了许多字骨而少龟版。这些现象情形累同，而小屯北地与侯家庄南地两处的情形也大体相合，所异者不过数量上的差别与人架之有无罢了。并且这些现象在遗址上说未经扰动的穴窖，在遗物上说为大量的堆积。故甲骨异地而藏之说，其可能性很大[②]。

可是，当时石璋如限于考古出土甲骨实物的资料，仅是推测了“甲骨异地而藏”的情况。后来，殷墟第十三次、第十五次发掘出土的甲骨情况，更加证明了“甲骨异地而藏”的事实。

殷墟第十三次发掘B区北部YH001出土卜骨58版及碎片46片、碎小卜甲3片，YH006出土字甲420片，字骨仅24片，石璋如据此再次推测：“YH001是以藏卜骨为主，而也混入有极少数卜甲，YH006是以藏卜龟为主，而也有混入有少量的字骨，很可能的当时系甲和骨分储的。”B区北部YH044坑出土字甲及大量卜甲，没有字骨，仅有1片卜骨，“可以列为属于藏甲的系统”[③]。

殷墟第十五次发掘C区C171坑“出字甲19片，选印11，又出卜甲43，而未出字骨及卜骨”，C172出土9片卜甲、没有出土字骨或卜骨，YH251坑“纯出字甲，卜甲之窖，在字甲层

---

① 董作宾：《民国十七年十月试掘安阳小屯报告书》，《安阳发掘报告》1929年第1期。

② 石璋如：《小屯后五次发掘的重要发现》，《六同别录》，国立中央研究院历史语言研究所，1945年，第30页。

③ 石璋如：《遗址的发现与发掘：丁编·甲骨坑层之二（十三次至十五次出土甲骨）》（上），“中研院”历史语言研究所，1992年，第3页、45页。

中不但没有字骨，而且也无卜骨，仅在底部出有一块卜骨”[①]。

殷墟第十三次发掘的YH127坑出土17096片甲骨，龟甲17088片、卜骨仅8片，龟甲占出土甲骨总数比例是99.9%。殷墟第十五次发掘的YH251坑出土有字卜甲211片、无字卜甲1286片、无字卜骨仅1片。属于集中埋藏的小屯南地甲骨和花园庄东地甲骨的情况正好相反：小屯南地出土的卜骨占绝大多数、卜甲较少，其中灰坑H3坑出土的卜骨甚至占到总数比例的100%，H24灰坑H17出土有字卜甲2片、有字卜骨105片；花东H3坑发现卜甲1558片、卜骨仅25片，卜甲出土甲骨总数的98.4%；小屯村中发掘出土刻辞甲骨283片，只有1片为卜甲，其余全部为卜骨。

殷墟YH127、屯南H24和花东H3，共出土20 044片甲骨，而卜甲占总数的99.8%。由此来看，处理卜官埋藏卜后甲骨时，是有意识地按照占卜的材质来埋藏甲、骨的，以至于三坑所出土的卜甲居多、而卜骨的数量非常少，这种情况可能是无意识或者其他原因将卜骨放入卜甲之坑的。

**表8-9　殷墟YH127、屯南H24、花东H3出土甲骨统计表**

| | 殷墟YH127 | 小屯南地H24 | 花园庄东地H3 | 合计 |
|---|---|---|---|---|
| 卜甲 | 17088 | 1365 | 1558 | 20011 |
| 卜骨 | 8 | 0 | 25 | 33 |
| 合计 | 17096 | 1365 | 1583 | 20044 |
| 卜甲所占比例 | 99.9% | 100% | 98.4% | 99.8% |
| 卜骨所占比例 | 0.01% | 0 | 1.6% | 0.2% |

所以，我们推测殷商应该存在“甲骨异地而藏”的情况。不过，卜官对卜后的龟甲、兽骨进行分类集中埋藏的原因还需要进一步分析、研究。

#### 4. 以占卜内容归类存放

除了无字甲骨单独埋藏、灰坑单出字甲或单出字骨、“甲骨异地而藏”之外，卜后甲骨埋藏或还以占卜内容、材质归类存放。

此处，我们以花园庄东地出土的甲骨为例，简析殷人埋藏甲骨的某些规律。刘一曼曾据花东H3坑甲骨的内容详细论述了甲骨埋藏的状况及相关问题：一，内容关联的甲骨（卜日相同或相近的同文或基本同文的卜辞、卜日不同但卜事相同或相近的卜辞）大多相距较近；二，内容关联的甲骨部分相距较远；三，内容不同的甲骨部分相距较近；四，内容不同的甲骨大多相距较远（最为常见）。刘一曼进而推测：①甲骨按内容存放（管理人员大体上按甲骨的内容进行存储）；②腹甲与背甲可能分别存放（在占卜之后，由于背甲的背面隆起且较窄，而腹甲较宽平，二者形态有差异，负责保管甲骨的人员将它们分别放置，故到入坑埋藏时，内容有关联的背甲与腹甲的出土位置相距较远）；③多用大小相近的卜甲占卜相同事件（这可能是武丁时期

① 石璋如：《遗址的发现与发掘：丁编·甲骨坑层之二（十三次至十五次出土甲骨）》（上），“中研院”历史语言研究所，1992年，第165、166、185页。

流行的一种占卜用龟的习惯）；④甲骨埋藏前曾作最后处理（花东“子”的占卜机构保管甲骨的人员，在甲骨入坑埋藏之前，还对部分存档的甲骨进行最后的清理，打乱原来的存放次序，不再按甲骨的内容，而是按其大小分别捆扎或用织物包裹在一起扔入坑中，所以H3坑中发现不少内容不同、大小相近又紧密叠压的卜甲）；⑤“子贞”多用大甲[①]。

所以，从花园庄东地甲骨的埋藏状况看，甲骨在埋藏前由专门的人员对其进行处理，之后根据甲骨的材质、大小以及占卜的内容等进行分类，用细绳捆绑后埋入坑中。其中，占卜内容是花东甲骨存放的重要参考。这些按大小分类的甲骨，包括有字甲骨和无字甲骨，即把有字甲骨与无字甲骨捆到一起进而埋藏。某些甲骨还用织物进行包裹，实为特殊的处理方式。

以上无字甲骨的两种埋藏方式、字甲单出和字骨单出、卜甲和卜骨异地而藏、花东甲骨以占卜内容归类存放等现象，说明了殷人对卜后甲骨分类储存，而后埋藏的事实。

## （三）特殊的埋藏方式

除了集中埋藏和分类埋藏的一般情况，甲骨还有一些特殊的埋藏方式，如某些卜甲之上在埋藏时用棉布包裹着，再如卜骨置于灰土之上，又用灰土覆盖起来。分别论述如下。

### 1. 卜甲之上黏附的棉布

张秉权在编著《丙编》工作的过程中，率先发现了殷墟第十三次发掘YH127坑65片无字卜甲上黏附的棉布。早在1981年，张秉权就发表了专文《小屯殷虚出土龟甲上所黏附的纺织品》，对无字卜甲上所黏附的棉布进行了初步的讨论[②]。后来，该文经过修缮编入其专著《甲骨文与甲骨学》第二十章。下面，我们就综论其专著中的第二十章“甲骨上黏附的棉布”，以此考述甲骨在埋藏前由棉布包裹的特殊现象。

张秉权指出这些棉布“都是一些极小的碎片，脆而且薄，混合在泥土中，黏附在一些无字的卜甲碎片上。正因为那些碎甲上面，没有文字，所以当初在清理之际，没有将它们上面的灰沙泥土，完全剔除净尽，也因而保留了这一些残余的材料”[③]。

何以仅有65片无字碎甲之上黏附着棉纺织品，其他甲骨之上是否也有这种情况呢？为何中间经过四十年，这些无字碎甲之上的棉纺织品才被发现？张秉权对此也做了详细的解释，并且叙说了这些卜甲之上棉布发现的过程：

> ……何以这些棉布碎片要等到四十年后才被装现？这，大概与甲骨文研究的方法和风气有很大的关系，我们不能不从头说起，自从甲骨出土以后，最初是被一般无

---

① 刘一曼：《花东H3坑甲骨埋藏状况及相关问题》，《考古学报》2017年第3期。

② 张秉权：《小屯殷虚出土龟甲上所黏附的纺织品》，《“中研院”国际汉学会议论文集·历史考古组》（上册），“中研院”，1981年，第145—179页。

③ 张秉权：《甲骨文与甲骨学》，台湾编译馆，1988年，第547页。

知乡民，当作药材，或被研成粉末，或被削去文字。那时，甲骨文不值钱，只是一些论斤买卖的生药而已，到了清代末年，王懿荣、刘鹗等人发现了“败龟版”上的甲骨文，认为那是先世遗物，稀世珍宝。于是甲骨文便成了古董收藏家们的宠物，一时竞相搜购，论字计值。因此，有字的甲骨，特别受到重视。也因此，甲骨一出土，就被刮削清洗，以求文字的显现。自孙诒让以后，甲骨文成了学者研究的对象，甲骨学也渐渐成为一门新的学问，然而研究的基础，还是建筑在文字上面，所以当务之急，也是在寻求文字。为了寻求文字，自须将黏附在甲骨上的泥土砂粒，加以清除洗刷，有时还得把甲骨放在盛水的盆中，浸泡若干时日，才能将黏土化除，把重叠在一起的甲骨分开。那时，自然不会去注意到那些夹在泥土中的微小的杂物了。史语所自民国十七年开始，以科学方法，发掘殷虚，对于出土遗物，无不细心保存，甚至连土上花纹，亦未毁弃。YH127坑是有名的，出土甲骨一万七千余片的，一个未经盗掘完整大坑。当时，这一次发掘的主持人，也是这一坑的发现人，石璋如先生当机立断，决定将整坑甲骨，连同泥土砂砾，一并装入一个特制的大箱子里，运到南京。在史语所的工作室中，仔细清理，经过了三个多月才告完竣。也许是当时大家的注意力都集中在文字方面，所以忽略了夹在泥土砂砾中的那些细微杂物，如果在清洗整理的时候，能够注意到泥土中的杂物，也许还可以发现更多更大的棉布碎片。我在民国三十四年冬才进史语所，所以有关发掘与清理的工作，均未能躬逢其盛，详细的情形，也就不很清楚了。三十六年，我奉命接编《殷虚文字乙编》的图版，开始接触到这一批材料。工作的性质是拼兑碎片，督促传拓，编排图版。编辑的体例，只是选取那些有字的甲骨，即使是有字的甲骨，如果仅有简单的数目字，也在淘汰之列。因为图版只取字甲字骨，所以对于那些无字的甲骨，尤其碎片残屑，就很少去加以注意了。而那时的工作环境，也往往局处斗室，不能将全部甲骨展开工作……在《丙编》工作的过程中，我渐渐体会到那些无字碎片也很重要，因为没有它们，许多有字甲骨，就不能互相接合。因此我对它们愈来愈加注意。同时也为了想知道那些剔除未尽的覆土之下，是否还有隐藏着的文字，于是我就小心翼翼地将那些坚硬的泥土，慢慢地，轻轻地，一层一层地，尽可能地刮去，至于那些刮不动的，为了避免损伤实物，只好任它保持原状。就这样，在一个十分偶然的机会里，我发现了一片无字碎甲上所黏着的剔除未净的浮土上，似乎有着布纹的痕迹。于是我又重新检查全部无字碎甲，果然找到了一些残余的棉布碎片[①]。

以上是张秉权发现卜甲之上黏附棉布的详细过程。后来，张秉权拣了一小片，请司法行政部调查局丁士平作了鉴定，经其用当时最新的科学方法细心观察，有了检验的结果，认为这是棉织品。以下是丁士平的鉴定书：

① 张秉权：《甲骨文与甲骨学》，台湾编译馆，1988年，第547、548页。

（略）

鉴定经过：

纺织品均由纤维纺织而成，纤维分为天然纤维及合成纤维两大类。不外棉、麻、丝、羊毛等四类。对纤维之鉴定方法很多，有燃烧法，试剂溶解法、染色法等化学方法。但这些方法都需要有多量之纤维试料，才能正确观察其反应以判定结果，而且均将损毁被鉴定之纤维，唯有“显微镜法”可以只需极少量纤维试料，借观察纤维之构造，及外形上之特征，即可鉴定纤维之类别，尤其天然纤维：棉、麻、丝、羊毛等四种，在纤维侧面及横断面之形态上，均各具特征，易于鉴别。

送鉴之纺织品系黏附于古代甲骨碎片上者，故可以推断不可能是近代之合成纤维产品。又检品只有约0.5公分宽，0.5公分长，为极其碎小之一小片，且非常珍贵，为避免毁损古物，因而只有选用“显微镜法”来作鉴定。又因要尽量保存原古物，就要考虑使用之检品试料，要尽可能的少采取。一般供电子显微镜观察之标本，仅需用极少量即可制作。且因电子显微镜之解像力超过一般之光学显微镜，可做精确之鉴别判定，故本案选用了电子显微镜来做观察鉴定。

一、鉴定方法：

（一）检品先用光学显微镜以反射光（Reflected-Light）观察其纤维束，质地均匀，呈色一致，粗细相同，不见有混纺之迹象。

（二）穿透式电子显微镜法（Transmission Electron Microscopy Method）：

1. 取检品纤维一根及棉、麻、丝等纤维各一小束，先用蒸馏水洗净。以1.5%之戊二醛（Glularaldehyde）及2%四氧化锇（Osmium Tetroxide）固定六小时。

2. 用0.1M之磷酸盐缓冲液浸洗多次，再以30% 50% 70% 80% 90% 100%浓度酒精溶液分次脱水。

3. 以90% 95% 100%浓度之丙酮（Acetone）替换无水酒精。

4.50%丙酮加50%Epon 812树脂中过夜（十二—十四小时）。

5. Epon 812树脂中浸四小时。

6. 将各纤维试料取出放入胶囊（Gelatin Capsule）中，用Epon 812树脂包埋后，再放入恒温箱中以35℃—45℃—60℃高温度使其聚合硬化。

7. 使用超微切片机（Ultramicrotome）将检品及棉、麻、丝等纤维试料用玻璃刀（Glass knife）切成超薄切片，再用醋酸氧铀（Ulranyl Acetate）之饱和水溶液染色。

8. 将切片放入穿透式电子显微镜中观察照相。

（三）扫描式电子显微镜法（Scanning Electron Microscopy Method）：

1. 取检品纤维二根及棉、麻、丝、羊毛等纤维试料，分别切成二段，一段横放，另一段竖立，用银粉黏胶黏着固定于铜制标本台上，放入“真空蒸煮器”（Evaporator）内，先蒸煮一层碳膜到纤维表面，再蒸煮一层金膜，使纤维具有良好之导电性。

2. 将纤维标本放入扫描式电子显微镜中观察并照相。

二、观察结果：

（一）羊毛纤维：呈棒状，表面有由扁平表皮细包所形成之毛鳞（Scale）相叠如鱼鳞或松树皮之状，此乃与其他纤维显著不同处。

（二）丝纤维：成熟蚕吐出之丝，系由体内两个“丝腺体”分别吐出之分泌液，接触空气后，即凝固而成两条纤维状之纤条（drin），再由胶质密著而成一条丝纤维，其中央有纵线，单丝之横断面多呈三角形。

（三）麻纤维：是韧皮纤维之一种，其植类很多，一般而言，纤维为圆柱状，无撚曲，侧面有节。横断面为多角形或椭圆形成不规则之形状。

（四）棉纤维：系由单细胞所构成，在生长时，中现圆形之腔管，及至成熟，腔管内之液汁消失，细胞萎缩而成扁平，中空之带状，自然发生转曲，称为“天然转曲”或“撚曲”（Natural Convolution or Twist），撚向是左右各半，此乃棉纤维之特征。

三、鉴定结果：

检品纤维之侧面形态及横断面特征均与棉纤维之特征相同，由此故可判断送鉴之检品为棉纤维类之纺织品。

（略）①

此鉴定书是第二次的副本，第一次的副本因水灾被毁，故张秉权又恳请调查局再给一份副本，即此副本。

1980年，张秉权又请夏威夷大学萧之的先生对这些棉布碎片再次进行了鉴定，以下是其报告原文：

Is it silk or cotton?

Abstract. A piece of fabric attached to a small fragment of oracular curtle carapace has been exmained with a scanning electron microscope ana its external morphology compared with those of modern cotton and silk. The pattern of plain weave of the archaeological fabric is still discernible but the aurface of each fiber is covered with debris.Wherever the fabric has been broken the component elements, also covered with debris, can be seen as long, narrow, fibrils. The fibers are more like silk filaments than cotton. But biochemically the fibers do not swell under acid hydrolysis while silk filaments swell and eventually dissolve under the same treatment. Cotton fibers show little or no change. It seems this archaeological fabric is not cotton, but it is not made of the same material as modern silk.

① 张秉权：《甲骨文与甲骨学》，台湾编译馆，1988年，第548—550页。

萧先生的大意是说：一片附着于卜龟甲壳上的细小的纺织品碎片，经由扫描式电子显微镜的检验，以其外表的形态与现代的丝和棉织品，互相比较，他说：这一考古学上的纺织品的平织纹的花样，仍可看得出来，但是各纤维的表面，均为一些腐坏的碎屑蒙覆着。这些纺织品的组成分子，虽已处处破裂，并为一些腐坏的碎屑所蒙蔽，但其狭长的小纤维，仍能看得出来。这些纤维与丝的或棉的纤维，互相比较，则更为像似丝的纤维。但是，在生物化学方法上的试验下，并未在酸的水解下膨胀，当丝纤维在同样的试验时，即会膨胀而全部溶解。棉纤维则显得很少膨胀或不变。这一考古学上的纺织品，似乎不是棉，但亦非由像现代的丝的质料所制成的。

而后，张秉权综合了丁、萧二位先生鉴定报告的意见：

一，丁先生指出送检标本的纤维，有棉纤维的中空腔管和自然转曲的特质。

二，萧先生则指出它们在酸的水解之下，并未膨胀或溶解①。

所以，张秉权认为："这些送检标本的纤维，具有植物性棉纤维的特质，而无动物性丝或毛的特性。应该是棉布了。"

张秉权据以推测："同时，也可以知道，纺织品的遗留，不仅在于一些无字的碎片之上。碎片的遗留，不过是刮削清洗之余的幸存者而已。从一些碎片上的纺织品黏附的情形看来，它们是被用来包裹甲骨的……这些纺织品用来包裹甲骨，很可能就是当时的'礼神之币'。也许，后来所谓'礼神之币''系币'等等习惯，是从包裹甲骨这件事情上衍化而来的。"②

据张秉权的描述，65片碎甲之上纺织品黏附的基本情况，见下：

标本1. 三片无字碎甲。

A片—纺织品黏在碎甲反面的齿缝上，反面有一层薄薄的浮土，未曾刮刷干净，纺织品即黏在齿缝及其左侧的浮土上，形状极不规则，中间已经折断，其最长之处约为18mm。最宽之处约为12mm，最狭之处则仅约2mm。其四周均有线缕须出，又在四十倍的显微镜下，可以看到有许多断烂的线缕纤维，散布在浮土之上，或隐或现，十分凌乱，浮土上的刀削痕迹，亦显然可见。纺织品为素色，已无光泽，为平织十字纹，经纬线大约每5mm为15—18支。

B片—纺织品黏在碎甲反面的左上角，为素色平织十字纹，已不甚明显，经纬线不能计数。

C片—纺织品黏在碎甲反面的左下角，以及中间偏上的一小点。纺织品为素色平织十字纹，左下角的仅存数缕，其上的一点几不可见，经纬线不能数。

标本2. 纺织品黏附在碎甲正面的左下角与右上角部分。右上角所黏附的纺织品，约呈长方形，宽约8mm，长约3.5mm，左下角所黏附的纺织品近似圆锥形，最宽处仅3mm，长约7mm，其经纬缕约为每3mm中有8—9支。

---

① 张秉权：《甲骨文与甲骨学》，台湾编译馆，1988年，第551、552页。

② 张秉权：《甲骨文与甲骨学》，台湾编译馆，1988年，第553页。

标本3. 纺织品黏附在碎甲的右下角，其最长与最宽处均为6.5mm，经纬缕数残存横22支，纵25支，每3mm平均为10—12支。纺织品为素色平织十字纹，其下有一层薄土；其上有一部分为土锈染污。

标本4. 纺织品黏附在碎甲的正面，为素色平织十字纹，满布甲面，但中央及其一边，已有部分缺损，且为土锈及黑灰染污。经纬缕数，残存横44支，纵40支，平均每3mm为8.5—9.5支。

标本5. 纺织品黏附在碎甲的正面，几乎布满甲面，但上边及左边已有部分缺损，且为土锈及黑灰染污。纺织品的宽为13mm，长为4.7mm，经纬缕数残存，横47支，纵19支，平均每3mm为10—13支。纺织品有一缕须出，这一缕的直径（即厚度）为0.4mm。

标本6. 纺织品黏附在碎甲正面的右下角，有一点则在左上角。甲面上留着一层薄薄的浮土，左上角的纺织品，仅存芝麻大的一点，且为黑灰污染，右下角者为素色平织十字纹的小片，最宽处仅5.5mm，最长亦不过5mm，经纬缕数残存：横16支，纵18支，平均每3mm约为9支。纺织品周围的浮土上留有若干十字纹的印痕。

标本7. 纺织品黏附在碎甲正面右下部的浮土上，仅存长宽各约4mm的一小片，为平织十字素色的小碎片，上端已经须散须出，经纬线可见可数仅：横12支，纵12支。

标本8. 纺织品黏附在碎甲的正面。其中一片呈等腰三角形的碎甲，其纺织品为素色平织十字纹，长约9.2mm，宽约5mm，经纬缕数，横17支，纵40支。另一三角形碎甲之上的纺织品长约6.5mm，宽约6mm，上端的边缘，有丝缕须出。经纬缕数，横24支，纵25支，平均约为每3mm 10—12支。

标本9. 纺织品黏附在碎甲的正面，为素色平织十字纹，长约9.5mm，宽8mm，经纬线缕，纵28支，横24支，平均每3mm为8—11支。

标本10. 纺织品黏附在碎甲正面的下半部，上端尖角处的浮土上，亦有少许残余的丝缕，其它的浮土中，散布着许多断烂的细缕条。纺织品为素色平织十字纹，长9mm，宽15mm，经纬缕可见者，纵24支，横47支，平均每3mm为8—11支。

标本11. 其正反二面均残留一些凸出的浮土，正面的浮土较高，纺织品黏附在凸出浮土的最狭部分，又因其上又为一层薄薄的浮土及黑沙所掩盖，而残余可见的只有横7缕，纵8缕的微细小片，浮土上也有一些残余的散乱丝缕。

标本12. 纺织品黏附在碎甲反面左上部的浮土上，为素色平织十字纹，最长处约15mm，最宽处约8.9mm，经纬缕线平均每3mm约9支。纺织品已破碎，其附近的浮土中亦散布着断烂的线缕和金属闪光的微粒。

标本13. 纺织品黏附在碎甲正面的浮土上，为素色平织十字纹，只像芝麻般的大小，仅存纵缕4支与横缕5支而已，其余浮土上，遗留着一些残余的散乱线缕和十字纹的印痕。

标本14. 纺织品黏附在碎甲上端近齿缝而略偏右的部分，为素色平织十字纹，形状很不规则，四边须出，中已折裂而未断，故有半片翘起，长约6mm，宽约4mm，每

4mm约有经缕11支，纬缕9支。

标本15. 纺织品黏附在腹甲正面的上端齿缝之下，右边齿缝（即中央齿缝）左侧，形状甚不规则，而且中间已断缺，有4mm的空隙，已无纺织品的痕迹，最长处约5mm，因有细微散沙蒙覆其上，故经纬缕线亦不能尽数，大约每3mm 9支。

标本16. 纺织品黏在背甲反面下端的浮土上，为素色平织十字纹，中间有缺损，且有一部为浮土所掩盖，最长处约11.8mm，最宽处为5mm，最窄处仅3mm，经纬缕数平均每3.6mm中有9支。

标本17. 纺织品黏附在背甲反面的上边齿缝的旁边，以及左边的边沿上和侧面的下部。像这样连侧面都黏着纺织品碎片的，另外还有二片碎甲。由此可知那些纺织品，当时是用来包裹甲骨的。纺织品为素色平织十字纹，有一部分为铲除未尽的浮土所掩盖着，下端有一部分包贴在边缘和侧面上，有一部分已断烂，最宽处为5mm，最窄处仅存三缕，约1mm，经纬线平均约为每3mm有9支。

标本18. 纺织品黏附在腹甲反面的左下角及其边缘的侧面上，为素色平织十字纹，包贴在碎甲反面的右下角侧面及其边缘处，该处的碎甲厚度为5mm，纺织碎片近似菱形，最长处约12mm，经纬缕数平均为每3mm 9支。

标本19. 纺织品黏附在碎甲正面左下角的浮土上，有一部分且为浮土所掩盖，其可见者仅约长3.8mm，宽约3mm的一部分。纺织品为素色平织十字纹，经纬线平均约为每3mm有9支。其侧面及反面的浮土上，亦有十字纹印痕及少许线缕。

标本20. 纺织品黏附在碎甲正面的浮土上，形状极不规则，有一部分的上面尚留着极薄一层的浮土。纺织品几乎布满碎甲全面，为素色平织十字纹，最长之处约9mm，最宽之处约7.8mm，经纬线平均每3mm为9—10支。

标本21. 纺织品黏附在碎甲正面右边偏上的泥土上，仅为长宽各约2mm，似芝麻般大小的一点，但尚可见其为素色平织十字纹。

标本22. 纺织品黏附在碎甲反面的泥土上，为素色平织十字纹，在碎甲三角形的底部，宽约11mm，长约6mm，经纬线平均每3mm为8—9支。

标本23. 纺织品黏附在碎甲正面的泥土上，为素色平织十字纹，宽约8.8mm，长约6mm，经纬线约为每3mm有9支。

标本24. 纺织品已断烂碎裂，散布在碎甲正面的浮土上。纺织品为素色平织十字纹，有一部分上面蒙有薄薄的灰土，其可见者，较大的一堆，宽约5.5mm，长约10mm，经纬线约为每3mm有8—9支。

标本25. 纺织品黏附在碎甲的正面，几乎布满全面，为素色平织十字纹，形状大小与甲面相近，中间有一部分之上有浮土覆盖，经纬线为每3mm 9支。

标本26. 纺织品黏附在碎甲的正面，为素色平织十字纹，布满甲面，但除了右下角的一部分之外，均为一层极薄的浮土与灰沙所掩覆，经纬线约为每3mm 9支。

标本27. 纺织品黏附在碎甲的正面，为素色平织十字纹，在碎甲的左边，有一部分上面有浮土，其长则与甲面相同，宽为11mm，经纬线约为每3mm 9支。

标本28. 纺织品黏附在碎甲的正面，为素色平织十字纹，仅存经3缕纬4缕之微细小片。

标本29. 纺织品黏附在碎甲正面下边的浮土中，为素色平织十字纹，宽约13mm，经纬线平均为每3mm 9支。

标本30. 纺织品黏附在碎甲正面的左下角，为素色平织十字纹，宽约2mm，有线5缕，长约2mm，有线6缕。

标本31. 碎甲正面的泥土上有纺织品及十字纹印痕，纺织品黏附在碎甲左上边凸出之尖角上，为素色平织十字纹，长宽各约3mm，经纬线平均约为每3mm 8支。

标本32. 纺织品黏附在碎甲反面的浮土上，一部分已碎裂为数小片，其余尚黏着在浮土上。纺织品为素色平织十字纹，长约6.7mm，宽约6.7mm，另一碎片则为3.6mm，经纬线平均为每3mm 9支。

标本33. 纺织品在碎甲正面左上角的浮土上，为素色平织十字纹，长宽仅为约2.6mm的一小点，且有线缕须出，经纬线可见者仅5—6缕。浮土上留有十字纹印痕。

标本34. 纺织品黏附在碎甲正面左、右下角的浮土上，大部分已经松散而翘起，而黏着之点则为浮土所掩。纺织品为素色平织十字纹，其黏着部分仅约宽1.7mm，长3mm，经纬线约为1mm 3支。

标本35. 纺织品似袜子形，黏在碎甲正面的右边，大部分均为黑灰及砂土染污。纺织品为素色平织十字纹，最宽之处约为10mm，最长之处约为4.4mm，经纬线约为每3mm 8支。

标本36. 纺织品黏在碎甲正面的浮土上，几乎布满全面。纺织品为素色平织十字纹，形状不规则，中间线缕有缺断。长约13mm，宽约5mm。经纬线约为每3mm 9支。

标本37. 纺织品黏在正面的右边及中央的浮土上，其上更蒙覆一层极薄的沙土与黑灰。纺织品为素色平织十字纹，形状不规则，已缺烂，宽约14mm，长为4.6—8mm，经纬线不能数。

标本38. 纺织品黏在碎甲正面上，下端的浮土上，已断烂，为素色平织十字纹，上端的纺织碎片，最长之处为5mm，最宽之处为4.4mm，下端碎片的长宽仅约2mm的一点。经纬线约每3mm 9支。

标本39. 纺织品黏在碎甲正面的浮土上，几乎全面都是，不过约有三分之一又为浮土所掩盖。纺织品为素色平织十字纹，长与甲面相同，最宽之处约为5.8 mm，经纬线为每3mm 9支。

标本40. 纺织品黏在碎甲正面的全面，为素色平织十字纹，形状面积与甲面相似，不过大部分均为极薄灰沙所蒙覆，顶角左侧且有二缕须出，经纬线为每3mm 9支。

标本41. 纺织品黏在碎甲反面的浮土上，占全面的大半。纺织品为素色平织十字纹，大部分为黑土所掩盖，长约7.6mm，宽约4.4mm，经纬线平均每3mm为8—9支。

标本42. 纺织品黏在碎甲正面的全部，为素色平织十字纹，形状面积与甲面相同，一部分上蒙浮沙，经纬线为每3mm 9支。

标本43. 纺织品黏在碎甲正面的左上角，呈圆形而小于绿豆。纺织品为素色平织十字纹，为长宽均约4.2mm近似圆形的一点，经纬线约为每3mm 9支。

标本44. 纺织品黏在碎甲正面的左边及上边，为素色平织十字纹，近似刀形，最宽之处约5mm，经纬线为每3mm 9支。

标本45. 纺织品黏在碎甲反面的大部分，为素色平织十字纹，最宽之处约9mm，最长之处约8mm，上蒙黑灰及沙土，经纬线约为每3mm 8—9支。

标本46. 纺织品黏在碎甲正面的左边，分裂为三堆小点。纺织品为素色平织十字纹，以下边的一小堆为最大，最宽均不过3mm左右，其次为上边的一小片，宽约3mm，长约2mm左右，最小者为中间的一小点，长宽仅约1mm。经纬线约为每1mm 3支。

标本47. 纺织品黏在碎甲正面的右上角，为素色平织十字纹，长约2mm，宽约3.6mm，经纬线约每3mm 9支。

标本48. 纺织品黏在碎甲正面的偏右部分，为素色平织十字纹，其最长与最宽之处各约3mm，上有浮土，部分经纬线已弯曲，平均约为每1mm 3支。

标本49. 纺织品黏在碎甲正面刻过卜兆之下的凸出部分的浮土下，仅一部分露在土外。纺织品为素色平织十字纹，经纬线为浮土所乱，无法可数。

标本50. 纺织品黏在碎甲正面下半部的浮土上，而其上大半均为黑灰及沙土覆盖。纺织品为素色平织十字纹，长约7.8mm，宽约3.6mm，经纬线约为每3mm 9支。

标本51. 纺织品黏在碎甲正面左下角的浮土上，仅存纵横各四缕，为素色平织十字纹。

标本52. 纺织品黏在碎甲下边偏右部分，为素色平织十字纹，宽约2mm，长约2.6mm，经纬线仅存横5支，纵8支。

标本53. 纺织品黏在碎甲反面的左上角（即圆角），为素色平织十字纹，宽约2.6mm，长约4.6mm，经纬线为每3mm 9支。

标本54. 纺织品黏在碎甲的反面，为素色平织十字纹，长约5.9mm，宽4.8mm，经纬线为每3mm 8支。

标本55. 纺织品黏在碎甲正面的左下角，为素色平织十字纹，长宽均约为3mm，经纬线为每3mm 9支。

标本56. 纺织品黏在碎甲反面的下边，为素色平织十字纹，宽约3mm，长约4.8mm，有一部分伸出下边边外，经纬线为每3mm 8支。其中有一些已经松散，在放大镜下，可以看到每一支散开的线缕，至少含有7根以上的纤维。

标本57. 纺织品黏在碎甲反面的全部，为素色平织十字纹，宽约8mm，长约3.4mm，经纬线约为每3mm 8—9支。

标本58. 纺织品黏在碎甲正面左上角的浮土上，为素色平织十字纹，宽约

3.6mm，长约4mm，经纬线约为每3mm 9支。

标本59. 纺织品黏在碎甲正面的左下角，为素色，经纬线松散错乱。

标本60. 纺织品黏在碎甲正面左角的浮土上，略呈三角形，上有覆土，为素色平织十字纹，宽约5mm，长约4mm，经纬线为每3mm 9支。

标本61. 纺织品黏在碎甲正面的左边，为素色平织十字纹，长约1.5mm（4缕），宽约2mm（6缕）。

标本62. 纺织品黏在碎甲正面底边的边缘（即梯形之一斜边），为素色平织十字纹，宽约5mm，长约2mm。经纬线已不能数。

标本63. 纺织品黏在碎甲正面的左下角，一部分为浮土所掩盖。纺织品为素色平织十字纹，宽约1.6mm（6缕），长约3mm。经纬线散乱不能数。

标本64. 纺织品黏在碎甲正面的右下角，为素色平织十字纹，宽约2.6mm（7缕），长约2.4mm（6缕）。

标本65. 纺织品黏在碎甲正面的上边中央，为素色平织十字纹，长约1mm，宽约2mm，经纬线不能数[①]。

可以说，张秉权最新发现卜甲碎片之上的棉布，后请丁士平、萧之的等人对无字碎甲之上的黏附物进行了鉴定，这是甲骨学界第一次利用电子显微镜对卜甲上的黏附物进行的鉴定。经鉴定，卜甲之上的黏附物是棉纺织品。再者，饶宗颐于1973年考证了印度的Cinapatta与蜀布的关系，附带提到昆仑舶和古代海上丝绸之路，他指出这些卜甲之上的棉布即土卢布，相当于榜葛剌国所谓“兜罗棉”[②]。

卜甲碎片之上黏附棉纺织品的总体特征为：纺织品多黏附于卜甲碎片的正面或反面，或在碎甲的表面或其边缘，或在碎甲的齿缝上，或在齿缝的旁边，或在碎甲表面的浮土之上，有些则被浮土蒙覆，长宽不一，经纬线数相近，且多为素面平织十字纹。其中，某些无字碎甲可与有字碎甲相缀合，可知卜甲在埋藏前确实是用棉布包裹着的，我们赞同张秉权的这一观点。

由此，我们推测卜甲在埋藏之前，由棉布包裹着，经数千年的地下埋藏，棉纺织品也随着卜甲成为碎片。需要说明的是，我们不确定这些棉纺织品是否于归档、收藏环节就已经包裹在卜甲之上，故而将这个问题单独撰述于此。但是，我们可以确定的是这些卜甲在埋藏时，确实是用棉纺织品包裹着的。

再者，张秉权认为：“这些纺织品用来包裹甲骨，很可能就是当时的‘礼神之币’。也

① 张秉权：《小屯殷虚出土龟甲上所黏附的纺织品》，《“中研院”国际汉学会议论文集·历史考古组》（上册），“中研院”，1981年，第146—158页。《小屯殷虚出土龟甲上所黏附的纺织品》介绍了65片（即全部）碎甲标本之上纺织品的黏附情况，而《甲骨文与甲骨学》第二十章“甲骨上黏附的棉布”只介绍了碎甲标本1—10之上纺织品的黏附情况，第552—554页。

② 饶宗颐：《比较考古学随笔·序》，广西师范大学出版社，1991年，第3页；饶宗颐：《蜀布与Cinapatta——论早期中、印、缅之交通》，《“中研院”历史语言研究所集刊·第四十五本》（第四分册），“中研院”历史语言研究所，1974年，第561—584页。

许，后来所谓‘礼神之币’‘系币’等等习惯。”①从棉纺织品黏附于卜甲之上的基本情况看，再结合甲骨卜后的处理，我们认为这种情况应该是为了更好地保存卜后的甲骨。

除了上述安阳小屯村出土卜甲之上的棉布以外，还有福建省崇安县武夷山白岩崖洞出土的商代棉布。武夷山位于绵亘闽赣两省的武夷山脉北段，地处福建省崇安县境内。白岩崖洞墓位于武夷山西北部莲花峰西侧，属武夷公社黄柏大队太庙村，东北距崇安县城约15公里。1978年，由福建省博物馆和崇安县文化馆考查清理了白岩崖洞墓葬，发现之棉布是船棺葬中的遗物。经过鉴定，棉布是殷商时代的遗物。“纺织品残片，原为死者穿着。出土时，已腐烂炭化，仅存若干残片。经上海纺织科学研究院鉴定，有大麻、苧麻、丝、棉布（木棉）四种质料……这不仅是我省解放以来发现最早的纺织品，就是在全国范围内也是屈指可数的。特别是那一小块青色棉布，尤为珍贵，是我国目前发现最早的棉布之一。这些出土的纺织品均为平纹组织……棉布经纬密为14×14根/厘米。质量较好，系多年生灌木型木棉。”②

可知，白岩崖洞墓葬出土棉布的经纬密（经纬线）与小屯65片碎甲之上的纺织品非常相近，这也可再次佐证那些碎甲上黏附的纺织品就是棉布。

此外，某些商代的铜器和玉器上也有纺织品的遗留痕迹。1929年，殷墟小屯村发掘的18·3墓内出土了一件戈形兵器，李济指出这件戈“内尚有及显著的布纹，像是固柲用过或者是埋葬时用布包过的”③。1937年，瑞典学者西尔凡在瑞典马尔莫博物馆保存的铜觯上，发现了类似于铜钺上的斜向经线组成的斜纹，推测其为绮④。

1950年，殷墟武官大墓出土了数件铜戈，铜戈一的“援正面，保留大片布纹”，铜戈三的“援背面亦存留大片布纹”，铜戈九的背面“面存布纹，布纹粗织，目力可察”⑤。1953—1954年，中国科学院考古研究所安阳工作队在殷墟西北岗王陵区再次发掘武官大墓，此墓中又出土了带有绢帛痕迹的铜戈，“（标本289：14）用皮革类包裹后安于柲内，援尖端斜向下垂，出土时仍粘贴在一起，包裹的纤维及安柲的遗痕都非常清楚”⑥。

1973—1974年，藁城台西商代墓葬出土了许多殉葬品，不少青铜容器和武器上发现有丝织品的痕迹。“标本M85：5戈的援部，标本M85：4爵的流、腹和足部，标本M85：3觚周身、圈足和器口内，标本M38：4觚周身、圈足和器口内，标本M38：5爵周身，标本M36：2爵周身，标本M36：4斝腹部，标本M36：3觚腹部，标本M17：1戈援部，标本M17：6凿銎部，标本M23：2戈援的下刃部，标本M102：5爵的颈、流和足部等。从出土情况看，它们有的是覆盖在器物上的，有的则是缠裹于器物外的。”⑦后来，河北省博物馆、文物管理处委托上海纺

① 张秉权：《甲骨文与甲骨学》，台湾编译馆，1988年，第547—553页。

② 福建省博物馆、崇安县文化馆：《福建崇安武夷山白岩崖洞墓清理简报》，《文物》1980年第6期。

③ 李济：《俯身葬》，《安阳发掘报告》1931年第3期。

④ ［瑞典］西尔凡：《殷商的丝绸》，《远东博物馆馆刊》1937年第9期。

⑤ 郭宝钧：《一九五〇年春殷墟发掘报告》，《中国考古学报》（第五册），中国科学院，1951年，第35、38页。

⑥ 马得志、周永珍、张云鹏：《一九五三年安阳大司空村发掘报告》，《考古学报》1955年第1期。

⑦ 河北省文物研究所编：《藁城台西商代遗址》，文物出版社，1985年，第145页。

织科学研究院，对藁城台西村商代遗址发掘出土铜觚上的丝织品印痕进行了鉴定，初步判定此为蚕丝纤维[①]。

1976年，中国社会科学院考古研究所安阳工作队发掘了著名的妇好墓，有50余件青铜礼器的表面，“黏附有纺织品残片，有的是单层，有的则为多层，面积一般不超过几个平方厘米”，经初步鉴定，主要有六种：

（1）麻织物：结构较清楚的约有十例，皆为平纹组织。其密度，粗疏者为每平方厘米有经线十二、纬线十根，细密者为每平方厘米有经线二十二、纬线十二根。

（2）丝织物：以平纹绢类居多数，可辨识的有二十余例。其密度，粗疏者每平方厘米有经丝二十、纬丝十八根，组织孔隙明朗可见，可说是一种纱织物；一般中等密度的（占多数）约为每平方厘米有经丝五十、纬丝三十根左右；最细密的（极少见）为每平方厘米有经丝七十二、纬丝二十六根，经丝投影宽0.1—0.15、纬丝0.25—0.3毫米，不加拈，织物表现出经畦纹外观效果。

（3）用朱砂涂染的平纹丝（娟）织物：可辨出的有九例，多黏附在一些大、中型礼器上，其密度经测定的为每平方厘米经丝六十、纬丝二十根。这是一项较重要的发现，它为研究我国朱染工艺的应用史，提供了新资料。

（4）单经双纬（经重平组织，即后世的缣）和双经双纬（方平组织的绢稠）的平纹变化组织：前者经丝每平方厘米约32根，纬丝14对，经丝投影宽0.175—0.2、双纬投影宽0.45毫米，经丝S向加拈，每米800余个拈回；后者经丝每平方厘米18对，纬丝14对，双经投影宽约0.5、双纬投影宽约0.45毫米，经丝亦为S向加拈，每米约有800个拈回。

（5）回形纹绮也可只见到一例，附着于偶方彝口下的一侧，其花纹与这次出土的一件玉人的衣袖上的纹饰有相似之处。

（6）纱罗组织的大孔罗，共发现两例。保存较好的是在一件妇好连体甗的口下，它的分布面积相当大；另一件保存在铜小方彝盖上。前者密度为每平方厘米有经丝三十二根、纬丝十二根。经丝投影宽0.12—0.15、纬丝0.12毫米。织物形成的孔眼较大。经、纬丝都是正手（S向）加拈，每米大约有一千五百至二千个拈回。就目前所知，这是我国年代最早的纠经机织罗标本[②]。

1979年，陈娟娟在故宫博物院藏的一些商代玉戈及铜戈上发现了织物的印痕，特别是玉戈上的雷纹绮，其白色印痕虽然只是极小一块，但十分清晰，有呈S形的云雷纹和两边的斜直线[③]。

1991年，江西新干大洋洲出土青铜器的表面也发现丝织品包裹的痕迹，江西省考古研究所在清除表面的铜锈之前，请中国丝绸博物馆沈筱凤等人对其丝织品进行了分析鉴定，并选择

---

① 上海纺织科学研究院、高汉玉、王任曹等：《台西村商代遗址出土的纺织品》，《文物》1979年第6期。

② 中国社会科学院考古研究所编著：《殷墟妇好墓》，文物出版社，1980年，第17、18页。

③ 陈娟娟：《两件有丝织品花纹印痕的商代文物》，《文物》1979年第12期。

了其中部分青铜器保存其织物印痕，经分析，其中大部分织物为平纹组[①]。其中，兽面纹双层底方鼎标本XDM：13的足部有丝物包扎的痕迹；三足甗标本XDM：39器表包裹的丝织物印痕清晰；瓿标本XDM：41的肩腹外壁残留丝物包裹和编织席纹印痕；兵器短骹矛标本XDM：70出土时叶部满沾织物痕，标本XDM：71器身丝织物包扎痕明显，标本XDM：74出土时器身厚厚地包扎着已炭化的织物，标本XDM：82器表满裹炭化了的织物印痕；2件Ⅴ式长骹矛通身尚留有丝织物包裹痕迹；特短骹矛标本XDM：96出土时器身满布木质纤维、漆皮、朱红色及包扎织物的印痕；直内戈标本XDM：107出土时内部后端和援部满布炭化的包扎织物痕迹，标本XDM：109内部有织物印痕，标本XDM：126有织物痕迹；短胡戈标本XDM：106出土时全器残留炭化的包扎织物痕迹，标本XDM：105内部后端一截尚有经纬密度差异不大的织物包裹痕迹；曲内戈标本XDM：127有织物痕迹；勾戟标本XDM：133出土时器身有织物痕迹；方内钺标本XDM：333出土时表面有织物包裹印痕，标本XDM：334器表残留的织物包裹纹痕十分清晰，3件小型方内钺通身较普遍留有织物包裹痕迹；长形带穿刀的背脊有明显织物绑扎痕迹；耜标本XDM：347出土时器身包裹织物痕迹清晰[②]。

1986年，考古工作者在四川广汉三星堆遗址发现了1号坑和2号坑。三星堆遗址这些坑有"祭祀坑""埋藏坑""器物坑""祭祀埋藏坑"等称呼。2019年以来，三星堆遗址发现了3—8号坑。2020年10月，三星堆遗址祭祀区遗址开始了新一轮的考古发掘，其中一项预案就是针对丝织品设定的。2021年，郭建波、蔡秋彤撰文指出三星堆遗址祭祀区3、4、6、8号坑出土的青铜器表面都有丝绸残留物，其中"青铜眼泡、青铜尊口沿、青铜蛇、人头像等13类器型、40多件器物上发现大量具有平纹、斜编组织结构的丝绸残留物"。4号坑灰烬层的一件青铜器旁发现了麻线堆积，考古人员通过观察和分析，判定其为平纹组织结构的丝绸残留物，"这是工作人员第一次在新一轮祭祀坑考古发掘中发现有丝绸残留物"；随后，3号坑大面具耳朵旁土样、8号坑青铜残片上也找到了丝绸残留物；6号坑木匣底部土样中检测到了丝蛋白信号，佐证了其之前可能有过丝绸；8号坑的丝绸残留物附着在一件青铜残片的表面，为平纹组织结构，这是目前发现最大的一块丝绸残留物，"残片周边的土样也附着有丝绸残留物，且在其表面覆着有一层致密的淡黄色涂层"。以上这些情况在商及商以前的丝绸残留物中比较少见，此为2020年三星堆新一轮考古发掘的重大突破。郭建波、蔡秋彤指出："为三星堆祭祀形态的研究提供了新的证据……三星堆丝绸的发现与研究，成为解答这一谜团（坑的性质）和说明三星堆坑性质的实证，成为有力揭示三星堆文化神秘面纱的一个突破口，丝绸的赋存形态将有力说明三星堆文化的祭祀形态、祭祀形式。从目前发现来看，只在青铜器上发现了丝绸残留物，并且这些不同器型的青铜器没有等级划分，丝绸的品种上也没有区别，这就证实了三星堆丝绸使用其实是具有普遍性的。丝绸与青铜器、玉器、象牙一样，都是祭祀物中的一类，具有同等重

① 沈筱凤等：《江西新干大洋洲出土商代青铜器上附着丝织品的鉴定》，中国丝绸博物馆鉴定报告第1号，1992年。转引自赵丰、尚刚、龙博编著：《中国古代物质文化史·纺织》，开明出版社，2014年，第57页。

② 江西省博物馆、江西省文物考古研究所、新干县博物馆：《新干商代大墓》，文物出版社，1997年，第38、57、73、87、88、92—94、96、97、99、110、121页。

要的祭祀价值，是三星堆祭祀体系中的一个重要元素，甚至是祭祀物中的贵重物品，共同构建了三星堆的祭祀价值体系，以慰天灵。”[①]

再者，周旸撰文论述了三星堆遗址祭祀坑中丝绸的发现及其意义，她指出：“丝绸是此次（2020年）三星堆考古发掘中最激动人心的新发现之一，具有重要意义。”她从形貌、结构、成分传统的判断方法，以及敏感、特异、便捷的免疫学原理，此为基于免疫学原理的丝绸微痕检测技术，再次论证了三星堆遗址出土青铜人头像、兽面具、铜眼泡、青铜尊、青铜蛇等器物之上的残留物是丝绸，丝绸的品种有绢、绮、编织物，部分青铜器上保留有平纹织物，她还指出：

> （三星堆遗址）坑内出土的大量青铜器、象牙、玉器、金器，原本都是存在于宗庙、神庙中的祭祀用器，出于某种原因被埋藏，埋藏过程中，丝绸或被焚烧，或包覆在青铜器表面，或被掩埋……早期的丝绸来之不易，由此得到的丝绸也不会是普通的织物，丝绸的一个重要用途是祭服……早期丝绸主要是事鬼神而用之，在祭祀语境中有特殊的含义。后来丝绸也用于尸服，也就是人死了入殓时，穿着丝绸必然会利于人与上天的沟通……丝绸的发现,一定能提供更多的信息，更有利于我们理解三千年前的古蜀先民是如何表达宗教、如何思考宇宙和生死的[②]。

而后，郭建波、蔡秋彤、罗雁冰等人再次撰写专文论述了三星堆遗址二号坑出土部分青铜器表面附着的丝绸残留物，他们通过超景深显微镜、扫描电镜、红外光谱仪对9件样品进行了综合分析，判定所分析的样品是具有经纬组织的丝绸纺织残留物，进而指出：

> 从微观形态和显微红外光谱分析判断，有明显的显微组织形态和红外光谱特征峰，所分析的样品材质都是丝织物。这证实了三星堆文化时期，就已经有了丝绸的使用。从观察的两百多件青铜器上发现，在青铜尊、眼泡、铜铃、人头像、青铜蛇等13种类型、40件器物上有丝绸附着，残留物类型包括实物、矿化物、泥化物和炭化物，可以说三星堆丝绸是“大量”存在的，在青铜器上的残留是一种普遍现象……虽然丝绸残留的面积很小，但是从局部的分层堆积情况可以作出合理推测，与其他遗址或墓葬器物出土状况不同的是，三星堆的器物都是经过打砸或焚烧后埋入坑中，是一种神圣的祭祀活动。基于这种情况，丝绸与青铜器或其他器物的关系，应该是器物埋藏后，在器物上覆盖或包裹着丝绸，或是作为一种重要的祭祀物品。不论以哪种方式，丝绸与青铜器都有着千丝万缕的联系。同时，从附着丝绸的器物出土层位分析，大多集中在二号坑第③层，第②层只包括了一件。这说明了，丝绸出现的情况就是集中在二号坑第③层，是具有特殊指向性的，丝绸的出现是有一定规律的埋藏……通过对三星堆二号坑出土部分青铜器的仔细观察与样品分析，发现了丝绸残留物，实证了三星堆文化时期古蜀先民已经有了成熟的纺织工艺和技术水平。通过对青铜器表面附着丝

① 郭建波、蔡秋彤：《三星堆遗址丝绸残留物的发现及其考古学价值思考》，《中国文物报》2021年7月30日第003版。

② 周旸：《三星堆遗址祭祀坑中丝绸的发现及其意义》，《文史知识》2021年第12期。

绸残留物的发现与研究，填补了古蜀时期蜀地纺织史研究的实物空白，实证了古蜀文明、三星堆文化的辉煌，对于三星堆文化、器物坑性质、祭祀形态、器物埋藏方式的解读与纺织工艺、水平的研究都具有重要意义①。

可知，三星堆青铜器上附着的丝绸，是中国考古发掘的重大发现，此为青铜器的埋藏方式之一。

另外，考古出土某些战国时期的竹简之上，也有丝织品包裹的痕迹。1954年，长沙杨家湾六号战国墓出土的72片竹简，“色褐墨，似乎是用两条绸带编成为一册……外面用绸子包裹着，出土时因绸带腐朽，已散乱”②。陈梦家认为这是包裹简册的“书衣”③。汪桂海指出：“这批简册并非书籍，但以丝织物包裹的方式，确实与书籍外面裹以书帙的保护方式是相同的。”④

2008年，清华大学收藏了一批战国竹简，其中《筮法》简册保留着一些丝织品残迹，《筮法》“保持成卷状态的原因是原卷册缠绕有不规则的丝织品残迹：其中最外层残迹较多，推测为盛装竹简的囊橐腐烂后留下的，故漫布于卷册周围；里层则存有两条不甚规则的带状残迹，当为粘贴在册背的丝带留下的。丝织物腐朽过甚，多为泥状附着在竹简上，无法揭取。据能考察到的局部所见，里层的丝带残迹宽约四厘米，分别位于竹简的上半段及下半段中间位置，其用途当系于编绳之外，起着加固简册的作用”⑤。

总之，能够与殷墟小屯卜甲之上黏附的棉纺织品相印证的有：殷墟出土铜戈之上的布纹，藁城台西商代墓葬出土青铜容器和武器上的丝织品痕迹，妇好墓青铜礼器之上的纺织品，故宫博物院藏商代玉戈与铜戈之上的织物印痕，新干大洋洲出土青铜器表面的丝织品痕迹，三星堆遗址祭祀区出土青铜器表面的丝绸残留物，长沙杨家湾六号战国墓出土的72片竹简外面裹着的绸子，清华大学藏战国竹简《筮法》简册外层与里层的丝织品残迹，等等。诸如此类，考古出土的实物较多，上文只是略举数例。这些考古遗物之上的纺织品痕迹，都说明其在埋藏之前被纺织品包裹着。所以，我们认为以纺织品包裹卜甲、铜器、玉器、简册等，而后埋藏，皆属于器物埋藏的特殊方式。

**2. 卜骨置于灰土之上，再用灰土覆盖起来**

1971年，中国科学院考古研究所安阳工作队在小屯西地进行发掘。在探方T1第7层中发现一堆完整的牛胛骨卜骨，共21版，其中10版有刻辞。21版卜骨出土的深度为距地表2.8米，该处原为殷代南北向填满灰土的沟内，卜骨出土于紧靠沟的东壁的灰土层中，其上还叠压着四层殷代晚期的堆积层。发掘者记录：“这二十一枚卜骨重叠着堆放在一起，井然有序，骨臼大多

---

① 郭建波、蔡秋彤、罗雁冰等：《三星堆遗址二号坑出土部分青铜器表面附着丝绸残留物的发现与研究》，《四川文物》2022年第1期。

② 湖南省文物管理委员会：《长沙杨家湾M006号墓清理简报》，《文物参考资料》1954年第12期。

③ 陈梦家：《汉简缀述》，中华书局，1980年，第307页。

④ 汪桂海：《考古资料所见简帛时代书籍装具》，《文献》2021年第1期。

⑤ 清华大学出土文献研究与保护中心编：《清华大学藏战国竹简（肆）》，中西书局，2013年，第126页。

向东，只有三枚向北。叠压的情况大致分为三组：西南一组三枚，东南一组六枚，北面一组十二枚。这些卜骨不是挖坑埋藏的，因为没有发现任何坑穴的痕迹。估计它们被整齐地放在灰土上以后，又用灰土覆盖起来。”[①]刘一曼也简述了这批卜骨比较特殊的埋藏情况：“在以往殷墟的发掘中，成批大版而完整的甲骨，都是出于坑穴之中的。这21块卜骨不是挖坑埋藏，而是整齐地置于灰土之上以后，又用灰土覆盖起来的。”[②]

我们需要注意这些特殊的埋藏方式，其原因和意义都值得进一步深究。

综上所述，我们划分卜后甲骨埋藏方式的主要根据就是殷商遗址出土甲骨的基本情况。可知，殷商甲骨的埋藏方式有三：①集中埋藏。史语所在殷墟第四次发掘的E16坑、第十三次发掘的YH127坑、第十五次发掘的YH251坑和YH330坑，以及社科院考古所在小屯南地、花园庄东地、小屯村中村南等地发掘出土甲骨的基本情况，都说明了卜后甲骨集中埋藏的事实。②分类储存，而后埋藏。无字甲骨的两种埋藏方式、字甲单出或字骨单出、卜甲和卜骨异地而藏、花东甲骨以占卜内容归类存放等现象，说明了卜后甲骨分类储存，而后埋藏的事实。③特殊的埋藏方式。殷人埋藏甲骨还有特殊的方式，如某些卜甲用棉纺织品包裹后再行埋藏，再如小屯西地发掘出土的卜骨，被置于灰土之上，再用灰土覆盖起来。这些埋藏方式都说明，殷人埋藏卜后甲骨的方式不尽相同。

## 第三节　处理原因

商代甲骨卜后的处理方式主要为直接废弃、归档、收藏、刮削、埋藏等，这几种处理方式背后的原因值得探究。结合相关材料，我们认为殷人处理卜后甲骨的原因有二：一，宗教信仰；二，政治目的。

### 一、宗教信仰

原始宗教信仰范畴中的前兆迷信是占卜的起源[③]，殷人将龟甲和兽骨作为占卜工具，以此与鬼神沟通交流，预测未来的吉凶祸福。殷人崇拜上帝、祖先、自然神等，经常利用甲骨进行占卜，从而预测吉凶、是否。占卜之后，殷人就需要处理卜后的甲骨。殷人处理卜后甲骨的最终方式是埋藏，如集中埋藏或分类储存而后埋藏，就是受到了宗教信仰的影响。此处，我们以殷人集中埋藏卜后甲骨为例，说明其埋藏卜后甲骨的原因。殷人集中埋藏卜后甲骨的原因有三：首先，为了避免卜后甲骨被亵渎；其次，殷人尊崇鬼神；最后，殷人崇拜神秘的大地；分别论述如下。

① 郭沫若：《安阳新出土的牛胛骨及其刻辞》，《考古》1972年第2期。

② 刘一曼：《殷墟考古与甲骨学研究》，云南人民出版社，2019年，第47、48页。

③ 宋镇豪：《殷墟甲骨占卜程式的追索》，《文物》2000年第4期。

### （一）为了避免卜后甲骨被亵渎而埋藏

《礼记·曲礼》记载："祭服敝则焚之，祭器敝则埋之，龟筴敝则埋之，牲死则埋之。"注曰："此皆不欲人亵之也。焚之，必已不用。埋之，不知鬼神之所为。"[①]这段史料是说：祭祀用的衣服破旧之后要焚烧，祭祀用的器物破损之后要掩埋，龟甲蓍草损坏之后要掩埋，祭祀杀死的牲要掩埋。可知，掩埋祭祀、占卜之物的原因是为了不被生人所亵渎。焚烧，是为了以后不被所用。如果不进行焚烧掩埋，人用了祭祀给鬼神的东西，会亵渎鬼神。因此，祭祀过后的衣服要焚烧，祭祀鬼神而用的牲和器物也要掩埋，以免亵渎鬼神。

通过以上记载可知，殷人对鬼神的态度无比尊崇，并且商代甲骨占卜活动是非常神圣的。故殷人为表达对鬼神的崇敬，以及避免对甲骨的亵渎，占卜之后的甲骨由卜官专门挖坑，集中埋藏。

殷人埋藏卜后甲骨还可以从民族学资料中得到印证，如凉山彝族和纳西族对卜骨的处理。凉山彝族对卜后卜骨的处理方式为一般放在屋外墙边，忌讳放在屋内，其中有特别灵验的卜骨会保存下来；纳西族对卜后卜骨的处理方式为集中起来埋在山脚下或烧掉。凉山彝族对卜后特别灵验的甲骨会保存下来，而不是随意丢弃。另外，云南纳西族对卜后甲骨的处理方式与商代卜后甲骨的处理方式比较相似，云南纳西族一般需要把占卜之后的甲骨进行埋藏或者焚烧[②]。焚烧应属于纳西族自己对甲骨处理的另外一种特殊方式，殷人对甲骨的处理中并未出现焚烧现象，这一现象值得注意。随着考古发掘的不断发展，或许有新的考古资料会出现，来证明商代甲骨的处理或许也有焚烧处理方式。

凉山彝族占卜后的卜骨或许代表了某种忌讳，卜骨卜后都放置在屋子外面，其中可以与未用之骨放在一起，其中保存灵验的卜骨较为少见，表明这一处理方式较为特殊。而纳西族对卜后卜骨的处理方式，其原因是若随意丢弃卜用后的卜骨，会导致祸事发生或者占卜不灵验。这说明纳西族对卜后卜骨的处理是为了避免亵渎卜用卜骨，所以集中埋藏或者焚烧处理。

从中国西南少数民族中流行的羊胛骨占卜习俗来看，与殷墟甲骨占卜习俗极为相似，如上述纳西族对卜用后卜骨进行集中埋放，所以少数民族对卜用后卜骨的某些处理方法对我们研究商代卜后甲骨的处理有一定的借鉴意义。

### （二）殷人尊崇鬼神

《礼记·曲礼》记载："龟为卜，筴为筮。卜、筮者，先圣王之所以使民信时日，敬鬼神，畏法令也。"《表记》记载："夏道尊命，事鬼敬神而远之，近人而忠焉……殷人尊神，

---

① （清）孙希旦撰，沈啸寰、王星贤点校：《礼记集解》，中华书局，1989年，第88、89页。

② 汪宁生：《彝族和纳西族的羊骨卜——再论古代甲骨占卜习俗》，《文物与考古论集》，文物出版社，1986年，第145—151页。

率民以事神。先鬼而后礼，先罚而后赏，尊而不亲……周人尊礼尚施，事鬼敬神而远之，近人而忠焉。"[①]上述记载表达了夏、商、周的治国之道，夏的治国之道为"尊命"，商的治国之道为"尊神"，周的治国之道为"尊礼尚施"。从三种不同的治国之道中，我们得知三代的对待鬼神的态度，夏代的治国之道首先为"尊命"，其次是"事鬼敬神"；而商代的治国之道直接为"尊神"；周代则先是"尊礼尚施"，然后再是"事鬼敬神"。

原始宗教迷信在经过长期的发展，至夏代时，先民对神灵的崇拜和恐惧达到了相当的程度。先民对神灵的崇拜和恐惧，乃是天命神权宗教世界观赖以产生和发展的最广泛的基础。龟卜是沟通天人关系、体现天命神权观念的重要方式。在夏代，体现夏代统治阶级天命神权宗教世界观的重要方式是龟卜。因此，垄断龟甲占卜权，就意味着垄断神权。

商王朝的治国之道便是如传世文献所载"尊神"。所谓天命神权，是说天帝祖先将永保"天命"。在形式上，表现为对神权的垄断。"家天下"的宗法血缘制度，必然要建立一种令人尊敬且敬畏的宗教世界观，这是天命神权。

商汤灭夏后，宗教神权得到了前所未有的发展，神权成为支配统治阶级意识的工具。商代的宗教迷信可称为巫教，"巫"在商代宗教迷信中占有重要地位。商代的宗教信仰主要表现在以下三个方面：一，殷人对神灵的绝对崇拜；二，巫是政教合一的代表人物；三，巫教盛行的重要体现是甲骨占卜的泛滥；

殷人对鬼神的态度是最为尊崇，基于这种"尊神"的态度，殷人在甲骨占卜之后，为了表达对鬼神的崇敬，要埋藏甲骨。

### （三）殷人崇拜神秘的大地

在殷人的观念里面，地祇是非常神秘的，以地通神也是殷人掩埋卜后甲骨的原因之一。张国硕也提出商代已卜用甲骨最终被挖坑掩埋的主要原因是尊神和以地通神[②]。

商代甲骨占卜过后，最终选择挖坑集中掩埋甲骨的原因就是以地通神，这可以从以下三个证据得到印证：其一，殷墟第十三次发掘的YH127坑，此坑甲骨在被发掘之前未经过扰动，甲骨层层叠叠的堆放在一起，此坑应是商代"有意存储"甲骨的窖穴，且在此坑中发现一具人骨，应为甲骨的处理卜官，分管这批甲骨的人。此坑是占卜后甲骨的最终埋藏地点，其埋藏的原因可能受"黄泉思想"的影响，让管理甲骨的卜官作黄泉路上的引路人，从而达到以地通神的目的。

其二，殷人的先公先王、先祖先妣死后皆被深埋于地下。所以，殷人认为大地之下深埋着先祖的神灵。因此，把占卜后刻有卜辞的甲骨埋藏于地下，有利于商代祖先的神灵庇佑商王的统治。

其三，我国古代祭地存在的"瘞埋"之法，也可以为商代卜后甲骨集中埋藏提供旁证。

---

① （清）孙希旦撰，沈啸寰、王星贤点校：《礼记集解》，中华书局，1989年，第94、1309、1310页。

② 张国硕：《试论殷人对甲骨的处置方式》，《殷都学刊》2003年第2期。

《礼记·郊特牲》孔颖达疏云："地示在下，非瘗埋不足以达之。"又《祭法》载"瘗埋于泰圻，祭地也。"孔颖达疏云："瘗埋于泰圻者，谓瘗缯埋牲，祭地祇于北郊也。"[①]

与埋藏甲骨相似的是埋藏盟书的行为。"举行盟誓时，面对祖先、山川神灵宣誓，并用汉字将誓言记录下来，这样的文本叫做'盟书'，乃盟辞的文书化形式。"[②]春秋时期，盟誓行为达到顶峰，如在山西省侯马晋国故城遗址发现的侯马盟书，在河南省温县东周盟誓遗址发现的盟书[③]。除以上遗址外，其他地方也发现有许多春秋时期的盟书。诸侯举行盟誓之后，要把写有盟誓辞的盟书藏埋于地下或者沉于河中。埋藏于地下的盟书，其目的就是为了取信鬼神。盟书埋藏与甲骨卜后埋藏的性质和目的基本一致，这可以为商代甲骨卜后集中埋藏提供旁证。

## 二、政治目的

随着商代王权政治的不断加强，甲骨占卜的制度也在不断完善[④]。同时，甲骨占卜的制度化也增强了商王王权与神权的影响力，进一步促使商王利用甲骨占卜维护王朝的统治，这就是甲骨占卜的政治目的。甲骨占卜的政治目的，体现于甲骨卜辞以及卜后甲骨的处理。

首先，在甲骨卜辞中经常出现有"习某卜""用某卜""贞某卜"的卜辞，如：

（1）习兹卜，王其𢦏，戍申。　《合集》31667

（2）习一卜　《合集》31671

（3）习二卜　《合集》31672

（4）己☒习二卜。习三卜。习四卜。　《合集》31674

（5）田于宕，用兹卜。　《合集》29256

（6）其用三卜。　《合集》31677

（7）戊子卜，用六卜。　《合集》22046

（8）甲寅卜，贞：三卜用，血三羊，𣪘伐二十，鬯三十，牢三十，㞋三多于妣庚。　《合集》22231

以上卜辞中，（1）—（4）"习某卜"的卜辞，为习卜制；（5）—（8）"用某卜"的卜辞，为选卜制。这是商王在甲骨占卜的时候，为了从占卜的结果中选出一次最符合自己意愿的结果，而占卜多次，选出最佳的占卜结果，从而达到维护商代王权的政治目的。

以上所说的占卜制度都表明了商王为了达到神权为王权服务的目的，占据了占卜权力。那么，商王在占卜过程中，为了维护王权有意选取代表自己意愿的占卜结果。受到这种思想影响，卜后甲骨归档、收藏也可能是有待于商王等到自己理想的占卜结果，然后将验辞补刻于甲

① （清）孙希旦撰，沈啸寰、王星贤点校：《礼记集解》，中华书局，1989年，第689、1194页。

② 吕静：《春秋时期盟誓研究——神灵崇拜下的社会秩序再构建》，上海古籍出版社，2007年，第187页。

③ 山西省文物工作委员会编：《侯马盟书》，文物出版社，1976年；河南省文物研究所：《河南温县东周盟誓遗址一号坎发掘简报》，《文物》1983年第3期。

④ 宋镇豪：《再论殷商王朝甲骨占卜制度》，《中国历史博物馆馆刊》1999年第1期。

骨之上。此外，所有刻有占卜结果的甲骨势必在商王的授意下而集中埋藏。

其次，商代早期、中期的卜后甲骨，多为直接废弃，主要原因就是当时的甲骨并未契刻卜辞，这就影响不了王权的政治，其处理较为随意。商代晚期，占卜后的甲骨多刻有卜辞。商王集王权与神权于一身，处理卜后甲骨的方式为归档收藏、集中埋藏、分类储存而后埋藏和特殊的埋藏方式，这就是卜后甲骨处理的政治目的。而集中埋藏的甲骨，最能体现商王于甲骨处理的政治目的。

再如，甲骨的刮削。如花园庄东的甲骨刮削现象，花东卜辞是非王卜辞，子家族与商王有密切的关系。花东龟甲卜辞被刮削的原因或许是触及到商王的利益，事关王权与神权，于是，花东子家族考虑到政治因素，将花东龟甲卜辞刮去。这也是朱歧祥、章秀霞等人关于花东甲骨刮削的基本观点。

总之，商代甲骨卜后的处理方式，如直接废弃、归档、收藏、刮削、埋藏等，都蕴含了一定的宗教和政治因素。特别是集中埋藏卜后甲骨，蕴含了当时的宗教信仰，即殷人为了避免亵渎卜后甲骨、尊崇鬼神、崇拜神秘的大地等而集中埋藏甲骨。卜后甲骨处理的几种方式集中体现了殷商王朝的王权与神权，此即甲骨处理的政治目的。

## 小　　结

本章围绕商代卜后甲骨的处理进行了分析、论述，观点如下：

一，商王朝已经设置专门的处理卜官，其职责是将卜后甲骨归档、收藏、钻孔、编册、运输、埋藏等。

二，卜后甲骨的处理方式有四种：

（1）直接废弃。这是商代早期、中期卜后甲骨主要的处理方式，如偃师、郑州商代早期遗址，济南大辛庄商代早期、中期、晚期遗址，河北邢台、藁城台西商代遗址等，卜后甲骨多是直接废弃。

（2）归档、收藏。鉴于某些原因，需要将某些甲骨归档、收藏于“龟室”，这也有一定的意义。

（3）甲骨刮削。考古发掘出土的殷商甲骨存在刮削的特殊现象。殷墟YH127坑和小屯南地甲骨刮削是为了习刻之需或重刻卜辞，而花东龟甲刮削的情况比较复杂，这或许与花东甲骨占卜制度有关。

（4）埋藏。埋藏又可分为：①集中埋藏，如史语所在殷墟第三次发掘的大连坑、第四次发掘的E16坑、第十三次发掘的YH127坑、第十五次发掘的YH251坑和YH330坑，以及社科院考古所在小屯南地、花园庄东地、小屯村中村南等地的发掘，这些坑层集中出土的甲骨都说明卜后甲骨集中埋藏的实际情况。②分类储存、而后埋藏，如无字甲骨的埋藏方式、字甲或字骨单独埋藏、“甲骨异地而藏”、花园庄东地甲骨以内容和材质归类存放。③特殊的埋藏方式，如某些卜甲被棉纺织品包裹后埋藏，再如屯西卜骨置于灰土之上，再用灰土覆盖起来。

三，殷人对卜后甲骨处理的原因有二：宗教信仰、政治目的。其中，埋藏甲骨体现了殷人的宗教信仰，为了避免亵渎卜后甲骨而埋藏、殷人尊崇鬼神、殷人崇拜神秘的大地等。处理卜后甲骨的政治目的，则是商王为了王朝统治，同时操控神权与王权。

# 第九章　卜法制度

商代卜法制度一直是甲骨学研究的重点。广义的甲骨卜法制度包括从甲骨的选材到卜后处理的占卜流程，狭义的卜法制度只是指在具体占卜环节的卜问之法及其相关问题。因此，我们在第二章至第八章从宏观的角度论述了甲骨的选材、攻治、钻凿、烧灼、卜兆、刻辞、卜后的处理等问题。然而，从微观角度而言，卜法制度才是甲骨占卜需要研究的主要内容。

以下，我们将在前贤研究的基础之上，论述商代甲骨卜法制度，其中涉及占卜机构、卜官制度、卜法等问题及其相关内容。

## 第一节　占卜机构

《尚书·洪范》记载："七，稽疑。择建立卜筮人。乃命卜筮，曰雨，曰霁，曰蒙，曰驿，曰克，曰贞，曰悔，凡七。卜五，占用二，衍忒。"[①]这是西周箕子将建立占卜机构纳入国政方针的谏言。从传世文献和出土资料推测，商王朝已经设置了甲骨占卜机构。占卜机构的内部职官众多，各司其职，共同负责商王朝的占卜事务。

商代甲骨占卜流程相当复杂且完整，环环相扣，占卜制度非常完善。商代甲骨刻辞只记录了甲骨的来源、贞人、卜人、占人、事宜等信息，因此，对于甲骨占卜机构的构成人员、组织分工等，我们只得借助《周礼》《仪礼》等传世文献来辨析。

《周礼》所载占卜职官及其负责事宜，正好是一个完整的占卜流程。前文已经多有述及，此处再对职官及其职掌做一总结，其分工如下表所示（表9-1）。

**表9-1　《周礼》所载的占卜职官及其职掌**

| 职官 | 职掌 | |
|---|---|---|
| 龟人 | "掌六龟之属" | 取龟、攻龟 |
| 菙氏 | "以明火爇契爇燋，遂吹其焌契" | 掌共燋契 |
| 卜师 | "掌开龟之四兆" | 作龟 |
| 大卜 | "掌三兆之法" | 作龟、命龟 |
| 占人 | "占坼" | 占龟 |

① （清）孙星衍撰，陈抗、盛冬铃点校：《尚书今古文注疏》，中华书局，1986年，第310、311页。

《仪礼·士丧礼》中的占卜过程则是：

> 卜人先奠龟于西塾上，南首，有席。楚焞置于燋，在龟东。族长莅卜，及宗人，吉服立于门西，东面南上。占者三人在其南，北上。卜人及执燋、席者在塾西……宗人告事具……莅卜即位于门东，西面。卜人抱龟燋，先奠龟，西首，燋在北。宗人受卜人龟，示高。莅卜受视，反之。宗人还，少退，受命……许诺，不述命，还即席，西面坐，命龟，兴，授卜人龟，负东扉。卜人坐，作龟，兴。宗人受龟，示涖卜。涖卜受视，反之。宗人退，东面。乃旅占。卒，不释龟，告于涖卜与主人："占曰：某日从"。授卜人龟。告于主妇，主妇哭。告于异爵者。使人告于众宾。卜人彻龟，宗人告事毕。主人绖，人，哭，如筮宅。宾出，拜送，卜宅如初仪①。

此为《士丧礼》所载龟甲占卜的过程，占卜机构的组成及其占卜人员的职能分工如下表所示（表9-2）。

**表9-2　《士丧礼》所载的占卜职官及其职掌**

| 职官 | 职掌 |
|---|---|
| 卜人 | 奠龟、执燋 |
| 宗人 | 告事 |
| 卜人 | 示高 |
| 莅卜 | 受视 |
| 宗人 | 受命 |
| 卜人 | 作龟 |
| 宗人 | 示涖卜 |
| 涖卜 | 受视 |
| 宗人 | 旅占 |
| 卜人 | 授龟 |
| 卜人 | 彻龟 |
| 宗人 | 告事 |

商代甲骨占卜机构的设置及其运作情况，很难从传世文献中进行详细的考证。殷墟甲骨出土后，我们逐渐揭开甲骨占卜之谜。《周礼》《仪礼》《尚书·洪范》《史记·龟策列传》《白虎通义·蓍龟篇》《论衡·卜筮篇》《太白阴经·龟卜篇》《龟经》《玉灵照胆经》《玉灵聚义》《卜法详考》《龟卜玉灵经》《玉灵聚义通》等文献，记载了甲骨占卜之法，殷墟出土的甲骨补正了这些传世文献的记载。文献所载的甲骨卜法皆环环相扣，因此必定有与之对应的占卜机构。

① （汉）郑玄注，（唐）贾公彦疏，彭林整理，王文锦审定：《仪礼注疏》，北京大学出版社，1999年，第717—720页。

1929年，史语所在安阳殷墟进行第三次发掘，著名的“大连坑”出土了“大龟四版”。董作宾对“大龟四版”进行了研究，第一次发现了占卜机构及其职官的存在①。后来，董作宾推测当时就已经设置了“太卜府”②。可以说，董作宾是从地下出土实物入手，发现商代甲骨占卜机构的第一人。后来，众多学者在董作宾研究的基础之上，试图推论商王朝的占卜机构。

从传世文献与出土实物看，甲骨占卜之事郑重而繁琐，并非一人所能完成。陈梦家就认为：“（殷人）而卜事是分工的，并非由一人包揽。”而后，陈梦家根据《周礼》所载掌管卜事的诸职，指出以下职官在占卜过程中的分工：

龟人　取龟、攻龟（即杀龟，锯、削、刮、磨当亦属之）。

菙氏　掌共焌契（即准备所以灼的燃料）。

卜师　作龟（即扬火以灼龟，钻、凿之事当亦属之）。

大卜　作龟、命龟（即告龟以所卜之事）。

占人　占龟（即视兆坼以定吉凶），系币（即书其命龟之事及兆于策而系之于龟）。

以上是陈梦家所论《周礼》记载的甲骨占卜流程、人员分工等。陈梦家进而指出：“这个程序和殷人实际的卜事程序，或者相距不远。兹据小屯甲骨本身的现象以及有关卜事的刻辞，述其次序如下”：

（1）入龟　龟甲上卜事刻辞记“某入若干”。

（2）整治　甲骨俱有锯、削、刮、磨之迹。

（3）钻凿　卜事刻辞“某示若干”。

（4）命龟　卜辞记命龟之辞。

（5）灼龟　甲骨有灼痕，有兆。

（6）占龟　卜辞有占辞。

（7）刻辞　先刻命辞，占辞，兆序，兆记，后刻验辞，武丁卜辞有涂朱涂墨者。

（8）入档　甲尾刻辞“某入”“某来”或即此③。

可知，“虽然《周礼》一书所记多托周制，但商代占卜之制与此确有不少相近之处”④。所以，我们据《周礼》所载，可以窥探商代甲骨占卜机构之概貌。

可以说，商代“龟卜泛滥，使得占卜机构极为庞大，这突出地表现为卜官种类之繁，卜官人数之多”⑤。职官依据甲骨占卜所需而设置，主要分为选材、攻治、钻凿、烧灼、书契、卜后管理及处理等职官，这些职官组建了商王朝的占卜机构。占卜职官及其职能，大致如前贤所论。但是，占卜职官的具体数量，就难以准确考证了。

占卜职官密切配合，才能完成甲骨占卜之事，徐义华说：“商代的占卜是个复杂的过程，

---

① 董作宾：《大龟四版考释》，《安阳发掘报告》1931年第3期。

② 董作宾：《安阳侯家庄出土之甲骨文字》，《中国考古学报》（第一册），商务印书馆，1936年，第111、112页。

③ 陈梦家：《殷虚卜辞综述》，中华书局，1988年，第16、17页。

④ 王宇信：《甲骨学通论》，中国社会科学出版社，1999年，第118页。

⑤ 刘玉建：《中国古代龟卜文化》，广西师范大学出版社，1992年，第103页。

狭义的占卜过程包括命龟、作龟、占龟等步骤，占龟等步骤，广义的占卜过程则包括占卜、占卜的取龟、攻龟、衅龟、甲骨保存以及卜后契刻、卜骨保存和处理等。不论狭义占卜或广义占卜，都是个人难以独自承担的，必须有一个合作的群体才能顺利完成占卜”。徐义华还对商代甲骨占卜机构的运转作了简要论述：

> 以商代占卜的频繁和所占卜事类的繁杂，一个占卜机关难以胜任，于是商王朝建立了数个占卜机关，这些占卜机关负责王朝或贵族家族的事务，其人员和占卜材料，是由商王朝统一调配的，占卜人员也像国家工作人员一样，可以调动，在各个占卜机关中任职。从卜辞和贞人看，一版甲骨可以记载多种事项，一位贞人也可以卜问多种事项，所以当时的占卜机关并没有按事类分工，其分工很可能是按区域，各机关为自己所在的区域的商代贵族服务。各种不同形式卜辞的产生也可能即缘于此①。

总之，从地下出土甲骨实物看，传世文献所载应该符合商王朝甲骨占卜机构的实际情况。殷商确实存在庞大的占卜机构，机构内部的职官专门负责占卜事宜，具体则是占卜流程的各个环节和各项事务。占卜职官各守其职，互相配合。单就甲骨的占卜流程而言，就有取材、攻治、钻凿、烧灼、视兆、书契、管理、处理等职官，占卜环节众多、事务繁琐。商王朝建立庞大且完善的占卜机构，设置各司其职的职官，如此才能保证每次占卜的有效进行。可能正如董作宾所说，殷商已经设置了“太卜府”，占卜职官皆任职于此。再者，西汉到北宋，历代王朝大都设置了占卜机构，如西汉有太卜令，东汉有太史令，隋唐宋有太卜署。可知，这些占卜机构，继承与发展了商周王朝的甲骨占卜机构。

## 第二节　卜官制度

卜官制度属于商代官僚制度的研究范畴，也是占卜制度需要研究的重要内容。正如上文所引徐义华之言，他将占卜过程分为广义和狭义，广义的占卜过程自然需从甲骨的取用制度开始论述，而狭义的占卜指的仅仅是在具体的甲骨占卜过程中的事宜。因此，狭义的卜官主要包括卜人、贞人、占人、卜辞的契刻职官、卜后的管理和处理职官等，其职能不同，这些职官组成了完善的卜官制度。

在本书的第七章和第八章，我们已然论述了卜辞的契刻职官、卜后的管理和处理职官等。此处，我们仅就狭义的卜官制度展开论述，首先区分卜人、贞人、占人，论述其不同职责，然后简述其世袭制。

---

① 徐义华：《商代的占卜权》，《商承祚教授百年诞辰纪念文集》，文物出版社，2003年，第253—255页。

# 一、卜人、贞人、占人及其职责

学者在研究甲骨占卜制度之时，已经注意区分卜人、贞人、占人及其不同的职责。陈梦家就曾指出："殷代卜史之职，全为男子所任"，"大卜、龟人、占人、筮人为占卜之官"①。张秉权认为："贞人只是一些代替国王发言的人，有崇高的政治地位，而不必一定需要具备卜事的特殊技能，自然其中也有些人，也可能具有这些技能的"；"贞人既然只管问事，那么灼兆之事，自该有司烜氏、菙氏、卜师之类的专人掌管"②。

所以，甲骨卜辞中的"卜""贞""占"字之义不同③。以下，我们首先结合传世文献所载和甲骨卜辞所记，区分卜人、贞人、占人，进而论述三者在具体占卜过程中的不同职能。

## （一）卜人

《周礼·春官·大卜》载大卜之职："大卜掌三兆之法，一曰玉兆，二曰瓦兆，三曰原兆……掌三易之法，一曰连山，二曰归藏，三曰周易……掌三梦之法，一曰致梦，二曰觭梦，三曰咸陟……以邦事作龟之八命，一曰征，二曰象，三曰與，四曰谋，五曰果，六曰至，七曰雨，八曰瘳……"《卜师》载："卜师掌开龟之四兆，一曰方兆，二曰功兆，三曰義兆，四曰弓兆。扬火以作龟，致其墨。"④此为西周大卜、卜师及其职掌，大卜"掌三兆之法""掌三易之法""掌三梦之法""以邦事作龟之八命"，卜师"掌开龟之四兆""扬火以作龟"。《周礼》所载的大卜、卜师就是"卜人"。

有些学者将卜人与贞人混淆，不加区分。王宇信、徐义华认为商代占卜职官是宗教文化职官之一，分为职掌龟卜的贞人，或称卜人；职掌筮占的筮人；利用其他手段或现象进行预测的巫人⑤。刘桓指出："大史在祭祀中担任的另一项职责是占卜……有文化的史官与卜人常在一起，故学会占卜当非难事，大史有时亦为商王占卜也在情理之中。"⑥可知，在王宇信、徐义华、刘桓等人看来，商代贞人，也即卜人。

商代甲骨卜辞中，有直言"某卜"之例者，如：

丙申，王寻固光。卜曰：不吉，㞢希，兹乎来。　　《合集》94

---

① 陈梦家：《商代的神话与巫术》，《燕京学报》1936年第20期。

② 张秉权：《甲骨文与甲骨学》，台湾编译馆，1988年，第53、67页。

③ 陈梦家：《殷虚卜辞综述》，中华书局，1988年，第86页；张玉金：《甲骨卜辞语法研究》，广东高等教育出版社，2002年，第87、88页；张世超：《殷墟花园庄东地甲骨字迹与相关问题》，《古文字研究》（第26辑），中华书局，2006 年，第41页；饶宗颐：《殷代贞卜人物通考》，中华书局，2015年，第18—24页；巫称喜：《殷商文化传播史稿》，暨南大学出版社，2015年，第4—7页。

④ （清）孙诒让撰，王文锦、陈玉霞点校：《周礼正义》，中华书局，1987年，第1924—1935、1946、1947页。

⑤ 王宇信、徐义华：《商代国家与社会》，中国社会科学出版社，2011年，第474—477页。

⑥ 刘桓：《殷代史官及其相关问题》，《甲骨征史》，黑龙江教育出版社，2002年，第264页。

辛未，余卜，贞：我㞢史，入商。 《合集》21595

丁亥，子卜，贞：人归。 《合集》21657

辛未，王卜，曰：余告多君曰，般卜又祟。 《合集》24135

卜辞所记卜人之名较少，有以上所列光、余、子、王、般等，还有未列之卜人，如𦎫等[①]。除此之外，商王也可以亲自卜问，“王卜”就是“商王亲自占卜”[②]。

## （二）贞人

贞人，即甲骨卜辞中“卜”与“贞”之间的字。最初，甲骨卜辞中“卜”与“贞”之间的这些字难以确知其所指，直至董作宾“贞人说”的创立。董作宾首先提出“贞人说”，认为甲骨卜辞“卜”字之下、“贞”字之上为人名，据此提出“因贞人以定时代”的方法[③]。董作宾“贞人说”创立之后，还有学者称其为卜人，如刘玉建就认为这类卜官的职责是命龟，将其称为命龟卜官[④]。

贞人是非常重要的占卜人员，“（商代）卜辞中的贞人，就是专为商王及贵族占卜的人物。这种人物也就是上古的史官……这些人平时侍从王侧，取得商王之信任。遇重要国事，大半都得取决于他们的占卜和解释”[⑤]。这些贞人，组成了“贞人集团”，服务于殷商王朝，负责甲骨占卜的相关事宜。

然而，甲骨卜辞中贞人的数量还不明确。董作宾在《甲骨文断代研究例》中，正式提出以贞人作为甲骨断代的标准之一，首创“贞人集团”：“如果我们把同在一版上的贞人，联络起来，他们就可以成为一个团体”，并将贞人分为武丁时期的贞人集团、第二期的贞人集团、第三期的贞人集团，共统计出26位贞人[⑥]。郭沫若曾评价董作宾“贞人说”：“董氏之创见，其最主要者仍当推数‘贞人’。其他均由此所追溯或派演而出。氏由贞人之同见于一片及辞中之称谓或坑位等，得以判定多数贞人之时代。”[⑦]郭沫若之言恰如其分，“贞人说”确实为甲骨断代研究提供了全新的标准。后来，董作宾又对《甲骨文断代研究例》中的“贞人”部分作了修整、补充，“现在把五期贞人各举其例，加以补充并说明”，统计的贞人达到了70位[⑧]。

陈梦家基于董作宾的“贞人集团”，提出建立“卜人组”，基本原则是：

---

① 饶宗颐：《殷代贞卜人物通考》，中华书局，2015年，第22—24页。

② 孟世凯：《甲骨学辞典》，上海人民出版社，2009年，第107页。

③ 董作宾：《大龟四版考释》，《安阳发掘报告》1931年第3期。

④ 刘玉建：《中国古代龟卜文化》，广西师范大学出版社，1992年，第109页。

⑤ 王玉哲：《中国上古史纲》，上海人民出版社，1959年，第89页。

⑥ 董作宾：《甲骨文断代研究例》，《庆祝蔡元培先生六十五岁论文集》，国立中央研究院历史语言研究所，1933年，第344—350页。

⑦ 郭沫若：《卜辞通纂》，科学出版社，1983年，第19页。

⑧ 董作宾：《甲骨学六十年》，艺文印书馆，1965年，第79—86页。

> 所谓同组卜人者，是指某些卜人在两种情形之下一同出现乃可定其为同时代的人：一是同版卜人，即同一甲或骨之上有若干条卜辞在不同卜辞内有几个不同的卜人名，此诸人是同时代的；二是并卜卜人，即在同一版同一卜辞内两个卜人同卜一件事，这样的例子不很多。另有一种“异卜同辞”的情形，即是在不同版上不同的卜人在同一日同卜一事，可推定此诸卜人乃属于同时代的，这样的例子也不多。由以上各法组成了某些组卜人，汇合某一组卜人见于不同版称谓便成为某组卜人的称谓系统，由此系统可决定其时代。但有些卜人，与任何一组都没有联系……

以上是陈梦家建立“卜人组”的基本原则，他进而考证出了120位贞人[①]。“卜人组”的断代方法比“贞人集团”更加系统，更便于甲骨的分期断代。

董作宾、陈梦家统计的贞人数量，由少至多，逐渐增加，得益于科学考古发掘出土的甲骨及其著录书籍的出版。

岛邦男认为第一期（武丁时期）有36位贞人、第二期（祖乙、祖庚、祖甲时期）有24位贞人、第三期（康丁时期）有24位贞人、第四期（武乙时期5位贞人、文武丁时期19贞人）有24位贞人、第五期（帝乙时期2位贞人、帝辛时期5位贞人）有7位贞人，共计115位[②]。当然，岛邦男所统计的贞人数量，限于其在日本所见、能够搜集到的甲骨著录资料。饶宗颐对甲骨卜辞中的贞卜人物作了详尽的梳理，共计142位[③]。

殷商五期甲骨卜辞中的贞人数量，各有不同。据王宇信、杨升南统计从武丁时期到帝辛时的甲骨文中，担任贞卜之人达100余位，“其中武丁及其以前的为最多，有约70位以上，祖庚祖甲时次之，有22位，康丁时18位，武乙文丁时1位，最少，帝乙帝辛时6位。由于甲骨文的分期有不同的见解，各期的贞人数也就不同”[④]。

总之，学界统计卜辞贞人的数量，大都限于当时所见的甲骨著录材料、各自的研究方法、区分贞人标准等。随着考古发掘的进展，甲骨出土数量不断增加，贞人的数量或许会随之增加。但是，可以确定的是，殷商甲骨卜辞的贞人之数总体在100位以上（其中包括“异代同名”的贞人），五期甲骨卜辞所记贞人之数多少不一。正如王宇信所说：“如此等等，以上仅是我们所列举的应掌握的各期基本贞人而已。中外学者整理全部甲骨文材料得知，目前共出现贞人一百二十八名左右。”[⑤]

随着新资料的发现，甲骨贞人的研究逐渐细化，如韩江苏对花东卜辞所见的贞人作了统计，她指出殷墟花园庄东地H3坑甲骨卜辞所见的贞人有36位，可以分为三种情况：一，直接参与占卜贞问的有21人；二，仅参与占卜的有2人；三，为王室贞人、却出现在H3卜辞中有

---

① 陈梦家：《殷虚卜辞综述》，中华书局，1988年，第173、174、202页。
② 〔日〕岛邦男著，濮茅左、顾伟良译：《殷墟卜辞研究》，上海古籍出版社，2006年，第5—58页。
③ 饶宗颐：《殷代贞卜人物通考》，中华书局，2015年。
④ 王宇信、杨升南主编：《甲骨学一百年》，社会科学文献出版社，1999年，第460页。
⑤ 王宇信：《甲骨学通论》，中国社会科学出版社，1999年，第169页。

13位[①]。

贞人从何而来，其政治地位如何？也是贞人研究的重要问题之一。晁福林指出：“殷王朝是以子姓为核心的许多部族的联合体，贞人则是诸部族势力在王朝中的代表之一……贞人集团中，属于已经与商融合的部族的贞人是少数，多数贞人仍属于那些尚未与商融合却又臣属于殷的部族。在卜辞中有不少贞人名同时又是地名、部族名。”[②]

伊藤道治认为：

> 因而殷强大之后，归其支配的小国，贞人仍位于其国家的中枢。这个贞人具有判定小国内的人们行动善否的能力，就是说可称之为咒术师，殷从被征服的国家，把这些贞人叫到殷都，由此而使殷王室有关占卜方面也具备了优越于其他国家的能力，进而可能是想在精神上也支配当时的世界。在第一期标准卜辞即王朝卜辞里，占卜的判定者只限于王，而且王也以贞人的身份出现。这表明殷王在贞人集团中是具有最卓越的能力的贞人。如果认为贞人具有如上的性质，那么对殷王的情况可以理解，而且对来自大方的贞人为什么服侍殷王朝也可以理解了……可知无论是第二期贞人，还是第三期贞人，他们都有本来所属的族；而且那些族跟殷的关系有两类：一是征服和被征服的关系，一是跟殷关系亲密（其中甚至有跟殷为同族的关系）[③]。

李雪山则认为“贞人为封国首领来朝职掌占卜祭祀之官”，他指出：

> 第一，商代的封国（包括一些方国首领臣服受封者）首领一般要来商王朝为王服务，担任贞人等官职，这些贞人，其实质是为商王尽作臣下的义务，这是商代中央集权强化的表现。第二，正因为贞人是封国首领来朝为官者，所以贞人随着该族首领的更替面有变化，贞人已成为该国或该族的代称，这正是同一贞人名而书体却不一致的根本原因。第三，从卜辞记载看，武丁王朝贞人数量最多，这是因为武丁是中兴之君，他率兵南征北战，臣服众多的国族和方国，其来朝为官者也多，武丁之后，商王朝日渐衰微，来朝为官者随之大大减少。这也是商代贞人武丁以后大为减少的原因。第四，所谓“子卜辞”的实质是子国（族）的首领来朝充当贞人留下的遗物，这一国族在商王朝势力较大，族徽铭文中有很多以“子”为核心的复合氏名就充分证明了这一点，因而甲骨文中“子”占卜的卜辞就相对较多，从总体上说，我们仍倾向于这些是王卜辞，“子族”“多子族”，我们同意丁山的意见，“其本谊应是军旅的组织”。第五，肖楠指出商代贞人有“异代同名”现象，这无疑是一个极为精辟的见

① 韩江苏：《殷墟花东H3卜辞主人“子”研究》，线装书局，2007年，第218页。

② 晁福林：《试论殷代的王权和神权》，《社会科学战线》1984年第4期。

③ 〔日〕伊藤道治著，江蓝生译：《中国古代王朝的形成：以出土资料为主的殷周史研究》，中华书局，2002年，第55、56页。

> 解，但如果单纯用国族名、氏名来解释这一现象，仍难以从根本上给一个圆满的答案，因为按此观点，无法解释他们为什么要去商王朝做贞人，只有明确他们是封国首领来朝为官才会给出更为合情合理的说法[①]。

王震中也认为在商王朝“内服”之地“职掌各自官职的贵族大臣有相当多的是来自于‘外服’的侯伯方国之人”，如卜辞中的“小臣醜”，花东54号墓的墓主，梅园庄一带出土徽铭之上的“光”，殷墟西区第三墓区M679出土的族氏徽铭“丙”，指出：“在文献中我们也可以看到，商王通过让‘外服’的侯伯之君担任朝中要职而使之成为朝臣”[②]。

另外，从考古发掘看，贞人或许葬于其家族墓地。2009年，中国社会科学院考古研究所安阳工作队在殷墟西南王裕口村南地进行了考古发掘，共清理殷墟时期的墓葬共330余座，且多以家族墓地的形态分布。其中F区的墓葬有41座，是一组家族墓。何毓灵认为F区内M103、M94两座墓葬的墓主可能是殷墟甲骨卜辞中常见的贞人，推测这是殷代贞人家族墓地。后来，何毓灵再次撰文论证了M103、M94实为两座贞人墓，且详细讨论了其随葬的巫卜器具[③]。

我们赞同晁福林、伊藤道治、王震中、李雪山、何毓灵等人的观点。可知，贞人来源于与商王朝同时期并存的古国、部族，有的已经是商王朝的封国、方国，有的还没有完全融入商王朝的政权体系。殷商时期，人名、地名、族名、国名合一的情况十分常见，如甲骨卜辞中的宾、内、㱿、何、彭等贞人，都属于这种情况。所以，在中央王朝任职的某些贞人就直接以其地名、族名或国名为名。再者，从考古发掘的墓葬看，贞人可能还有其专属的家族墓地。

贞人负责贞龟，这已经是共识。但武丁时期的一些卜辞中，某些贞人既贞又占，这种情况并不多见。如下列数条卜辞，“甾”为贞人，卜辞省略“贞”字，占辞为“甾曰”或“甾⿴”：

乙丑卜，甾，祖丁。甾曰：用二㞱，［卯］一□。　　《合集》19774

丙寅卜，甾，王告取兒□。甾⿴曰：若，往。　　《合集》20534

癸卯卜，甾卜，其㞢取。［甾］⿴曰▨　　《合集》20535

戊子卜，甾，帚白亦㞢聲。甾⿴曰：聲。　　《合补》6808

## （三）占人

《说文》载：“占，视兆问也。”[④]占人之责是视兆判断问卜之事的吉凶。为了牢牢掌握占卜的权力，占人多由商王担任。王亲自占问的辞例多次出现，如“王⿴”：

辛未卜，㱿，贞：帚妌冥㚥。王⿴曰：其隹庚冥，㚥。三月庚戌冥，㚥。　　《合集》454正

① 李雪山：《商代分封制度研究》，中国社会科学出版社，2004年，第62、75页。

② 王震中：《中国古代国家的起源与王权的形成》，中国社会科学出版社，2013年，第477、480、481、483—485页。

③ 何毓灵：《论殷墟新发现的两座“甲骨贞人”墓》，《甲骨文与殷商史》（新三辑），上海古籍出版社，2013年，第329—340页；何毓灵：《殷墟时期巫卜器具初探》，《考古学报》2018年第2期。

④ （汉）许慎撰，（清）段玉裁注：《说文解字注》，上海古籍出版社，1981年，第127页。

王固曰：㞢𡆥，隹高。《合集》767反

癸巳卜，穷，贞：臣卒。王固曰：吉。其卒隹乙、丁。七日丁亥既卒。《合集》643正丙

王固曰：勿其知。《合集》947反

［癸］亥卜，争，贞：旬亡𡆥。王固曰：㞢㞢。旬壬申中自㸓。四月。《合集》5807

王固曰：㞢㞢，其㞢来媄。气至七日己巳，允㞢来媄自西。㞢友角告曰：𢀛方出，𢦏我示𦔻田七十人五。

癸巳卜，㱿，贞：旬亡𡆥。王固曰：㞢［㞢］，其㞢来媄。气至五日丁酉，允㞢来［媄自］西。沚𢦔告曰：土方征于我东啚，［𢦏］二邑。𢀛方亦𢦏我西啚田。

癸卯卜，㱿，贞：旬亡𡆥。王固曰：㞢㞢，其㞢来媄。五日丁未允㞢来媄，𩑛知［𡴀］自𢀛圉六［人］。《合集》6057正

贞：勿乎取吕。王固曰：吉，其取。《合集》6567

癸未卜，㱿，贞：旬亡𡆥。王固曰：㞢㞢。三月乙酉，奠㞢攴。《合集》16935正

己卯［卜］，贞：今日攴。王固曰：其攴，隹其母大攴。《合集》24917

辛未卜，□，贞：夕卜□同，叀其□。王固曰：叀□隹其每…于癸…《合集》31680

“王占”同“王固”，如：

乙丑卜，王，贞占娥子。余子。《合集》21067

己酉卜，王，占娥冥，允其于壬不。十一月。《合集》21068

有“甾固”例：

丙寅卜，甾，王告取儿□。甾固曰：若，往。《合集》20534

戊子卜，甾，帚白亦㞢聲。甾固曰：亡聲。《合补》6808（重见《合集》20153+20081）

另有“𠦪占”例：

戊戌卜，𠦪占：妨。《合集》21069

再如“𠦪曰”例：

□亥卜，自，贞，王曰：㞢孕，妨。𠦪曰：妨。《合集》21071

此条卜辞，“王曰”应为“王占曰”之省，“𠦪曰”应为“𠦪占曰”之省。

在花东子卜辞中，“子”作为家族之长，也有占问的权力，如：

萈𨸏鹿，子占曰：其萈。《花东》14

癸卯卜，亚奠，贞，子占曰：终卜用。《花东》61

丁丑，岁祖乙黑牝一。卯胴。子占曰：未，其又至艰。其戉。用《花东》220

在花东甲骨卜辞中，占辞除“子占曰”之外，还有“子曰”“曰”等，应是“子占曰”的省略形式。

可知，占人有商王、“甾”“𠦪”“子”等。殷商时期，商王职位最高，逐渐掌控占龟之权，是权力最大的占人。商王亲自占卜，视兆而断吉凶，正说明商王朝政教合一的统治方式。可以说，所有的占卜活动为商王朝服务。“甾”“𠦪”既可以作贞人，又可以作占人。而作为家族之长的“子”，同样有占问之权。“甾”“𠦪”“子”能够担任占人，“𠦪”甚至与商王出现于同版同条卜辞，说明其地位较高，权力极大。

占人视兆断吉凶、是否，需要具备一定的辨兆知识和技能。《周礼·春官·大卜》载："大卜掌三兆之法，一曰玉兆，二曰瓦兆，三曰原兆"，又："其经兆之体，皆百有二十，其颂皆千有二百。"贾疏注云："云体者，谓龟之金木水火土五兆之体。若然，龟兆有五而为百二十者，则兆别分为二十四分。"[①]所以，占人必须熟练掌握辨兆之法，才能知晓每一个卜兆所代表的含义，进而定性卜兆。

某些卜辞也能反映卜人、贞人、占人的具体职责，"卜""贞""𠧩"同时出现于同一条卜辞之中，"卜"记占卜时辰，亘、㱿为贞人，王亲自占问，如：

甲辰卜，亘，贞：今三月光乎来。王𠧩曰：其乎来，乞至隹乙。旬㞢二日乙卯允㞢来自光，以羌刍五十。小告。　　《合集》94正

癸巳卜，㱿，贞：臣卒。王𠧩曰：吉。其隹卒乙、丁。七日丁亥既卒。一　　《合集》643正丙

另外，卜辞有同言"卜""贞"者，如：

丙寅卜，矢贞，卜竹曰：其㞢于丁宰。王曰：弜𤰔，翌丁卯，若。八月。　　《合集》23805

饶宗颐说这条卜辞"为最显著之例。由此辞知'矢'主贞问，而'竹'卜之，王则亲占其事之宜忌"[②]。此处"王曰"应是"王𠧩曰"的省略形式，这条卜辞也是"卜""贞""𠧩"处于同版同条卜辞的典型代表。

王亲自参与占问的卜辞甚少，正如徐义华所言："商王虽然把神权合并到王权的范围之内，但王不可能也无力决断一切神职事项，许多事务必须委托于贞人，而在当时的社会中，神权又很容易成为一种独立的权力。为了限制贞人权力的扩大，使贞人之间互相牵制，商王采取多种方法，分散贞人的神权，加强贞人之间的权力监督与牵制。"[③]

以上，我们对卜人、贞人、占人进行了区分，可知其职责不一，各司具体占卜事宜。三者的职责有何不同呢？《周礼·春官·大卜》所载大卜"掌三兆之法""掌三易之法""掌三梦之法""以邦事作龟之八命"，卜师"掌开龟之四兆""扬火以作龟"，占人"掌占龟，以八筮占八颂，以八卦占筮之八故，以眡吉凶。凡卜筮，君占体，大夫占色，史占墨，卜人占坼"[④]。这是《周礼》所载卜人和占人的不同职责。

饶宗颐曾据《仪礼·士丧礼》所载龟甲占卜之事指出问卜者、涖卜者的职责，即下：

问卜者：即主人及主妇。

涖卜者：即亲临主持卜事之人。

宗人：司告事，兼示龟于涖卜者。

卜人：司奠龟灼龟之事。

---

① （清）孙诒让撰，王文锦、陈玉霞点校：《周礼正义》，中华书局，1987年，第1926页。

② 饶宗颐：《殷代贞卜人物通考》，中华书局，2015年，第22页。

③ 徐义华：《商代的占卜权》，《商承祚教授百年诞辰纪念文集》，文物出版社，2003年，第258页。

④ （清）孙诒让撰，王文锦、陈玉霞点校：《周礼正义》，中华书局，1987年，第1924—1935、1946、1947、1959、1960页。

占人：司占龟之兆象、色、墨、坼等，以定吉凶。

饶宗颐进而结合殷商卜辞所记简述了贞与占之分别，卜辞有“王亲贞”“王亲占”“臣工代占”，指出“‘占曰’即卜辞之‘固曰’也。凡這曰以下者，皆断休咎之辞；盖占人即察兆象，以定吉凶，与卜及贞固异其职掌也”①。

巫称喜在前人研究的基础上，详细论述了卜人、贞人、占人在占卜过程中的具体职能：

> 商代占卜集团由卜人、贞人、占人三类主要成员构成，卜人司“卜”，贞人司“贞”，占人司“占”，各守其职，相互配合，共同完成一次占卜活动……卜人将要询问的事情告诉神龟（命龟）并且烧灼甲骨，使其呈现各种兆象，为贞人、商王领悟神旨、预测未来做好基础性服务工作。因此卜人在占卜过程中必须完成“命龟”与“灼龟（骨）取兆”两道程序，具有“命龟取兆权”。贞人的主要职责是“占龟”，即根据卜人获得的兆象，认真仔细察看并对未来事物发展的信息作出初步推断预测，具有“信息初测权”。因此“命辞”应为贞人“占龟”之辞而非“命龟”之辞。贞人从事“贞”（预测信息）这项工作，主要是为商王进行最后的信息预测提供参考。贞人的预测结果在卜辞中以命辞形式出现。“王”也参加“占龟”，他一方面要听取贞人的初测意见，另一方面要亲自观察卜人所获得的兆象，将贞人之初测结果与龟甲或兽骨所显之兆象综合考察，对某件事情作出最终的推断预测，占卜结果由商王说了算，因此商王拥有“信息终测权”。商王的预测结果在卜辞中以“占辞”的形式出现。甲骨卜辞命辞与占辞关系密切，命辞往往规定了占辞的题材范围，占辞往往以命辞所涉及的内容作为预测的基础，这颇能说明贞人的初步预测是为商王最终预测做准备的，而商王在卜人和贞人工作的基础上完成最终的信息预测②。

通过以上分析，我们认为卜人、贞人、占人都是占卜机构的主要成员，其分工如下（表9-3）。

**表9-3 卜人、贞人、占人及其职掌**

| 职官 | 职掌 |
|---|---|
| 卜人（极少） | 准备事宜：命龟、灼龟、取兆 |
| 贞人（较多） | 占卜：贞龟、占龟 |
| 占人（多为商王、臣工等） | 断兆：占龟、视兆判定吉凶、是否 |

可知，甲骨卜辞所记卜人、贞人、占人的分工不同，各司其职。甲骨文记载贞人最多，卜人和占人相对较少。卜、贞、占实为甲骨占卜的重要环节，并非一事。

① 饶宗颐：《殷代贞卜人物通考》，中华书局，2015年，第17—24页。

② 巫称喜：《殷商文化传播史稿》，暨南大学出版社，2015年，第8页。

## 二、卜官及其世袭

商代甲骨占卜的攻治职官、钻凿职官、烧灼职官、契刻职官等多为世袭，而从甲骨文看，卜人、贞人、占人同样为世袭制。

王宇信、徐义华曾指出商代世官、世族产生的其中三个原因：

> 一是由于组织严密，大族族长已经被吸纳为一级地方官吏，这使得许多职官必然带有世官的特性。另外在族社会中，族是实际的人身和财产归附者，决定了世官世族产生的必然性。
>
> 二是由于社会基础教育尚不发达。在没有发达教育体系的情况下，无法由社会一般阶层提供可以担任官吏的人才。官吏需要掌握管理、礼仪等方面的事务，而且有许多对专业技能要求较高的职官如祭司、贞人等，普通社会人员难以担当，只能从相对固定的家族中产生。在教育不普遍和不发达的条件下，任用世官是最可行、最有效、成本最低的选用人才方式。
>
> 三是由于国家对资源控制的薄弱和族组织对资源占有制的发达。世官世族，其实就是人口与资源相对固定于族的情况下而产生的一种任官制度。在古代族社会，族与土地固定在一起，人与人、人与资源之间有着相对固定的归属关系，王虽然是名义上的天下共主，但实际直接掌握在王手里的人口和土地资源很少，而自由任命官员的前提是拥有可以支配的人口、土地资源。在人口、土地以及管理权力主要掌握在族手中的情况下，商王无法掌握足够的用以全面实行自由任用官员的资源，所以只能实行世官世族制度①。

以上是王宇信、徐义华对商代世官、世族产生原因的简述。世官世族的产生，与当时的社会背景密切相关。在世官世族的官僚体系中，酝酿了世代相袭的占卜职官。因此，在商代，“异代同名”的社会现象相当普遍②。当时，许多人名往往又是国名、地名、族名。所以，从

---

① 王宇信、徐义华：《商代国家与社会》，中国社会科学出版社，2011年，第500页。

② 萧楠：《论武乙、文丁卜辞》，张永山、罗琨：《论历组卜辞的年代》，《古文字研究》（第3辑），中华书局，1980年，第43—61、80—100页；张政烺：《帚好略说》，《考古》1983年第6期；张政烺：《〈帚好略说〉补记》，《考古》1983年第8期；萧楠：《再论武乙、文丁卜辞》，《古文字研究》（第9辑），中华书局，1984年，第155—185页；林小安：《武乙、文丁卜辞补证》，《古文字研究》（第13辑），中华书局，1986年，第40—52页；刘一曼、曹定云：《三论武乙、文丁卜辞》，《考古学报》2011年第4期；曹定云：《论历组卜辞中“小乙、父丁”称谓及其相关问题——揭示历组卜辞时代之确证》，《甲骨文与殷商史》（新六辑），上海古籍出版社，2016年，第230—247页；曹定云、刘一曼：《四论武乙、文丁卜辞——无名组与历组卜辞早晚关系》，《考古学报》2019年第2期；常玉芝：《殷墟甲骨断代标准评议》，中国社会科学出版社，2020年，第45—150页。等等。

商代官僚制度而言，卜人、贞人、占人是当时的世官、世族。从甲骨占卜的角度而言，卜人、贞人、占人世代相袭，也可确保占卜技术的传承和发展，有利于占卜制度的不断完善。这也是殷商五期甲骨卜辞中大多数卜人、贞人、占人存在“异代同名”的原因之一。

以上，我们论述了卜人、贞人、占人的不同职责及其世代相袭，这是重要的卜官制度。能够担任占卜职官的人员，也都是地位较高的神职人员。卜官制度的建立与完善，可以保证甲骨占卜的顺利开展。占卜流程的环环相扣，有条不紊，正是得益于此。

另外，甲骨学者的论著，有称“贞卜”“占卜”者，如：

一，用“贞卜”者：罗振玉《殷商贞卜文字考》、饶宗颐《殷代贞卜人物通考》、丁骕《殷贞卜之格式与贞辞允验辞之解释》[①]。

二，用“占卜”连称者：容肇祖《占卜的源流》、李学勤《卜辞和占卜程序》、宋镇豪《论古代甲骨占卜的“三卜”制》、刘焕明《商代甲骨占卜探讨》、连劭名《商代占卜丛考》、陈炜湛《从文献记述看占卜的性质及其与祷祝的区别》、徐义华《商代的占卜权》、崔波《甲骨占卜源流探索》、慧超《20世纪甲骨占卜研究综述》、冯时《殷代占卜书契制度研究》、刘一曼《论殷墟甲骨整治与占卜的几个问题》[②]。

当然，这些论著称“贞卜”“占卜”，涉及甲骨文命名与甲骨占卜的相关问题。王宇信就曾将早期命名甲骨文的方式分为：一，按甲骨质料命名；二，按文字书写方法命名；三，按甲骨文的用途命名；四，按甲骨文的出土地命名；五，将质料与文字结合起来命名；且对每一种命名方式进行了详细的论述[③]。从这些命名也可知，学者对贞卜、占卜的不同理解。

## 第三节 卜　法

甲骨文字考释的最终目的是：“正史家之违失，考小学之源流，求古代之卜法。”[④]纵观

---

① 罗振玉：《殷商贞卜文字考》，玉简斋石印本，1910年；饶宗颐：《殷代贞卜人物通考》，中华书局，2015年；丁骕：《殷贞卜之格式与贞辞允验辞之解释》，《中国文字》（新二期），中国文字社，1980年。等等。

② 容肇祖：《占卜的源流》，《国立中央研究院历史语言研究所集刊·第一本》（第一分册），京华印书局，1928年；李学勤：《卜辞和占卜程序》，《失落的文明》，上海文艺出版社，1997年；宋镇豪：《论古代甲骨占卜的“三卜”制》，《殷墟博物苑苑刊》创刊号，中国社会科学出版社，1989年；刘焕明：《商代甲骨占卜探讨》，《文物春秋》1992年第3期；连劭名：《商代占卜丛考》，《象数易学研究》（第二辑），齐鲁书社，1997年；陈炜湛：《从文献记述看占卜的性质及其与祷祝的区别》，《甲骨文论集》，上海古籍出版社，2003年；徐义华：《商代的占卜权》，《商承祚教授百年诞辰纪念文集》，文物出版社，2003年；崔波：《甲骨占卜源流探索》，中国文史出版社，2003年；慧超：《20世纪甲骨占卜研究综述》，《河南科技大学学报》2006年第1期；冯时：《殷代占卜书契制度研究》，《探古求原：考古杂志社成立十周年纪念学术文集》，科学出版社，2007年；刘一曼：《论殷墟甲骨整治与占卜的几个问题》，《古文字与古代史》（第四辑），“中研院”历史语言研究所，2015年。等等。

③ 王宇信：《甲骨学通论》，中国社会科学出版社，1999年，第59—64页。

④ 罗振玉：《殷商贞卜文字考》，玉简斋石印本，1910年，第1页。

甲骨学研究的成果，其追求之一便是“求古代之卜法”，即甲骨卜法制度。在甲骨学研究初期，学者对卜法制度进行了初步的探索。此时期的卜法研究，多是基于占卜流程进行的。也就是说，初期研究的最大不足是占卜流程与卜法制度相混淆。罗振玉率先对甲骨占卜之法进行了研究，他根据殷墟甲骨指出：

> 卜以龟，亦以兽骨；龟用腹甲，而弃其背甲……兽骨用肩胛及胫骨……凡卜祀者用龟卜，它事皆以骨。田猎则专用胫骨，其用胛骨者，则疆理征伐之事为多……削治甲与骨令平滑，于此或凿焉，或钻焉，或既钻更凿焉。龟皆凿，骨则钻者什一二，凿者什八九，既钻而又凿者二十之一耳。此即《诗》与《礼》所谓契也……既契乃灼，于契处以致坼，灼于里则坼见表，先为直坼而后出歧坼，此即所谓兆矣……于以观吉凶，并刻辞于兆侧，以记卜事焉。此古卜法之可据目验以知之者也①。

日本学者白川静曾简述殷虚甲骨的整治和贞卜的方法②。陈晋论述了贞卜、配甲并卜、开龟及开龟钻凿、灼兆致墨、视兆坼、别吉凶、契卜词、藏龟编册、更卜、用龟不用龟之别等卜法相关内容③。明义士也简述了商代甲骨的卜法：“先削治甲与骨，令平滑。此后于背上凿成契处，此即《诗》《礼》所谓‘契’。契处凿迹皆椭圆形如⓪。既契，乃灼于契处以致坼。灼于里，乃坼见于表。先为直坼，而后出歧坼。此即所谓‘兆’。”④可知，以上学者多结合甲骨流程研究占卜之法。当然，这也无可厚非，因为占卜流程就是探索甲骨卜法的基础。但是，甲骨占卜流程包含卜法制度，卜法是占卜流程的一部分。所以，卜法制度的研究，需要从具体占卜环节着手。换言之，甲骨卜辞体现了商王朝完善的占卜制度。

甲骨占卜流程的研究，已经趋于成熟，而狭义的卜法制度的研究，还有待完善。单就卜问方式而言，商王朝有单贞卜问、对贞卜问、二人共贞等，这些都是重要的卜法。一事多卜、三卜制、习卜制、选卜制、卜筮并用等，都是商王朝主要的卜法制度。

## 一、对贞卜问

对贞是殷人重要的卜问方式。以甲骨材质而言，有龟腹甲、龟背甲和胛骨之上的对贞卜辞。以下，我们首先阐释正反对贞与左右对贞的概念，进而论述龟腹甲、龟背甲和胛骨之上的对贞实例。

---

① 罗振玉：《殷虚书契考释》，永慕园石印本，1915年，第107、108页。

② 〔日〕白川静：《甲骨文的世界——古代殷王朝的构造》，平凡社，1973年，第17—25页。

③ 陈晋：《龟甲文字概论》，中华书局，1933年，第10—31页。

④ 〔加拿大〕明义士：《甲骨研究》，齐鲁书社，1996年，第3页。

## （一）关于正反对贞与左右对贞

所谓正反对贞，是指“商代卜人从正反两个方面对所卜之事进行占卜”[①]。最早发现甲骨卜辞左右对贞的是董作宾，他说：“（殷人）贞卜法的最大发现，就是左右对贞，一事两决之例”，两贞法又可以分为三种：“左右皆正者，左正右反者，左反右正者”，他认为龟腹甲“贞卜先后之次序”是“先右后左，若一事两贞，则皆在对称处；先外后内；先下后上；先中部，后四隅；先疏后密，有时为填满空隙而上下内外错落”[②]。董作宾关于龟腹甲正反对贞的论述，是腹甲对贞卜辞的一般规律。

陈晋曾指出：“古之卜法，率为二次，即先问其事之可，次问其事之不可也。然亦有只卜一次者。其分二次卜者，必取甲二片，左右排比，于是以右甲问可，左甲问否，以右甲记日，以左甲记月，大都如此。亦有时于左甲问可，于右甲问否；又有左右皆问可，而决于卜之次数之多寡者。”[③]陈晋的论述，符合龟腹甲之上正贞卜辞与反贞卜辞的契刻规律。

张秉权曾说：“殷人卜事，是不怕麻烦，不厌其详的，他们对于一件事情，往往出上二个题目，一是正面的问题，一是反面的问题，反反覆覆地去占卜，从正面的问题上，去占卜若干次，又从反面的问题上去占卜若干次”，他把正反对贞称为左右对贞[④]。张秉权所说的左右对贞，是依据龟腹甲千里路两侧左右部位而言的。

朱歧祥也说：“（殷人）举凡在决定事情可否之前，殷史官会在龟甲或兽骨上一再卜问事情的吉凶。卜问的方式主要是正反或重复的询问某事，以祈求神明决定。事后把这些正反或重复的占卜文辞刻写于甲骨卜兆之旁，成组相对并立。这种对应的卜辞，是谓对贞卜辞。”[⑤]朱歧祥所论较详，认为殷人的卜法有正反对贞、一事多卜。

可知，董作宾、陈晋、张秉权、朱歧祥所说正反对贞，是依据占卜事宜的正反两个方面而言的。甲骨文中的肯定词与否定词，是判别正贞卜辞与反贞卜辞的关键。在甲骨学者看来，“其”“㞢”“隹”等肯定词以及“不”“亡”“弗”“勿”“弜”“毋”“非”等否定词是判定正贞和反贞的修饰语。这些肯定词和否动词，也有助于甲骨卜辞的分期断代[⑥]。所以，以占卜事宜的肯定或否定而言，对贞卜辞应有正反对贞、正正对贞和反反对贞三类。

对贞卜辞的种类，“由句意可分为同文对贞、异文对贞二类；由句型又可分为正反对贞、正正对贞、反反对贞三类”。我们根据朱歧祥对对贞卜辞的种类、句型、贞问部分（命辞）的

---

① 沈培：《殷墟卜辞正反对贞的语用学考察》，《汉语史研究：纪念李方桂先生百年冥诞论文集》，“中研院”语言学研究所、美国华盛顿大学，2005年，第193页。

② 董作宾：《大龟四版考释》，《安阳发掘报告》1931年第3期。

③ 陈晋：《龟甲文字概论》，中华书局，1933年，第11页。

④ 张秉权：《卜龟腹甲的序数》，《“中研院”历史语言研究所集刊·第二十八本》（上册），“中研院”历史语言研究所，1956年，第236、242页。

⑤ 朱歧祥：《殷墟卜辞句法论稿——对贞卜辞句型变异研究》，学生书局，1990年，第2页。

⑥ 朱歧祥：《殷墟卜辞句法论稿——对贞卜辞句型变异研究》，学生书局，1990年，第57—151页。

划分[①]，制成下表（表9-4）：

基于以上所论，我们赞同前贤的观点，由占卜事宜的正反两个方面定义对贞卜法，即对贞是从一件事的正面与反面两个方面而进行的卜问方式。据卜问事宜和卜辞内容看，对贞分为正反对贞（常见）、正正对贞（不多见）和反反对贞（不多见）。以下，我们根据甲骨的材质进一步研究对贞卜辞。

**表9-4　对贞卜辞的类型**

| | 句意 | 句型 | 贞问部分（命辞） |
|---|---|---|---|
| 对贞卜辞 | 同文对贞 | 正反句同文对贞 | 正反句属单句的同文对贞 |
| | | | 正反句属复句的同文对贞 |
| | | 正正句同文对贞 | 正正句属单句的同文对贞 |
| | | | 正正句属复句的同文对贞 |
| | | 反反句同文对贞 | 反反句属单句的同文对贞 |
| | | | 反反句属复句的同文对贞 |
| | 异文对贞 | 正正句异文对贞 | 正正句属单句的异文对贞 |
| | | | 正正句属复句的异文对贞 |
| | | 反反句异文对贞 | 反反句属单句的异文对贞 |
| | | | 反反句属复句的异文对贞 |

## （二）龟腹甲之上的对贞卜辞

对贞卜辞，以龟腹甲居多。龟腹甲的对贞卜辞刻于前甲、后甲，连接桥、首甲、尾甲等部位较少契刻对贞卜辞。龟腹甲之上，多是对贞卜辞。大多数龟腹甲，以千里路为中界，契刻左右对贞的卜辞。如：

贞：𠂤正化其㞢𡆥。（左边）
丁未卜，争，贞：𠂤正化亡𡆥。十一月。（右边）
𠂤正化弗其𢦏。（左边）
贞：𠂤正化𢦏方。（右边）
贞：弓刍勿于戋。（左边）
贞：弓刍于戋。（右边）
贞：祖丁弗若小子𥁕。（左边）
贞：祖丁若小子𥁕。（右边）

《合集》151正

① 朱歧祥：《殷墟卜辞句法论稿——对贞卜辞句型变异研究》，学生书局，1990年，第2—5页。

王勿往于田。　　　　（左边）
贞：王往于田。　　　　（右边）

《合集》635正

贞：翌癸卯帝其令风。　　　　（左边）
翌癸卯帝不令风。　　　　（右边）
贞：贮亡𡆥。　　　　（左边）
甲午卜，争，贞：贮其㞢𡆥。　　　　（右边）

《合集》672正

贞：其㞢来嬉。　　　　（左边）
亡来嬉。　　　　（右边）
勿乎比丹白。　　　　（左边）
乎比丹白。　　　　（右边）

《合集》716正

贞：父乙弗𢀛王。　　　　（左边）
辛卯卜，亘，贞：父乙𢀛。王固曰：父𢀛，隹不𢓊。　　　　（右边）
王㞢陟，不若。　　　　（左边）
癸未卜，亘，贞：王㞢陟，若。　　　　（右边）

《合集》766正

壬寅卜，殻，贞：河𢀛王。　　　　（左边）
壬寅卜，殻，贞：河弗𢀛王。　　　　（右边）
贞：王梦，不隹祖乙。　　　　（左边）
己丑卜，殻，贞：王梦，隹祖乙。　　　　（右边）
贞：勿龠戟于丘商。　　　　（左边）
己丑卜，殻，贞：戟于丘商。四月。　　　　（右边）
甲午卜，争，勿于河。　　　　（左边）
甲午卜，争，于河。　　　　（右边）

《合集》776正

不隹妣己。　　　　（左边）
隹妣己。　　　　（右边）
不隹妣庚。　　　　（左边）
贞：隹妣庚。　　　　（右边）

贞：其囚。（左边）
贞：不囚。（右边）
贞：妻不其史人。（左边）
贞：妻史人。（右边）

《合集》822正

己卯卜，殻，贞：雨。王固：其雨。隹壬午允雨。（左边）
己卯卜，殻，贞：不其雨。（右边）
勿于上甲。（左边）
㞢于上甲。（右边）
贞：令𢦏弗其比𠳋。（左边）
辛亥卜，殻，贞：令比𠳋。（右边）

《合集》902正

父庚弗巷王。（左边）
父庚巷王。（右边）
父辛弗巷王。（左边）
父辛巷王。（右边）

《合集》903正

贞：父乙弗巷（左边）
父乙巷王。（右边）
癸丑卜，争，贞：𢦔往来亡𡆥。王固曰：亡𡆥。（左边）
贞：𢦔往来其㞢𡆥。（右边）
贞：才北史亡其隻羌。（左边）
贞：才北史㞢隻羌。（右边）

《合集》914正

贞：王若。（左边）
贞：王不若。（右边）

《合集》2002正

贞：告子其㞢𡆥。（左边）
贞：告子亡𡆥。（右边）
壬戌［卜］，宂，贞：𤔲亡𡆥。（左边）

壬戌卜，穷，𢀛其㞢𡆥。（右边）

《合集》4735正

庚子卜，争，贞：西史旨其㞢𡆥。（左边）
庚子卜，争，贞：西史旨亡𡆥，𢀛。（右边）
西史旨其㞢𡆥。（左边）
贞：西史旨亡𡆥，𢀛。（右边）

《合集》5637正

辛酉卜，㱿，贞：今者王勿比望乘伐下危，弗其受㞢又。（左边）
辛酉卜，㱿，贞：今者王比望乘伐下危，受㞢又。（右边）

《合集》6482正

庚申卜，㱿，贞：勿乎王族比𧰼。（左边）
庚申卜，㱿，贞：乎王族征比𧰼。（右边）
甲子卜，争，雀弗其乎王族来。（左边）
雀其乎王族来。（右边）
己未卜，争，贞：黄尹弗𡆥王。（左边）
己未卜，争，贞：黄尹𡆥王。（右边）

《合集》6946正

贞：翌乙卯不其雨。（左边）
辛亥卜，争，贞：翌乙卯雨。乙卯允雨。（右边）
贞：亘其𢹂隹执。（左边）
贞：亘不𢹂隹执。（右边）
己未卜，㱿，勿令𠂤往沚。（左边）
己未卜，㱿，令𠂤往沚。（右边）

《合集》6947正

贞：妣己弗［𡆥］王（左边）
贞：妣己𡆥［王］（右边）

《合集》9504正

贞：我不其受年。（左边）
辛卯卜，㞢，贞：我受年。（右边）

《合集》9671正

大丁不我壱。（左边）

大丁［壱我］。（右边）

《合集》14003正

龟腹甲之上正反对贞者，另有《合集》龟腹甲32正（图9-1，1）、110正、376正（图9-1，2）、419正、456正（图9-1，3）、536正、585正、614正、672正、709正（图9-1，4）、721正、905正、952正、974正、1773正、3458正、5532正、6571正、6577正、6647正、6943正、6959正、7352正、9524正、9525正、11018正、12487正、12648正、14732正、14755正、17231正、17397正、19890正、20414正、23215正、23240正、29084正、33291正、33514正、37647正，《合补》7008，等等①。

除了龟腹甲正面千里路左右两侧契刻对贞卜辞外，有些对贞卜辞分别刻于腹甲的正面和反面，如《合集》9791（正、反，图9-2），正面分别契刻两条反贞卜辞，而与之对应的正贞卜辞契刻于腹甲的反面，这种情况为数不多。

贞：𡆥不其受年。二告（反贞）

贞：𠂤不其受年。二告（反贞）　《合集》9791正面

贞：𡆥受年。（正贞）

贞：𠂤受年。（正贞）　《合集》9791反面

另外，还有一些对贞卜辞契刻于腹甲的反面，如《合集》775（图9-3，1）、《合集》13696（图9-3，2）反面的对贞卜辞：

今二月㞢至。（左边）

亡其至。（右边）

丁巳卜，争，疾疋，𬼄于父庚。（右边）

疾疋，勿龠𬼄于父辛。（右边）

勿𬼄于父辛。（左边）

祖丁壱王。（右边）

祖丁弗壱王。（左边）

《合集》775反面

□午卜，㱿，贞：㞢疾𡆥，隹壱。（左边）

贞：不隹壱。（右边）

《合集》13696反面

反面契刻对贞卜辞的腹甲还有《合集》376反、656反、667反、809反、894反、2579反、3201反、4907反、5480反、6032反、6037反、9234反、9791反、10344反、13390反，等等②。

① 曹兆兰：《龟甲占卜的某些具体步骤及几个相关问题》，《容庚先生百年诞辰纪念文集》，广东人民出版社，1998年，第232—238页；沈培：《殷墟卜辞正反对贞的语用学考察》，《汉语史研究：纪念李方桂先生百年冥诞论文集》，“中研院”语言学研究所、美国华盛顿大学，2005年，第226—229页。

② 曹兆兰：《龟甲占卜的某些具体步骤及几个相关问题》，《容庚先生百年诞辰纪念文集》，广东人民出版社，1998年，第238页。

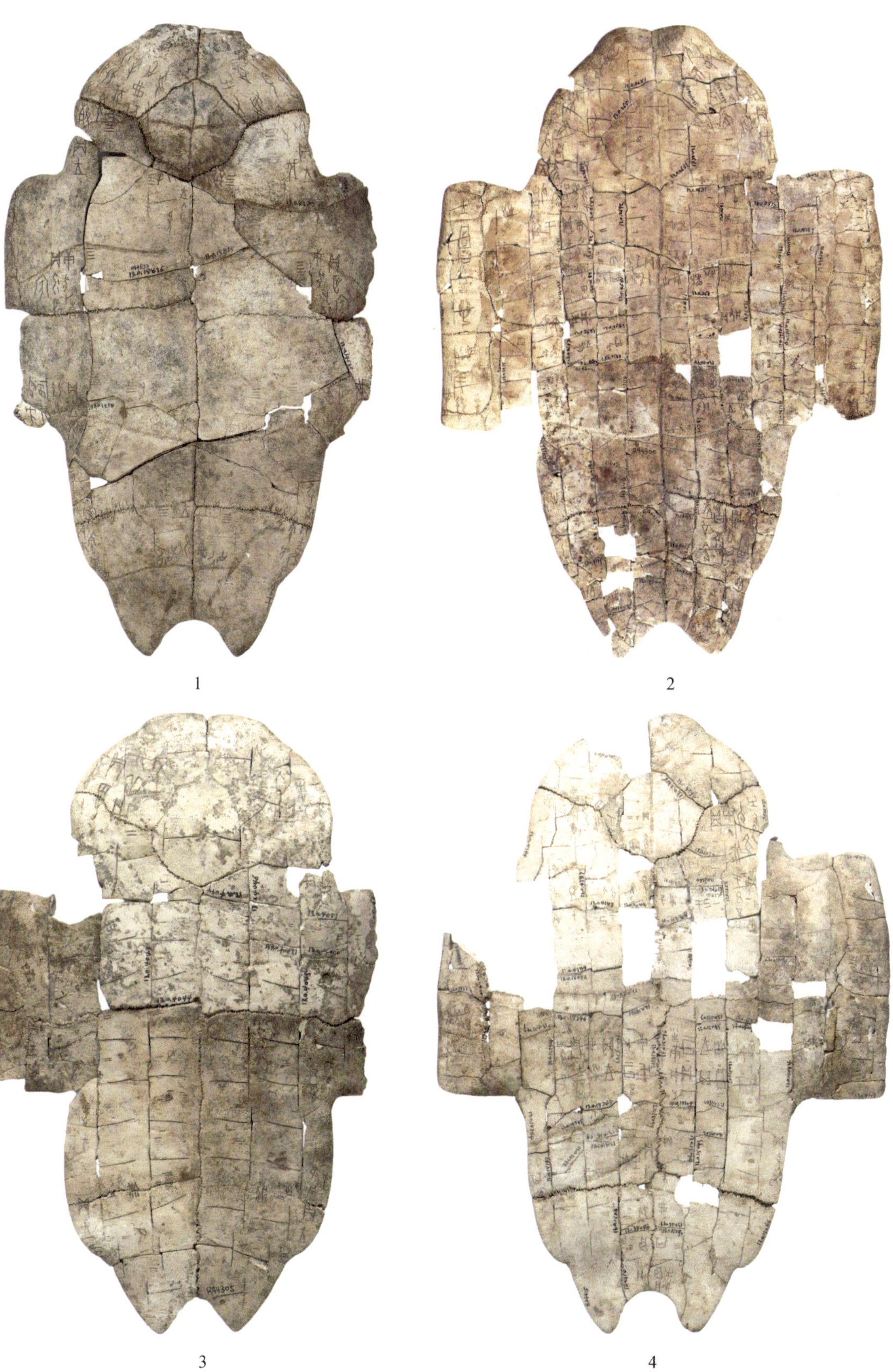


图9-1 龟腹甲

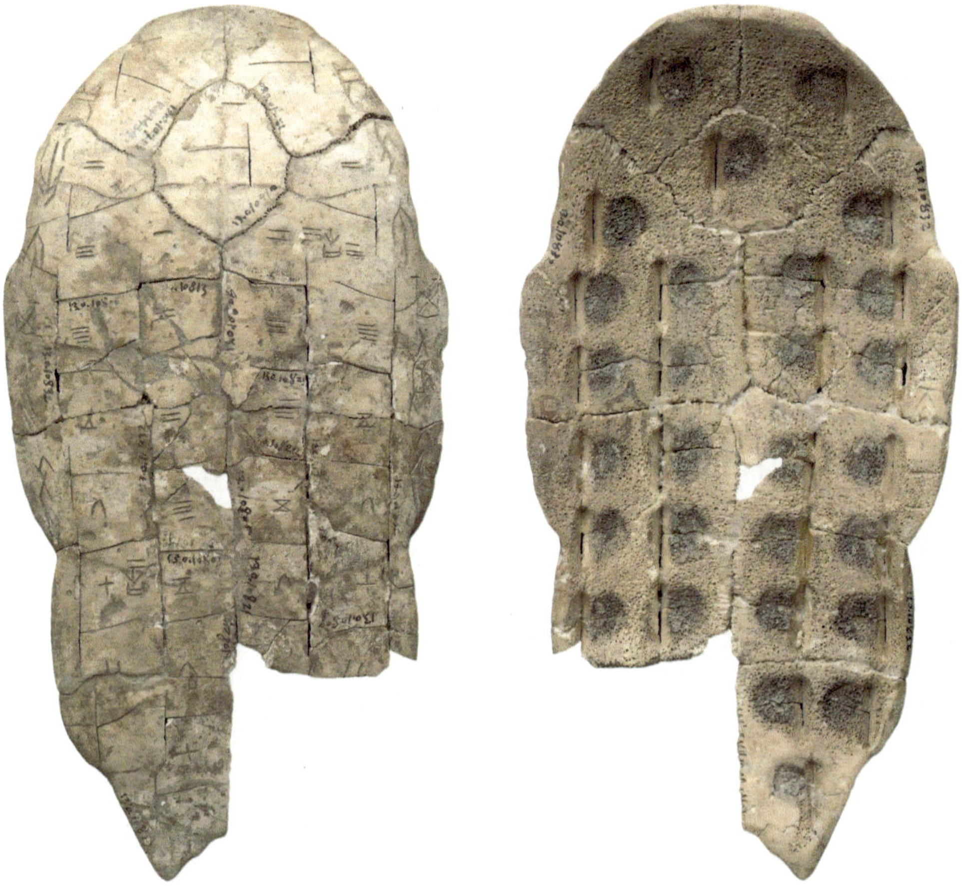

正面　　反面

图9-2　龟腹甲

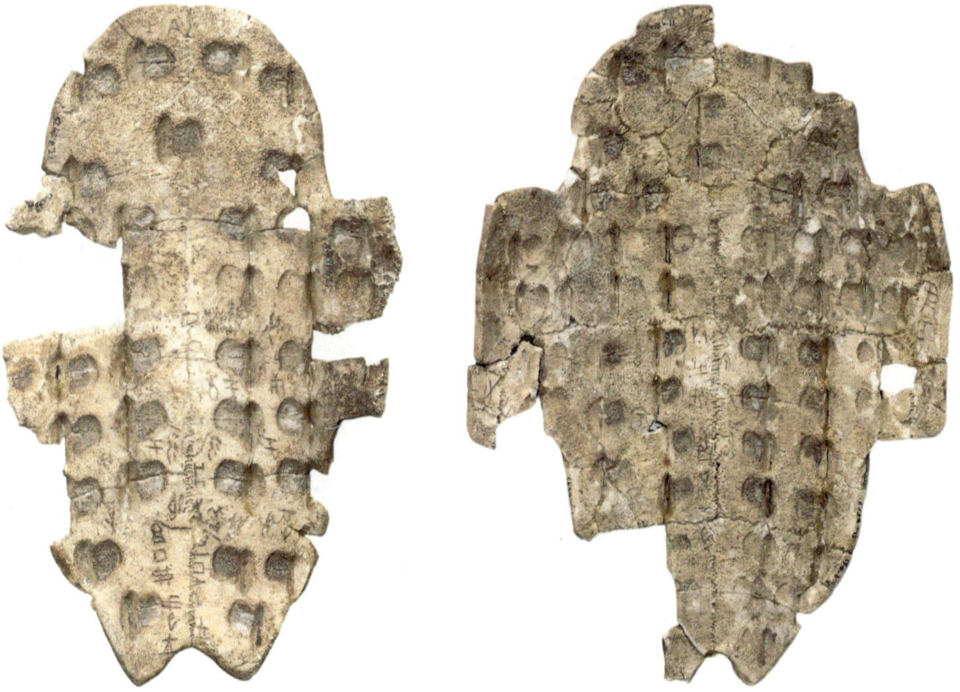

1　　2

图9-3　龟腹甲

因为残片碎甲，难以确定对贞卜辞的具体部位。所以比较完整的龟腹甲，更便于对贞卜问的研究。

从以上所引龟腹甲的对贞卜辞，可知：

（1）正贞卜辞与反贞卜辞的契刻位置及其辞例。一片腹甲以千里路为中界，其左边和右边都可契刻正面贞问或反面贞问的卜辞。一般而言，千里路右边为正贞卜辞，左边为反贞卜辞。当然，也有右边为反贞卜辞、左边为正贞卜辞者。某些同版的正贞卜辞和反贞卜辞契刻于龟腹甲的同一边。还有“正反对贞，交叉成文者”；“两两皆正，或左右、或上下对贞者”；“两两皆反，或左右、或上下对贞者”[①]；再如，花东龟腹甲之上的正贞和反贞卜辞，“不管是较常见的右甲上正问左甲上反问者，还是相对较少的左甲上正问右甲上反问，往往都是以右为主，即右甲上的贞卜内容往往是问疑者想要的答案……以右甲为主，也就是说右甲上的贞问内容是问疑者希望得到的答案”[②]。对贞卜辞的契刻位置与辞例，大致如此。龟腹甲对贞卜辞的辞例，相当复杂，但也有规律可循。

（2）龟腹甲千里路是对贞卜问的中界。正反对贞卜辞在龟腹甲的左右部位往往是相对应的[③]。也可以说，“正贞和反贞在龟腹甲正面的分布有较强的规律性，通常以龟腹甲中缝（也称‘千里路’）为中心，对称地分布在它的左右两边”[④]。这是龟腹甲正反对贞的最大特征，此特征与钻凿、卜兆几乎一致。

（3）对贞卜辞位于腹甲正面与反面的特征。龟腹甲对贞的卜问形式一般出现于其正面。当然，某些对贞卜辞分别契刻于龟腹甲的正面与反面，形成正面与反面对贞的形式。这种情况，多是正面契刻正贞卜辞，反面契刻反贞卜辞。另外，少数龟腹甲的反面契刻有对贞卜辞，也多是左右相对。

（4）对贞的形式与卜辞的条数。对贞的形式一般是两两相对并列，少有三条以上卜辞对贞并列者。即一片龟腹甲之上，可以契刻数条对贞卜辞。

（5）对贞卜辞的句型。据朱歧祥统计，对贞卜辞的句型共计三十类，单句对贞的句型共有十一类、复句对贞的句型共有十九类[⑤]。

（6）正贞与反贞的先后顺序。学界存在两种截然相反的观点。张秉权认为龟腹甲对贞采用先右后左的卜问方式：

> 一般说来，对贞卜辞，在甲骨上的部位，似乎是有一定的原则的，即正面的问题，常在腹甲的右边，反面的问题，常在腹甲的左边，所谓问题的正面和反面，一般的甲骨学者，总以为用不冠否定词的“隹”“其”等疑问语词来发问的，是正面问题

① 朱歧祥：《殷墟卜辞句法论稿——对贞卜辞句型变异研究》，学生书局，1990年，第9、10页。

② 章秀霞：《花东子卜辞与殷礼研究》，中华书局，2017年，第336、337页。

③ 周鸿翔：《卜辞对贞述例》，万有图书公司，1969年，第55—57页。

④ 沈培：《殷墟卜辞正反对贞的语用学考察》，《汉语史研究：纪念李方桂先生百年冥诞论文集》，“中研院”语言学研究所、美国华盛顿大学，2005年，第194页。

⑤ 朱歧祥：《甲骨学论丛》，学生书局，1992年，第16—24页。

卜辞，用冠以否定词“不”“弗”“勿”“弜”等的疑问语词来发问的，是反面问题卜辞，但是在甲骨上，从对贞卜辞的部位的分布来看，其问题的属于正面或反面，似乎应该另作一种解释的，它们的分别，不仅在冠以否定词与不冠以否定词……这些都是将一般所谓的正问卜辞刻在左边，而将反问卜辞刻在右边，似乎是与甲骨上的一般原则相违反了，但是，事实上，它们仍然没有违反这个原则，因为他们所希望的，仍旧是获得一个肯定的答案，如问：“亡祸？”则希望的答案是：“是的，亡祸”，问：“不死？”则希望的答案是：“是的，不死！”他们虽则用否定语词来发问的，而其答案还是肯定的，所以这一类的卜辞，还是应该属于正面问题的卜辞，放在龟腹甲的右边，因此我们对于卜辞的属于正面或反面，不能仅从字面上去分别，而应看它所希望的答案是肯定的或否定的，看它在龟腹甲上的部位而定。然而，同样是问下不下雨，但在久雨之后与久旱之际，卜问时的心情完全不同，所希望的答案绝对相反，同样是问疾病死亡或灾祸，但是问亲人的，与问仇人的占卜时的心境并不一样，所希望的答案也不相同，即使同是为了占卜王的疾病吉凶，出行有亡灾祸，也要看国王当时的心理状态而定的，假如国王认为没有什么祸患的，那么便以“亡祸”为正面问题去占卜，而以“有祸”为反面问题去反问。假如他认为一定会有什么祸患的，那么便以“有祸”去正问，以“亡祸”去反问，总之，他们所希望的答案是肯定的，则其卜辞便属正面，而刻在龟腹甲的右边，他们所希望的答案是否定的，则其卜辞便属反面，而刻在龟腹甲的左边，这是腹甲刻辞的原则，这原则是我分析了许多整版的与残碎的腹甲而发现的①。

李达良不同意张秉权的说法，他认为：

对贞者，谓从正负二面卜之之辞也。其例有四：正问刻于右，负问刻于左；二问皆正与二问皆负也。其前二例，董氏于《大龟四版考释》中已言之，唯近时张秉权氏于《卜龟腹甲的序数》一文中颇持异议，以为正负左右之分不在有否定辞与否；谓殷人未卜之前先期预答案；又推测殷人占卜时之心理，以为卜者意亡灾则以无灾祸为正问，意有祸则以有祸为正问云云。然细辨之，其说似是而实非，不可从也。盖卜以决疑，疑则卜之，去就出处，系于吉凶，而吉凶之见，存乎兆象，兆象现而吉凶判，未卜之前正不必期答案如何也；问正问反，则决事之加详加密而已。且以占验之辞正面有验则系于正面，反面有验则系于反面之例观之，则殷人占卜实严正反之界。至有否定辞与否，则属语气之分别；正面问之辞刻在左或在右则属方位之分别，俱事理所当分者也。颇疑张氏所以作如是之论，殆囿于所谓“尚右说”，先执定刻辞先右后左、先正后反，故遇正面问之辞刻于左边者，乃曲为之说，以为不背于先右后左之例耳。

① 张秉权：《卜龟腹甲的序数》，《“中研院”历史语言研究所集刊·第二十八本》（上册），“中研院”历史语言研究所，1956年，第241—243页。

> 但验诸事实，殷人刻辞或不必如是规整，观胡厚宣氏《卜辞杂例》所举者，思过半矣……据此而言，意殷人刻正反之辞，殆不必先右后左，先正后反。前辞既刻于左，则谓有先刻左后刻右者，似无不可也。今以左正右负者，虽不如左负右正之多，亦非少数，是以不固执一端，据方位、语气之异判为二类，不亦可乎[①]?

曹兆兰也曾评述过张秉权的观点：

> 从张秉权所说明的情况来看，他已经意识到占卜时的意图对正反对贞辞序的影响，这是很正确的思路。张氏按照占卜者的“希望”是什么来确定肯定、否定，跟一般人用否定词的有无来确定肯定否定不同。按照这种方法来确定肯定、否定，有时候并不容易。因为商代人对于事物好坏的判断标准以及占卜时的情景，我们并不十分清楚。有时候他们到底希望什么、不希望什么，我们往往很难断定。即便如占卜“亲人”的疾病，我们有时看到先卜“亡疾”，有时先卜“有疾”。那么，占卜者“希望的答案”是什么呢？可见，用占卜者“希望的答案”是肯定还是否定来看正反对贞的先后辞序，并不全面。再从有观祖先“害”我（或王）与否的卜辞看，按照一般人的情理，占卜者应当是希望祖先不害我（或王）的。但是，这类卜辞一般来说却是先卜“害”我（或王）……尽李氏（李达良）对于张氏的批评理由并不充足，李氏提出以“前辞”有无来确定先刻后刻，也没有多少说服力。但是，我们也应当承认，反贞先卜问确实为数不少[②]。

所以，曹兆兰认为：“对贞卜辞在龟甲反面先左正卜、后右反卜为常；在龟甲正面是先右正卜，后左反卜为常。”[③]沈培则认为正贞和反贞都有先卜之例，先卜问的一方代表着占卜者当时的先设[④]。

张秉权论述了龟腹甲对贞卜辞先右后左的顺序，推测了对贞的先后顺序“似乎是有一定的原则的”，其论据是占卜者的心情、卜辞的肯定或否定语气、龟腹甲的部位等。我们比较赞同李达良的论述，“未卜之前正不必期答案如何也；问正问反，则决事之加详加密而已”。并不是所有的对贞卜辞都是正反对贞，还有一些正正对贞和反反对贞类卜辞，那么张秉权的顺序“原则”似乎就不太适用。再者，以对贞卜辞的契刻位置而言，大部分腹甲的对贞卜辞契刻于千里路的两侧，而有些对贞卜辞确实刻于龟腹甲的同一边，属于“上下相对”或“交叉

① 李达良：《龟版文例研究》，香港中文大学联合书院中文系，1972年，第87、88页。

② 曹兆兰：《龟甲占卜的某些具体步骤及几个相关问题》，《容庚先生百年诞辰纪念文集》，广东人民出版社，1998年，第197—199页。

③ 曹兆兰：《龟甲占卜的某些具体步骤及几个相关问题》，《容庚先生百年诞辰纪念文集》，广东人民出版社，1998年，第228页。

④ 沈培：《殷墟卜辞正反对贞的语用学考察》，《汉语史研究：纪念李方桂先生百年冥诞论文集》，“中研院”语言学研究所、美国华盛顿大学，2005年，第191页。

呼应”，如此，我们又该如何依据张秉权的观点推断正反与对贞的先后顺序呢？曹兆兰的论述理由比较充足，正贞卜辞较多，但“反贞先卜问确实为数不少”。或许如曹兆兰所说，龟甲正面的对贞卜辞，以先右正卜、后左反卜为常；龟甲反面的对贞卜辞，以先左正卜、后右反卜为常。

可以说，确定正反对贞的先后顺序，并不容易，或许应该结合具体占卜事宜、某版对贞卜辞来分析。所以，我们认为，正贞和反贞的卜问先后顺序并不确定，有时候正贞先卜问，有时候反贞先卜问。如果从殷人灼龟求兆的心理而言，殷人应该是先卜问正贞、后卜问反贞的。至于正正对贞和反反对贞的先后，就要结合具体占卜事宜的正反两个方面（卜辞）来确定其卜问顺序了。

## （三）龟背甲之上的对贞卜辞

除了龟腹甲，龟背甲也存在对贞卜问的形式。背甲正面契刻正正对贞和正反对贞卜辞，如：

| | |
|---|---|
| 羌甲壱王。 | （正贞） |
| 南庚壱王。 | （正贞） |
| 乙酉卜，穷，贞：乎弜卪，若。 | （正贞） |
| 贞：［勿乎］弜［卪］，□。 | （反贞） |
| 贞：乎弜卪。 | （正贞） |
| 勿乎弜卪。 | （反贞） |
| ［贞］：冎［父］壬壱［王］。 | （正贞） |
| 贞：冎父壬弗壱王。 | （反贞） |

《合集》1823正

| | |
|---|---|
| 贞雨。 | （正贞） |
| 不其雨。 | （反贞） |
| 贞今日其雨。 | （正贞） |
| 今日不其雨。 | （反贞） |
| 贞令偁。 | （正贞） |
| 贞偁叀目乎比。 | （正贞） |
| 贞方于蒙。 | （正贞） |
| 贞方勿于蒙。 | （反贞） |

《合集》8648正

以上是对贞卜辞契刻于背甲正面的情况，有正正对贞和正反对贞。再者，正贞卜辞和反贞卜辞分别契刻于背甲的正面、反面，如《合集》右背甲14129（正、反，图9-4），正面契刻正贞卜辞、反面契刻反贞卜辞：

| 正面正贞 | 反面反贞 |
|---|---|
| 壬申卜，宕，贞：帝令［雨］。 | 贞：□帝不其［令雨］。 |
| 贞：及今二月雷。 | 弗其今二月雷。 |
| □□卜，韦，贞：王往从之。 | 贞：王勿其往从之。 |

《合集》14129正、反

这是三版龟背甲上典型的对贞卜辞，与龟腹甲相同的是，对贞卜辞契刻于背甲的同一面，或者分别契刻于背甲的正面和反面，形成正面正贞、反面反贞的对贞形式。当然，龟背甲不似龟腹甲以千里路为中界，对贞卜辞契刻于左右两侧。背甲之上的对贞，只能结合对贞卜辞契刻的相对位置而论，如左右对贞、上下对贞，这就涉及背甲卜辞的辞例问题了。

正面　　反面

图9-4　龟背甲

## （四）胛骨之上的对贞卜辞

胛骨也有正反对贞者，但和龟背甲一样，同版胛骨之左右无法严格划分，可以依据两条对贞卜辞所在彼此的左或右而区分。

### 1. 胛骨正反对贞左右相对例

有时候，正反对贞卜辞契刻于彼此的左边或右边，两条卜辞位置相对。如：

壬子卜，𡧊，贞：𢀛方出，隹我㞢乍𡆥。（左边）
壬子卜，𡧊，贞：方出，不隹我㞢乍𡆥。五月。（右边）

《合集》6087正

［辛巳］卜，争，贞：今者王比望乘伐下危，受㞢又。十一月。（左边）
辛巳卜，争，贞：今者王勿比望乘伐下危，弗其㞢又。（右边）

《合集》6487正

□□［卜］，□，［贞王］勿比望乘伐下危，弗［其受㞢又］。（左边）
□□［卜］，□，［贞］：王比望乘伐下危，受㞢［又］。（右边）
□□卜，□，［贞］：我勿巳宊，乍帝降不若。（左边）
□□［卜］，□，［贞］：我其巳宊，乍帝降若。（右边）

《合集》6497正

□□［卜］，𡧊，贞：王比望乘伐下危，受又。（左边）
□□［卜］，□，贞：王勿比望乘伐下危，不受又。（右边）
□□卜，𡧊，贞：我其巳宊，乍帝降若。（左边）
□□［卜］，𡧊，贞：我勿巳宊，乍帝降不若。（右边）

《合集》6498正

戊子卜，𣎵，翌己丑不雨。（左边）
戊子卜，𣎵，翌己丑其雨。（右边）
己丑卜，翌庚寅不雨。（左边）
己丑卜，𣎵，翌庚寅其雨。（右边）
翌辛卯其雨。（左边）
庚寅卜，𣎵，翌辛卯不雨。（右边）

《合集》12436正

戊辰卜，争，贞：来乙亥不雨。 （左边）
戊辰卜，争，［贞］：来乙亥其雨。 （右边）

《合集》12465正

翌丁亥不［雨］。允不［雨］ （左边）
翌丁亥其雨。二月。 （右边）

《合集》12517正

辛亥卜，㱿，贞：于乙门令。 （左边）
辛亥卜，㱿，贞：勿于乙门令。 （右边）

《合集》12814正

**2. 胛骨正反对贞上下相对例**

有时候，正反对贞卜辞契刻于彼此的上边或下边，两条卜辞位置相对[①]。胛骨上下对贞例，如：

弗及今夕雨。 （上边）
戊辰卜，及今夕雨。 （下边）
庚午，𡆥于岳，㞢比才雨。 （上边）
𡆥于岳，亡比才雨。 （下边）

《合集》33273正

据朱歧祥统计，牛胛骨之上对贞卜辞有八类：①左右对贞，右正左反，两两成组；此例最为常见；②左右对贞，两两皆正排列；③左右对贞，左正右反排列；④上下对贞，上反下正排列；⑤上下对贞，上正下反排列；⑥上下对贞，隔组正反排列；⑦上下对贞，两两皆正排列；⑧上下对贞，两两皆反排列[②]；所以，胛骨之上的对贞卜辞，可以分为左右对贞和上下对贞。

以上，我们简述了龟腹甲、龟背甲和胛骨之上的对贞卜问。龟腹甲的正面与反面都可以契刻对贞卜辞，都是以左右对贞为主。龟背甲的对贞卜辞一般契刻于正面，也有正面与反面分别契刻对贞卜辞的情况。胛骨的对贞卜问比较特殊，有左右对贞和上下对贞之例。可知，对贞实为商王朝主要的卜问方式之一。但是，欲确定正贞卜问与反贞卜问的先后顺序，存在一定难度。

---

① 周鸿翔：《卜辞对贞述例》，万有图书公司，1969年，第22、23页；李达良：《龟版文例研究》，香港中文大学联合书院中文系，1972年，第65—68页；曹兆兰：《龟甲占卜的某些具体步骤及几个相关问题》，《容庚先生百年诞辰纪念文集》，广东人民出版社，1998年，第232页，表5。

② 朱歧祥：《殷墟卜辞句法论稿——对贞卜辞句型变异研究》，学生书局，1990年，第10—12页。

## 二、二人共贞

传世文献有“二人共贞”的记载，如《尚书·洛诰》载：“公既定宅，伻来，来视予卜休，恒吉。我二人共贞。”[①]郭沫若将一条卜辞之中两个贞人共卜的现象称为“二人共卜”[②]。陈梦家将二人共贞称为“并卜”：“并卜卜人，即在同一版同一卜辞内两个卜人同卜一件事，这样的例子不很多”，“所谓‘并卜’者是在同一卜辞内两个卜人并卜，此例仅见于武丁时代”[③]。饶宗颐称之为“二人同贞”[④]。二人共贞例，均为“𠧪”与其他贞人共卜，如：

□未［卜］，内、𠧪，贞☐　　《合集》909

□□［卜］，㱿、［𠧪］，贞：旬☐　　《合集》3587

癸亥卜，㝛、𠧪，贞☐　　《合集》3700

癸未卜，争、𠧪，贞：旬亡𡆥。　　《合集》3755

□□［卜］，争、𠧪，贞：旬亡𡆥。壬辰雨。　　《合集》3756

□□［卜］，［争］、𠧪，贞：旬亡𡆥。丁未雨，己酉☐　　《合集》3756

癸酉卜，争、𠧪，贞：旬亡𡆥。　　《合集》6929（重见《合补》13243）

［癸］卯卜，［㱿］、𠧪，贞：亡𡆥。　　《合集》16531

癸未卜，争、𠧪，贞：旬亡𡆥。　　《合集》16815

癸未卜，争、𠧪，贞：旬亡𡆥。□告。　　《合集》16816

癸未卜，𠧪，［贞］：旬亡𡆥。　　《合集》16817

癸卯卜，争、𠧪，贞：旬亡𡆥。　　《合集》16862

［癸］丑卜，［争］、𠧪，贞：［旬］亡𡆥。　　《合集》16891

可知，二人共贞例卜辞，与𠧪共贞的贞人有武丁时期的内、㱿、㝛、争等，且𠧪位于这些贞人之后。也就是说，从目前的材料看二人共贞的现象只出现于武丁时期，且均是𠧪与其他贞人共贞。常见争与𠧪共贞的情况，卜辞内容多为贞旬。当然，𠧪作为贞人也可以单独出现于卜辞之中，如《合集》3912、3913、3914、16670、16847、16870等[⑤]。除了一条卜辞中有二人共贞一事外，还有异版同文或异文卜辞、同版数条卜辞常见“异史共贞”的情况[⑥]。从这个角度而言，二人共贞属于“异史共贞”的一种。

---

① （清）孙星衍撰，陈抗、盛冬铃点校：《尚书今古文注疏》，中华书局，1986年，第405页。

② 郭沫若：《殷契粹编·考释》，科学出版社，1965年，第188页。

③ 陈梦家：《殷虚卜辞综述》，中华书局，1988年，第173、175页。

④ 饶宗颐：《殷代贞卜人物通考》，中华书局，2015年，第53页。

⑤ 许子潇：《商代甲骨占卜中的二人共贞现象》，《殷都学刊》2019年第3期。

⑥ 牛海茹：《论商代甲骨占卜中的“异史共贞”》，《甲骨文与殷商史》（新八辑），上海古籍出版社，2018年，第440—447页。

## 三、一事多卜

《周易·上经坤传第二·蒙》有言：“初筮告，再三渎，渎则不告。”①《春秋左传·襄公》：“夏四月，三卜郊，不从，乃免牲”，又《襄公》：“夏四月，四卜郊，不从，乃不郊”，《僖公》：“夏四月，四卜郊，不从，乃免牲”，《成公》：“夏四月，五卜郊，不从，乃不郊”②。可知，传世文献所载有三卜、四卜、五卜，这就是一事多卜。

朱芳圃以卜问次数将商代贞卜之法分为一事而卜问两次的一贞法（只卜问一次）、两贞法（左右皆正者、左正右反者、左反右正者）、三贞法（先问正反两面而更决他事者、只问正面者）、四贞法（先问正反两面而更决他事者、只问正面者）③。

一事多卜，即反复贞问同一件事。胡厚宣最先发现了甲骨卜辞一事多卜的现象，即一事一卜、一事二卜、一事三卜、一事四卜、一事五卜、一事六卜、一事七卜、一事八卜、一事九卜、一事十卜、一事十一卜、一事十二卜、一事十三卜、一事十四卜、一事十八卜的现象，他还指出：“殷人之卜，决不只一事十次而已。”④

王宇信也说：“殷人有时一事一卜，但不少卜辞是一事多卜的。有一事二卜、一事三卜、一事四卜、一事五卜、一事六卜、一事七卜、一事八卜、一事九卜、十卜、十一卜、十二卜、十三卜、十四卜、十五卜、十六卜、十七卜，直至一事十八卜。”⑤

以下，我们来看甲骨卜辞中的一事一卜例、一事二卜例、一事三卜例、一事四卜例、一事五卜例、一事六卜例、一事七卜例、一事八卜例、一事九卜例、一事十卜例。

一事一卜例（即单贞卜问），如：

辛未卜，亘，贞：往逐豖，隻。一　　《合集》10229正

己亥卜，母往于田，其又史。子占曰：其又史。用。又宜。一　　《花东》288

一事二卜例，如：

壬辰卜，内，翌癸巳雨。癸巳见，允雨。一二

翌不其☐ 一二　　《合集》12971

壬申卜，亘，贞：雀冎不于壴，由八人，封五人。一二

贞：黄尹不雀。一二　　《合集》595正+6000正

① （清）李道平撰：《周易集解纂疏》，上海古籍出版社，1994年，第28页。

② 杨伯峻编著：《春秋左传注》，中华书局，1995年，第949、985、486、847页。

③ 朱芳圃：《甲骨学商史编》（下册），中华书局，1935年，第8—10页。

④ 胡厚宣：《卜辞同文例》，《中央研究院历史语言研究所集刊·第九本》（第二分册），商务印书馆，1947年，第135—144页。

⑤ 王宇信：《甲骨学通论》，中国社会科学出版社，1999年，第146页。

一事三卜例，如：

翌庚子其雨。一 二 三
翌辛丑其雨。一 二 三
翌辛丑不雨。一 二 三
翌壬雨。一 二 三
翌壬寅不雨。一 二 三 《合集》423

丁卯卜，贞：虫于大甲。三月。一 二 三 《合集》1424
甲子卜，亘，贞：立史。一 二 三
贞：乎取丘汏☐一 二 三 《合集》5510正+7059
贞：帚妌田，不其萑。一［二］三 《合集》9607正
己酉卜，黍年虫正雨。［一］二 三 《合集》10138
己酉雨，允雨。一 二 三 《合集》12910
戊申卜，贞：雀冎凡虫疾。六月。一 二 三
己酉卜，不其雨。一 二 三 《合集》13869

一事四卜例，如：

辛酉卜，韦，贞：今夕不其☐一 二 三 四 《合集》10229正
戊申卜，永，贞：望乘虫保才攸。一 二 三 四 《合集》39768=《英藏》1555
戊辰卜，王，才四月。一
戊辰卜，王。二
戊辰卜，王。三
戊辰卜，王。四 《合集》23837
丙辰卜，征𡆥商，若。用。一 二 三 四 《花东》382
壬午夕，岁犬一妣庚。一 二 三
壬午夕，岁犬一妣庚。四 《花东》451

一事五卜例，如：

辛亥卜，穷，贞：㠯正化以王係。一 二 三 四 五
辛亥卜，穷，贞：㠯正化弗其以王係。一 二 三 四 五 《合集》1100正
戊午卜，宕，贞：般往来亡囚。一 二 三 四 五 《合集》4259正
甲午卜，亘，贞：南土受年。［一 二］三 四 五 《合集》9738
戠不其来。三月。一 二 三 四 五
贞：祖乙其壱王。一 二 三 四 五
贞：祖乙勿壱王。一 二 三 四 五 《合集》9741正

丙辰卜，㱿，贞：我受黍年。一 二 三 四 五
丙辰卜，㱿，贞：我弗其受黍年。四月。一 二 三 四 五 《合集》9950正
甲寅卜，古，贞：帚妌受黍年。一 二 三 四 五 《合集》9968正
［丁］酉卜，翌戊戌雨。［一］二 三 四 五 《合集》12908
丁未卜，翌戊雨不。一 二 三 四 五 《合集》12910

一事六卜例，如：
庚申卜，方其大出。一 二 三 四 五 六 《合集》6697+11535
贞：曰土方▨允▨［一 二 三］四［五］六 《合集》8486正
甲午卜，征，贞：东土不其受年。一 二 三 四 五 六 《合集》9735
贞：西土受年。一 二 三 四 五 六
贞：西土不其受年。一 二 三 四 五 六
丁未卜，㱿，贞：▨受年。一 二 三 四 五 六
贞：▨不其受年。三月。一 二 三 四 五 六 《合集》9741正
贞：西土不其受年。一 二 三 四 五 六 《合集》9742正
辛酉卜，王。一
辛酉卜，王。二
辛酉卜，王。三
辛酉卜，王。四
辛酉卜，王。五
辛酉卜，王。六 《合集》22884
丁卯卜，子其入学，若，永，用。一 二 三
丁卯卜，子其入学，若，永，用。四 五 六 《花东》450

一事七卜例，如：
甲午卜，征，贞：东土受年。一 二 三 四 五 六 七 《合集》9735
甲午卜，穷，贞：西土受年。一 二 三 四 五 六［七］ 《合集》9742正
甲午卜，韦，贞：［西］土不其受年。一 二［三］四 五 六［七］ 《合集》9743正
甲辰卜，穷，贞：我奴人。一 二 三 四 五 六 七
贞：我勿奴人。一 二 三 四 五 六 七 《合集》9811正

一事八卜例，如：
甲午卜，韦，贞：西土受年。一 二 三 四 五 六 七 八 《合集》9743正
贞：壴其虫囚。一 二［三］四 五 六 七 八
戊午卜，古，贞：妻受年。一 二 三 四 五 六 七 八 《合集》9811正
庚午卜，王，才▨卜。一

庚午卜，王。才十二月。二
庚午卜，王。才十二月。三
庚午卜，王。才十二月。四
庚午卜，王。五
庚午卜，王。才十二月。六
庚午卜，王。才十二月。［七］
庚午卜，王。八　　《合集》24352

一事九卜例，如：
贞：𡆥受年。一二三四五六七八九　　《合集》9802
癸未卜，内，贞：我受黍年。一二三四五六七八九
贞：祖丁𢀛尻。一二三四五六七八九
贞：祖丁不𢀛尻。一二三四五六七八九　　《合集》9947

一事十卜例，如：
壬子卜，白𠕋其敀。七月。一二三四五六七八九［十］　　《合集》3418
庚子卜，萑受年。一二三四五六七［八］九十　　《合集》9758正
乙卯卜，宊，贞：𦎫受年。一二三四五六七八九十　　《合集》9783正

另外，《花东》有异版一事四卜之例，如：
己丑，岁妣庚牝一，子往澫，钔［兴］。一二三　　《花东》255
己丑，岁妣庚牝一，子往澫钔。四　　《花东》55
再如：
乙亥夕，岁祖乙黑牝一，子祝。一二
乙亥夕，岁祖乙黑牝一，子祝。三四　　《花东》67
乙亥夕，岁祖乙黑牝一，子祝。一　　《花东》161

殷墟甲骨上卜兆之旁的兆序数字代表了占卜的次序，兆序数字是系联一事多卜卜辞的关键。兆序数字还没有发现“十”以上的，因甲骨“卜兆纪序之数字，十之后，乃由一起，决不用十一，十二等类合文”[①]。故在甲骨之上，兆序数字为“一”“二”“三”“四”“五”“六”“七”“八”“九”“十”。即使某一件事占卜超过十次，其兆序数字会再次从“一”开始记录。故而，殷墟甲骨一事多卜实为泛指。

殷人一事多卜的卜辞刻于同版或异版，内容几乎相同。异版一事多卜的卜辞，即在“不同之甲骨上为之者，则同一卜辞，常刻于每一甲骨。即今所谓卜辞同文之例也”，卜辞同文例，

① 胡厚宣：《卜辞同文例》，《中央研究院历史语言研究所集刊·第九本》（第二分册），商务印书馆，1947年，第144页。

有“两版或两版以上之甲骨，有一辞相同者，有二辞相同者，有三辞相同者，有四辞相同者，有五辞相同者，有六辞相同者，有八辞相同者，有多辞相同者，有辞同卜序亦同者，有同文异史者，有同文而为一事之反正两面者”[①]。

所谓“一辞同文”，“就是同一件事在不同的甲骨上反复卜问，不同甲骨上所刻的卜辞文句完全相同”；所谓“二辞同文”，“即在不同的甲骨上，所卜二事相同，但所卜次数不一”；所谓“三辞同文”，“即在一块甲骨上卜问三事后，又在另外的甲骨上继续卜问上版之三事”，皆为“两块甲骨上所刻三辞皆相同”；所谓“四辞同文”，“就是在一块甲骨上卜问四事以后，还要用另外的甲骨继续占问此相同的事。有用二块甲骨的，也有用三块甲骨的”；所谓“六辞同文”，“就是在一块甲骨上卜问六事以后，还要在另外的甲骨上继续占问此相同六事”；所谓“八辞同文”，“就是在一版甲骨上卜问八事以后，又在令一甲骨上继续卜问此相同八事。有用两骨者”；所谓“多辞同文”，“就是在一版甲骨上有多条卜辞，但在另外的甲骨上也有相同的刻辞”；所谓“同文正反（同文异史）”，“就是在不同甲骨上占卜某事，有的甲骨刻辞为正问，有的甲骨刻辞为反问”[②]。

一辞同文之例，有两卜者、三卜者、四卜者、五卜者；二辞同文之例，有两卜者、三卜者；三辞同文之例皆两卜；四辞同文之例，有两卜者、三卜者；五辞同文之例，有三卜者；六辞同文之例，有四卜者；八辞同文之例，有两卜者、四卜者；多辞同文之例，有两卜者、三卜者、四卜者[③]。

殷人一事多卜，就会出现卜辞同文之辞例。所以，张秉权称之为“成套卜辞”或“成套甲骨”[④]。再者，张秉权以甲骨作为分类标准，将成套卜辞分为：一套卜辞同在一版，而该版卜辞均为成套者；一套卜辞散在各版，而各版卜辞均为成套者，这一类的甲骨，也叫做成套甲骨；一套卜辞同在一版，而该版卜辞并非均为成套者；一套卜辞散在各版，而各版上所有的卜辞不尽成套者，这是另一形式的成套甲骨。

张秉权还以卜辞作为分类标准，将成套卜辞分为两大类：

（1）同文的成套卜辞，即一套卜辞中的各条，所有的文学全部相同者，这一类的卜辞，又可分二种：①同文而又同版者，即一套同文的卜辞，刻在同一甲骨之上，亦即一件事情的若干次占卜，均在同一甲骨上举行者；②同文而异版者，即一套同文的卜辞，分刻在若干块不同的甲骨之上，换句话说，也就是分刻在一套甲骨上者，亦即一件事情的若干次占卜，分别在一

① 胡厚宣：《卜辞同文例》，《中央研究院历史语言研究所集刊·第九本》（第二分册），商务印书馆，1947年，第144页。

② 胡厚宣：《卜辞同文例》，《中央研究院历史语言研究所集刊·第九本》（第二分册），商务印书馆，1947年，第144—178页；王宇信：《甲骨学通论》，中国社会科学出版社，1999年，第147、148页。

③ 胡厚宣：《卜辞同文例》，《中央研究院历史语言研究所集刊·第九本》（第二分册），商务印书馆，1947年，第144—178页。

④ 张秉权：《卜龟腹甲的序数》，《“中研院”历史语言研究所集刊·第二十八本》（上册），“中研院”历史语言研究所，1956年，第229—257页；张秉权：《论成套卜辞》，《庆祝董作宾先生六十五岁论文集》（上册），“中研院”历史语言研究所，1960年，第389—401页；张秉权：《甲骨文与甲骨学·成套卜辞与成套甲骨》，台湾编译馆，1988年，第197—238页。

套甲骨上占卜者。

（2）省文或异文的成套卜辞，即一套中的若干条卜辞，或详或略。繁简不一，而非全属同文者，或者其中有若干字体书法不同，互出异文者，这一类的卜辞，如果从同文的观点去研究，就没有机会将它们复原成套的。于是它们便将成为无法了解的，或意义含糊的，无法运用的废料了。这类卜辞也可分为二种：①省文或异文而同版者，即一套互有详略的卜辞，刻在同一甲骨上者；②省文或异文而异版者，即一套互有详略的卜辞，分刻在若干块不同的甲骨之上者[①]。

后来，张秉权又详细论述了成套甲骨和成套卜辞：一，将异版成套的龟腹甲分为：完整的成套腹甲，由五版组成；残缺的成套腹甲，仅存一版、二版、三版或四版；四版残缺成套的牛胛骨；二，将同一版上的成套卜辞分为：一版上仅有一套或一套对贞（即二套）卜辞；同一版上有数套卜辞；三，不同版上的成套卜辞。另外，据张秉权说，成套甲骨或成套卜辞的价值之一就是："成套卜辞可以考察殷代占卜的制度，关于殷代的占卜制度，在文献上，已经很难稽考，在甲骨实物上，可以看出一些，但是不多，现在由于成套卜辞的发现，又可提供我们一些资料。"如：一，"殷人有贞一事于成套甲骨的实例"；二，"成套甲骨通常由五块（或少于五块）大小相似的甲骨所组成，在目前的材料中似乎还没有发现一套由六块以上的甲骨所组成者，换句话说，我们还没有看到过全版序数都是'六'或六以上的数字的完整甲骨。这一假设只是就成套的甲骨而言。在同版上的成套卜辞，其序数有在'六'以上者。"三，"殷代已有数人共贞一事的实例"[②]。

可知，兆序数字是系联成套卜辞或成套甲骨的关键。上文所说《花东》异版一事四卜之例，《花东》255与55、《花东》67与161，就是成套甲骨，卜辞就是成套卜辞，兆序相连。所以，以成套甲骨或成套卜辞而论，卜辞的条数，并不能代表占卜的次数。同一版上的同文卜辞，繁简得当，就是因为："它处在对贞或成套卜辞之中的关系，所以不必重复地将完全的句子写下来，也可以叫人一望而知的……我们对于用卜辞的统计来作为研究殷史的基础，便发生了极严重的单位上和方法上的问题了，而以前的人们的统计数字的不够精密，不够准确，不足为据，原因也就在此"；"如果我们忽略了卜兆序数，而仅以一条或一片卜辞，代表一次贞卜，那么对于上述各例的成套卜辞，与成套腹甲上的卜辞，（它们原来是碎成数十块的破片，现在我们把它们拼兑起来了），在统计的时候，势必重复地加以计数，如此，则在统计的单位上，先已发生了严重的问题，所得的结果，就不能够准确了"[③]。

王宇信曾评价同文卜辞和成套卜辞说："龟甲和兽骨上同文卜辞和成套甲骨研究的发凡启例工作，是胡厚宣先生最早系统进行的。其后，张秉权又作了不少补苴和深入研究工作。同文

---

① 张秉权：《论成套卜辞》，《庆祝董作宾先生六十五岁论文集》（上册），"中研院"历史语言研究所，1960年，第393—395页。

② 张秉权：《甲骨文与甲骨学·成套卜辞与成套甲骨》，台湾编译馆，1988年，第202—237页。

③ 张秉权：《卜龟腹甲的序数》，《"中研院"历史语言研究所集刊·第二十八本》（上册），"中研院"历史语言研究所，1956年，第246、247、256页。

卜辞和成套甲骨的认识，对甲骨学的研究很有意义。”[①]后来，章秀霞就据一事多卜、成套卜辞或成套甲骨提出了“组卜兆”的概念，即“对同一件事进行多次占卜的过程中所出现的多个卜兆就是我们所说的组卜兆”[②]。同理，兆序数字也是系联组卜兆的关键。由此也可知，兆序数字是研究甲骨卜法不容忽视的关键。

以上所述“同文卜辞”和成套卜辞或成套甲骨的基础便是一事多卜，即一事多卜之后，将占卜内容刻于同版或异版的甲骨之上，兆序数字相连。总之，殷商卜法以一事多卜居多，一事一卜者较少。从成套卜辞或成套甲骨可以看出，殷人一事多卜之例较多。张秉权由兆序数字发现了成套卜辞或成套甲骨，可以为学者统计卜辞提供全新的方法，于甲骨学研究大有裨益。

## 四、三　卜　制

传世文献中有卜用三龟的记载，《尚书·金縢》载：“乃卜三龟，一习吉。启籥见书，乃并是吉。”[③]《春秋左传·襄公》言：“夏四月，三卜郊，不从，乃免牲。”[④]《论衡·卜筮》曰：“周武王不豫，周公卜三龟。”[⑤]地下出土的甲骨可以印证传世文献所载的三卜制。殷商三卜制，可由甲骨上相连的兆序数字组成；元卜、右卜、左卜是三卜制的形式；卜辞有“三卜”之语；出土甲骨实物的摆放情况也可以佐证三卜制。

以兆序数字而论，如下列五组三卜制：

第一组：

己亥卜，争，贞：王勿立中。一　　《欧美亚》200

己亥卜，争，贞：王勿立中。二　　《合集》7367

己亥卜，争，贞：王勿立中。三　　《合集》7368

第二组：

壬戌卜，用医屯自上甲十☐。一

壬戌卜，乙丑用医屯。一

癸亥卜，乙丑用医屯。一

癸［亥］☒乙丑易日。一　　《合集》32187

壬戌卜，于七示［自］☒二

壬戌卜，用屯，乙丑。二

癸亥卜，用屯，乙丑。二

---

① 王宇信：《甲骨学通论》，中国社会科学出版社，1999年，第148、149页。

② 章秀霞：《花东子卜辞与殷礼研究》，中华书局，2017年，第338、339页。

③ （清）孙星衍撰，陈抗、盛冬铃点校：《尚书今古文注疏》，中华书局，1986年，第328页。

④ 杨伯峻编著：《春秋左传注》，中华书局，1995年，第949页。

⑤ 黄晖撰：《论衡校释》，中华书局，1990年，第1003页。

甲子卜，乙丑易日。允。二　《屯南》2534

于甲□用医屯。三

☐［五］示☐用医屯。三

癸亥卜，乙丑易日。三　《合集》32189+32188+《库》1781（参见《合补》10481）

第三组：

辛酉，贞：癸亥又父丁岁五牢。不用。一　《合集》32665

辛酉，贞：癸亥又父□岁五牢。不用。二　《屯南》723

辛酉，贞：癸亥又父丁岁五牢。不用。三　《合集》32667

第四组：

庚辰，贞：𡆥以大示。一

辛巳，贞：以伊示。一　《合集》32847

庚辰，贞：王于丁亥令𡆥。二

辛巳，贞：以伊示。二　《合集》32848

庚辰，贞：王于丁亥令𡆥。三

弜爯大示。三　《合集》32849

第五组：

岁妣庚豼。一

岁妣庚豼一。二

岁妣庚一豼。三　《花东》446

以上五组三卜制，卜辞内容相同，卜数相连或相属，各自成组。也就是说，兆序数字在系联三卜制卜辞的过程中起到了关键作用。

以元卜、右卜、左卜形成的三卜制，如：

庚申卜，旅，贞：叀元卜用。才二月。　《合集》23390

习元卜。　《合集》31675

己酉卜，大，贞：叀右卜用。　《合集》25019

右卜。　《合集》28974反

丁卯，右卜兄岁，不用。　《合集》41496

☐入商。左卜𡧊曰：弜入商。　《屯南》930

孟世凯指出："'元卜'乃'始卜'。《说文》：'元，始也'。"[①]宋镇豪认为"元卜""右卜""左卜"可以"分指三块卜用甲骨，殷王朝行卜，以每次卜用三块甲骨为常例，其甲骨被分别名之为'元卜''右卜''左卜'；或因由三人同时分别占之以断兆坼吉凶，故

① 孟世凯：《甲骨学辞典》，上海人民出版社，2009年，第119页。

‘元卜’‘右卜’‘左卜’亦指人，设职以称之”，“元卜”“右卜”“左卜”应是“‘三卜制’形成和规范化的产物”，“‘三卜制’的‘元卜’是第一卜……‘右卜’应为第二卜，‘左卜’则为第三卜”[①]。不只宋镇豪认为“元卜”“右卜”“左卜”可能是指卜官，在此之前，饶宗颐也曾指出殷契所见“左卜”“右卜”“元卜”为官名[②]。

朱彦民指出“元卜”“右卜”“左卜”就是三卜制度的一种形式，“即对同一件事用右、中、左三骨占卜了三次，也即‘右卜’‘中卜’‘左卜’的意思，左右中三卜而定，三占从二的意思，可见殷人对此神祭祀的重视程度。从现有材料统计的结果来看，该类卜辞的三卜情况并不均等，分别为四右三中一左，即右卜的次数较多，中卜的次数居中，而左卜的次数最少。由此可见，三卜之中所贞问的祭祀对象一致，祭祀牺牲一样，牺牲数量相等，只是祭祀的时间和左右中卜次不一样而已，但是祭祀者还是较多地选用或参考了右卜的结果。其中对右卜的偏爱和崇敬，不言而喻……甲骨文中还有一些‘右用’的辞例，当是‘用右卜’的省略……可见在商代的占卜制度中，确曾有把‘右卜’当作首选用卜的习惯”[③]。

无论如何，“元卜”“右卜”“左卜”就是三卜制的一种形式。另外，甲骨卜辞也有“三卜”之语，如：

□未卜，王，贞：三卜豕卒叢。　　《合集》5330

乙卯卜，穷，贞：三卜王往于𢀛京，若。六月。　　《合集》8039

贞：三卜〼［雀］以〼　　《合集》9034

□辰卜，［贞］：三卜，丙允〼　　《合集》21403

□□［卜］，贞：三卜。　　《合集》21404（重见17673）

甲寅卜，贞：三卜用，血三羊，册伐二十，鬯三十，牢三十，艮三多于妣庚。　　《合集》22231

甲戌卜，大，贞：勿羊，用三卜。　　《合集》25020

甲辰卜，狄，贞：习三卜。　　《合集》30757

［兹］三卜，亡若。　　《合集》31676

其用三卜。　　《合集》31677

□□，琶〼三卜〼　　《合集》41501+32826

戊戌三卜，卜二人。（倒刻）　　《屯南》2504（习刻）

考古出土甲骨实物的摆放情况，也可以看出殷商三卜制的端倪。如1971年，中国科学院考古研究所安阳工作队在殷墟小屯西地进行发掘，在探方T1第7层中发现21版完整的牛胛骨卜骨，其叠压情况为：“这二十一枚卜骨重叠着堆放在一起，井然有序，骨臼大多向东，只有三枚向北。叠压的情况大致分为三组：西南一组三枚，东南一组六枚，北面一组十二枚。”郭沫

① 宋镇豪：《论古代甲骨占卜的“三卜”制》，《殷墟博物苑苑刊》创刊号，殷墟博物苑、中国殷商文化学会编，中国社会科学出版社，1989年，第142、143页。

② 饶宗颐主编、沈建华编辑：《甲骨文通检》（第四册），中文大学出版社，1995年，第14、15页。

③ 朱彦民：《商代社会的文化与观念》，南开大学出版社，2014年，第432、433页。

若据此指出它们每组都是以三为公约数，“即是卜骨或卜龟是以三枚为一组，一次卜用三龟或三骨”，“一卜不言，则再用三龟，其用骨者当亦同然”[①]。郭沫若这篇文章写好之后，胡厚宣又提供了“卜用三骨”的一些佐证。胡厚宣认为：“甲骨文有所谓牛胛骨‘俎邯刻辞’者，今发现共九例。末署三左三中三右，皆以左中右为一组。有人按其七个日期，每日为左中右一组，共排为七组二十一例。”[②]校对胡厚宣九例刻辞，实为八例。以下，是八例“俎邯刻辞”：

己未俎［于］蠢羌［三］人，卯十牛。左。 《合集》386

丁卯俎于蠢［羌三］人，卯十牛。［中］。 《合集》387正

己未俎于蠢羌三，卯十牛。中。 《合集》388

丁酉［俎于］蠢羌三［人］，卯十牛。中。 《合集》389

癸卯俎于蠢羌三人，卯十牛。右。 《合集》390正

□寅俎［于］蠢羌三［人］，卯十牛。右。 《合集》391

癸巳俎［于］蠢羌［三人］，卯十牛。右。 《合集》392

癸酉俎于蠢羌三人，卯十牛。右。 《合集》394

八例“俎蠢刻辞”皆与羌人、卯牛有关，辞末有“左”“中”“右”三字。但是，这八例“俎蠢刻辞”并不是如胡厚宣所说“末署三左三中三右”，而是一左三中四右。宋镇豪认为：“这种署有右、中、左的牛胛骨记事刻辞，虽不直接关乎占卜制度，但为‘元卜’居中，‘右卜’和‘左卜’居右、左两侧的‘三卜制度’占卜形态提供了佐证”。[③]朱彦民则说：“或许可以直接地说，它就是三卜制度的一种形式，即对同一件事用右、中、左三骨占卜了三次，也即‘右卜’‘中卜’‘左卜’的意思……从现有材料统计的结果来看，该类卜辞的三卜情况并不均等，分别为四右三中一左。”[④]如果按宋镇豪、朱彦民所说，这八例“俎蠢刻辞”也可以间接佐证殷商三卜制。

再如1973—1974年，藁城台西商代遗址M14、M56、M103每座墓各出土了3片卜骨，卜骨“置放位置都在二层台上，而且骨臼朝一个方向。因疑当时可能是用绳捆扎在一起的”[⑤]。

从考古实物看，小屯西地出土的卜骨以三枚为一组，卜骨的骨臼大多数向东，只有三枚向北，这说明卜骨在埋藏的时候，其朝向应该是一致的。而藁城台西商代遗址出土的3片卜骨，骨臼朝一个方向，再次印证了小屯西地卜骨的朝向。所以，这两地出土卜骨的摆放情况，可证殷商三卜制。甲骨成组出土与甲骨摆放朝向是极易忽视的问题，但是，从小屯西地与藁城台西商代遗址出土的卜骨看，这两个问题都与甲骨占卜制度密切相关。再者，地下甲骨若成组出

---

① 郭沫若：《安阳新出土的牛胛骨及其刻辞》，《考古》1972年第2期。

② 胡厚宣：《关于“卜用三骨”的佐证》，《安阳新出土的牛胛骨及其刻辞·追记》，《考古》1972年第2期。

③ 宋镇豪：《论古代甲骨占卜的“三卜”制》，《殷墟博物苑苑刊》创刊号，中国社会科学出版社，1989年，第143页。

④ 朱彦民：《商代社会的文化与观念》，南开大学出版社，2014年，第431、432页。

⑤ 河北省文物研究所编：《藁城台西商代遗址》，文物出版社，1985年，第143—145页。

土，可能就是成套甲骨。

殷商甲骨三卜制，“在具体实施时，一些场合是每一卜由一人贯穿始终，这是比较理想的形式；但是在大多数场合往往由王者、右卜和左卜分别主持每一卜的占卜程式中的某个环节，如视兆坼、辨吉凶或事后的记验，而命龟灼燋另有其人为之”。“三卜制是以王者的占断为其核心，王者的辨兆坼、定吉凶具有决定性的权威意义。”“殷王在甲骨占卜中起有举足轻重的作用。就‘三卜制’的‘元卜’来说，殷王本人不一定非得亲自从事全部的占卜程式，具体占卜的事前事后工作或让其他神职人员为之；就‘右卜’和‘左卜’来说，他们的灼龟视兆辨吉凶每每为殷王的意志所左右；凡此充分表现出王者凌驾于卜官人员之上的显赫地位。文献所载君、史、卜三位一体的占卜形态，在一定程度上反映有殷商王朝甲骨占卜制度的一些特质。”殷商王朝三卜制的主要特色“是以王卜为最高形式，在于体现王者的意志乃代表了整个下界的根本愿望，而通过王者为主体的甲骨占卜，即可能达到与神灵世界充分的意识交流，这种‘三卜制’凭藉神灵的超人力量来维护国家的政治统治，以强调殷王的权威为其核心”①。也就是说，商王居于主导地位，右卜和左卜辅助王卜。“王卜”是三卜制的最高形式，体现了商王的意志，这也是殷人甲骨占卜的本质特征。

殷人为何会采用三卜制？因为“‘三卜制’是建立在信奉神灵和服从人王的社会政治制度基础上的，是借宗教崇拜的信仰以树立对人王的服从。‘三卜制’有可能把人王摆到与神灵同等重要的位置，但其占卜后效如何，却又取决于人王实际生活历练和治理国家的政治才能，取决于人王如何巧妙运用甲骨占卜的特殊思维模式，对客观事物的因果表象作出比较合理的判断推测，当然这也必然伴随着某些风险，因为错误的预测，有可能影响到王权的稳固，损伤人王的威信。事实上殷商卜官集团也在采取种种弥补措施，设法掩饰或冲淡商王在占断中的错误预测”②。据吉德炜研究，武丁时期的一些卜辞有五种记录方式：不记占辞或验辞；验辞证实占辞；验辞既不证实也不否定占辞；不记占辞，但验辞使人对预测的准确性发生怀疑；验辞几乎与占辞矛盾。所以，到了帝乙、帝辛时代，占卜记录远不如武丁时代真实③。综合宋镇豪与吉德炜的观点，我们认为商王的占卜并非一贯正确，殷人在占卜预测失误的情况下，建立了三卜制。三卜制正好可以纠正占卜预测的失误，维护商王的权威。

可知，商王朝已经建立了三卜制，这是重要的卜法制度。三卜制，有以兆序数字“一”“二”“三”相连的三卜制和分别由元卜、右卜、左卜组成的三卜制。卜辞“三卜”之语以及考古出土甲骨实物的摆放情况，也可佐证殷商甲骨占卜的三卜制。三卜制的卜辞内容基本相同，繁简稍有不同。

---

① 宋镇豪：《论古代甲骨占卜的“三卜”制》，《殷墟博物苑苑刊》创刊号，中国社会科学出版社，1989年，第143—145页。

② 宋镇豪：《商代社会生活与礼俗》，中国社会科学出版社，2010年，第644页。

③ 〔美〕吉德炜：《中国正史之渊源：商王占卜是否一贯正确》，《古文字研究》（第13辑），中华书局，1985年，第117—127页。

## 五、习 卜 制

习卜制是重要的卜法之一。习卜之辞，如：

壬子卜，争，贞：自今日我𢦏𠚪。

癸丑卜，［争］，贞：自今至于丁巳我𢦏𠚪。王𡆥曰：丁巳我毋其𢦏，于来甲子𢦏。旬㞢一日癸亥車弗𢦏。之夕𡆥，甲子允𢦏。一 二

癸丑卜，争，贞：自今至于丁巳我弗其𢦏𠚪。一 二

［庚］申卜，［王］，贞：隻缶。

庚申卜，王，贞：雀弗［其］隻缶。

癸亥卜，殻，贞：翌乙丑多臣𢦏缶。

翌乙丑多臣弗其𢦏缶。 《合集》6834

辛丑卜，帚𡚬不其妫。

癸亥卜，其妫。 《合集》14062

丙寅卜，我，贞：乎印取射子。

己巳卜，我，贞：射取子。 《合集》21586

壬申卜，贞：王室岁，亡尤。

癸酉卜，贞：王室岁，亡尤。 《合集》38493

乙酉卜，贞：王室岁，亡尤。

辛丑［卜］，贞：王室□［亡尤］ 《合集》38527

己巳卜，翌庚岁妣庚黑牛又羊。暮𢼂。用。一 二 三 四 五

庚午，岁妣庚黑牛又羊，子祝。一 二 三 四 五 六 《花东》451

以上所引卜辞，是在同版甲骨上连日或相隔数日进行占卜的记录。再者，甲骨卜辞有“习卜”之语，如：

习龟卜。又来𩍐，其用于□ 《合集》26979

习兹卜，王其弋，戊申。 《合集》31667

习䨺一卜。 《合集》31669

习䨺一卜。 《合集》31670

习一卜。 《合集》31671

习一卜。

习二卜。 《合集》31672

习二卜。 《合集》31673

习二卜。

习三卜。

习四卜。 《合集》31674

习元卜。 《合集》31675

可见，卜辞有“习龟卜”“习兹卜”“习𩁹一卜”“习一卜”“习二卜”“习三卜”“习四卜”“习元卜”等习卜之语。

首先，习卜之“习”并非卜兆吉凶的断语，因为某些兆辞就是对卜兆吉凶的解说。而陈邦怀认为：“卜辞‘习一卜’、‘习二卜’之习，并含有吉义矣。”[①]饶宗颐则认为：“按‘习’即‘袭’，重也。习卜非吉。”[②]陈、饶基于对“习”字的理解，指出“习卜”是吉凶之意。这些观点，还有待商榷。

其次，习卜之“习”字，乃因袭之意。裘锡圭认为卜辞所见习卜之“习”同《礼记·曲礼》“卜筮不相袭”的“袭”，“袭、习古通”，他推测：“卜辞所谓习卜当指骨卜与龟卜的相袭。‘习一卜’就是说卜问一件事时骨和龟各卜一次，‘习二卜’就是骨和龟各卜二次。”[③]唐兰曾指出：“习声与叠、袭相近，故有重义、惯义……卜辞云：‘习一卜’、‘习龟卜’，习，重也。”[④]屈万里赞同唐兰的观点：“习……于此当读为《尚书·金縢》‘习吉’之习，重也。‘习一卜’，意盖为重卜一次也。”[⑤]柳曾符依据“卜辞同文例”，认为殷人卜法“其一事常多卜，但常卜于同版。凡同卜于异版的，所用的材料则常或同为龟甲或同为兽骨，即偶有龟甲兽骨并用的，亦只可作特例看待，并无骨甲轮卜之限，当和‘习卜’之释无关……‘习一卜’‘习二卜’等是廪辛、康丁时期的兆辞，习字当作连续解，‘习卜’意思似为‘连续获得吉兆’”[⑥]。如此，习卜是因袭占卜之意。

最后，习卜制是殷商甲骨占卜的卜法制度之一。宋镇豪专门研究了殷商的习卜制，他认为甲骨文“习卜”的“习”读如“袭”，指出诸多习卜特征：

一，“从其占卜性质看是骨卜和龟卜，从其卜法看同样是视兆象断继续。”

二，“‘习卜’的显著特征在于占卜事情本身的‘后因前’联系，主要表现在每次占卜时间的‘叉开’上。”

三，“‘习卜’仅仅是具体的占卜手段，在不同时间上对同一事情进行因袭占卜，用以达到人神间交流的目的。因此，所谓‘习一卜’‘习二卜’，其真正意义在于因袭前事作再度或三度占卜，‘习三卜’‘习四卜’则因袭前事作四度以至五度的占卜，三番五次的因袭占卜，其实并没有增用新卜骨，只是利用原骨进行，最先用三骨，其后也用此三骨，故‘习四卜’不会用至十二骨。三四期卜骨的卜数没有超过‘三’者，以及同版同事异日卜而卜数全一致，即是最好的说明。当然偶尔也有起用新的占卜材料的，如原先用龟卜，因袭占卜时换用骨卜，出现这一情况时往往在后卜的一套卜骨上兼记‘习龟卜’或‘习𩁹一卜’，以作申明，但这样的情况毕竟是不常多见的。从时间意义上讲，‘习卜’应包括同日和异日两种因袭占卜。因袭占

---

① 陈邦怀：《习一卜》，《殷代社会史料征存》，天津人民出版社，1959年，第17页。

② 饶宗颐：《殷代贞卜人物通考》，中华书局，2015年，第66页。

③ 裘锡圭：《读〈安阳新出土的牛胛骨及其刻辞〉》，《考古》1972年第5期。

④ 唐兰：《殷虚文字记》，中华书局，1981年，第22页。

⑤ 屈万里：《殷虚文字甲编考释》，“中研院”历史语言研究所，1984年，第248页。

⑥ 柳曾符：《释“习卜”》，《中国语文》1981年第4期。

卜并非针对每次占卜中的反复贞问次数而言，甲骨上同日同事的贞问，也即通常所谓的正反对贞、同事异卜、异版同辞等等的‘成套卜辞’，都只能看作‘一次性’占卜的东西，它们之间不是‘习卜’的关系，没有前后时间上的‘叉开’性意义。甲骨文‘习卜’强调占卜事情前后的因袭关系，是不同时间上对同一事情进行若干回合的占卜。”①

可知，甲骨文习卜之“习”乃因袭之意，习卜之辞是在同版甲骨上连日或相隔数日进行占卜的记录。习卜制是指异次同贞一事，有同日异时的因袭占卜，也有异日的因袭占卜。多沿用原骨进行占卜，即卜辞契刻于同版之上。殷人采用习卜之制，在不同的时间对原骨之上所卜问的事件再次行卜，说明殷人求取吉兆的心理。只有因袭占卜，才能确认占卜事宜应验与否。所以，殷人采用习卜制的原因就在于此，“古代的习卜或改卜，自有其变异原因，前卜得吉抑或不吉，均可再行重卜，然所卜事情则以‘后因前’的因袭关系为特征”②。“习卜之制，是为了使甲骨占卜的结果更适应事情的变化，更符合当事者的主观意愿。”③

以上所论一事多卜制、三卜制、习卜制，是商王朝主要的卜法制度。正如宋镇豪所说，殷商甲骨占卜之法“举凡大要者有三”：一事多卜、习卜、三卜制④。

## 六、选　卜　制

选卜，即在两个或两个占卜事宜中分别选择，进行一次占卜，也“即从已卜的多种结果中选出符合自己意志的一次占卜预测结果”⑤。选卜制常见于同版，如此便于再次选择进行卜问。例如：

叀羊妣己。
叀牛妣己。　　《合集》21096正

庚戌卜，王。才三月。
庚戌卜，王。　　《合集》24063正

己丑［卜］，王曰：兹卜□。　　《合集》24122

甲戌卜，桒〼 大吉
于小乙桒。
于祖丁桒。

① 宋镇豪：《殷代“习卜”和有关占卜制度的研究》，《中国史研究》1987年第4期。
② 王宇信、杨升南主编：《甲骨学一百年》，社会科学文献出版社，1999年，第206、212页。
③ 王宇信、徐义华：《商周甲骨文》，文物出版社，2006年，第141页。
④ 宋镇豪：《商代社会生活与礼俗》，中国社会科学出版社，2010年，第630—644页。
⑤ 徐义华：《商代的占卜权》，《商承祚教授百年诞辰纪念文集》，文物出版社，2003年，第259页。

于父己𡆥。

于父甲𡆥。　　《合集》27348正

己不雨。

己其雨。

庚不雨。　　《合集》29885

叀乙亥彡。

乙亥其彡，㞢正。

弜乙亥彡。

叀乙未彡，㞢正。

弜乙未彡。

叀乙未彡，㞢正。

弜乙未彡。　　《合集》30812

辛酉卜，㞢祖乙三十宰。

辛酉卜，㞢祖乙二十宰。　　《屯南》4517

乙亥卜，其乎多宁见，丁永。一

乎多宁眔屖，丁永。一　　《花东》275

五十牛入于丁。一

三十牛入。一

三十豕入。一　　《花东》113

卜辞有“贞某卜”“用某卜”者，均为选卜制[1]。“贞某卜”“用某卜”，即从多次占卜中选择最符合意愿的结果。如：

□未卜，王，贞：三卜豕卒熹。　　《合集》5330

□□［卜］，贞：三卜。　　《合集》17673

丁巳卜，王，贞：四卜乎比征方，允隻。　　《合集》20451

戊子卜，用六卜。　　《合集》22046

庚申卜，旅，贞：叀元卜用。才二月。　　《合集》23390

己酉卜，大，贞：叀右卜用。　　《合集》25019

田于宕，其用兹卜。　　《合集》29256

其用三卜。　　《合集》31677

① 巫称喜：《殷商文化传播史稿》，暨南大学出版社，2015年，第27页。

选卜制的甲骨卜辞另有《合集》10947、14906、17669、22231、31672，《屯南》1042，等等[①]。

商王朝设置习卜制和选卜制的原因，是“通过习卜制与选卜制，使商王即使在多次占卜的结果与自己的意愿都不符合的情况下，也能找到最贴近自己意志的一次结果，从而达到神权为王权服务的目的”[②]。当然，不只是习卜制和选卜制要服从商王的主观意愿，一事多卜更是体现了占卜为商王的意志所主导。

## 七、卜筮并用

传世文献有关于筮占的记载。《史记·龟策列传》载：“自三代之兴，各据祯祥。涂山之兆从而夏启世，飞燕之卜顺故殷兴，百穀之筮吉故周王。王者决定诸疑，参以卜筮，断以蓍龟，不易之道也。”[③]《汉书·律历志》载：“自伏羲画八卦，由数起，至黄帝、尧、舜而大备。”[④]《论衡·卜筮篇》载：“人将卜筮，告令蓍龟，则神以耳闻口言，若已思念，神明从胸腹之中闻知其旨。故钻龟揲蓍，兆见数著。”[⑤]

以上是传世文献所载的筮法。1928年，余永梁从文字、卜辞范围、卜法的起源和先卜后筮四个方面论证了商代无筮法，其论据有四：

一，“从文字上论，甲骨就没有卦字、筮字、蓍字。卦字从圭卜，明明是有了卜字，才有卦字的后起字。周人有了筮法以后，往往卜筮连举，或先卜后筮，或先筮后卜，商如有筮法，甲骨卜辞不应一次都没有连举的”。

二，“甲骨卜辞所纪的范围，几乎没有一件事不用卜的”。

三，“卜法的起源是有特殊物质上的条件，商族还是初进农业社会，游猎牧畜还占重要地位，甲骨卜辞所记田猎渔捞之多不下二三百见，可以推证。刻辞是需要大宗的兽骨，也须牧畜社会才能供给。而殷墟出土的甲骨，正是兽骨占十之七八，龟甲才十之一二而已。筮法是社会进到农业社会，脱离了牧畜时代，大家没有许多兽骨来刻辞，才有它来适应救济这种缺乏而产生”。

四，“据古书所载，事实上都是先卜后筮”。“筮法也是从卜法蜕变出来的。”“这种繇辞视兆而作，出于临时占辞，出于新造。亦多有沿用旧辞，如有从前相同的兆所发生的事与占辞，则沿用其旧。如前无此兆，则须新造。兆象这样地繁难，不易辨识，筮法就是起来解决代替这种繁难的。卦数有一定，助于卦爻之下系以有定之辞，筮时遇何卦何爻，即可依卦爻辞引

---

① 徐义华：《商代的占卜权》，《商承祚教授百年诞辰纪念文集》，文物出版社，2003年，第259页。

② 徐义华：《商代的占卜权》，《商承祚教授百年诞辰纪念文集》，文物出版社，2003年，第259页。

③ （汉）司马迁撰：《史记》，中华书局，1963年，第3223页。

④ （汉）班固撰，（唐）颜师古注：《汉书》，中华书局，1964年，第955页。

⑤ 黄晖撰：《论衡校释》，中华书局，1990年，第1000页。

申推论，比龟卜的辨别兆象，实在是进步了。”①

这是余永梁关于龟卜和筮法的推测，基本观点是商代无筮法、爻辞为周初作。从文字而言，甲骨刻辞确实没有“卦”“筮”“蓍”三字。但是，单从“卦”和“卜”字不能推论“卜”与“筮”出现的先后顺序，何况殷墟卜辞有“爻”字；殷人无事不卜，甲骨卜辞所记的范围宽泛；占卜的材质是龟甲和兽骨，其来源有贡纳、畜养、游猎等；余永梁所引春秋战国古书所载，不足以完全论断商代卜筮的真实情况；因此，我们认为余永梁的论述有失偏颇。

实际上，除了甲骨占卜之外，殷商王朝确实还使用筮数进行占卜。殷墟甲骨、青铜器、陶器、小石子等出土实物上，已有数字筮占的记录。甲骨占卜和筮占是不同的占卜方式，有的学者认为易卦源于龟卜②。

1950年，中国科学院考古研究所在殷墟四盘磨SP11进行发掘，出土了经过钻凿和烧灼的三块卜骨，其中一块卜骨“横刻三行小字，文句不合卜辞通例，看其遗存情形，似乎是一个学习刻契人的住所”③。此即易卦卜骨SP11（图9-5）。

唐兰将这块卜骨上的文字释为“七八七六七六曰隗”，“七五七六六六曰魁”，且指出：“这种文字最大的特点是用数目字构成的”④。李学勤曾指出：“使用这种‘骨扇凿’卜法的胛骨，其卜辞常不与对应的兆相邻，在小屯发现的例子很多。以前大家都断为习刻，是不对的。”他还说：“这种纪数的辞和殷代卜辞显然不同，而使我们想到《周易》的

整版

局部

图9-5　易卦卜骨（SP11）

① 余永梁：《易卦爻辞的时代及其作者》，《国立中央研究院历史语言研究所集刊·第一本》（第一分册），京华印书局，1928年，第32—34页。

② 屈万里：《易卦源于龟卜考》，《“中研院”历史语言研究所集刊·第二十七本》，“中研院”历史语言研究所，1956年，第117—134页。

③ 郭宝钧：《一九五〇年春殷墟发掘报告》，《中国考古学报》（第五册），中国科学院，1951年，第55、56页。

④ 唐兰：《在甲骨金文中所见的一种已经遗失的中国古代文字》，《考古学报》1957年第2期。

‘九’‘六’。”①

张政烺从唐兰之说，认为这块卜骨之上乃筮卦符号，“隗”“魁”“可能就是原来的卦名”，他将四盘磨卜骨上的三行小字释为“未济”（七八七六七六）、“否”（七五七六六六）、“明夷”（八六六五八七），即三个“易卦”，“未济”卦之下有“曰隗”二字，“否”卦之下有“曰魁”二字，对商周筮法进行了初步研究②。张政烺首次确认这类纪数文字是八卦符号，对学界影响深远。后来，张政烺又进一步研究了几例甲骨文中所见的筮卦③。

张亚初、刘雨将此四盘磨“易卦”卜骨作了摹本，也说发掘者“认为此类甲骨文为‘习刻’，则并不妥当”，他们认为前人对八卦数字的释读无误，张、刘态度谨慎，只说“与八卦数字符号相连的‘曰’字下面的‘某某’即应为占筮的卦辞（或卦名）”，“这种符号虽然也记录到甲骨上，但它与卜辞有明显的不同。它既不与卜兆相对应，文辞也与卜辞不符，而与八卦的记载却吻合无间。因此，我们认为这类符号就是占筮的八卦数字符号，也是最早记录下的我国古代占筮的材料”④。

管燮初基本赞同张政烺对四盘磨卜骨筮卦符号的隶定，但认为“否”卦之下的两字应释为“曰畏”，“畏，惧也，威也”，“曰隗”和“曰畏”是卜官对卦象的断语⑤。饶宗颐也赞同张政烺等人的意见，认为这块卜骨契数下面“曰”字上面的契数是卦名⑥。

曹定云鉴于前人因卜骨残缺、文字模糊而重新作了拓本和摹本，认为“未济”卦之下的“隗”字应释为“媿”，即卦名。“否”卦之下“曰”后一字“确从‘鬼’旁，但其余笔划实不清，难以隶定，只好暂时存疑”，曹定云还指出：“卜骨上的三个‘易卦’原均有自己的卦名（二个署上，一个未署），这些卦名与《周易》上相应之卦的卦名不同，其卦义也不会完全一样”，“文字横向纵行，是该卜骨的一大特点。第①、③辞从左至右，第②辞从右至左。这种文字走向在以往的殷墟卜辞中实属罕见，而在西周卜骨中则常见”，“总之，四盘磨‘易卦’卜骨在文字走向上虽与西周卜骨有相似之处，但在文字的总体风格上则完全是殷墟式的，是殷人的‘易卦’卜骨”⑦。

以上是四盘磨卜骨的基本情况，可以确定卜骨之上确实是筮卦符号，这是殷墟甲骨卜辞之外的重大发现。再如以下筮卦甲骨：

一，《外编》卜骨448：六六六⑧。

---

① 李学勤：《谈安阳小屯以外出土的有字甲骨》，《文物参考资料》1956年第11期。

② 张政烺：《试释周初青铜器铭文中的易卦》，《考古学报》1980年第4期。

③ 张政烺：《殷虚甲骨文中所见的一种筮卦》，《文史》（第24辑），中华书局，1985年，第1—8页。

④ 张亚初、刘雨：《从商周八卦数字符号谈筮法的几个问题》，《考古》1981年第2期。

⑤ 管燮初：《商周甲骨和青铜器上的卦爻辨识》，《古文字研究》（第6辑），中华书局，1981年，第141、146、147页。

⑥ 饶宗颐：《殷代易卦及有关占卜诸问题》，《文史》（第20辑），中华书局，1983年，第1页。

⑦ 曹定云：《殷墟四盘磨“易卦”卜骨研究》，《考古》1989年第7期。

⑧ 董作宾辑：《殷虚文字外编》，艺文印书馆，1956年，第51页。

二，《巴黎》龟腹甲24反面：六二六[1]。

三，《合集》牛胛骨29074：六七七六。

四，小屯采集品，龟腹甲，其上有筮数：七七六七六六。　六七九六八[2]。

五，《屯南》牛胛骨4352：八七六五。

六，殷墟易卦卜甲：阜九，阜六。　六七一六七九。　六七八九六八。

七七六七六六，贞吉。　友，八八八八八[3]。

除了筮卦甲骨，考古出土殷商陶器、石器之上，也有易卦符号。如20世纪50年代，安阳工作队在殷墟大司空发掘出了一件带有易卦符号的陶簋[4]。山东平阴朱家桥殷代遗址出土的一块红陶罐的肩部残片上，有一组筮数“一八八六一一”[5]。殷墟西区M93墓出土成组的28粒小石子，大小、颜色不一[6]。80年代初，安阳苗圃北地M80发现一件刻数磨石，其上有六个“易卦”符号，发掘报告称这件磨石是祖甲至廪康时期之物[7]。

特别是安阳郭家庄墓葬出土的小石子，更佐证了商代的筮占。安阳郭家庄有7座墓葬出土了小石子，这些小石子“成堆的放在一起，为白色的小河卵石或不同颜色的小石块，大多数长、宽在1厘米—2厘米上下，呈不规则方形。这些小河卵石及小石块可能是作占卜用的，也可能是作棋类游戏用的”[8]。7座墓葬小石子的出土情况见下表（表9-5）。

**表9-5　安阳殷墟郭家庄商代墓葬出土小石子的概况**

| 墓葬 | 放置位置 | 总数 | 颜色 |
|---|---|---|---|
| M50：26 | 墓主足端东侧二层台上 | 6粒 | 白色2粒、豆青色2粒、黑色和赭色各1粒 |
| M53：19 | 墓主足端东北角二层台上 | 38粒 | 白色9粒、豆青色9粒、赭色10粒、肉色10粒 |
| M97：14 | 墓主头端二层台上 | 68粒 | 白色51粒、灰黑色14粒、赭色3粒 |
| M118：1 | 墓葬胸部 | 28粒 | 赭色10粒、白色8粒、肉色7粒、豆青色3粒 |
| M176：5 | 墓主足端棺室内 | 11粒 | 白色4粒、肉色5粒、灰黑色2粒 |
| M189：3 | 盗坑内 | 11粒 | 豆青色6粒、肉色5粒 |
| M218：7 | 墓主头端二层台上 | 1粒 | 灰黑色 |

---

① 饶宗颐：《巴黎所见甲骨录》，Too Hung Engraving & Printing公司，1956年，第7页只有《巴黎》24的正面摹本。《巴黎》24反面释文参考饶宗颐：《殷代易卦及有关占卜诸问题》，《文史》（第20辑），中华书局，1983年，第12、13页。

② 赵铨、钟少林、白荣金：《甲骨文字契刻初探》，《考古》1982年第1期，第90、91页，图10.3、图11.1.2。

③ 肖楠：《安阳殷墟发现“易卦”卜甲》，《考古》1989年第1期，图版八，图一、图二；冯时：《殷墟“易卦”卜甲探索》，《周易研究》1989年第2期。

④ 中国科学院考古研究所安阳发掘队：《1958—1959年殷墟发掘简报》，《考古》1961年第2期。

⑤ 中国科学院考古研究所山东发掘队：《山东平阴朱家桥殷代遗址》，《考古》1961年第2期。

⑥ 中国社会科学院考古研究所安阳工作队：《1969—1977年殷墟西区墓葬发掘报告》，《考古学报》1979年第1期。

⑦ 郑若葵：《安阳苗圃北地新发现的殷代刻数石器及相关问题》，《文物》1986年第2期。

⑧ 中国社会科学院考古研究所编著：《安阳殷墟郭家庄商代墓葬》，中国大百科全书出版社，1998年，第58页。

商代墓葬出土的这些小石子是“小石子数占法”，这种风习主要流行于商代民间社会[①]。另外，有的学者甚至认为甲骨卜辞之中就有筮法的存在，即“卜筮并用”[②]。

20世纪80年代初，据张亚初、刘雨统计，商代易卦甲骨共有2片、陶器共有4件、铜器共有3件[③]。从以上所列殷商易卦甲骨的数量看，张、刘只是作了初步的统计。后来，商代筮占用具陆续出土，远多于张亚初、刘雨的统计之数。总之，以上种种实例，皆证明了至少在商代，筮法就已经存在。商代筮卦符号见诸甲骨、陶器、铜器、小石子之上。因此，我们可以说，商代已行“卜筮并用”之法。宋镇豪就曾指出：

> 应指出者，（商代甲骨）这些记有筮数的骨料均是卜用的甲骨，有的还兼记卜辞，反映了卜与筮的结合。殷墟甲骨上的筮数应是卜前揲筮或卜后揲筮的结果，与甲骨占卜的关系是参照的联系，甲骨占卜和揲蓍筮占之间不存在相互因袭的关系，有时可以把它们各自占卜的结果互相参照，但不能把揲蓍筮占的结果袭为甲骨占卜的结果，或把甲骨占卜的结果袭为揲蓍筮占的结果。甲骨上记筮数，不在于强调卜法的不同，而在于强调占卜事项的同一性[④]。

近年，何毓灵曾统计了明确属于殷墟时期刻有数字卦的器物，他综合多方面信息，初步判定了器物的年代，指出：“共有十九件卜骨、卜甲、铜爵、砺石、陶范、陶簋、陶罐等器物之上刻有数字卦，其中属殷墟二期的三件，三期的五件，四期的七件；孝民屯东南地三件陶范的年代不明，但该铸铜遗址的年代主体为殷墟三、四期，特别是殷墟四期最为兴盛，因而其年代也不会早于三期。可见数字卦也是产生于殷墟二期，越到殷墟后期，数量越多。如此，则与墓葬中随葬石子的现象基本一致。二者应有一定的关联，说明筮卦在殷墟晚期越来越普遍，其与占卜并行。”[⑤]

**表9-6　殷墟时期筮卦统计表**

| 编号 | 材料 | 卜辞、数卦释文 | 出土地点 | 分期 | 资料出处 |
|---|---|---|---|---|---|
| 1 | 卜骨 | 上甲。六六六 | | 殷墟二期 | 《殷墟文字外编》448 |
| 2 | 卜甲 | 弋，六一一六。（反） | | 殷墟二期 | 《文史》二十辑，饶宗颐 |
| 3 | 铜爵 | 五五五 | 西区M354 | 殷墟二期 | 《考古学报》1979年第1期 |
| 4 | 卜骨 | 六七七六 | | 殷墟三期 | 《合集》29074 |
| 5 | 卜骨 | 十六五 | | 殷墟三期 | 《屯南》4352 |

① 宋镇豪：《商代社会生活与礼俗》，中国社会科学出版社，2010年，第644、645页。
② 徐葆：《殷墟卜辞中的商代筮法制度——兼释甲骨文爻、学、教诸字》，《中原文物》1996年第1期。
③ 张亚初、刘雨：《从商周八卦数字符号谈筮法的几个问题》，《考古》1981年第2期。
④ 宋镇豪：《商代社会生活与礼俗》，中国社会科学出版社，2010年，第651页。
⑤ 何毓灵：《殷墟时期巫卜器具初探》，《考古学报》2018年第2期。

续表

| 编号 | 材料 | 卜辞、数卦释文 | 出土地点 | 分期 | 资料出处 |
|---|---|---|---|---|---|
| 6 | 卜骨 | 七八七六七六，曰……<br>八六六五八七<br>七五七六六六，曰…… | 四盘磨SP11 | 殷墟三期 | 《中国考古学报》第五册 |
| 7 | 砺石 | 六六七六六八<br>七六六六六七<br>七六八七六七<br>六六五七六八<br>八一一一六六<br>八一一一一六 | 苗圃北地M80 | 殷墟三期 | 《考古》1986年第2期 |
| 8 | 陶范2001AGH23：3 | 五八七 | 孝民屯东南地 | 殷墟三期 | 《考古学报》2006年第3期 |
| 9 | 卜骨95T1J1：4 | 九一七<br>一一六六一五<br>六八八八六六 | 刘家庄 | 殷墟四期 | 《华夏考古》1997年第2期 |
| 10 | 卜甲 | 慧九六<br>七七六七六六，贞吉<br>六七八九六八<br>六七一六七九<br>友…… | 小屯南地 | 殷墟四期 | 《考古》1989年第1期图版捌 |
| 11 | 陶簋残片 | 七七八六六七 | 小屯西地 | 殷墟四期 | 《考古》1961年第2期 |
| 12 | 陶簋残片 | 六六七六六八 | 小屯西地 | 殷墟四期 | 《考古》1961年第2期 |
| 13 | 陶罐 | 一八八六一一 | 平阴朱家桥M9 | 殷墟四期 | 《考古》1961年第2期 |
| 14 | 陶爵范 | 一七六七八六<br>五七六八七七 | 传世品 | 殷墟四期 | 《邺中片羽》二上.四十七 |
| 15 | 陶范2000AGT14④：1 | 八六一六六六 | 孝民屯东南地 | ? | 《考古学报》2006年第 3 期 |
| 16 | 陶范2000AGM5049填土：1 | □□七六七六<br>□□六六六七 | 孝民屯东南地 | ? | 《考古学报》2006年第 3 期 |
| 17 | 陶范2000AGT14③：16 | 一一六六一六<br>六一一六□□ | 孝民屯东南 | 殷墟四期 | 《考古学报》2006年第 3 期 |
| 18 | 陶范H214：1 | 一五一一六六 | 孝民屯南地 | ? | 《考古》2007年第 1 期 |
| 19 | 陶罐 | 五一八一六六 | 丰镐遗址 | 殷墟四期 | 《考古学报》2000年第 2 期 |

注：引自何毓灵：《殷墟时期巫卜器具初探》，《考古学报》2018年第2期

总之，商王朝确实已经使用筮占，此与甲骨占卜并存，实为“卜筮并用”的占卜制度。但是当时“龟重筮轻”，这在传世文献和出土实物中都可以找到佐证。

综上所述，商王朝占卜之事相当繁琐，其卜法有对贞卜问、二人共贞、一事一卜（或称单贞卜问）、一事多卜、三卜制、习卜制、选卜制、卜筮并用等。早期卜法有正反对贞、一事多卜、三卜制、习卜制、选卜制，晚期卜法主要是三卜制，卜筮并用是一直存在的卜法制度。

可知，商代甲骨早期和晚期的卜法略有不同，彭裕商认为殷墟甲骨的占卜方法可以分为早期和晚期，早期包含宾组、遣组、非王卜辞、历组、出组一类属于早期，出组二类、何组、黄

组属于晚期，进而指出：“综上所述，早晚期卜法的主要区别是早期正反问、选择问都各为兆序，而晚期则合为兆序，甚或只要是同一件事，正反问和选择问也通为兆序，极少有早期那种相同的反复卜问。显而易见，晚期卜法简单得多，因而殷代卜法的演变是由繁至简的，但另一方面，为数不多的‘卜旬’辞仍然保留了早期的手法，作B式问卜，以三卜为限”。[①]所以，卜法制度也可以为甲骨的分期断代提供参考。

## 第四节　商周卜法的比较

孔子云：“殷因于夏礼，所损益可知也。周因于殷礼，所损益可知也。”[②]从孔子的言语中可知，夏商周三代的诸多礼制有较多共通之处。三代卜法属于礼制的范畴，自然存在因袭关系。我们在“甲骨占卜源流”一节已经论述了史前考古遗址出土的甲骨，可知史前甲骨的整治及其卜法比较简单，且骨卜的出现早于龟卜，这是商代甲骨占卜之“源”。夏商周三代甲骨占卜必有一些相似之处，且对后世占卜产生了深远的影响，此即甲骨占卜之“流”。刘玉建就曾指出：

> 夏、商、周三代在卜法上有许多共同之处，他们有相互沿袭的关系。上述文献中所提到的“白若之龟”、“衅龟”、“命龟”、“食墨”、“繇辞”等等，在后来的商周卜法中都出现过。这不仅证明夏代有卜，同时也标志着夏代有一套比较完备的龟卜之法。因此，我们认为商周卜法来源于夏代，夏代卜法是后世比较完善的商周卜法的雏形[③]。

可以说，商周占卜必定有一些异同之处。其同，在于甲骨文的字体、读法、语法以及筮法、政治、礼制、历法等[④]。其异，则在于甲骨攻治技法、钻凿形态、卜辞文例以及甲骨的数量、卜筮并用等方面。但是，我们需要注意，以上诸项并非绝对意义上的异同，而是同中有异、异中有同。以下，我们便侧重论述商周卜法之异。首先是甲骨卜法之异，从甲骨攻治技法、钻凿形态、卜辞文例以及甲骨的数量等方面进行论述。其次是卜筮并用之异。

---

① 彭裕商：《殷代卜法初探》，《夏商文明研究》，中州古籍出版社，1995年，第229—241页。

② 杨树达：《论语疏证·卷二·为政篇》，上海古籍出版社，1986年，第56页。

③ 刘玉建：《中国古代龟卜文化》，广西师范大学出版社，1992年，第81页。

④ 朱歧祥：《周原甲骨研究》，学生书局，1997年，第114—118页。

# 一、攻治技法之异

商周甲骨的攻治，都需经削锯、刮削、打磨等工序，才可用于占卜，这些工序大同小异。但是，西周甲骨有自己的特色。如周原扶风齐家村卜甲H3：1（后收入《周原》，编号为FQ2，图9-6），甲首经过掏挖、打磨，留下半圆形的前边边缘，与其同坑出土的无字腹甲，甲首部位也是这种攻治技法①。此前，洛阳泰山庙废址东侧窖穴H2发现的半版腹甲，其甲首部位与齐家村卜甲H3：1略同②。李学勤谓此特点是“西周腹甲的定制”③。首甲经过掏挖之后，会留下半圆形的前端，周人的这种攻治技法明显与殷人不同。

商周卜骨的形制完全不同。商代卜骨的形制是以骨臼端为上，以骨扇部位为下。而西周卜骨以骨扇部位为上，以骨臼端为下，如《周原》FQ1（图9-7，1）、FQ6（图9-7，2）。再如，长安张家坡周代灰层T4.⑤发现的两块残骨，再如齐家村卜骨NH1：1、采集卜骨112、采集卜骨94、采集卜骨T1：1、采集卜骨108，皆是如此④。商周卜骨的形制，可谓完全不同。

正面

反面

图9-6　《周原》FQ2

① 陕西周原考古队：《扶风县齐家村西周甲骨发掘简报》，《文物》1981年第9期。

② 郭宝钧、林寿晋：《一九五二年秋季洛阳东郊发掘报告》，《考古学报》1955年第1期。

③ 李学勤：《西周甲骨的几点研究》，《文物》1981年第9期。

④ 陕西省文物管理委员会：《长安张家坡村西周遗址的重要发现》，《文物参考资料》1956年第3期；陕西周原考古队：《扶风县齐家村西周甲骨发掘简报》，《文物》1981年第9期。

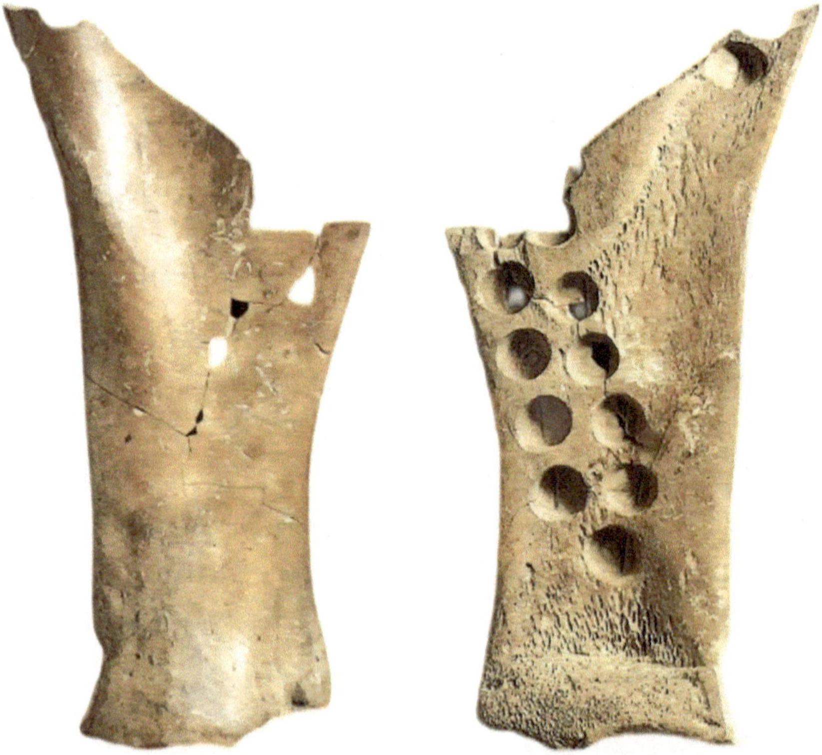

1

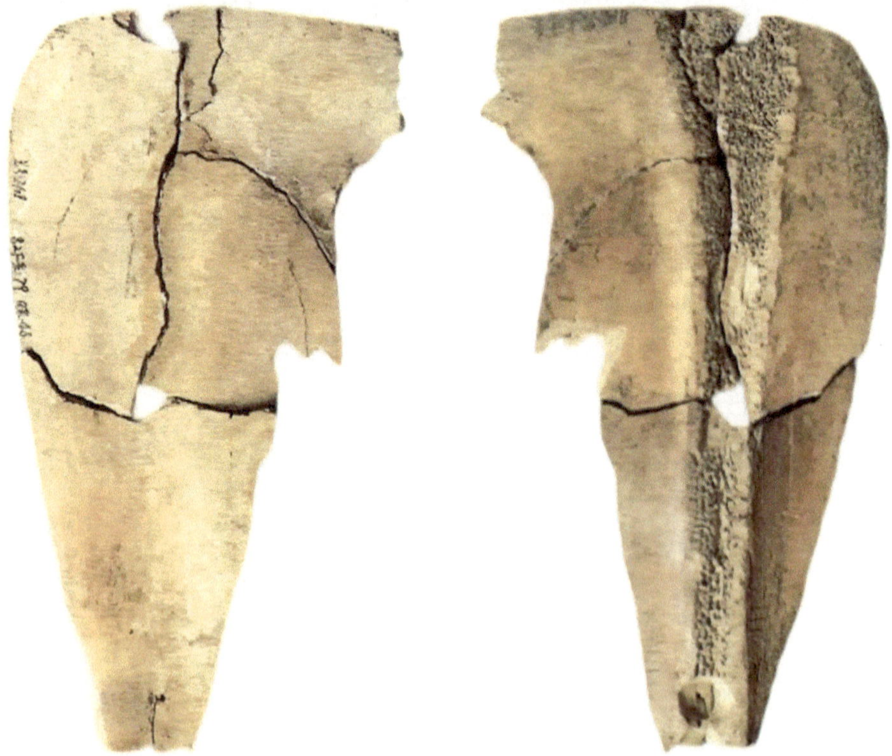

2

图9-7　周原卜骨

1.《周原》FQ1正、反　2.《周原》FQ6正、反

## 二、钻凿形态之异

商代甲骨的钻凿形态有五种基本类型，即单独椭圆型、圆孔型、单独长方凿型、椭圆形长凿与圆孔互包型和特殊型。

周人卜骨之上的钻凿形态，有圆孔包含长凿型，而没有椭圆形长凿与圆孔互包型[①]。卜骨圆孔规整，其平底是用圆钻钻成的。周人卜甲之上，一律施方凿，但这种方凿比殷人甲骨之上的单独长方凿更加规整。洛阳泰山庙废址东侧窖穴H2发现了“较重要的如方凿龟版”[②]。扶风齐家村H3：1卜甲上的凿都是方形凿，凿的一侧加刻纵槽[③]。卜甲H3：1即FQ2，其反面（图9-6，2）。再者，周人甲骨之上的“方孔和圆孔内部都刻有一纵槽，方孔的槽在孔边，圆孔的槽在孔底，偏离中轴线三分之一处”[④]。圆孔底部之凿，如《周原》卜骨FQ1反面（图9-8）。卜甲之上三个方凿为一组，成横向排列。西周卜甲施方凿是其钻凿的最大特征，但卜骨也有施以方凿者，如湖北随州庙台子遗址西周遗存出土的卜骨标本H115②：6，整体呈扁长方形，残长18.8厘米，其背面即为方凿[⑤]。此前，极少发现西周卜骨施方凿的情况。以上所论西周甲骨施以方凿，是周人甲骨不同于殷人的钻凿形态。

图9-8　《周原》FQ1反

再者，前文已经论述，刘渊临发现殷墟卜骨之上“三联钻”的形态[⑥]，我们将之视为一种特殊型式的钻凿形态。西周牛胛骨之上，也有这种特殊的钻凿，如山东济南王府遗址发现4件西周时代的牛肩胛骨，“钻孔多为三联圆孔”，其中3件H152：15、H130：17、H172：18，反面施以三联钻[⑦]。三联钻，皆是商周甲骨特殊的钻凿形态。

① 萧良琼：《周原卜辞和殷墟卜辞之异同初探》，《甲骨文与殷商史》（第一辑），胡厚宣主编，上海古籍出版社，1983年，第263、264页。

② 郭宝钧、林寿晋：《一九五二年秋季洛阳东郊发掘报告》，《考古学报》1955年第1期。

③ 陕西周原考古队：《扶风县齐家村西周甲骨发掘简报》，《文物》1981年第9期。

④ 陈全方：《周原与周文化》，上海人民出版社，1988年，第152页。

⑤ 湖北省文物考古研究所、随州市博物馆、曾都区考古队：《湖北随州庙台子遗址西周遗存发掘简报》，《江汉考古》2022年第1期。

⑥ 刘渊临：《卜用甲骨上攻治技术的痕迹之研究》，台湾编译馆，1984年，第62、75、84页。

⑦ 山东省文物考古研究所：《山东济南王府遗址发掘报告》，《山东省高速公路考古报告集（1997）》，科学出版社，2000年，第182、183页。

## 三、卜辞文例之异

商代甲骨卜辞由叙辞、命辞、占辞、验辞、兆辞等组成，如：

［叙辞］癸巳卜，穷，［命辞］贞：臣卒。［占辞］王固曰：吉。其隹卒乙、丁。［验辞］七日丁亥既卒。 一　　《合集》643正丙

而周人的卜辞有前辞、贞辞和占辞，如周原出土的甲骨[①]：

癸巳彝文武帝。　　《周原》H11：1

自三月至。

于三月月唯。　　《周原》H11：2

来即于。

王其则。　　《周原》H11：14

囟亡眚。　　《周原》H11：20

大乍其于九□。　　《周原》H11：59

弜巳其。　　《周原》11：114

王贞。　　《周原》H11：167

可知，西周卜辞多无“叙辞”，卜辞的辞例也都比较简单。商代甲骨文字，有大有小，而周原甲骨文字皆“字小如芝麻，往往需用五倍放大镜才可看清楚……只有契刻八卦数字的卜骨，字迹稍大”[②]。周原甲骨文的契刻特点，“起笔刀重，落笔刀轻，契刻自由流畅，但较潦草，它不如殷墟甲骨文那般清秀俊逸”[③]。甚至，“若干句子随意的横竖交错，刻写往往流于形式，或属习刻者所为”[④]。这是商周甲骨文字字体最主要的不同。由于西周甲骨过于破碎，少有完整者，我们难以确知卜辞行款走向的规律。《周原》H11：2（图9-9，1）、H11：59（图9-9，2）、H11：170（图9-9，3）。

## 四、甲骨数量之异

商代甲骨数量约十三万片，卜辞内容涵盖日常生活的方方面面，如征伐、祭祀、游猎、天象、巡省、生育等。而西周甲骨的数量则非常少，陕西岐山周公庙遗址出土万余片甲骨，其他如陕西、北京、河南、四川等地也零星出土了西周甲骨。据曹玮《周原甲骨文》统计，H11

---

① 卜辞释文参考曹玮编著：《周原甲骨文》，世界图书出版公司北京公司，2002年。

② 萧良琼：《周原卜辞和殷墟卜辞之异同初探》，《甲骨文与殷商史》（第一辑），胡厚宣主编，上海古籍出版社，1983年，第266页。

③ 徐锡台：《周原甲骨文综述》，三秦出版社，1987年，第133页。

④ 朱歧祥：《周原甲骨研究》，学生书局，1997年，第114页。

1　　2　　3

图9-9　周原甲骨碎片

1. H11：2　2. H11：59　3. H11：170

坑出土283片、H31出土10片、FQ坑出土7片，为有字甲骨[①]。西周甲骨文字内容尽是“国之大事”。可见，西周甲骨与商代甲骨的数量相距甚远。周人占卜不似殷人那般频繁。正如陈全方所说：

> 对照有字卜甲的内容和它在出土甲骨片中所占的比例，还可以看出，周人进行祭卜活动不像殷人那样频繁，从殷墟卜辞的内容来看，商王的一切行动，事先都要占卜吉凶，然后决定行止，而周人到往往遇到所要从事的大事才进行此项活动，这可能是这批甲骨片中有字甲骨比较少的一个主要原因。同时，关于出猎的卜辞也极少，与殷墟卜辞大量记载殷王田猎游玩的情况迥然不同，这种差别说明了当时周人的兴旺和殷王的腐败[②]。

## 五、卜筮并用之异

虽然商周时期皆为卜筮并行，但是商族“龟重筮轻”，周族的情况则相反。《周礼·春官·筮人》载：“凡国之大事，先筮而后卜。”[③]《尚书·洪范》记殷人后裔箕子云：“汝则

① 曹玮编著：《周原甲骨文》，世界图书出版公司北京公司，2002年，第181—189页。

② 陈全方：《周原与周文化》，上海人民出版社，1988年，第153页。

③ （清）孙诒让撰，王文锦、陈玉霞点校：《周礼正义》，中华书局，1987年，第1965页。

从，龟从，筮从，卿士从，庶民从，是之谓大同，身其康强，子孙其逢，吉。汝则从，龟从，筮从，卿士逆，庶民逆，吉。卿士从，龟从，筮从，汝则逆，庶民逆，吉。庶民从，龟从，筮从，汝则逆，卿士逆，吉。汝则从，龟从，筮逆，卿士逆，庶民逆，作内吉，作外凶。龟、筮，共违于人，用静吉，用作凶。”[①]《仪礼·士丧礼》郑玄注云：“龟重，威仪多”，“筮轻，威仪少”[②]。

周族“筮重龟轻”，据传世文献所载可见一斑。再者，从出土实物也可探知这种情况。殷人的筮占用具有甲骨、陶器、铜器、小石子等，周人亦然，但是周人所遗留的筮卦数量远远多于殷人，这一点在前文所引诸多学者的论著中已有详细论述。可见，卜与筮在商周之时的轻重地位是不同的。以筮卦甲骨为例，商代筮卦甲骨只有数片，而周原甲骨筮卦较多，如[③]：

八七八七八五。　《周原》H11：7

七六六七六六。　《周原》H11：81

七六六七一八曰其。　《周原》H11：85

六六七。　《周原》H11：90

六六七七七五□。　《周原》H11：91

七六六六七六。　《周原》H11：177

□一六六六八。　《周原》Q6①

六八一一一八八八六六六六一八六八五五六八一一一一。　《周原》FQ6②

六八八一八六九一一一六五。　《周原》FQ6③

1978年，张政烺在吉林大学古文字研讨会中首次提出周原甲骨H11：7、H11：81、H11：85、H11：90、H11：91等片之上的数字符号与《周易》中的八卦有关。后来，徐锡台、楼宇栋撰写专文申述此说，指出这几片卜甲之上乃是重卦卦画[④]。同时，西周陶器、铜器之上也有易卦符号，且数量多于商代的易卦符号。

还有另外一种情况，商周卜筮无轻重之分。《礼记·曲礼》云：“卜、筮不过三，卜、筮不相袭。龟为卜，筴为筮。卜、筮者，先圣王之所以使民信时日，敬鬼神，畏法令也；所以使民决嫌疑，定犹与也。故曰：疑而筮之，则弗非也。日而行事，则必践之。”[⑤]同等看待龟卜与筮占，“卜筮不相袭”，各自独立。可是，从出土实物看，殷墟甲骨十万多片，而筮卦实物却寥寥无几，这又如何能够说明商王朝卜筮无轻重之分呢？

学界为何会对商周时期的卜筮有完全不同的看法呢？蔡先金认为周公改革商周文化，兼容已有商文化，龟卜与筮占同时并存，正如周人的“天”与殷人的“帝”在信仰方面兼容一

---

① （清）孙星衍撰，陈抗、盛冬铃点校：《尚书今古文注疏》，中华书局，1986年，第313页。

② （汉）郑玄注，（唐）贾公彦疏，彭林整理，王文锦审定：《仪礼注疏》，北京大学出版社，1999年，第720页。

③ 卜辞释文参考曹玮编著：《周原甲骨文》，世界图书出版公司北京公司，2002年。

④ 徐锡台、楼宇栋：《西周卦画探原——周原出土卜甲上卦画初探》，《中国考古学会第一次年会论文集》，文物出版社，1980年，第159—162页。

⑤ （清）孙希旦撰，沈啸寰、王星贤点校：《礼记集解》，中华书局，1989年，第94页。

样[①]。后来，蔡先金又指出这三种态度（按为“龟重筮轻”“筮重龟轻”“卜筮不相袭”）的“取向不是取决于龟筮自身的早晚与繁简，而是取决于商、周文化的交替与融合。在商王朝的时候，商人在龟筮两大占卜体系中，倾向于龟卜，其态度取向必然是龟重筮轻，持龟卜优先论。此时，周为蕞尔小邦，臣服于商，筮占不会处于主流地位。自武王克商，周建立王朝，筮占显然居于主流地位，筮占优先论处于上风，结果是筮重龟轻……渐渐龟卜与筮占处于平等地位，就必然涌现出龟筮均衡论。这是在做一种巫术文化调和，更重要的是消除两种文化之间的冲突”[②]。蔡先金所说，有一定的道理。

总之，商周虽皆“卜筮并用”，但商族“龟重筮轻”，而周族则是“筮重龟轻”，商周之时卜与筮的轻重地位是不同的。

商周卜法的因袭关系，反映了以下三个问题：

一，商周族属与礼制、文化的关系。“文字之研究，史料之补充，为甲文研究之二大项，其第三项则为商周二族之关系问题。此问题可自民族异同及文化异同二事上研究之。”[③]徐锡台从周曾是商的属国、商属诸侯陆续归周的情况、商周的文字关系、商周甲骨文所反映的礼仪等方面进行论述，进而指出：“根据上述，周人所施行的各种制度，有不少成分来自殷商，当然，周人根据自己的情况对商文化有所取舍，周人的文化无疑有自己的特点，但承继了商文化的因素，这一点是无可置疑的，正如《论语》所云：‘周因于殷礼，有所损益’。”[④]李雪山也曾简述殷人在文法、祭祀方法等方面对西周卜骨的影响[⑤]。

二，甲骨占卜的源流。三代盛行占卜以决疑，特别是在商代，事无巨细皆求诸于甲骨占卜，“龟在商代是一种具有权威的神灵，殷人具凡一切大事，每每用龟卜”。[⑥]可以确定，最迟到商代，已经形成了一套系统的占卜制度，后世的甲骨占卜多以此为参考。商周卜法的不同，正是凸显的甲骨占卜的发展。殷人占卜所用的甲骨数量远多于周人，而卜筮并用的轻重情况则完全相反，可见周王朝在商王朝占卜制度的基础之上，对龟卜和筮法进行了取舍。

三，宗教信仰。商周甲骨占卜制度的差异，在一定程度上反映了各自的宗教信仰。商周时期的甲骨占卜，都是以甲骨作为天人沟通的媒介。但是二者也有区别，商代占卜更加重视祈求保佑或完全按照神意做事，而周人的甲骨占卜则倾向于维持礼乐的目的，体现了宗教信仰观念的强弱。

总之，西周甲骨的攻治技法、钻凿形态、卜辞文例、甲骨数量以及卜筮并用等，均与殷人卜法明显不同。可知，在武王克商之前，周人已经从商王朝中学得了占卜之法，且将其融入了自己的文化系统之中。

---

① 蔡先金：《试论商周之际的宗教变革》，《中国文化研究》2001年第4期。

② 蔡先金：《述古杂俎》，上海古籍出版社，2013年，第142、143页。

③ 陈梦家：《古文字中之商周祭祀》，《燕京学报》1936年第19期。

④ 徐锡台：《周原甲骨文综述》，三秦出版社，1987年，第129—138页。

⑤ 李雪山：《商代分封制度研究》，中国社会科学出版社，2004年，第271、272页。

⑥ 李民：《论郑州的商文化》，《夏商史探索》，河南人民出版社，1985年，第136页。

所以，正如张光直所说：

> 从目前已经发表的材料看殷周关系问题，至少有值得注意的两点：其一，早商的文字、文法、占卜制度、地名、祭祀等文物与殷墟所见大同小异……从考古资料上看，殷周文化各渊源于不同区域的龙山文化，而且在形成过程中互有影响，因此两个文化是属于同一个文化传统——中原文化的，但殷文化形成较早，同时周文化也有他的地方性、区域性的特色。武王伐纣以后，西周文化继承了殷商文化的一绪，同时也将他们的固有文化加入了中原文化的主流①。

可知，在张光直看来，殷商和西周的占卜制度大同小异，甲骨占卜或许早在武王克商之前就发展到了一定程度。

不只商周卜法存在异同之处，地下出土的商周陶器、铜器亦然。杨升南指出："早商（指周灭商前）的文化，有它的发生、发展过程，但有一点是可以肯定的，即商文化对周文化的显著影响。"继而论述了这种影响反映的几个方面：早周陶器上雷纹装饰的花纹受商文化的影响；早周的青铜器形制、花纹与商代青铜器多相一致；早周的青铜器铭文风格、行款都与商器相同；周人使用的文字是商人的，商周文字是同源的②。

## 小　结

本章论述了商王朝的卜法制度，观点如下：

一，商王朝已经设置了庞大的占卜机构，卜官各司其职、密切配合，有条不紊地负责占卜事务。

二，在具体的占卜环节，卜人负责命龟、灼龟、取兆；贞人负责贞龟、占龟；占人负责占龟、视兆定性。卜人、贞人、占人世代相袭，可以确保占卜技术的传承和发展。

三，商王朝的卜问方式有对贞卜问、二人共贞等，一事一卜（或称单贞卜问）、一事多卜、三卜制、习卜制、选卜制、卜筮并用等是商王朝主要的卜法制度。

（1）对贞卜辞有正反对贞、正正对贞和反反对贞。龟腹甲上的对贞卜辞以千里路为界，分别刻于左边和右边。某些正贞和反贞卜辞分别契刻于腹甲的正面与反面，形成正面与反面对贞的形式。龟背甲和胛骨之上的对贞卜辞特征与龟腹甲基本相同。

（2）二人共贞属于异史共贞的一种，常见𬀇与武丁时期贞人内、宁、争、㱿等共贞，𬀇位于这些贞人之后，内容多为贞旬卜辞。

---

① 〔美〕张光直：《中国青铜时代》，生活·读书·新知三联书店，1983年，第105页。

② 杨升南：《卜辞中所见诸侯对商王室的臣属关系》，《甲骨文商史丛考》，线装书局，2007年，第46—48页。

（3）殷人占卜，以一事多卜为常态。一事多卜的卜辞契刻于同版或异版，内容几乎相同。殷人一事多卜，形成了同文卜辞和成套卜辞或成套甲骨。

（4）三卜制有两种情况：以兆序数字为系联，卜辞契刻于三块甲骨之上；元卜、右卜、左卜形成的三卜制。三卜制的卜辞内容基本相同，稍有繁简之别。“三卜”之语以及考古出土甲骨实物的摆放，也可以佐证殷商三卜制。

（5）习卜制，习卜之辞是同版甲骨上连日或相隔数日进行占卜的记录，卜辞有“习卜”之语。

（6）选卜制常见于同版，“贞某卜”“用某卜”者实为选卜制。

（7）商代筮卦与甲骨占卜并行，此为卜筮并用。甲骨、铜器、陶器、小石子等出土实物，记录有筮占数字。

四，商周卜法之同，表现在甲骨文的字体、读法、语法以及筮法、政治、礼制、历法等。其异，在于攻治技法、钻凿形态、卜辞文例、甲骨数量、卜筮并用等。

总之，商王朝卜法制度相当完善，殷人会使用多种卜法。早期和晚期的卜法有所不同，正反对贞、一事多卜、三卜制、习卜、选卜是早期卜法，晚期卜法主要是三卜制，卜筮并用长期存在的卜法制度。

# 第十章　结　　语

从地下出土的实物看，甲骨占卜萌芽于新石器时代。甲骨占卜发展至商代，已经形成一套完善的制度。然而，甲骨占卜制度的系统研究，尚处于起始阶段。

研究甲骨占卜制度，只有做到将传世文献的相关记载、考古出土的实物资料（主要指非文字资料）和甲骨文字相结合，才能探求甲骨占卜真正的奥秘。首先，传世文献的相关记载，主要包括龟灵崇拜、甲骨卜法；其次，考古出土的实物资料，目验实物方可更有效地研究甲骨占卜之法；最后，甲骨文字蕴含了较多的卜法制度，不容忽视。如此三位一体地进行研究，才能全面重构甲骨占卜制度之全貌。甲骨形态学和甲骨占卜学的研究方法与此不谋而合，二者的学术价值就在于甲骨占卜制度。

所以，本书结合传世文献、甲骨实物、卜辞等，全面梳理了商代甲骨占卜流程与卜法制度，我们的结论和观点如下：

一，绪论。中国古代甲骨占卜的起源甚早，新石器时代的遗址出土了较多占卜所用的甲骨。龟具神灵性且长寿，所以先民最终选择了龟甲作为占卜的主体。由考古发掘看，骨卜的出现早于龟卜。史前各遗址出土了不少牛骨、羊骨、猪肩胛骨等占卜实物，有些史前墓葬以数量极少的龟甲为随葬品。商代盛行甲骨占卜，至西周时期，甲骨占卜逐渐式微。卜与筮是两种不同的占卜方法，甲骨为卜，筮是数占。

二，甲骨的选材。商王朝的甲骨取用制度比较完善，中央龟人和地方龟人专门负责搜集、整理、储存甲骨，殷人在秋时取龟。殷人占卜的骨料主要是龟甲和兽骨。龟甲主要由地方贵族贡纳而来，殷墟卜龟绝大多数是龟科花龟属和龟科乌龟属乌龟种。兽骨是牛、羊、猪、鹿等的肩胛骨，主要源于本地畜养或猎获。殷墟地下出土甲骨的数量，应在13万片左右。商代已经形成了衅龟之礼，祭祀甲骨以备用。

三，甲骨的攻治。攻治职官专司甲骨的攻治之事，且世袭罔替。甲骨攻治在春季进行，攻治的工具有锯、错、刀、凿、钻等，材质是青铜和石器。攻治技法有锯、削、刮、错等，甲骨钻孔、卜骨截锯是攻治的附加工序。甲骨攻治之后，存储于“龟室”。

四，甲骨的钻凿。钻凿职官世袭，保证了钻凿技法世代相传。钻凿的工具有铜钻、铜凿、挖刻刀、轮开槽等。钻凿之数由甲骨的大小、钻凿职官的选择、占卜事宜和钻凿布局等共同决定。

早商遗址出土的甲骨的钻凿布局，规律性不强。小屯龟腹甲之上钻凿布局概有六式：千里路两侧各分布1列（第一式）、2列（第二式）、3列（第三式）、4列（第四式）、5列（第五式）、6列（第六式）的钻凿。小屯龟背甲之上的钻凿呈3—8列分布，卜骨的钻凿布局有三种型式。小屯南地卜骨的钻凿布局有四式：第一式，卜骨边缘有1列钻凿，纵向排列；第二式，卜骨有2列钻凿，纵向排列；第三式，卜骨有3列钻凿，纵向排列；第四式，钻凿分布于骨扇部位。花东龟腹甲共有五种型式的钻凿布局，千里路两侧各有2列（第一式）、3列（第二式）、4列（第三式）、5列（第四式）、6列（第五式）钻凿；背甲的钻凿布局有二式，钻凿整体呈4列（第一式）或5列（第二式）。另外，甲骨上也有一些特殊型式的钻凿布局。

甲骨的钻凿形态有五种基本类型：单独椭圆型、圆孔型、单独长方凿型、椭圆形长凿与圆孔互包型和特殊型，各型以下又有若干式。钻凿形态可以作为甲骨分期断代的辅助性资料，不能单独作为断代的标准。

五，甲骨的烧灼。烧灼职官由地位较高的神职人员担任，烧灼的工具有燃炽的荆枝和烧红的木炭，烧灼的工具和火候的掌握对烧灼的效果影响极大。商代早期的卜骨，多是直接烧灼于骨面。商代中晚期的甲骨多是先钻凿，后烧灼。单独型的钻凿形态，其灼点在钻凿底部靠上部位。在组合型钻凿形态中，灼点以钻凿附属的圆钻或长凿为主。当然，也有一些特殊烧灼的情况。

六，甲骨的卜兆。卜兆整体分墨、坼、首、身、足、内、外等部位，兆干分为首、身、足等部位，靠近兆干处的兆枝为“内”，兆枝的末端为“外”。卜兆的基本类型有身正型、首俯型、首仰型、首上开型、足俯型、足肣型、足开型、首仰足俯型、首俯足肣型、首上开足肣型、首上开足俯型、身节折型、一干二枝型、二干一枝型、二干二枝型、二干并列无兆枝型、一干型等，各型横向兆枝的延伸走向不尽相同。

卜兆显示的规律有：某些卜兆形态比较常见或少见。卜兆的首、身、足、内、外的延伸走向都一定的规律。某些卜兆形态只出现于龟甲或兽骨之上。比较少见的卜兆特例，属于非吉兆的性质。龟腹甲之上卜兆的最大特征是其对称性，兆枝基本都是向着千里路。一片甲骨之上可以有若干类型的卜兆。

钻凿与卜兆的关联性在于：长凿引导兆干，圆钻引导兆枝，长凿和圆钻组合在一起共同引导卜兆的延伸，钻凿形态在很大程度上决定了卜兆形态。

我们从三个方面对卜兆进行定性：卜兆的颜色、大小、长短、粗细、曲直、显隐等是卜兆本身的综合因素，这是判兆的首要标准。记兆术语为解释说明卜兆而契刻，其本质属性是兆辞。卜兆刻划有助于殷人对卜兆进行定性，“卜兆定性说”更符合卜兆刻划的目的。

七，甲骨文字的书契。甲骨文的书写工具是毛笔，契刻的工具有青铜刀和玉刀。甲骨文书写和契刻的关系有三：先书后刻；小字直接契刻，大字先书后刻；直接契刻；其中，直接契刻是甲骨文字主要的契刻方式。

甲骨卜辞和记事刻辞的行款走向形式众多，龟腹甲、龟背甲、胛骨各自有其一般规律，刻辞行款走向也有特例。卜辞契刻的一般规律是“守兆”和“避兆”，也有少数卜辞“犯兆”的情况。还有极少数甲骨卜辞为了“避兆”而缺刻笔画，以及甲骨文字“犯”甲骨文字等特殊情况。

商代朱砂的使用情况比较常见，考古出土了不少制作朱砂的工具，涂朱的颜料是朱砂和红赭石。甲骨文字涂朱、填墨反映了殷人的宗教信仰，原因有三种观点：“美观说”“醒目说”

和“宗教说”，我们赞同“宗教说”。

八，卜后甲骨的处理。处理卜官负责卜后甲骨的处理事宜，职责是将卜后甲骨归档、收藏、钻孔、编册、运输、埋藏等。

卜后甲骨的处理方式有四种：①直接废弃；②归档、收藏；③甲骨刮削；④埋藏。埋藏又可分为：①集中埋藏；②分类储存、而后埋藏；③特殊的埋藏方式。殷人处理卜后甲骨的原因有二：从宗教信仰的而言，殷人埋藏甲骨是为了避免卜后甲骨被亵渎。从政治目的而言，殷人处理卜后甲骨是商王为了操控神权与王权。

九，卜法制度。商王朝设置了庞大的占卜机构，卜官各司其职、密切配合。在具体的占卜环节，卜人负责命龟、灼龟、取兆；贞人贞龟、占龟；占人负责占龟、视兆定性。

甲骨卜法有：①对贞卜问。对贞卜问分为正反对贞、正正对贞和反反对贞。龟腹甲上正贞和反贞的卜辞以千里路为界；某些正贞卜辞和反贞卜辞分别契刻于腹甲的正面与反面。龟背甲和胛骨之上的对贞卜辞特征与龟腹甲基本相同。②二人共贞。二人共贞属于异史共贞，常见𡆥与武丁时期贞人内、宊、争、㱿等共贞，内容多为贞旬卜辞。③一事多卜。一事多卜的卜辞刻于同版或异版，内容几乎相同，形成了同文卜辞和成套卜辞或成套甲骨。④三卜制。以兆序数字为系联，将卜辞刻于三块甲骨之上；元卜、右卜、左卜形成三卜制。三卜制的卜辞内容基本相同，稍有繁简之别。再者，卜辞“三卜”之语以及考古出土甲骨实物的摆放，也可佐证殷商三卜制。⑤习卜制。习卜制有同日异时的因袭占卜和异日的因袭占卜，习卜之辞是同版甲骨上连日或相隔数日进行占卜的记录。⑥选卜制。选卜制常见于同版，“贞某卜”“用某卜”者实为选卜制。⑦卜筮并用。甲骨、青铜器、陶器、小石子等出土实物，已有数字筮占的记录，其中以甲骨之上筮卦符号居多。

商周卜法之同，表现在甲骨文的字体、读法、语法以及筮法、政治、礼制、历法等。其异，在于攻治技法、钻凿形态、卜辞文例、甲骨数量、卜筮并用等。

综上，商代甲骨占卜流程环环相扣，概有选材、祭祀备用、攻治、龟室贮藏、钻凿、烧灼、卜兆、卜辞的书契、归档收藏、埋藏等。卜法制度完善，概有正反对贞、一事多卜、三卜制、习卜制、选卜制、卜筮并用等。

甲骨占卜是商王朝维系统治的决疑手段，“服从占卜结果，即是服从神，而占卜的结果由

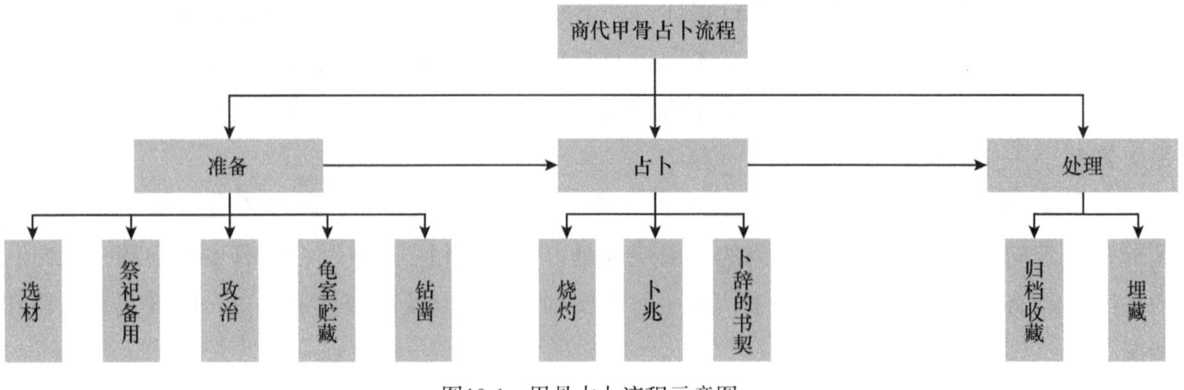


图10-1 甲骨占卜流程示意图

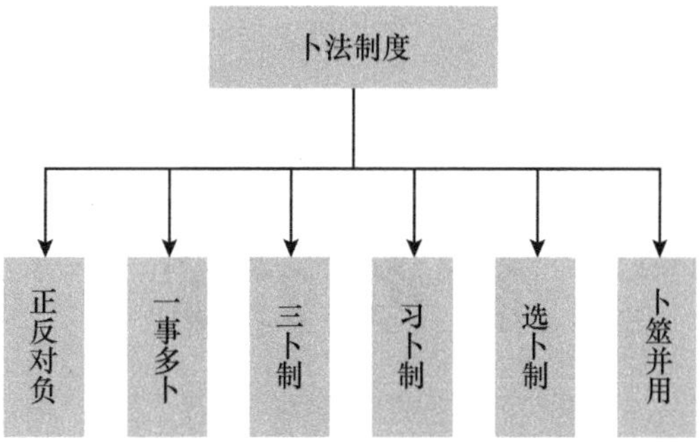

图10-2 商代卜法制度示意图

商王操纵着，故而实际上只是在服从商王”[①]。从这个层面而言，研究甲骨占卜制度，可以加深我们对中国古代国家形态和早期政治信仰的认识。甲骨占卜制度对甲骨之分期断代也有重要意义，如甲骨的攻治技法、钻凿形态、卜后处理等，皆可为分期断代提供依据。再者，甲骨占卜制度是殷商礼制之一，且对后世影响深远。然而，限于种种原因，本书所论之商代甲骨占卜制度，实为冰山一角，诚如饶宗颐所言：“而殷商遗事，晦盲否僿，近三千年莫之知者，乃得粗具端倪”[②]。

毋庸置疑，甲骨占卜制度实为甲骨学研究领域的重要内容，其价值与意义不容小觑。我们以甲骨非文字资料为切入点，从占卜流程而论卜法制度，是一种新的尝试。总之，商代甲骨占卜流程严谨、卜法制度完善，实为成熟的礼制。再者，商代早期、中期和晚期的甲骨占卜，随着社会的发展不断完善。因此，本书梳理了占卜流程与卜法制度的嬗变脉络，进而重构了甲骨占卜制度的全貌。至于本书所遗留的问题，尚待学界有志之士进一步探索。

---

① 杨升南：《商代的王权和对王权的神化》，《甲骨文商史丛考》，线装书局，2007年，第14页。

② 饶宗颐：《殷代贞卜人物通考》，中华书局，2015年，第1页。

# 参考文献

## 一、古代文献


（战国）鬼谷子著，许富宏撰：《鬼谷子集校集注》，北京：中华书局，2008年。

（晋）陈寿撰，（宋）裴松之注：《三国志》，北京：中华书局，1964年。

（晋）郭璞注，（宋）邢昺疏，李传书整理，徐朝华审定：《尔雅注疏》，北京：北京大学出版社，1999年。

（晋）张华撰，范宁校正：《博物志校证》，北京：中华书局，1980年。

（汉）班固撰，（唐）颜师古注：《汉书》，北京：中华书局，1964年。

（汉）何休解诂，（唐）徐彦疏，蒲卫东整理，杨向奎审定：《春秋公羊传注疏》，北京：北京大学出版社，1999年。

（汉）刘向撰，向宗鲁校证：《说苑校证》，北京：中华书局，1987年。

（汉）司马迁撰：《史记》，北京：中华书局，1963年。

（汉）许慎撰：《说文解字》，北京：中华书局，1978年。

（汉）许慎撰，（清）段玉裁注：《说文解字注》，上海：上海古籍出版社，1981年。

（汉）郑玄注，（唐）贾公彦疏，彭林整理，王文锦审定：《仪礼注疏》，北京：北京大学出版社，1999年。

（唐）房玄龄等撰：《晋书》，北京：中华书局，1974年。

（唐）李林甫等撰，陈仲夫点校：《唐六典》，北京：中华书局，2014年。

（唐）徐坚等著，司义祖点校：《初学记》，北京：中华书局，1962年。

（宋）范晔撰，（唐）李贤等注：《后汉书》，北京：中华书局，1973年。

（宋）李昉等撰：《太平御览》，北京：中华书局，1995年。

（宋）王与之撰：《周礼订义》，台北：世界书局，1988年。

（元）脱脱等撰：《辽史》，北京：中华书局，1974年。

（明）宋濂等撰：《元史》，北京：中华书局，1976年。

（明）王志长撰：《周礼注疏删翼》，台北：台湾商务印书馆，1986年。

（清）陈立撰，吴则虞点校：《白虎通疏证》，北京：中华书局，1994年。

（清）陈士珂辑：《孔子家语疏证》，上海：上海书店，1987年。

（清）郭庆藩撰，王孝鱼点校：《庄子集释》，北京：中华书局，1985年。

（清）洪亮吉撰，李解民点校：《春秋左传诂》，北京：中华书局，1987年。

（清）胡煦著，程林点校：《周易函书》，北京：中华书局，2008年。
（清）李道平撰：《周易集解纂疏》，上海：上海古籍出版社，1994年。
（清）苏舆撰，钟哲点校：《春秋繁露义证》，北京：中华书局，1992年。
（清）孙希旦撰，沈啸寰、王星贤点校：《礼记集解》，北京：中华书局，1989年。
（清）孙星衍撰，陈抗、盛冬铃点校：《尚书今古文注疏》，北京：中华书局，1986年。
（清）孙诒让撰，王文锦、陈玉霞点校：《周礼正义》，北京：中华书局，1987年。
（清）王聘珍撰，王文锦点校：《大戴礼记解诂》，北京：中华书局，1983年。
（清）王先谦撰，沈啸寰、王星贤点校：《荀子集解》，北京：中华书局，1988年。
（清）王先慎撰，钟哲点校：《韩非子集解》，北京：中华书局，2003年。
（清）徐元诰撰，王树民、沈长云点校：《国语集解》，北京：中华书局，2002年。
（清）张廷玉撰：《钦定周官义疏》，台北：世界书局，1988年。
程俊英译注：《诗经译注》，上海：上海古籍出版社，1985年。
何宁撰：《淮南子集释》，北京：中华书局，1998年。
黄晖撰：《论衡校释》，北京：中华书局，1990年。
黎翔凤撰，梁运华整理：《管子校注》，北京：中华书局，2004年。
王焕镳撰：《墨子集诂》，上海：上海古籍出版社，2005年。
王明：《抱朴子内篇校释》（增订本），北京：中华书局，1996年。
许维遹撰，梁运华整理：《吕氏春秋集释》，北京：中华书局，2010年。
杨伯峻编著：《春秋左传注》，北京：中华书局，1995年。
杨树达：《论语疏证》，上海：上海古籍出版社，1986年。
杨天宇撰：《仪礼译注》，上海：上海古籍出版社，2004年。
周振甫译注：《周易译注》，北京：中华书局，1991年。
朱海雷编著：《关尹子今译》，杭州：浙江大学出版社，2012年。

## 二、著录书、工具书

（清）刘鹗：《铁云藏龟》，北京：抱残守缺斋，1903年。
曹锦炎、沈建华编著：《甲骨文校释总集》，上海：上海辞书出版社，2006年。
曹玮编著：《周原甲骨文》，北京：世界图书出版公司北京公司，2002年。
董作宾：《殷虚文字甲编》，北京：商务印书馆，1948年。
董作宾辑：《殷虚文字外编》，台北：艺文印书馆，1956年。
段振美等编著：《殷墟甲骨辑佚——安阳民间藏甲骨》，北京：文物出版社，2008年。
郭沫若：《卜辞通纂》，北京：科学出版社，1983年。
郭沫若：《殷契粹编》，北京：科学出版社，1965年。
郭沫若主编、胡厚宣总编辑：《甲骨文合集》（13册），北京：中华书局，1978—1983年。

胡厚宣：《甲骨六录》，成都：齐鲁大学国学研究所，1945年。

李学勤、齐文心、〔美〕艾兰：《英国所藏甲骨集》（上编），北京：中华书局，1985年。

李学勤、齐文心、〔美〕艾兰：《英国所藏甲骨集》（下编），北京：中华书局，1992年。

罗振玉辑：《殷虚书契菁华》，永慕园石印本，1914年。

吕静主编，葛亮编著：《复旦大学藏甲骨集》，上海：上海古籍出版社，2019年。

彭邦炯、谢济、马季凡主编：《甲骨文合集补编》，北京：语文出版社，1999年。

饶宗颐：《巴黎所见甲骨录》，香港：Too Hung Engraving & Printing公司，1956年。

宋镇豪、〔俄〕玛丽娅主编：《俄罗斯国立爱米塔什博物馆藏殷墟甲骨》，上海：上海古籍出版社，2013年。

于省吾主编：《甲骨文字诂林》，北京：中华书局，1999年。

张秉权：《殷虚文字丙编·上辑（一）》，台北："中研院"历史语言研究所，1957年。

张秉权：《殷虚文字丙编·上辑（二）》，台北："中研院"历史语言研究所，1959年。

中国社会科学院考古研究所编著：《小屯南地甲骨》（上册），北京：中华书局，1980年。

中国社会科学院考古研究所编著：《小屯南地甲骨》（下册），北京：中华书局，1983年。

中国社会科学院考古研究所编著：《殷墟花园庄东地甲骨》，昆明：云南人民出版社，2003年。

中国社会科学院考古研究所编著：《殷墟小屯村中村南甲骨》，昆明：云南人民出版社，2012年。

朱凤瀚、沈建华主编：《中国国家博物馆馆藏文物研究丛书·甲骨卷》，上海：上海古籍出版社，2007年。

〔美〕方法敛摹，白瑞华校：《库方二氏藏甲骨卜辞》，上海：上海商务印书馆石印本，1935年。

## 三、学术专著

（清）孙诒让：《契文举例》，蟫隐庐石印本，1904年。

北京大学考古文博学院编著：《洛阳王湾：田野考古发掘报告》，北京：北京大学出版社，2002年。

蔡先金：《述古杂俎》，上海：上海古籍出版社，2013年。

常耀华：《殷墟甲骨非王卜辞研究》，北京：线装书局，2006年。

常玉芝：《殷墟甲骨断代标准评议》，北京：中国社会科学出版社，2020年。

晁福林：《天命与彝伦：先秦社会思想探研》，北京：北京大学出版社，2012年。

晁福林：《夏商西周的社会变迁》，北京：北京师范大学出版社，1996年。

晁福林：《先秦社会形态研究》，北京：北京师范大学出版社，2003年。

晁福林：《中国民俗史·先秦卷》，北京：人民出版社，2008年。

陈邦福：《殷墟薶契考》，伏生草堂石印本，1928年。

陈邦怀：《殷代社会史料征存》，天津：天津人民出版社，1959年。

陈晋：《龟甲文字概论》，上海：中华书局，1933年。

陈梦家：《汉简缀述》，北京：中华书局，1980年。

陈梦家：《殷虚卜辞综述》，北京：中华书局，1988年。

陈全方：《周原与周文化》，上海：上海人民出版社，1988年。

陈世辉、汤余惠：《古文字学概要》，长春：吉林大学出版社，1988年。

陈炜湛：《甲骨文简论》，上海：上海古籍出版社，1987年。

陈炜湛：《甲骨文论集》，上海：上海古籍出版社，2003年。

陈炜湛：《三鉴斋甲骨文论集》，上海：上海古籍出版社，2013年。

谌中和：《夏商时代的社会与文化》，兰州：甘肃人民出版社，2006年。

崔波：《甲骨占卜源流探索》，北京：中国文史出版社，2003年。

董作宾：《甲骨学六十年》，台北：艺文印书馆，1965年。

董作宾：《董作宾先生全集·乙编》，台北：艺文印书馆，1978年。

段振美：《殷墟考古史》，郑州：中州古籍出版社，1991年。

范毓周：《甲骨文》，北京：人民出版社，1986年。

方述鑫：《殷虚卜辞断代研究》，台北：文津出版社，1992年。

方稚松：《殷墟甲骨文五种记事刻辞研究》，北京：线装书局，2009年。

方稚松：《殷墟甲骨文五种外记事刻辞研究》，上海：上海古籍出版社，2021年。

冯时：《中国古文字学概论》，北京：中国社会科学出版社，2016年。

高明：《中国古文字学通论》，北京：北京大学出版社，1996年。

古育安：《殷墟花东H3甲骨刻辞所见人物研究》，新北：花木兰文化出版社，2013年。

郭静云：《天神与天地之道：巫觋信仰与传统思想渊源》，上海：上海古籍出版社，2016年。

郭静云：《夏商周：从神话到史实》，上海：上海古籍出版社，2013年。

郭若愚：《殷契拾掇二编》，上海：来薰阁书店，1953年。

韩江苏：《殷墟花东H3卜辞主人“子”研究》，北京：线装书局，2007年。

何会：《殷墟王卜辞龟腹甲文例研究》，北京：中国社会科学出版社，2020年。

河北省文物研究所编：《藁城台西商代遗址》，北京：文物出版社，1985年。

河南省文化局文物工作队：《郑州二里岗》，北京：科学出版社，1959年。

河南省文物考古研究所编著：《舞阳贾湖》，北京：科学出版社，1999年。

河南省文物考古研究所编著：《郑州商城：1953—1985年考古发掘报告》，北京：文物出版社，2001年。

河南省文物研究所、长江流域规划办公室考古队河南分队：《淅川下王冈》，北京：文物出版社，1989年。

河南省文物研究所编：《郑州商城考古新发现与研究》，郑州：中州古籍出版社，1993年。

胡光炜：《甲骨文例》，广州：国立中山大学语言历史学研究所，1928年。
胡光炜：《胡小石论文集三编》，上海：上海古籍出版社，1995年。
胡厚宣、胡振宇：《殷商史》，上海：上海人民出版社，2003年。
胡厚宣：《甲骨学商史论丛初集》，成都：齐鲁大学国学研究所，1944年。
胡厚宣：《甲骨学商史论丛二集》，成都：齐鲁大学国学研究所，1945年。
胡厚宣：《殷墟发掘》，上海：学习生活出版社，1955年。
湖北省文物考古研究所编著：《宜都城背溪》，北京：文物出版社，2001年。
华强：《殷商甲骨文本训》，合肥：黄山书社，2014年。
黄德宽：《古文字学》，上海：上海古籍出版社，2015年。
黄天树：《殷墟王卜辞的分类与断代》，台北：文津出版社，1991年。
黄天树主编：《甲骨拼合集》，北京：学苑出版社，2010年。
江林昌：《夏商周文明新探》，杭州：浙江人民出版社，2001年。
江西省博物馆、江西省文物考古研究所、新干县博物馆：《新干商代大墓》，北京：文物出版社，1997年。
李达良：《龟版文例研究》，香港：香港中文大学联合书院中文系，1972年。
李济著，苏秀菊、聂玉海译，杨锡璋校：《安阳》，北京：中国社会科学出版社，1990年。
李济总编辑：《城子崖（山东历城县龙山镇之黑陶文化遗址）》，南京：国立中央研究院历史语言研究所，1934年。
李零：《中国方术考》，北京：东方出版社，2001年。
李民：《夏商史探索》，郑州：河南人民出版社，1985年。
李圃：《甲骨文文字学》，上海：学林出版社，1995年。
李学勤、彭裕商：《殷墟甲骨分期研究》，上海：上海古籍出版社，1996年。
李学勤：《古文字学初阶》，北京：中华书局，1997年。
李学勤：《失落的文明》，上海：上海文艺出版社，1997年。
李雪山：《商代分封制度研究》，北京：中国社会科学出版社，2004年。
李亚农：《李亚农史论集》，上海：上海人民出版社，1978年。
李亚农：《殷代社会生活》，上海：上海人民出版社，1978年。
李宗焜：《当甲骨遇上考古：导览YH127坑》，台北："中研院"历史语言研究所，2006年。
李宗焜编著：《凿破鸿蒙：纪念董作宾逝世五十周年》，台北："中研院"历史语言研究所，2013年。
梁钊韬：《中国古代巫术——宗教的起源与发展》，广州：中山大学出版社，1999年。
林宏明：《醉古集——甲骨的缀合与研究》，台北：万卷楼图书股份有限公司，2011年。
凌纯声：《中国与海洋洲的龟祭文化》，南港：中央研究院民族学研究所，1972年。
刘风华：《殷墟村南系列甲骨卜辞的整理与研究》，上海：上海古籍出版社，2014年。
刘桓：《甲骨征史》，哈尔滨：黑龙江教育出版社，2002年。
刘一曼：《殷墟考古与甲骨学研究》，昆明：云南人民出版社，2019年。

刘义峰：《无名组卜辞的整理与研究》，北京：金盾出版社，2014年。
刘影：《殷墟胛骨文例》，北京：首都师范大学出版社，2016年。
刘玉建：《中国古代龟卜文化》，桂林：广西师范大学出版社，1992年。
刘渊临：《卜用甲骨上攻治技术的痕迹之研究》，台北：台湾编译馆，1984年。
鲁实先著，王永诚注：《文字析义注》，台北：台湾商务印书馆，2014年。
罗振玉：《殷商贞卜文字考》，玉简斋石印本，1910年。
罗振玉：《殷虚书契考释》，永慕园石印本，1915年。
罗振玉：《增订殷虚书契考释》，东方学会石印本，1927年。
洛阳市文物工作队编著：《洛阳北窑西周墓》，北京：文物出版社，1999年。
吕静：《春秋时期盟誓研究——神灵崇拜下的社会秩序再构建》，上海：上海古籍出版社，2007年。
马承源主编：《上海博物馆藏战国楚竹书（九）》，上海：上海古籍出版社，2012年。
马衡、陈衡恪：《中国金石学概论》，长春：时代文艺出版社，2009年。
马如森：《殷墟甲骨文引论》，长春：东北师范大学出版社，1993年。
马如森：《殷墟甲骨学》，上海：上海大学出版社，2007年。
孟世凯：《甲骨学辞典》，上海：上海人民出版社，2009年。
孟世凯：《殷墟甲骨文简述》，北京：文物出版社，1980年。
内蒙古文物考古研究所编：《岱海考古（一）——老虎山文化遗址发掘报告集》，北京：科学出版社，2000年。
彭邦炯：《甲骨文农业资料考辨与研究》，长春：吉林文史出版社，1997年。
彭邦炯：《契文释录》，上海：上海书店出版社，2017年。
齐文心、王贵民：《商西周文化志》，上海：上海人民出版社，1998年。
钱存训：《书于竹帛：中国古代的文字记录》，上海：上海书店出版社，2004年。
清华大学出土文献研究与保护中心编：《清华大学藏战国竹简（肆）》，上海：中西书局，2013年。
屈万里：《殷虚文字甲编考释》，台北：联经出版事业公司，1984年。
饶宗颐：《饶宗颐二十世纪学术文集·甲骨》，北京：中国人民大学出版社，2009年。
饶宗颐：《殷代贞卜人物通考》，北京：中华书局，2015年。
饶宗颐主编、沈建华编辑：《甲骨文通检》（第四册），香港：中文大学出版社，1995年。
山东省博物馆、山东省文物考古研究所：《邹县野店》，北京：文物出版社，1985年。
山东省文物管理处、济南市博物馆编：《大汶口——新石器时代墓葬发掘报告》，北京：文物出版社，1974年。
山西省文物工作委员会编：《侯马盟书》，北京：文物出版社，1976年。
陕西省考古研究所：《龙岗寺——新石器时代遗址发掘报告》，北京：文物出版社，1990年。
沈之瑜：《甲骨文讲疏》，上海：上海书店出版社，2002年。

沈之瑜：《甲骨学基础讲义》，上海：上海古籍出版社，2011年。

石璋如：《小屯第一本：殷墟的发现与发掘·乙编·殷虚建筑遗存》，台北："中研院"历史语言研究所，1959年。

石璋如：《小屯第一本：殷墟的发现与发掘·丙编·殷虚墓葬之一·北组墓葬》，台北："中研院"历史语言研究所，1970年。

石璋如：《小屯第一本：殷墟的发现与发掘·丙编·殷虚墓葬之二·中组墓葬》，台北："中研院"历史语言研究所，1972年。

石璋如：《遗址的发现与发掘：丁编·甲骨坑层之一（一次至九次出土甲骨）》，台北："中研院"历史语言研究所，1985年。

石璋如：《遗址的发现与发掘：丁编·甲骨坑层之二（十三次至十五次出土甲骨）》，台北："中研院"历史语言研究所，1992年。

宋会群：《中国术数文化史》，开封：河南大学出版社，1999年。

宋兆麟、黎家芳、杜耀西：《中国原始社会史》，北京：文物出版社，1983年。

宋兆麟：《巫与巫术》，成都：四川民族出版社，1989年。

宋镇豪：《商代社会生活与礼俗》，北京：中国社会科学出版社，2010年。

宋镇豪：《夏商社会生活史》，北京：中国社会科学出版社，1994年。

孙亚冰：《殷墟花园庄东地甲骨文例研究》，上海：上海古籍出版社，2014年。

唐际根：《殷墟：一个王朝的背影》，北京：科学出版社，2009年。

唐兰：《殷虚文字记》，北京：中华书局，1981年。

王国维：《古史新证》，北京：清华大学出版社，1996年。

王国维原著，胡平生、马月华校注：《简牍检署考校注》，上海：上海古籍出版社，2004年。

王晖：《商周文化比较研究》，北京：人民出版社，2000年。

王宇信、〔韩〕具隆会：《甲骨学发展120年》，北京：中国社会科学出版社，2019年。

王宇信、魏建震：《甲骨学导论》，北京：中国社会科学出版社，2010年。

王宇信、徐义华：《商周甲骨文》，北京：文物出版社，2006年。

王宇信、徐义华：《商代国家与社会》，北京：中国社会科学出版社，2011年。

王宇信、杨升南主编：《甲骨学一百年》，北京：社会科学文献出版社，1999年。

王宇信：《西周甲骨探论》，北京：中国社会科学出版社，1984年。

王宇信：《甲骨学通论》，北京：中国社会科学出版社，1999年。

王玉哲：《中国上古史纲》，上海：上海人民出版社，1959年。

王玉哲：《中华远古史》，上海：上海人民出版社，2003年。

王蕴智：《字学论集》，郑州：河南美术出版社，2004年。

王蕴智主编：《中原文化大典·文物典·古文字》，郑州：中州古籍出版社，2008年。

王蕴智：《殷商甲骨文研究》，北京：科学出版社，2010年。

王震中：《中国文明起源的比较研究》，西安：陕西人民出版社，1994年。

王震中：《商代都邑》，北京：中国社会科学出版社，2010年。
王震中：《商族起源与先商社会变迁》，北京：中国社会科学出版社，2010年。
王震中：《中国古代国家的起源与王权的形成》，北京：中国社会科学出版社，2013年。
韦心滢：《殷代商王国政治地理结构研究》，上海：上海古籍出版社，2013年。
魏慈德：《殷墟YH127坑甲骨卜辞研究》，新北：花木兰文化出版社，2011年。
魏慈德：《殷墟花园庄东地甲骨卜辞研究》，台北：台湾古籍出版有限公司，2006年。
巫称喜：《殷商文化传播史稿》，广州：暨南大学出版社，2015年。
吴浩坤、潘悠：《中国甲骨学史》，上海：上海人民出版社，1985年。
吴俊德：《殷墟第三、四期甲骨断代研究》，台北：艺文印书馆，1999年。
吴俊德：《殷墟第四期祭祀卜辞研究》，台北：台湾大学出版委员会，2005年。
谢崇安：《商周艺术》，成都：巴蜀书社，1997年。
徐吉军：《中国丧葬史》，南昌：江西高校出版社，1998年。
徐锡台：《周原甲骨文综述》，西安：三秦出版社，1987年。
许进雄：《卜骨上的凿钻形态》，台北：艺文印书馆，1973年。
许进雄：《明义士收藏甲骨释文篇》，多伦多：加拿大皇家安大略博物馆，1977年。
许进雄：《甲骨上钻凿形态的研究》，台北：艺文印书馆，1979年。
许进雄：《中国古代社会——文字与人类学的透视》（修订本），台北：台湾商务印书馆，1995年。
许进雄：《简明中国文字学》，北京：中华书局，2009年。
许进雄：《文字小讲》，天津：天津人民出版社，2016年。
许顺湛：《商代社会经济基础初探》，郑州：河南人民出版社，1958年。
严一萍：《甲骨学》，台北：艺文印书馆，1978年。
严一萍：《甲骨断代问题》，台北：艺文印书馆，1982年。
严一萍：《甲骨古文字研究》，台北：艺文印书馆，1990年。
杨升南：《甲骨文商史丛考》，北京：线装书局，2007年。
杨升南：《商代经济史》，贵阳：贵州人民出版社，1992年。
姚孝遂、肖丁：《小屯南地甲骨考释》，北京：中华书局，1985年。
姚志豪：《小屯南地甲骨句型与断代研究》，新北：花木兰文化出版社，2013年。
殷涤非：《商周考古简编》，合肥：黄山书社，1986年。
詹鄞鑫：《神灵与祭祀——中国传统宗教综论》，南京：江苏古籍出版社，1992年。
张秉权：《甲骨文与甲骨学》，台北：台湾编译馆，1988年。
张荣明：《殷周政治与宗教》，台北：五南图书出版股份有限公司，1997年。
张世超：《殷墟甲骨字迹研究——𠂤组卜辞篇》，长春：东北师范大学出版社，2002年。
张惟捷：《殷墟YH127坑宾组甲骨新研》，台北：万卷楼图书股份有限公司，2013年。
张渭莲：《商文明的形成》，北京：文物出版社，2008年。
张玉金：《甲骨卜辞语法研究》，广州：广东高等教育出版社，2002年。

张之恒主编：《中国考古学通论》，南京：南京大学出版社，1995年。

章秀霞：《花东子卜辞与殷礼研究》，北京：中华书局，2017年。

赵丰、尚刚、龙博编著：《中国古代物质文化史·纺织》，北京：开明出版社，2014年。

中国科学院考古研究所编著：《辉县发掘报告》，北京：科学出版社，1956年。

中国社会科学院考古研究所编著：《殷墟妇好墓》，北京：文物出版社，1980年。

中国社会科学院考古研究所编著：《殷墟发掘报告1958—1961》，北京：文物出版社，1987年。

中国社会科学院考古研究所编著：《殷墟的发现与研究》，北京：科学出版社，1994年。

中国社会科学院考古研究所编著：《安阳殷墟郭家庄商代墓葬》，北京：中国大百科全书出版社，1998年。

中国社会科学院考古研究所编著：《大甸子——夏家店下层文化遗址与墓地发掘报告》，北京：科学出版社，1998年。

中国社会科学院考古研究所编著：《山东王因——新石器时代遗址发掘报告》，北京：科学出版社，2000年。

中国社会科学院考古研究所编著：《安阳殷墟花园庄东地商代墓葬》，北京：科学出版社，2007年。

中国社会科学院考古研究所编著：《偃师商城》（第一卷），北京：科学出版社，2013年。

周传儒：《甲骨文字与殷商制度》，上海：开明书店，1934年。

周鸿翔：《卜辞对贞述例》，香港：万有图书公司，1969年。

周忠兵：《卡内基博物馆所藏甲骨研究》，上海：上海人民出版社，2015年。

朱芳圃：《甲骨学商史编》，上海：中华书局，1935年。

朱天顺：《中国古代宗教初探》，上海：上海人民出版社，1982年。

朱歧祥：《殷墟卜辞句法论稿——对贞卜辞句型变异研究》，台北：学生书局，1990年。

朱歧祥：《甲骨学论丛》，台北：学生书局，1992年。

朱歧祥：《周原甲骨研究》，台北：学生书局，1997年。

朱歧祥：《甲骨文研究——中国古文字与文化论稿》，台北：里仁书局，1998年。朱歧祥：《殷墟花园庄东地甲骨论稿》，台北：里仁书局，2008年。

朱歧祥：《亦古亦今之学——古文字与近代学术论稿》，台北：万卷楼图书股份有限公司，2017年。

朱彦民：《商族的起源、迁徙与发展》，北京：商务印书馆，2007年。

朱彦民：《殷墟考古发掘与甲骨文研究》，新北：花木兰文化出版社，2012年。

朱彦民：《商代社会的文化与观念》，天津：南开大学出版社，2014年。

朱志荣：《商代审美意识研究》，北京：人民出版社，2002年。

邹衡：《夏商周考古学论文集》，北京：文物出版社，1980年。

邹晓丽、李彤、冯丽萍：《甲骨文字学述要》，长沙：岳麓书社，1999年。

〔法〕汪德迈著，金丝燕译：《中国思想的两种理性：占卜与表意》，北京：北京大学出版社，2017年。

〔韩〕李旼姈：《甲骨文例研究》，台北：台湾古籍出版有限公司，2003年。

〔韩〕朴载福：《先秦卜法研究》，上海：上海古籍出版社，2011年。

〔韩〕文镛盛：《中国古代社会的巫觋》，北京：华文出版社，1999年。

〔韩〕赵容俊：《殷商甲骨卜辞所见之巫术》，台北：文津出版社，2003年。

〔加拿大〕明义士：《甲骨研究》，济南：齐鲁书社，1996年。

〔美〕艾兰著，江涛译：《龟之谜——商代神话、祭祀、艺术和宇宙观研究》，成都：四川人民出版社，1992年。

〔美〕艾兰著，杨民等译：《早期中国历史思想与文化》，沈阳：辽宁教育出版社，1999年。

〔美〕张光直：《中国青铜时代》，北京：生活·读书·新知三联书店，1983年。

〔美〕张光直：《考古学专题六讲》，北京：文物出版社，1986年。

〔美〕张光直著，郭净译：《美术、神话与祭祀》，沈阳：辽宁教育出版社，2002年。

〔美〕张光直著，张良仁、岳洪彬、丁晓雷译：《商文明》，沈阳：辽宁教育出版社，2002年。

〔日〕安居香山、中村璋八辑：《纬书集成》，石家庄：河北人民出版社，1994年。

〔日〕白川静：《甲骨文的世界——古代殷王朝的构造》，据东京平凡社1973年重印本影印，转自《甲骨文献集成》第二十二册，四川大学出版社，2000年。

〔日〕贝塚茂树：《京都大学人文科学研究所藏甲骨文字》，东京：京都大学人文科学研究，1960年，转引自《甲骨文献集成》第八册，四川大学出版社，2000年。

〔日〕岛邦男，濮茅左、顾伟良译：《殷墟卜辞研究》，上海：上海古籍出版社，2006年。

〔日〕崎川隆：《宾组甲骨文分类研究》，上海：上海人民出版社，2011年。

〔日〕藤枝晃著，翟德芳、孙晓林译：《汉字的文化史》，北京：知识出版社，1991年。

〔日〕伊藤道治著，江蓝生译：《中国古代王朝的形成：以出土资料为主的殷周史研究》，北京：中华书局，2002年。

〔英〕汪涛著，郅晓娜译：《颜色与祭祀：中国古代文化中颜色涵义探幽》，上海：上海古籍出版社，2013年。

## 四、学术论文

《河南殷墟大司空东地新发现无字甲骨坑》，《文物鉴定与鉴赏》2018年第13期。

安徽省文物考古研究所：《安徽含山凌家滩新石器时代墓地发掘简报》，《文物》1989年第4期。

安阳市博物馆：《安阳铁西刘家庄南殷代墓葬发掘简报》，《中原文物》1986年第3期。

安阳市文物工作队：《1995—1996年安阳刘家庄殷代遗址发掘报告》，《华夏考古》1997

年第2期。

安志敏：《一九五二年秋季郑州二里岗发掘记》，《考古学报》1954年第8期。

安志敏：《殷墟之石刀》，《燕京学报》1947年第33期。

白玉峥：《甲骨絜辞之辨识与分类》，《中国文字》（新十九期），台北：艺文印书馆，1994年。

北京大学、河北省文物局邯郸考古发掘队：《1957年邯郸发掘简报》，《考古》1959年第10期。

北京大学考古学系、商丘地区文管会：《河南夏邑清凉山遗址发掘报告》，《考古学研究》（四），北京：科学出版社，2000年。

北京市文物研究所、北京市平谷县文物管理所：《北京平谷上宅新石器时代遗址发掘简报》，《文物》1989年第8期。

卞美年：《河南安阳遗龟》，《中国地质学会会志》1937年第17卷第1号。

秉志：《河南安阳之龟壳》，《安阳发掘报告》1931年第3期。

蔡先金：《“刻文骨”与“骨刻文”之性质推断与价值蠡测》，《烟台大学学报》（社会科学报）2012年第3期。

蔡先金：《试论商周之际的宗教变革》，《中国文化研究》2001年第4期。

蔡依静：《出组卜王卜辞的整理与研究》，台北政治大学硕士学位论文，2012年。

曹定云、刘一曼：《1991年殷墟花园庄东地甲骨的发现与整理》，《花园庄东地甲骨论丛》，台北：圣环图书股份有限公司，2006年。

曹定云、刘一曼：《四论武乙、文丁卜辞——无名组与历组卜辞早晚关系》，《考古学报》2019年第2期。

曹定云：《论历组卜辞中“小乙、父丁”称谓及其相关问题——揭示历组卜辞时代之确证》，《甲骨文与殷商史》（新六辑），上海：上海古籍出版社，2016年。

曹定云：《殷墟四盘磨“易卦”卜骨研究》，《考古》1989年第7期。

曹兆兰：《龟甲占卜的某些具体步骤及几个相关问题》，《容庚先生百年诞辰纪念文集》，广州：广东人民出版社，1998年。

常耀华：《重论YH251、330卜辞》，《中国史研究》1996年第4期。

常州市博物馆：《江苏常州圩墩村新石器时代遗址的调查和试掘》，《考古》1974年第2期。

晁福林：《试论殷代的王权和神权》，《社会科学战线》1984年第4期。

陈邦福：《商代失国龝卜考》，《国立中山大学语言历史学研究所周刊》1928年第30期。

陈娟娟：《两件有丝织品花纹印痕的商代文物》，《文物》1979年第12期。

陈梦家：《古文字中之商周祭祀》，《燕京学报》1936年第19期。

陈梦家：《解放后甲骨的新资料与整理研究》，《文物参考资料》1954年第5期。

陈梦家：《商代的神话与巫术》，《燕京学报》1936年第20期。

陈佩君：《由花东甲骨中的同卜事件看同版、异版卜辞的关系》，《第十八届中国文字学国际学术研讨会论文集》，辅仁大学中国文学系、中国文字学会主办，2007年。

陈斯鹏：《论周原甲骨和楚系简帛的“囟”与“思”——兼论卜辞命辞的性质》，《卓庐古文字学丛稿》，上海：中西书局，2018年。

陈炜湛：《读契杂记》，《2004年安阳殷商文明国际学术研讨会论文集》，北京：社会科学文献出版社，2004年。

陈炜湛：《二十一世纪甲骨文研究之展望》，《中国文字研究》（第二辑），南宁：广西教育出版社，2001年。

陈星灿、李润权：《申论中国史前的龟甲响器》，《桃李成蹊集——庆祝安志敏先生八十寿辰》，香港：香港中文大学中国考古艺术研究中心，2004年。

陈逸文：《“中研院”历史语言研究所殷墟第一到九次发掘所得甲骨之整理与研究》，台湾中山大学中文系博士论文，2013年。

戴彦臻：《论殷周甲骨文化中的钻凿现象》，《管子学术》2001年第2期。

丁骕：《说契文龟字》，《“中研院”民族学研究所集刊》1969年第27期。

丁骕：《殷贞卜之格式与贞辞允验辞之解释》，《中国文字》（新二期），台北：中国文字社，1980年。

董作宾：《安阳侯家庄出土之甲骨文字》，《中国考古学报》（第一册），上海：商务印书馆，1936年。

董作宾：《大龟四版考释》，《安阳发掘报告》1931年第3期。

董作宾：《帚矛说——骨臼刻辞的研究》，《安阳发掘报告》1933年第4期。

董作宾：《骨文例》，《中央研究院历史语言研究所集刊·第七本》（第一分册），北京：商务印书馆，1936年。

董作宾：《骨臼刻辞再考》，《“中研院”院刊》1954年第1辑。

董作宾：《甲骨实物之整理》，《“中研院”历史语言研究所集刊·第二十九本》（下册），台北：“中研院”历史语言研究所，1958年。

董作宾：《民国十七年十月试掘安阳小屯报告书》，《安阳发掘报告》1929年第1期。

董作宾：《商代龟卜之推测》，《安阳发掘报告》1929年第1期。

董作宾：《新获卜辞写本》，《安阳发掘报告》1929年第1期。

董作宾：《新获卜辞写本后记》，《安阳发掘报告》1929年第1期。

董作宾：《甲骨文研究的扩大》，《安阳发掘报告》1930年第2期。

董作宾：《甲骨文断代研究例》，《庆祝蔡元培先生六十五岁论文集》，北京：国立中央研究院历史语言研究所，1933年。

董作宾：《殷墟文字乙编·序》，《中国考古学报》（第四册），上海：商务印书馆，1949年。

董作宾：《殷墟文字甲编·自序》，《中国考古学报》（第四册），上海：商务印书馆，1949年。

董作宾：《殷代“文例”分“常例”、“特例”二种说》，《中国文字》（第6册），台北：台湾大学文学院古文字学研究室，1962年。

董作宾：《殷墟出土一块“武丁逐豕”骨版的研究》，《先秦史研究论集（上）》（大陆杂志史学丛书第一辑，第二册），台北：大陆杂志社，1967年。

段渝：《卜用甲骨钻、凿的起源及其形态》，《文化史知识》1991年第7期。

段渝：《卜用甲骨的用后处理》，《文史知识》1993年第1期。

俄比解放：《古彝文与彝族骨卜裂纹的关系探微》，《考古与文物》1997年第4期。

范方芳：《中国史前用龟现象研究》，中国科学技术大学博士学位论文，2008年。

方殿春、刘葆华：《辽宁阜新县胡头沟红山文化玉器墓的发现》，《文物》1984年第6期。

方辉：《济南大辛庄遗址出土商代甲骨文》，《中国历史文物》2003年第3期。

冯敏：《87M4出土朱砂测试报告》，《凌家滩文化研究》，北京：文物出版社，2006年。

冯时：《殷墟“易卦”卜甲探索》，《周易研究》1989年第2期。

冯时：《殷代占卜书契制度研究》，《探古求原：考古杂志社成立十周年纪念学术文集》，北京：科学出版社，2007年。

福建省博物馆、崇安县文化馆：《福建崇安武夷山白岩崖洞墓清理简报》，《文物》1980年第6期。

傅斯年：《本所发掘安阳殷墟之经过》，《安阳发掘报告》1930年第2期。

甘肃省博物馆：《甘肃武威皇娘娘台遗址发掘报告》，《考古学报》1960年第2期。

甘肃省博物馆：《武威皇娘娘台遗址第四次发掘》，《考古学报》1978年第4期。

甘肃省文物考古研究所、吉林大学考古学系：《甘肃民乐县东灰山遗址发掘纪要》，《考古》1995年第12期。

高广仁、邵望平：《中国史前时代的龟灵与犬牲》，《中国考古学研究——夏鼐先生考古五十年纪念论文集》，北京：文物出版社，1986年。

高去寻：《殷墟出土的牛距骨刻辞》，《中国考古学报》（第四册），上海：商务印书馆，1949年。

戈阿干：《纳西东巴骨卜和象形文骨卜书》，《国学研究》（第四卷），北京：北京大学出版社，1997年。

葛亮：《一百二十年来甲骨文材料的初步统计》，《汉字汉语研究》2019年第4期。

管燮初：《商周甲骨和青铜器上的卦爻辨识》，《古文字研究》（第6辑），北京：中华书局，1981年。

郭宝钧、林寿晋：《一九五二年秋季洛阳东郊发掘报告》，《考古学报》1955年第1期。

郭宝钧：《一九五〇年春殷墟发掘报告》，《中国考古学报》（第五册），北京：中国科学院，1951年。

郭建波、蔡秋彤、罗雁冰等：《三星堆遗址二号坑出土部分青铜器表面附着丝绸残留物的发现与研究》，《四川文物》2022年第1期。

郭沫若：《安阳新出土的牛胛骨及其刻辞》，《考古》1972年第2期。

郭沫若：《古代文字之辨证的发展》，《考古》1972年第3期。

郭振禄：《试论康丁时代被锯截的卜旬辞》，《殷墟博物苑苑刊》创刊号，1989年。

郭振禄：《试论祖庚、祖甲时代的被锯截卜王辞》，《庆祝苏秉琦考古五十五年论文集》，北京：文物出版社，1989年。

郭振禄：《小屯南地甲骨综论》，《考古学报》1997年第1期。

邯郸地区文物保管所、永年县文物保管所：《河北省永年县何庄遗址发掘报告》，《华夏考古》1992年第4期。

何毓灵、李志鹏：《殷墟出土之钻陀及相关问题》，《南方文物》2017年第4期。

何毓灵：《论殷墟新发现的两座“甲骨贞人”墓》，《甲骨文与殷商史》（新三辑），上海：上海古籍出版社，2013年。

何毓灵：《殷墟时期巫卜器具初探》，《考古学报》2018年第2期。

何毓灵：《殷墟手工业生产管理模式探析》，《三代考古》（四），北京：科学出版社，2012年。

何正廷：《壮族鸡卜与汉族先民甲骨占卜比较研究》，《文山学院学报》2011年第1期。

河北省文化局文物工作队：《河北邯郸涧沟村古遗址发掘简报》，《考古》1961年第4期。

河北省文化局文物工作队：《河北永年县台口村遗址发掘简报》，《考古》1962年第12期。

河北省文化局文物工作队：《邢台尹郭村商代遗址及战国墓葬试掘简报》，《文物》1960年第4期。

河北省文物管理委员会：《河北唐山市大城山遗址发掘报告》，《考古学报》1959年第3期。

河北省文物管理委员会：《邢台贾村商代遗址试掘简报》，《文物参考资料》1958年第10期。

河北省文物研究所、邯郸市文物管理处、峰峰矿区文物管理所：《河北邯郸市峰峰矿区北羊台遗址发掘简报》，《考古》2001年第2期。

河北文物管理委员会：《河北唐山市大城山遗址发掘报告》，《考古学报》1959年第3期。

河南省博物馆、郑州市博物馆：《郑州商代城址发掘简报》，《文物》1977年第1期。

河南省文化局文物工作第一队：《一九五五年秋安阳小屯殷墟的发掘》，《考古学报》1958年第3期。

河南省文物考古研究所：《1995年郑州小双桥遗址的发掘》，《华夏考古》1996年第3期。

河南省文物考古研究所：《河南灵宝西坡遗址105号仰韶文化房址》，《文物》2003年第8期。

河南省文物考古研究所：《河南禹州市瓦店龙山文化遗址1997年的发掘》，《考古》2000年第2期。

河南省文物研究所：《河南温县东周盟誓遗址一号坎发掘简报》，《文物》1983年第3期。

侯乃峰：《商周时期契龟刻字专用刀稽考》，《殷都学刊》2011年第2期。

胡厚宣：《八十五年来甲骨文材料之再统计》，《史学月刊》1984年第5期。

胡厚宣：《卜辞记事文字史官签名例》，《中央研究院历史语言研究所集刊·第十二本》，上海：商务印书馆，1947年。

胡厚宣：《卜辞同文例》，《中央研究院历史语言研究所集刊·第九本》（第二分册），上海：商务印书馆，1947年。

胡厚宣：《卜辞杂例》，《中央研究院历史语言研究所集刊·第八本》（第三分册），北京：商务印书馆，1939年。

胡辉平：《关于国图藏甲骨中涂朱现象的初步考察》，《甲骨文与殷商史》（新十辑），上海：上海古籍出版社，2020年。

胡云凤：《谈卜辞的犯兆现象——以〈殷虚文字丙编〉为例》，《第三十三届中国文字学国际学术研讨会论文集》，辅仁大学中国文学系、中国文字学会主办，2022年。

胡云凤：《占辞守兆考——以〈殷墟文字丙编〉为例》，《第三十二届中国文字学国际学术研讨会论文集》，台北教育大学语文与创作学系、中国文字学会主办，2021年。

湖北省文物考古研究所、随州市博物馆、曾都区考古队：《湖北随州庙台子遗址西周遗存发掘简报》，《江汉考古》2022年第1期。

湖南省文物管理委员会：《长沙杨家湾M006号墓清理简报》，《文物参考资料》1954年第12期。

湖南省文物管理委员会：《长沙左家公山的战国木椁墓》，《文物参考资料》1954年第12期。

黄天树：《关于卜骨的左右问题》，《纪念王懿荣发现甲骨文110周年国际学术研讨会论文集》，北京：社会科学文献出版社，2009年。

黄天树：《商周甲骨实物的形态研究》，《殷墟与商文化》，北京：科学出版社，2011年。

慧超：《论甲骨占卜的发展历程及卜骨特点》，《华夏考古》2006年第1期。

吉林大学边疆考古研究中心、湖北省文物考古研究所：《湖北秭归石门嘴遗址发掘》，《考古学报》2004年第4期。

江苏省高城墩联合考古队：《江阴高城墩遗址发掘简报》，《文物》2001年第5期。

江苏省文物工作队：《江苏邳县刘林新石器时代遗址第一次发掘》，《考古学报》1962年第1期。

江西省文物考古研究所、江西省新干县博物馆：《江西新干大洋洲商墓发掘简报》，《文物》1991年第10期。

蒋玉斌：《从甲骨文“肩”形说到判断卜骨左右的一项新标准》，《古文字研究》（第33辑），北京：中华书局，2020年。

蒋玉斌：《殷墟子卜辞的整理与研究》，吉林大学博士学位论文，2006年。

李爱辉：《甲骨序辞、兆辞释读中存在的几个问题》，《文献》2017年第5期。

李爱辉：《甲骨缀合方法研究》，中国社会科学院历史研究所博士后出站报告，2016年。

李华伦：《上博九〈卜书〉与出土甲骨实态比勘研究》，《出土文献》2020年第4期。

李济：《安阳最近发掘报告及六次工作之总估计》，《安阳发掘报告》1933年第4期。

李济：《俯身葬》，《安阳发掘报告》1931年第3期。

李济：《民国十八年秋季发掘殷墟之经过及其重要发现》，《安阳发掘报告》1930年第2期。

李济：《十八年秋工作之经过及其重要发现》，《安阳发掘报告》1930年第2期。

李济：《殷虚铜器五种及其相关之问题》，《庆祝蔡元培先生六十五岁论文集》，北京：国立中央研究院，1933年。

李济：《殷虚有刃石器图说》，《“中研院”历史语言研究所集刊·第二十三本》，台北：“中研院”历史语言研究所，1952年。

李健民：《论陶寺遗址出土的朱书“文”字扁壶及相关问题》，《中国书法》2000年第10期。

李景聃：《豫东商邱永城调查及造律台、黑孤堆、曹桥三处小发掘》，《中国考古学报》（第二册），上海：商务印书馆，1947年。

李学勤、唐云明：《河北藁城台西甲骨的初步考察》，《考古与文物》1982年第3期。

李学勤：《大辛庄甲骨卜辞的初步考察》，《文史哲》2003年第4期。

李学勤：《甲骨学通论·序》，北京：中国社会科学出版社，1999年。

李学勤：《甲骨占卜的比较研究》，《比较考古学随笔》，桂林：广西师范大学出版社，1991年。

李学勤：《谈安阳小屯以外出土的有字甲骨》，《文物参考资料》1956年第11期。

李学勤：《西周甲骨的几点研究》，《文物》1981年第9期。

李学勤：《殷墟甲骨文引论·序》，长春：东北师范大学出版社，1993年。

李雪山、韩燕彪：《花园庄东地甲骨卜兆形态分型分式研究》，《河南师范大学学报》（哲学社会科学版）2018年第3期。

李延彦：《略论殷墟卜甲残片左右位置的辨识》，《故宫学刊》2018年第1期。

连劭名：《商代占卜丛考》，《象数易学研究》（第二辑），济南：齐鲁书社，1997年。

辽宁省文物考古研究所：《辽宁牛河梁第二地点一号冢21号墓发掘简报》，《文物》1997年第8期。

辽宁省文物考古研究所：《辽宁牛河梁第五地点一号冢中心大墓（M1）发掘简报》，《文物》1997年第8期。

林宏明：《殷墟甲骨研究札记》，《第十八届中国文字学国际学术研讨会论文集》，辅仁大学中国文学系、中国文字学会主办，2007年。

林宏明：《新缀的史语所YH127坑改制背甲》，《出土文献综合研究集刊》（第12辑），成都：巴蜀书社，2020年。

林声：《记彝、羌、纳西族的“羊卜骨”》，《考古》1963年第3期。

林声：《云南永胜县彝族人他鲁人“羊卜骨”的调查和研究》，《考古》1964年第2期。

林小安：《武乙、文丁卜辞补证》，《古文字研究》（第13辑），北京：中华书局，1986年。

林雅雯：《甲骨涂辞研究：以涂朱甲骨为核心》，台北政治大学中国文学系硕士学位论文，2015年。

林沄：《殷墟甲骨字迹研究——𠂤组卜辞篇·序》，长春：东北师范大学出版社，2002年。

林沄：《说“书契”》，《吉林师范大学学报》（人文社会科学版）2003年第1期。

刘风华：《殷墟小屯南地甲骨中的截锯卜旬卜骨》，《殷都学刊》2008年第4期。

刘焕明：《商代甲骨占卜探讨》，《文物春秋》1992年第3期。

刘一曼、曹定云：《论殷墟花园庄东地H3的记事刻辞》，《殷都学刊》1998年第3期。

刘一曼、曹定云：《殷墟花园庄东地甲骨卜辞选释与初步研究》，《考古学报》1999年第3期。

刘一曼、郭鹏：《1991年安阳花园庄东地、南地发掘简报》，《考古》1993年第6期。

刘一曼、曹定云：《三论武乙、文丁卜辞》，《考古学报》2011年第4期。

刘一曼：《殷墟兽骨刻辞初探》，《殷墟博物苑苑刊》创刊号，1989年。

刘一曼：《试论殷墟甲骨书辞》，《考古》1991年第6期。

刘一曼：《安阳殷墟甲骨出土地及其相关问题》，《考古》1997年第5期。

刘一曼：《近十年来殷墟考古的主要收获》，《故宫文物月刊》1998年第188期。

刘一曼：《殷墟花园庄东地甲骨坑的发现及主要收获》，《甲骨文发现一百周年学术研讨会论文集》，台北：文史哲出版社有限公司，1998年。

刘一曼：《论殷墟甲骨的埋藏状况及相关问题》，《三代考古》（一），北京：科学出版社，2004年。

刘一曼：《小屯北YH127坑与花东H3坑之比较》，《甲骨文与南京》，南京：南京出版社，2009年。

刘一曼：《论殷墟甲骨整治与占卜的几个问题》，《古文字与古代史》（第四辑），台北：“中研院”历史语言研究所，2015年。

刘一曼：《花东H3坑甲骨埋藏状况及相关问题》，《考古学报》2017年第3期。

刘渊临：《殷虚“骨简”及其有关问题》，《“中研院”历史语言研究所集刊·第三十九本》（上册），台北：“中研院”历史语言研究所，1969年。

刘渊临：《殷代的绘画》，《史学·先秦史研究论集》（大陆杂志史学丛书第三辑 第一册），台北：大陆杂志社，1970年。

刘渊临：《卜骨的攻治技术演进过程之探讨》，《“中研院”历史语言研究所集刊·第四十六本》（第一分册），台北：“中研院”历史语言研究所，1974年。

刘源：《试论殷墟花园庄东地卜辞的行款》，《故宫博物院院刊》2005年第1期。

刘源：《研究〈春秋〉可利用殷墟甲骨文材料》，《叩问三代文明：中国出土文献与上古史国际学术研讨会论文集》，北京：中国社会科学出版社，2014年。

刘源：《谈一则卜辞“刮削重刻例”及一组历宾同文卜辞》，《南方文物》2015年第3期。

刘志基：《甲骨契刻与汉字体态的规整化》，《徐中舒先生百年诞辰纪念文集》，成都：巴蜀书社，1998年。

柳曾符：《释“习卜”》，《中国语文》1981年第4期。

陆懋德：《由甲骨文考见商代之文化》，《清华大学学报》（自然科学版）1927年第2期。

洛阳文物工作队：《1975—1979年洛阳北窑西周铸铜遗址的发掘》，《考古》1983年第5期。

马得志、周永珍、张云鹏：《一九五三年安阳大司空村发掘报告》，《考古学报》1955年第1期。

南京博物院：《江西邳县四户镇大墩子遗址探掘报告》，《考古学报》1964年第2期。

南京博物院：《江苏邳县刘林新石器时代遗址第二次发掘》，《考古学报》1965年第2期。

内蒙古文物考古研究所：《准格尔旗永兴店遗址》，《内蒙古文物考古文集（第一辑）》，北京：中国大百科全书出版社，1994年。

内蒙古文物考古研究所：《准格尔旗寨子塔遗址》，《内蒙古文物考古文集（第二辑）》，北京：中国大百科全书出版社，1997年。

牛海茹：《论商代甲骨占卜中的“异史共贞”》，《甲骨文与殷商史》（新八辑），上海：上海古籍出版社，2018年。

裴明相：《略谈郑州商代前期的骨刻文字》，《全国商史学术讨论会论文集》，安阳：殷都学刊编辑部，1985年。

彭锦华：《沙市周梁玉桥甲骨的初步研究》，《考古》1986年4期。

彭裕商：《殷代卜法初探》，《夏商文明研究》，郑州：中州古籍出版社，1995年。

裘锡圭：《读〈安阳新出土的牛胛骨及其刻辞〉》，《考古》1972年第5期。

屈万里：《易卦源于龟卜考》，《“中研院”历史语言研究所集刊·第二十七本》，台北：“中研院”历史语言研究所，1956年。

瞿润缗：《骨卜考》，《燕京月刊》1931年第1期。

饶宗颐：《比较考古学随笔·序》，桂林：广西师范大学出版社，1991年。

饶宗颐：《由卜兆记数推究殷人对于数的观念——龟卜象数论》，《庆祝董作宾先生六十五岁论文集》（下册），台北：“中研院”历史语言研究所，1961年。

饶宗颐：《欧美亚所见甲骨录存》，《南洋大学学报》1970年第4期。

饶宗颐：《蜀布与Cinapatta——论早期中、印、缅之交通》，《“中研院”历史语言研究所集刊·第四十五本》（第四分册），台北：“中研院”历史语言研究所，1974年。

饶宗颐：《殷代易卦及有关占卜诸问题》，《文史》（第20辑），北京：中华书局，

1983年。

仁言：《殷墟甲骨文基础七讲（一）》，《殷都学刊》1985年第1期。

任亚珊、段宏振：《邢台南小汪周代遗址西周遗存的发掘》，《文物春秋》1992年1期。

容肇祖：《占卜的源流》，《国立中央研究院历史语言研究所集刊·第一本》（第一分册），北平：京华印书局，1928年。

山东大学东方考古研究中心、山东省文物考古研究所、济南市考古所：《济南市大辛庄遗址出土商代甲骨文》，《考古》2003年第6期。

山东大学东方考古研究中心等：《济南市大辛庄商代居址与墓葬》，《考古》2004年第7期。

山东大学历史系考古专业、山东省文物考古研究所、济南市博物馆：《1984年秋济南大辛庄遗址试掘述要》，《文物》1995年第6期。

山东省博物馆、聊城地区文化局、茌平县文化馆：《山东茌平县尚庄遗址第一次发掘简报》，《文物》1978年第4期。

山东省文物管理处：《济南大辛庄遗址试掘简报》，《考古》1959年第4期。

山东省文物考古研究所：《山东济南王府遗址发掘报告》，《山东省高速公路考古报告集（1997）》，北京：科学出版社，2000年。

山西省考古研究所、山西大学历史文化学院考古系、兴县文物旅游局：《2016年山西兴县碧村遗址发掘简报》，《中原文物》2017年第6期。

陕西省文物管理委员会：《长安张家坡村西周遗址的重要发现》，《文物参考资料》1956年第3期。

陕西周原考古队：《扶风县齐家村西周甲骨发掘简报》，《文物》1981年第9期。

上海纺织科学研究院、高汉玉、王任曹等：《台西村商代遗址出土的纺织品》，《文物》1979年第6期。

沈培：《殷墟卜辞正反对贞的语用学考察》，《汉语史研究：纪念李方桂先生百年冥诞论文集》，台北："中研院"语言学研究所，2005年。

沈启无、朱耘菴：《龟卜通考》，《国立华北编译馆馆刊》1942年第1卷，第1期。

沈启无、朱耘菴：《龟卜通考（续）》，《国立华北编译馆馆刊》1942年第1卷，第2期。

沈启无、朱耘菴：《龟卜通考（续）》，《国立华北编译馆馆刊》1942年第1卷，第3期。

沈启无、朱耘菴：《龟卜通考（续）》，《国立华北编译馆馆刊》1943年第2卷，第1期。

沈启无、朱耘菴：《龟卜通考（续）》，《国立华北编译馆馆刊》1943年第2卷，第2期。

石河考古队：《湖北省石河遗址群1987年发掘简报》，《文物》1990年第8期。

石璋如：《第七次殷虚发掘：E区工作报告》，《安阳发掘报告》1933年第4期。

石璋如：《骨卜与龟卜探源——黑陶与白陶的关系》，《先秦史研究论集（上）》（大陆杂志史学丛书第一辑，第二册），台北：大陆杂志社，1967年。

石璋如：《小屯后五次发掘的重要发现》，《六同别录》，国立中央研究院历史语言研究所，1945年。

石璋如：《殷墟最近之重要发现　附论小屯地层》，《中国考古学报》（第二册），上海：商务印书馆，1947年。

石璋如：《殷虚文字甲编的五种分析》，《“中研院”历史语言研究所集刊·第五十三本》（第三分册），台北：“中研院”历史语言研究所，1982年。

史东雨、史善刚：《论殷商时代的占卜易卦》，《哲学研究》2016年第9期。

束世澂：《夏代和商代的奴隶制》，《历史研究》1956年第1期。

四川省博物馆：《巫山大溪遗址第三次发掘》，《考古学报》1981年第4期。

宋雅萍：《殷墟YH127坑背甲刻辞研究》，台北政治大学硕士学位论文，2008年。

宋镇豪：《殷代“习卜”和有关占卜制度的研究》，《中国史研究》1987年第4期。

宋镇豪：《论古代甲骨占卜的“三卜”制》，《殷墟博物苑苑刊》创刊号，1989年。

宋镇豪：《再论殷商王朝甲骨占卜制度》，《中国历史博物馆馆刊》1999年第1期。

宋镇豪：《再谈殷墟卜用甲骨的来源》，《殷都学刊》1999年第2期。

宋镇豪：《殷墟甲骨占卜程式的追索》，《文物》2000年第4期。

孙亚冰、宋镇豪：《济南大辛庄遗址新出土甲骨卜辞探析》，《考古》2004年第2期。

孙亚冰：《百年来甲骨文材料统计》，《故宫博物院院刊》2006年第1期。

孙亚冰：《殷墟卜骨的双兆干现象》，《甲骨文与殷商史》（新九辑），上海：上海古籍出版社，2019年。

唐兰：《在甲骨金文中所见的一种已经遗失的中国古代文字》，《考古学报》1957年第2期。

唐云明：《邢台西关外遗址试掘》，《文物》1960年第7期。

汪桂海：《考古资料所见简帛时代书籍装具》，《文献》2021年第1期。

汪宁生：《彝族和纳西族的羊卜骨——再论古代甲骨占卜习俗》，《文物与考古论集》，北京：文物出版社，1986年。

王华：《济南大辛庄遗址出土甲骨攻治技术研究》，山东大学硕士学位论文，2006年。

王辉：《殷墟玉璋朱书文字蠡测》，《文博》1996年第5期。

王进玉：《中国古代朱砂的应用之调查》，《文物保护与考古科学》1999年第1期。

王树芝、岳洪彬、唐际根等：《商代中晚期的树木利用——洹北商城和殷墟出土树木遗存分析》，《南方文物》2014年第3期。

王学荣：《偃师商城第Ⅱ号建筑群遗址发掘简报》，《考古》1995年第11期。

王宇信：《谈甲骨文与甲骨书法》，《郑州大学学报》（哲学社会科学版）1987年第1期。

王宇信：《殷墟YH127甲骨窖藏发现在甲骨学史上的意义及新时期面临的课题》，《纪念殷墟YH127甲骨坑南京室内发掘70周年论文集》，北京：文物出版社，2008年。

巫称喜：《甲骨占卜制度与商代信息传播》，《华南师范大学学报》（社会科学版）2008年第5期。

吴新智：《周口店山顶洞人化石的研究》，《古脊椎动物与古人类》1961年第3期。

伍献文：《“武丁大龟”之腹甲》，《国立中央研究院动植物研究所丛刊》1943年第14卷。

萧良琼：《周原卜辞和殷墟卜辞之异同初探》，《甲骨文与殷商史》（第一辑），上海：上海古籍出版社，1983年。

萧良琼：《卜辞文例与卜辞的整理与研究》，《甲骨文与殷商史》（第二辑），上海：上海古籍出版社，1986年。

萧楠：《论武乙、文丁卜辞》，《古文字研究》（第3辑），北京：中华书局，1980年。

萧楠：《再论武乙、文丁卜辞》，《古文字研究》（第9辑），北京：中华书局，1984年。

萧楠：《小屯南地甲骨的钻凿形态》，《甲骨学论文集》，北京：中华书局，2010年。

肖楠：《安阳小屯南地发现“逍组卜甲”》，《考古》1976年第4期。

肖楠：《安阳殷墟发现“易卦”卜甲》，《考古》1989年第1期。

谢端琚：《中国原始卜骨》，《文物天地》1993年第6期。

谢端琚：《论中国史前卜骨》，《史前研究》，西安：三秦出版社，1998年。

谢麟：《卜法新考》，山东大学硕士学位论文，2009年。

信阳地区文管会、罗山县文管会：《罗山蟒张后李商周墓地第三次发掘简报》，《中原文物》1988年第1期。

徐葆：《殷墟卜辞中的商代筮法制度——兼释甲骨文爻、学、教诸字》，《中原文物》1996年第1期。

徐光冀：《富河文化的发现与研究》，《新中国的考古发现和研究》，北京：方志出版社，2007年。

徐基：《济南大辛庄遗址出土甲骨的初步研究》，《文物》1995年第6期。

徐锡台、楼宇栋：《西周卦画探原——周原出土卜甲上卦画初探》，《中国考古学会第一次年会论文集》，北京：文物出版社，1980年。

徐义华：《商代的占卜权》，《商承祚教授百年诞辰纪念文集》，北京：文物出版社，2003年。

徐义华：《商代王权与神权的融合》，《纪念殷墟YH127甲骨坑南京室内发掘70周年论文集》，北京：文物出版社，2008年。

徐中舒：《怎样考释古文字》，《古文字学论集·初编》，香港：香港中文大学，1983年。

许进雄：《钻凿对卜辞断代的重要性》，《中国文字》（第37册），台北：台湾大学文学院中国文学系编印，1970年。

许进雄：《从长凿的配置试分第三与第四期的卜骨》，《中国文字》（第48册），台北：台湾大学文学院中国文学系编印，1973年。

许进雄：《甲骨的长凿形态示例》，《董作宾先生逝世十四周年纪念刊》，台北：艺文印书馆，1978年。

许进雄：《凿钻研究略述》，《屈万里先生七秩荣庆论文集》，台北：联经出版事业公司，1978年。

许进雄：《凿钻研究略述》，《屈万里先生七秩荣庆论文集》，台北：联经出版事业公司，1978年。

许进雄：《殷商已普遍使用毛笔》，《中原文献》1990年第4期。

许子潇：《商代甲骨占卜中的二人共贞现象》，《殷都学刊》2019年第3期。

杨向奎：《释“不玄冥”》，《历史研究》1955年第1期。

叶祥奎、刘一曼：《河南安阳殷墟花园庄东地出土的龟甲研究》，《考古》2001年第8期。

懿恭：《我们最古的书：甲骨文—龟册》，《文物参考资料》1954年第5期。

于成龙：《战国楚简中的卜筮仪节初论》，《考古学研究》（六），北京：科学出版社，2006年。

于秀卿、贾双喜、徐自强：《甲骨的钻凿形态与分期断代研究》，《古文字研究》（第6辑），北京：中华书局，1981年。

余永梁：《易卦爻辞的时代及其作者》，《国立中央研究院历史语言研究所集刊·第一本》（第一分册），北平：京华印书局，1928年。

虞禹：《商代的骨器制造》，《文物参考资料》1958年第10期。

禹剑：《对甲骨坑位分期断代作用的再认识》，《甲骨文与殷商史》（新九辑），上海：上海古籍出版社，2019年。

禹剑：《论殷墟甲骨卜辞的性质——兼论殷墟甲骨占卜之后的“甲骨档案期”和“甲骨埋藏期”》，《档案管理》2018年第6期。

禹剑：《殷墟花园庄东地甲骨刻辞语言文字综考》，天津师范大学博士学位论文，2020年。

曾毅公遗作，李学勤整理：《论甲骨缀合》，《华学》（第四辑），北京：紫禁城出版社，2000年。

张秉权：《殷虚卜龟之卜兆及其有关问题》，《“中研院”院刊》1954年第1辑。

张秉权：《卜龟腹甲的序数》，《“中研院”历史语言研究所集刊·第二十八本》（上册），台北：“中研院”历史语言研究所，1956年。

张秉权：《甲骨文的发现与骨卜习惯的考证》，《“中研院”历史语言研究所集刊·第三十七本》（下册），台北：“中研院”历史语言研究所，1967年。

张秉权：《论成套卜辞》，《庆祝董作宾先生六十五岁论文集》（上册），台北：“中研院”历史语言研究所，1960年。

张秉权：《小屯殷虚出土龟甲上所黏附的纺织品》，《“中研院”国际汉学会议论文集·历史考古组》（上册），台北：“中研院”，1981年。

张秉权：《甲桥刻辞探微》，《汉学研究》1984年第2卷第2期。

张纯德：《彝族的占卜术》，《云南民族学院学报》1994年第4期。

张光明、徐龙国、张连利等：《山东桓台史家遗址发掘收获的再认识》，《夏商周文明研究：97山东桓台中国殷商文明国际学术研讨会论文集》，北京：中国文联出版社，1999年。

张光远：《从实验中探索晚商甲骨材料整治与卜刻的方法》（下），《汉学研究》1984年

第2卷第2期。

张桂光：《花园庄东地卜甲刻辞行款略说》，《花园庄东地甲骨论丛》，台北：圣环图书股份有限公司，2006年。

张国硕：《试论殷人对甲骨的处置方式》，《殷都学刊》2003年第2期。

张居中：《舞阳贾湖遗址出土的龟甲和骨笛》，《华夏考古》1991年第2期。

张世超：《殷墟花园庄东地甲骨字迹与相关问题》，《古文字研究》（第26辑），北京：中华书局，2006年。

张文翰：《论殷墟甲骨文化中的“信仰与占卜”》，《华章》2013年第8期。

张亚初、刘雨：《从商周八卦数字符号谈筮法的几个问题》，《考古》1981年第2期。

张怡：《浅谈殷墟出组卜辞中的截锯卜骨》，《江汉考古》2019年第1期。

张永山、罗琨：《论历组卜辞的年代》，《古文字研究》（第3辑），北京：中华书局，1980年。

张政烺：《试释周初青铜器铭文中的易卦》，《考古学报》1980年第4期。

张政烺：《帚好略说》，《考古》1983年第6期。

张政烺：《〈帚好略说〉补记》，《考古》1983年第8期。

张政烺：《殷虚甲骨文中所见的一种筮卦》，《文史》（第24辑），北京：中华书局，1985年。

章秀霞：《花东卜辞行款走向与卜兆组合式的整理和研究》，《纪念王懿荣发现甲骨文110周年国际学术研讨会论文集》，北京：社会科学文献出版社，2009年。

章秀霞：《从花东甲骨看殷商时期甲骨占卜中的若干问题》，《中州学刊》2010年第6期。

章秀霞：《花东卜辞背兆类行款走向在卜甲上的分布特点》，《华夏考古》2014年第1期。

赵鹏：《宾组三类胛骨钻凿与兆序排列的初步整理与研究》，《出土文献研究》（第15辑），上海：中西书局，2016年。

赵鹏：《殷墟YH127坑宾组龟腹甲钻凿布局探析》，《考古学报》2017年第1期。

赵鹏：《出组二类胛骨钻凿布局、兆序排列与占卜》，《古文字研究》（第32辑），北京：中华书局，2018年。

赵鹏：《殷墟甲骨钻凿研究述评》，《甲骨文与殷商史》（新九辑），上海：上海古籍出版社，2019年。

赵鹏：《黄组胛骨钻凿布局、兆序排列及相关问题》，《南方文物》2019年第3期。

赵鹏：《花东龟腹甲钻凿布局的整理研究》，《甲骨文与殷商史》（新十辑），上海：上海古籍出版社，2020年。

赵鹏：《截锯甲骨探微》，《甲骨文与殷商史》（新十一辑），上海：上海古籍出版社，2021年。

赵铨、钟少林、白荣金：《甲骨文字契刻初探》，《考古》1982年第1期。

赵孝龙：《甲骨文字契刻方法的初步显微分析》，《甲骨文与殷商史》（新七辑），上海：上海古籍出版社，2017年。

浙江省文物考古研究所：《浙江嘉兴南河浜遗址发掘简报》，《文物》2005年第6期。

浙江省文物考古研究所反山考古队：《浙江余杭反山良渚墓地发掘简报》，《文物》1988年第1期。

郑若葵：《安阳苗圃北地新发现的殷代刻数石器及相关问题》，《文物》1986年第2期。

中国科学院考古研究所安阳发掘队：《1958—1959年殷墟发掘简报》，《考古》1961年第2期。

中国科学院考古研究所安阳工作队：《1973年安阳小屯南地发掘简报》，《考古》1975年第1期。

中国科学院考古研究所二里头工作队：《偃师二里头遗址新发现的铜器和玉器》，《考古》1976年第4期。

中国科学院考古研究所山东发掘队：《山东平阴朱家桥殷代遗址》，《考古》1961年第2期。

中国社会科学院考古研究所安阳队：《殷墟259、260号墓发掘报告》，《考古学报》1987年第1期。

中国社会科学院考古研究所安阳工作队：《1969—1977年殷墟西区墓葬发掘报告》，《考古学报》1979年第1期。

中国社会科学院考古研究所安阳工作队：《殷墟西区发现一座车马坑》，《考古》1984年第6期。

中国社会科学院考古研究所安阳工作队：《1976年安阳小屯西北地发掘简报》,《考古》1987年第4期。

中国社会科学院考古研究所安阳工作队：《1982—1984年安阳苗圃北地殷代遗址的发掘》，《考古学报》1991年第 1 期。

中国社会科学院考古研究所安阳工作队：《1991年安阳花园庄东地、南地发掘简报》，《考古》1993年第6期。

中国社会科学院考古研究所安阳工作队：《1973年小屯南地发掘报告》，《考古学集刊》（第九集），北京：科学出版社，1995年。

中国社会科学院考古研究所安阳工作队：《安阳殷墟西区一七一三号墓的发掘》,《考古》1986年第8期。

中国社会科学院考古研究所安阳工作队：《安阳武官村北地商代祭祀坑的发掘》，《考古》1987年第12期。

中国社会科学院考古研究所安阳工作队：《河南安阳市殷墟王裕口村南地2009年发掘简报》，《考古》2012年第12期。

中国社会科学院考古研究所等：《内蒙古喀喇沁旗大山前遗址1996年发掘报告》，《考古》1998年第9期。

中国社会科学院考古研究所甘青工作队：《甘肃武山傅家门史前文化遗址发掘简报》，《考古》1995年第4期。

中国社会科学院考古研究所河南第二工作队：《1983年秋季河南偃师商城发掘简报》，《考古》1984年第10期。

中国社会科学院考古研究所河南第二工作队：《河南偃师商城Ⅳ区1996年发掘简报》，《考古》1999年第2期。

中国社会科学院考古研究所洛阳汉魏故城工作队：《偃师商城的初步勘探和发掘》，《考古》1984年第6期。

中国社会科学院考古研究所山西工作队：《山西襄汾县陶寺遗址发掘简报》，《考古》1980年第1期。

中国社会科学院考古研究所安阳工作队：《安阳小屯村北的两座殷代墓》，《考古学报》1981年第4期。

中国社会科学院考古研究所安阳工作队：《1987年安阳小屯村东北地的发掘》，《考古》1989年第10期。

周到、刘东亚：《1957年秋安阳高楼庄殷代遗址发掘》，《考古》1963年第4期。

周鸿翔：《殷代刻字刀的推测》，《联合书院学报》1967年第6期。

周旸：《三星堆遗址祭祀坑中丝绸的发现及其意义》，《文史知识》2021年第12期。

周忠兵：《甲骨钻凿形态研究》，《考古学报》2013年第2期。

朱鸿元：《青铜刀契刻甲骨文字的探讨》，《甲骨文与殷商史》（第二辑），上海：上海古籍出版社，1986年。

朱金发：《殷墟花东甲骨上的圆孔与先秦文献中的上古占卜记录》，《殷都学刊》2012年第2期。

朱歧祥：《殷墟花东甲骨文刮削考》，《花园庄东地甲骨论丛》，台北：圣环图书股份有限公司，2006年。

朱彦民：《论商族骨卜习俗的来源与发展》，《中国社会历史评论》2008年第9卷。

朱彦民：《由甲骨文看“史”字本义及其早期流变》，《殷都学刊》2015年第4期。

邹衡：《试论夏文化》，《夏商周考古学论文集》，北京：文物出版社，1980年。

〔韩〕朴载福：《〈龟策列传〉与先秦龟卜卜法研究》，《考古学研究》（六），北京：科学出版社，2006年。

〔韩〕赵容俊：《先秦巫俗之研究》，台湾大学中文所硕士学位论文，2002年。

〔美〕艾兰：《论甲骨文的契刻》，《英国所藏甲骨集》（下编），北京：中华书局，1992年。

〔美〕陈光宇、刘致慧、何毓灵等：《殷墟出土甲骨、文物、棺土的拉曼光谱分析》，《古今论衡》2021年第37期。

〔美〕陈光宇、刘致慧、柯维盈等：《甲骨刻辞填色的拉曼光谱分析》，《甲骨文与殷商史》（新十辑），上海：上海古籍出版社，2020年。

〔美〕陈光宇：《从“硃砂”到“不綷黽”》，《古文字研究》（第29辑），北京：中华书局，2012年。

〔美〕傅罗文：《贞人：关于早期中国施灼占卜起源与发展的一些思考》，《多维视域——商王朝与中国早期文明研究》，北京：科学出版社，2008年。

〔美〕吉德炜：《中国正史之渊源：商王占卜是否一贯正确》，《古文字研究》（第13辑），北京：中华书局，1985年。

〔美〕吉德炜：《贞人笔记：论商代甲骨刻辞属于二次性资料》，《商承祚教授百年诞辰纪念文集》，北京：文物出版社，2003年。

〔美〕张光直：《傅斯年、董作宾先生百岁纪念专刊·序》，台北：中国上古秦汉学会，1995年。

〔日〕贝塚茂树：《龟卜与筮》，《贝塚茂树著作集》，东京：中央公论社，1977年。

〔日〕内藤湖南：《关于殷墟》，《东洋文化史研究》，上海：复旦大学出版社，2016年。

〔日〕崎川隆：《殷墟出土大字骨版刻辞的史料性质考辨》，《东方考古》（第4集），北京：科学出版社，2008年。

〔瑞典〕西尔凡：《殷商的丝绸》，《远东博物馆馆刊》1937年第9期。

〔英〕金璋：Working the oracle（《占卜之方法》）,The New China Review，1919年。

Anton Alexander Benedetti-Pichler. Microchemical Analysis of Pigments Used in the Fossae of The Incisions of Chinese Oracle Bones. Industrial and Engineering Chemistry, Analytical Edition 9, 1937.

Roswell S Britton. Oracle-Bone Color Pigments. Harvard Journal of Asiatic Studies, 1937(2),1.

## 五、报纸文章

郭建波、蔡秋彤：《三星堆遗址丝绸残留物的发现及其考古学价值思考》，《中国文物报》2021年7月30日第003版。

琉璃河遗址考古队：《北京琉璃河遗址的发掘又获重大成果》，《中国文物报》，1997年1月12日。

## 六、网站刊载

康睿元：《小议“灼烧而成的甲骨文”》，2005年12月20日中国社会科学院历史研究所先秦史研究室网站刊载：http://www.xianqin.org/xr_html/articles/jgyj/304.html。

林宏明：《甲骨新缀第601例》，2015年12月24日中国社会科学院历史研究所先秦史研究室网站刊载：http://www.xianqin.org/blog/archives/5910.html。

刘源：《所谓卜辞犯兆是守兆的特殊形式》，2018年1月1日中国社会科学院历史研究所先秦史研究室网站：https://www.xianqin.org/blog/archives/9658.html。

# 后　　记

“书本春秋无甲子，墨行方圆有始终。”辍毫栖牍之时，突然想到拙诗《无题》中的此句。唐代太上隐者《答人》云：“山中无历日，寒尽不知年。”而学海无涯，沉浸其中，时而遗忘今夕何夕，不知春秋甲子。又鉴于学识，书稿至此而终。此为本诗之寓意。

商代甲骨占卜制度，一直是学界研究的热点。饶宗颐曾说：“治殷史者，莫先于缀辑资料，其途有三：一曰经传子史之疏通也……二曰甲骨资料之搜采参证也……三曰考证杂记之钩索也。”后来，张光直指出探索商代历史的五条途径：一，传统历史文献；二，青铜器；三，卜甲与卜骨；四，考古学；五，理论模式。甲骨作为殷人占卜的遗物，对于探索商代历史的重要性不言而喻。董作宾、陈梦家、胡厚宣、李学勤、饶宗颐、裘锡圭、王宇信、宋镇豪、黄天树、严一萍、张秉权、贝塚茂树、朴载福等国内外学者对甲骨卜法的探索，取得的一系列成果。但这些成果限于第一手资料、研究方法、内容侧重等因素，系统研究的论著极少，致使学界难以窥得甲骨占卜制度之全貌。在前贤的基础之上，作进一步研究就显得十分必要。故而，本书以甲骨之上的非文字资料为切入口，观察大量甲骨实物（拓片、照片、摹本），系统梳理占卜流程与卜法制度及其嬗变规律，以期重构商代甲骨占卜制度。此为本书撰写之初衷。

王国维先生首倡传世文献“纸上之材料”与考古出土“地下之新材料”相互补证的“二重证据法”，传世文献之中，关于甲骨卜法的记载相对较少。故研究甲骨占卜制度，多以地下出土的甲骨为参考资料，特别是甲骨之上的非文字资料。甲骨占卜制度的探究，确实需要借助黄天树先生提倡建立的两个甲骨学分支——甲骨形态学与甲骨占卜学，这两个分支都与甲骨非文字资料密切相关。商代早期、中期、晚期的甲骨卜法，存在异同，反映了甲骨占卜制度的嬗变脉络，这也是本书欲探究的重要问题。同时，本书的撰写过程中，注重历史学、考古学、古文字学、计算机科学乃至生物学与甲骨学的结合。是故，本书参考传世文献的记载，根据地下出土的甲骨，利用计算机处理图片等，皆是运用多学科交叉方法进行研究的实践。为了查阅所需资料，笔者曾北上京津，南下百越，东赴沪杭，西行丰镐，往复于牧野、殷都、商都、汴梁、洛邑等地。其中的艰辛，难以言表。此为本书撰写之原则与方法。

拙著是笔者耗时五年之久的心血。第一章为绪论，追溯商代甲骨占卜之源，简述本书的选题缘起与研究意义，评议前贤在甲骨卜法方面取得的成果，指出本书的研究内容与研究方法。第二章到第八章梳理甲骨占卜流程，分述甲骨的选材、攻治、钻凿、烧灼、卜兆、文字的书契以及卜后的处理。第九章为卜法制度，综论占卜机构、卜官制度、卜法，后又比较了商周卜法之异。最终，学术界第一本研究甲骨占卜学的专著得以面世。诚然，本书也存在一些不足之处，同时也遗留了一些问题，期待学界有志之士的持续求索。此为本书之主要内容。

“嘤其鸣矣，求其友声。”本书是在国家社会科学基金重点项目最终成果的基础之上修缮而成，经专家评审，最终成果的鉴定等级为“优秀”，同时，拙著也是国家社会科学基金重大项目的阶段性成果；书稿初成，交由中国社会科学院古代史研究所王宇信先生、清华大学黄天树先生审阅，二位先生皆提出了宝贵意见，再次完善了本书的逻辑、结构、观点等；中国社会科学院古代史研究所王震中先生、北京师范大学罗新慧先生、南开大学朱彦民先生、中国社会科学院古代史研究所徐义华先生、安阳师范学院郭旭东先生、河南大学桓占伟先生先后提出了宝贵意见；河南师范大学图书出版基金对本书进行了资助；本书的写作过程中，河南师范大学历史文化学院教师韩燕彪博士从大纲的制定到全书的撰写出力甚多，厥功至伟；在资料搜集和书稿行文方面，历届研究生也作出了贡献。书中所用甲骨图片，多从安阳师范学院“殷契文渊”和台湾史语所数位典藏资料库整合系统“甲骨文拓片”下载。某些模糊的图片，由河南师范大学韩立钦老师进行处理。科学出版社的郝莎莎女士作为责编，为本书的刊印付出了诸多辛劳。在此，一并致谢。

是为后记。

李雪山　韩燕彪

2022年10月6日

# 图版一

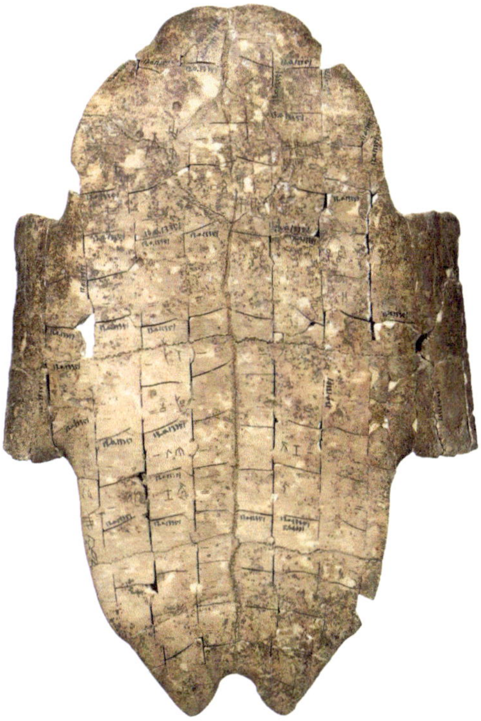

《合集》10936正，卜兆另加刻划

《合集》31549正

图版二

《合集》31290

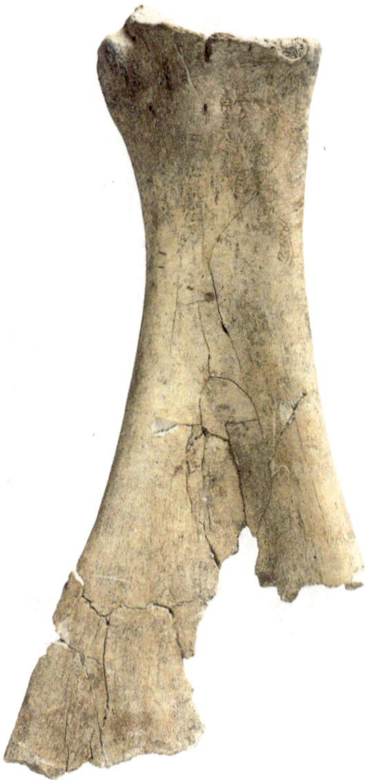

《合集》20354

《复旦》220正

《复旦》220反

# 图版四

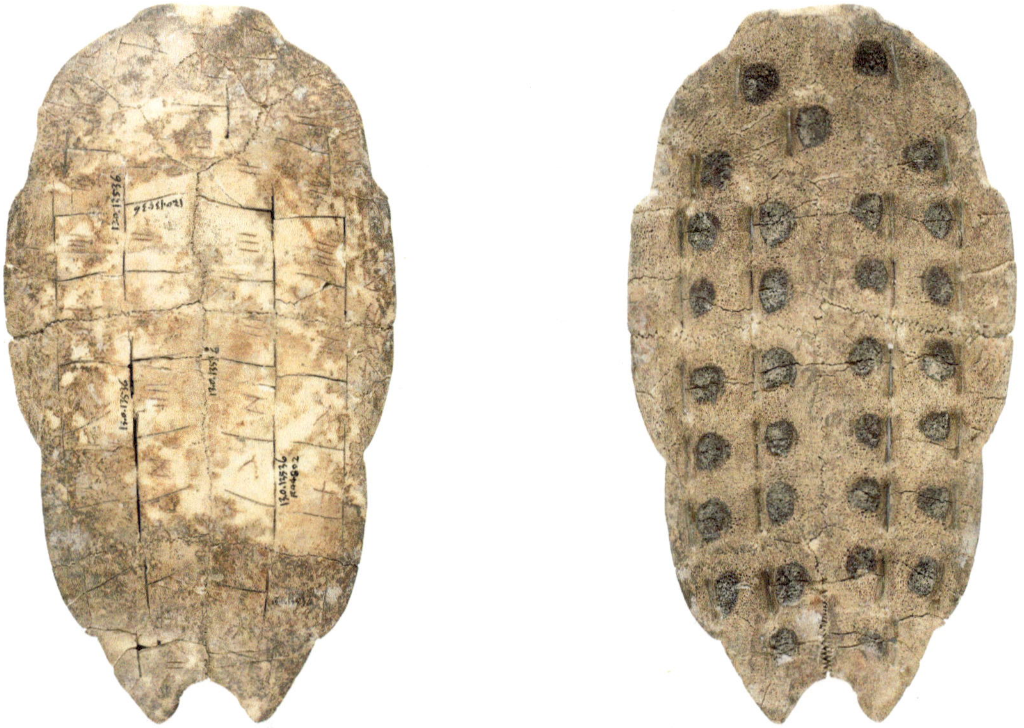

《合集》9775正、反，正面卜辞涂朱，反面有朱书文字

《花东》H3：864正、反